KB153962

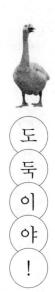

도
둑
이
야
!

도둑이야!
Stop, Thief!

지은이	피터 라인보우
옮긴이	서창현
펴낸이	조정환
책임운영	신은주
편집	김정연
디자인	조문영
홍보	김하은
프리뷰	김영철, 박지순, 박서연, 이소현
초판 인쇄	2021년 10월 6일
초판 발행	2021년 10월 9일
종이	프로피앤피
인쇄	예원프린팅
라미네이팅	금성산업
제본	정원제책
ISBN	978-89-6195-283-5 03900
도서분류	1.역사 2.서양사 3.미국사 4.영국사
	5.인문 6.사회사상 7.경제
값	22,000원
펴낸곳	도서출판 갈무리
등록일	1994. 3. 3.
등록번호	제17-0161호
주소	서울 마포구 동교로18길 9-13
전화	02-325-1485
팩스	070-4275-0674
웹사이트	www.galmuri.co.kr
이메일	galmuri94@gmail.com

일러두기

1. 이 책은 Peter Linebaugh의 *Stop, Thief! The Commons, Enclosures, and Resistance* (Oakland, CA: PM Press, 2014)를 완역한 것이다.

2. 외국 인명과 지명은 원어 발음에 가깝게 표기하려고 하였으며, 널리 쓰이는 인명과 지명은 그에 따라 표기하였다.

3. 단행본과 정기간행물에는 겹낫표(『 』)를, 논문에는 홑낫표(「 」)를, 단체명, 블로그 제목, 영화 제목에는 가랑이표(〈 〉)를 사용하였다.

4. 저자의 대괄호는 〔 〕를 사용하였고, 옮긴이가 이해를 돕기 위해 첨가한 내용이나 대체 역어는 [ ] 속에 넣었다.

5. 영어판에서 이탤릭체로 강조된 것은 고딕체로 표기하였다. 단, 영어판에서 영어가 아니라서 이탤릭으로 강조한 것은 한국어판에서 강조하지 않았다.

6. 지은이 주석과 옮긴이 주석은 같은 일련번호를 가지며, 옮긴이 주석에는 앞에 * 표시를 했다.

7. 4장, 10장, 14장에 대한 참고문헌은 영어판 원서에 포함되어 있던 것이며 나머지 장들의 참고문헌은 한국어판 편집부와 옮긴이가 정리한 것이다. 원서의 인용문헌 중에서 원서에서 제공하는 서지정보가 명확하지 않은 문헌은 참고문헌에 포함하지 않았다.

차례

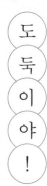

누이들인 케이트와 릴리에게

이 한국어판을 읽을 동지들에게.

나는 터틀 아일랜드라고 부르는 이곳 미국의 매우 토착적인 마을에서 이 글을 쓰고 있습니다. 이곳의 이름은 우리의 지구(그리고 어쩌면 우리의 운명 또한)의 창조에 관한 아름다우면서도 여성 친화적인 이야기를 담고 있습니다. 그리고 나는 한국에 살고 있는 그대들에게, 또는 식민지, 점령 그리고 분단 ─ 미국이 이러한 상황을 악화시켰음에도 불구하고 나와 같은 미국인들에게 이러한 사실은 잘 알려지지 않았습니다 ─ 을 겪은 지구 반대편에 있는 나라인 한국의 유산을 지니고 있는 그대들에게 이 글을 쓰고 있습니다.

나는 1980년 5월 18일의 광주항쟁의 기억에 경의를 표하고 싶습니다. 그리고 들불야학을 필두로 항쟁에 참여한 민중들에게 존경의 마음을 전하고 싶습니다. 우리는 잊지 않을 것입니다. 내가 이 책에 번역된 글을 쓸 때 광주항쟁에 대해 알았더라면, 광주의 도시 코뮌과 그 공통장의 실천을 이 책 『도둑이야!』의 주제들과 연결했을 수도 있었을 겁니다. 부르주아 언론은 광주와 관련된 정보를 검열했습니다.

하지만, 그때 이후로 '노동계급의 역사'라는 팟캐스트를 통해 광주의 공통하기 실천의 자세한 내용을 공부할 수 있었습니다. 5·18 봉기에 참여한 사람들에게 음식을 공급하기 위해 사람들이 어떻게 하나가 되어 주먹밥을 만들었는지, 그리고 주먹밥에 소금이 왜 꼭 필요했는지 등에 대해서 말이지요. 소금은 그 풍미와 짠맛을 잃지 않았습니다.

열다섯 편의 글이 1976년 초반과 2013년 후반에 걸쳐 쓰였지만, 대부분의 글들은 2008년 국제 금융 위기 이후에, 그리고 '광장들'circles and squares의 운동 직전과 직후에 쓰였습니다. 이때는 도시 코뮌의 반자본주의적 논점들(아랍의 봄, 월가를 점거하라)과 사회적 공통장(코차밤바 선언, 엘리너 오스트롬의 노벨상)이 다시 한번 전 세계를 휩쓸고 있었습니다.

지난 10년을 되돌아보면 두 개의 생각이 이 책을 관통하고 있는 것 같습니다. 첫 번째는 앵글족, 즉 잉글랜드의 토지와 그곳의 노동계급 영웅들과 관련되어 있습니다. 잉글랜드는 거대한 유라시아 대륙의 북서쪽 맨 끝 해안의 작은 섬들이 모인 나라이지만, 이곳의 생산양식 — 자본주의와 그 국면들 — 은 전 지구를 지배했습니다. 자본주의적 언어와 문화가 제국주의 열차에 실려 퍼져나갔습니다. 계급투쟁으로 인해 모든 것은 복수複數입니다. 양식도 언어도 문화도 복수적입니다. 지배층들은 피지배층에 의존하지만 피지배층은 그 자신의 고유한 특질을 지니고 있었습니다. 그래서 한 가지 생각은 오늘날의 우리를 도울 수 있는 와트 타일러, 토머스 페인, 윌리엄 모리스, 심지어는 이민자들인 칼 맑스, C.L.R. 제임스 같은 노동계급 투쟁의 구성원들을 다시 불러들여서, 그들이 어디가 옳고 어디가 잘못되었는지 알아보는 것이었습니다. 이것이 역사가, 즉 기억을 환기하는 사람의 기획입니다. 윈스턴리를 빠뜨린 것이 애석할 따름입니다.

이 책의 두 번째 주제는 공통장의 주제와 그 공통장이 코뮤니즘과 맺고 있는 매력적이고도 위험한 관계입니다. 21세기에 쓰이지 않은 유일한 글은 미국 독립전쟁 200주년이 되는 1976년에 쓰였습니다. 맑스와 목재 절도에 관한 이 글은 맑스가 정치경제학 비판으로 선회한 것을, 그리고 공통장과 코뮌의 실제적 관계를 설명하고자 했습니다. 이것들은 자본주의의 알파와 오메가로서, 자본주의는 공통장을 포획하는 것으로 시작하고 코뮌에 굴복하는 것으로 끝납니다.

하지만, 문제는 남습니다. 내가 공통장과 그것의 비가시성과 관련해 워즈워스, 오웰, 심지어는 제임스조차 [공통장을 보지 못하는] 맹점들에서 지적하고 있는 것처럼, 모든 노동계급 영웅들이 임무를 완수한 것은 아니었습니다. 이 책의 제목인 『도둑이야!』에 표현된 또 다른 문제도 있습니다. 이 제목은 추상의 덤불, 구조, 탐욕·잔인·욕심의 체계들 속으로 달아나고 숨는 악인들이 누구인지 밝히지 않고 있습니다. 이러한 악인들을 폭로하지 않고서는 정의란 있을 수 없습니다. 물론 이것은 계급적 논점이며 정치적 논점입니다.

전 세계 폭력의 주요한 두 개의 동력은 미국과 영국이라는 정치적 거인들이 었습니다. 이 두 나라는 거인들처럼 세계를 지배했습니다. 그러나 담벼락 위에 쓰인 글을 본 사람들의 입장에서 보면, 이 두 나라는 유통 기한이 다했고, 썩어가기 시작했으며, 그들의 시간은 지나가 버렸습니다. 거인들의 발은 진창에 빠졌습니다. 나는 이 나라들의 이름을 "미국"U.S.A., "영국"U.K.이라고 따옴표를 붙임으로써 그것을 나타내고자 하였습니다. 각각 1790년과 1801년에 명명된 이들 국가의 시작은 불과 최근의 일이므로 그들의 해체 역시 조만간 이루어질 것으로 예상할 수 있을 것입니다.

그렇습니다. 우리는 도둑질을 멈추게 하기 위해 손가락으로 가리켜야 합니다. 그리하여, 공공의 복지를 위해 우리는 자본주의, 제국주의, 백인우월주의, 가부장제를 수단으로 하여 우리의 생물권을 파괴하는 무리를 체포하고 붙잡아 정의를 실현해야 합니다. 착취자들을 착취해야 합니다. [광주항쟁에서처럼] 하나가 된 사람들의 토론은 여기 터틀 아일랜드에서 시작되고 있습니다. 그것은 노예제도에 대한 배상을 위한 토론이며, 공통장의 약탈에 맞서 싸운 선주민들과의 협정을 위한 토론입니다. 이 둘 모두 전 지구적 복지well-being에 필수적입니다.

2021년 8월
미시건의 터틀 아일랜드에서
피터 라인보우

"도둑이야!" 워블리[1] 소속 가두 연설자들은 이 단순한 거리의 외침으로 군중의 주의를 끌 수 있었다. 군중의 주의를 끈 뒤 가두 연설자는 계속해서 외쳤다. "저는 모두 빼앗겼습니다. 자본주의 체제가 모든 것을 빼앗아갔습니다.…" 그런 뒤에 그는 연설을 이어갔다.[2]

나는 우리의 땅, 우리의 생명, 우리 선조들의 노동을 훔쳐 가는 신자유주의에 맞서는 경종을 울리기 위해 이 책 『도둑이야!』를 집필했다.

열다섯 편의 글들은 인클로저 ─ 사유화하여 고립시키고 울타리를 치는 과정 ─ 에 반대하는 내용을 담았다. 인클로저는 공통장의 역사적 반대말이자 대적大敵이다. 『도둑이야!』의 목표는 다음과 같은 진실을 은폐하는 법적 허위들과 이데올로기적 우화들을 종식하는 것이다. 예를 들어, 인클로저를 하는 사람들enclosers이야말로 우리를 도둑이라 부르는 법을 만들고, 그들이야말로 진짜 도둑놈이라는 사실 말이다. 다음의 잘 알려진 익명의 영문 시는 이러한 사실을 표현해 주고 있다. 내 글들은 이를 정교화하고 있을 뿐이다.

법은 사람들을 가두어 놓지,
공통장(공유지)에서 거위를 훔치는 사람들을.
하지만 더 나쁜 놈들은 풀어주지
거위에게서 공통장(공유지)을 훔치는 놈들을.

"공통장"을 연구하는 거의 모든 사람은 머지않아 위의 사행시를 만나게 된다. 이 시의 매력은 거위에게 범죄를 저질렀다는 내용에서 비롯된다. 마치 〈동물해방전선〉Animal Liberation Front의 정치 연설처럼 말이다. 하지만 잠시 생각해 보면 우리는 핵심어가 "거위"가 아니라 "공통장[공유지]"임을 알게 된다.

이에 관해 다음과 같이 두 가지를 생각할 수 있다. 인클로저가 채찍 같은 오래된 징벌을 대체하면서 투옥이 늘어났다는 첫 번째 생각은 매우 옳으며, 영국의 사회역사학자들은 한 세대에 걸쳐 이 사실을 재확립하기 위해 많은 노력을 기울였다. 대규모 감옥 건설 프로그램은 농업 생산의 인클로저와 함께 진행되었다. 아울러 이 학문적 문헌은 투옥된 남자나 여자가 결코 악인이 아니라 공통인commoner이었음을 입증했다.3

두 번째는 토지 수탈이나 사유화에 관한 생각이다. 여기에서는, 더 대단하면서도 이름이 없는 악인이 공유지를 훔쳤다고 말한다. 울타리, 수로, 제방, 산울타리, 레이저 와이어4 등등은 사적 소유의 경계를 정한다. 그것들은 의회가 오로지 토지 소유자들만으로 구성되었을 때 법령에 의해 "합법적으로" 세워졌다. 그들은 이것을 "개선"이라 불렀고, 오늘날에는 "발전"이나 "진보"라 부르고 있다. 벌거벗은 임금처럼 이 말들에는 의미가 결여되어 있다.

"더 대단한 악인들"의 목표는 토지를 탈취하는 것이다. 오하이오 계곡에서, 벵골에서, 잉글랜드의 중부 지방에서, 서아프리카에서, 치아빠스에서, 인도네시아의 보르네오에서 이런 일이 일어났다. 이유는 무엇일까? 그들은 땅속에 있는 것─금, 석탄, 석유, 철 등등─을 원한다. 그들은 또한 바로 당신과 같은 프롤레타리아를 창출한다. 공통장에서 일어나는 이러한 탈취와 수탈은 대외적이면서도 대내적인 전쟁의 과정이다.

영문 사행시라고 말했지만, 나는 이 시가 잉글랜드가 아일랜드에 식민지를 세우고 농장을 지었던 17세기에 아일랜드에 알려졌다는 사실을 발견했다. 그래서 우리는 이 시를 반제국주의적인 것으로 간주할 필요가 있다. 이 경우, "더 대단한 악인들"은 잉글랜드의 정착자이자 농장주들이었으며, 아일랜드의 "남자와 여자"는 패자들이었다.

[앞에서 말한] 두 가지 생각으로 다시 돌아가 보자. 수사학의 기술적 용어로 말하자면 두 번째 사고는 일종의 생략삼단논법5이다. 그 이유는 이 사고가 숨겨진 전제, 즉 공통장[공유지]을 훔치는 것이 거위를 가져가는 것보다 더 나쁘다고 하는

추론을 포함하고 있기 때문이다. 비록 감추어진 전제가 진술될 필요가 없다 해도, 이 생략삼단논법의 성공은 청자의 동의에 달려 있다. 여기에서의 경우가 그렇다. 그렇다면 왜 은폐가 필요한 것일까? 그러한 전제는 지배적이고 관습적인 사고를 전복시킨다.

우디 거스리가 오클라호마 강도인 프리티 보이 플로이드의 입을 빌려 말한 것처럼, "누구는 권총으로 강도질을 하고, 누구는 만년필로 강도질을 한다."[6]

우리는 도둑질이 입법자들에 의해서 이루어졌다는 것을 알고 있다. 사실 이 동일한 입법자들이 "그 남자나 여자"를 가두었던 사람들이다. 이 입법자들은 도둑들이었다. 따라서 사행시에 숨겨진 것은 공통장에 관한 이야기만이 아니다. 그것은 법과 계급투쟁에 관한 이야기이기도 하다. 이 시에 한정해서 말해 보자면, 법에 관한 두 개의 개념화가 존재하는데, 하나는 성문법이나 국가의 법이고, 다른 하나는 공통장의 규칙들이다. 실제로 그 과정은 법과 관습, 즉 법령과 공통화 commoning의 차이를 뚜렷이 보여준다. [더 높은] 상위법이 존재하는가? 혁명적인 법, 회복적 요구restorative requisitioning가 존재하는가? 누가 법을 만드는가? 누가 그러한 법을 지키는가?

공통장은 투옥과 사유화의 두 가지 방식으로 파괴된다. 각각의 과정은 필수적으로 수반하는 정서적 환경인 분노와 공포를 생산한다. 감옥에 있는 사람들은 화를 내며, 재산을 가진 사람들은 두려움에 떤다. 그러므로 회복적 정의는 공통장의 수복과 죄수들의 자유 회복, 둘 다를 포함해야 한다. 이것은 공통인[평민]이 갇혀 있는 한 이루어질 수 없다. 공통장과 해방은 불가분의 관계에 있기 때문에, 사유화된, 자본주의적 소유의 폐지와 감옥의 폐지는 동시에 이루어져야 한다.

"도둑이야!"라고 외치는 데에는 누군가 듣고 있다는 가정이 있다. 또한 군중이 동의한다는 가정도 있다. 그 악인들이 달아나면, 군중은 그의 다리를 걸어 넘어뜨린다든지 자동차 번호판을 기억한다든지, 또는 그것도 아니라면 공통장을 회복하는 데 필요한 행동을 개시하든지 할 것이다. 우리는 악당들을 사무실에서 내쫓을 수도 있고, 부자들의 재산을 빼앗을 수 있으며, 울타리를 헐어버릴 수도 있다. 이러한 외침, 이러한 함성을 만들어 내기 위해서 우리는 확고한 지반, [즉] 일종의 공통장 위에 서 있을 필요가 있다. 이 책에 실린 글들은 "더 대단한 악인들"에 대한 고소장의 항목들이 아니라, 역사가 우리 모두에게 선물하는 생각거리, 즉 우리가 우뚝 설 지반을 제공한다.

범박하게 표현하자면, 이 글들은 공통장, 맑스, 영국, 미국, 그리고 최초의 민족들 또는 선주민 등 다섯 개의 범주로 나뉜다. 이 글들을 꼭 순서대로 읽을 필요는 없다. 이 범주들은 우선 변하기 쉬우며 붕괴까지는 아니라 하더라도 바뀔 수 있다. 영국과 미국은 1790년대의 산물이므로 영원히 지속하지는 않을 것이다. 영원한 존재란 지배계급의 환상일 뿐이며, 그들이 역사를 두려워하는 것은 바로 이것 때문이다. 셸리에 귀 기울여 보라.

> 어느 고대의 땅에서 온 한 여행자를 만났는데,
> 그가 말했다. "몸통도 없이 거대한 석조 다리 두 개가
> 사막에 서 있다네. … 그 근처 모래 위에
> 부서진 두상頭像이 반쯤 묻혀 있는데, 그 뚱하고
> 주름진 입술에 차가운 명령조의 냉소를 보면
> 조각가가 저 열정들을 잘도 읽어냈음을 일러주지.
> 이 죽은 물체들에 인각되어, 그 열정들을 조롱했던
> 손과 부추겼던 가슴보다 오래 살아남았으니.
> 그리고 대좌臺座에 이런 글귀가 보이더군.
> '내 이름은 오지만디아스, 왕 중의 왕이로다.
> 나의 대업들을 보고, 너희 권력자여, 절망할지어다!'
> 그 외에는 남아 있는 게 없었네. 부식되어 가는
> 그 거대한 잔해 사방으로, 끝도 없이 황량하게
> 쓸쓸하고 한결같은 사막이 아득히 펼쳐져 있을 뿐.7

오지만디아스8는 자신의 석상 이미지가 영원히 지속하기를 바랐을지 모르지만, 미친 듯이 불어오는 역사의 모래바람은 말할 것도 없고 똑똑 떨어지는 시간

이라는 물방울도 석상을 먼지로 바꿔버린다. 범주들은 나름의 역사를 지니고 있으며 이 역사들은 갈등 속에서 비롯되었다.

이 글들을 정리하면서 나는 오대호 지역, 서부 뉴욕의 "불타오르는 지역", 그리고 털리도와 디트로이트의 러스트 지대[9]가 내게 얼마나 중요한 곳들이었는지 새삼 깨달았다. 내 집은 이 지역의 "그 거대한 잔해"에 있었다. 오대호 지역이 "불타오르는 지역"으로 불리는 데에는 두 가지 이유가 있다. 첫째, 무익한 정신적 운동들 — 여우 자매[10]의 강신술[11], 밀러 추종자들의 예수 재림, 모르몬교의 황금 접시[12] — 이 19세기 초반 이곳에서 비롯되었다는 것이다. 둘째, 18세기에 이곳에서 일어난 대학살, 홀로코스트, 그리고 인종 학살 등이 대지에 깊은 트라우마를 새겼다는 점이다. 이것은 미국식 자부심이 그 역사에 대해 의도적으로 무시를 했음에도 없앨 수 없었던 트라우마였다. 나는 다음에 다시 이 문제를 다룰 것이다.

이 지역은 내게 전기傳記적으로도, 직업적으로도, 역사적으로도 중요한 곳이었다. 부모님들은 뉴욕 캐타라우구스Cattaraugus의 세네카 묘지에 묻혀 있다. 어머니는 캐타라우구스에서 자라 인근의 웰스 대학 지역에서 공부했으며, 월슨[13]의 『이로쿼이족에 대한 변명』(1959)에 감명을 받았다. 나 역시 몇 년간 제네시강 근처 로체스터 대학이 있는 지역에서 일했다. 나는 서부 뉴욕의 제네시강에서 16마일 떨어진 레치워스 골짜기에서 가족, 친지들과 함께 긴 추수감사절 주간을 보내곤 했다. 나중에 나는 하우데노사우니[14], 즉 〈이로쿼이연맹〉[15]이 독일의 코뮤니스트들인 엥겔스와 맑스에게 지대한 영향을 미쳤음을 알았다. 그들은 이 연맹을 통해 사적 소유, 가부장제, 그리고 국가의 기원을 이해하는 데 도움을 받았다.

침략적인 유럽의 민족-국가가 탄생한 16세기에 인클로저의 거대한 물결이 일어났다. 18세기에 의회가 주도하는 또 다른 물결이 있었다. 세 번째 물결은 20세기 후반에 시작하여 전 지구에 손해를 끼쳤다.[16] 이어지는 글들은 하나의 예외를 두고는, [모두] 이 세 번째 인클로저의 역사적 물결에서 비롯되었다. 그 중요한 예외는 「칼 맑스, 목재 절도 그리고 노동계급 구성」으로서, [지금으로부터] 25년 전인 1976년에 출간되었다. 그렇지만 이 글은 이후에 쓰일 글들의 주제를 선취하는 것이었다.

칼 맑스는 단순히 독일인 교수가 아니라 추방된 이주민이자 런던 거주자였다. 인구 조사 기록에 적힌 이름은 "찰스 맑스"Charles Marks였다. 나는 하이게이트 공동묘지에서 그리 멀지 않은 곳에서 살았고 매주 일요일 오후 특별한 모임의 사람들과 함께 『자본』을 공부했다. 그러면서 우리는 경제학 독자들이나 전위 정치가들에게 알려지지 않은 맑스를, 신좌파나 공산당에게 알려지지 않은, 또는 최소한 그들로부터 독립적인 맑스를 "발견했다." 위대한 코뮤니스트[맑스]는 강과 숲의 공통장에 뿌리를 내리고 있었으며 [자신도 실제로] 그렇다고 말했다. 그의 개인적인 정체성은 다양하게 해석될 수 있겠지만, 그가 추구했던 원칙들은 더 장기적인 시간성을 지니고 있었다.

「칼 맑스, 목재 절도 그리고 노동계급 구성」은 인디언 묘지 위에 세워진 건물 안에 있는 로체스터 대학의 수학 교수 연구실에서 썼었다. 이 인디언 묘지는 한때 역사적인 표지標識로 알려졌으며, 당시 제네시강을 가로지르는 다리 위에는 랭스턴 휴스[17]에게서 따온 "나는 강들을 알고 있었노라"라는 낙서가 적혀 있었다. 나에게 이것들은 의미심장한 표지들이다. 이 기호들은 사라졌지만, 그 의미는 살아남았다.

나는 이 글을 통해서 맑스의 생각을, 내가 E.P. 톰슨에게서, 그리고 영국의 워릭 대학에서 그와 교유했던 학자들에게서 배운 것들에 연결하려고 했다. 1975년 『휘그당과 사냥꾼들』Wigs and Hunters과 『대영제국의 치명적 나무』에 실려 있는 우리의 작업은 톰슨이 "경험적 관용구"라고 불렀던 것 속에 표현되어 있다. 이 관용구는 맑스주의 "이론"을 피해야 한다고 규정했다. 나는 유진 제노비스가 이끄는 로체스터 역사학부에서 연구하고 있었다. 그는 대담하게도 자신의 "맑스주의"가 맑스주의를 돋보이게 했다고 선언했다. 맑스주의를 무시하거나(톰슨) 아니면 그것을 하나의 브랜드로 바꾸어야(제노비스) 했다. 이것이 내가 처한 곤경이었으며 나는 거기에서 유령들과 함께 시작하는 해결책을 발견했다.

수잔 앤서니(페미니스트), 프레더릭 더글러스(노예제 폐지론자), 그리고 루이스 헨리 모건(인류학자)은 우아하면서도 번잡한 풍경의 마운트호프 묘지에 묻혀 있다. 이곳은 우연히도 로체스터 역사학부 바로 뒤에 있었다. 그들의 무덤은 교육학적 순례의 단골 행선지였다. 자갈길, 깎지 않아 웃자란 잔디, 활짝 핀 야생화, 수많은 곤충은 책을 읽거나 필기를 할 만한 장소로는 어울리지 않았다. 그래서 나는 물건들을 손바닥 위에 놓거나 흙바닥에 막대기로 선을 그어가면서 신속하고 간단하게 — 워블리의 방식으로 — 설명하기 시작했다. 나는 여성과 페미니스트들에 관해, 아프리카계 아메리카인들과 노예제 폐지론자들에 관해, 이로쿼이족들과 사유화에 관해 연구할 필요가 있었다. 그리고 내가 레치워스 골짜기에서 그리 멀지 않은 아티카 교도소에서 가르치기 시작하면서, 내가 연구한 것을 명료하고 간결하게 설명할 필요가 있었다.

1970년대 중반에는 모든 게 드러났다. 나는 감옥과 인클로저의 상호관계를 파악하는 한편, 「칼 맑스, 목재 절도 그리고 노동계급 구성」에서는 이 글을 쓸 당시의 상황을 고려해 범죄화와 프롤레타리아를 강조했다. 하지만 제3의 인클로저 물결이 도래하면서 강조점은 공통장으로 바뀌어야 했다.

한편으로는 소련[소비에트연맹]의 몰락(1990), 다른 한편으로는 사빠띠스따(1994)와 그들의 '인민의 군대'의 출현으로 미국 내 학문적 연구 분위기는 바뀌었다. 한편으로는 전체주의 국가가 없는 코뮤니즘에 관해 사고하는 것이 가능해졌고, 다른 한편으로 공통장이라는 쟁점은 사실상 세계 여러 지역에서 일어난 무장 투쟁의 원천이 되었다. 공통장 담론은 1990년대에 다소 드문드문 들을 수 있었다. 에히도[18]가 미국 지도부에 의해 멕시코 헌법으로부터 탈취당했던 것, 실리콘밸리의 자칼들이 컴퓨터 야수의 소프트웨어 주변에 몰려들었던 것,[19] 해양, 대기, 삼림 — 자명한 이치이자 당연하게 주어진 존재donnés로 받아들여졌던 대자연의 요소들(그러니까 우리 세계) — 이 탈취당하거나 오염되었던 것이 그 예다. 가축 방목, 목재업은 아마존, 자바, 콩고, 수마트라 등의 삼림을 갈가리 찢기 시작했다. "더 대단한 악인들"이 세상을 [거침없이] 어슬렁거렸다.

우리에게는 의지할 코뮤니즘이 없었다. 유고슬라비아에 대한 전쟁과 소비에트 사회주의 공화국 연방USSR의 종언은 공산주의the Red를 다시 유토피아로 되돌렸다. 즉 "좋은 곳"이지만, "아무 데도 없는 곳"으로 말이다. 공통의 장, 즉 데네족[20]의 정치학자인 글렌 쿨사드가 땅에 근거한 규범성이라고 부르는 것은 신자유주의의 추하고도 거만한 어휘 ─ 사유화, 상품화, 프롤레타리아화, 여성화, 금융화, 세계화 ─ 속에서 급속하게 사라졌다. 이 어휘는 중요한 명사들을 동사들로 바꾸고, 그런 뒤에는 다시 흉측할 정도로 복잡한 말로 바꾸어 버렸다. 마치 동사로 나타내는 행동과 투쟁은 끝나버렸다고 주장하려는 듯이 말이다. 국유화/민족화 nationalization에는 두 가지 의미 ─ 국가 소유와 민족의 건설 ─ 가 있다. 이렇게 우리는 왕 중의 왕, 오지만디아스에게 다시 돌아오게 되었다.

톰슨의 『공통의 문화』에 고무된 나는 1993년 「세계의 공통주의자Common-ists여 단결하라!」[21]라는 글에서 이 두 가지 쟁점인 코뮤니즘과 공통장에 관해 숙고하기 시작했다. 코뮤니스트들의 강령은 "각자는 능력에 따라 일하고 필요에 따라 받는다."였다. 국가가 직접 이를 달성하거나, 아니면 "생산수단, 분배수단, 교환수단을 국유화"해야 했다. 사빠띠스따는 우리가 정부 형태에 관해 사고하도록 해주었다.

「게르트루데 쿠겔만 부인과 맑스주의에 들어가는 다섯 개의 문」은 뉴욕 이타카의 코넬 대학 협의회에 참가하기 위해 훨씬 나중에 썼다. 주제는 앞에서 말한 이로쿼이족의 땅에 관한 것이었다. 나는 디트로이트, 파도바, 런던, 브루클린의 동지들에게서 배웠던 맑스의 주요 이념들을 소개하기 위해 간단한 공식을 탐색했으며, 역사적 시선을 갖추어나갔다. 게다가 나는 여성들이 공통장과 맺고 있던 독특한 관계를 천천히 알아가고 있었다. 그래서 나는 맑스의 삶에서 다양한 여성들이 수행했던 역할을 연구하고 싶었다. 나는 이 두 가지 탐색이 사실 하나라는 것을 곧 깨달았다.

(쿠겔만 부인 세대의 저 독일인 혁명가들은 베를린의 슈판다우 교도소에 투옥되어 강제로 가구를 만들어야 했다. 한 세기 이상이 지난 후에 나는 코넬 대학에서 공통장에 관해 강의를 했는데, 강당의 2층에는 19세기에 바로 그 베를린의 교도소에서 만들어진 의자가 하나 있었고 거기에는 메시지가 교묘하게 붙어 있었다. 메시지는 금박에 싸여 큰 메달 속에 숨겨져 있었는데, 1920년대에 신탁 이사회 모임에서 우연히 발견되어 그 내용이 밝혀졌다. "세상에 나가라. 담대하게, 인내심을 갖고, 성실한 투쟁을 통해 증명하라. 감옥의 담장 안에서 무엇이 발생

하고 있는지를. 단결한 노동자들이 서명함."22)

　앞의 두 글은 앨런 하버의 요청에 따라 쓰였다. 그는 1960년대 초반 미국 남부에서 일어난 시민권 투쟁을 미국 북부의 반전과 빈곤 퇴치 투쟁들에 연결하려한 급진 조직인 〈SDS〉(민주사회를 위한 학생들)의 초대 회장이었다. 앨런은 50년이 지난 후에도 여전히 그 자리에 있었다. 하나(「몇 가지 원리들」)는 미시간의 앤아버의 〈그레이 팬서스〉23에 관한 것이었고, 이 책이 제목을 따온 다른 하나는 우리 앤아버 마을의 상당 부분을, 주차장 용도로 아스팔트 포장을 하려는 "개발자들"에게 넘겨주는 것에 반대하는 앨런의 캠페인의 일부로 집필되었다. 앤아버는 책을 사랑하는 마을이기 때문에, 이 글에서는 공통장에 관한 읽을거리들을 추천한다.

　미국처럼 연합된 왕국United Kingdom인 영국UK으로 말할 것 같으면, 그것은 한 나라의 이름이라기보다는 행정적 통일체administrative entity의 이름이다. 그것은 과거에는 네 개의 왕국(잉글랜드, 웨일스, 스코틀랜드, 아일랜드)이었지만, 1801년이 되어 왕국들은 사라지고, 마지막으로 아일랜드 사람들이 제국의 심연 속으로 삼켜지고 있었다. 준말인 "UK"는 출발부터 혁명에 반대되는 상징이었는데, 왜냐하면, 아일랜드 봉기24가 1798년 여름, 전례 없는 테러로 몇 주 만에 진압되었기 때문이다. 「홍관조와 검정 오리」는 내가 아일랜드 그리고 이 나라의 설득력 있는 학문을 알게 되면서 탄생했다. 이 글은 희망의 깊이, 다양한 공통장을 기술하며, 테러의 이빨과 살육의 밤에도 (서에서 동으로) 전복적인 지식이 대서양을 가로질러 전달된 것도 기술한다.

　진정 황금이 가득한 항아리였던 아일랜드에는 놀랄 만큼 빠른 속도의 번영이 있었으나, 이번에도 마찬가지로 갑자기 붕괴하였고 항아리는 텅텅 비게 되었다. 이로써 지식인들의 삶은 혼란에 빠지고 말았다. 아일랜드의 평화 과정에 중대한 진전을 이룬 1998년의 성금요일 평화협정의 날에 나는 더블린 성에서 주목할 만한 단체의 다른 학자들과 이야기를 나누고 있었는데, 그중의 한 사람은 방금 배트를 휘두르고 온 것처럼 크리켓 경기를 할 때 입는 흰색 플란넬을 걸치고 있었다.

나는 지리학자, 기술 및 과학에 관한 역사학자, 미술비평가인 얼스터[25] 지방 사람 이아인 보울[26]을 데리고 차를 몰고 토론토로 가서 기계와 기계가 노동자들과 인류의 삶 전반에 미친 악영향을 연구하는 데이비드 노블[27]을 만났다. 그곳에 도착한 우리는 티피커누강[28]을 돌아다녔다. 테쿰세[29]는 인디언 종족들의 동맹의 목표와 인디언 공통장을 보호하기 위해 전투를 치르다 이 강에서 죽임을 당했다. 노블의 요청으로 나는 「네드 러드와 퀸 마브」를 집필해 잉글랜드의 낭만주의 시인들을 노동계급 지하 운동과 연결하고자 했다.

존 스튜어트 밀조차도 "자연의 자생적 활동에 아무 여지도 남기지 않는 세상, [인간을 위해 식량을 길러낼 수 있는 모든 구석의 토지가] 경작되고, …[농업의 향상이라는 명분 아래 잡초를 제거하는 바람에] 야생관목이나 들꽃이 자랄 수 있는 곳이 하나도 남지 않은 그런 세상"[30]을 공포스럽게 언급했다. 우리가 우리 자신의 운명을 만들어갈 수 있다는 열정적인 이상주의와 신념은 윌리엄 모리스의 위대한 코뮌화 텐트(그는 코뮤니즘을 하나의 동사로 만들었다!)뿐만 아니라 톰슨의 역사 집필을 떠받치는 버팀목들이었다. 고대 시대를 답사하는 그의 발걸음은 야생화에서조차도 우리가 공통장을 볼 수 있도록 해 주었다. 톰슨과 모리스는 평등을 달성하는 데에는 오직 세 자질만이 필요하다는 데 동의했다. "이해하기에 충분한 지성, 의지를 다지기에 충분한 용기, 강제하기에 충분한 힘."

「아래로부터의 인클로저」는 우리에게 모든 담에는 구멍이 있으며, 고로 모든 인클로저 뒤에는 공통장이 있음을 상기시킨다. 이것은 심지어 테러의 경우에도 사실인데, 테러는 인클로저를 따라다닌다. 이로쿼이족 공통장의 파괴는 하우데노사우니의 언어로는 "국부"가 아닌 "마을 파괴자"로 알려진 조지 워싱턴의 특수한 질서 속에서 이루어졌다. 1799년 조지 워싱턴은 소장 존 설리번[31]에게 명령하여 이로쿼이족을 위협하도록 했다. 그에 따라 설리번은 농작물을 파괴하고, 과수원들을 파헤치고, 주택들을 불태웠으며, 〈이로쿼이연맹〉에 속한 6개 부족의 모든 남자, 여자, 어린아이를 몰살했다. 이는 레치워스 골짜기에서 그리 멀지 않은 곳에서 그의 힘이 소진된 9월 15일이 되어서야 멈췄다.

「와트 타일러의 날: 영국의 노동해방기념일」은 중세 시대의 투쟁과 우리 시대의 투쟁이 갖는 연관성에 전념했던 학자들을 위해 쓰였다. 두 글 모두 공통장의 관점에서 역사를 다시 서술한다는 방대하면서도 흥미로운 프로젝트를 시작하려는 시도였다. 예컨대, 「영국의 노동해방기념일」이 각각 세기별로 분리된 세 개의 역사적 사건들(1215년의 마그나카르타, 1381년의 농민 봉기, 1865년의 남북전쟁)을 결합하지만, 이것들은 법적이고 이상주의적인, 그리고 노동계급적인 투쟁에 의해 하나로 묶인다. 이 글은 국제적인 휴일을 제정하자는 제안으로 끝을 맺는다.

국가는 인클로저에서 결정적인 구실을 한다. 국가의 관리들과 전사들은 피와 불의 문자를 기록한다. 국가는 분명 "더 대단한 악인"이다. 유럽 르네상스 시기, 즉 공격적인 유럽의 민족-국가가 형성되었을 때, 각국의 지배자들은 통치 방법 문헌의 가르침을 따랐다. 그중에서 가장 유명한 것이 마키아벨리의 『군주론』이었다. 잉글랜드에서는 토머스 엘리엇이 이러한 목적에서 『통치자』*The Governor*(1536)를 썼다. 이때는 공통장을 회복하기 위한 농민 봉기들이 일어났던 시대로서, 가장 규모가 큰 봉기는 각양각색의 기치 아래 독일에서 일어났다. 『통치자』는 공통장의 수탈 선고와 코뮤니즘에 대한 저주로 시작한다. 나는 『마그나카르타 선언』의 한국어판 서문에서 이에 관해 설명할 수 있었다.

"미국"USA 즉 아메리카 합중국은 토머스 페인[32]의 신조어였지만, 처음부터 과장되고 잘못된 것이었다. "합중국"은 사실과 달랐는데, 이는 남북전쟁을 보면 알 수 있을 것이다. "아메리카" 또한 사실과 달랐는데, 이는 최소한 배타적이지는 않았지만, 캐나다나 멕시코, 또는 브라질을 고려하지 않고 있었다. 영광스럽게도 버소 출판사의 토머스 페인 선집에 부치는 서문 집필을 하면서, 나는 이아인 보올의 도움으로 브레클랜드[33]와 노퍽 브로즈에 관한 안내를 받았고, 거대한 대서양 혁명으로 경험하게 된 몇몇 현실적인 공통화 형태들이 지역성locality에 바탕을 두고 있다는 점을 인식하기 시작했다.

「코뮤니즘과 공통장이 만나는 교차로에서의 만담」이라는 제목의 글을 통해 나는 뉴욕주로 되돌아왔다. 불타버린 지역이 아니라, 〈블루마운틴 센터〉의 환대 속에서 애디론댁산맥[34]으로 말이다. 존 브라운[35]은 이 산속에서 역사적 사고와 가까이할 수 있었다. 이 산들은 노예제 폐지 군대의 탈주 노예들에게 피난처를 제공해 주었기 때문이었다. 이 글은 맛시모 데 안젤리스가 운영하는 웹사이트 〈공통인〉에 처음으로 발표되었다.

「공통장, 성, 마녀 그리고 스라소니」는 베스트팔렌에서 열린 국제회의를 다루었다. 이 글은 1790년대 위기 중에 불과 물의 문제로 고생하고 가부장제의 폭력으로 고통을 겪었던 세네카 공통장을 이상화하는 것에 경종을 울리고 있다.

공통장을 조사하고 이를 바탕으로 설명을 펼치는 학자는 혼자가 아니다. 비어 고든 차일드[36]는 스코틀랜드 위쪽 북해에 있는 오크니 제도에서 연구 활동을 했다. 조지 톰슨[37]은 대서양의 아일랜드 본토의 남서쪽에 있는 블라스켓 제도에서 연구 활동을 했다.[38] 한 사람은 인류학자였고, 또 한 사람은 고전학자였다. 둘 다 칼 맑스에게서 깊은 영향을 받았다. 이어지는 그들의 학자로서의 경력은 서로 다른 주제들로 풍성하게 되었다. 톰슨은 그리스 비극에 관심을 가졌고, 차일드는 인류의 초기 역사에 관한 사료 편찬에 주력했다. 그들은 [각각] 1930년대와 1940년대에 집필 활동을 했다. 직접적으로 공통장에 관한 글을 쓰지는 않았지만, 그리고 분명 포괄적인 개념적 도구는 아니었지만, 오크니 제도와 블라스켓 제도에서의 그들의 연구 활동은 부분적으로는 그들 주변에서 일어나고 있던 소위 "시초적 코뮤니즘"을 향한 반자본주의적 탐색에 의해 촉발된 것일 수도 있다. 마드리드에서 한 강연이었던 「도시와 공통장」은 이러한 초기 학자들의 탐색뿐만 아니라 광장들에서 일어난 운동에서 직접적으로 영감을 받았다.

나는 미국 외교관 부부의 아들로서, 즉 굳이 말하자면 두 명의 외교관들(그중 한 명은 급료를 받지 못했다)의 아들로서 미국을 대표하는 사람들의 손에 의해 길러졌다. 그래서 나는 "국가처럼 사고하기"를 배웠다. 다르게 생각하기, 즉 공통common 속에서, 공통장에 관해서, 공통장을 위해서 사고하기를 익히는 데 평생의 시간이 걸렸다. 메리 제미슨[39]이 도움이 되었다.

앞에서 나는 불타버린 지역과 사양화된 공업지대가 이 글의 집필에서 갖는 중요성에 관해 언급했다. 또한 이 글들을 함께 엮으면서 이 지역의 무명의 주민이었던 메리 제미슨을 알게 되었다. 그녀의 이야기를 간단하게 하는 것으로 이 서문을 마무리하고자 한다. 왜냐하면, 그것이 이 책 『도둑이야!』의 개인적이고 전문적이며 이론적인 주제들을 요약하는 데 매우 적절할 것 같기 때문이다.

그녀는 부모가 1741년 아일랜드 기근을 피해 도망 다닐 때 바닷가에서 태어났다. 그의 아버지는 서부 펜실베이니아에서 토지를 개간하여 아일랜드 리넨 산업에 공급하는 아마 재배 농부가 되었고, 그리하여 대서양 체계의 일부가 되었다. 18세기 중반 프랑스와 인디언이 벌인 전쟁 중에 그녀의 아버지와 가족들이 쇼니족[40]에게 죽임을 당했다. 쇼니족의 관습에 따라 그녀는 죽임을 당한 남자 형제의 대체자로 세네카족의 양녀로 받아들여졌다. 그녀는 새로운 언어를 배웠고, 데헤와미스라는 새 이름을 얻었다. 메리는 옥수수, 호박, 콩의 "세 자매"를 경작하는 공통의 들판 원예를 익혔다. 땔감용 나무를 모으건, 김을 매기 위해 괭이질을 하건, 옥수수 탈곡을 하건 그녀의 노동은 다른 여성들과의 공통 속에서 이루어졌다.

메리 제미슨은 1779년 이로쿼이족의 모든 것들 — 옥수수, 과수원, 오두막, 남성, 여성, 아이들 — 을 죽이고 불태운 설리번 장군의 끔찍한 습격을 피해 레치워스 골짜기로 달아났다. 등에 두 아이를 업고 세 아이를 이끌면서 그녀는 사람들이 쉽게 접근할 수 없는 골짜기에서 은신처를 발견했다. 이곳에서 과거 노예였던 두 명의 아프리카계 아메리카인의 환영을 받았다. 그들은 [이곳에서] 공동으로 수년 동안 [함께] 살았다.

1797년에 소위 "백인" 사회로 돌아갈 기회가 주어졌지만, 그녀는 거절했다. 당시는 인클로저의 제2차 역사적 파도가 절정에 달했던 때였다. 정착민들의 테러가 있었음에도, 공통장은 아일랜드, 이로쿼이족, 아프리카 사람들의 뜻밖의 노력으로 보존되었다. 1824년 그녀의 백인 영국계 미국 편집인은 "그녀는 고향을 잃은 도망자의 여성 보호자였으며, 피곤함에 지친 여행자를 환대했다."[41]는 점에 동의했다.

미국의 건국 과정에 수반되었던 수탈의 한가운데에서 공통장을 보존한 사람들은 하우데노사우니의 여성들이었다. 우리가 살아가는 암흑시대의 한가운데에서 이런 일을 계속 수행하고 있는 사람들은 전 세계의 여성들이다.

1부 공통장

1장

공통장의 몇 가지 원리

"한 사람은 만인을 위해, 만인은 한 사람을 위해"라는 강령에 표현된 인류의 연대는 공통화의 토대다. 자본주의 사회에서 이 원리는 아이들의 게임이나 군인들의 전투에서나 찾아볼 수 있다. 그 외에 우리가 이 원리를 위선적으로 존중하는 경우가 아니라면, 이 원리는 자본주의에 반대하는 투쟁 속에서, 또는 리베카 솔닛이 보여주는 바처럼 화재, 홍수, 지진 같은 대재난 속에서 모습을 드러낸다.[1]

공통화 활동은 다른 자원들과 결합한 노동을 통해 이루어진다. 공통화는 "노동"과 "자연 자원"에 분할 선을 긋지 않는다. 오히려 공통화는 어떤 것을 하나의 자원으로 창조해 내는 노동이며, 노동 집단의 교환이 이루어지는 것은 바로 이 자원에 의해서다. 하나의 행위인 이 공통화는 "공유재"common pool resource가 아닌 하나의 동사로 가장 잘 이해될 수 있다. 제임스 러브룩의 "가이아 가설"[2]과 레이철 카슨[3]의 환경주의는 이러한 시각을 회복하려는 시도였다.

공통화는 인류의 삶에 근본적이다. 학자들은 "원시 코뮤니즘"에 관해 쓰곤 했다. "원시적 공통장"primary commons은 그러한 경험을 더욱 분명하게 만든다. 지구상에 존재했던 사회의 심장부에 공통장이 없었던 경우는 거의 없었다. 개인주의 및 사유화와 결합한 상품은 공동체의 주변부로 엄격히 국한되었으며, 그것을 위반한 사람들은 중죄로 다스려졌다.

공통화는 가정에서 시작된다. 부엌은 생산과 재생산이 만나는 곳이며, 성별과 세대 사이에서 일상의 에너지를 둘러싼 협상이 이루어지는 장소다. 일들을 공유하고 성과를 분배하며 욕망을 창출하고 건강을 유지하는 것을 둘러싼 중대한 결정들이 최초로 여기에서 내려진다.

공통화에는 역사가 있다. 잉글랜드 유산의 "촌락 공통장"이나 혁명적 과거의 "프랑스 코뮌"은 이러한 역사의 유물들이며, 우리는 파괴의 시기에도 불구하고 그 일부가 살아남았음을 기억하고 있다. 비록 복지 체제에서처럼 종종 왜곡된 형태로, 심지어는 부동산업자들의 저택이나 소매상의 쇼핑센터와 같은 정반대의 것으로 살아남아 있기도 하지만 말이다.

공통화는 항상 어떤 정신적인 의의를 지니고 있었다. 그것은 금욕적인 실천에서 유래한 오랜 관행에 따라 신성한 아비투스habitus를 인정하면서 음식과 음료를 나누어 먹는 것에 표현되어 있다. 신의 현현, 즉 신성한 원리의 출현은 물리세계와 그 피조물들 속에서 감지된다. 북아메리카("터틀 아일랜드"⁴)에서는 이 원리가 선주민들에 의해 유지되고 있다.

공통장은 자본과 정반대다. 공통인들은 (의심할 바 없이) 싸우기를 좋아하지만, 공통장에는 계급투쟁이 없다. 분명, 자본은 공통장에서 발생할 수 있으며, 따라서 일부는 수탈되어 나머지와 반대로 사용될 수도 있다. 이것은 불평등한 관계들, 즉 더 적게 가진 사람들과 더 많이 가진 사람들 사이에서 비롯된다. 생산수단은 파괴의 방식이 되며, 수탈은 착취로 이어진다. 소유자와 무소유자가 발생한다. 자본은 철학, 논리학, 경제학을 이데올로기적으로 활용하여 공통화를 비웃으며 공통장이 불가능하거나 비극적이라고 말한다. 이러한 주장을 펼치는 연설가들은 파괴의 환상 ― 사막, 구명정, 감옥 ― 에 의존한다. 그들은 항상 영원을 향한 자본의 추구를 표현하는 개념, 즉 비역사적인 "인간 본성"을 자명한 것으로 생각한다.

공통의 가치들은 계속 가르치고 갱신해야 한다. 고대의 영주 재판소는 남용으로 인한 다툼을 해결했다. 인도의 판차야트⁵도 이와 동일한 역할을 했으며, 공장의 분쟁 조정위원회도 동일한 방식으로 작동한다. 동료 배심원단은 무엇이 범죄이며 누가 죄인인지 결정하는 퇴화한 유물이다. 디트로이트 사람들이 말하듯이, "이웃"neighbor은 와하까6의 주민회의처럼, 다시 "[특정한 사람들의 집단이라는 의미의] 집단"hood7 속에 놓여야 한다.

공통화는 항상 지역적인 성격을 띠어왔다. 공통화는 자신의 규범들을 유지하는 데 법률, 경찰, 매스컴보다는 관습, 기억, 구전에 의존한다. 정부나 국가의 권위로부터 공통장의 독립이 이와 밀접하게 관련되어 있다. 중앙집권제 국가는 권위 위에 세워졌다. 말하자면 이것은 "선재 조건"preexisting condition이다. 그러므로 공통화는 소련의 공산주의와 같은 것이 아니다.

공통장은 잃어버리기 전에는 보이지 않는다. 물, 공기, 흙, 불 ─ 이것들은 역사적인 생계수단 물질이었다. 이것들은 오래된 물리학으로서 이 위에 형이상학이 구축되었다. 중세 잉글랜드의 토지가 상품화되기 시작한 이후에도 다음과 같은 기록을 찾아볼 수 있다.

물이나 바람이나 지성[흙]8은, 또는 네 번째로 불은 살 수도 [팔 수도] 없다.
하늘에 계신 아버지는 이 땅을 위해 이 네 가지를 공통적인 것으로 만들었다.
이것들은 정직한 사람들을 도와주는 진실의 보물이다.

우리는 "공통적인 것"과 "공적인 것"을 구별한다. 우리는 공적인 것과 사적인 것이 반대라고 생각한다. 그리고 공통의 연대와 개인의 이기주의가 반대라고 생각한다. 공통장은 자본주의가 축적을 요구하거나 법률을 제정했을 때조차도 항상 인간 생산의 한 요소였다. 사장이 "진정한 성취를 이루려는 사람"이라고 하더라도 대가 없이 이루어지는 것은 아무것도 없다. 그렇지 않다면, 태업이 일어나거나 허울 좋은 결과물만 있을 것이다.

공통화는 참여가 필요하므로 배타적exclusive이다. 우리는 공통화에 참여해야 한다. 양 떼를 치는 고지대의 목장에서건, 또는 데이터를 다루는 컴퓨터의 빛나는 화면 위에서건, 지식의 부, 즉 손과 두뇌의 실질적 이득은 서로 협력하는, 노동의 자세와 태도가 필요하다. 이것이 우리가 권리나 의무를 따로 이야기하지 않는 이유다.

인간의 사유는 공통장의 교류 없이 풍부해질 수 없다. 그래서 수정헌법 1조는 연설, 집회, 청원의 권리를 연결한다. 한순간의 사유로 이 세 가지 활동들 사이의 상호작용이 드러난다. 이 활동들은 외로운 중얼거림에서 시적 웅변을 거쳐 세계를 변화시키는 것으로 나아간다. 즉,

반짝! 반짝! 아이디어의 전등을 켜라.
윙윙! 윙윙! 이웃들이나 함께 일하는 사람들에게 이야기를 하라.
탕탕! 탕탕! 권력을 향해 진실을 외치라.

앤아버에서
2010년 1월

2장

도둑이야! 공통장과 공통화의 기본 지침

우리는 우리의 생존 기반을 특권과 권력을 가진 사람들에게 빼앗기고 있다. 연금, 주택, 대학, 땅을 도둑질당한 전 세계 사람들이 "도둑이야!"라고 외치며, 공통장에 관한 사고를 시작하고 있으며 공통장의 이름을 내걸고 행동하고 있다. 그렇다면 공통장이란 무엇인가? 공통장의 21세기적 의미가 지난 세기의 어둠으로부터 출현하고 있다.

과거에 소기도서primers는 평신도를 위한 기도서를 뜻했다. 보통 "입문서" primers는 아이들을 위한 읽기 교육용 기본 도서를 가리킨다. 이 단어의 다른 의미를 살펴보면, 과거 혁명적인 수발총의 발파용 폭약에 불을 붙이는 뇌관[도화선]이라는 뜻도 있다.

그러므로 여기에서 이 단어는 공통장과 공통화의 기본 지침을 가리킨다. 여기에서 다루는 문제는 엄숙하기 그지없지만 기도를 포함하고 있지는 않다. 여기에는 또한 단순한 책부터 복잡한 책에 이르는 도서목록이 들어 있다. 마지막으로, 이 기본 지침이 행동으로 이어져서, 공동선을 위해 훨씬 거대한 에너지를 폭발시키거나 터뜨린다면, 그보다 좋은 일은 없을 것이다.

이 짧은 기본 지침은 우리의 토론(음식, 건강 등등)을 위한 18군데의 흔한 장소와 16권의 책에 주목한다.

음식 : 포틀럭[1], 주류 각자 지참 원칙[2], 공동체 지원 농업[3], 부엌 등은 인류의 가장 뿌리 깊은 공통화의 표현이다. 식탁 옆 여분의 자리, 환대의 원칙 등은 인간 공동체와 불가분의 관계에 놓여 있다. 식사는 모든 종교의 핵심을 이룬다. 우리의 일용할 양식. 불행한 배 위에서 음식은 [배급되는]"식량"rations이지만, 행복한 배 위에서 음식은 선원의 공통장이다.

건강 : 공중 보건, 운동, 스포츠, 재난과 질병의 예방, 병원을 이용할 수 있는 권리 등은 절실히 필요한 것들이다. 병원이 손님, 이방인, 나그네를 접대하는 장소이던 때가 있었다. 병원의 진료는 환대 원칙의 구현이었다. 살루스 퍼블리카 포풀리 로마니Salus publica populi romani는 건강과 행복의 여신을 가리키는 것으로 "로마 인민의 공중 보건"이라는 뜻을 지니고 있다. 확실히, 우리 시대의 여신 숭배는 난관에 봉착했는데, 이는 정부와 결탁한 의학, 제약, 보험 회사들이 똬리를 틀어 그녀를 교살하고 있기 때문이다. 과거에 삼림 지대는 거대 의약품 회사들의 사유재산이 아니라 공통의 약전藥典이었다.

안전 : 군국주의와 화폐는 우리를 지켜주지 못한다. 9·11 당시 가장 값비싼 군대는 미국인들이나 심지어는 자신의 사령부조차 지키는 데 실패했다. 오히려 민간인 승객들이 23분간의 심사숙고와 투표 끝에 유나이티드항공사의 비행기 93호를 집단으로 무장해제할 수 있었다. 희생 집단이 공익을 위해 형성되었다. 국방부에 관해 말하자면, 결론은 불을 보듯 뻔하다. 우리를 지키는 것은 우리[스스로]의 상호관계다.

주거 : 무단점거, 집단 주택, 목적 의식적인 공동체, 부랑자의 야영지, 하숙집, 노숙자 수용소를 보고 유토피아를 떠올릴 사람은 거의 없지만, 이는 실재하는 필요를 충족하며, 직접적인 행동에서 비롯한다. 이는 실제적인 상호부조이며, 죽은 공간의 되살림이자, 협력적인 행위다.

젠더 : 출산, 양육, 이웃[간의 정], 사랑은 사회생활의 시작이다. 과거의 공통장은 남성들만의 장소가 아니었다. 사실 그곳들은 빈번하게, 여성과 아이들의 필요가 가장 먼저 실현되는 곳이다. 또한 공업 "슬럼가" 인근에서부터 〈이로쿼이연맹〉의 모계제와 아프리카 마을에 이르는 여성들은 이러한 "필요"뿐만 아니라 의사결

정권과 책임도 가지고 있었다.

생태학: 보라! 타흐리르 광장[4]을 보라. 아테네의 청년들과 노인들을 보라. 스페인에서 일어난 대중 시위를 보라. 대중들은 도시 환경 속에서 장소들을 창출하고 있다. 그곳에서 공통화에 필수적인 대화와 토론에 참여하는 것이 가능하다. 이발소, 구멍가게, 교회의 지하실, 아이스크림 가게, 지역 협동조합은 이용하지 못할 수도 있다. 마을 회관은 사라지고 마을 광장은 주차장이 되었다. 따라서 공통화의 첫걸음은 현장, 장소를 발견하는 것이다. 만일 그러한 장소를 손에 넣을 수 없다면, 창출해야 한다. 미래의 부상하는 지리학은 우리가 공장과 사무실에서 장소들을 적극적으로 공통화하기를 요구하고 있다.

지식: 공통장은 저작권이 없어야 성장한다. 내 촛불에서 다른 촛불로 불을 옮겨도 내 촛불이 사그라지거나 꺼지는 일은 없다. 토머스 제퍼슨이 말한 것처럼, "누군가 내 생각을 가져간다면 그는 내 생각을 줄이지 않고도 스스로 교육을 받을 수 있다. 마치 내 촛불에서 심지로 불을 옮기는 사람이 내 촛불을 꺼뜨리지 않고 불을 밝히는 것처럼 말이다." 대화와 잡담, 또는 지껄이기는 한때 민중의 인터넷이었다. 공통 관념[상식]은 가족과 이웃 관계의 그물에서 발생한다. 그러나 우리는 만날 장소가 필요하다! 학교는 어떤가? 분노하라, 빛이 꺼져가는 것에 대해 분노하라.

의미론: 방대한 『옥스퍼드 영어사전』은 단어 "공통"common에 4~5쪽을 할애하고 있는데, "하나 이상에 동등하게 속하는"으로 [풀이를] 시작하고 있다. 우리는 공통장으로부터 가장 강력한 단어들 일부를 얻는다. 공동체community, 코뮌의[공통의]communal, 공용[공통터]commonage, 공통성[평민]commonality, 코뮌commune, 친교communion 등이 그러한 단어들로서 이것들 각각에는 사회적, 정치적, 정신적 함축과 역사가 들어 있다. 어원학적으로 볼 때, 이 단어들은 말하자면 두 개의 라틴어 어원 ― com과 munis ― 에서 생겨난 것이다. 전자(com)는 '함께'를 의미하고, 후자(munis)는 일종의 의무를 의미한다. 물론 영어와 라틴어에 머물 필요는 없다. 예컨대, 안데스산맥에서는 알리우스allyus가 핵심어이고, 멕시코에서는 에히도가 핵심어다. "공통장"이라는 단어는 모호해서, 애매해지거나 거짓말이 되기가 쉽다. 사

유화된 주거 지역(울타리나 벽으로 주위를 둘러싼 게이티드 커뮤니티)⁵나 사유화된 시장(쇼핑센터)에서 볼 수 있는 것처럼 반대로 사용될 때가 있기 때문이다. 하지만 스스로 "공통적인 곳[공통장, 공유지]"으로 부르는 이러한 장소는 사실상, 돈을 가지고 있지 않다면 [참여할 수 없는] 배타성exclusivity에 기반하고 있다.

노동계급:대법원은 여성 노동자들이 벌인 집단 소송[계급적 행동]을 불법이라고 판결했다. 각설하고, 고용 노동자건 실업 노동자건, 남성 노동자건 여성 노동자건, 전체 노동계급은 깊은 잠에서 깨어나 우리가 하나의 계급으로 행동하는 것에 대해 대법원의 허락을 기다릴 필요가 없음을 보여준다.

프레카리아트가 프롤레타리아를 대체했다고들 한다. 이것은 단순히 우리 보통 사람들의 삶이 더욱 불안정해지고, 더욱 불확실해지고, 더욱 위태로워졌음을 의미한다. 우리가 늙었건 젊었건, 우리가 먹고살기 힘들건 그럭저럭 살아가건, 우리를 도왔던 제도들은 사라졌으며 그 이름들도 "복지"나 "사회보장 제도"와 같은 나쁜 단어들이 되었다. 카트리나⁶나 모기지 사태의 경험에서 배운 것처럼, 정부도 기업도 이 상황을 누그러뜨릴 수 없었다. 재난이 계속될수록 우리는 더욱더 방치되고, [그리하여 우리 스스로] 더 깊은 참호를 파야 한다는 걸 깨닫는다. 기억 속의 옛 공통장과 오늘날의 자발적인 공통장 모두 요구가 있다면 이용할 수 있어야 한다. 도대체 노동 현장은 누구로 인해 굴러가는가?

존재:공통장은 자원만을 가리키는 것도 민중만을 가리키는 것도 아니며, 이 둘 다의 조합을 가리킨다. 공통장은 단지 "공통[공유] 자원"만도, "민중"만도 아니다. 달리 말해, 공통장은 사물이 아니라 관계다. 중세 유럽에서 삼림, 언덕, 해안, 강어귀 들은 각각 삼림에 사는 사람들, 양치기들, 어부들, 갈대를 엮는 사람들인 공통인들의 장소였다. 공통인은 이 땅에서 **공통한**commoned 사람이었다. 한 교구의 주민은 다른 주민과 **상호공통했고**intercommoned, 전설에 나오는 불량배 거인들, 영주와 귀부인들은 **탈공통했다**discommoned. 이 투쟁에서 우리의 풍경이 형성되었고, 심지어는 인간의 "본성", 그뿐만 아니라 대자연도 형성되었다.

알기:종종 우리는 공통장이 없어지기 전에는 그것을 알아채지 못한다. 마을에서는 인도가 사라지고, 분수는 말라버렸다. 한때 우리 가족이 활용할 수 있었

던 땅, 활기를 되찾는 데 사용되었던 신선한 공기는 모두 사라져 버렸다! 우리가 당연하다고 여겼던 것들을 그들이 함부로 다루고 있다. 더는 안 돼! 도둑이야!

정치학 : 공통장은 정부의 외부에 존재한다. 공통장은 스스로 안전을 유지한다. 경찰력이 아닌 관습, 즉 습관과 사회화가 관계들을 조절한다. 이것은 거리에서 마을 소프트볼이나 축구 경기를 준비해 본 사람이라면 누구나 아는 사실이다. 잉글랜드의 역사에서, 정치학은 영주와 공통인[평민] 사이의 협상에서 시작되었다. 이렇게 해서 상원과 하원이 존재하게 된다.

법률 : 일반적으로 법률이 아닌 관습이 공통장을 보호하고 규정한다. 관습은 지역적이며, 기억 속에서 유지된다. 그리고 연장자들은 공동체 기억의 담지자들이다. 아프리카에서 라틴아메리카에 이르기까지 우리는 이것이 가부장제와 특권의 또 다른 외관임을 알고 있다. 따라서 우리는 관습을 존중하면서도 그것을 낭만적으로 묘사해서는 안 된다.

경제 : 공통장은 종종 구매와 판매의 영역에 속하지 않으며, 상품 영역이라고도 할 수 없다. 공통장은 삶이 직접적으로 이루어지는 공간이다. 공통장은 선물膳物 경제도 포틀래치7도 아니다. 아니다. 모든 게 공짜는 아니다. 하지만, 그렇다. 모든 게 공유될 수 있다. 이곳은 호혜주의가 관철되는 장소다. 이 경제는 마틴 루서 킹 주니어 박사가 명명한 저 세 가지 악, 즉 군사주의, 인종차별주의, 소비주의에 기초를 두고 있지 않다. 산업혁명 또한 공짜가 아니었다. 그와는 정반대다. 잉글랜드에서, 기계화는 실제로 반혁명적이었고, 산업혁명이 생산한 것이라고는, 검댕과 먼지 외에는 모두 산업[근면]과 반대되는 것뿐으로, 노동자들에게는 불행을, 지배자들에게는 나태함을 가져왔다. 이보다 더 모순될 수 있는가!

역사 : 공통장은 오래되었으며, 이라크에서 인디애나까지, 그리고 아프가니스탄에서 애리조나까지 곳곳에 존재한다. 공통장은 선주민과 연결되어 있으며, 최근에는 그 변형태들이 무수히 존재한다. 역사는 직선의 단계를 따라 펼쳐지는, 또는 사다리의 계단을 밟고 올라서는 단순한 진보에 관한 이야기가 아니다. 역사에는 수많은 단계가, 중복이, 반복이, 도약이 존재해 왔다. 그것들은 실제로 절대 사라지지 않는다. 레이더가 미치지 않는 곳에는 함께 공통하는, 수많은 공동체가

존재해 왔다. 한 가지 더 물어보자. 누구를 위한 진보인가?

　종교:착한 사마리아인, 이것은 '모든 것들을 공통의 것으로'의 원칙이다. 프란체스코 수도회의 수사들은 "주리 디비노 옴니 순트 코뮤니아"juri divino omni sunt communia, 즉 하느님의 법에 따라 모든 것이 공통적이라고 말한다. 기독교 신약성서에 따르면 초기 기독교인들은 모든 것을 공통의 것으로 보유했다. 아이티 소설가이자 부두교[8] 전문가인 마리 쇼베는 다음과 같이 쓰고 있다. "누군가 호리병박나무, 나의 주 하느님에 손을 댔다!… 누군가 호리병박나무에 손을 댔다. … 누군가 호리병박나무에 손을 댔다. 나무들을 모두 베어버리면, 지구는 더는 보호받지 못한다. 보라, 지구는 떠나가고 있으며, 복수의 이빨을 드러낸다."

　시인들과 작가들:우리의 시인들과 이론가들, 혁명가들과 개혁가들은 공통장을 꿈꿔 왔다. 헨리 데이비드 소로, 마야 안젤루[9], 토머스 페인, 칼 맑스, 피터 크로폿킨[10], 클로드 매케이[11], 톰 맥그래스[12], 마지 피어시[13]… 이들의 목록은 계속 이어진다. 신비주의자에서 낭만주의자, 초월론자에 이르기까지, 민주주의자에서 무정부주의자에 이르기까지, 사회주의자에서 공동체주의자에 이르기까지, 워블리에서 코뮤니스트에 이르기까지, 포크송 가수에서 록 가수에 이르기까지.

　잉글랜드:어떤 사람들은 공통장 하면 잉글랜드의 소위 "푸르고 쾌적한 땅"을 떠올리고 과거의 지혜가 담긴 다음과 같은 구절을 인용하기를 좋아한다.

　　법은 사람들을 가두어 놓지,
　　공통장[공유지]에서 거위를 훔치는 사람들을.
　　하지만 더 나쁜 놈들은 풀어주지
　　거위에게서 공통장[공유지]을 훔치는 놈들을.

　말할 것도 없이, 잉글랜드의 역사에서 공통장의 상실과 투옥이 동시에 일어난 일이었음은 분명하다. 재치 있는 이 짧은 노래를 지은 사람이 설령 아일랜드 사람이었다 하더라도 말이다. 오늘날의 세계에서 거위에 해당하는 사람은 누구인가? 1790년대 공통장의 인클로저가 일어나고 감옥이 세워질 당시의 잉글랜드에서 낭만주의 혁명은 그에 대한 엄청난 반대 표현을 쏟아 놓았다. 우리는 이 시기의 작가였던 새뮤얼 콜리지[14]에게서 인용할 수 있는 품격 높은 몇 구절을 찾아볼 수 있다.

> 돌아가자, 순수한 믿음으로! 돌아가자, 온순한 신앙심으로!
> 이 세계의 왕국들은 당신의 것이다 ; 각자의 마음속에
> 스스로 관리하고, 거대한 사랑의 가족이 되어
> 공통의 노고로 공통의 땅에서 재배한,
> 함께 생산한 것들을 누려라…

더 읽어볼 책

이 목록에 있는 책들은, 서점이 문을 닫고 있고, 도서관이 예산 삭감에 봉착해 있으며, 학교가 화면으로 인쇄물을 대체하거나 컴퓨터로 책을 대체하고 있다는 단순한 이유로 쉽게 구할 수 없을지도 모른다. 하지만 지금까지 이 글을 읽어왔다면, 지식이란 만남의 장소처럼 인내, 지략, 타인과의 작업을 통해서 얻을 수 있다는 것을 알았을 것이다. 거칠게나마 난이도 순서로 목록을 작성했다.

로버트 풀검, 『내가 정말 알아야 할 모든 것은 유치원에서 배웠다』[15]
가진 것을 함께 나누라, 공정한 게임을 하라, 친구를 때리지 마라, 어지럽힌 것을 직접 치우라, 물건을 원래 있던 곳에 두라, 남의 마음을 아프게 했으면 미안하다고 사과하라, 남의 물건에 손대지 마라, 세상에 나가면 손을 잡으라, 서로 협력하라, 양쪽을 모두 살펴보라!

제이 월재스퍼, 『우리가 공유하는 모든 것』[16]
유용한 목록, 사전, 해결책을 제시하고 있는 10장으로 이루어진 선집으로 학자들과 사상가들의 주목을 받고 있다. 실용적이고 단순하며 간결해서 입문서로

안성맞춤이다.

라즈 파텔,『경제학의 배신: 아직도 시장이 만능이라고 생각하십니까?』[17]
저자는 자신도 모르게 구세주와 같은 숭배 대상이 되었지만 걱정할 필요 없다. 이 책은 호모 에코노미쿠스의 시대는 지나갔다고, 이제 우리는 모두 공통인이 되었다고 말하는 현명한 입문서일 뿐이다.

피엠,『볼로볼로』[18]
새로 판을 찍은 이 책에는 아름답도록 창의적이고 통찰력 있는 일단의 실천 제안들이 들어 있다. 10대부터 70대에 이르는 독자들을 기쁘게 하는 즐거움으로 가득 차 있으며, 인생 희극에서 새로운 역할과 생활양식에 걸맞은 사랑스러운 새 단어들이 등장한다.

리베카 솔닛,『이 폐허를 응시하라: 대재난 속에서 피어나는 혁명적 공동체에 대한 정치 사회적 탐사』[19]
1906년 애너 아멜리아 홀샤우저는 단정하게 차려입고, 머리를 빗고, 화장을 한 뒤 흔들리는 계단을 내려가 샌프란시스코 지진의 소용돌이 속으로 들어갔다. 곧바로 그녀는 이웃들을 돕기 시작했고, 뒤이어 미스바 카페가 수천 명의 사람에게 음식물을 제공했다. 그녀의 비범한 이야기는 ─ 멕시코, 핼리팩스, 뉴욕, 샌프란시스코, 뉴올리언스 등의 ─ 재난들 속에서 일어난 공통화에 관한 것이다. 또한 일반적으로 상황을 더욱 악화시키는 당국의 서툴면서도 역효과를 불러온 시도들에 관한 것이다.

데이비드 볼리어,『은밀한 도둑질: 우리의 공통의 부에 대한 사적 약탈』[20]
이 책은 사유화의 습격, 특히 인터넷을 대상으로 하는 맹공에 관한 초기의 반응 중의 하나다. 랠프 네이더의 영향을 받은 이 책은 면밀하면서도 은근한 확신이 담긴 강력한 문체로 쓰였다. 볼리어는 세계적인 공통화 옹호 활동가다.

이아인 보울, 잰퍼리 스톤, 마이클 와츠, 칼 윈슬로 편,『에덴의 서쪽:북부 캘리포니아의 코뮌과 유토피아』[21]

　1960~70년대 캘리포니아 북부에서 진행된 공통화 프로젝트를 기록한 책이다. 여기에 포함된 내용은 다음과 같다. 샌프란시스코 공원의 자유 극장, 아메리카 선주민의 앨커트래즈 점거, 블랙 팬서의 아침 급식 프로그램, 귀향 히피들과 백투더랜더[22], 평화방송 네트워크.

　실비아 페데리치,『캘리번과 마녀:여성 신체 그리고 시초축적』[23]

　훌륭한 설명 덕에 이미 고전적인 텍스트로 인정받아 열정적으로 수용되고 있다. 여성과 공통장에 관한 역사적 트라우마를 찾아냄으로써 인종차별주의, 성차별주의, 자본주의가 맺고 있는 관계를 재개념화하는 데 도움을 준다.

　마리아 미즈·베로니카 벤홀트-톰젠,『자급의 삶은 가능한가:힐러리에게 암소를』[24]

　이 책은 지역적으로 행동하고 지구적으로 사고하는, 또는 지역적으로 사고하고 지구적으로 행동하는 방글라데시 필자들과 긴밀하게 연결되어 있는 유럽 페미니스트들에 의해 쓰였다! 자본주의와 가부장제 공리들 ― 인간은 이기적이다, 자원은 희소하다, 욕구는 무한하다, 경제는 성장해야 한다 ― 의 대안들을 제공한다. 두 다리로 서서 우리 목소리로 이야기하는 법을 가르쳐 준다.

　피터 라인보우,『마그나카르타 선언:모두를 위한 자유권들과 공통장』[25]

　『네이션』지는 이 책이 "가장 서정적인 올해의 책이며 자유에 관해 꼭 읽어야 할 책"이라고 발표했다. 노래, 드라마, 그림, 벽화 등이 곁들여진 이 책은 미국 역사에 관한 세 개의 장, 인디언에 관한 한 개의 장, 영국 역사에 관한 몇 개의 장으로 구성되어 있다. 관타나모 수용소 사건에 제출된 입헌 권리 센터의 보고서에도 유용하게 활용되었다.

루이스 하이드, 『공기처럼 공통적인 : 혁명, 예술 그리고 소유』[26]

이 책은 문화 공통장을 옹호하는 뛰어난 책이다. 이 책은 아이디어, 사유, 아름다움에 대한 상품화, 저작권화, 사유화의 어리석음을 다룬다. 벤저민 프랭클린과 토머스 제퍼슨에 관한 멋진 장들도 포함되어 있다. 책에서 제시하는 시민적 덕성civic virtue의 21세기 개념은 우리가 인클로저에 저항할 것을 요구한다.

마이클 하트·안토니오 네그리, 『공통체 : 자본과 국가 너머의 세상』[27]

공통장을 가로막는 세 가지 장애물로 공화제, 근대, 자본을 고발하는 매우 학문적인 이론이자 도전적인 철학 삼부작의 총괄 편이다. 이 책에는 독특한 용어법이 쓰이고 있다. 사랑은 공통장을 창출하고 개인주의의 고독을 극복하는 과정이다.

엘리너 오스트롬, 『공유의 비극을 넘어 : 공유자원 관리를 위한 제도의 변화』[28]

저자는 노벨상을 받았고, 이 책에는 미국 사회과학의 강점이 담겨 있다. 저자는 "공유지의 비극"과 "죄수의 딜레마"를 다루고 있으며, 스위스와 일본의 공동체적 보유, 터키, 노바스코샤, 스리랑카의 어업 공통장에 관한 논리적이고 경험적인 연구를 통해 이 개념들의 천박함을 밝혀주고 있다.

허버트 리드·베치 테일러, 『공통장의 회복 : 민주주의, 장소, 지구적 정의』[29]

정치과학자와 문화 인류학자인 저자들은 정치 이론과 철학을 공부하는 상급 학생들을 대상으로, 애팔래치아산맥에서 애팔래치아 사람들과 함께한 경험에서 얻은 놀랍고도 환영할 만한 내용을 제공하고 있다.

앤아버에서

2011년 7월

3장

도시와 공통장 : 우리 시대를 위한 이야기

2011년의 대도시 점거와 도시 야영은 도시와 공통장을 성찰하기 위한, 그리고 한 편의 이야기를 위한 출발점을 제공해 준다.[1]

탁심 광장, 타흐리르 광장, 신타그마 광장, 푸에르타 델 솔[2], 주코티 공원, 오스카 그랜트 광장, 세인트폴 대성당. 역사적으로 볼 때, 도시는 이러한 장소들을 둘러싸고 동심원으로 확장하면서 성장했다. 광장은 지역적이고 전 지구적인 논의를 촉발하는 것을 주요한 목표로 하는 집회 장소로 다시 활기를 띠었다.[3] 광장의 내부 관계는 상품 교환의 관계가 아니고, 반-위계적인 특징, 즉 "수평주의"가 우세하며, 안전, 음식, 폐기물 처리, 건강, 지식, 여흥과 같은 기본적인 인간 욕구가 스스로 조직되기 때문에 광장은 일종의 공통장이었다.

이러한 [대도시 점거 및] 야영은, 마을에 공통의 토지, 즉 에히도를 지원한다는 내용의 멕시코 헌법 제27조가 폐지된 이후 멕시코 사빠띠스따가 시작한 공통장에 관한 국제 회담 중에 이루어졌다. 남아메리카의 논의는 헌법 담론과 선수민들의 공유 실천들을 결합했다. 2009년 노벨 경제학상은 "경제적 관리, 특히 공통장에 관한 분석"을 수행한 엘리너 오스트롬에게 수여되었다. 노벨상이 여성에게 돌아간 것은 의미심장한 일인데, 그것은 엄밀히 말해 지넷 니슨이 『공통인들』에서 보여준 것처럼 공통장이 역사적으로 여성이 남성과 어느 정도의 동등함을 누릴

수 있는 영역이었기 때문이다.[4]

역사의 증거가 명백하게 공통화를 불가능한 일, 진정 하나의 모순이라고 간주하고 있음에도, 사유화된 도시의 중심부를 공통하려는 의식적인 인간의 시도가 이루어졌다는 것, 이것이 점거[운동]의 역설이었다. 1950년에 출간된 중요한 어떤 글에서, 영향력 있는 고고학자이자 선사학인인 고든 차일드는 도시가 약 5천 년 전에 시작된 사회 진화의 새로운 경제 단계라고 설명했다. 그는 이것을 "도시 혁명", 즉 도시의 창출이라고 불렀다.[5] 이것은 구석기 및 신석기 시대와 대비된다 (이는 어떤 면에서는 18세기와 19세기의 "미개"와 "야만" 단계에 상응한다). 방랑하는 사냥꾼과 채집자 무리나 식물과 동물의 길들이기로 존속되는 소규모 마을 중 어떤 것을 특징으로 하건, 사유화나 소유물의 인클로저 어느 것도 이 초기 시대에는 우세를 점하지 못했다. 오히려 사회는 협력 노동, 공통 자원, 공통 분배에 의존했다. 이것들이 바로 우리가 "공통장"이라고 부를 수 있는 것들이다.

법정, 요새, 그리고 항구

이처럼 도시와 공통장은 반대인 것처럼 보인다. 도시는 음식이 소비되는 장소이고 시골 공통장은 음식이 생산되는 장소다. 도시-국가는 민족-국가보다 선행하지만 공통장보다 앞선 것은 아니다.

애초에 벽으로 둘러싸인 도시는 시골에 대해 적대감을 드러냈다. 1790년대 투옥된 급진주의자이자 어원학자인 존 혼 툭[6]은 "마을"town이라는 단어가 '둘러싸인, 포위된, 또는 가로막힌'이라는 앵글로색슨적 의미에서 유래되었다고 생각했다.[7] 반대로, 우리는 공통장을 인클로저가 없는 것으로, 그리고 땅, 삼림, 산, 강, 바다와 열린 관계에 놓여 있는 것으로 사고하는 경향이 있다. 도시는 시장 부지, 마차의 목적지, 배들의 종착지, 전문적인 장인의 고향이다. 그래서 상업과 도시는 뒤얽힌다. 도시는 몇 가지 기능을 수행했다. 노예반란과 외적의 침입을 막는 요새의 기능, 법과 주권의 기능, 무역과 통상의 기능이 그것이다. 요새이자 법정이며 항구인 도시는 이 모든 기능 속에 인클로저의 원리를 구현했다.

우리는 계급적 관점을 배제하고서 도시를 사고할 수 없다. 전통적으로, 도시의 거주민은 귀족, 평민, 프롤레타리아 셋으로 분할되었다. 대규모의 영국 농민반란[8] 시기에 런던으로 행진했듯이, 농민들은 공통장의 반환을 요구하면서 도시로 향했다. 그들은 죄수들을 풀어주고 공통장 수탈에 관한 문서 증거 자료들을 파괴했다.

자본가에게 자유는, 중세 도시의 특징을 이루었던 통상, 시장, 생산에 대한 제약으로부터의 자유를 의미했다. 자유는 또한 이동의 자유를 의미했다. 하지만 이것은 모순을 함의했다. 이동의 원칙은 인클로저의 원칙과 대립했다. 자본가들은 주변을 에워싸는 벽들을 포함하는 "낡은 구조들을 파괴하고자 했다." 도시와 시골 사이의 벡터는 차량과 도로였으며, 또는 대도시와 식민지의 경우 그것은 배와 항로였다. 시골에서 도로는 강도 사건의 배경이 되었고, "노상강도"의 이름으로 기억되고 있다. 노상강도 행위는 부당 이득 행위와 동의어가 되었다. 헤르메스는 도둑질의 신이자 무역의 신이었다. 거리는 통로가 된다. "교통"의 의미는 상품 교환에서, 속도, 탐욕, 혼잡을 영구적으로 연결하는 도로 위에서의 차량 움직임으로 바뀌었다. 1790년대 거리 위의 방향성은 프랑스와 그 식민지들은 우측통행, 영국과 그 식민지들은 좌측통행으로 결정되었다.[9]

어떤 벽들이 무너지면, 꼭 그만큼 다른 벽들이 세워진다. 가두기confinement의 대단한 시대가 시작된다. 병원, 공장, 수용소, 감옥, 선박, 정신 병원, 요양원, 탁아소, 학교, 병영 ─ 이곳들에는 (벤담이 명명한 바의) 명령 원리가 가득 들어 있는 캡슐이 봉인되어 있다.[10]

도시 권력의 극장에 도시 상품의 화려한 무대가 펼쳐지면서 도시는 고통의 모체가 되었다. 족쇄 달린 칼, 태형 기둥, 교수대, 감옥, 교도소, 수용소, 지하 감옥 등은 사람들이 공적으로 모일 수 있는 중심지를 제공해 주었다. 도시와 시골의 교차점에는 타이번이라 불리는 교수대가 세워져 있었고, 그곳에서 수천 명의 사람들이 형장의 이슬로 사라졌다.

잉글랜드, 스코틀랜드, 웨일스, 아일랜드에서 방대한 인클로저 과정이 일어나고 있었다. 우리는 토지와 관계되어 있는 이 과정에 익숙하다. [이러한 과정은 잉글랜드와 웨일스의 의회 제정법, 스코틀랜드 고지의 개간지, 아일랜드의 형법 l등을 통해 이루어졌다. 우리는 공장, 감옥, 도시의 기간시설 등에서 일어나는 인클로저에는 익숙하지 않다. 과거 교외에서 쳐들어오는 적으로부터 도시를 방어했던 벽들은 이제 내부에 둘러쳐지는데, 그것은 시골에서 공통장을 잃어버린 노동자들이 도시에서 공통장을 창출하는 것으로부터 도시의 부를 인클로저하기 위해서였다.

차일드는 "도시혁명"을 그에 앞서는 신석기 혁명 그리고 우리가 (시간의 통념에 따라) "산업혁명"이라고 부르는 것과 대조했다. 수레, 쟁기, 돛배가 도시혁명의 기술적 징조였다면, 18세기 후반의 증기기관, 즉 열기관은 이 세 가지 모두를 변형했으며, 인간이 인간 및 지구와 맺는 관계에서의 "거대한 전환"을 가능하게 만들었다.[11] 산업혁명은 잉글랜드에서 최초로 일어났다.

200년 전 런던은 세계에서 가장 큰 도시였으며, 세상을 호령했다. 세계 은행업의 중심지인 런던은 시골에서 도시로, 식민지에서 중심도시로 부를 이전시켰다. 런던의 해운업은 최대 규모였으며, 매년 수백 척의 선박들이 전 세계에서 몰려들었다. 런던의 인구는 헤아릴 수 없이 많았는데, 웨스트엔드[12]의 광장과 이스트엔드[13]의 슬럼가로 분할되었다. 런던은 정부, 교회, 군대, 해군의 본거지였다.

당시 세 개의 거대한 벽들이 런던을 요약해 준다. 첫째, 토머스 댄서는 1780년의 고든 폭동[14] 때 파괴되었던 뉴게이트 교도소[15]를 재설계했다. 둘째, 그는 영국은행의 건축가인 존 손[16]과 공동 작업을 했다. 1796년 그들은 인근 주택들을 부수고 높다란 방어벽을 세워 거기에 금, 은, 현금, 국채가 기록된 종이 저장물을 밀봉했다. 1803년의 런던 안내 책자는 그것을 "거의 빈틈이 없이 거대한 벽으로 둘러싸인 교도소의 인클로저"[17]와 비교했다. 셋째, 웨스트 인디아 부두와 런던 부두의 벽들은 "적어도 30피트 되는 강력한 벽돌과 석벽으로 에워싸이고 둘러싸였다. … 벽이 없는 바로 옆으로는 폭이 12피트인 영국 해협이 흐르고 … 수심 6피트의 물이 항상 채워져 있다. 그리고 그 벽 바깥의 100야드 안에는 어떤 주택이나 건물도 세울 수 없을 것이다." 법, 화폐, 상품은 벽으로 둘러쳐진 감옥, 은행, 항구와 비례 관계다.

1801년 런던 방어를 계획한 국방 전문가들은 더는 벽에 의존하지 않았다. 런던 전체를 요새로 만드는 것은 비용이 너무 많이 들었다. 그 대신, 조지 행거의 언급에 따르면, "모든 둘러싸인 공간은 천연 요새다. 도랑은 해자 역할을, 제방은 흉벽 역할을, 그 꼭대기의 울타리는 '방어물 역할을 한다." "다시 말해, 이 둘러싸인 천연 요새들을 이용해, 수 마일의 모든 땅을 두고 그들과 싸우는 것이다." 그는 적이 평범한 사람들 또는 공통장common or common-field으로부터 공격해 올 것으로 믿었다.[18]

거리는 도시 공통장의 일부였다. 거리가 교통, 즉 상품의 이동이 이루어지는 장소만은 아니었다. 거리는 생산자와 소비를 결합했으며, 분리된 작업장에 있는 다양한 요소들의 생산자를 결합했다. 그곳은 스포츠, 영화, 카니발, 노래의 장소였다. 런던 거리에서 물건을 파는 사람들이 외치는 소리는 도시 소음의 영속적인 일부를 구성했다. 오래된 도시 관습에 따라 인형술사는 거리 한가운데에서 인형극을 상연할 수 있었다. 거리는 에로틱했으며, 거리를 걷는 사람streetwalker이라는 낱말은 성 노동자와 동의어였다. 거리를 따라 보도나 "포장도로"의 진화가 이루어졌다. 차량 교통과 도보 교통은 "경제"와 "사회"의 분할[19], 또는 경제 생산과 사회 재생산의 분할에 상응하여 분리되었다.

시내town와 시골country 간의 오랜 적대는 식민지와 제국 대도시 간의 더 최근의 적대에 대응한다. 도시가 교외의 청년들과 활동가들을 끌어들이는 것과 마찬가지로, 대도시는 세계 각국의 식민지 빈민들, 파농의 표현대로 대지의 저주를 받은 자들의 목적지였다. 지구 북부 도시는, 공통화 형태들이 21세기까지 지속되어 온 지구 남부 — 아시아, 아메리카, 아프리카 — 출신의 사람들을 끌어모은다. 맑스와 엥겔스는 『공산당 선언』에서 다음과 같이 썼다. "그것〔자본주의〕은 농촌을 도시에 종속시킨 것과 마찬가지로 야만국과 반半야만국을 문명국에, 농민의 국가를 부르주아 국가에, 동양을 서양에 종속시켰다."

아일랜드와 아이티, 에드워드와 캐서린

아일랜드는 잉글랜드의 가장 오래된 식민지였다. 아이티는 프랑스의 가장 값진 식민지였다. 프랑스와 잉글랜드는 해묵은 갈등의 일부로 장기적인 세계 전쟁을 치렀다. 우리에게 더 중요한 측면으로, 이념의 전쟁에, 한편으로는 자유, 평등, 우애의 전쟁에, 다른 한편으로는 교회, 왕, 재산의 전쟁에 참여해 왔다. 양국의 식민지에서는 반란이 일어났다. 1791년 8월에는 프랑스에 대항하는 아이티가, 같은 해 10월 잉글랜드에서는 아일랜드가 혁명적 조직을 만들어 마침내 1798년 봉기를 일으켰다. 이렇게 주변이 중심을 위협했다. 공통장에는 지정학적 역학이 존재했다.

에드워드 마르쿠스 데스파르드와 아프리카계 아메리카인인 그의 아내 캐서린은 이러한 도전들을 실현시켰다. 데스파르드는 1750년 아일랜드에서 태어났다. 1765년 자메이카로 도항해서 1790년까지 카리브해나 중앙아메리카에 머물렀다. 그는 영국 제도로 돌아와서 이후 아마도 인류 역사의 가장 혁명적인 시기가 될 12년을 (슈르주버리에서 떨어진) 런던의 감옥들 ― 왕좌 재판소, 콜드배스 필드, 타워, 토트힐 필드, 뉴게이트, 호스몽거 레인 ― 에서 보내게 되었다.

그는 독립적인 공화국 아일랜드를 위해 투쟁한 활동적인 혁명가였으며, 캐서린은 노예제 반대 투쟁을 벌인 바 있는 여성이었다. 그들은 공통 토지와 공통 권리의 강탈 비율이 최고조에 이르렀던 결정적인 시기에 잉글랜드로 가져간 공통장 형태들 속에서 값진 경험을 했다. 데스파르드는 1798년 3월 혁명가로 투옥되어 5년 뒤 반역죄로 처형되었다. 그는 윈저 궁(법정), 영국은행(항구), 런던탑(요새)을 공격해 도시 봉기 주도를 공모했다는 혐의로 고발당했다. 이처럼 봉기 프로젝트는 도시의 가장 기념비적인 세 건물을 포위함으로써 세 겹으로 둘러쳐진 도시의 핵심을 목표로 삼았다. 이 프로젝트의 목표는 이 건물들을 탈취하는 것이었지 전쟁, 화폐, 법률과 같은 원리들을 철폐하는 것이 아니었다. 따라서 그것은 "도시혁명"에 위협이 되지는 못했다. 하지만 공통장은 진정 이러한 위협의 형상을 띠었다.

1803년 2월 21일 데스파르드는 목에 올가미를 두르고 있었지만 역사의 진로를 바꾸려고 노력했다. 그는 "진리의 친구, 자유의 친구, 정의의 친구" 자격으로 발언했다. 그는 "가난하고 억압받는 자들"의 친구로서, 허위, 폭정, 기만의 원칙에 맞서서 "자유, 인류애, 정의 원칙"이 승리할 것으로 예언했다. 그는 인류에게 건강,

행복, 자유를 가져다주려고 노력했다는 이유로 죽임을 당했다.

　이 발언의 현장인 교수대는 인류의 웅변이 이루어지는 위대한 장소 중의 한 곳이 되었다. 〈아일랜드인연합〉The United Irishmen은 패배를, 압제자들에 대한 단죄로 바꾸었다. 데스파르드 혼자 전세를 역전시킨 게 아니었다. 캐서린은 그의 수사학 3부작에 도움을 주었다. 우리는 토머스 스펜스[20](그의 추종자들은 "진리, 정의, 인류 행복의 진정한 친구들"로서 1801년에 만났다)에게서, 그리고 공상적 사회주의자들을 비판하는 프리드리히 엥겔스("사회주의는 절대적 진리, 이성, 정의의 표현이다.")에게서 유사한 삼부작을 발견한다.

　재판관은 "보편적인 평등의 야성적이고 수평적인 원리"를 신봉했다는 이유로 데스파르드를 교수형에 처했다. 지주, 증권업자, 자본가들을 대표했던 에드워드 로 즉 엘렌보로 경은 혁명적인 공통장의 위험을 정리했다. 이것이 데스파르드 모반의 요점이었다. 이 모반은 양면의 가치를 지닌다. 한편으로 그것은 도시를 접수하려는 반란적 시도다. 다른 한편으로 그것은 "야수성"과 "야만성"에 연결되어 있다는 점에서 "야성적"이었으며, 17세기 영국혁명의 수평파[21]와 디거파[22]에 연결되어 있다는 점에서 "수평적"이었다. 그것은 프랑스에서 시작되고 아이티에서 지속된 보편적인 분출의 일부다.

　1803년은 하나의 역사적 순간이었다. 다시 말해 헤겔주의적, 맑스주의적, 톰슨주의적 의미에서 "시간 위의 얼룩"이었다. 아이티에서 일어난 노예제에 대항한 투쟁에 감명을 받은 헤겔은 주인-노예의 변증법 속에서 자유의 보편적인 역사를 이해하게 되었다.[23] 엥겔스는 당시의 "공상적" 사회주의자들(생시몽과 로버트 오언)을 좋아했다. 그는 단지 그들이 산업 프롤레타리아가 "과학적" 사회주의를 발전시킬 정도로 성숙하기 전에 살았다는 점을 지적했을 뿐이다.[24] 톰슨은 노동조합 금지와 정치 개혁가 탄압으로 인해 잉글랜드의 노동계급 운동이 정치적 지하조직을 구성했음을 보여주었다. 이 조직을 통해 운동은 살아남을 수 있었지만, 이 운동이 낭만주의 시인들의 이념과 연결될 수 있는 기회는 사라졌다. 헤겔은 우리에게 변증법을, 엥겔스는 우리에게 역사적 유물론을, 톰슨은 우리에게 노동계급을 주었다. 헤겔은 우리를 노예들에게로, 공상적 사회주의자들은 우리를 선주민들에게로, 톰슨은 우리를 지하 조직으로 인도한다.

"뜨겁게 타오르는 붉은 둥근 세계"

공통장에 관한 지식은 제국주의의 확장과 함께 성장한다. 단일어 "공통장"은 첫째, 생계수단을 빼앗기면서 노동계급이 상실한 것을 의미하고, 둘째, 자유, 평등, 우애에 관한 이상화된 시각을 의미한다. 예를 들어, 윈스턴리[25]는 1650년에 땅이 만인을 위한 공통의 보고寶庫라고 말했다. 또 루소는 『불평등기원론』에서 공통장을 인류 [역사] 이야기의 출발점으로 삼았다. 낭만주의 시인들은 공통장의 개념을 확장하면서도 그것을 물질적 실천으로부터 유리시켰다.

잉글랜드의 낭만주의 시인들은 정확히 공통장과 사유화 사이의 적대가 최고치에 이르렀을 때 등장했다. 그들에게 자연은 무엇이었던가? 톰슨은 1969년에 "[공통장은] 자코뱅적이고 공상적인 코뮤니즘에서 자연에 이르는 다리들 중의 하나"라고 썼지만, 그는 이후의 작업에서 이 다리 근처를 서성거리지 않았다.[26] 하지만 이 다리는 우리가 반드시 건너야 하는 다리다.

당시 가장 영향력 있는 작가였던 토머스 페인은 그가 살던 마을인 셋포드[27]의 강과 목장 공통장 그리고 독립전쟁 기간의 이로쿼이족의 공통장에 익숙했다. 그는 다음과 같이 썼다. "영원히 그 상태를 간직해 왔던, 경작되지 않은 자연 상태의 땅은 인류의 공통 재산이었다. … 부동산 체제는 경작 그리고 문명화된 생활과의 불가분의 관계로 인해 그것을 소유하지 않은 모든 사람의 재산을 흡수했다. 마치 그러는 것이 당연한 것처럼, 그러한 손실에 대해 아무런 보상도 제공하지 않고 말이다."

1795년 콜리지는 정치학, 천연자원, 인간 노동, 정의에 관한 생각들을 다음과 같이 결합하고 있다.

… 각자의 마음속에
스스로 관리하고, 거대한 사랑의 가족이 되어

공통의 노고로 공통의 땅에서 재배한,
함께 생산한 것들을 누려라…

이와 함께 워즈워스는 다음과 같이 주의를 주고 있다.

그것들이 … 모든 사람이 평등한 입장에 서 있는
공화국의 면모를 보여주었다는 것은,
많은 혜택들 중에서 작은 것이
아니었으니, 우린 하나의 공동체로서,
모두 영예로운 형제들…28

그의 시는 공장과 소년원, 감옥과 영세민 급식 시설을 공격했다. 1790년대 시의 주요 플롯이었던 버림받은 여성들에 관한 워즈워스의 시는 요점을 찌르고 있는데, 그것은 공통장에서 여성의 장소는 남성들과 동등하게 존재할 수 있었기 때문이다. 워즈워스의 1802년 『서정담시집』 서문은 "사람들이 실제로 쓰는 언어"를 사용하자는, 그리고 "낮고 평범한 삶"으로부터 주제를 선택하자는 하나의 선언이다.

윌리엄 블레이크29는 이것을 다음과 같이 단순하게 표현한다. "인간이 하는 모든 일들은 예술행위이며 모든 것들은 공통적이다." 그리고 이렇게 기도했다. "주님의 왕국에 있는 모든 이에게 공통적인 것에 부과된 돈, 가격, 세금을 폐지하시고 마땅히 우리 것이자 우리 권리인 빵을 우리에게 주시옵소서."30 그러므로 "공통장"은 공기 속에 있었고, 그 반대인 인클로저도 마찬가지였다. 블레이크가 보기에, 인클로저는 죽음으로, 생태계 파괴로 이어진다.

그들은 내가 나를 둘러쌀 수 있는 다섯 가지 감각을 가지고 있다고 말했네.
그리고 그들은 좁은 원에 내 무한한 두뇌를 가두었네.
내 심장을 심연 속에, 뜨겁게 타오르는 붉은 둥근 세계 속에 빠뜨렸다네.

모든 삶으로부터 내가 지워지고 없어질 때까지.[31]

공통장의 다양성

(고든 차일드가 예증한 것처럼) 단계적인 역사의 관점에서 볼 때, 공통장은 미개의 흔적이거나 야만의 유물이다. 자본주의 발전의 관점에서 볼 때, 공통장은 매뉴팩처가 버린 황야이거나 수공업의 부산물이다. 요컨대, 공통장은 기껏해야 유산의 틈새에 끼워진 자취이거나 산출물이다. 공통장의 다양성은 그 지리적 기원이 어디이건 또는 그 경제적 기능이 무엇이건 인클로저에 대한 저항들을 결합시키는 것을 의미한다.[32] 그것은 블레이크의 "뜨겁게 타오르는 붉은 둥근 세계"에 맞선다.

윌리엄 블레이크는 "서른 개의 마을"에서 영감을 얻었다. 이 마을들은 남아메리카 과라니족의 공유지 풍습과 모든 것을 공유한다는 기독교 사상에 기초하고 있었다. 공유지는 신의 재산 즉 투팜배tupambaé로 불렸다. 몽테스키외는 이를 찬미했고, 볼테르는 조롱했으며, 윌리엄 로버트슨은 다음과 같이 썼다. "들판의 농산물들과 모든 종류의 산업 생산물들은 모두 공통의 창고에 저장된다. 개인들은 여기에서 필수품을 공급받는 데 필요한 모든 것을 수령했다."[33]

아메리카 대륙은 토머스 모어가 『유토피아』를 출간했던 1516년 이래 유럽식 유토피아 모델의 모판이었다. 여기에는 사적 소유도 빈부도 존재하지 않는다.[34] 아메리카는 이런 의미에서 고대로부터 존속해왔던 황금시대의 뒤를 이었다. 황금시대는 귀족적 시각이었고, 유토피아는 부르주아적 시각이었다. 셰익스피어는 『템피스트』(1609)에서 아메리카의 식민지 건설을 다루면서 이 둘을 이용했다. "공통의 대자연에서 나는 모든 것들은 땀이나 노력 없이 생산되어야 한다."

"숟가락이 하나인 접시"는 오대호의 공통장을 함께 쓰는 〈이로쿼이연맹〉에 속한 다섯 부족들의 통일을 표현하는 하우데노사우니의 수사학적 비유다. 이 지역에서 전사 지도자 테쿰세가 배출되었는데, 그는 또한 연맹을 위해 "공통장"의 이름으로 투쟁했다. 1789년 코네티컷의 선주민들은 다음과 같이 슬픔을 드러냈다. "시대가 뒤집혀 버렸다. …사람들은 땅을 두고 싸움을 벌인 적이 없었다. 땅은 공통의 것이었으니까 말이다. 그리고 접시는 큰 것 하나만 있었고 모두가 평화와 사랑 속에서 함께 먹을 수 있었다."[35] 이것이 낭만적인 『서정민요집』에서 런던의 감옥에 이르기까지 10년 동안 반복해서 들리던 비가悲歌다.

블레이크를 부연하자면, 대서양의 모든 산맥은 1780년 안데스에서 투팍 아마루[36]가 일으킨 봉기로 흔들리기 시작했다. 모든 상품들의 보편적인 등가물[37]과 전 세계 은의 원천인 포토시의 세로리코[38]에서는 협력적인 노동을 변질한 살인적인 미타[39]가 만연했다.[40] 직접적인 전유는 법률로 금지되었다. 1780년의 봉기는 "위대한 독립전쟁"에 비유되어 왔는데, 이 봉기의 드라마, 동원, 결과들은 1791~1803년의 아이티 혁명의 그것들에 비견될 만하다. 아이티에서 모로는 아르티보니트 강어귀에서 세워진 "일종의 공화국"을 묘사했다. 여기에서 재산은 후손들에게 상속되지 않고 공동체로 귀속되었다. 노예들은 감자와 카사바를 심은 공통으로 제공된 땅에 접근할 수 있는 관례적인 권리들을 지켰다. 프랑스의 [혁명정부 파견] 대표 중의 한 사람인 폴브렐은 1793년 8월, 농장이 "전사들"과 적절한 "경작자들"의 "보편성"에 "공통으로" 속한다는 성명서를 발표했다.[41]

크롬웰과 윌리엄 3세의 정복으로 토지 이동이 뒤따랐지만, 아일랜드에서 공통화는 계속해서 존재했다. 데스파르드는 공통화와 함께 성장했다. 18세기에 아일랜드의 서부와 고지에서는 런데일[42]과 클라첸[43] 정착 양식이 전형적이었다. 공통으로 임차한 집단 주택에 거주하고 있는 소작인들은 고지에서는 공통 목초지(buaile, 즉 "booley")를, 습지대에서는 토탄 채굴권을, 바닷가에서는 어업권(cearta trá, 즉 해초 채취권)을 규제했다. 공통 경작지의 땅들은 모든 종류의 토양 ― 깊은 토양, 얕은 토양, 모래투성이의 토양, 메마른 토양 ― 의 생태학적 평등을 보장하기 위해 매년 순환되었다(런데일). 따라서 이러한 형태의 공통화는 저지대에서의 사업적 확산에 대한 대응이었으며, 신화적인 과거의 흔적이 아니라 "근대"의 일부로 이해되어야 한다.[44] 아일랜드에서 데스페라드 같은 사람들, 예컨대 토머스 레이놀즈와 로버트 에밋[45]은 만연하고 있는 사유화에 반대했다. 이후 그들은 1803년에 교수형에 처해졌다. 러셀은 "서른 개의 마을들"이 "지금까지 설립되었던 것들 중에 비할 바 없이 가장 좋고 가장 행복한 마을"이라고 생각했다. 제임스 코널리[46]에 따르면, "켈트식 코뮤니즘"에 미치지 못하는 것은 모두 "민족적 변절일 뿐"이며 비겁하게 신의를 저버리는 것이다. 스코틀랜드의 1792년은 "양의 해"로 불리는데, 이 해에 체비엇 양⁑이 고지로 옮겨졌으며 [개간을 위한] 삼림 벌채의 첫 번째 파도가 시작되었다. 고지대의 삼림 벌채로 인해 소작인들과 날품팔이 농부들의 삶이 파괴되었다. 소작인들은 런리그 농사를 지을 땅을 위해 제비를 뽑았고, 날품팔이 농부들은 공통으로 사용했던 목초지, 케일 작업장, 감자밭을 잃었다. 퇴거와 방화 그리고 폭동이 이어졌고, 그 결과는 추방이었다.[47]

1793년 벵골의 총독인 찰스 콘월리스[48]는 사적 소유 체제를 정착시키는 영대자민다르 제도[49]를 공포했다.[50] 그는 같은 시기에 이삭줍기의 여왕인 메리 호튼과 재산을 둘러싼 싸움을 시작했다. 잉글랜드 법정은 수천 년의 인류 역사가 뒷받침하고 있는 이삭줍기가 공통의 권리가 아니라고 선언했다. 잉글랜드의 농업 관습에 대한 공격은 심각했고 악독했으며 광범위했다. 〈자유헌장〉The Charters of Liberty은 중세 이래 그러한 관습들 중의 일부를 보호했다. 〈마그나카르타〉는 홀로 된 여성의 "공유지의 에스토버스[51]"(연료)를 인정했으며, 그것의 짝인 〈삼림헌장〉은 돼지 방목권(돼지의 먹이)을 보호했다. 농업 공통장에 관한 어휘(토탄 채굴권turbary, 어업권piscary, 방목권herbage 등)는 모호하거나 망각되었거나 지역적이거나 이해하기 어렵다. 공통화는 눈에 띄지 않는 만큼 대부분 오래 지속된다.

우리는 인클로저를, 생산수단으로부터 노동자의 완전한 분리라고 본다. 이것은 토지(공유지)의 경우 가장 분명한 사실이었다. 런던의 무역업자들과 동업자들 역시 인클로저를 완수했다. 사실 인클로저는 기계화의 선결 요건이었다. 제화공은 작업하다 남은 일부 가죽을 챙겼다("취득하기"). 재단사는 "떼어먹은 천[양배취]"cabbage이라고 부르는 가죽 자투리를 챙겼다. 직공織工은 베틀에서 옷감을 자르고 난 뒤 "잔해들"과 "부스러기들"을 챙겼다. 하인들은 "부수입"을 바랐으며, 부수입을 얻지 못하기라도 하면 파업을 벌였을 것이다. 선원들은 자신들의 "투기"adventures를 소중하게 간직했다. 액체용 통 제조업자들은 "밀랍"을 취할 권리가 있다고 여겼다. 배 만드는 사람들과 톱장이들은 "나무토막들"을 챙겼다. 부두 노동자들(또는 항만 노동자들)은 "하역 인부"로 불렸으며, 선원, 뱃사공, 거룻배 사공, 통 제조업자, 창고업자, 짐꾼 등과 함께 일했다. 화물을 실은 컨테이너가 부서지거나 화물이 흩어지면 그들은 관습에 따라 "유출물"spillings, "쓰레기"sweepings 또는 "부스러기"scrapings를 챙겼다. 요리사들은 [요리하면서] 손가락을 핥았다.[52]

귀족 학자인 알렉산더 홈볼트는 1899~1804년 아메리카로 여행을 했다. "관체인[53]의 온유한 성격은 지나간 유행의 화젯거리다. 오늘날 우리는 타히티 거주민들의 목가적인 순결함을 화제로 삼는다." 바운티호의 반란[54]은 블라이 선장의 "경제"oeconomy, 즉 화폐 경제와 선상생활에서 선원들의 관습을 분리하는 것에 선원들이 반대하면서 일어났다.[55] 타히티에서 이러한 분리는 두 문명 사이의 잔인한 균열로 이어졌다. "유럽인들에게 절도는 법적 소유권을 위반하는 것이었지만…타히티 사람들에게 그것은 공통의 자원을 요령 있게 허용하는 것이었다."[56]

요약해 보자. 공통장의 상실에는 농촌의, "야만"국의 그리고 "반야만"국의(맑스), 통상적인 무역 관례들의, 도시 "범죄행위들"의 다양한 관습들이 포함되었다. 이러한 관습들은 어떤 곳과 비교될 수 있으며, 어떻게 비교될 수 있을까? 다양한 공통장은 어떻게 종합[통합]에 도달할 수 있을까? 역설적이게도 그런 곳 중의 하나가 감옥이었다.

감옥에서의 만남Encuentro

프랑스와 잉글랜드는 전쟁에 속박된 제국이었다. 조지 르페브르는 프랑스 농민의 생존이 집단적인 권리 ─ 목초를 구하기 위해 공유지에 접근할 수 있는 권리, 연료와 건축 재료를 얻기 위해 삼림 지대에 접근할 수 있는 권리, 그리고 수확 후에 이삭줍기를 할 수 있는 권리 ─ 에 의존했다고 설명한다.[57] 이러한 공통의 관례가 침해를 받자 1789년 여름 반란이 일어났다. 쥘 미슐레는 18세기 파리에 30개의 감옥이 있었다고 계산했다. 바스티유 감옥은 두께가 30피트에 이르고 높이가 100피트가 넘는 벽들로 이루어져 있었다. 루이 16세 치하 바스티유 감옥의 내부 정원은 죄수들이 접근하지 못하도록 울타리가 쳐져 있었고 창문은 벽으로 차단되어 있었다.[58] 공통장의 인클로저와 바스티유의 습격으로 혁명이 시작되었다. 잉글랜드의 급진당원이었던 윌리엄 해즐릿[59]은 바스티유의 해방을 희년禧年에 비유했다. 토머스 페인은 바스티유를 회의와 절망을 낳을 뿐인 "전제 정치의 높다란 제단이자 성"이라 칭했다. 존 텔월[60]은 감옥에서 쓴 첫 번째 소네트에서 바스티유 감옥의 "창살, 철제문, 버려진 동굴" 등에 관해 언급했다.[61]

존 하워드[62]는 『감옥의 국가』(1776)에서 감옥의 굶주림, 추위, 습기, 해충, 소음, 무종교, 신성모독, 부패 등을 들추어냈다. 그는 소통을 막기 위한 것으로 무보수, 조기 기상, 제복, 비누와 냉수, 예배, 성경 낭독, 야간 독방 감금, 수시 시찰, 상시 주간 노동, 등급 분류 등을 권장했다. 목표는 회개, 또는 참회, 결국 "감화원"이었다. 그가 제시한 해결책은 재소자들의 질서를 파괴하거나, 활기찬 정치적 문화가 번성할 수 있는 죄수들의 자치 형태들을 파괴하는 데 기여했다. 뉴게이트 교도소에 페미니스트들, 천년왕국설 신봉자들, 채식주의자들, 도덕률 폐기론자들, 예언자들, 시인들, 철학자들, 역사가들, 치료사들, 의사들, 즉 "죄수"들이 모여들었다.

조지 고든 경은 "런던의 악명 높은 감옥 공화국"의 한가운데에 있었다. 비서가 쓴 글에 따르면 그는 "돈이 없는 사람들과 재산을 나누었다. … 헐벗은 사람들에게 옷을 주었고 배고픈 사람들에게 먹을 것을 주었다." 죄수들은 다음과 같이 묘사되어 있다. "그들은 다양한 계층으로 이루어져 있었다. … 유대인과 이교도, 의원과 노동에 종사하는 기계공, 관리와 군인, 그들은 모든 것을 똑같이 나눠 가졌다. 뉴게이트 교도소가 허용하는 한도 내에서는, 자유와 평등이 최대한으로 향유되었다."[63] 제임스 리지웨이는 1793~1797년에 뉴게이트 교도소에 수감되었다. "프랑스혁명, 학정, 프랑스와의 전쟁, 평화, 여성의 권리, 아메리카, 종교적 자유, 노예제, 군대 개혁, 아일랜드, 그리고 일부 소설과 연극에 관한 엄청난 논의들이 흘러나왔다."[64] 공화주의자이자 민주주의자였으며 평등주의자였던 제임스 파킨슨 박사는 런던탑에 갇혀 있는 동안 『괴혈병에 관한 소견』(1797)을 집필했다.[65] 콜드배스 필드 교도소[66]가 1794년에 문을 열었다. 이곳은 "개량된" 감화원들 중의 하나였는데, 곧바로 바스티유라는, 더 간단히는 "강철"이라는 별명을 얻었다.

콜리지는 다음과 같이 썼다.

　콜드배스 필드를 걸어 나오며 보았네
　　　쓸쓸한 독방을
　그리고 악마는 마음에 들어 했다네, 지옥의 감옥들을 개선할
　　　암시를 받았기 때문이지

굴뚝과 텅 빈 대롱 위로

　토머스 스펜스와 그라쿠스 바뵈프[67]는 각각 1790년대 잉글랜드와 프랑스의 지도적인 코뮤니스트들이었다. 바뵈프는 반란자이자 저널리스트였으며 스펜스는 노래, 낙서, 돈, 술 등을 활용한 선동가였다. 그들은 혁명 운동에 참여하고, 코뮤니즘의 보편성을 설파했으며, 공통장을 실제로 경험했다.

　〈런던통신협회〉[68]에서 매우 활동적이었고 죄수 후원회 소속이었던 프랜시스 플레이스[69]는 저작물이 어떻게 콜드배스 필드 교도소로 반입되었는지를 묘사한다. 저작물은 둘둘 말려 대롱 속에 집어넣어지고, 그 대롱은 뼈와 살코기의 접합 부분에 끼워지는데 그것은 [음식이 요리될 때] 과열되[어 소실되]는 것을 막기 위함이었다.[70] 우리는 식사와 함께 스펜스의 계획을 전달하기 위해 버클리 가 위쪽의 귀족스러운 광장을 건너 평민스러운 클러컨웰[71]의 폭 좁은 꼬불꼬불한 거리와 뒷골목을 횡단하는 캐서린 데스파르드를 상상해 볼 수 있다.

　스펜스는 공통장의 관습적 권리라는 현실에 보편적 평등이라는 이상을 결합시킨다. 그는 다음과 같은 몇 가지 전통들 — 에덴동산, 희년, 황금시대, 유토피아, 기독교, 유대교, 아메리카 인디언, 천년왕국, 성공회 반대 — 에 의존했다. 이 모든 생각들은 바다 공통장(그의 어머니는 오크니 제도[72] 출신이었다)과 토지 공통장(뉴캐슬 타운 무어는 아직 인클로저되지 않았다)이라는 맥락 속에서 경험되었다.

　그는 먼저 1775년에 토지의 교구 소유권을 〈뉴캐슬 철학 협회〉로 되돌려줘야 한다는 계획을 선언했다. 그는 런던으로 이사한 뒤 〈런던통신협회〉에 가입하여

이후 10년 동안 자신의 계획을 발전시켜 이를 작전, 혁명적 봉기, 총파업, 여성 평등, "부자 재산 몰수"를 수행하는 방법에 적용했다. 그 불후의 노래는 "신이여 여왕을 구하소서"[73]에 맞춰 부른 〈희년 찬가〉였다. 이것은 약 5천 년 전에 신석기 시대와 도시 시대의 일종의 타협으로 발생한 현실적인 희년을 노래했다.

그는 런던에 도착해서 그 지역의 화폐에 인증 각인을 했다. 그때는 작은 구리 화폐가 매우 부족한 시대였기 때문에 상인들은 동전을 직접 찍어냈다. 스펜스도 곧바로 직접 화폐를 발행하기 시작했다.[74] 1페니와 반 페니 동전의 가장자리 둘레에는 고리 모양으로 다음과 같은 급진적인 모토들이 새겨졌다. "지대 지급에 동의하면 나의 자유는 사라져 버린다." 또는 "다른 사람 위에 있다고 그가 주인은 아니다." "혁명 이전"이라고 쓰인 1페니의 한쪽 면에는 뼈가 썩어들어가는 토굴 감옥에 갇힌 채 쇠사슬에 묶인 해골 죄수의 이미지가 있으며, "혁명 이후"라고 쓰인 다른 면에는 세 사람이 잎이 우거진 나무 뒤에서 유쾌하게 춤을 추는 동안 한 사람이 식탁에서 행복하게 진수성찬을 즐기고 있다.

그는 "샐럽"salop이라는 음료를 판매했다. 그것은 연자주색 난초orchid의 뿌리와 덩이줄기를 갈아 만든 분말에 따뜻한 우유와 꿀, 향신료를 넣어 만든 혼합 음료였다. 이 난초는 "꽤 인기 있는 매우 희소한 난초들 중의 하나"다. 또한 강아지돌dogstone, 바보goosey ganders, 주전자 그릇kettle cases 등등으로 불리는(orchis는 고환을 뜻한다) 이것은 최음제처럼 인기가 있었다.[75] 스펜스는 난초 샘플들을 모으기 위해 대지大地의 공통장에 모험적으로 뛰어든 것인가, 아니면 식용 식물을 알고 있는 런던 거리와 시장의 여성들 중의 한 명에게서 그 물건들을 손에 넣은 것인가?

토머스 스펜스 역시 "강철"[감옥]에 수용되었지만, 그때는 데스파르드가 또 다른 새로운 감화원인 슈루즈베리로 이감된 이후였다. 데스파르드가 떠나고 나서야 스펜스 또한 이곳으로 옮겨졌다. 이 혁명군과 영국인 코뮤니스트는 혁명과 공통장, 그리고 대화를 억압하기 위해 고안된 시설들에서 우연히 만났다! 데스파르드에게 코뮤니즘의 이념들이 속이 빈 대롱에서 나왔다면, 반제국주의의 이념들은 굴뚝에서 나왔다. 왜냐하면, 아서 오코너의 책이 콜드배스 필드 교도소의 굴뚝에 숨겨져 있었기 때문이다. 이 책은 민족 해방 문헌의 고전이다.

아서 오코너[76]는 〈아일랜드인연합〉 집정부의 일원이었다. 그는 부유한 지주였다. 그는 1795년과 1796년에 프랑스와 협상을 했다. 그는 "20만 명에 달하는 런던의 불쌍한 사람들은 아침에 일어날 때 자신들이 그날의 저녁 식사를 할 수 있을지 확신할 수 없었다."라고 생각했다. 그는 체포되어 더블린 성에 투옥되었으며, 그곳에서 6개월 만에 『아일랜드 국가』를 썼다. 이 책은 1798년 2월에 배포되었다. 그는 다른 〈아일랜드인연합〉 회원들과 함께 프랑스로 가는 도중에 잉글랜드에서 체포되어 반역죄로 기소되었다. 수상, 내무장관, 대법관을 포함한 추밀원의 심문을 받은 그는 콜드배스 필드 교도소로 보내졌다. 그는 이후에 다음과 같이 썼다. "내가 만난 모든 난폭한 사람들 중에서 교도관의 아내가 가장 대단한 사람이었다." 하지만 법무장관이 의회 토론에서 밝힌 것처럼, 그의 책은 굴뚝 높은 곳에 숨겨진 은밀한 교도소 장서의 일부가 되었다.

오코너는 잉글랜드[문제]를 다루면서 다음과 같이 말했다. "오, 무지여! 그대 바스티유 감옥의 수호자여! 그대 굶주림의 원인이여! 그대 노예의 창조자이자 독재자의 지지자여! 그대 모든 악행과 모든 죄악의 창조자여! 우리가 얼마나 오랫동안 이 저주받은 지배를 견뎌내야 하는가?" 아일랜드 사람들은 유럽의 어떤 사람들보다도 "더 열악한 의식주 환경에" 놓여 있었다. "옥수수, 소, 버터, 가죽, 털실"과 같은 모든 토지 생산물이 수출된다. 그는 아일랜드의 환대, 즉 공통장의 절대적인 공리를 칭찬했다. 그는 기계화, 독점, 높은 곡물 가격 및 장자 상속에 반대했다. 그가 영국 제국주의를 질책한 것은, 제국주의가 아일랜드에서 저지른 범죄 때문만은 아니다. 영국 제국주의는 "세계의 모든 지역에서, 동인도 제도의 죄 없는 주민들을 약탈하고 굶주리게 하고 학살했으며, 서인도 제도에서 노예로 전락한 비참한 사람들에게 매질을 가했다." 그의 책을 묶은 최근의 편집인이 쓴 것처럼, "아일랜드 국가의 병리를 치유하는 유일한 논리적 해독제는 민주적이고 사회적으로 평등한 공화국이었다."[77] 아서 오코너 자신은 다음과 같이 썼다. "배상은 약탈의 반환과 권리의 회복을 의미한다."

의원이었던 프랜시스 버뎃 경은 캐서린과 함께 데스파르드를 방문했다. 언젠가 그는 "폭도들"을 위해 3기니[78]를 보내주었다. 영국 함대의 3분의 1은 1년 동안 쌓인 임금 체불, 강제 노동, 잔인한 규율, 그리고 체계적인 부정행위에 맞서 폭동을 일으켰다. 100척의 함선이 저항의 뜻으로 붉은 깃발을 매달았다. 그들의 요구 가운데 하나는 파운드를 16온스에 맞추는 것이었다. 함장이었던 리처드 파커를 포함해 36명의 폭도들이 교수형에 처해졌다. 벨파스트 출신의 발렌타인 조이스를 포함하는 갑판 아래의 선동자들 중에서 〈아일랜드인연합〉이 단연 돋보였다.[79] 데스파르드가 도착할 때까지 33명의 폭도들이 여전히 콜드배스 필드 교도소에 투옥되어 있었다. 감옥과 배는 아일랜드, 카리브해 및 영국에서의 경험을 비교할 수 있는 다양한 공통장을 잇는 도관導管이었다.

인클로저의 기업가들 : 4인조

공동경작지는 인클로저되었다. 공장들이 수공업을 인클로저하기 시작했다. 시장은 상점으로 대체되었다. 교도소가 야외의 처벌을 대체했다. 타이번[80]가街의 교수대들도 폐쇄되고 뉴게이트 교도소 내부에 다시 설치되었다. 섹슈얼리티는 억압되었다. 마음이 벼려낸 족쇄mind-forged manacles [81]가 굳게 채워졌다. 이러한 [정신적 자기] 구속은 계속해서 지배적인 이념들을 꾸며내는 '마음을 속박하는 사람들'mind manaclers의 도움으로 가능했다.

벤담[82], 영[83], 콜쿠혼[84], 그리고 맬서스[85]는 이념의 전투에서 승리했다. 벤담은 공리주의의 창시자였고 아서 영은 농업학자이자 개발 전문가였으며, 콜쿠혼은 경찰의 창립자였고 맬서스는 인구 연구의 창시자였다. 실용주의자, 농업학자, 경찰 및 인구 통계학자의 이념은 지배적인 역사적 추세를 반영하고 21세기까지 지속되어 온 사회적·지적 구조를 수립했다. 그들은 연구뿐만 아니라 공적인 문제와 관련된 사람들이었다. 그들은 또한 그들에게 돈을 지급하는 실용적인 사람들, 명령하는 사람들의 관심을 끌고자 했다.

아서 영은 토지 사유화의 주창자였다. 대지는 자본주의적 자산이 되었다. 토머스 맬서스는 기근, 전쟁 그리고 페스트가 인구 증가의 균형을 잡는다는 것을 보여주려고 했다. 패트릭 콜쿠혼은 런던 세관의 범죄화/불법화criminalization를 조직한 치안 판사이자 정부 정보요원이었다. 제러미 벤담은 자신의 "파놉티콘"으로 도시 인구에 대한 건축학적 인클로저를 고안했다.

그들은 국제적이었다. 맬서스는 동인도회사 대학의 교수가 되었다. 제러미 벤담의 파놉티콘 개념은 러시아 여행에서 비롯되었다. 콜쿠혼은 버지니아에서 성장기를 지냈으며, 나중에 그는 서인도 사업 관계자들에게 조언했고 자메이카 농장에 지분을 가지고 있었다. 농업에 관한 아서 영의 최초 조사는 아일랜드 여행의 결과 이루어진 것이었다. 그들은 자유, 평등, 우애에 맞서는 국제적인 반혁명 사상가들이다.

그들은 자신의 정책들을 "법"으로 표현한다. 재산에 관한 벤담의 법, 경찰에 관한 콜쿠혼의 법, 정치경제에 관한 영의 법, 자연에 관한 맬서스의 법이 그것이다. 벤담은 고아와 "제멋대로 구는" 여성을 대상으로 하는 시설을 지었다. 맬서스는 결혼 연기를 권장했다. 콜쿠혼은 매음굴과 술집에 대해 통렬하게 비난했다. 아서 영은, 공통의 권리에 의존해서 돼지를 사육하고, 닭을 치고, 채소 부스러기를 줍는 여성들에게서 그 기반을 빼앗았다. 그들은 노동계급의 재생산에 관심이 있었다.

아서 영은 1803년에 노퍽을 여행하고 1804년에 그 결과물들을 출판했다. 그는 인클로저를 겪은 약 79개의 교구敎區를 방문했으며, [인클로저가] 공통 권리의 상실이라고 정확히 기술한다.[86] 인클로저 법령의 수는 1789년에 33개였다가 1790년대 중반에는 두 배 이상(77개) 늘어났고, 이후에는 1801년까지 거의 두 배로 증가하여 122개가 되었다. 1801년 의회는 일반 인클로저 법령(조지 3세 41년, c.109)을 통과시켰다. 1800년에서 1815년 사이에 아마도 300만 에이커가 인클로저되었을 것이다.[87] 그는 1800년에 『식량난의 문제』를 출간했다. 이 책에서 그는 식량 위기의 해결책으로 감자와 쌀로 만든 식품을 주장했다. 그는 가난한 사람들에게 종교적 복종을 가르쳤다. 그렇지 않으면 그들이 "『인권』의 악의적인 자녀"[88]가 될 것이기 때문이다.

토머스 맬서스는 1798년에 『인구론』을 출판했으며, 두 번째 판은 1803년에 나왔다. 맬서스는 다음과 같이 주장했다. "자기애self-love는 위대한 기계(즉 인간)의 추진력"이며 "모두가 자연의 자비로움을 똑같이 나누어 가질 수는 없다." 콜쿠혼은 『대도시의 경찰』(1800)에서 "일반 경찰 기계"를 옹호했으며, 모든 사람이 상거래의 은혜를 공유할 수는 없다는 견해를 역설했다.[89] 밤에는 "경기병"[90]이 도둑질을 했고, 낮에는 "중기병"이 비밀 주머니, 좁은 주머니, 나팔바지 속에 물건들을 실어 날랐다. [이렇게 훔쳐진] 커피나 설탕은 무수히 많은 오래된 철물점에서, 식료품점에서, 선술집에서, 포주에게서, 잡화상에게서, 그리고 기타 장물 고매자故買者[91]에게서 임대료, 음료, 음식, 의류와 교환될 수 있었다. 콜쿠혼은 "이 거래자들이 볼 때, 모든 거리에는 열린 문이 겹겹이 존재한다."라고 썼다. 선창가 지역의 공동체들은 일종의 히드라였다. 그리고 그 히드라가 공통장이었다.[92]

제러미 벤담은 1802년에 『파놉티콘 대 뉴사우스웨일스 ; 파놉티콘 교도소 시스템과 유형지 시스템 비교』를 출간했다. 그는 학교, 공장, 빈민가, 병원, 수용소, 병영, 막사, 보육원 및 교도소를 위한 훈육 시설로 파놉티콘을 제안했다. 그는 그것을 "불량배를 정직한 사람으로, 게으른 사람을 부지런한 사람으로 연마시키는 공장"이라고 불렀다. 실제로 트레드밀[93]이 근래에 콜드배스 교도소에 설치되었다. 벤담은 파놉티콘을 유령의 집에 출몰하는 유령들에 비유했다. 이 전형적인 고딕식의 인클로저는 토지의 손실에만 관련된 것이 아니었다. 그것은 5천 년 전의 도시혁명 이래 지구에서 일어난 유례없는 근본적인 변화와도 관련된 것이었다. "산업적" 주체들의 끊임없는 축적은 요람에서 무덤까지 그들의 인클로저를 필요로 했다. 통치를 위해서는 시민사회의 인구가 제한되어야 했으며, 제한을 위해서는 시민사회의 인구를 완전한 감시하에 두어야 했다.

크리켓과 캐서린은 폐쇄를 줄인다

파놉티콘은 여러 세력들의 연합에 의해 패배했다. 의회에 로비 활동을 하고, 신문에 편지를 쓰고, 내무장관에게 탄원하고 다른 수감자들의 아내와 함께 작업하고, 에드워드를 방문하고, "강철[감옥]"의 간수장에게 도전하는 등, 데스파르드 부인도 여기에 한몫을 했다. 웨스트민스터의 크리켓 경기자들과 공통인[평민]들도 파놉티콘에 반대했다. 소년 시절, 제러미 벤담은 1755년과 1760년 사이에 웨스트민스터 학교에서 기숙했다. 그는 토트힐 필드 교도소에 파놉티콘을 짓는 데 도움을 달라고 예전의 교장에게 편지를 썼다. 캐서린의 동료인 프란시스 버뎃 경 역시 이 학교에서 기숙했는데, 그는 기숙사 창문을 깨뜨린 친구들을 밀고하고 교장에게 복종하기를 거부했다는 이유로 1786년에 퇴학당했다.[94]

토지는 "공통의 권리를 필요로 하는 황야 상태에 놓여" 있었다. 세인트 마거릿과 세인트 제임스의 교구민들은 공유지 목초지를 좋아했다. 『젠틀맨의 잡지』는 "공유지가 인근에는 없었다."라고 보도했다. 이곳은 "아득한 옛날부터" 웨스트민스터 학교의 소년들을 위한 크리켓 경기장이었다. 벤담은 새로운 경기장을 그들에게 찾아주겠노라고 (그러면 자신의 감옥을 지을 수 있으리라고) 제의하면서 웨스트민스터 학생들에게 호소했다. "그 음울하고 볼품없는 넓은 공간을 스포츠와 운동을 하는 데 사용함으로써 얻는 이득이 얼마이건 이곳은 모든 종류의 비열하고 위험하며 반갑지 않은 손님들의 끊임없는 침입을 받기 쉽다."[95] 스펜스가 1890년대 중반부터 주조한 정치적인 반 페니 화폐 중의 하나에는, 한 면에는 학자 예복을 입고 학자 보닛을 착용하고 있는 "웨스트민스터 학자"가, 다른 한 면에는 바지나 상퀼로트[긴 바지]를 입고 있는 "소년원 소년"이 묘사되어 있다.

1833년에 공공 산책 및 운동 장소에 관한 의회 선발위원회에서 증언이 있었다. "나는 모든 현장에서 추방되고 모든 놀이 장소를 박탈당하는 것에 대한 불만을 목격했다." 수백 명의 사람이 매년 여름밤 대영 박물관 뒤편 들판에서 크리켓 경기를 했다. 인기 있는 오락은 복음주의자, 지주들, 산업가들에게 엄청난 압박을 받고 있었다. 권투, 보행, 축구, 춤 또한 고통을 받았다.[96] 제임스는 크리켓에 관해 다음과 같이 쓰고 있다. "크리켓은 사작농, 사냥터지기, 도공, 땜장이, 노팅엄셔 석탄 광부, 요크셔 직공에 의해 만들어졌다. 손과 눈을 가진 이 숙련공들이 그것을 만들었다."[97] 제임스는 워즈워스의 『서정민요집』 서문에 쓰인 말들로 다음과 같이 게임을 묘사한다. 크리켓을 하는 사람은 도시적이고 획일적인 업무의 "야만적인 무감각"에 맞서서 인간의 아름다움과 존엄성을 유지한다.

버뎃과 벤담은 토트힐 필드 교도소를 둘러싸고 싸움을 벌였다. 버뎃과 캐서린이 파놉티콘을 상대로 승리했다. 철학적 개념이 아니라 실행 가능한 역사적 사건으로서, 파놉피콘은 1803년 6월 애딩턴 총리가 벤담에게 자금을 조달하지 않을 것이라고 통보했을 때 무효로 돌아갔다.[98] 1810년에 웨스트민스터 학장과 전前 학교장은 "한 남자에게 10에이커 주변의 고랑을 파기 위한 말과 쟁기의 비용을 지급했고 다음 해에는 수문과 울타리가 세워졌다."[99] 언제부터인가 "웨스트민스터 학자들"은 이전의 공통인들을 볼스키족Volscis 100의 줄임말인 "스키스"Sci's로 부르기 시작했다. 학자들은 라틴어 수업 시간에 기원전 304년에 이들이 볼스키족이 로마에 정복당함으로써 로마의 확장이 시작되었다고 배웠다.

강탈이 공통인들의 반대에 봉착했을 때, 우리는 하인, 장인, 노예, 부모, 노동자, 군인 등의 계급 구성에 관한 증거를 발견한다. 그들의 경험에는 혁명이 포함되어 있었다. 혁명의 폭력은 많은 이들에게는 상처를 입혔지만, 혁명의 꿈들은 극히 일부의 사람들에게는 영감을 주었다. 그것은 "아래로부터의" 실천적인 공통화와 (낭만주의 운동과 코뮤니즘 운동의 기원으로 이어지는) "위로부터의" 계몽주의적 희망들이 합류한 것이었다.

데스파르드 시기

우리는 이 "시기"moment를, 영국과 프랑스가 1년 동안 전쟁을 멈춘 때인 아미앵 평화 조약101 시기로 이해할 필요는 없다. 우리는 또한 이 시기를 워싱턴 DC에 대한 정부의 철수로도, 그리고 루이지애나 매입을 통한 노예 정권의 확대로도 이해하지 않는다. 우리는 그것을 노예제에 대한 승리의 시기로도, 아이티 독립에서의 "잉카 군대"(데살린102은 자신의 군대를 이렇게 불렀다)의 승리로도 보지 않는다. 여기에는 이것들 외에 자연에 관한 낭만주의적인 발견이 포함되었다.

1802년에 "자연"은 무엇을 의미했을까? 구름에 관한 농부와 선원의 지식에서 볼 때, 지하에 관한 광부와 토공±工의 지식에서 볼 때, 토지에 관한 농민의 지식에서 볼 때, 식물에 관한 선주민의 지식에서 볼 때, 1802~3년의 시기는 인간 지식의 사회적 관계에서 거대한 변화가 일어난 때였다.[103] 하늘의 구름에서 지층 지하 strata underground에 이르기까지, 하늘과 땅 사이의 생명-형태에 이르기까지, "세계" 는 인간의 이해 안에서 변화를 겪고 있었다.[104] 기구氣球 조종사들은 지구를 거대한 유기체로 보았다. 석탄 광부들이 우리에게 지하를 보는 시각을 주었던 것처럼, 조종사들은 우리에게 새의 시각, 즉 초-지형적supra-terranean 시각을 주었다. 지하에 관한 학문을 기술하기 위한 단어 "지질학"은 1795년에 등장했다. 스미스는 1801년에 잉글랜드와 웨일스의 지하 세계에 관한 최초의 지도인 「지층」을 출간했다. 그는 1787년 소년 시절, 인클로저된 마을 들판의 도랑을 파고 울타리를 두른 후에 발견한 화석들에서 영감을 받았다.[105]

이반 일리치는 "실질적인 개념으로서 생명[삶]은 1801년 무렵에 등장한다."라고 밝힌다.[106] 기계론적 분류에 반대하는 라마르크는 그해에 "생물학"이라는 용어를 만들어냈다. "생명[삶]"은 재산처럼 이야기된다. 호모 이코노미쿠스[경제 인간] 는 하나의 생명 형태로 태어났으며, 노동력은 하나의 기계로 태어났다. 데스파르드가 고통을 받기 한 달 전, 볼로냐 출신의 해부학 교수인 조반니 알디니는 뉴게이트 교도소에서 살인자 토머스 포스터가 교수형을 당한 후 전기적 전하電荷를 응용해서 그의 시신을 되살리려고 시도했다. 데스파르드가 교수형에 처해지고, 참수되고, 배가 갈라지고, 사지가 찢기고 난 2주 후에, 이 징벌적 도살을 고안한 에드워드 로("엘렌보로 경")[107]는 법령에서 최초로 낙태를 사형에 해당하는 범죄로 만드는 성문법을 의회에 도입했다. 이러한 시도는 단지 잉글랜드의 땅, 잉글랜드의 수공예품, 잉글랜드의 수송, 잉글랜드의 정신뿐만 아니라 자궁 또한 인클로저하기 위해 만들어진 것이었다.

데스파르드가 1803년 2월에 숨을 거두고, 한 달 후 투생 루베르튀르[108]가 사망하자 혁명적 시기의 다른 민중 지도자들은 침묵을 지켰다. 볼네[109]는 나폴레옹을 위해 일했다. 토머스 페인은 1802년 9월에 미국으로 항해를 떠났으나 환영받지 못했다. 텔월은 1801년 공동 경작지의 정견 발표장을 떠나 웅변 학교를 열었다.

법, 힘 그리고 상품이라는 의미에서의 도시가 시골의 공통장을 폐지하고 "부르주아" 국가들이 "야만적인" 국가들을 파괴했기 때문에 전 세계의 공통인들은 다시는 숲으로 물러나거나 언덕으로 달려갈 수 없다. 역사적으로 전례가 없는 과제가 되겠지만, [이제] 도시 자체를 공통화해야 한다.

더블린에서

2013년 5~6월

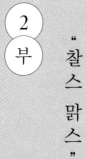

2부

"찰스 맑스"

4장

칼 맑스, 목재 절도, 노동계급의 구성 : 오늘날의 논쟁에 부쳐

I

1960년대 국제 노동계급의 공세는 사회과학을 위기에 빠뜨렸고, 사회과학은 아직 이 위기에서 벗어나지 못하고 있다.[1] 이러한 공세가 시작된 곳은, 자본이 예전에, 목소리를 내지 못하고 종종 임금을 받지 못하는 상대적 잉여인구 예비군 안에 포함하려 했던, 노동계급의 바로 그 부분 — 다시 말해 북아메리카의 게토들, 카리브해의 섬들, 또는 지중해의 "퇴보적인" 지역들 — 이었다. 투쟁이 부에 대한 대규모의 직접적인 전유 형태를 취하자, 투사들이 이 투쟁을, 흔히들 노동조합과 공장에만 존재한다고 여겨지는 "진정한 투쟁"에 대한 "이차적인 운동"으로 이해하는 것은 점점 어렵게 되었다. 또한 이 운동을 "억압적인 사회"에 대한 "희생자들"의 우발적인 반응으로 이해할 수도 없었다. 이러한 시각은 자율적인 흑인운동 및 여성운동의 힘으로 무력하게 된 그와 같은 조직들[노동조합과 공장들]의 흔한 이해방식이었다.

여기에서 그 투쟁들이 부를 직접적으로 전유하면서 취했던 형태들을, 또는 이러한 투쟁들이 어떻게 보다 친숙한 투쟁 맥락 속에서 순환할 수 있었는지를 상술하지는 않는다.[2] 하지만 우리는 이러한 투쟁들이 범죄 — 범죄는 노동계급의 창출과 통제에서 자본의 가장 오래된 수단이다 ― 문제를 다시 한번 자본주의적 관계의 핵심 사안으로 만든다는 점에 주목해야 한다. 국제 노동계급의 정치적 재구성이 노동시장의 자본주의적 조직화를 위기에 빠뜨리자, 전통적인 사회과학의 일부인 범죄학 ― 이 학문은 노동시장의 변두리 중의 하나인 "범죄적 하위문화들"을 연구하는 데 전념한다 ― 은 위기에 직면했다.

조지 잭슨[3]은 범죄학의 도서관을 태울 것을 권고했다. 젊은 범죄학자들은 범죄학이 연구 분야로서 독립적 지위를 지니고 있는지 의문을 제기하기 시작했다.[4] 범죄학에 대한 내외부의 비판이 일어나자 맑스주의적 전통 내에서 범죄를 다루는 것에 대한 관심이 회복되었다. 그러나 그 전통은 결코 접근할 수도 없고 완전하지도 않으며, 실제로 그 안에 모순된 긴장들이 포함되어 있어서, 그것을 무조건 환영할 수는 없었다.

우리 자신의 입장을 밝힐 때는, 과장된 표현을 무릅쓰고서라도 가능한 한 명확해지려고 노력하자. 우리는 노동계급의 특수한 구성을 영원하고 심지어는 공식적인 유형으로 화석화化石化하는 견해에 반대하고자 한다. 특히 "룸펜프롤레타리아" 대 "산업 프롤레타리아"라는 19세기의 용어로 범죄(또는 실제로 그 밖의 많은 것)를 분석하는 견해와 싸워야 한다. 범죄학의 위기와 그것을 야기한 투쟁의 경험에도 불구하고, 일부 투사들이 여전히 "룸펜프롤레타리아" 등등에 관해서 마치 이것이 자본주의적 권력관계의 고정된 범주인 것처럼 말하고 있는 것은 유감스러운 일이다. 역사적 상술詳述의 원칙이나 계급투쟁 개념을 적용하지 않는다면, 계급전략에 관한 유용한 분석은 불가능할 것이다. 앞에서 말한 방법론이 다른 측면에서 아무리 효과적이라 해도 말이다.[5]

저들의 "맑스주의" 변종을 포함해 범죄에 관한 다양한 이상주의적[관념론적] 해석을 거부한다면, 특정한 역사적 시대 내의, 다시 말해, 잘 구성된 자본주의 축적 단계 내의 문제 상황에 대한 관심의 부활이 필연적으로 일어난다. 이런 점에서 볼 때, 시초축적의 관점에서 이 문제를 논의하는, 이 책에서 다루고 있는 최근의 연구들은 환영받아야 한다.[6] 동시에 우리는 이 분석이 다른 시대의 계급관계에서 나타나는 부의 전유 및 범죄에 관한 논의로 확대될 수 있다는 희망을 표현

해야 한다. 범죄 분석을 시작한 사람들이 우리에게 제공해 준 것은 "주변화" 개념
이다.[7] 이것은 우리로 하여금 자본주의적 조직화와 노동시장 계획을 분석하게 만
든다. 자본의 명령 형태가 탈역사적이고 고정되어 있다고 생각하는 사람들과 비
교해 보면 이는 확실한 진보다. 그렇지만, 우리는 이 개념의 일면적인 성격에 주
목하지 않을 수 없다. 즉, 우리가 노동계급의 결정 요인들을 가지고 이 개념을 적
절하게 재구성하지 않는다면, 이 개념은 자본의 관점을 받아들일 수밖에 없도록
하는 질문 접근 방식을 함유하고 있다는 점에 주목해야 한다. 우리는 맬컴 엑스
와 조지 잭슨의 삶과 작품들이, 우발적이며 "주변적인 부문"에 봉쇄되기는커녕,
투쟁 순환 전체의 국제적인 참조점이 되었음을 기억한다.

최근 형법과 목재 절도에 관한 맑스 초기 저작의 영역본이 출간됨으로써, 범
죄 문제를 다루는 맑스 사유의 발전에 관해 다른 관점에서 살펴볼 수 있는 좋은
계기가 마련되었다.[8] 우리는 이 글들을 자본주의 축적의 실제적인 동역학의 맥
락 속에 배치하기 위한 몇 가지 제안이 1840년대 계급투쟁의 역사적 결정요인을
상술할 수 있도록 해줄 뿐만 아니라, 또한 (이것이 훨씬 더 중요한 것인데) 현재의
논쟁 ― 전통적으로 노동계급의 정치적 구성에 관한 분석을 옹호하며 정립된 "범죄학"을
포기함으로써 1842년 이후 맑스 자신의 발전과 일정한 정도 유사성을 갖는 논쟁 ― 에
기여할 수 있기를 희망한다.

II

맑스가 정치경제학에 관한 자신의 무지를 처음으로 깨닫도록 해 준 것이 절
도 문제라고 말하거나, 계급투쟁이 범죄의 형태로 처음으로 맑스의 진지한 관심
사로 떠올랐다고 말하는 것은 과장이 아닐 것이다. 엥겔스는, 맑스가 순수 정치
적인 관점에서 경제학 연구로, 그리고 사회주의로 나아가도록 이끈 것이 목재 절
도에 관한 법률 및 모젤Moselle강의 농민 상황에 관한 연구라고 말하는 것을 항
상 알고 있었다.[9] 맑스 자신의 증언 역시 명확하다. 1859년에 맑스는 『정치경제학
비판 서설』에서 다음과 같이 썼다.

1842~43년, 나는 『라인신문』의 주필로서 이른바 물질적 이해관계에 관한 논의에 처음 참여해야 했을 때 당혹스러웠다. 삼림 절도 및 토지 분할에 관한 라인주의회의 토론, 당시 라인 주지사였던 헤르 폰 샤페르 씨가 모젤강 주변 농민의 상태에 관해 『라인신문』과 벌인 필전, 끝으로 자유무역 및 보호관세에 관한 논쟁은 내가 경제문제에 몰두하는 최초의 동기가 되었다.[10]

따라서 우리는 맑스 자신과 엥겔스의 증거를 바라보며, 맑스 사고의 발전[과정]을, 좌파 헤겔주의 문제틀로부터의 자기해방이라는, 또는 프랑스 망명 중에 접했던 프랑스의 공상적[유토피아적]이고 혁명적인 전통과 그의 생각이 일으킨 정치적 충돌의 결과라는 한정된 관점으로 설명하는 것을 경계해야 한다. 자본주의 생산양식에 대한 맑스의 비판적 분석의 지적 계보인 유명한 삼위일체(프랑스의 정치학, 독일의 철학, 영국의 정치경제학)는 실제적이고 물질적인 형태를 제외한 모든 것을 포함하는 것으로 보인다. 계급투쟁은 1842년의 급진적인 청년이 이러한 형태에 관심을 두도록 만들었다.

그러나 우리의 관심은 맑스의 지적 전기傳記에 그의 생각 역시 물질적 환경과 관련하여 고려되어야 한다는 각주를 덧붙이는 것이 아니다. 우리의 목표는 그것과 다르다. 우리는 범죄에 관한 부적절한 이해가 자신을 정치경제학 연구로 이끌었음에도, 어째서 맑스가 범죄 그 자체에 관한 체계적인 분석으로 결코 되돌아가지 않았는지, 그 이유를 알고자 한다. 이렇게 하면서 우리는 삼림 생산물들에 대한 대중의 불법 전유가 독일 자본주의의 발전에서 중요한 시기를 의미한다는 점을, 그리고 독일 범죄학의 몇몇 정초자들 대부분의 작업이 그러한 시기에 관한 부분적 분석에 바쳐지고 있다는 점 또한 발견할 수 있을 것이다. 독일 농업 관계에서 일어난 동일한 시기의 투쟁은 그것을 이해하려 했던 사람들 사이에 모순적인 결과들을 낳았다. 한편으로 범죄학의 형성, 다른 한편으로 자본주의에 대한 혁명적 비판의 발전이 그것이다.

III

1842년 10월 25일과 11월 3일 사이에, 맑스는 라인 지방의회에서 있었던 1년 6개월 전에 발생한 목재 절도에 관한 법률을 둘러싼 논쟁을 다루는 다섯 편의 기사를 『라인신문』에 실었다.[11] 그러한 논쟁의 정치적 배경은 여러 차례 기술되어 왔다.[12] 여기에서 우리는 "자유주의적인" 황제 프리드리히 빌헬름 4세가 즉위 직후 잊고 있었던 약속, 즉 제국의 지방의회를 재소집함으로써 제헌의회를 소집하겠다는 약속을 이행하려 했음을 지적할 필요가 있다. 권력은 미약했지만, 이러한 개회開會는 일시적으로 이완된 검열 제도와 함께 라인 지역의 상업적·공업적 부르주아의 대변인들이 보다 자유로운 정치적 분위기 속에서 자신의 날개들을 펼칠 수 있는 기회였다. 일단의 젊고 유능한 직원을 둔 『라인신문』은 프로이센 정부와 토지 소유 귀족에 맞서는, 최초의 서툰 비상을 준비하는 그들의 수단이었다. 처음에는 "모호한 자유주의 열망 그리고 헤겔 철학에 관한 존경"[13]으로 특징지어졌던 이 신문은 맑스가 편집을 맡으면서 [논조가] 보다 날카롭게 바뀌었다. 그리고 폰 샤페르로 하여금 프로이센 검열 당국에 이 신문의 특징은 이제 "기존의 정부 제도들에 대한 건방지고 불경스러운 비판"[14]이라는 글을 쓰도록 만든 것은 바로 목재 절도에 관한 맑스의 기사였다.

"설득력 있는 흥미로운"[15] 구절이 없는 것은 아니었지만, 기사 전체에는 핵심 주제에 관해 모호한 구석이 있었다. 목재의 전유는 합법인가, 불법인가? 재산법의 형평성은 그 전유를 통제하고 있는가? 아니면 그것은 법이 통과되기 전에 의회에서 일어나는 모순적이고 분별없는 논쟁인가? 맑스는 첫 번째 주제에 관해 확신이 결여된 모습을 보인다. 실제로 우리는 직접적 전유의 총량과 유형에 관해 거의 아는 바가 없다. 사실 그는 두 번째에 열중한다. 왜냐하면, 그것이 그에게 국가와 법의 본성에 관해 상술하도록 해주기 때문이다. 세 번째에 이르러 그만의 특징적인 위트와 풍자가 완전히 발휘되었다. 이러한 모호함에도 불구하고, 기사 전체는 사익과 공익의 모순이라는 주제로 통일된다. 특히 그는 새로운 법률의 아홉 개 조항에 반대한다.

1. 죽은 나무의 절도와 입목立木이나 잘라낸 목재의 절도가 구별되지 않는다.

2. 삼림 관리인이 불법 행위자를 체포하고 도난당한 목재를 평가할 수 있다.

3. 삼림 관리인의 재임 기간은 전적으로 삼림 소유주의 의지에 달려 있다.

4. 법 위반자는 삼림 소유주의 도로에서 강제 노동을 수행해야 한다.

5. 도둑에게 부과된 벌금은 (손상된 재산에 관한 보상과 함께) 삼림 소유자에게 돌아간다.

6. 재판에서 발생하는 변호 비용은 선불로 지불할 수 있다.

7. 감옥에서 도둑의 식단은 빵과 물로 제한된다.

8. 도난당한 목재를 취득한 사람은 도둑과 동일한 처벌을 받는다.

9. 의심스러운 목재를 소유한 사람은 누구든지 그 목재에 관한 정당한 소유권을 증명해야 한다.

청년 맑스는 이 법에 따라 제정된 노골적이고, 공공연하며, 이기적인 처벌 조항에 격분했다. 그는 형사 제재의 실질적인 확대에 대해서도 마찬가지로 분개했다. 그의 법 비판은 법과 국가에 관한 선험적이고 관념론적 개념화에 의지했다. 그는 "법은 사물의 올바른 질서에 관한 보편적이고 진정한 전형exponent"이라고 썼다. 그 형태는 "보편성과 필연성"을 나타낸다. 특정 이익의 독점적인 이점, 즉 삼림 소유주에게 적용되면 "법의 불멸성"은 희생되고 국가는 "사물의 본성에 반反하는" 것이 된다. "삼림 보호의 이익과 법의 원칙 사이의 갈등"은 "국가라는 관념"의 쇠퇴로 귀결될 수 있을 뿐이다. 우리가 강조하는 것은, 이 비판이 법의 실질적 부분과 절차적 부분 모두에 적용되었다는 것이다. 후자의 경우, "공적 처벌"은 "사적 보상으로" 변형된다. "범죄자의 교정"은 삼림 소유주에게 이전되는 "이익률 개선"에 의해 달성된다. 법의 실질적 부분에 대한 공격은 유사한 주장들에도 가해진다. "적용하면 안 되는 곳에 절도 범주를 적용하면 그것은 무죄가 된다." "삼림 소유주는 국가의 모든 기관을 귀, 눈, 팔, 다리, 수단으로 삼아 듣고, 보고, 평가하고, 보호하고, 파악하고 달리며 이득을 취한다." "인간human beings의 권리는 나무의 권리에 자리를 내준다." 이렇게 말했기에 맑스는 다음과 같이 물어야 했다. 어떤 인간human beings 말인가? 가난한 사람들을 위해 "관습적 권리"를 요구하면서 그는 처음으로 "가난하고, 정치적으로나 사회적으로 재산이 없는 사람들"을 변호하게 된다.

맑스의 요구는 어떤 근거 위에서 만들어지는가? 맑스가 베를린에서 법전과 법학에 관한 연구를 시작한 지 불과 몇 년 만에 문제를 해결하려고 시도하면서 일부 혼란이 발생한다. 첫째, 그는 법이 모든 "시민"의 이익을 대표해야 한다는 것을 근거로 법을 정당화한다. 즉, 그는 자연적 정의라는 고전적 주장을 제안한다. 둘째, 아주 진지하게 삼림 자체가 "빈부의 대조" 아래에서 강하고 곧은 목재 그리고 부러진 잔가지와 바람에 쓰러진 가지들의 대비로 나타난다는 자연적인 사실에 근거해서 다음과 같이 말한다. "인간의 빈곤으로부터 … 죽은 나무에 대한 인간의 권리가 도출된다." 셋째, 형사 제재 규정에 의거하여 생목재 및 잘라낸 목재의 전유에 죽은 나무의 전유를 포함하는 것은 16세기 형법 및 고대의 "게르만법"(야만법leges barbarorum)16과 상반된다는 점에 주목하면서, 그는 이러한 중세 법전들이 훨씬 더 설득력이 있음을 암시한다.

맑스는 이러한 법의 변화가 수 세기 동안 재산 관계의 변화에 상응한다는 점을 이해하고 있다. "가난한 사람들의 모든 관습적 권리는 특정 형태의 재산이 본성상 불확실하다는 사실에 기초했다. 왜냐하면, 중세 시대의 모든 제도에서 발견할 수 있는 것처럼, 그러한 재산 형태가 사유재산이 아니라는 점도, 또한 공유재산이 아니라는 점도 명백했기 때문이다. 그것은 공적 권리 및 사적 권리의 혼합물이었다." 이 기사에 따르면, 축적은 그것을 실질적으로 결정하는 법과 구분되는 별도의 실체를 갖지 않는다. 맑스가 로마법의 도입으로 "불확실한 재산"이 폐지되었다고 말할 때 그가 의미하는 바가 바로 이것이다. 말하자면 수천 년의 법적 발전의 흐름에 저항할 힘이 없었던 맑스는 역사 전체의 바다를 빠져나와 자연nature 자체의 대지를 근거로 삼음으로써 "관습적 권리"를 방어하려고 노력한다. "자신의 본질적 속성nature과 우발적인 존재양식으로 인해", "불확실한 재산"을 사유재산으로 만드는 법의 일원론적 힘을 무력화하는 대상이 존재한다. 그리고 삼림이 이러한 대상 중의 하나다.

그가 "사물의 올바른 질서에 관한 보편적 필연성" 또는 삼림의 생물 생태학에 호소할 수도 있었겠지만, 이 고상한 재판소 중 어느 쪽도, 뒤셀도르프의 귀족과 시장市長이 라인란트의 삼림을 전광석화처럼 신속하게 베어나가고 있는 것을 지연시킬 수도, 중단시킬 수도 없었다. 그러한 호소는 무익했음이 분명했다. 그렇기에 맑스는 자신의 주장에 담긴 이상적인 용어들로써는, 왜 부유한 라인강의 농업가들이 그 당시 그러한 법을 통과시켜 형사 제재를 확대하는 것이 필수적이라고 생각했는지 이해할 수 없었다. 그리고 이것이 그에게는 훨씬 중요한 것이었는데, 그는 라인강의 가난한 농부들이 삼림의 목재를 직접 전유하도록 몰아넣은 역사적 힘을 분석할 수 없었다. 확실히 우리는 1842~1843년의 다른 기사의 지나가는 말을 통해, 맑스가 부동산의 분배, 포도원에 대한 과세 부담, 장작의 부족 및 모젤 포도주 시장의 붕괴가 모두 단일한 상황의 요소들이었음을 이해했다는 것을 알고 있다. 그러나 그는 자연적 정의justice의 부분적이고 불완전한 관점에서만 그것을 볼 수 있었다.

IV

맑스의 후기 작업의 관점에서 이 기사를 보면, 우리는 그가 단지 투쟁의 모순된 외양만을 분석하고 있음을 알 수 있다.[이 당시의 맑스에게는] 계급투쟁이나 자본주의 축적에 관한 개념이 없었기에, 그는 민주주의적이고 평등주의적인 열정으로 라인강의 농민을 다루기는 하지만, 여전히 농민을 자본주의 발전의 실질적인 세력에 외부적인 것으로 취급한다. 그는 농민의 투쟁을 자본주의 발전에 반대하는 투쟁으로 파악할 수 없었다. 그렇기에 그는 삼림의 토지 주인이나 쾰른에 사는 동정심 많은 형제에게 청하는 이성적인 호소가 동정을 얻게 될 것이라고 가정한다. 따라서 그는 법과 역사의 과정을 되돌리기 위해서 오직 자기 본래의 자비심을 상기하기만 하면 되는 국가 수준에서 진정한 발전이 이루어진다고 생각한다.

초기 독일 범죄학자들의 작업에 지배적이었던 관점이 (비록 전도된 형태였지만) 정확히 이러한 것이다.[17] 청년 맑스처럼 그들은 국가와 범죄의 문제를 축적의 계급관계에서 분리했다. 그들은 일면적이고 관념론적인 관점에서 범죄를 이해했다. 그러나 그들에게 범죄는 국가의 자비심 문제가 아니라 노동계급의 악의적 행동 문제에 가까웠다. 그들은 "사회적 현상들"을 분류하고 요약하고 서로 관련시킴으로써 "사람들의 도덕적 조건"을 결정하려 했다. 이러한 통계학파에서 만들어진 작업은 범죄의 [발생]건수 및 유형의 변화를 설명하는 (가격, 임금, 관할권 확대 등등과 같은) 다양한 "요인들"의 상대적 중요성을 결정하는 "법칙들"을 발견하려 했다. 청년 맑스처럼 그들은 일부 전유 형태가 왜 특수한 시기에는 범죄가 되고 다른 시기에는 되지 않는지, 또 범죄가 어떤 때에는 왜 자본주의 재생산에 명확한 장애물을 부과하는 심각한 정치적 힘이 되는지 물을 수 없었다.

계급관계에 관한, 특히 맑스의 기사들에서 반영되어 있는 계급관계들에 관한 역사적 서술 문제는 그의 후기 저작, 특히 『자본』 제1권의 관점에서만 해결될 수 있다. 거기에서 우리는 계급관계의 역사적 국면을 논의할 때 노동계급 내부의 분업 형태들을 강조하는 것이 필요함을 알게 된다. 이 형태들은 노동의 사회적 분업 내의 상이한 생산양식들을 결합함으로써 창출된다. 이것이 [『자본』 제1권] 15장이 주는 교훈 중의 하나다. 산 노동이 기계로 점진적으로 종속되며 실현되는 자본주의적 공격은 그러한 모든 형태 내부에 "후진적인" 생산양식들을 확대하고 강화하는 결과를 낳았다. 이것은 자본이 자신에게 우호적인 형태로 분절되는 노동계급을 형성하기 위해 [즐겨] 사용하고 있는 무기들 중의 하나다. 또 다른 하나는 『자본』의 25장에서 서술된다. 이 장은 종종 이중 노동시장 이론, 즉 자본은 노동력을 사회적으로 조직할 때 활동적인 부분과 예비적인 부분을 모두 유지하면서 필요노동의 가치를 축소하기 위한 기제를 창출한다는 이론을 진술한다. 사실 "상대적 잉여인구"는 몇 개의 상이한 형태들, 정확히 말해 상이한 생산양식들의 결합으로 결정되는 형태들로 유지된다. 자본의 재생산 및 그에 대한 투쟁과 함께, 그러한 결합도 끊임없이 변한다. 이 장은 자본의 가치 구성을 다루는 난해한, 분명 기술적인technical 절로 시작한다. 이 장은 우리에게 노동계급이 노동의 사회적 분업의 상이한 "부문들"이나 "분파들"에 연결되는 양상만으로는 노동계급의 배치[구성]configuration를 분석할 수 없다는 것을 상기시켜 준다. 계급 내 분업이 다양한 구성을 통한 노동과 자본의 관계에 의존한다는 점이 밝혀진다 해도, 노동계급의 정치적 구성은 언제나 다음과 같은 추가적 관점, 즉 노동계급이 자본을 공격할 때 이러한 분업을 활용할 수 있는 능력의 관점에서 연구되어야 한다. 이것들은 단순히 노동과정과 맺는 관계를 결정요인으로 하는 분업(피고용자 또는 실업자)일 뿐만이 아니라, 노동력 가치의 양적이고 질적인 형태에 따른 분업이다.

레닌은 러시아의 자본주의 발전을 분석하면서, 그리고 넓게는 1890년대의 "합법적 맑스주의자들"과 논쟁을 벌이면서, 이 분야를 광범위하게 다룰 수밖에 없었다. "임금노동 형태와 관련하여 말하자면, 그것들은 전(前)자본주의적 체제의 유물들 및 제도들의 그물에 걸려 있는 자본주의 사회의 어디에서나 다양하게 나타난다."[18] 오직 당대의 공장 고용[상황]만으로 프롤레타리아의 규모를 고려하는 인민주의 경제학자들과 달리, 레닌은 자본이 노동계급을 특수한 생산 환경 내부에서 조직하는 형태와 무관하게 오직 그들이 자본과 맺는 관계 및 자본에 맞서는 그들의 투쟁 능력 속에서만 노동계급을 파악해야 한다고 투사들에게 상기시킬 수밖에 없었다. 양적 관점에서 볼 때 개혁 러시아 이후의 목재 노동자들은 농업 노동자들 다음으로 규모가 컸다. 목재 노동자들이 상대적 잉여 인구에 속했다고 해서, 또는 그들이 주로 (이주민이 아닌) 지역 노동자들이었다고 해서, 또는 그들 수입의 일정 부분이 임금 형태를 띠지 않았다고 해서, 이러한 사실이 자본주의 축적의 관점에서건 그에 맞서는 노동계급투쟁의 관점에서건 덜 중요한 것이 아니었다. 비록 "목재업이 낡고 가부장제적인 모든 생활방식들을 사실상 손대지 않은 채 남겨두고, 외딴 삼림 깊숙한 곳에서 고된 일을 하는 노동자들을 최악의 형태의 채무노예상태로 빠뜨림"[19]에도 불구하고, 레닌은 "기계제대공업의 발전"을 다루는 장에 복재업에 관한 논의를 포함하지 않을 수 없었다. 그가 그렇게 한 것은 프롤레타리아 전체에서 차지하는 목재 노동자들의 양적 규모 때문이 아니라, 오히려 그러한 노동의 질적 확장이 연료, 건축, 기계 공급 분야에서 대규모 산업의 조건이었기 때문이었다. 이러한 상황에서, 2백만 명의 목재 노동자들을 사라져가는 "봉건제"의 낡아빠진 가장자리로 간주할 수는 없었다. 화물차 [사용] 요금 형태와 속박[노동]의 경제외적 형태는 자본주의 이전 사회 구조의 단순한 잔재로서가 아니라, 자본주의 축적의 안정성을 보장하는 압도적인 착취조건이었다. 이것은 불법적인 목재 절단이 토지 소유주에 대한 가장 중요한 집단행동이었던 1905~1907년의 대규모 농민 봉기에서 분명히 드러났다.[20]

이 시점에서 라인란트의 자본주의 발전으로 돌아가서, 계급관계의 일부 요소들을 개관하고, 맑스의 기사들이 부분적으로 반영하고 있는 역사적 운동을 조명할 수 있는지 살펴보자.

V

적어도 1848년 이전의 독일 자본주의 발전은 일반적으로 국가 시장이 형성되는 유통 수준에서 연구된다. 1818, 1824, 1833년에 프로이센의 주도하에 일련의 통상조약들이 조인되어, 나폴레옹의 "대륙봉쇄령"[21]이 간섭했던 대규모 시장을 복원하려는 독일관세동맹[22]이 창설되었다. 그 조약은 통신과 운송에 대한 제약을 제거했다. 그들은 국내 관세를 폐지하고 통일된 국외 관세를 수립하고 공통의 도량형 시스템을 도입했다. 1840년에 영국의 한 전문가가 말했듯이, "독일관세동맹은 사실상 독일 민족의 정서를 희망과 환상의 영역에서 끌어내 적극적인 물질적 이익의 영역으로 가져왔다."[23] 1837년과 1839년 물품 입시세octroi [24]와 기타 네덜란드 항구 및 운송 조세를 폐지하는, 네덜란드와 맺은 조약으로 인해 라인강은 서부 프로이센의 주요 상업적 동맥이 되었다.[25] 실제로 독일관세동맹은 독일 자본이 개시한 공격의 가장 가시적인 측면이었으며, 국가 은행 및 신용 시장의 기초, 1830년대와 1840년대의 운송 혁명의 전제조건, 그리고 그것의 정치적 귀결 중의 하나로 상공회의소 설립을 이루어낸 무역 확장의 기초, 독일 부르주아의 통합, 청년 프리드리히 빌헬름 4세의 자유주의적 주도권 등을 제공했다.

VI

토지에서 자유 시장을 창출하고 농노를 "해방"한 나폴레옹 시대의 개혁과 더불어 국내 및 해외 통상 협약의 개혁은 국내 시장의 기초를 제공했을 뿐만 아니라, 불과 30년 안에 신속한 자본주의 발전을 위한 기초를 마련했다. 이전의 역사가들은 — 최근의 역사가들까지는 아니라 하더라도 — 이러한 변화들이 "예견되는 정당한 사회질서를 낳기는커녕 새롭고 비참한 계급투쟁을 초래했다는 것"을 분명히 이해했다.[26] 물론 농노를 수탈하여 그들을 임금노동자로 재배치하는 것은 논리적으로도 역사적으로도 자본의 역사에서 뚜렷한 계기들이다. 조정intermediating 기간 동안, 자본주의 기업 내외부에서 드러나는 노동계급의 분절은 다른 기간에 확립된 노동계급 조직의 틀에서 그것을 분석하려는 사람들에게 분명 혼란을 야기한다. 노동계급을 고찰할 때, 임금을 받는 경우 또는 그 임금이 금전적 형태를 취하는 경우에만 그들을 노동계급으로 간주한다면 자본주의 축적과 그에 맞서는 노동계급 투쟁 모두에 대한 오해는 불가피하다. 여기에서 우리가 고찰하고 있는 시대만을 고려한다면, 1839년 포르츠하임[27]에서 일어난 금세공 노동자들의 파업 그리고 베를린의 면직공들과 브란덴부르크 철도노동자들이 일으킨 파업 이후에야 계급투쟁이 "깨어났다"고 생각하는 사람들은 왜 여러 잘못에도 불구하고 맑스의 목재 절도에 관한 기사가 축적과 계급관계의 역학에서 중요한 계기를 드러냈는지 이해할 수 없을 것이다. 이후부터는 이러한 역학의 일부 요소만을 제시하고자 한다.

　1830년대와 40년대 라인란트에서의 계급관계의 재구성은, 당시 잉글랜드에서와 마찬가지로, 대규모 기계류의 도입에 의한 것이 아니었다. 그럼에도 불구하고 독일 매뉴팩처는 큰 영향을 받았다. 계급관계의 관점에서 볼 때, 매뉴팩처 자본은 두 가지 명백하게 반대되는 방식으로 조직되었다. 한편으로, 운송의 변화는 단기 고용을 기꺼이 받아들이는 대규모의 유동적인 노동 투입을 필요로 했다. 국가 주도하에 진행된 1830년대의 거대한 철도 붐은 철도 시스템의 규모를 네 배 이상 늘렸다. 수운水運 역시 변화를 겪었다 — 말이 이끄는 라인강 위의 짐 실은 바지선의 긴 줄들을 증기 동력 예인선들이 대체했다. 이러한 변화는 독일관세동맹으로 열리게 된 가능성에 물질적 기반을 제공해 주었다. 다른 한편, 전통적인 수공업과 소규모 작업장 생산에 대한 자본주의적 공격은 차질을 빚었다. 이것은 부분적으로는 세세한 노동과정 속에서 노동자가 발휘한 힘의 결과이거나 또는 그러한 생산적인 장소를 삼켜버린 전통적인, 종종 농업적인 관계들에 잔존하는 장애물들의 결과였다.

잉글랜드의 자유무역주의자인 반필드가 프로이센 소유 탄광의 십장仕長에 관해 쓴 내용은 1840년대 라인강의 매뉴팩처 형태 대부분에 똑같이 잘 적용되었다. "그들은 자기 사업에 대해서는 대체로 이해하고 있는 편이다. 그러나 훈육 — 이는 시간이 돈과 대결을 벌이는 요소이고, 고임금이 큰 수익과 공존할 수 있게 해준다 — 은 쉽게 이해될 수 있는 것이 아니다."[28] 상대적 잉여가치를 조직하는 데에서 두세 세대의 경험을 가진 잉글랜드의 방문객[반필드]만이 자본주의 전략의 이러한 근본적인 원칙을 매우 분명하게 표현할 수 있었다. 프로이센에서 정치경제학의 인기는 국가가 국내시장을 조직함으로써 축적을 보장할 수 있다는 관찰이 나오자 끝나버렸다. 옥외작업과 수당 지급 방식이 흔한 엘버펠트[29]의 실크 및 면직 직조 지구에서, 자본에 대한 노동자들의 힘은 완성된 옷의 중량 부족으로, "불완전한 만듦새"로, 재료의 절취로 나타났다. 지크강[30]과 루르 지방[31]의 수공업자들 — 철사 제조자, 못 제작자, 구리 세공인 등등 — 은 단조forge 산업에서 대규모 기계로의 전환이 이루어지지 않도록 방해했다. 린넨 노동자들과 아마亞麻 가공 농부들은 아마를 훑거나 다듬는 기계의 도입을 막았다. 알코올 중독과 커피 중독은 더 높은 수준의 노동 강도를 부과하는 데 심각한 장애로 간주되었다. 물론 노동과정에서 [노동 강도의] 강화를 거부하는 이 힘의 또 다른 측면은 불황이었다. 이 불황은 1840년대 면직물[산업]에서 16시간이었던 노동일의 연장에 대한 저항의 약화와 낮은 임금을 초래했다. 이러한 것들은 라인강 유역의 매뉴팩처 전반 — 란강 계곡 아연 공장, 쾰른의 제당 공장, 트리어[32]와 자브르뤼켄[33]의 압연 공장 및 토기 공장, 졸링겐[34]의 제련 철강 무역뿐만 아니라 석탄, 직조, 제철 노동 — 에 걸친 축적에 장애가 되었다.

라인강 유역의 매뉴팩처 시장에서 보이는 이러한 외관상의 대립적인 극들 — 철도 건설의 "경보병대"[같은 투입성], 기동성, 신속성과 소규모 매뉴팩처의 정체성,

비기동적인 조건들─은 사실상 농업관계의 리듬에 의해 조절되었다. 많은 사람들이 한편에서 농업과 봉건주의를 같은 것으로 보고, 다른 한편에서 매뉴팩처와 자본주의를 같은 것으로 보기 때문에 이 점은 강조될 필요가 있다. 그렇지 않으면 자본주의하에서의 노동의 사회적(이고 정치적인) 분업의 주요한 특징을 생산양식 전체에서의 자본주의적 우세와 혼동할 수 있다. 임금형태와 매뉴팩처 노동시장은 모두 농업 관계와 밀접하게 연결되어 있었다. 매뉴팩처에서는 작은 텃밭을 분배하거나 그 텃밭을 돌보는 "휴일"이 허용되는 해를 지정하는 방식으로 노동에 대한 보수를 부분적으로 지급하기도 했다. 그 밖의 비화폐적 보수 형태들은, 그것이 매뉴팩처의 전통적인 부수입이건 숲의 공통적인 권리이건, 즉각 임금[을 결정하는 데에서]의 자본주의적 자유에 장애를 제공했으며, 또한 자본주의적 관계의 축에서는 농업 환경 및 매뉴팩처 환경 모두에 노동자들의 투쟁을 묶어둘 수 있는 결절점을 제공해 주었다. 매뉴팩처와 농업의 이러한 상호 조정은 지크강[35] 계곡에서처럼 때때로 축적을 방해할 수 있었다. 이곳에서는 삼림지에 대한 마을 통제가 이루어짐으로써, 목재 개발이 금속무역의 산업 연료로 쓰이기보다는 오히려 노동계급이 소비할 수 있도록 보장되었다. 주물공장까지 도로를 놓음으로써 소유주들은 연료들을 구매하고 수송할 수 있게 되었으며, 곧이어 그것들을 마을이 통제하던 "인색한" 목재 공급에서 벗어나게 함으로써 세부적인 노동과정을 재조직하기 위한 토대를 제공했다.[36] 이렇게 해서 우리는 수송에서의 기술적 변화가 시장의 순환 발전을 돕는 보조자일 뿐만 아니라 노동계급에 대한 무기임을 이해하기 시작할 수 있다.

라인강 유역의 경작지와 임야지의 점진적인 [토지] 분할, 낮은 농업성장률, 게다가 잡다한 보수 형태, 그리고 때로는 호구지책의 선불sub-subsistence 보수 형태는 철도와 야금 산업의 집약적이고 집중적인 노동 요건들을 위한 분산적이고 방대한 풀pool을 제공했으며, 동시에 (당시에는 잘 알려져 있었던 것인데) 그 안에서 정치적 안전성이 유지될 수 있는 하나의 농업 관계 형태를 수립했다.[37] 프롤레타리아의 "잠재적"이고 "정체된" 예비군들은 구걸과 이주를 통제하기 위해 고안된 제도들에 의해 일정 부분 규제되었다.

독일 농민과 수공업 노동자들의 이주는 1820년과 1840년 사이에 두 배로 증가했다. 1830년과 1840년 사이에는 1년에 평균 4만 명의 독일어권 이주민들이 통과를 기다리는 주요 출항 항구들(브레멘[38]과 르아브르[39])에 몰려들어 있었기 때문에 실제 그 수는 세 배가 되었다.[40] 밀도가 가장 높은 이주 지역은 라인강 북부 삼림 지대였다.[41] 마인츠[42]에서는 대서양을 가로질러 텍사스와 테네시로 오덴발트[43]와 모젤[44]의 농민을 실어 나르는 것을 조직했던 중매인들로 인해 수익성 있는 사업이 생겨났다. 빈민 구제 기록은 [빈곤화] 문제의 크기를 나타냄과 동시에 상대적 잉여인구에 대한 능동적인 국가 통제를 나타낸다. 프랑켄[45], 팔츠[46], 니더바이에른[47]에서는 1841년에서 1842년 사이에 걸인을 체포하는 일이 30퍼센트에서 50퍼센트로 증가했다.[48] 1830년대에 쾰른 사람 4명 중 1명이 어떤 형태로건 자선 단체나 공공 구호 단체에 속해 있었다.[49]

이민 정책과 빈민들에 대한 억압은 모두 국가에 의해 조직되었다. 서부 프로이센 경찰에게는 이방인들이 모이는 것을 막으라는 지시가 내려졌다. 1848년 악명 높은 프랑크푸르트 의회는 이민의 장려와 규제에 많은 노력을 기울였다. 초기 독일 범죄학자들이 이민율과 범죄율의 역관계에서 발견했던 것은, 이미 1840년대 초반 정책의 가정이 되었다. 따라서 라인강의 농촌 프롤레타리아에게는 이민, 빈곤화, "난쟁이 경제"의 궁핍화, 공장 등 네 가지 가능한 투쟁 환경이 주어졌다. 그 기간의 투쟁사는 마지막 항목이자 노동자들에게 가장 불리한 투쟁 지형 [공장]에 대한 거부 형태들의 역사라고 할 수 있다. 물론 대다수 동시대인들에게 이러한 문제는 "과잉인구"의 결과인 것처럼 보였다. 부의 재[再]전유를 위한 라인강의 프롤레타리아 투쟁들이 이미 당국으로 하여금 그들[의 투쟁]을 "범죄와 질서"라는 주요한 문제로 간주하도록 강요했다는 사실이 없었다면, 맬서스적 구제책들 속에서 과잉인구의 해결책이 나왔을지도 모른다.

1830년대와 1840년대 동안의 라인란트에서의 농업의 조직화는 한편으로는 게마인데Gemeinde, 즉 마을 조합에 의해 규제되는 공공경작지 체제에 의해, 그리고 다른 한편으로는 개인 소유를 점차 [작은 단위로] 분할하는 것(또는 심지어는 [더 세밀하게] 미분하는 것)에 의해 특징지어졌다. 프리드리히 리스트[50]는 그것을

"난쟁이 경제"[51]라고 불렀다. 프랑스가 라인강을 점령하여 노동을 현금 지급으로 대체한 이래로, "농민 해방"을 향한 역사적 첫걸음이 내디뎌졌다. 두 형태의 농업 관계는 보완적이었다. 게마인데는 분할parceling을 장려하는 경향이 있다. 따라서 게마인데의 소유 관계를 사적 소유의 발전에 반하는 것으로 간주한다면 오류일 것이다. 분할 그리고 라인강 주변 프로이센의 자유로운 토지-시장의 공동 개발은 "더 가난한 농민들의 파멸"을 초래했다.[52]

1840년대에도 여전히 널리 퍼져있던 마을 농업 체제는, 당대의 19세기 연구자 중 한 명에 따르면 "가장 비싼 농업 체제"였다. 개인 들판과 주거지 사이의 먼 거리가 시간 낭비를 야기하고 삼림과 방목 권리 그리고 관습이 뒤얽히면서 작업의 중복이 야기되어, 결국 "과학적" 농경에 장애를 초래했다는 주장이 있었다. 마찬가지로 [그들의 주장에 따르면] 제분소의 공통 권리는 자원의 비효율적인 배치였으며 혁신의 장애물이었다. 게마인데와 나란히, 엄청난 수의 소규모 분할 대여 농지 보유자들이 존재했다. 생존의 경계에 살고 있던 그들은 자신들이 생산한 물품의 미세한 가격 변동에, 그리고 파종기나 이식기의 이자율 변화에 매우 민감했다. 라인란트의 1천만 에이커의 경작지에 1천 1백만 개의 서로 다른 분배 토지들이 있었다.[53] 라인란트가 동부 프로이센 곡물과의 경쟁에 노출되고 목재 시장이 확대됨에 따라 소규모 분할 대여 농지 보유자들은 자신의 생산물들을 낮은 가격으로 판매해서는 살아갈 수 없었고, 연료를 비싼 가격으로 구매하는 것 또한 감당할 수 없었다. 이러한 물질적 힘이 점점 사라져 가면서, 부의 재전유를 위한 생사를 건 투쟁이 일어났다. 이것은 [이 지역에] 특유한 투쟁이었으며, 가격에 매우 민감한 투쟁이었고, 또 결코 목재와 연료의 [사용] 권리에만 국한된 투쟁이 아니었다.

"여름이 되면 대부분의 소들은 훔친 물건들 위에서 호강을 누린다."[54] 봄에는 여성과 어린이 들이 라인강과 그 지류―모젤강, 아르강, 란강―를 따라 들판을 가로질러 다니면서 어린 엉겅퀴와 쐐기풀을 베고, 개밀의 뿌리를 캐고, 겨울 사료로 쓰기 위해 온갖 종류의 잡초와 잎을 채취했다. 좀 더 부유한 농부들은 다양한 알팔파[55](순무, 스웨덴 순무, 근대)를 심었지만, 이웃들의 근면한 기술―종종 "현실의 약탈[행위로 타락하는" 기술 — 을 항상 예의주시해야 했다. 1840년대에 훌륭한 식사란 감자 죽과 신맛 나는 우유로 이루어져 있었음을 기억해야 한다. 이러한 식사[가능 여부]는 소를 사육하고 있는지, 그리고 사료를 구할 수 있는지, 또는 점점 확보하기가 어려워지고 있었던 방목 권리를 지니고 있는지에 달려 있었다.

과수원의 경작 조건은 소에게 풀을 뜯기거나 마초를 먹이는 조건 — 고된 작업과 감시하는 눈 — 과 유사했다. 과수원의 규모는 토지의 지형이 아니라 정원 감시인들의 보행 능력에 의해 결정되었다. 그들은 "주변 나라의 청년이나 멋대로 돌아다니는 사람들에 대한 효율적인 보호"를 제공하지 못했다. 수확기가 되면 [과수원] 소유주들은 불침번을 서면서 짚으로 만든 침대에 누워 체리, 사과, 배, 호두, 밤 등을 지켰다. 1830년대에 야전 경찰을 늘린 것은 약탈에 대한 불평을 줄이는 데 아무런 역할을 하지 못했다. 모젤 계곡의 한 "유력자"는 다음과 같이 묘사하고 있다.

> 만년에 이러한 영향을 미치는 무질서한 습관들은 단언컨대 아이들을 보내 (울타리가 없는) 그루터기의 소들을 감시하도록 하는 관행에 뿌리를 두고 있다. 큰 아이들과 작은 아이들이 여기에서 만난다. 소들은 보통 다른 사람들의 땅에서 풀을 뜯어 먹을 수 있다. 이렇게 해서 작은 무리가 만들어지고 여기에서 나이 든 아이들이 어린아이들에게 나쁜 습관을 가르친다. 도둑질이 모의되고 계획되며 싸움이 뒤따르고 또 다른 나쁜 짓들이 이어진다. 먼저 과일과 감자를 훔치고, 매일 저녁 헤어질 때 그들은 다음에도 다시 모일 수 있으리라는 소망을 마음에 품는다. 결국 어느 들판, 어느 정원, 어느 집들도 이러한 일을 당하지 않은 곳이 없다. 이런 일에 푹 빠져 있는 아이들을 여름 평일 학교에 모이게 하거나 일요일 낮의 기독교 교리 풀이 시간에 참석시키는 것은 거의 불가능하다.[56]

우리가 이러한 관찰에서 최근의 토지 수탈에 맞서 전통적인 공통의 권리를 유지하기 위해 일어난 투쟁과 적법하게 행해지지 않은 고질적인 약탈 행위들을 엄밀하게 구별할 수 없다는 점을, 또 그럴 수 있으리라 기대해서도 안 된다는 점을 알고 있다. 포도 재배, 정원 및 과수원에서, 특히 1839~1842년 시기에 일어난 시장의 변화, 가격 하락, 신용 경색은 여전히 고용의 약 73퍼센트를 차지하는 라인강 유역의 농경 인구의 궁핍화를 심화시켰다.

전통적으로, 자연적이고 주기적인 재난에 대한 가장 중요한 완충재 중 하나는, 개인 및 기업의 삼림에 광범하게 존재하는 공통 권리들이었다. 상대적으로 인구 밀도가 높고 매뉴팩처가 발달했음에도 불구하고, [이곳의] 경작지와 삼림의 비율은 3 대 4였다. 프로이센 전체의 비율이 1 대 2인 것과는 대조적이었다. 풍부한 삼림은 연료를 제공할 뿐만 아니라 주택, 농기구, 식량을 위한 재료들을 제공할수 있었다. 라인강의 농업 인구에 닥친 위기는 [삼림이 제공하는] 이러한 부를 생존에 더욱 필요한 것으로 만들었다. 이와 동시에, 삼림 권리에 대한 냉혹한 수탈로인해 [삼림이 제공하는] 부에 대한 접근은 점차 금지되고 있었다.

알다시피 삼림은 주변 지역 안팎 모두에서 복잡한 사회를 지탱해 왔다. 나무꾼, 숯 굽는 사람, 통메장이, 나막신 만드는 사람, 바구니 만드는 사람, 가구장이, 무두장이, 옹기장이, 기와장이, 대장장이, 유리 제조인, 석회 제조자 등 이 [복잡한 사회의] 목록은 목재 사용의 한계에 의해서만 제한된다. 전통적인 삼림 경제의 특수한 이용 권리는 사적 소유의 규범과 명확성을 거스르는 "관습적 권리의 막tissue"에 규정된 그것들 나름의 사회적 생명을 지니고 있었다. 모든 권리는 두 가지 원칙에 의해 지배되었다. 첫째, 16세기 글에 쓰인 말로 표현하자면, "파괴 경향이 있는 삼림에서는 누구도 아무런 이익이나 즐거움을 얻을 수 없다."57 둘째, 인간적 전유 형태들은 계급관계의 안정성과 위계 구조를 보장하고 보존하기 위해 고안되었다. 이러한 계급관계는 영주에게는 사냥의 자유와 추격의 지배권을 보장해 주고 빈민에게는 고유의 양도 불가능한 사용권을 보장해 주었다. 산림개간, 위탁 사육의 권리, 돼지 방목의 권리, 불·주택·수레·울타리의 에스토버스, 골풀·양치류·가시금작화·사초의 채취권, 시든 나무·바람에 떨어진 과실·고사목을 취득할 권리와 같은 자연적이고 사회적인 관계의 중첩적인 어휘들은, 내 것과 네 것meum et teum의 단순성을 최초로 비판한 사람들에 의해 쉽사리 낭만적으로 묘사된, 어떤 잊힌 세계를 상기시킨다. 실제로 이러한 낭만주의는 다음과 같은 반대 의견의 가혹한 태도로 인해 생겨난다. 이 반대 의견에 따르면, 이러한 권리들이 있음으로써, "집약적인 삼림 육성이 방해를 받았고, 순조로운 벌채 진행이 저해되었으며, 삼림의 자연적인 재생이 가로막히고 비옥한 삼림 토양이 고갈되었다."[58]

라인란트의 삼림관계는 칼 맑스가 1841년 분노의 펜을 들었을 때 이미 상당히 변해 있었다. 대규모 삼림지의 구획화, 삼림의 매매, 삼림 이용권의 수탈은 1840년대에 모두 상당히 진척되었다. 삼림 권리를 폐지하려는 운동은 실제로 프랑스혁명과 함께 시작되었다. 1811년의 프로이센의 농업 칙령은 삼림 자산에 대한 자유롭고 사적인 착취를 방해하는 모든 제한을 없앴다.

19세기의 첫 40년의 특징은, 목재의 가치를 다른 농업 생산물의 가치에 비해 세속적으로 평가한다는 것이었다. 이것은 독일관세동맹에 의해 장려된 시장들, 철도 건설의 요구, 기계에 대한 수요 증가(오크나무는 여전히 널리 사용되었다), 개인적이고 생산적인 연료 소비 모두를 위해 급성장하는 시장(이 자체가 부분적으로는 삼림 이용권 수탈의 결과였다) 등에 기인한 것일 수 있다. 전통적으로 라인강 연안에서 하역하는 넓은 오크나무 뗏목에 의존하는 네덜란드 조선업은 여전히 활발했다. 부분적으로 영국의 조선업은 원재, 돛대, 활대, 장대, 곡재 등의 공급을 위해 라인강의 단단한 목재들 ─ 오크나무, 느릅나무, 벚나무, 서양물푸레나무 ─ 에 의존했다.[59] 쾰른과 루르 지방의 산업 및 상업 건축은 라인강의 목재에 의존했다. 1838년 깊은 광층이 발견되고 그로 인해 루르 탄전이 크게 확장하면서 광산 목재에 대한 수요 역시 급격히 증가했다.[60] 너도밤나무가 산업용 점화 연료로 광범위하게 사용되는 연료 시장에서 목재 가격이 상승한 것은 당연했다. 석탄의 중요성이 커짐에도 불구하고 목재는 노동계급 연료 소비의 주요 공급원이었다. 너도밤나무의 가격은 19세기 초반과 1841년 사이에 세 배로 뛰었다. 1830년과 1841년 사이에 부분적으로 철도 침목에 대한 수요가 증가하면서 가격은 두 배가 되었다.[61] 건설용 목재 가격은 같은 기간 동안 20퍼센트 상승했다.

삼림 가격의 이러한 세속적 동향과 그에 반대하는 "농민 프롤레타리아"의 투쟁은 합법적인 전유에 진정한 위기를 가져왔고, 국가의 적극적인 개입이 필요하게 되었다.[62] 벨기에와 네덜란드로의 수출이 시작한 것을 바람과 태양이 완성했다. 그리고 [그 결과] 수백 년 된 라인강 유역의 활엽수 삼림의 토양과 부엽토는 19세기 초반에 파괴되었다.[63] 삼림 지대의 자유로운 양도, 토지 분할과 구획, 그리고 숲에 대한 폭력적이고 비계획적인 개간은 라인란트 전체 계급의 생계와 지속적인 수확 관리라는 두 부분의 건전한 원칙을 위협했다. 우리는 많은 곳에서 삼림의 파괴를 수반하는 것으로 보이는 삼림에 관한 낭만주의에 굴복해서는 안 된다. (예를 들어 샤토브리앙[64]은 다음과 같이 말했다. "문명 앞에 숲이 있고 문명 뒤에 사막이 남는다.") 우리는 독일 숲을 "보존하기" 위한 운동의 선봉에 프로이센 국가가 있었음에 주목해야 한다. 프로이센 국가는 사적인 삼림의 토지에 얽매여 있던 자본을 사회화하기를 열망했다.

우선 국가는 국유림의 개간을 축소하고 개인, 기업, 그리고 마을의 삼림에 대한 국유림의 비율을 확대했다. 1841년 여름 무렵 라인강 삼림의 절반 이상을 프로이센이 소유하거나 통제했다. 국가의 지원 아래, 특정 자본가들과는 독립적인, 목재의 과학적 연구 및 관리를 위한 기구가 창설되었다. 프로이센 산림청의 창립위원인 게오르크 루드빅 하르티크[65], 타란트[66]의 삼림 아카데미(이러한 종류로는 세계에서 가장 오래된 학교)의 창립자인 하인리히 코타[67]는 과학 임업의 발전을 선도했다. 부분적으로 이들의 영향을 받은 국가는 추가적인 목재 약탈을 막기 위해 삼림 개척과 개간을 통제했다. 이러한 움직임에 의해 설립된 학교들은 토지 지대 이론, 보험 통계 계산법, 조림 일정 및 햇수-등급 구성에 따른 [목재] 절단 분야의 삼림 경비 전문가를 배출했다. 세기가 끝나갈 무렵에야 독일인들은 지속적인 생산량 관리에서 이전의 우위를 상실했다.[68]

전문가들이 개발한 계획들을 점차 좌절시킬 준비가 되어 있는 노동 인구에 맞서서, 이러한 계획들을 지속적인 수익률과 자본회전율에 적용하는 데에는 경찰 요원들과 법의 도구들이 유효했다. 프로이센의 한 임학자가 쓴 글에 따르면, "삼림 경찰만큼 증오를 받는 국가 조직도 없었다."[69] 19세기 말에 프로이센 삼림 경찰의 매뉴얼과 책의 목록만 단순히 나열해도 표준 서지의 61쪽에 달했다.[70] 국가 그리고 기업과 마을의 삼림에서 이 요원들이 시행한 법은 몇 세기 동안의 발전 결과였다. 맑스가 비판한 법안을, 부르주아 재산법의 확립을 위해 봉건적 권리의 덤불을 단 한 번의 일격으로 잘라 버린 법으로 간주하는 것보다 더 오도된 것은 없을 것이다. 그 과정은 적어도 1515년 (무엇보다도, 카롤링거 왕조[71] 시대 불문율의 공통의 규범을 폐지한) 삼림 조례 이후 오랫동안 계속되어왔다. 맑스가 비판했던 개정안은 프로이센 삼림에 관한 주요 법률문서인 1837~43년의 삼림 절도 법의 수정안이었다.[72] 그 당시 독일의 일부 주들은 삼림 경찰을 개편하고 성문 법전들을 개정했었다. 예를 들어, 1833년에 제정된 바덴[73]의 법전들에는, 삼림 전유의 거의 모든 세부 사항에 대한 규칙과 처벌을 설정하는 220개의 절이 포함되어 있었다. 튀링겐[74]과 작센-마이닝겐[75]에서는 유사한 법전들이 제정되었다. 베리[76]와 버섯의 채취를 위해서는 서면 허가가 필요했다. 고엽과 낙엽은 "이례적으로 필요한 경우"에만 사료용으로 모을 수 있었다. 오월제 기둥, 성탄절 트리, 갈퀴 손잡이, 마차 끌채 등등을 위해 나무의 꼭대기를 자르는 행위는 벌금형과 감금형으로 처벌될 수 있었다. 1840년대에 이르러 프로이센 대부분의 삼림은 베를린 내무부의 산림청에 소속된 보안 위원들의 관리를 받았다.[77] 맑스의 글에 반영된 계급관계의 시기는, 봉건제에서 자본주의로의 이행의 시기가 아니었으며, 심지어 튜턴식 재산[소유] 개념에서 로마식 재산[소유] 개념으로의 이행을 특징으로 하는 법에 계급관계가 반영된 시기도 아니었다. 이 모든 것들은 [훨씬] 이전에 일어났다. 그럼에도 불구하고 이 시기는 계급관계에서 중요한 순간이었다. 이 시기는 그 관계의 격렬함 ― 이에 관한 충분한 증거가 존재한다 ― 에 의해서뿐만 아니라 그 관계 속에서의 승리에 의해서도 평가되어야 한다. 그러한 측면은 1840년대 공장 프롤레타리아의 창출을 가로막은 장애물을 통해 연구되어야 한다.

시골 사람은 질긴 기억력을 가지고 있다. "원하는 사람들은 누구라도 울창한 삼림 속에서 땔나무를 수레에 실을 수 있었던 지난 시절은 잊히지 않고 살아남았다."[78] 물론 누구나 땔나무를 수레에 실을 수 있었던 것은 아니었다. 일부 사람들이 그렇게 생각할 수 있었다는 것은, 1830년대와 1840년대 운동이 가진 힘을 증명하는 것이다. 당시에는 상실된 권리문제와 직접적 전유(그것이 예로부터 적법한지와 상관없이)는 혼동될 수 있었다. 비슷한 맥락에서 레닌은 전통적인 "부계적인[온정주의적]"paternal 관계를 말하는 "달콤한 옛날이야기"를 받아들이는 것에 대해 경고했다. 이러한 이야기들이 일정한 정도의 힘을 지니고 있다는 것을 주목한다 하더라도 이 점은 강조되어야 한다.

숲으로 먹고사는 사람의 상상력 대부분이 숲과 [숲을 통해 형성된] 사회를 변화시키는 세력[힘]들에게 적대감을 드러냈음을 인식하기 위해 19세기 독일 민속학의 전문가가 될 필요는 없다. 이 상상의 세계에서 나무들 자체는 스스로 억압자들에 맞선 소작 농민들의 편을 들었다. 나무꾼 마이클은 오덴발트의 삼림을 돌아다니며 수출용 나무들을 골라 저주를 걸었다. 이 나무들은 최종 사용자들에게 불행을 가져다줄 운명이었다. 이 나무들로 지어진 집은 불에 타고, [이 나무들로 만들어진] 배들은 침몰할 것이었다.[79] 흑림[80]에 사는 크노르Knorr는 여행자들에게 장난을 쳤다. 같은 곳에 있는 야성의 여성 사냥꾼은 이방인들에게 잘못된 방향을 알려주었다. 특별한 나무들은 놀라운 힘을 부여받았다. 흔들리는 나뭇가지로 길 잃은 아이의 요람이 되어준 벚나무, 사나운 강풍의 공격을 견딘 호두나무, 이 나무들은 이웃의 농민들에게 예기치 않은 관대함을 베풀어줄 수 있었다. 다른 나무들은 나그네, 여행자 또는 그 밖의 숲의 이방인들에게 변덕스러운 악행을 저질렀다. 삼림에 관한 전설들과 이야기들은 다음과 같은 사실을 증명했다. 가난한 숲-사람들과 삼림 주변의 농민들이 군주나 영주뿐만 아니라 보다 최근의 적들 — 세금 징수원, 삼림 경찰, 과학적인 삼림 경영의 사도들 — 의 억압에 맞서 가장 밀도가 높은 삼림 지역들에서 친구를 찾을 수 있었다는 사실을 말이다.

1830년대 말 라인란트의 삼림에는 대중적 상상력의 악령보다 더 효과적인 [사악한] 힘들이 출몰했다. 그래서 1842년 프로이센의 어떤 여행안내서는 여행자들에게 다음과 같이 경고했다.

가능하다면 주로 큰길로 다녀라. 주변 도로, 숲길은 모두 위험하다. 목초는 작은 마을보다는 가능하면 도회지에서 구하라. 아주 긴급하게 필요한 경우가 아니라면 외딴 선술집, 물방앗간, 목재 창고 등등에는 절대 가지 말라. … 당신이 습격을 당했을 때, 만약 싸움이 너무 한쪽으로 기울지 않는다면 단호하게 자신을 지

키라. 일방적으로 밀리는 경우라면 재물을 넘겨주고 목숨을 구하라.[81]

1848년 혁명 이전 삼림에서의 실질적인 위험들은 나무꾼 마이클이 나그네들에게 영향을 끼칠 수도 있는 위험들이 아니라 삼림의 부를 전유하기 위한 대중운동이 자본주의 축적에 가한 위험들이었다. 1836년 프로이센에서 제기된 총 20만 7,478건의 기소 중에서, 15만 건이 전부 목재 절도와 기타 삼림 범죄에 관한 것이었다.[82] 1836년 바덴에서는 6.1명당 1명의 주민이 목재 절도에 대한 유죄 판결을 받았다. 1841년에는 4.6명당 1명의 주민이 유죄 판결을 받았고, 1842년에는 4.49명당 1명이 유죄 판결을 받았다.[83]

이 운동은 너무 광범하게 퍼져 있었기에 독일 범죄학이 이 운동의 도표에서 나타났다고 해도 전혀 지나친 말이 아닐 것이다. 후기 부르주아 범죄학의 관점에서 볼 때, 그들의 작업은 방법론적으로 생경하고 내용 면에서 너무 많이 사소한 것처럼 보인다. 예를 들어 범죄학 및 관세동맹에 관한 최초의 학술적인 통계학자 중 한 명인 게오르크 메이어 박사는, 합법적인 방식으로 생계를 유지하는 것이 어려워질수록 재산에 대한 범죄가 더 자주 저질러질 것이라는 사실을 발견했다. 따라서 재산 범죄는 식품 가격에 정비례하여, 그리고 임금 수준에 반비례하여 변할 것이다. 그는 기업 및 공통 소유의 삼림보다 개인 소유의 삼림이 더 많은 지역에서 목재 절도가 일어날 가능성이 높다는 사실을 발견했다.[84] 빌헬름 스타르케는 1854년부터 1878년까지 프로이센에서 일어난 목재 절도를 연구했다. 그는 목재 절도가 여름보다 겨울에 더 많이 일어났고, 따뜻한 해보다 추운 해에 더 많이 일어났다고 결론 내렸다.[85] 루드비히 풀트는 1862년과 1874년 사이에 프로이센에서 호밀 가격과 목재 절도의 유죄 판결 숫자 사이에 상당한 '양의 상관'positive correlation[86]이 있음을 보여주기 위해 정성을 들여 계산했다. 프로이센의 교도소장인 발렌티니는, 그가 연구한 프로이센의 8개 지구 내에서 기록된 범죄 총량이 각 지구에 널리 퍼져있는 토지 보유 형태에 따라 다양하다는 것을 발견했다. 그는 토지분배가 극단적으로 이루어졌던 라인란트의 "난쟁이 경제"에서 빈궁화가 가장 높았고 목재 절도 또한 가장 높았다는 점을 발견했다. 그렇지만 이러한 높은 비율이 "재산에 대한"[87] 다른 유형의 범죄에는 적용되지 않았다. 그러나 범죄를 더 복잡하게 계산하는 사람들이 이러한 작업에 대해 이의를 제기할 수 있기 때문에, 우리는 다음과 같은 점, 즉 그러한 작업이 대부분의 서부 프로이센 프롤레타리아의 임금에 관한 진정한 사회적 분석, 즉 결정적인 소득 형태를 부분적으로 반영하고 있다는 점을 강조해야 한다. 그것은 "달콤한 옛날이야기"이기도 하지만 한편으로는 투쟁의 표현이기도 하다. 사실, 우리는 과학적 조림과 실증주의 범죄학의 발전이 동전의 양면이라고 말할 수 있다. 하나는 지속적인 수확을 연구하고 다른 하나는 그러한 수확에 대한 고유한 (그들이라면 "도덕적"이라고 말할) 장애물을 연구한다.

1848년 혁명을 미리 살펴보면, 우리의 많은 문제가 명확해진다. 첫째, 독일 남서부를 휩쓸었던 3월의 위대한 농촌 촌놈들jacqueries은, 부분적으로는 삼림의 부를 재전유하기 위한 공통의 시도들에 의해 뭉쳤고, 때로는 잃어버린 권리의 회복을 요구하는 슬로건 아래 뭉쳤으며, 또 어떤 때에는 그렇게 하지 못했다. 이러한 시도들은 지리적으로 널리 퍼져있었고, 여러 가지 법적 의미의 구분에 따른 농촌 인구들 ─ 봉건 차지인, 일용직 노동자, 소농인, 소작인 등등 ─ 에 공통적인 것이었다.[88] 둘째, 이 운동은 "농촌 농민"과 "도시 노동자"라는 계급 간의 엄격한 분리를 거부한다. 떠돌이 일꾼들, 벌목꾼들, 어부들, 사공들, 마부들, 짐마차꾼들, 정확히 말해 "농촌"과 "도시"에서 발로 뛰는 노동자들의 범주에 속하는 사람들이 그들의 조정과 지도력을 떠맡을 책임이 있었다. 더욱이 매뉴팩처와 가내 공업의 '시대에 역행하는' 환경에 갇혀 있던 노동계급은 공장과 기계에 대한 파괴의 섬광 속에서 폭발했다. 이것은 삼림 경찰, 인클로저, 공무원, 세금 징수원, 삼림 소유주에 맞서는 투쟁과 병행한 운동이었으며, 라인란트에서는 분명히 주로 동일한 사람들이 이끈 통합된 운동이었다.[89] 여기는 1848년의 혁명적 노동계급 전체의 강점과 약점을 고찰할 장소가 아닐뿐더러, 우리는 그 혁명적 주체로서의 동부 섬유 노동자나 베를린의 숙련공들을 남부 독일의 농민 대중들로 대체하려는 의도를 가지고 있지 않다. 우리는 다만 "잠재적"이고 "정체된" 노동예비군들이 라인란트의 자본주의적 발전과 맺은 관계(우리는 이들의 단결에 대해서 일부 제시하려고 노력했다)가 1848년과 정치적으로 유사했다는 점을 보여주고 싶다. 1848년 프랑크푸르트 의회는 농업 및 임업 위원회의 업무가 노동 조건[을 다루는 위원회]의 업무와 겹친다는 것을, 그리고 자율적인 농촌 및 도시 운동의 억압 문제가 서로 유사하다는 것을 발견했다.[90]

이 운동이 패배함으로써 무엇보다도 독일 산업화의 진전된 공격의 길이 열렸다. 1848년 이후에야 노동계급에 대한 자본주의 권력의 익숙한 지표들(공장의 방추[의] 수, 채택된 증기기관 수, 선철 생산량 등)이 "이륙"을 시작한다. 이 점에 비추어 볼 때, 나치 시대의 말기가 되어서야 비로소 삼림의 권리에 대한 완전한 수탈이 완료되었다는 것을 알게 된 것은 특히나 애석한 일이다. 이때는 다시 말해 오랫동안 그것들[삼림의 권리들]이 투쟁의 주요 지형이 아니었던 시대였다.[91] 그럼에도 불구하고 이러한 권리들의 최종적인 수탈을 자본주의 탄생에 결정적인 순간이라고 생각하는 사람들에게 이것은 고려할 가치가 있는 사실이다.

VII

1840년대 서부 프로이센 계급투쟁의 역학을 묘사하면서 우리는 목재 절도 문제를 봉건적인 농민 수탈의 시초축적 문제로도, 무정부적이고 개별화된 룸펜 프롤레타리아 문제로도 간주해서는 안 된다는 것을 보여주려고 노력했다. 그 대신에 우리는 이 문제를 다른 관점으로 투사하는 분석 요소들을 제시하려고 시도했다. 특히, 우리는 그 속에서 노동계급의 가치형태들 중의 하나를 유지하고 증대하기 위한 투쟁을 보았다. 그 형태는 독일 자본이 공장에서 이용하려고 노력했던 작업 및 착취 조건들을 거부할 수 있게 해주었다. 우리는 1848년 봄에 일어난 노동계급 폭발의 기폭제가 다름 아니라, 다양한 상대적 잉여인구 형태들 내부의, 다양한 범주의 농촌 및 도시 노동자들이었음을 상기시키고자 한다. [그들은] 지멘스[92]나 크루프[93]의 관점에서 보면 확실히 주변적이지만, 그럼에도 불구하고 [그들은] 역사적인 대중의 선봉이다. 최근의 다른 사례들은 쉽게 떠올릴 수 있다. 자본주의 생산양식에 대한 노동계급 비판의 출발점이며, 우리에게 노동계급 내부의 분열 형태를 즉각적으로 분석할 수 있는 개념을 제공해 주고, 자본에 대한 혁명적 투쟁에 이러한 개념들을 사용하기 위한 조건들을 제공해 주는 작품인 『자본』의 저자[맑스]가 "프롤레타리아의 선봉에 선, 용감하고 고귀한 투사"인 실레지엔의 농민 빌헬름 볼프에게 그의 작품을 바쳤음을 언급하면서 마무리 짓고자 한다.

로체스터에서

1976년

5장
게르트루데 쿠겔만 부인과 맑스주의에 들어가는 다섯 개의 문

[지금(2007)으로부터] 140년 전인 1867년 4월 전당포에 들러 자신의 옷과 시계를 되찾은 칼 맑스는 말끔하게 차려입고 『자본』 원고를 손에 든 채 런던을 떠나 함부르크로 갔다.[1]

이 해는 데이비드 리빙스턴[2]이 나일강의 수원지, 그리고 어쩌면 인류의 기원에 관한 비밀을 찾았던 때였을 것이다. 그러나 사실 이 시기는 다가올 '쟁탈전'을 향해 일보를 내디딘 때였다. 그해는 다른 어떤 것보다 더 싸고, 더 빠르고, 더 거칠게 인클로저할 수 있는 수단인 가시철사가 발명된 해였다. 그해는 루이지애나에서 백인우월주의 테러 단체인 〈화이트 카멜리아 기사단〉[3]이 창단된 해이기도 했다. 1867년에 알프레드 노벨의 "안전한 화약"이 다이너마이트라는 이름으로 특허를 받았다. 『자본』은 제국주의, 인클로저, 인종차별주의, 그리고 폭파의 해에 세상에 나왔다.

북해를 가로질러 항해하는 동안 "무시무시한 날씨와 강풍"은 대부분의 승객들을 아래 선실로 내몰았다. 뱃멀미로 기진맥진하지 않는 사람은 거의 없었다. 거기에는 맑스, 소몰이꾼, 시계공, 텍사스인, 뱃심 좋은 여성, 그리고 "미개인의 성적 타락"을 구실로 다른 사람들에게 향응을 하다 지도에 나오지 않는 페루 지역을 방랑하고 15년 만에 돌아오는 남자 등이 있었다. 맑스는 이 아메리카인과 선주민

이야기를 엥겔스에게 요약해 주었다. "그가 환영을 받은 곳은 여자가 아이를 낳고 있는 오두막이었다. 태반이 구워지고 — 최고의 환대 표시로서 — 그는 그 '달콤한 빵'[4]을 나누어 먹어야 한다." 아마도 엥겔스는 맑스가 1년 전에 그에게 썼던 내용을 기억했을 것이다. 출판에 부적당한 방대한 원고를 언급하면서, 맑스는 다음과 같이 썼다. 그는 "1월 1일 당일부터 원고를 통째로 베껴 문체를 가다듬는 일을 시작했으며, 모든 게 순조롭게 진행되었다. 긴 진통 끝에 새끼를 핥는 것을 즐기는 것처럼 자연스럽게. 그러나 그때 종기가 다시 방해를…[해서]" 멈춰야 했다.[5]

맑스는 원고를 그의 함부르크 출판업자인 오토 마이스너에게 전달했고, 그는 그것을 즉시 자신의 금고에 넣은 뒤에, (함부르크의 "교정원들은 충분히 교육받지 못했기에") 라이프치히의 식자공이 보낸 교정쇄를 수정할 준비를 했다. 한편 맑스는 뛰어난 산부인과 의사인 루드빅 쿠겔만과 그의 아내 게르트루데의 손님 자격으로 하노버에서 [그들을] 기다렸다. 맑스는 엥겔스에게 그들을 "훌륭한 사람들", "이례적으로 친절한"과 같은 식으로 묘사했다. 쿠겔만은 〈공산주의자 동맹〉[6]의 전 회원으로 1847년부터 맑스와 엥겔스의 추종자였다. 그는 "무어인"[맑스]에게서 가장 빛나는 편지들을 끌어낸 맑스의 통신원들[편지를 주고받은 사람들] 중의 하나였다.[7] 쿠겔만은 여러 면에서 성공을 거두었고, 동료들의 존경을 받았으며, 그가 실제로 아이를 받았는지는 모르겠지만, 기술혁신에 책임의식을 지니고 있었다. 그는 분명히 『자본』이 분만되는 데 도움을 주었다. 전년도에 맑스는 독일에서 개인 대출을 받기 위해 그에게 두 번 도움을 요청했던 적이 있다. 쿠겔만 박사는 독일에서 이 원고에 관한 리뷰를 받는 데 적극적이었으며, "굉장한 책"을 발간하는 데에 엥겔스 다음으로 공이 컸다. 화농으로 부어오른 종기들, 구걸하는 편지, 류머티즘, 치통, 독촉하는 채권자들, 예쁜 간식을 거부하는 사춘기 딸들, 집에 돈도 석탄도 없는 겨울의 추위.

쿠겔만의 성격은 그가 보낸 선물로 알 수 있다. 1867년 성탄절에 맑스가 끊임없는 통증으로 드러누워 신음하고 있고 계단 아래에서 아내와 딸들이 후식으로 푸딩을 준비하고 있을 때, 쿠겔만 박사가 보낸 굉장한 선물인 주피터 토난스의 거대한 흉상이 배달되었다. (이것은 두 개의 선물 중 하나였는데, 다른 하나는 라이프니츠의 서재에 걸려 있었던 태피스트리[8]였다.) 하늘의 신 제우스는 자신의 천둥을 약한 존재들에게 내던지는데, 쿠겔만이 아내[게르트루데]에게 이러한 행동을 하면서, 맑스와의 우정은 끝이 났다. 하지만 이는 조금 나중의 일이다.

맑스는 4월 16일에 도착해서 "경제적 이점"을 의식하여 한 달을 머물렀다. 그는 5월 5일 자신의 생일에 식자공이 보낸 『자본』 첫 번째 [교정]쇄를 수정했다고 엥겔스에게 편지를 썼다.[9] 게르트루데 쿠겔만은 이 책에 상당한 관심을 보였다. 어떻게 안 그럴 수 있겠는가? 그 저자가 한 달 이상 그녀의 집에 머물면서 페이지 조판 교정쇄를 수정하는 동안 그녀는 그가 필요로 하는 모든 것을 미리 챙겨주었다. 맑스는 나중에 그것이 "삶의 사막에서 가장 행복하고 가장 기분 좋은 오아시스 중 하나"였다고 썼다. 쿠겔만의 열정에 곤란한 경우도 있었지만, 맑스는 게르트루데 쿠겔만 부인의 따뜻함과 우정에 매료되었다. 그리고 또 다른 손님인 테레즈 텐지Therese Tenge(옛날 이름은 볼롱가로-크레벤나Bolongaro-Crevenna)에게 관심을 보였다. 텐지는 베스트팔렌 지주의 아내로서 훌륭한 음악가이자 무신론자였으며 사회주의 성향을 보였다. 맑스는 둘째 딸인 로라에게 "그녀는 훌륭한 여성"이라는 편지를 썼다. 그는 편지에서 텐지와 바람이 났다는 말을 부인했다.

프롤레타리아 혁명의 활동가이자 이론가[맑스]가 "나는 근본적으로 나의 재정 문제를 바로잡을 수 있을 것이고 마침내 다시 자립할 수 있게 될 것"[10]이라는 희망을 피력한 곳 역시 이곳이었다. 분명, 전 세계 프롤레타리아의 희망이 이보다 더 잘 표현될 수는 없었다. 근본적으로 우리 재정 문제를 바로잡고 마침내 다시 자립하는 것.

아, 우리가 어디에서 길을 잃은 것일까?

『자본』은 9월에 출판되었다. 그리고 엥겔스의 표현대로 "노동계급의 성경"인 이 책 안에 해답이 있다.

이 책은 33개의 장을 모두 8개의 부로 배치하고 있다. 이 장들의 일부는 매우 짧고, 또 일부는 어렵다. 이 책의 부제는 "자본주의 생산의 비판적 분석"이지만, 독일어 2판의 부제는 "정치경제학 비판"으로 바뀌었다. 자본주의 생산에 관한 분석이 코뮤니즘을 제안하는 데 충분히 결정적으로 될 수 있기 전에 [먼저] 정치경제학이 비판되어야 한다. 그렇지 않으면 우리는 정치경제학 개념이 영원한 것으로 생각하게 된다. 『자본』이 어떤 종류의 책인지, 예를 들어 이론[서]인지 역사[서]인지, 비평[서]인지 비판[서]인지, 반자본주의적인 것인지 반경제학적인 것인지에 관해 수많은 혼동이 있었다. 나는 역사임을 강조한다. 맑스 역시 그 산부인과 의사의 아내에게 역사라고 강조했다.

1867년 11월 맑스는 쿠겔만에게 다음과 같이 편지를 썼다. "당신의 착한 아내에게 '노동일', '협력', '노동 분업', '기계' 그리고 마지막으로 '시초축적'에 관한 장들이 곧바로 읽을 수 있는 부분이라는 것을 꼭 알려주세요. 당신은 그녀에게 어떤 불가해한 용어를 설명해야 할지도 모릅니다. 기타 의심나는 점들이 있으면 기꺼이 도와드리겠습니다."[11]

묘하게도 길이가 가장 긴 장들이 "곧바로 읽을 수 있는" 게르트루드 쿠겔만 장들이었다. 어떤 것이 "곧바로 읽을 수 있는" 것이 되기 위해서는 몇 가지 조건들이 충족되어야 한다. 첫째, 용어 선택은 익숙한 것으로 해야 하는데, 이것은 예리하지 못한 철학 용어와 정치경제학의 허튼소리 둘 다를 배제할 것이다. 둘째, 주제는 동시대적이어야 한다. 마지막으로 독자와 저자 간에 공유된 경험이 있다면, 다시 한번 말하지만, 자료는 곧바로 읽을 수 있을 것이다. 특히 독자와 연관되는 한에서 저자가 처음으로 그 경험을 단어들로 구체화하고 있다면 말이다. 한 장에다 추가로 다른 장을 결합하면 이 쿠겔만 장들은 우리에게 맑스주의에 들어가는 다섯 개의 문을 제공한다.

우리의 회의[시초축적과 새로운 인클로저 회의]는 이 문들 중의 하나와 관련된다. 제8편, "이른바 시초축적"이 그것이다. 그는 돼지저금통이나 코코넛 더미에 관해 이야기하고 있는 것이 아니다. 아니, 그는 우리의 세계에 관해 이야기하고 있다. 우리에겐 번역의 문제가 놓여 있다. 독일어로 제8편은 "이른바 시초축적"Die Sogenannte Ursprüngliche Akkumulation이다. 그리고 'ursprüngliche'은 '근원'source, '원시적인'original, '최초의'primary로 옮길 수 있다. 나는 우리가 역사적으로, 다만 완고하지는 않게 이 생각에 접근하기를 원한다. 시초축적은 말하자면 "원시 단계"를 초월하여 계속 나아간다. 우리의 이해방식이 16세기에 가두어져서는 안 된다.

선진 자본주의조차 자본의 시초축적을 포함하고 있으니 말이다. 우리의 세계는 우리가 그 근원을 이해하지 않는 한 불가해하다. 이 근원이 우리 세계[자본주의]의 토대이기 때문이다. 자본주의는 테러와 축적을 통합한다.

네 개의 논점들이 강조되어야 한다. 첫째, 시초축적은 세계적이다. "아메리카에서의 금은의 발견, 선주민의 섬멸·노예화·광산에의 생매장, 동인도의 정복과 약탈의 개시, 아프리카의 상업적 흑인 수렵장으로의 전환 따위가 자본주의적 생산의 시대를 알리는 장밋빛 새벽의 특징이었다. 이런 목가적인 과정들은 시초축적의 주요한 계기들이다. 그 뒤를 이어 지구를 무대로 하는 유럽 국가들의 무역 전쟁이 일어났다."[12]

시초축적의 두 번째 특징은 폭력, "무자비한 만행"이다. 시초축적의 폭력은 수탈의 역사다. "이 수탈의 역사는 피와 불의 문자로 인류의 연대기에 기록되어 있다."[13] "많은 인간이 갑자기 그리고 폭력적으로 그들의 생존수단에서 분리되어 … 농업생산자인 농민으로부터 토지를 빼앗는 것은 전체 과정의 토대를 이룬다."[14] 제국주의로서의 폭력은 두 가지 방식으로 — 유럽의 민족-국가들 간의 무역경쟁으로 그리고 아프리카, 아시아, 아메리카 사회들에 대한 정복으로 — 일어난다. 이러한 "폭력"brute force의 조직화에는 육군과 해군, 중앙 집중적인 세금 체계, 공공 부채, 국립은행, 국제적인 금융 협정들이 필요하다.

인클로저의 중요성은 이 고전적 형태 내부에서 발생한다. 잉글랜드의 인클로저는 16세기에서 19세기까지 뻗어 있다. 첫 번째 단계는 교회와 왕에 의해서, 두 번째 단계는 의회에 의해서 이루어졌다. 단계 1에는 이데올로기적 공세, 즉 프로테스탄트 개혁이 뒤따른다. 단계 2에도 마찬가지로 이데올로기적 공세, 즉 개량, 진보, 발전이라 불리는 조연 셋이 뒤따른다. 농업 인구는 교회 재산의 강탈, 국유지의 대대적인 절도, 공유지에 대한 체계적인 약탈, 스코틀랜드 고지의 개간, 또는 씨족 재산의 강탈, 삼림의 청산défrichement 등에 의해 토지로부터 배제된다. 이것들은 형법, 새로운 법정, 변호사 집단의 발달, 대학의 설립, 새로운 철학, 다른 사고방식에 대한 파괴 등의 지원을 받는다. 고전적이고 잉글랜드적인 형태로나마 우리는 새로운 장들로써 그의 설명을 보강할 필요가 있다. 이 장들은 [지금까지]

기록되어 오고 있다. 여성의 몸에 대한 폭력. 아프리카 노예 무역의 폭력. 인종차별과 여성 혐오, 인종차별적 축적과 여성 혐오적 축적.[15]

맑스는 신랄하다. 그의 수사학은 처음부터 끝까지 힘이 넘친다. 시초축적은 신학적이고 철학적인 측면을 지니고 있다. 그는 그것을 원죄와 비교한다. "아담이 사과를 따 먹자 이와 동시에 죄가 인류에게 떨어졌다."[16] 원죄란 응당 그것이 과거의 일화로 이야기될 때 설명되는 것이지만, 시초축적이 과거의 문제인 것만은 아니다. 게다가, 모든 사람이 원죄에서 동일한 결과를 겪는 것도 아니다. 프로테스탄트 신학에서는 지적이고 소박한 사람들 중에서 "선택된 자"가 통치자가 되는 반면, 나머지 사람들은 게으르다는 이유로 이마에 땀을 흘리며 빵을 먹어야만 한다. 여기에서 그의 빈정거리는 목소리가 높아지기 시작한다. 그러면서 그는 맨 이빨로 신학에 구멍을 낸다. 이것이 그의 논의에서 눈에 띄는 마지막 특징이다.

고고학자들은 에덴동산이 수렵-채집에서 정착 농업으로의 이행 중에 나타난 이야기임을 우리에게 알려준다. 이는 8천 년에서 1만 년 전의 신석기 혁명에 속한다. 우리는 그것이 메소포타미아에서 이루어졌음을 알고 있다. 지식의 사과를 처음 맛본 이후로 수많은 죄가 있었다. 누가 값을 치를 것인가? 2백 년 전의 어느 날 노예무역 폐지를 축하하는 웨스트민스터 성당에서 열린 고교회파[17] 기념식에서, 아그베투[18]는 그 엄숙하고 신성한 [행사] 절차를 중단시키고 여왕에게 성큼성큼 걸어가 "여왕이시여, 부끄러워해야 합니다."라고 말하고, 이어서 수상에게도 "당신은 사과해야 합니다."라고 말했다. 아구베투는 최고의 영국 기독교 성지에서 진실을 말한다. 엥겔스가 『자본』을 노동계급의 성경이라고 언급할 때, 그것은 이 책이 단순히 권위적이라는 의미는 아니었다. 무엇보다도 성경 자체가 지배계급의 이념적 원천Capital이라는 함축을 지니고 있다. 성경은 배타적인 언덕-부족의 여호와 이야기이며, 그 뒤에 제국에 맞서는 독특한 전략을 지닌 목수 아들의 이야기가 이어진다. 잉여가치의 회복을 필수적으로 포함하는 보상이 없다면 속죄란 없다.

휴고 겔러트[19]는 1933년에 『자본』을 도해하면서("마치 엑스레이처럼 이 책은 표면 아래의 깊이를 드러낸다."), 60장의 석판화를 그렸다. 그중 절반 이상은 우리가 쿠겔만 장이라고 부르는, 다섯 개의 문에 이르는 길에 포함된 그림이다. 그는 마지막 문, 즉 제8편을 가지고 삽화를 곁들인 해석을 시작했는데, 그 역시 이것을 시초축적이라고 부른다.[20]

독일 평의회 코뮤니스트인 칼 코르쉬[21]는 『자본』의 1932년 베를린 판에 관한 소개를 썼다.[22] 『자본』 제1권은 "하나의 완성되고 세련된 전체로서, 내용과 형식 모두 우리에게 감동을 준다." 『자본』을 "과학적 예술 작품"으로 이해하려고 노력하는 이러한 맥락에서 코르쉬는 맑스가 쿠겔만 부인에게 한 추천을 소개한다. 묘사는 매우 생생하고, 서술 역시 매우 흥미롭다. 이것은 사실이지만, 코르쉬는 다음과 같이 덧붙인다. "나는 여성들이 시작하기에 적합하다고 하는 맑스의 조언과는 다른 접근법을 추천하고 싶다(여기에서 우리는 그의 시대의 편견에 대해 어떤 반감을 품을 수 있다)." 우리는 맑스가 남성 우월주의자였다고 겸손하게 인정하면서 웃을 수도 있을 것이다. 그럴 수도 있을 것이다. 그러나 우리는 웃지 않는다.

우리는 게르트루드 쿠겔만을 "여성"으로 보아야 한다. 우리는 또한 맑스가 그녀를 동지로 대했다는 것을 이해할 필요가 있다. 우리는 그녀를 산파産婆로 생각하려는 유혹을 이겨낼 수 있다.

맑스는 6월에 그녀에게 딸 로라의 사진을 보냈고, 다음 해 1월에는 다른 딸들인 제니와 엘리노어의 사진도 보냈다. 7월에 그는 이전에 조직된 〈국제노동자협회〉[제1인터내셔널]의 회원증을 보내겠노라고 약속하는 편지를 쿠겔만 부인에게 보냈다. 1864년 〈국제노동자협회〉가 조직된 이래로 계속해서 맑스는 이 회원증 일로 시간을 보냈다. 〈국제노동자협회〉 개인 회원증은 1년에 1실링 1펜스의 비용이 든다. "회원증은 해외에서 여권으로 사용되었다." 그는 테레즈 텐지에게도 회원증을 보냈다.

쿠겔만으로부터 소식이 없자 1868년 10월 맑스는 "나는 당신의 사랑하는 아내의 눈 밖에 나지 않았기를 바랍니다."라고 편지를 보냈다. "정보 : 〈국제여성협회〉는… 브뤼셀 의회에 서신을 보내 여성들이 가입할 수 있는지 물었습니다. 대답은 물론 용기를 북돋우는 찬성이었습니다. 따라서 당신이 설사 계속 침묵을 지키더라도, 나는 당신의 아내를 총회의 특파원으로 위임할 것입니다." 이건 전혀 농담이 아니었다. 12월에 그는 [여성이] 총회의 일원이 될 수 있도록 하는 여성법 Madame Law이 채택되었다고 썼다. 그는 또한 "미국 '노동조합'의 마지막 의회에서 분명 큰 진전이 이루어졌다. 여기에서 무엇보다도 노동하는 여성을 완전히 동등하게 대우했다."라고 말했다. 그는 "역사에 관해 아는 사람은 누구라도 위대한 사회적 변화들이 여성의 정치적 소요驅擾 없이는 불가능하다는 것을 알고 있다."[23] 라고 썼다.

맑스는 쿠겔만 부인이 읽을 특별한 장들을 선택하면서 정치경제학이 아닌 자본주의 생산을 참고했다. 마찬가지로 딸들에게 연구를 도와달라고 요청했을 때 그는 그녀들이 "이론적 담론"이 아닌, 정부 간행물에 드러나 있는 자본주의 생산양식의 범죄들에 곧바로 다가가도록 했다. 로라는 독자 출입증 인증을 받기 위해 나이를 속이고 영국 박물관의 독서실에서 그를 도와주었다. 제니는 시간제 비서처럼 행동했으며 블룸즈버리의 대형 도서관에서 그를 위해 조사 작업을 했다. 최신의 정부 간행물이 도착했다. 어떤 말이 쓰여 있는가? 이 자료들은 반드시 읽어야 한다. 그들이 겪는 고통은 무관심하게 놓여 있다. 간행물의 자료는 기계에 관한 장과 축적의 일반 법칙에 관한 장에 포함된다. "데블링"deviling[24]은 빅토리아 시기에 법정 변호사나 문인을 위해 공짜로 전문적인 작업을 하는 문헌 제작에서 사용된 속어였다. 맑스는 최근의 (5차)『아동노동 조사위원회의 보고서』와 주택을 연구한 (8차)『보건국 보고서』의 연구물을 포함하기 위해『자본』의 완성을 미루었다.

맑스는 한 영역의 기술적 진보가 어떻게 다른 영역의 퇴보로 귀결되는지 증거를 발견한다. 영국은 제지 산업을 위해 일본, 남아메리카, 이집트, 러시아로부터 수입을 하는 복식服飾 산업의 세계적인 상업 중심지였다. 의복 감별자rag-sorters로 고용된 소녀들은 천연두와 기타 전염병에 감염되었다. 같은 보고서에서 그는 "인간이 살아가기에 절대적으로 부적합한 초만원 상태의 주거"의 증거를 발견한다. 런던에는 각각 약 1만여 명의 주민이 사는 약 20개의 큰 주거지역이 있는데 "지옥과 다를 바 없었다."

『5차 보고서』는 제15장에 인용되어 있다. 아동이 일주일에 1실링 8펜스를 받기 위해 견직공장주들에게 자신을 임대하는 베스널그린[25]의 공개시장, 레스터 제화업에서 실로 꿰매지 않고 못을 박는 방법으로의 대체, 벽돌 제조의 기계화에 관한 부분, 서적과 신문 인쇄소에 노동자가 붙인 이름, 즉 "도살장"에 관한 부분, "벽돌공"의 지나친 음주에 관한 부분, 대양 항해가 "계절노동이 기대고 있는 현실적인 기술적 토대를 제거"해 버린 방법, "학교 교육에 변화를 주기 위해 노동과 유희"를 바람직하게 결합하는 것, "소년을 증기력의 단순한 대체재로 쓰는" 코벤트리 리본직기에 앉은 10세 소년들의 몹시 고통스럽고 소름 끼치는 긴장, 부모들이 "자기 자녀들을 단순한 기계로 만들 절대권력"을 아무런 제한 없이 소유하고 자신의 아이들을 착취하는 방법 ─[이 모든 것들이] "부패와 노예상태의 해로운 원천"이다.

『아동노동 조사위원회의 6차 보고서』는 3월에 출간되었는데, 맑스는 이것을 25장에 인용한다. 농촌 소녀들이 "돼지같이 살고 있는" 모습. 종종 근친상간 뒤에 이어지는 고통과 죽음. 동부 잉글랜드에서의 노동부대 제도의 만연. 사오십 명의 부인들과 (6~13세의) 남녀 아동들을 과도한 노동, 끔찍한 노역, 풍기문란으로 빠져들게 하는 노동부대 대장. 노동부대 대장은 이 소돔과 고모라의 "민주적인 황제"였다.

이 두 장, 아니 이 두 주제는 맑스에게는 매우 중요한 것이어서 그는 최신의 정보를 얻기 위해 원고 제출을 기꺼이 미루려고 했다. 가족이 그 일을 도맡았고, 그는 딸들의 지성, 시력, 공부 습관 등에 의존했다. 1867년 7월 영국에 다시 돌아와 "무엇이건 새로운 것을 배우려 하며 따라서 또 독자적으로 사색하려는 독자"를 예상하면서 『자본』 서문을 집필했다. 분명 쿠겔만 여사는 그가 염두에 두고 있는 독자들 중의 한 사람이었다.

몇 년이 지난 1874년 쿠겔만은 맑스를 설득해서 카를스바트에 있는 온천에 가게 했다. 그들은 티격태격했는데, 이유는 쿠겔만이 자기 아내[게르트루데]에게 끊임없이 늘어놓는 거만한 현학 때문이었다. [맑스는 쿠겔만에게] 주피터 토난스를 되돌려주었다. 모스크바의 "외국인 노동자들"을 통해 우리는 그 싸움에 관해 다음과 같은 설명을 들을 수 있다. "그는 사회주의의 궁극적 승리를 굳게 믿는 사람이지만 프롤레타리아 계급투쟁을 거부하고 순수하게 개량주의적 방식으로 자신의 이상을 실현하기를 기대했다." 맑스와 함께 카를스바트까지 동행한 엘리노어는 다음과 같이 썼다. "여성이 수중에 돈이 없다면, 그리고 아내와 자식에게 베풀어 준 호의에 감사해하지 않는다고 매 순간 남편이 아내에게 잔소리를 한다면, 그건 괴로운 일이에요. 쿠겔만이 얼마나 잔인한지 그리고 얼마나 파렴치한지 아버진 상상할 수도 없을 거예요."[26] 맑스는 "그는 모든 면에서 뛰어난 그 가여운 여인을 가장 혐오스러운 방식으로 괴롭힌다."[27]라고 썼다. 루드빅 쿠겔만과의 12년 간의 우정은 돌이킬 수 없을 정도로 금이 갔다. 우리는 이것이 게르트루드와의 관계에 어떤 영향을 미쳤는지 알지 못한다. 칼 맑스와 가족은 1876년 프라하에 방문해서 그녀의 오빠인 맥스 오펜하임과는 좋은 관계를 유지했다.

"여성이 수중에 돈이 없을 때의 힘든 일." 이것이 프롤레타리아의 조건이다. 돈을 가지고 있지 않다는 것. 토지 또는 생존수단에 접근할 수 없다는 것, 그것은 힘든 일이다. 이러한 경험이야말로 그 장들을 "곧바로 읽을 수 있도록" 해준다.

이 장들은 지난 세기의 제4분기에 있었던 『자본』 논쟁에서 무시되는 경향이 있었다.[28] 맑스 이론의 큰 화젯거리는 국가의 문제, 또는 의식의 문제로 표현되었다. 아니, 그것들은 대안적 경제학의 문제로 표현되었다. 계급투쟁의 문제로는 거의, 그리고 코뮤니즘의 문제로는 결코 표현되지 않았다.[29] 이 장들은 무거운 이론의 단순한 삽화들로 무시되거나, 오랫동안 좀처럼 잉글랜드를 외면할 수 없었던 나라에서는 잉글랜드의 역사라고 경멸받았다. 이 논평가들은 북해의 악천후를 겪고 있는 맑스에게 페루에서 겪은 이야기들을 함으로써 어떤 인상을 심어 주었던 탐험가들과 같다. 그들은 태반에서 자양분을 끌어낸다. 알튀세는 태변을 삼키고 로스돌스키는 양수를 빨아먹는다.

E.P. 톰슨에게 『자본』은 "자본주의가 아니라 자본의 논리에 관한 연구"였고, "계급투쟁의 역사, 계급투쟁의 분노, 계급투쟁에 관한 이해의 사회적·정치적 차원들은 경제논리의 폐쇄적인 체계와 무관한 영역에서 비롯된다." 그래서 톰슨은 "이러한 '과학'에서 끌어낼 수 없는 이론의 구조를 '설명'하고 명료하게 하기

위해 '역사'를 도입하고 있다."[30]라고 하는 루이 알튀세에게 동의할 수 있다. 이론-구조-분과. 이것들은 프롤레타리아 혁명가인 맑스의 술어들이 아니다.

이것이 쿠겔만 부인 장들이 우리로 하여금 의문시하도록 하는 것이다. 즉 『자본』은 정신적 역학의 폐쇄된 장이 아니다. 『자본』은 논리 기계가 아니다. 『자본』이 논리 기계였다고 말하려 하면서 톰슨은 이상해졌다. "『자본』은 이론적 혼합miscegenation[문자 그대로]의 산물인 셈이다."[31] 그는 역사가 백인이고 이론이 흑인이라고 상상했을까, 아니면 역사가 흑인이고 이론이 백인이라고 상상했을까? "그러나 이러한 양식의 혼합은 동물의 왕국에서도 그렇듯 이론의 영역에서도 가능하지 않다. 왜냐하면, 우리는 정해진 범주나 종을 무시할 수 없기 때문이다."[32] 쿠겔만 장들은 백인인가 니그로인가? 다섯 개의 문은 아프리카식인가 유럽식인가? "[인종]혼합"miscegenation은 1864년 다른 인종 간의 성적 결합에 대한 다수의 생물학적·심미적 반대들을 하나의 추상으로 결합시키기 위해 두 명의 뉴욕 언론인이 발명한 신조어였다. 이 용어는 인종차별적으로 이채로운 역정보disinformation다. 그것은 에이브러햄 링컨의 재선을 무효화하기 위해 고안된 팸플릿에 등장하는 근본 원리였으며, 급속히 인기를 얻었다. '노예해방선언'은 "[인종]혼합 선언"으로 불렸다. 링컨은 재선되었지만 이 인종차별적 용어 그리고 그 뒤에 도사리고 있는 억측들은 루이 아가시[33]에서 재레드 다이아몬드[34]에 이르기까지 여전히 통용되고 있다.[35] 톰슨은 자신의 주장을 더욱 약화할지도 모르는 어떤 은유에 관해 생각할 수 있었을까?

이것은 미국 헌법 수정 제13조(1865)와 제14조(1868)의 시대에 이루어진 작업을 개념화하는 색다른 방법이다. 노동일 단축으로 가는 문 위에서 맑스는 다음과 같이 썼다. "검은 피부의 노동자에게 낙인을 찍고 있는 곳에서는 흰 피부의 노동자도 해방될 수 없다."[36] "[인종]혼합"은 〈국제노동자협회〉가 결성되는 시기에 발명되었다.

수탈이 1차적이라면 2차적인 것은 무엇인가? 이러한 물음은 다음과 같은 다른 네 개의 문, 즉 노동일의 단축, 분업[노동자들의 분할], 노동의 기계화, 재생산의 구성으로 데려다준다. 확장, 분업, 기계화, 구성, 이것들이 네 개의 문이다. 각각은 착취의 수단을 나타낸다. 5번째 문은 수탈이다. 수탈은 착취에 앞서지만, 이 둘은 상호의존적이다. 수탈은 소위 지반을 준비할 뿐만 아니라, 착취를 강화한다. 그래서 나는 이것들을 묶어서 X^2라 부른다.

다섯 개의 문들은 『자본』의 가장 긴 장들에 해당한다. 확장은 "노동일"을 다룬 제10장을 가리킨다. 이 장은 가장 잘 알려진 장이다. 이 장은 종종 소책자로 단독 출판되기도 했다. 이것은 세인트루이스의 독일 철도 노동자들에 의해 처음으로 영어로 번역되었다. 사실, 맑스는 미국 내의 8시간제 여론과 이 장이 끼쳤을 수도 있는 영향에 관해 완전히 인식하고 있었다. 이 장은 책 전체의 축도^{縮圖}다. 이 장은 공통장의 변형으로부터 노동시간 연장의 전개에서 시작해서, 노예제 폐지의 "대서양에서 태평양까지, 뉴잉글랜드에서 캘리포니아까지 천리마의 기세로 퍼져 나간"[37] 8시간제 운동으로의 변형에서 끝난다. "검은 피부의 노동자에게 낙인을 찍고 있는 곳에서는 흰 피부의 노동자도 해방될 수 없다." 분업은 제14장 "분업과 매뉴팩처"에 해당한다. 여기에서 우리는 노동과정 자체의 훌륭한 변증법적 역사를 발견하고, 계급투쟁이 얼마나 자본주의적 변화에 고유한 것인지를 발견한다. 기계화는 "기계와 대공업"이라 불리는 제15장에 해당한다. 이 장은 러다이트와 공장법에 관한 설명을 제공한다. 축지법 장화라는 북부 독일 농부들의 마술은 아메리카 역사의 가장 기록적인 노래에서 자신들의 프롤레타리아적 힘을 발견했다. 다음은 오하이오의 교도소에서 옮겨온 것이다.

존 헨리가 십장에게 말했네,
사람은 그저 사람에 불과하지만,
그리고 당신의 증기 드릴이 날 쓰러뜨리기 전에,
나는 손에 망치를 들고 죽으려네,
나는 손에 망치를 들고 죽으려네.

제25장은 "자본주의적 축적의 일반 법칙"이라고 불리며 노동계급의 두 부분, 지불노동과 부불노동에 관해 기술한다. 자본주의는 잉여가치의 전유, 즉 노동계

급의 부불노동에 관한 것이다. 존 헨리는 1868년 이후 망치를 들고 애팔래치아 산맥을 운전으로 통과해 체서피크와 오하이오의 철도를 건설하는 데 도움을 주었던 죄수였다. 그에게 임금은 지급되지 않았다. 1867년에 한 토목기사는 수동식 드릴로 암석에 구멍을 뚫는 것이 철도 터널 건설의 병목[장애]이었다고 말했다. 흔들기와 굴리기rocking and rolling는 착암기를 다루는 직공과 드릴을 잡고 있는 셰이커shaker 사이의 관계를 나타내는 용어였다.

시초축적은 노동계급의 모든 찡그린 얼굴과 팔다리, 뇌와 피부, 내장과 자궁에서 노동계급 신체의 조직(기관) 및 착취와 관련하여 이해되어야 한다. 이런 식으로 말하면, 우리는 이 쿠겔만 장들에서 왜 맑스의 노동계급에 관한 연구가 공중 보건과 아동의 고용에 그렇게 큰 중요성을 두는지 알게 된다.

다섯 번째 문, 즉 수탈 또는 시초축적의 문으로 돌아가면, 저자의 구절들에는 다음과 같이 천상에서 울리는 천둥소리가 뒤따른다. "자본주의적 겉껍질은 갈라져 망가진다. 자본주의적 사적 소유의 조종이 울린다. 수탈자가 수탈당한다."38 "자본주의적 생산은 자연과정의 필연성을 가지고 자기 자신의 부정을 낳는다. 이것은 부정의 부정이다."39 위에서 들려오는 소리는 제트기F-16의 소리이며, 에덴의 동산은 티그리스강과 유프라테스강 사이의 고갈된 습지대다.

수탈은 착취를 강화한다. X^2는 우리가 경험해 왔던 바다. 휴일이 사라지고 주말이 공격받으면서 노동일working day이 늘어나고, 안식년은 축소되며, 퇴직이 연기되고 사회보장이 평가절하되면서 노동생애working life-time도 늘어난다. 물질 노동과 (소위) 비물질 노동의 기계화는 다른 모든 형태의 노동을 강화한다. "노동계급" 구성은 전 세계적인 빈곤의 여성화 그리고 (팔레스타인, 멕시코, 나이지리아, 인도 등등으로부터의) 난민의 쇄도에 의해 강제된다. 그들은 휴대폰과 노트북으로 서로 소통한다.

시초 코뮤니즘처럼 시초축적은 비현실적인 것으로 또는 최소한 동시대적이지 않은 것처럼 보인다. "시초"라는 단어는 우리에게 어떤 인류학적인 거리감을 준다. 시초축적은 오래전에 일어난 일이다. 시초 코뮤니즘은 먼 옛날에 일어난 일이다. 하지만 이러한 거리감은 착각이다. 소위 "세계화"와 끊이지 않는 전쟁이라는 우리의 시대에 축적은 전 세계적이며 폭력적이다.

맑스주의의 정수는 계급투쟁이다. 그러한 투쟁의 해결책은 코뮤니즘이다. 하나[투쟁]는 우리 눈앞에 있으며, 다른 하나[코뮤니즘]도 그리 멀지 않은 곳에 있다. 내가 서술해 온 각각의 문은, 잉글랜드의 이상향적 꿈의 구절을 인용하자면, 저 "사람들로 가득한 탁 트인 벌판"을 향해 열릴 수도 있을 것이다. "지금까지의 모든 사회의 역사는 계급투쟁의 역사다."라고 1848년의 『공산당 선언』은 시작한다. 이후의 판본들에서 엥겔스는 당시 사람들이 "시초 코뮤니즘"[40]에 관해 거의 모르고 있다는 주석을 덧붙인다. 이것[시초 코뮤니즘] 역시 일차적primary 코뮤니즘이라고 불러야 한다.

이타카에서

2007년

3 부 "영국"

6장

네드 러드와 퀸 마브 : 기계파괴, 낭만주의 그리고 1811~12년의 몇몇 공통장들

러드는 장군이 아니라
가난한 사람들을 뜻한다.
— 무명씨, 1811~12

I

경제 용어 "불변자본"은 가변자본의 착취를 위한 수단으로, 천연자원과 기계, 즉 '자연'과 '기술' 모두를 의미한다. 가변자본이란 임금 노동계급이나 비임금 노동계급, 또는 고용 노동력이나 실업 노동력을 설명하는 용어다![1]

노동력이 자신을 민중의 힘으로 표현하고 노동력을 절하하는 기계들을 공격하고 지구에 대한 책임을 다할 때 자본주의 체제는 붕괴하기 시작한다. 우리는 민주주의나 대중 주권의 이름으로 이를 시작할 수도 있고, 인간의 존엄성과 생존이라는 이름으로 그럴 수도 있다. 이제 둘 다 필요하다. 2011년 지진, 해일, 토네이도, 화재 등의 자연재해는 지구 온난화와 노심용해nuclear meltdown의 인위적인 파국과 분리할 수 없다.

카이로 타흐리르 광장에서의 대중적인 시위는 결코 가져본 적 없었던 권리들을 위해 투쟁하는 억압받는 자들의 희망을 불러일으켰다. 위스콘신주 매디슨에서 노동자들은 주 정부청사를 탈취해서 장차 잃게 될 권리들을 위해 투쟁을 벌였다. 후쿠시마의 재앙은 전 세계에 충격을 주었다. 월가 점거는 가장 추상적인 (은행들) 그리고 배타적인 (사유재산) 상태의 체제를 점령하고, 그것의 토대를 구체성 위에 그리고 공통 속에 두며, 그리하여 현재 속에서 미래를 미리 구성한다.

과학기술이 우리를 난국에 처하게 했다는 것을 이제 모든 사람이 알고 있다. 그리고 모든 것을 세계적인 관점에서 보아야 한다는 것도 이제 모든 사람이 알고 있다. 설령 세계와 천국이 소란에 빠지고 "네드 러드"라는 이름의 사람들이 교정의 망치를 들고 기계들을 부수었던 200년 전에는 이러한 상투어들이 그리 일반적으로 알려져 있지 않았다 하더라도 말이다. 산업 체제의 기원은 그 소멸의 씨앗을 품고 있다. 일단 우리가 우리의 망치와 우리의 상상력을 그것에 적용한다면 말이다. 200년 전에도 역시 요정처럼 나타났던 그 망치와 상상력을.

1811년에는 많은 사람에게, 우주의 힘들이 작용하고 있는 것처럼 보였다. 거대한 혜성이 1년 내내 260일 동안 관측되었는데, 3월에 처음 모습을 드러내어 10월에 가장 많이 볼 수 있었고 1912년 1월쯤에 사라졌다. 혜성의 꼬리 길이는 25등급이었다. 이것은 전 세계에서 어떤 조짐으로 해석되었다.

1811년 7월 5일은 베네수엘라의 독립기념일이다. 독립은 프란시스코 드 미란다[2]와 시몬 볼리바르[3]가 주도했다. 1812년 3월에는 지진이 많은 것들을 파괴했다. 볼리바르는 "자연이 우리를 방해한다면, 우리는 자연과 싸우고 자연이 우리에게 복종하도록 만들 것이다." 부르주아 혁명의 지도자들은 자연을 정복할 준비가 되어 있었다.

1811년 12월 16일, 엄청난 지진이 발생해 미시시피강 중류 계곡을 흔들었으며, [이듬해] 1월과 2월에는 또 다른 지진이 발생했다. 이 지진으로 토머스 제퍼슨의 조카들이 저지른 살인이 법의 심판을 받게 되었다. 켄터키에 살고 있던 그들은 도끼로 노예를 살해하여, 신체를 절단하고, 절단된 사지들을 불에 태우려 했다. 지진으로 인해 굴뚝이 붕괴되어 불이 꺼지는 바람에 신체 부위들이 다른 사람들에게 발각되었다.[4] 아메리카 남부의 선주민인 크리크인들 중에서 레드스틱[5] 예언자들은 용감한 청년들이 테쿰세를 따라 전쟁을 치를 준비를 해야 한다고 주장하기 시작했다. 테쿰세와 그의 동생 텐스콰타와[6]는 지진과의 동맹을 기꺼이 받아들였다.

한편 영국에서는 애너 레티시아 바볼드[7]가 『1811』*Eighteen Hundred and Eleven*이

라는 제목의 시집을 출판했다. 일반적으로 아이들도 읽을 수 있는 큰 글자와 넓은 여백을 도입한 것으로 유명한 그녀는 두 개의 눈, 즉 연대기와 지리학으로 역사를 보았는데, 이것들이 그녀에게 예언적 능력을 부여해 주었다. 그해에 일어난 전쟁, 기근, 강간, 질병은 재앙과 지하 세력의 분출을 가져왔다. 그녀는 "지진의 충격과 더불어 파멸이 있을 것이다."라고 경고했다.

1878년 프랭크 필은 러다이트의 진정한 유물들에 관한 최초의 주요한 인쇄본 자료를 제공했다. 첫 쪽에서 그는 혜성을 "불타는 칼"에 비유했다.[8] 겨우 1년 전에 러다이트인 윌리엄 블레이크는 기계화된 공장, 즉 "이 어두운 악마의 제분기들"에 반대하는 찬가를 썼는데, 여기에서 그는 다음과 같이 언명했다.

나는 정신 싸움을 그만두지도
내 검을 손에서 잠자게 하지도 않을 것이라네,
우리가 잉글랜드의 푸르고 쾌적한 땅에서
예루살렘을 세울 때까지.

잠자는 검이 깨어났을까? 네드 러드의 추종자들은 하늘의 혜성처럼 우주의 정의를 행사하고 있었을까? 지금도 여전히 그럴까? 그렇다면 그것은 블레이크가 상상했던 것이 아니었다. 왜냐하면, 투쟁과 분열의 도시인 예루살렘은 더는 개신교 천년왕국이라는 평등주의적 유토피아가 아니기 때문이다. 개신교 민족주의적인 메모가 아닌 생태학적인 기록은 이 감동적이고 아름다운 찬가를 다음과 같이 마무리 지어야 한다.

나는 정신 싸움을 그만두지도
내 검을 손에서 잠자게 하지도 않을 것이라네,
불타버린 우리의 대지를 푸르게 물들이고 식히기 위해
우리가 공통장[공유지]를 차지할 때까지.

평민을 위시하여 일어난 러다이트의 직접 행동을 기념하는 200주년[2011년]에, 지구 아래의 지하적 힘들과 지구 위의 우주적 장관에 이어 기계에 대한 반란이 일어났다. 낭만적인 시인들은 이 관계에 두 가지 방식으로 반응했다. 첫째, 그들은 우리의 견해를 국지적인 것에서 혁명적인 거시적 현상으로 확장했다. 둘째, 그들은 기계-파괴를 공통장 방어의 수단으로 이해할 수 있도록 하는 데 일조했다.

II

러다이트들은 과거의, 또는 그 밖의 다른 나라들의 도구-파괴자들과 구분되는 잉글랜드 북부의 기계-파괴자로서 자신들에게 네드 러드, 또는 캡틴 러드라는 신화적인 이름을 부여하였다. 러다이트들은 세 군데의 잉글랜드 섬유산업 지역들에서 활동했다. 첫째, (옷감의 보풀을 베어내거나 잘라내는) 전모공들crop-pers이 기모기나 전단기에 의해 위협을 받았던 요크셔의 웨스트라이딩. 둘째, 양말제조공(양말을 짜는 사람들)이 틀자수 짜는 기계로 인해 잉여인원이 된 노팅엄셔와 인근의 중부 지역들. 셋째 증기기관을 수직기手織機에 적용함으로써 면화직공들이 일자리를 잃고 있던 랭커셔. 이 세 지역은 [하나로 묶여] "러다이트 삼각지"로 불렸다. 주요한 러다이트 저항은 1811년과 1812년에 일어났다.

기계 파괴의 일반적인 전술 그리고 그 특유의 가장 유명한 러다이트 운동의 사례 모두는, 홉스봄의 표현을 빌자면, 사실 "폭동을 통한 집단 교섭"일 수 있을 것이다. 하지만 거기에는 그것 이상의 더 많은 것들이 있었다.9 톰슨은 『영국 노동계급의 형성』에서 다음과 같이 쓰고 있다. "나는 가난한 양말제조공, 러다이트 운동에 가담한 전모공, '시대에 뒤떨어진' 수직공hand-loom weaver, '유토피아적' 숙련공 등과 아울러, 심지어는 꼬임에 빠진 조우애너 사우스컷의 추종자까지도 후손들의 지나친 멸시에서 구해내려는 것이다."10 앞의 세 인물들(양말제조공, 전모공, 직공)은 러다이트 운동의 세 지역들 그리고 그들을 침식하고 있는 세 개의 기계들에 상응하는 세 직업군이다. 톰슨에게 이 다섯 가지 사례들 중 세 가지는 기계-파괴자들이었으며, 이것은 그들이 모든 노동계급 사람들과 동일하다는 것을 시사하는 것이었다. 연대기적으로 특유한 전술이 갖는 예비적인 힘은 신화의 모습으로 나타났다. 그리고 신화가 그 탄생의 시간과 장소를 초월할 수 있기 때문에, 네드 러드는 수 세기 후에도 계속해서 자신의 망치를 휘두른다.

『맥베스』의 문지기와 같은 신화적인 인물들은 아래로부터의 역사로 들어가는 문을 연다. 잉글랜드의 역사는 그런 인물들로 가득하다. 예를 들어 로빈후드, 농부 피어스Piers Ploughman, 레이디 스키밍턴, 캡틴 스윙 등이 그들이다. 그리고 마찬가지로 이 시기(1811~12)의 아일랜드 역사도 각별하다. 이때 캡틴 낙어바웃이나 캡틴 락[11]이 익명의 네드 러드와 합류했다. 이들은 거부되었던 정의를 실현한 복수의 화신들이었다.

세상은 인클로저가 진행되고 있었고, 삶은 폐쇄되어 가고 있었으며, 사람들은 갇혀 지냈다. 1795년 정부에 의해 침묵을 강요당하기 전에, 잉글랜드 자코뱅당원인 존 텔월은 "인클로저하는 체제"에 관해 언급했다. 그는 그것을 "부자가 가난한 사람들의 재산, 권리 및 소유물을 독점하는 인클로저 체제"라고 정의했다.[12]

분명 인클로저 체제는 인클로저가 상품화된 땅에 적용되었다. 1790년에는 의회에서 25개의 인클로저 법령이 제정되었고, 1811년에는 133개가 되었다. 잉글랜드는 담, 돌담, 도랑, 울타리로 이루어진 나라가 되기 시작했다. 『1811』에 쓴 것처럼, 바볼드가 보기에 "경작된 들판으로 인해 경계들은 더 엄격하게 나뉜다." 한쪽에는 높은 지대와 제인 오스틴이 있었고, 다른 한쪽에는 추방과 굶주림 그리고 존 클레어[13]가 있었다. 노샘프턴셔의 농업 노동자이자 공통장의 시인인 존 클레어는 "사악한 인클로저가 나타나 나를 교구敎區의 노예로 만들었다."라고 썼다.

가정[세대]은 인클로저 체제의 일부가 되었다. 성별은 두 영역 ― 즉 여성을 위한 사적 영역과 남성을 위한 공적 영역 ― 의 교리로 분리되었다. 린다 콜리는 "가정의 범위는 [그녀가 사는] 왕국의 경계였다."라고 쓰고 있다. 아내는 법적 인격이나 존재감을 상실했다.[14] 다산 모성에 대한 숭배는 제국을 위해 병사들canoon-fodder을 공급하는 것이었다. "인구 폭발"은 부분적으로는 이러한 감금 또는 분만이 이루어낸 성취였다.

공장이 작업장을 대체하면서 예술 노동arts과 기술 노동crafts으로의 노동 분업이 이루어지고 이로 인해 그것들은 인클로저 체제의 일부가 되었다. 애덤 스미스의 『국부론』에는 이러한 결과로 나타나는 비인간화가 예견되어 있었다. "분업의 진전에 따라 [노동으로 생활하는 사람들의] 거의 대부분의 직업은 몇 가지의 극히 단순한 작업(흔히, 하나 또는 두 가지 작업)으로 한정된다. … 자신의 일생을 몇 가지 단순한 작업에 바치는 사람들은… 일반적으로 인간으로서 가장 둔하고 무지해진다."[15]

수송의 기반시설들은 인클로저 체제에 속한다. 강은 운하로 되고, 높은 부두의 벽들이 리버풀에서 런던에 이르는 항구의 교통을 인클로저했다. 그 결과는 범죄화였다. 처벌의 관점에서 볼 때, 이때는 화강암의 거대한 벽 뒤에 대규모의 감옥이 건설되는 시대였다. 바이런 경은 러다이트를 옹호하면서 입법자들에게 다음과 같이 물었다. "그대들은 나라 전체를 감옥에 가둘 수 있는가?"

전쟁 자체가 인클로저 체제를 도왔다. 군인들은 막사에 수용되면서 민간인과 분리되었다. 1799년과 전쟁이 끝난 1815년 사이에 200개 이상의 막사가 세워졌다. 인도에서는 무굴인들이 회교 사원과 무덤을 짓는다면 영국인들은 감옥과 막사를 지었다는 말이 있었다.[16] 심지어 "대영제국의 치명적인 나무"[17]나 런던시에서 타이번의 교수대에 이르는 3마일의 사형수 행렬도 뉴게이트 교도소의 인클로저 대상이었다.

문화적 표현 속에서도 역시 우리는 몇몇 폐쇄 형태를 발견한다. 언어의 사전들과 문법들, 언론과 연설에 대한 검열, 그리고 텔월[18]의 침묵 같은 것 말이다. 텔월은 "웅변술"을 가르치고 말더듬이들을 구제하면서 여생을 보냈다. 토머스 스펜스는 철자법 개혁으로 폐쇄와 싸우려 했지만 아무 소용이 없었다. 그것은 상류계급과 공통인[평민]의 사회적·문화적 격리로 귀결되었다. "공통하다"common라는 단어는 사실상 오명이 되었다.

수공업의 인클로저는, 정원, 들판, 베틀을 왔다 갔다 하는 반복적인 노역이 뒤섞인 가정에서 노동하는 남녀 장인들에게 상인들이 원료를 제공[선대]해주는 가내[수공업] 체제와 함께 시작되었다. 이어서 매뉴팩처 또는 분리된 작업장이 모든 노동자들을 결합시켰다. 공장은 기계와 동력을 추가했다. 인클로저는 산업과 농업의 분리, 공장과 토지의 분리에 의존한다. 이 두 과정은 함께 추진되었다. 인클로저는 이 둘[농업과 토지]을 파괴했다.

이러한 인클로저는 세계대전과 전면전의 시대에 일어났다. 톨스토이는 1811~12년에 『전쟁과 평화』에서 다음과 같이 말할 것이다. "인간의 이성과 본성에 위배되는 사건이 일어났다. 수백만 명의 인간들이 세계 모든 재판소의 기록으로 몇 세기가 걸려도 모을 수 없을 만큼의 무수한 죄악과 기만, 배반, 절도, 위조지폐 발행, 약탈, 방화, 살인을 범했으나, 이 시기에 그들은 자신의 행위를 범죄로 보지 않았다."[19] 영국이 관계되어 있는 한, 이것은 자유, 평등, 우애에 대한 오랜 반혁명에서 새로운 국면이었으며 대서양, 인도양, 태평양의 무역을 통제할 수 있는 기회였다. 영국의 전쟁 경제와 산업화는 함께 진행되었다. 공장의 연기와 대포의 연기, 불운한 군인의 외침과 고아의 외침, 엄청난 부fortunes와 전쟁에서의 행운, 전쟁과 기계 등은 정치적으로 군산복합체로 변형되었다.

미국인들은 여전히 스포츠 행사 전에 "대포의 붉은 폭음"이 언급되는 국가를 노래한다. 대포는 1812년 전쟁 당시 볼티모어의 맥헨리 요새에서 발사되었다. 로켓 공학은 당시의 진보된 군사 과학기술이었다. 이것은 1799년 인도의 세링가파탐[20] 전투에 기원을 두고 있으며, 1803년의 봉기에서 로버트 에밋이 신중하게 연구했다. 이 전면전이 치러지는 동안 수십만 명의 군인이 지상에서 군화를 신었다. 군화는 아일랜드의 목초지 또는 아르헨티나의 팜파스에서 풀을 뜯는 소의 가죽으로 만들어졌다. 이 태피스트리의 어떤 실을 골라서 잡아당기라. 그러면 역사가는 그 시대의 잔인함과 죄악을 확실하게 풀어낼 것이다. 그러나 좀 더 신중하게 바라보라. 그러면 분명히 알게 되는 또 다른 이야기가 있다. 그것은 보존, 저항, 낯선 사람들에게 베푸는 친절 — 식탁에 자리를 내어주는 것 — 에 관한 이야기다. 이것이 바로 공통장이었으며, 러다이트들이 여기에 함께 있었다.

데이비드 노블의 『인간 없는 진보 : 러다이트 운동에 대한 변호』는 40년 전의 홉스봄의 에세이처럼, "생산의 지점"[21]에 대한 권력 행사에서 비롯되는 연대를 강조했다. 홉스봄은 다음과 같이 썼다. "효과적인 노동조합주의의 기초가 되는 연대의 습관은 배우는 데 시간이 걸린다." 그리고 기계-파괴 또는 "러다이트하러 나가는 것"을 통해 생산을 중단시키는 것보다 더 나은 것은 없다. 20세기 후반인 노블의 시대까지 노동조합은 자동화의 도입에 협력하고 있었다. 자본주의의 영속성이 기술적 변화의 불가피성에 의존하는 것처럼 보일 수 있기 때문에, 노블은 우리에게 네드 러드를 반복함으로써 우리의 고유한 반란적인 힘을 되찾자고 요구했다. 그러나 "생산의 지점"보다 더 중요한 것이 있다. 그 지점은 재생산, 즉 생산자들의 공동체에 의존한다.

우리가 "공동체"의 파괴에 관해 이야기할 때, 우리는 이것이 복잡한 관계 유형들, 상호성의 형태들, 공통 속에 유지되는 관습들을 수반한다는 것을 기억해야 한다. 공동체에는 물질적인 기초가 있다. 그것들은 함께 공통장을 구성한다. 두 경우 모두에서, 토지와 도구는 상품(그것들은 구매되고 판매될 수 있었다)이 되었고, 상품은 불변자본(노동착취를 증대하기 위한 유형의 수단)이 되었다. 이런 식으로 수탈(X)과 착취(X^1)는 'X + X^1'처럼 자본주의의 분리된 단계가 아니라 'X^2'처럼 서로 동시에 작용하는 강렬한 원동력이 되었다. 공통장의 수탈과 노동의 기계화는 피드백 순환에서처럼 서로에게 작용했다.

III

우리는 아일랜드의 실을 잡아당겨 "공통장"을 내보일 수 있다. 아일랜드는 지리적으로 잉글랜드와 아주 가깝지만, 또 다른 면에서는 거리가 아주 멀다. 1811년 윌리엄 칼턴[22]은 그리스와 로마의 고전을 가르쳐 줄 스승을 찾기 위해 얼스터를 떠나 뮌스터를 향해 길을 나섰다. 아일랜드 사람들은 가난하든 그렇지 않든 고전적 학습을 존중했다. "교육에 목말라 있는 사람을 존중해 주었기 때문에…나는 내가 묵은 길가의 잔칫집에서 식비나 숙박비를 지급하지 않아도 되었다." 마침내 그는 스승을 발견했는데, 이 스승의 형은 포르투갈 출신의 아내와 함께 이베리아반도에서 방금 돌아왔다. 그들은 감자를 먹게 될 것이다.

하지만 반도에서 영국군은 빵을 먹었다. 군대는 몰타에서 곡물을 샀다. 그곳에서는 이집트산[※] 밀이 하역되었다. 이것은 국제적인 곡물무역에서 일어난 주요 변화였다. 무함마드 알리[23]는 1811년 3월 카이로에서 열린 축제에서 노예 기병 지도부를 궤멸시켰고, 이는 이집트에서 권력을 중앙 집중화하는 첫 번째 조치였다. 두 번째 단계는 영국 해군이 보호하는 해상 무역을 통해 오스만 시장에서 벗어나 곡물 수출을 재조정하여 영국군의 요구를 충족시키는 것이었다.[24] 그러나 "시초축적"의 또 다른 특징들이 시작되었다. 자선 및 종교적으로 부여된 토지의 수탈, 세금 및 공물의 중앙 집중화, 토지의 사유화, 관개 부역, 즉 운하에서의 강제 노동 강화 등이 그것이다. 북부 이집트에서는 토지들이 "공통으로 보유되고 매년 개별 경작자들에게 할당되었지만" 남부 이집트의 비옥한 삼각주에서는 경계선들이 순조롭게 세워졌다.[25]

이집트에서는 이런 식으로 변화가 일어난다. 새롭고 큰 시장을 위한 곡물, 이것은 자급 농업의 감소를 야기하고 여러 형태의 공통화의 제거를 야기한다. 이러한 변화들이 이베리아반도의 군대에 양식을 공급하는 데는 도움이 될 수 있었겠지만, 이 궁핍의 겨울 동안 잉글랜드[사람들]의 주린 배를 채울 수는 없다. 1813년에 교수형에 처해진 요크셔 러다이트 조지 멜러는 이집트에서 영국군의 작전을 수행한 노병이었다.

결핍에 대한 대답으로 잉글랜드에서는 도덕 경제[26]가 부활했으며, 아일랜드에서는 십일조, 세금, 높은 토지 가격에 반대하는 지속적인 "농민의 불법행위들"이 일어났다. 가축 방목용 토지는 사람들로 하여금 식량용 토지를 갈망하도록 만들었다. 토지는 '소작지 농한기 임대' 제도 — 면적 : 반 에이커, 용도 : 감자밭, 기간 : 파종기에서 수확기까지 임대, 임대료 : 지대는 노동으로 지급 — 를 통해서만 이용할 수 있었다. 이것들은 번성하는 법적 하위문화, 즉 "정부가 대변하는 것과는 완전히 분리된 법률 규약이라는 명확한 개념"을 위한 조건이었다. 캡틴 락을 따르는 사람들은 더블린 성과 법원이 관리하는 법에 맞서 이 법적 하위문화를 옹호했다.

다음은 러다이트 운동이 일어났던 1811년과 1812년에 아일랜드인들이 쓴 몇 가지 익명의 편지 사례들이다. 한 편지 작가는 웩스퍼드 근처의 아드컴의 부목사에게 "이미 충분한 보상을 받고 있으니 특히 [가난한 사람들을] 억압하려 하지 말고 신학에나 정진하라"고 조언했다. 두 번째 작가는 "억압을 계속한다면 즉각emedi-

^{ate}〔원문 그대로〕 처형될 것"이라고 경고했다. 세 번째 작가는 항해해 온 선주들에게, "폭정의 멍에에 속박되어 있는 매우 궁핍한 농민들"을 대표하는 캡틴 슬래셔나 캡틴 파이어브랜드가 방문할 수 있으니, 감자를 싣고서 카운티 다운에 접근하지 말라고 경고했다. 캡틴 낙어바웃[27]이 방문하면 집세가 떨어질 수도 있었다.[28]

윌리엄 칼턴이 베르길리우스의 『아이네이스』 제4권을 연구하고 디포의 『악마의 역사』를 찬미하고 있을 때, 잔디밭에서는 밀주 위스키에 취한 사람들의 결혼식 춤판이 벌어지고 있었다. 거기에서 칼튼은 빨간 머리를 하고 있는 사내를 우연히 목격하게 되었다. 그는 "결투 때마다 열리는 바자와 시장에 거의 빠지지 않고 참가하는" 사람이었다. 그는 가톨릭 기도서를 꼭 쥐고서 독립 아일랜드에 대한 충성과 오렌지단[29]에 맞선 상호의존적인 방어, 그리고 왕실에 대한 비협조를 맹세하면서 리본맨[30]의 언약과 휘장을 받았다. 이것은 토지와 노동에 대한 더 오래된, 공유 경제와 연관성이 있는 아일랜드의 가톨릭 "지하"의 일부였다.

IV

아일랜드의 실을 잡아당기면서 우리는 아일랜드의 환대로 지지되는 지식 공통장과 나일강 삼각주 및 나일강 상류의 매우 오래된 농업 공통장을 포함하는 다양한 유형의 공통장을 부수적으로 발견했다. 공동체에 관한, 그리고 공통장에 관한 개념들은 러다이트들에게는 핵심이었다.

우리는 하원이 일반 평민들에게 해를 끼치는 모든 기계를 제거하는 법을 통과시키고 기계파괴자들을 교수형에 처하는 법을 폐기할 〔때까지〕 절대 무기를 놓지 않을 것이다. 그러나 우리는. 우리는 다시는 청원하지 않을 것이다 — 그것은 소용없는 일이다 — 투쟁해야 한다.

불의를 바로잡는 군단의 장군 서명
네드 러드 서기관
불의를 바로잡는 자들이여 영원하라 아멘[31]

이것은 요크셔 힐엔드의 전단기-틀형의 소유자인 스미스 씨에게 보낸 긴 편지의 맺음말이었고, 1812년 3월 9일에 공개되었다. 이 편지는 허더즈필드[32]에서만 2,782명의 사람들이 기계를 파괴하고 틀형 소유자들의 건물들을 불태울 준비가 되어 있다고 경고했다. 또한 불의를 바로잡는 군단이 맨체스터, 핼리팩스, 세필드, 브래드퍼드, 올덤에서 왔고, 뿐만 아니라 글래스고의 직공들은 합류할 준비가 되어 있었다. "아일랜드의 가톨릭 신자들은 대장부가 되어가고 있다." 또한 "우리는 프랑스 황제가 지금까지 존재했던 '가장 부패하고', '가장 사악하며', '가장 가혹한 정부'의 속박을 뒤흔드는 데 지원을 해 주기를 희망한다."[33]

1798년 아일랜드 반란의 패배 이후, 그리고 합동법(1801)[34], 데스파르드 모반(1802), 에밋 반란(1803) 등을 포함한 반란 패배의 여파로, 수천 명의 아일랜드 이민자들이 랭커셔 그리고 요크셔의 웨스트라이딩에서 불충분하나마 고용기회를 찾아 떠났다. 그것은 1811년에 방적공들이 도시와 농촌 간의 동등한 임금을 요구하며 파업을 벌였던 직물공장들을 향한 이주 운동이었다. 3만 명이 일자리에서 쫓겨났고, 공장은 공격받았다. 그들은 2, 3년 안에 모두 패배했지만, 벨파스트 방적공장에서 어린 시절부터 일을 시작했던 도니골 카운티의 존 도허티[35]는 당대의 가장 성공적인 노조 지도자가 되었다.[36]

젠트리가 느꼈던 당시의 분위기는 샬럿 브론테의 소설 『셜리』(1849)와 에밀리 브론테의 소설 『폭풍의 언덕』(1847)에 묘사되어 있다. 『폭풍의 언덕』을 시작하는 공허한 풍경과 거친 날씨는 타자들(아일랜드인, 집시, 프롤레타리아)에 대한 공포와 두려움을 나타낸다. 북쪽 사람들이 달빛에 의존해 황야에서 군사적 기동연습을 함으로써 내전을 준비했을 때 그것은 현실에 대한 그림자 재현이었다.

"공통성에 해를 끼치는 기계." 이것은 우리의 주제, 코뮤니즘과 공통장의 혼합을 끌어들이는 문구다. 그 모든 비인간적인 결과를 통해 보면, 기계와 인클로저는 그것[코뮤니즘과 공통장의 혼합]에 대항하여 시작되었던 것임을 알 수 있다.[37] 왜냐하면, 마틴 루서 킹이 군국주의, 인종차별주의, 유물론이라 칭하고, 밀턴이 악마로 인격화한 악의 세쌍둥이 몰록[38], 벨리알[39], 그리고 마몬[40]은 전 세계의 공통에서 풀려나 "공통성에 해를 끼치고" 있었기 때문이다. 진실로 이것은 생지옥이었다.

퍼시 버시 셸리[41]는 1811년 3월 무신론을 이유로 옥스퍼드에서 쫓겨났고, 평등의 코뮌을 찾아 평생의 탐색 여행을 시작했다. 처음에는 잉글랜드 북부에서 랭커셔와 요크셔의 극단적인 경제 상황을 목격하고 레이크디스트릭트[호수지역]의 "춥고 아름다운 고지대 목초지 너머의" 공통장을 여행했다. 그런 뒤에 두 번째로, 1812년 2월 12일에 방문했던 아일랜드에서 정치적 개입을 하고 4월 4일까지 머물렀다. 셸리의 시적, 정치적, 철학적 변화들은 러다이트 소요의 정점에서 일어났다.

네드 러드가 공통성을 위한 편지를 보낸 것과 동시에, 아일랜드에서 정치적 선동을 마치고 돌아온 셸리는 공공건물의 벽에 붙일 광고용 인쇄물인 31항의 『권리 선언』을 제작했다. 셸리는 복사본을 병에 봉인한 후 브리스톨 해협에 던졌고, 또 다른 사본은 열기구 안에 넣어 "천상의 치료제"란 이름으로 하늘에 띄웠다. 쾌활한 영혼의 귀족적 기발함? 그렇다. 그리고 덧붙여 말하자면, 그것은 말 그대로 파도와 바람을 통신 수단으로 활용한 것이다. 1811년 봄 옥스퍼드에서 셸리는 기구 조종사인 제임스 새들러[42]가 열기구에 올라타는 것을 목격했다. 셸리는 인간이 아프리카를 날아다니며 "모든 노예를 사실상 해방할 수 있을 것"이라고 생각했다. 그 생각은 겉으로 보이는 것만큼 억지스러운 것이 아니었다. 1812년 새들러는 열기구를 타고 더블린에서 리버풀까지 날아가려고 시도했다.[43] 국민주권과 저항의 권리를 선언한 첫 번째와 두 번째 항목에 이어 세 번째는 다음과 같이 쓰여 있다.

제3항. 정부는 권리의 보장을 위해 고안되었다. 인간의 권리는 자유, 그리고 대자연의 공유지commonage에 동등하게 참여하는 것이다.

국가의 기능은 공통장에서 평등을 보장하는 것이다. 그렇다면 공통장은 무엇인가? 그는 "공유지" 개념을 다소 정교하게 표현했다. 제26항에서 그는 토지의 독점, 사재기, 탐욕에 반대하며 이것을 부정적으로 다루고, 부수적으로 이러한 불균형에 대한 정당화가 교회나 조상으로부터 비롯될 수 있음을 시사한다.

제26항. 과거에 지구가 그랬듯이 천국이 혜택받은 소수의 수중에 독점되어 있다고 믿는 사람들은 자신의 의견을 재고하는 것이 좋을 것이다. 그러한 생각이 성직자나 할머니에게서 나온 것임을 알게 된다면, 그들은 그것을 거부하는 것이 훨씬 좋을 것이다.

제28항은 부와 빈곤 사이의 모순을 연결한다.

제28항. 어떤 사람도 자신이 누릴 수 있는 것보다 더 많은 것을 독점할 권리가 없다. 수백만 명이 굶주리고 있는 동안 부자들이 가난한 사람들에게 주는 것은 완전한 호의가 아니라 불완전한 권리다.

러다이트의 "공통성"과 셸리의 "공유지"는 공시대성과 어원 외에도 서로 관련이 있을까? 이것들은 단순히 동일한 시대의 유사한 단어들이 아니다. 이 단어들은 한편에서는 정치경제학과 사유화에 관한, 그리고 다른 한편에서는 코뮤니즘과 공통장에 관한 인류의 토론과 관계가 있다.

코뮤니즘은 정치 분야에 속하고 "공통장"은 경제 분야에 속하는가? 코뮤니즘은 지식인들과 공상가들에 의해 고안된 이론이고 공통화의 실천들은 널리 퍼져 있고, 문자로 표현되지 않고, 인식되지 않는가? 분명히 러다이트들은 양자를, 즉 아일랜드, 프랑스, 그리고 1790년대의 혁명적 전통들로부터 영향을 받은 것이 분명한 혁명적 반란의 정치학과 사유화, 기계, 인클로저의 위협을 받는 오랜 권리와 관습에 대한 지역적 방어를 결합했다. 공통장은 산술적으로 균등하게 나뉜 부분의 총합에 불과한가? 공통장을 균등한 사회적 분배의 문제로 제시하는 견해는 주로 몽상가들과 지식인들의 생각이며, 그 자체로 냉소주의자와 현실주의자들의 경멸의 대상이 된다. 이러한 생각은 루소, 마블리, 모렐리 또는 볼네와 같은 계몽주의 철학자들에게서 분명히 발견된다.

러드의 "공통성"과 셸리의 "공유지"의 차이는 경험과 열망의 차이일 수 있다. 그렇다 해도 당시 잉글랜드에서 그것들 사이의 연결은, 1811년에는 비록 미약했지만, 토머스 스펜스에 의해 활발하게 보존되었다. 런던에서 정치적 주화political tokens를 만드는 사람, 급진적인 찬송가 가수, 거리 낙서가, "아담의 상속받지 못한 씨앗을 옹호하는 사람"인 스펜스는 코뮤니즘의 잉글랜드 가닥을 "밀레니엄, 새로운 예루살렘, 즉 황금시대의 미래에 관한 비유적 묘사"와 뒤섞었다. 그는 셸리와 같이, 볼네의 『폐허』에 호소했고, 셸리와 달리, 구약성서의 희년禧年에 호소했다. 셸리가 종종 경찰의 눈을 피해 다녔다면, 스펜스는 자주 투옥되었다. 스펜스는 1797년 왕립해군의 반란군으로부터, 1798년의 반란의 〈아일랜드인연합〉 소속 사람들로부터, 그리고 아메리카 선주민들의 저항으로부터 영감을 얻었다. 진정한 정의에 관한 그의 개념은 토지에서의 평등 — 이것의 성취가 그가 추진한 "계획"의 구성요소다 — 에 기초하고 있었다. 그는 "풍부한 몰수"와 함께 억압이 끝날 수 있다고 생각했다. 맬컴 체이스는 스펜스를 "혁명적 급진주의의 가장 정교한 이론가 중 한 명"이라고 부르지만, 그의 견해는 극도로 간명한 것일 수 있다. 스펜스의 정치적 주화 중 하나는 그것들을 다음과 같이 요약했다. "전쟁이냐 토지냐."[44]

1811년에 런던에서 스펜스를 따르는 사람들이 소규모 단체를 만들어 자유롭고 편안한 방식으로 인근 지역을 근거지로 하여 모였다. 모리스 마가로트[45]는 1793년 징벌로 유형에 처했던 호주에서 잉글랜드로 돌아와 이 단체에 가입했다. 그는 또한 "모든 대규모 사유지의 몰수와 판매"를 주창했다. 1814년 9월 토머스 스펜스의 장례식에 참석한 로버트 찰스 페어는 셸리의 『퀸 마브』[46]를 읽고 공통장이라는 대의명분을 위해 마음을 바꿨다. E.P. 톰슨은 요크셔 러다이트들의 견문이 넓은 열렬한 인물 중에서 스펜스를 따르는 사람들이 제법 된다는 사실을 알았다.

알다시피 또 다른 공상적 사회주의자의 견해들은 전모공의 작업장에서 이루어지고 있는 토론에서 분명한 존재감을 드러냈다. 1812년 조지 멜러는 "사회 전체의 구조가 혼란에 빠졌으며, 온 세상의 국가들과 정부들이 철저한 개조가 필요하다"는 로버트 오언의 견해에 귀를 기울였다. 러다이트들은 굶주리고, 가난하고, 비참했을 수도 있다. 어떤 이들은 전통적인 경제, 심지어는 튜더 왕조 시대의 경제 공통장을 완강하게 고수했을 수도 있다. 그럼에도 불구하고 그들은 정치적 변화에 요구되는 지적 작업과 절연하지 않았으며, 그러한 변화에 도움을 줄 수 있는 학식을 무시하지도 않았다. 온 세상의 국가들과 정부들의 개조가 필요하다는 주장을 개진한 사람의 아버지 — 그 역시 전모공이었다 — 는 작업장에 침대를 두고서 밤을 꼬박 새우며 그리스어 사전을 편찬하고 있었다![47] 내가 러다이트들이 모두 공상적 사회주의나 그리스어를 공부했다고 주장하는 것은 아니다. 그렇지만, 어떤 사람들은 그렇게 했고, 또 어떤 사람들은 그들의 이야기를 경청했다.

V

셸리는 북쪽 지역을 여행하면서 사람들이 겪었던 빈곤, 착취 및 군사적 억압을 경험했다. 극단적인 경제 상황과 계급 정체성의 고착화는 1790년대에 비해 새로운 것이었다. 1811년 크리스마스에 그는 친구 엘리자베스 히치너[48]에게 다음과 같은 편지를 썼다. "나는 모든 종류의 기존 체제를 더욱더 증오하게 만드는 추론에 이끌렸습니다." 그는 "피억압자들이 압제자에게 격렬한 복수를 할"[49] 때 폭풍이 휘몰아칠 것으로 예상한다. "내가 감옥에 들어가게 될까요?"라고 그는 한 편지 속에서 묻는다. "감옥은 국민의 삶의 질을 개선하기 위해 내가 보여준 열정에 대한 보답으로 황제가 내게 제공해 줄 숙소가 될 것입니다." 셸리는 결국 『퀸 마브』로 완성될 장편의 시를 구상하기 시작했다. 그는 이것을 더블린에서 출판할 수 있을 것으로 생각했다.

잉글랜드 북부를 떠나기 전에 그는 아들을 군대에 보낼 수밖에 없었던 홀로된 여성에 관한 사실적이고 서사적인 시, 「사회 그 자체에 관한 이야기」를 썼다.

7년 동안 이 불쌍한 여자는
누구도 함께할 수 없는 고독 속에서 살았다.
당신은 거친 사막에서 흩어진 나뭇가지들을 줍고 있는
그녀를 보았을지도 모른다.
당신이 인간이라면 슬퍼하는 법을 배웠을지도 모른다.

그것은 워즈워스의 『서곡』에서도 찾아볼 수 있는 주제이며, 아마도 누군가는 그때로부터, 조지 오웰이 나무를 운반하는 모로코 여성들을 관찰하면서 그들이 완전히 다른 인종이라고 생각했던 1939년까지 변한 것이 거의 없다고 생각할 수도 있다.[50] 이 남자들[워즈워스와 오웰]은 [그들의 옆을] 지나쳐 가고 있었으며, 그 여성들과 말을 나누지 않았기 때문에 에스토버스의 관습을 발견하지 못했다. 그들은 공통장을 보지 못한다. 공통장은 그것과 인간이 맺는 관계를 배제하는 천연자원이 아니다. 언어 자체와 마찬가지로 공통장도 사용할수록 더욱 풍부해진다.

식민지 대서양은 짧은 열기구 비행으로 시작된다. 셸리는 『아일랜드 사람들에게 바치는 연설』을 썼다. "오, 아일랜드여! 그대 대양의 에메랄드여, 그대의 아들들은 관대하고 용감하며, 그대의 딸들은 명예롭고 솔직하고 공정하도다. 그대는 내가 그 위에서 자유의 기준이 세워지는 것을 보고자 했던 섬의 푸른 해안을 아름답게 꾸미는도다. 불의 깃발, 세상이 자유의 횃불을 켜들 봉화대여!" 그가 썼던 것처럼, "나는 아일랜드 국가가 현재의 거대한 위기의 일부에 속해 있다고 본다." "하층계급이 그들을 한층 더 지독하게 억압할 수 있는 수단을 압제자들에게 제공하기 위해 그들의 삶과 자유를 낭비해야 한다는 것은 끔찍한 일이다. 가난한 사람들이 굶주림과 추위로부터 자신과 그 가족을 구해줄 것을 세금으로 내야 한다는 것은 끔찍한 일이다. 그들을 한층 더 비참하게 만들고 고통스럽게 할 수단을 제공하기 위해 이것을 해야 한다는 것은 더욱더 끔찍한 일이다."[51]

『퀸 마브』라는 시의 제목은 의미심장하다. 셸리는 (과거의 그리고 장차 올) 세계사에서 정신의 개입에 대한 믿음이 강한 사람이었고, 퀸 마브는 그러한 정신[의 소유자] ─ 날아오를 수 있는 요정, 꿈의 전송자 ─ 이었다. 그처럼 호전적이고, 억압적이고, 굶주린 시대에 셸리는 초자연적인 호소를 하고 있다. 또 다른 것은 마브가 지구와 강력한 연관성을 가지고 있다는 것이다. 마브는 적어도 8세기와 9세기로 거슬러 올라가는 마에브Maeve(또는 메브Mebh)와 같은 아일랜드 전설의 주요 인물이었으며, 대지와 마법으로 연결된 전사戰士 여신이었다.

잉글랜드에서 퀸 마브는 지구가 일률적인 지대rent-형성 기계가 되기 전의, 나뭇잎과 토양으로 이루어진 작고 곤충학적인 세계와 연관되어 있었다.[52] 미국에서는 찰스 브록든 브라운이 1799년에 쓴 소설 『에드거 헌틀리』(셸리가 가장 좋아한 작품이었다)에서, 백인 정착민들의 압도적인 침입에도 불구하고 조상 전래의 땅에서 물러나는 것을 비타협적으로 거부한 나이 많은 델라웨어 선주민 여성에게 퀸 마브라는 이름을 붙였다. 따라서 셸리의 시 제목은, 첫 번째는 식민지, 두 번째는 선주민, 세 번째는 농업에 대한 마술적 숭고함에 호소했다. 『퀸 마브』는 아일랜드가 독립적인 정체政體로 존재할 수 없었던 때의 아일랜드 역사의 강력한 인물에 관한 암시이자, 잔인한 사유화의 시기에 인클로저되기 전 잉글랜드의 매혹적인 풍경에 관한 암시였다.

그것은 신비한 방식으로 이루어진 코뮤니즘 시였다. 왜냐하면, 공통장을 수탈당하는 현실에 관한 파악이 여기저기에 있었기 때문이다. 부자들에게 인클로저된 가난한 사람들의 재산, 권리, 소유에 관한 텔월의 목록에 셸리는 또 다른 차원을 추가했다. 그는 "개선"이라는 이름으로 진행되고 있고 역사가들에 의해 "농업적 애국심"으로 인식된 잉글랜드에서의 수탈들이 전 세계적인 황폐화의 일부라고 느꼈다. "법의 지배"는 노팅엄셔 또는 잉글랜드의 권력이 다다른 그 밖의 곳에서의 "계약의 자유"와 "사유 재산"을 의미했다. 예를 들어, 토머스 스탬포드 래플스[53]가 1811년에 자바를 침략하고 지배했을 때, 그는 시켑 마을 사람들의 공통 권리들을 위협한 토지 임대 체제를 도입하고, 면화 수출을 저지했으며, 티크 나무 숲에서의 공통 권리들을 박탈했다. 그뿐만 아니라 "자바 땅 파멸의 시작"이라는 1805년의 예언을 실현했다.[54]

VI

셸리는 아일랜드에 도착하자마자 아메리카의 신문에서 이달고[55]와 모렐로스, 그리고 멕시코 독립 1년 전에 일어난 투쟁에 관한 소식을 읽고 있었다. 「북아메리카 공화당원들에게」에서 그는 다음과 같이 썼다.

형제여! 그대와 나 사이에

회오리바람이 휘몰아치고 소용돌이가 으르렁거린다.

하지만 나는 마음속에서 종종 본다.

이 야생의 구불구불한 해안 위에

자유의 무혈 깃발이 흔들리는 것을.

그는 에콰도르 화산인 코토팍시를 방문해서 전 세계의 자유를 포효하는 경종처럼 행동했고, 이어서 바다의 파도와 바람이 그 소식을 유럽에 퍼뜨렸다. 애너 레티시아 바볼드는 또한, 아메리카에 부상rise하라고 명령하는 에콰도르의 또 다른 화산인 침보라소에 예언의 힘을 부여하는 것으로써 자신의 시 「1811」을 끝냈다.

그리고 아메리카는 부상rise했지만, 투쟁이 없었던 것은 아니었다. 아메리카의 인클로저는 인디언 토지들의 정복이었고, 아메리카의 러다이트들은 폭동을 일으키는 노예였다. 아메리카 농장에서 도구들을 가지고 작업하는 사람들이 그 도구들을 파괴하는 것은 러다이트 운동에 관한 이야기와 일치한다. 그것은 그들 역시 도구-파괴자이자 직물 노동력의 대서양적 재구성의 일부였기 때문이었다. 그들은 랭커셔에서 방적되고 직조될 면화를 재배했다. 농장 노예의 이야기는 러다이트의 이야기와 분리되어 있었다. [이러한] 분리가 임금노동과 노예노동의 오도된 구분 때문인지 아니면 인위적인 민족적 차이나 인종적 차이 때문인지는 분명하지 않다.

사우스캐롤라이나의 한 대농장 주인은 1855년에 "농장 도구들의 마모와 파손으로 인해, 1년 중 어느 때라도 손쉽게 이용할 수 있는 훌륭한 기계공이 없는 모든 대농장 주인들은 괴롭힘을 당하고 있다. 쟁기들은 부서지고, 괭이들은 닳고, 마구들은 수리가 필요하며, 대장장이, 목수, 무두장이, 마구제작자들은 많은 요구를 한다."라고 언급했다. 유진 제노비스[56]는 다음과 같이 덧붙인다. "그래서 농장에서 사용된 도구들은 대개 효율적으로 사용하기에는 너무 무거웠다. 상대적으로 진보된 버지니아에서 종종 발견되는 '깜둥이 괭이'는 노예들이 쉽게 망가뜨렸던 '양키 괭이'보다 훨씬 더 무거웠다. 남서부 지역에서 사용된 것들은 북부에서 사용하기 위해 북부에서 제조된 것들보다 거의 세 배나 무거웠다." 한 루이지애나의 편집자는 1849년에 다음과 같이 썼다. "그들은 더 많은 농기구를 부수고, 더 많은 수레를 파괴하고, 더 많은 문을 부수고, 더 많은 소와 말을 못 쓰게 만들어 놓고, 수많은 백인 노동자들보다 다섯 배 이상 낭비한다."[57]

우리는 이러한 병렬 배치 ─ 경제사는 특정한 사용가치보다 일반적인 교환가치를 전제로 이루어진다 ─ 에 익숙하지 않다. 경제사의 언어는 추상적인 경향이 있다. 우리는 "자본"을 고찰하거나 러다이트 운동에 관한 논쟁 속에서 "재산"을 고찰하고, 그것들 이면의 "과학기술" 또는 "법" 같은 또 다른 추상화들을 고찰한다. 하지만 이 기계들은 목화와 양모 ─ 목화는 농장에서 재배되고 양들은 목초지에서 길러졌다 ─ 를 사용하거나 소비했다. 누가 모직 담요로 몸을 덮었을까? 누가 면 옷을 입었을까? 이것들은 사용가치에 관한 질문들이다. 이러한 질문들은 마음을 인간 이야기와 인간 투쟁으로 더 쉽게 인도한다. 군인들과 선원들은 옷을 입었고, 특히 1808년 이후 라틴아메리카 사람들은 담요를 사용했다. 공통화에 내재한 사용[권]의 협상을 은폐하는 추상화에는 폭력이 존재한다.

1803년과 1812년 사이의 루이지애나 역사는 교훈적이다. 1803년에 루이지애나는 미국에 팔렸다. 1812년에 루이지애나는 미국의 18번째 주가 되었다. 각각의 경우에서 노예반란이 그러한 변화보다 먼저 일어났다. 스페인은 1800년 루이지애나를 프랑스에 양도했는데, 같은 해 토머스 제퍼슨이 대통령으로 선출되었고 가브리엘 프로서[58]가 버지니아 노예들의 대규모 반란을 이끌었다. 제퍼슨의 정책은 황야를 문명화하는 것이었다. 여기에서 "문명화"한다는 것은 조사된 판매 가능한 공적 토지들을 의미하거나 땅을 상품과 불변자본으로 취급하는 것을 의미했다. "황야"는 촉토족, 치카소족, 크리크족[59] 사람들이 공통으로 소유하고 공통으로 이용하는 땅을 의미했다. 그의 정책은 정복과 사유화였다. 또한 그는 생도맹그[60]의 실패한 침략을 벌충하고 노예체제를 재정착시키기 위한 재정에 돈을 대야 했던 나폴레옹에게서 루이지애나의 영토를 매입함으로써 1803년 미국의 토지 면적을 두 배로 늘렸다. 루이지애나 매입으로 뉴올리언스의 설탕 그리고 조지아에서 미시시피주 나체즈에 이르는 면화의 이중경제, 즉 조면기(1793)와 아프리카 노예노동의 쇄도에 기반한 경제를 위한 조건이 마련되었다. 이런 사태 전개는 격렬한 저항을 받았다. 언어의 고고학을 살펴보면, 정착민은 계획을 수립할 때 "크리크족이 봉기하지 않는다면"이라는 표현을 사용하는데, 이는 경건한 표현인 "신의 뜻대로"in-shalla와 유사한 의미를 지니는 것이었다.

크리크족들은 타협파들과 전사로 나뉘어 있었다. 타협파들은 베틀과 괭이를 동화同化의 미래로 들어가는 과학 기술적 입구로 받아들였다. 피터 맥퀸[61]과 알렉산더 맥길리브레이[62]가 이끄는 레스틱스라고 불리는 전사들은 쇼니족 전사였던 테쿰세에게 고무되었다. 그들은 상업과 새로운 형태의 재산에 반대했고, 타협파들의 베틀과 옷감을 파괴했다.[63]

한편, 설탕 농장 노예들이 반란을 일으켰다. 콩고, 쿠바, 켄터키, 세네감비아, 버지니아 등 탈주자maroon[64] 및 혼혈mulatto[65]로 구성된 200명 내지 500명의 청년 군대가 1811년 1월 비가 오는 밤에 모여 미시시피강을 따라 뉴올리언스로 행진하면서 백인들을 죽이고 흑인 공화국을 설립하려고 했다. 아이티와 이달고에서 영감을 얻은 이 사건은 미국 역사상 가장 큰 노예반란이었다. 한 미국의 역사가는 "농장의 도구는 폭력적인 반란의 상징으로 바뀌었다."라고 쓰고 있다. 괭이, 도끼, 손도끼로 무장한 그들은 완전히 패배하고 잔인한 학살을 당했다. 100여 구의 시체가 손발이 잘려 나갔고, 미시시피강 상류와 하류에 세워진 기둥에는 두개골이 걸렸다.[66] 이 일은 세계에서 가장 풍부한 공통장 중의 한 곳인 미시시피강 삼각주에서 일어났는데, 측량자, 선교사, 농장 경영자, 민병대가 밀어닥치면서 미국 팽창주의의 표적이 되었다.

약자의 삶과 공통의 삶을 살았던 아프리카계 아메리카인인 랭스턴 휴스는 "내 영혼은 강물처럼 깊어졌다."라고 슬퍼했다. 선주민들은 어머니 지구를 부동산으로 상품화하는 것에 저항하면서 공통장을 위해 싸웠다. 노예들은 어떤 관점에서는 설탕 수출에서 아이티와 경쟁하고, 다른 관점에서는 19세기에 상상할 수 있었던 죽음의 수용소에 가까운 대농장에 맞서 반란을 일으켰다.

크리크족과 노예의 패배는 이중의 결과를 낳았다. 첫째, 노예와 선주민의 저항은 범죄화되었고, 이 강화된 무력 적용을 달성하기 위해 지역 민병대와 연방군이 농장 남쪽에 재배치되었다. 둘째, 연방 당국과 주 대농장 소유자들 간의 동맹, 관료들과 노예소유자들 간의 동맹이 이루어졌으며, 군국화와 인종차별이 미국 체제의 기둥이 되었다. 1812년 루이지애나는 미국의 18번째 주가 되었다. 민중들의 투쟁이 완전한 패배로 귀결된 것은 아니다. 투쟁은 1930년대 델타 블루스[67]에서 1950년대 포고 만화[68]에 이르기까지 문화적 형태로 계속되었으며, 습지와 강어귀들은 자율적인 공동체들의 거주지가 되었다. 이러한 결과들은 1811~12년의 러다이트들이 겪은 상황들과 유사했다. 문화적 기억은 공통인의 역사에 관한 신화적 화신들의 만신전pantheon을 보존했다.

VII

나폴레옹이 1808년 포르투갈과 스페인을 침략하여 자신의 동생을 왕으로 임명하자, 스페인 왕은 도망치고 제국은 무너지기 시작하여 그 헌법적 중심을 상실하고 라틴아메리카 식민지들의 크리올인[69]과 반도 주민들 사이에 위기가 발생했다. 이것이 제1차 독립 전쟁들의 배경이 되었다. 다른 계급과 민족 세력들은 자신들의 불만을 표현하고 [그것의] 시정을 위해 싸울 수 있는 출구를 발견했다.

대서양 혁명가인 "선구자" 프란시스코 드 미란다는, 1811년 12월 10일 제러미 벤담의 소책자(『헌법적 입법 : 변화의 악에 대하여』)를 지니고 런던을 떠나 카라카스에 도착해서, 남녀, 흑인 및 인디언에게 개방된 〈애국단〉을 만들었다. 1811년 3월 영국 당국은 계속해서 그에게 충고했으며, 재무장관인 밴시타트[70]는 "사람과 재산을 보호하기 위해 효율적인 정규 경찰을 설립하는 것보다 더 중요한 것은 없을 것"이라고 미란다 총사령관에게 편지를 썼다.[71]

왕당원들과 크리올인들 외에도 세 번째 세력이 베네수엘라에 등장했다. 한편으로 짐승 사냥을 계속하기 위해 싸우는 아프리카·유럽·인디언의 피가 섞인 남부의 야네로스[72] 주민들이, 다른 한편으로 여러 마을에서는 "파르도들[갈색인들][73], 흑인들, 노예들이 자신의 해방을 위해 싸웠다." 이것은 흑인과 노예에 의

한 파르도크라시[파르도에 의한 지배]로 불리는 "다른 종의 반란"insurrección de otra especie, 다시 말해 흑인들과 노예들에 의한 지배였다. 그들은 "대중적인 집회"에 참석했으며, 종종 1812년 6월처럼 독립적으로 반란을 일으켰다. 1811년 11월 파르도들은 카르타헤나[74] 시의회에 쳐들어가 독립선언서에 서명하도록 강요했다.[75] 1812년 12월 볼리바르의 카르타헤나 선언문은 이 첫 번째 공화국의 실패가 "어떤 천상의 공화국을 염두에 두고 인류의 완전성을 가정하면서 정치적 완전성을 추구하려 했던 몇몇 훌륭한 몽상가들" 때문이었다고 비난했다.[76] 이것은 셸리가 표현했던 정신이자, 그의 추방을 불러온 정신이었다. 잉글랜드의 몽상가들은 고드윈, 스펜스, 볼네, 셸리였다.

아마도 이것은 또한 이달고 반란에서 '과달루페의 성모'[77]와 동맹을 맺은 멕시코 인디언들 사이에서 발견된 정신이었을 것이다. 멕시코 독립전쟁은 미구엘 이달고가 '돌로레스의 외침'[78]을 공포하고 인디언과 메스티소가 왕에 반대하여 토지 재분배를 위해 동원되었던 1810년 9월 16일에 시작되었다. 이달고는 아버지의 땅에서 인디언 노동자들과 함께 자라고 여러 토착 언어를 사용하는 열렬한 평등주의자였다. 그는 루소의 책들을 읽었다.[79] 그는 올리브나무 숲과 포도나무의 불법적 재배를 장려했다. 그의 토지개혁 강령은 1810년 12월에 인쇄되었다. 이 강령은 토지를 선주민 공동체에 반환하여 국고로 환수하고 선주민들에게 경작을 위한 토지를 제공하라고 공포했다. 이달고의 군대는 규모가 컸고, 봉기들, 즉 마을의 목표였던 폭동, 반란 및 소동을 활용했으며, "광산기계의 무자비한 파괴"를 포함해서 재산을 습격했다.[80] 강령은 시장 주도의 대목장에 의한 공유지 및 푸에블로 땅에 대한 잠식에 반대했다. 오스카 루이스[81]는 다음과 같이 진술한다. "공통의 토지보유 체제는 아즈텍과 스페인 정복을 거치면서도 사실상 그대로 유지되었다." 그리고 브라이언 햄닛은 몇몇 잠식에 관해 다음과 같이 묘사한다. "지금까지 토지 소유자들이 이용해 온 토지에서 나무를 자르고, 숯을 태우고, 용설란과 프리클리 선인장의 수액을 받고, 야생 상추를 모으거나, 일부 동물들을 방목하는 등의 관행들을 억제하려는 대농장의 시도들에 대해 마을 사람들은 몹시 분개했다."[82] 이달고는 1811년에 패배했다.

VIII

테쿰세는 1810년 8월 해리슨 주지사와 만나 인디언들이 "그들의 토지를 전체의 공통 재산" ─ 동맹의 토대 ─ 으로 간주한다고 말하면서 공통장에 관한 유명한 연설을 했다. 그는 토지 양도를 비난하면서 인디애나의 해리슨 주지사에게 다음과 같이 고함을 질렀다. "땅을 팔다니요! 그럼 공기도, 구름도, 저 드넓은 바다까지 팔아넘기지 그럽니까? 이 지구까지 팔아넘기지 그럽니까? 저 위대한 신이 이 모든 것을 창조하신 것은 그의 자녀들을 위해서가 아니었습니까?" 미래의 대통령 해리슨이 그 주장이 "터무니없는" 것이라고 말하자 테쿰세는 화가 나서 곧바로 땅을 박차고 일어났다. (인디언들은 땅에 앉는 것을 선호했다. 즉 테쿰세가 설명했던 것처럼 그것은 "어머니의 가슴에서 휴식을 취하는 것"이었다.) 미래의 대통령은 칼을 뽑았다. 그날 피가 뿌려지지는 않았지만, 선주민 아메리카의 공통화와 유럽 아메리카의 사유화 사이에는 또다시 선이 그어졌다. 토착 아메리카인의 관행과 유럽의 코뮤니즘 이념 발전의 연결은 적어도 토머스 모어의 『유토피아』(1516)까지 거슬러 올라간다. 아메리카는 신세계였는가, 아니면 "유토피아"의 그리스 어원이 암시하듯이, 라틴어 법률용어인 '아무도 없는 땅'terra nullius[no man's land]과 비슷한 "아무 데도 없는 곳"인가? 1년 후인 1811년 테쿰세의 동생인 예언자 텐스콰타와는 티페카노에 전투에서 패배했고, 곡물 창고는 파괴되었다.[83] 이 끔찍한 일을 당한 후 테쿰세는 6개월 동안 남쪽으로 3천 마일을 이동했다. 신용과 부채가 토지 상실의 지렛대가 되면서 화폐를 통한 수탈이 발생했다. 1811년 10월 그는 파괴에 맞서 선주민들의 연맹을 부활시키려고 시도하면서 크리크족 사람들에게 전쟁 연설을 했다. 14세의 존 헌터는 테쿰세의 연설을 다음과 같이 묘사했다. "이러한 언어, 이러한 몸짓, 그리고 간절한 발언을 하는 영혼의 이러한 느낌과 충만함은 아메리카의 한가운데 야생의 숲에 사는 이 소박한 선주민의 곁에 펼쳐졌다. 옛날이건 오늘날이건 이전에 어떤 청중도 이러한 광경을 본 적이 없을 것으로 확신한다."

헌터는 1816년에 열아홉 살이 될 때까지 오세이지족과 함께 살았다. 나중에 그는 다산성의 공통장에 관한 매력적인 묘사가 포함된 회고록을 출간했다. "스 쿼[84]들은 가족들이 소비할 옥수수, 담배, 호박, 멜론, 조롱박, 콩, 완두콩을, 그리 고 몇 년 뒤에는 감자를 소량으로 재배한다. 그들은 개암나무 견과류, 히코리 견 과류, 호두, 밤나무, 피칸 견과류, 아스파라거스, 또는 땅콩, 다양한 종류의 도토 리, 야생 감초, 달콤한 몰약, 또는 아니스 뿌리, 그리고 모양이 고구마와 다소 흡 사하고 맛이 밤과 비슷하지만, 즙이 더 많은 큰 구근 뿌리인 패쉬이콱Pash-e-quak 을 채집한다." "그들은 또한 계절에 따라, 크래브 애플과 메이애플, 오세이지 오렌 지, 서너 종류의 자두, 딸기, 구즈베리, 블루베리, 검은 딸기와 듀베리, 그리고 매 우 다양한 포도들을 채집한다."

이러한 자원들의 경제도 다음과 같이 묘사된다. "수렵의 산물과 마찬가지로 그들의 모든 다양한 산물들은 보통, 그것들을 획득하는 것과 관련된 각 가족의 구성원에 비례하여 분배된다. 때로 분배가 이루어지지 않는 경우도 있다. 그렇지 만 모든 사람이 공통의 저장소인 공급원에서 그것이 소진될 때까지 원하는 만 큼 가져다 쓸 수 있다." "기근이 만연하면 그들은 각자 비축하고 있는 것들이 모 두 소진될 때까지 그것들을 서로 빌려준다. 아니, 정확히 말해 공유한다. 그렇지 않은 경우 이러한 개인들의 욕구는 비교적 무관심하게 취급될 것이다. 가족들이 창고를 공유하지만, 그렇지 않다고 해도 [이러한 개인들의 욕구는] 공적인 긴급성에 비추어 공통적인 것이 된다."[85]

이처럼 네드 러드 시대의 아메리카에서 주요한 분출이 일어났다. 모든 사람 이 자연의 공유지에 동등한 참여를 한 것은 아니지만, 공통성에 대한 접근이 가 능한 잉글랜드 사람들이 공유지를 유지하기 위해 싸우고 있던 것과 마찬가지 로 확실히, 공유지가 없는 사람들도 그것을 획득하기 위해 싸우고 있었다.

IX

러다이트들에 관한 E.P. 톰슨의 핵심적인 장은 랭커셔의 아일랜드인들을 강 조한다. 그렇지 않고 그가 그들의 비밀 조직을 잉글랜드 외부의 비잉글랜드적인 주제와 비교하는 경우에는 두 가지 수사학적 예외를 가지고 잉글랜드적인 상황에 집중한다. 한번은 [잉글랜드 외부의] 아메리카와 비교된다. ("피사로[86]의 약탈자들이 페루의 마을에서 황금 성찬배를 찾아낼 수 없었던 것처럼, 당국은 동직조합의 집회 장소를 도무지 찾아낼 수 없었다.") 또 한번은 [비잉글랜드적인] 웨일스와 비교된다. ("바다 밑에 묻혀 있는 겔로드 대평원[87]처럼 광대한 비밀스러운 역사가 있다.")[88] 그는 이 비밀 역사에 관한 역사가들의 "적극적인 고찰"이 필요하다고 말한다. 그의 비유적 표현을 비유가 아니라 제안으로 받아들인다면 우리는 여기에서 도움을 받을 수 있다. 왜냐하면, 우리가 섬나라의[좁은] 렌즈에 대서양적 광학 렌즈를 덧붙임으로써 범위를 확장할 수 있기 때문이다. 세상의 어떤 지역에서는 조용히 지하에 있었던 것이 다른 지역에서는 분노로 분출할 수 있다. 우리는 아메리카에서 이야기를 시작했다. 이제, 웨일스로 넘어가 보자.

겔로드 평원은 웨일스 북부의 카디건만에 있는 얕은 바다 아래에 잠겨 있다. 웨일스의 전설에 따르면, 토머스 러브 피콕[89]의 소설 『엘핀의 불행』(1829)에 의해 수정된 바와 같이, 옛날 옛적 6세기에 평야는 당시의 웨일스 왕국에 번영을 가져다준 광범위하고 비옥한 평지로 구성되어 있었고, 페니키아와 카르타고처럼 멀리 떨어진 곳의 상인들을 끌어들였다. 사람들은 조류와 바다로부터 땅을 보호하기 위해 제방을 쌓았지만, 어느 날 밤 파수꾼이 술에 취해 잠이 들었고 바다는 평원을 집어삼켰다. 황금시대까지는 아니라 하더라도 그곳은 아틀란티스처럼 신화적인 과거 번영의 원천으로 남게 되었다. 바다에 잠기기 전에 웨일스의 음유 시인이 애발론의 아서 왕에게 지혜를 전해준 일이 있었다.

셸리는 포트마독 근처의 강어귀에 새로운 제방을 건설하는 광범위한 매립 프로젝트를 위한 유사한 일에 참여하게 되었다. 다수의 노동자가 동원되었다. 아일랜드에서 돌아온 셸리는 자신의 코뮌을 세울 새로운 장소를 찾고 있었고, 포트마독에서 멀지 않은 탄이어알트에서 그런 곳을 한 군데 발견했다. 그가 프로젝트 대표와 관계를 맺고, 협력적 노동을 통해 이러한 광범위한 기반시설을 구축하고 있는 수백 명의 노동자와 관계를 맺는 데에는 오랜 시간이 걸리지 않았다. 노동의 자연적 조건은 위험했고, 사회적 조건도 마찬가지였다.

셸리는『퀸 마브』에 부치는 산문 메모 중 하나에서 이것을 설명했다. 그는 여기에서 다음과 같은 점을 제시하면서 채식주의를 옹호하는 주장을 펼친다. 첫째, 육류 사육에는 곡물과 야채를 재배할 때보다 훨씬 더 많은 땅이 필요하다. 둘째, 소, 양, 가축 사육은 항상 상거래를 수반하므로, 오랜 기간의 역사 속에서, "기사도와 공화주의에 있는 모든 선한 것들"의 폐허 위에 세워지는 귀족정치의 원천이 된다. 탐욕과 야망에 대한 유인誘引이 극소수에게 제공되는 한 지속적인 행복은 얻을 수 없다. "동물의 살과 발효된 주류의 사용은 인권의 평등에 직접적으로 영향을 미친다." 잉여노동은 술을 절제하는, 자급자족 경제에서만 제거될 수 있다. 이 지점에서 셸리는 각주 안에 또 하나의 각주를 제공한다.

저자의 경험에 따르면 북부 웨일스의 제방에서 일하는 노동자 중 일부는 소유주가 돈을 지급하지 않아서 거의 임금을 받지 못하고 달빛에 의존해 메마른 땅의 작은 부분을 경작하면서 대가족을 먹여 살렸다.

공통화에 대한 의존은 임금을 받지 못했을 때 일어났고, 그러한 의존은 "이 시대의 가장 진보된 공동체 및 상업적 실험 중의 하나가" 이루어지고 있던 포트마독의 메마른 땅에서 일어났다.[90] 셸리는 지역 지주 ─ 노동을 조직하고 통제한 토리당원이자 아일랜드에 토지가 있는 귀족, 리슨Leeson이라 불리는 사람 ─ 를 적대시했다. 한 암살자가 셸리의 목숨을 빼앗으려 했다. 1813년 1월 14명의 요크셔 러다이트들이 처형되기 몇 달 전에 일어난 공격은 아마도 내무성의 묵인 아래 리슨이나 그의 대리인이 준비했을 것이다. 셸리는 아일랜드로 돌아가 킬라니 호에서 안전을 도모했다. 평민과 운명을 함께한 계급 변절자로서 그는 비겁하지 않았다. 한편 웨일스에서는 1815년 한 영국인이 포트마독 남쪽의 땅을 외래 젠트리를 위한 사냥터로 개발하려 했지만, 웨일스의 시골 사람들은 격렬하게 저항했다. 그리고 개방형 목초지, 침엽수림, 참나무와 너도밤나무의 관목 숲으로 이루어진 미니드 바크Mynydd Bach의 인클로저되지 않은 공유지는 20세기까지 존속하였다.[91]

1811년에 구상되어 1813년에 개인적으로 [은밀히] 출판되고 그 후 자주 해적판으로 출판된 『퀸 마브』는 다음 두 세대 동안 노동계급의 성경이 되었다. 이 책의 목표 대상은 조직된 종교, 정치적 폭정, 전쟁, 상업, 결혼, 매춘이었다. "『퀸 마브』는 삶의 철학 전체를 위한, 자신의 사회 그리고 자신의 우주에 직면하는 인간의 적극적이고 투쟁적인 관점을 위한 기초를 진술하려는 시도를 넘어선다." 엘리엇의 「황무지」처럼, 『퀸 마브』는 각주로 가득하지만, 이 시는 황무지보다는 공통장에 관한 것이라고 말할 수 있다. 이 시는 산문으로 되어 있는 6편의 에세이 ─ 노동가치론에 관한 것, 도덕적·물질적 우주에서의 필연성에 관한 것, 무신론에 관한 것, 기독교에 관한 것, 자유연애와 채식주의에 관한 것 ─ 를 포함하고 있다. 정치경제학자들과 마찬가지로 그는 노동가치론을 받아들인다. "인간의 노동 이외에 진정한 부는 존재하지 않는다." 그러나 정치경제학자들과 달리, 그는 부 또는 노동을 수치상으로 또는 금융적으로 평가하지 않았다.

『퀸 마브』는 윌리엄 고드윈의 이론적 무정부주의와 콘스탄틴 볼네의 인류 역사에서의 공통장 파괴에 관한 웅변적인 우화로부터 큰 영향을 받아 1790년대의 급진적인 토론을 회복한다. 고드윈과 함께 그는 권력의 압제적인 원칙이 모든 제도에 침투한다는 것을 발견했다. 볼네와 함께 그는 인간의 과거가 자유, 평등, 우애의 꿈을 성취할 수 있는 잠재력을 포함하고 있음을 발견했다.

도끼로 뿌리를
내리치면, 독毒나무는 쓰러지리라.

전쟁은 왕들과 사제들, 정치가들의 사업이다. 그들은 신, 지옥, 천국이라는 세 단어로 자신의 이기심을 은폐한다. 셸리가 보기에 기계는 노예제를 조장했다.

권력[힘]은, 황폐한 역병처럼,
건드리는 모든 것을 오염시킨다. 그리고 순종은
모든 재능, 덕, 자유, 진리를 파멸시키는 원인
인간을 노예로 만들고, 인간의 골격을 노예로 만든다.

기계화된 오토마톤.[92]

노예제와 기계는 그 사람을 오토마톤[93]으로 생산한다. 기술적 변화를 연구하는 현대 역사학자인 맥신 버그[94]는 역사가들이 러다이트 운동 그리고 기술적 변화를 둘러싼 지적 논쟁 간의 관계를 탐구하기 꺼린다는 것을 발견했다. 덧붙여 말하자면, 당시의 가장 훌륭한 정치경제학자인 데이비드 리카도가 『정치경제학과 과세의 원리』의 1817년 초판과 1821년의 제3판 사이에, 기계가 "노동자들의 계급적 이해관계에 종종 유해"하다는 것에 동의하면서, 기계에 관한 생각을 바꾸었다는 사실에도 불구하고 말이다.[95]

셸리가 보기에, 기계는 노동의 대체물이 아니며 오히려 노동의 미래를 보여주는 모델이었다.

춥고 잔인한 고역의 과제 ;
희망에 냉담하고, 두려움에 무감각한 채,
죽은 기계의 삶이 결핍된 도르래,
노동의 단순한 바퀴들과 거래 물품들
그 은총은 부의 자랑스럽고 시끄러운 화려함![96]

사제들, 왕들, 정치가들은 전쟁, 궤변, 상업으로 사회를 황폐화한다. 이것들은 마틴 루서 킹 주니어의 세쌍둥이 또는 밀턴의 [세] 악마들로 쉽게 번역되었다. "자아의 탐욕스러운 욕망"이 만연하고 "모든 것이 팔린다."라고 셸리는 썼다. 그는 빈곤과 부, 질병, 전쟁, 명성이 사라질 날을, 그리고 인간이 "평등한 것들 가운데 평등한 것"으로서 생명체들 사이에 서 있을 날을 기대한다. 여성과 남성은 평등하고 자유롭다. 궁전들은 몰락한다. 감옥은 아이들의 놀이터가 된다. 그는 "다른 사람들을 행복하게 만드는 법을 배우라."라고 조언했다. 셸리 역시 부의 상품 형태를 언급한다. 그리고 무역이나 상업("거래, 교역, 교환 성향")이 인간 본성에 내재하는 것이 아니라고 말한다. 공통장은 보편적인 자비 또는 인간의 미덕으로 나타난다.

더 밝은 아침이 인간의 날을 기다리고 있다.

지구의 자연적인 선물들이 교환될 때마다

좋은 말과 좋은 노동의 왕래가 이루어질 것이다.

가난과 부, 명성에 대한 갈증,

오명, 질병, 비애에 대한 두려움,

수백만의 공포와 치열한 지옥과의 전쟁은

시간의 기억 속에서만 살아남을 것이다.[97]

X

나는 자본주의가 아일랜드, 북아프리카, 남아메리카, 카리브해, 북아메리카에서의 공통화의 전통적인 관습을 동시적으로 습격했음을 언급함으로써, 200년 전의 러다이트 봉기의 시작을 세계적인 관점 속에 위치시켰다. 여기에 인도네시아나 인도를 추가할 수 있을 것이다. 분명, 사람들은 생산 도구를 포함한 사용 가능한 모든 수단으로 강탈에 저항했다. 당시 강탈을 당했던 '불의를 바로잡는 사람들'은, 이론적으로 말해 시대착오적이라고 할 수도 있겠지만, 국제적인 프롤레타리아를 구성했다. 이것은 세계 섬유산업을 살펴보면 가장 분명하게 드러난다. 왜냐하면, 그것의 전 지구적 노동 분업이 면화 농장에서 랭커셔 공장에 이르는 계급적 발전을 추동했기 때문이다. 또한 점점 더 설탕에 의존하는 국제적인 식량 경제의 노동 분업에 관해서도 마찬가지다. 이상적인 연결들에 부응하는 현실적인 연결들은 바다에서 일어났다. 세계의 수탈된 공통장에서 배출된 프롤레타리아는 전 세계 항구들의 항해 공동체에 실제로 존재했기 때문에, 우리는 이것을 시대착오가 없는 수륙양생의 프롤레타리아라고 부른다. 가지 않은 길이 많다는 것을 분명히 알고 있는 상황에서 프롤레타리아의 혁명적 현실화를 막을 방법은 무엇이었을까? 대답은 테러, 외국인 혐오 및 범죄화 과정들을 개시한 래트클리프 하이웨이 살인사건에 의해 제공되었다.

래트클리프 하이웨이 살인사건은 1811년 12월 7일과 19일 밤에 일어났다. 마일가의 하녀는 늦은 토요일 밤 식사를 준비하기 위해 굴을 사러 갔다가 돌아와 연신 문을 두드려야 했다. 노크 소리는 포목상 집 사람들이 살인으로 몰살을 당했다는 첫 번째 신호였다. 마르 씨 부부와 그들의 아기, 그리고 한 명의 도제가 나무망치와 배목수의 끌에 의해 잔인하게 살해되었다. 어떤 재산도 훔쳐 가지 않았다. 2주도 채 지나지 않아, 그 부두 노동자가 사는 마을의 인근인 와핑Wapping의 뉴그래블레인New Gravel Lane의 모퉁이를 돌아선 곳에서 윌리엄슨 부부와 하녀 한 명이 마찬가지로 피를 흘린 채 살해당했다.[98]

무서운 광란이 강렬하고 광범하게 퍼졌다. 군중의 "격렬한 열정", "뒤섞인 공포와 흥분의 광란적인 운동", "숭고한 일종의 자기적magnetic 전염"이 대도시와 국가 전역으로 퍼져나갔다. 호수지역에 있던 셸리는 그 사실을 알고 있었던 게 분명하다. 왜냐하면, 그는 거기에서 로버트 사우디와 대화를 나누었는데, 그는 300마일 떨어진 케직[99] 출신으로 살인이 공포와 불안을 섞어 놓았다고 썼기 때문이다. 그것은 "우리가 사는 땅에" 오점을 남겼다. "국민성이 망신을 당했다." 우리는 그것이 쇼비니즘의 계기가 되었다는 것을 알게 될 것이다.

많은 반응 중에서 나는 토머스 드 퀸시[100]의 「예술 분과로서의 살인」과 「『맥베스』에서 문 두드리는 소리」라는 두 편의 글을 고찰하고 싶다. 왜냐하면, 이것들은 모호하게 사악한데도 현대적 삶의 주요 주제로 우리를 인도하기 때문이다. 그는 살인자에 관해 다음과 같이 쓰고 있다. "[살인자의 내면에는] 분명 엄청난 격정 ─ 질투, 야망, 복수, 증오 ─ 의 폭풍이 휘몰아치고 있으며, 이는 그의 내면에 지옥을 창조할 것이다. 그리고 우리가 들여다봐야 할 것은 바로 그 지옥이다."[101] 우리는 이것이 사실임을, 즉 개인이 엄청난 열정의 폭풍에 휘말렸다는 것을 확신한다. 하지만 이 개인적 열정의 힘은, 그것이 그 지역 경제에 특유한 강력한 사회적 세력들에 따라 정렬된다는 것을 알면 가장 잘 이해할 수 있다. 지옥은 내부에도 있었고 외부에도 있었으며, 주관적이기도 했고 사회적이기도 했다. 드 퀸시의 두 번째 글은 어떤 중요한 경험이 아래로부터의 시각을 제공하는 하위의 인물에 의해 표현되는, 셰익스피어의 비극에서는 드문 순간을 언급한다.

2막의 시작 부분인 3장의 행동은 던컨의 살인에서 공포와 긴장이 최고조에 달했으며, 그때 문에서 노크가 시작된다. 드 퀸시가 보기에, 『맥베스』에서 문지기의 대사는 "세상의 일상사들이 제자리를 찾는 것"을 나타낸다. 살인은 "인간사人間事의 일상적 조류와 연속성"으로부터 격리되어 있다. 문을 두드리는 것은 우리를 "일상적 삶의 세계"로 돌아가게 해줄 것이다. 하지만 이번에는 그렇지 않다. 만일 문을 두드리는 것이 우리를 일상적 삶의 세계로 돌아가게 해준다면, 그 일상적 삶은 각별히 잉글랜드의 일상적 삶일 것이다. 문지기의 대사가 실제로 드러내는 것은 잉글랜드의 근대성, 도덕 경제 및 불법화된 임금 등의 영구적인 적대감 중 몇 가지다. 이것들은 수 세기 동안 완전히 무시되었거나 속어, 저속한 연설 또는 은어로 표현되었다. 좀 더 자세히 살펴보자.

숙취 상태로 천천히 문 쪽으로 걸어가는 문지기는 투덜거리면서 자신을 지옥 — 살인적인 내성적인 지옥이 아니라 빌어먹을 노동계급의 냉소적인 지옥 — 의 문지기와 비교한다. 그는 "향락의 길을 걷다가 영겁의 불더미 속으로 뛰어든 각종 직업을 가진 놈들"을 들여보내 줄 시간이 없지만, 다음 두 가지는 언급한다.

쾅, 쾅, 쾅! 염라대왕의 이름으로 묻건대, 넌 웬 놈이냐? 오라, 풍년이 드는 것이 두려워 스스로 목을 맨 농부구먼. 그래, 때마침 잘 왔다. 자살한 대가로 땀 좀 빼게 해줄 테니 손수건이나 넉넉히 준비하려무나.102

이것은 1606~7년경의 도덕 경제가 사라지는 것과 음식 폭동이 끝나갈 무렵 한나 스미스가 맨체스터에서 감자 수레를 뒤집은 1812년 4월에 관한 언급이다. 기병대는 사람들을 억압했고 그녀는 "노상강도"로 체포되었지만, 감자, 버터 및 우유의 가격은 내려갔다. 그녀는 1812년 5월에 교수형을 당했다. 그녀는 복잡한 시장규제가 다른 사람의 욕구를 희생시키면서 이익을 얻어서는 안 된다는 오래된 주제를 표현한 "도덕 경제"의 희생자였다.103

쾅, 쾅, 쾅! 이번엔 또 누구냐? 오호라, 프랑스식 바지에서 천을 떼어먹은 영국 재단사 놈이구나. 그래, 어서 와라, 재단사 놈아. 여기서 네 다리미goose를 달굴 수 있을 거다.

전기가 발명되기 전에, "거위"goose라고 불린 다리미는 불에서 달구어졌다. 인용한 부분은, 그가 잘라 "훔친 물건을 위한 재단사의 창고"(은어로는 "지옥")에 저장한 자투리 천에서 얻는 재단사의 부수입(소위 "양배추"cabbage)을 불법화하는 것에 관한 것이다.[104] 삶에 대한 문지기의 시각이 "일상적"인 것이라면, 이 일상적인 삶은 지옥이다.

살인자 내부의 "지옥"은 또한 부두의 불법화된 관습의 "지옥"이다. 카리브해의 설탕 농장주에서 런던의 선박소유자에 이르는, 템스강의 도매상인에서 서인도 제도의 재벌에 이르는 20년 동안의 강력한 상업적 이해당사자들은 선원, 인부 및 부두 노동자들이 공통의 관습에서 향유했던 관습적 보상을 파괴할 수 있는 수단을 고안하기 위해 내무성과 협력했다. 존 해리엇은 "오랫동안 약탈을 특권으로 간주해 온 수천 명의 남성을 합리적인 질서 안으로 끌어들이는 우리의 공동 노력이 성공했다."라고 썼다. 관습에서 부수입, 선점, 약탈로의 미끄러짐은 불법화의 반들반들한 경사면을 따라 이루어진 미끄럼틀이었다. 석탄 운반 인부는 두세 부셸의 석탄을 가져갔다. 해리엇은 "관습은 그들의 변함없는 변명이었다."[105]라고 썼다. 서인도의 선박들에서 짐을 내린 인부들에 관해 한 목격자는 의회에서 "그들은 '부수입들'(그들이 기꺼이 그렇게 '부르는' 것) 없이는 살아갈 수 없었다."라고 증언했다.[106] 1823년 의회 위원회는 선박 소유주에게 "그러니까, 이것이, 즉 약탈이라고 불리곤 했던 이것이 적어도 상당수가 임금을 지급하는 하나의 방식이었던 건가요?"라고 물었고, 선박 소유주는 "확실히 그렇게 이해되었다."라고 대답했다.[107]

그들은 그러한 관습에 생존을 의존하는 부두 공동체에서 살았다. 패트릭 콜쿤은 그들에게 "범죄자"라는 낙인을 찍고 재산이 있는 대중과 의회를 설득했다. 이것은 거꾸로 된 세계였다. 셸리는 이 세계를 소수 사람의 부유와 사치가 다수 사람의 질병, 빈곤 및 범죄를 대가로 획득된 곳으로 묘사했다. 애너 바볼드는 다음과 같이 썼다. "벌레는 당신의 가슴 한가운데에 있다. 범죄는 당신의 거리를 활보하고, 사기는 그녀의 비참한 빵을 얻는다." 주거지, 집단적인 주거환경, 여관, 하숙집, 전당포, 기성복 가게, 중고품 상점, 오래된 철물점, 장물고매 소굴, 울타리, 사창가 등의 밀집 상태가 도시의 불투명한 경제 구조를 구성했고, 패트릭 콜쿠혼은 이것을 파괴하기로 했다.

이 목적을 달성하기 위해 두 가지 정책이 뒤따랐다. 내륙수로inland navigation를 연구하는 정치경제학자인 윌리엄 타탐은 해외 상거래의 원심력적 경향들에 대한 관심과, 무한한 자원이 어처구니없이 이전되는 구심력적 시설들에 대한 무시를 대조했다.[108] 다시 말해 잉글랜드 해군의 강점은 경찰의 약점과 대조를 이뤘다. 올리버 크롬웰의 군사 독재와 그에 따른 상비군에 대한 적대감을 경험하고 난 이후 1세기 이상의 반대를 극복해야 했기 때문에 경찰은 쉽게 도입될 수 없었다. 게다가 경찰은 프랑스, 국가의 적, 프랑스 독재와 관련이 있었다. 따라서 잉글랜드에 경찰력을 도입하는 것은 연기되어야 했는데, 18세기 말 소규모 경찰이나 틈새 경찰(보Bow 거리의 순찰, 템스강 경비)로 시작해서 19세기 초 아일랜드 경찰 경험으로부터 잉글랜드로 확대되었다. 래트클리프 살인사건 이후 재산을 둘러싼 공포의 결과로 생긴 일종의 경찰 법안인, 1814년의 '필의 치안[경찰]법안'은 또 다른 단계였다. 부두의 지하경제에 관한 두 번째 정책은 같은 세기의 10년 안에 달성할, 부둣가 기반시설, 거대한 건축 프로젝트에 불변자본을 투자하는 것이었다. 이 프로젝트는 부두 노동자들의 주택 지구들을 즉시 파괴하고 담, 수문, 운하의 거대한 인클로저들을 창출했다. 사실 첫 번째 래트클리프 하이웨이 살인사건은 그러한 상업 요새의 길 건너편에서 발생했다.

XI

종래의 역사서, 심지어 노동사조차, 범죄성의 담론이나 드 퀸시의 여전히 "일상적 삶의 세계"로 낙인찍힌 이러한 투쟁을 포함하지 않았다. 1803년부터 10년의 기간 동안 "거의 모든 온정주의 법률은 불식되어 버렸다."[109] 방모사 직종에 관한 규제들은 효력이 정지되었고, 1809년에는 폐지되었다. 1813년에는 도제법[110]

의 도제 신분 조항들이 폐지되었다. 치안관들이 최저임금을 책정하게 했던 조항들이 폐지되었다. 같은 기간 동안 가격고정에 관한 최후의 판례법 수단이 사라졌고, 매점매석(두 가지 형태의 부당이득 — 물건을 팔지 않고 보유하고 있는 것[매점], 팔기 위해 물건을 사 두는 것[매석])에 관한 법률들은 부활하지 못했다.

경찰은 재산 보유자들의 두려움을 일소할 일종의 카타르시스를 찾았다. 살인사건들은 쇼비니즘의 대폭발을 일으켰다. 독일인, 덴마크인, 인디언, 포르투갈인, 그리고 마지막으로 아일랜드인이 의심을 받았으며, 40명에서 50명에 이르는 사람들의 일제 검거가 신속하게 뒤따랐다.

2개월 전에 해고된 선원이었고 다운 카운티 출신의 아일랜드인으로 널리 알려져 있던 존 윌리엄스가 1811년 10월 체포되었다. 윌리엄스는 올드 와핑의 피어 트리에 묵고 있었다. 그는 한때 마르Marr와 단지히 출생의 윌리엄 어블라스(별명은 "롱 빌리")와 함께 항해를 했다. 그들은 리우데자네이루에서 수리남의 데마라라로 항해했다. 존 윌리엄스는 콜드배스 필드 교도소에 수용되었고, 그가 희생양이었다는 사실은 널리 알려져 있었다.[111]

그리니치의 성탄절 예배는 전투 준비를 하라고 두드려대는 경고 북소리에 의해 중단되었다. 강의 국방병(방어 근무에 관해서만 책임이 있는 군인)은 그들의 임무를 수행하기 위하여 초소에 모였다. 그것은 또 다른 암살단일까, 아니면 프랑스인들이 침략했던 것일까? 대부분의 아일랜드인이 술을 마시고 있었으며, 파벌 싸움을 벌이고 있었다. 사람들은 문밖으로 나가는 것을 두려워했다. 섀드웰의 500명의 주부는 성탄절에 모여 스스로 무장하고 자원봉사 단체를 결성했다.

존 윌리엄스는 감옥에서 죽은 채 발견되었는데, 자살이 분명했다. 그의 시신은 섀드웰 치안 판사들에게 전달되었다. 그들은 내무성의 승인을 받아 시체를 수레에 싣고 완전히 개방된 상태로 새해 전야에 1만 명의 사람들 앞에서 퍼레이드를 가진 후에, "하층계급의 사람들에게 보여줄 유익한 본보기로" 올드그래블레인의 포장용 돌 아래에 심장을 놓고 말뚝을 박았다. 선원 존 윌리엄스의 시체는 공개적이고 연극적인, 그리고 의례화된 굴욕의 대상이 되었다. 그것은 아이티의 흑인 통치자인 장-자크 데살린의 1806년 팔다리 절단과 굴욕에 비견되는 영국법 역사에서 야만적인 순간이었다. 내무장관이었던 리처드 라이더[112]는 반동적이고 나약한 사람이었다. 항상 검은 옷을 입었던 스펜서 퍼스벌[113] 총리처럼 라이더 역시 복음주의자였다.

아일랜드의 극작가이자 의회 의원이었던 리처드 브린슬리 셰리든[114]은 "그들은 다중에게 시체의 흉한 몰골을 보여주면서 군중의 추악한 욕구를 충족시켜 주었다."라고 말했다. 대중의 히스테리가 한창일 때, 총리인 퍼스벌은 살인사건이 해결되지 않았으며 더 많은 경찰력이 필요하다고 솔직하게 인정하며 말했다. 그는 1812년 5월 11일에 암살당했다. 셰리든은 잉글랜드의 외국인 혐오증에 공개적으로 반대했다. "오늘날의 편견은 어떤 한 사람을 아일랜드인으로 만들 것이다." 사람들은 확증의 증표로 성호를 그었다. "그것은 아일랜드인 살인사건에 지나지 않았으며, 아일랜드인들만이 그러한 일을 저지를 수 있었다! 이러한 잔인한 편견으로 인해, 섀드웰 치안 판사들은 비열하고 편협한 분노에 의해 행동한 것에 부끄러움을 느끼지 않았으며, 가톨릭 음모 사건[115]의 살인사건과 같은 관점으로 아일랜드인 살인사건을 바라보았다."

살인사건들은 반혁명적인 의제 안에서 신속하게 제기되었다. 『뉴게이트 캘린더』[116]는 존 윌리엄스가 1798년 반란의 베테랑이라고 추측했다. "아마도 그는 반란의 무시무시한 길에서 동료들의 피에, 그리고 한밤 살인사건의 끔찍한 장면들에 자신의 손을 더럽히고 싶은 유혹을 처음 받았을 것이다."[117] 이 살인사건을 연구한 현대 역사학자들은 윌리엄스의 체포를 "인종차별주의와 반가톨릭의 뻔뻔스러운 사례"[118]라고 부른다. 헌츠의 『이그재미너』[119]에 보낸 한 편지(1812년 1월 9일)에는 "국내에서는 아일랜드 선주민을 무지하고 야만적인 상태로 유지하고 유럽의 나머지 지역에서는 그들을 비방하는 것이 그 나라의 모든 후임 주요 장관의 목표였다."라는 관점이 표명되었다. 더 많은 것이 연관되어 있었다. 런던의 이스트엔드 부두의 육지와 물에서 살아가는 사람들은 더욱 탄압을 받았으며, 종교, 민족, 재산, 출생지에 의해 분열되었다.

이러한 사태 전개는 치안관, 세금 징수원, 석탄 상인 및 "동인도회사 업무를 수행하는 동인도 선원 감독관"이 주도했다. 이곳은 민족주의와 계급규율이 상연되는 조야한 거리극장이었다. 동인도 선원들은 1814년에 해운업의 60퍼센트를 차지했다. 그들은 동인도 선박들을 영국으로 회항시키기 위해 벵골에서 고용된 선원이었다. 그들은 종종 납치되어 6개월을 항해하는 동안 학대를 당했고, 유럽 선원 급료의 6분의 1에서 7분의 1에 해당하는 돈을 받았으며, 배가 템스강에 도착하여 화물을 인도하자마자 발가벗겨지고 추위에 떨면서, 모두 빼앗긴 채 버려졌다. 1810년에 1,403명의 동인도 선원들이 도착했고, 1년 이내에 100명이 사망했다. 1813년에 그들에게 파견된 선교사는 그들이 "침묵하는 우상의 어리석은 숭배자"이며 "실제로 몹시 사악"하다고 선언했다. 래트클리프 하이웨이에는 그들을 위한 쉼터가 하나 있었는데 그곳에는 너무 많은 사람이 몰려 있었고 그들은 제대로 먹지도 못했으며 종종 처벌을 받기도 했다. 동인도회사의 의료 담당자는 이러한 보고서들이 오직 "불평분자들과 범죄자들"이 작성한 것이라고 말했다.[120] 그렇지만, 1814년 토머스 스펜스가 사망하기 직전에 발간하기 시작한 신문인 『자이언트 킬러』에 실린 불교에 관한 지식을 제공한 사람들도 바로 이 동인도 선원들이었을 가능성이 매우 높다.

제국의 상품 — 위선적인 용어를 사용하자면 "재화"goods — 뿐만 아니라 와핑의 수입품, 또한 "록스버러 성城 호"의 선원과 같은 사람들의 상황은 때때로, 허친슨 선장에 따르면, "매우 열악할"[121] 수밖에 없었다. 윌리엄스는 1810년 8월에 브라질 등지로 가는 동인도 무역선 "록스버러 성 호"에 승선하여 14개월 후 와핑에서 하선했다. 선장은 리오에서 윌리엄스에게 육지에 내리자마자 교수형을 당할 수도 있다고 경고했고, 거기에서 그는 오랫동안 억류되었다. 그때 배는 데메라라강으로 나아가고 있었다. 여기에서 승무원들이 반란을 일으켰고, 해군 범선 "포레스터 호"의 케네디 선장에 의해 진압되었다. 그는 왕립 해군이 스페인 제국의 붕괴로 인해 마련된 호기를 적극적으로 이용하고 있던 때에 "록스버러 성 호"를 타고 해외로 나와 리우데자네이루에 있었고, 노예무역 금지를 집행하기 위한 순찰선에 타고 있었다. 케네디 선장은 특히 열광적으로 채찍을 휘두른 엄한 장교였다.[122] 반란을 일으킨 세 명의 선원은 수리남에 수감되었는데, 여기에는 "롱 빌리"로 알려진 반란의 지도자 윌리엄 어블라스가 포함되어 있었다. 그는 윌리엄스의 와핑 지역 술친구였다.

잉글랜드 사람들은 1803년에 네덜란드로부터 식민지를 양도받았고, 1811년에는 설탕이 수출 작물인 면화와 커피를 대체했으며, 존 글래드스톤[123]은 엄청난 이익을 창출했다. 가이아나 노예들은 손잡이가 긴 삽으로 1억 톤의 흙을 옮겨, 네덜란드인이 폴더poldes[간척지]라고 부르는 것, 즉 바다를 매립한 땅을 창조했으며, 월터 로드니가 "가이아나 연안 경관의 인간화humanization에 엄청나게 기여한 것"이라고 했던 것을 창조했다. 설탕과 함께 공장에서 노동을 "저축"하고 현장에서 그것을 강화한 증기 동력 공장이 출현했다. 이렇게 해서 더 많은 노예가 필요했다.

증기 및 노예제도와 함께 영적 부흥이 있었는데, 그 '마음이 벼려낸 족쇄들'은 의무적인 예배당에서 만들어졌다. 1810년 아프리카-서인도 제도의 종교적 관행인 주술신앙obeah에 반대하는 법률이 통과되어, 이것은 요술이나 마법으로 불법화되었다. 선교사인 존 레이는 1811년에 도둑질, 낭비 및 태만에 관한 기독교 교리 문답서를 썼는데, 이것은 템스강에서의 관습적인 절취에 대한 패트릭 콜쿠혼과 존 해리엇의 억압적 금지 명령과 유사한 것이다. 같은 해 정부는 종교 교육에 관한 조례(교관 등록, 예배당 위치, 노역 시간에 대한 불간섭, 사유지의 제한 등등)를 반포했다. 이것은 1823년에 다시 반포되어 노예들의 반란을 촉발했다.[124] 1811년 영국 총독 카마이클은 영어를 통치의 언어로 삼았고, 새로운 섭정을 위한 주요 도시에 조지타운이라는 이름을 붙였는데, 그것은 이 해에 조지 3세가 회복 불가능할 정도로 미쳐 버렸다고 선언된 후 섭정이 시작되었기 때문이었다. 그해 트리니다드[125]에서는 오래지 않아 "백인들이 지옥 불에 떨어질 것"[126]이라는 예언이 나돌았다.

1823년의 노예반란 이후 시작된 마을 자치 운동은 런던의 『타임스』가 "사회주의자들의 작은 그룹"[127]이라고 부르는 전前-노예들의 민주적이고 자랑스러운 공동체를 만들어냈다. 기계-파괴 소식도 들려왔다. 오하이오주 털리도에서 일하는 내 동료 학자인 켄 로버트슨은 새뮤얼스 씨에 관한 이야기를 해주었다. 새뮤얼스 씨는 기계식 코코넛 분쇄기에 손을 잃었는데, 쌍둥이 마을인 골든그로브와 나바칼리스[128] 출신의 네 명의 남성들이 그에 대한 보복으로 "어느 끔찍한 잊을 수 없는 아침의 이른 시각에 양수장에 불을 질렀다."[129]

XII

가장 비싼 기계인 심해 항해 범선에 배치된 사람들은 전 세계의 선원들이었다. 상업과 세계화는 그들에게 달려 있었다. 그들은 반란을 일으켰고 되돌아온 것은 악명 높은 테러였다. 존 윌리엄스는 15년 전 노어[130]의 폭도들이 수감되어 있던 곳과 같은 콜드배스 필드 교도소의 감방들에 감금되어 있었는데, "해상floating 공화국"이라 적힌 그들의 붉은 깃발과 직접 행동은 토머스 스펜스, 월트 휘트먼, 허먼 멜빌뿐만 아니라, 희망봉이나 벵골과 같이 아주 멀리 떨어진 곳의 무수한 선원들에게 영감을 주었다.[131] 폭동이 일어나고 몇 년 뒤, 윌리엄 워즈워스는 『서정민요집』의 서문(1802)에서 다음과 같이 썼다. "시인은 열정과 지식을 인간 사회의 거대한 제국과 결합한다. 왜냐하면, 이것은 지구 전체에, 역사 전반에 펼쳐져 있기 때문이다."[그러나] 그는 이러한 결합이 일어난다고 하더라도(무슨 열정? 누구의 지식?), 선원 없이는 가능하지 않았을 것이라는 점을 덧붙이는 것을 잊었다.

지옥은 반복되는 요소다. 1812년 5월 퍼시벌이 암살된 지 얼마 되지 않아, 아직 내무장관이었던 라이더는 맨체스터 러다이트들로부터 다음과 같은 (여기저기 맞춤법이 틀린) 편지를 받았다.[132]

그러므로 당신은 퍼시벌 씨의 뒤를 이어 총리가 되기 위해 악마와 거래할 준비가 되어 있을 수 있습니다. 다섯 척의 배가 수륙 양방향으로 항해하고 있습니다. 그것은 상원과 하원의 모든 불쾌한 것들을 반드시 파괴할 것입니다. 당신은 가까스로 그 나라의 최고위층을 무너뜨렸습니다. 이제 당신이 무너질 차례입니다. 쥐도 새도 모르게 당신을 처단할 것입니다. 떠날 준비를 하세요. 당신 친구들에게도 똑같이 알려주세요.

삼가 말씀드렸습니다.

따라서 블레이크의 악명 높은 제분소들에서부터 총리와 내무장관에 대한 러다이트들의 비난들에 이르기까지, 셰익스피어의 문지기에서 밀턴의 악마들에 이르기까지, 셸리의 전쟁 지옥에서 드 퀸시의 살인 지옥에 이르기까지, 현대 영국 역사의 물질적 구조들 ─ 상업적 농업[집약적 농업], 인클로저, 범죄시된 숙련공, 공장, 기계 ─ 은 지옥 불과 영원한 고통이 있는 장소에 비유되었다.

『퀸 마브』는 그와 같은 지옥의 전통에 속하지 않는다. 지옥의 신화에 의존하지 않는, 부드러움과 분노 둘 다를 담은 언어로 셸리는 확대되는 빈부 격차를 비난하고, 또 비판한다. 그럼에도 불구하고 고드윈과 볼네의 영향을 받은 셸리는 지역, 민속 및 비非일신론적 정신에 빚지고 있는 그 자신의 형이상학에 호소한다. 지옥이 지하에 있는 것처럼 두 가지 전통은 에콰도르의 화산들, 미시시피 계곡의 지진, 겔로드의 평원, 탄광들과 중첩된다.

증기 동력의 적용은 땅을 더욱 깊게 파서 석탄을 채취하는 것이 필요했는데 이 또한 증기기관이 가능하게 했다. 광부는 『퀸 마브』에 다음과 같이 묘사되어 있다.

… 저기 누추한 몰골,
피골이 상접한 비참함보다 더 야윈, 저 황무지
몸에 해로운 광산의 햇볕 들지 않는 삶,
노동에서 이끌려 나온, 연장된 죽음
저들의 숭고함을 가득 채우기 위해.133

1812년 5월 24일 선덜랜드에서 펠링 탄광 대참사가 발생해 92명이 사망했다. 사망자 중 14세 이하 어린이가 20명이었고, 한 명은 8세의 어린이였다. 이것은 험프리 데이비134가 안전등을 발명해 내는 데 영감을 주었다. 그는 한 저가低價의 출판물에서, "이 중요한 주제에 관한 영구적인 기록을 실제 광부에게 보여주기를 희망하면서, 그리고 인류의 친구들이 이러한 과학의 자원들을 평가하고 적용할 수 있게 되기를 희망하면서, 이것으로써 거대하고 영구적인 기존의 악이 정복되기를 희망하면서"[135] 안전등의 구조를 훌륭하게 묘사한다. 데이비는 1년 전[1811년]에 청중으로 꽉 찬 더블린의 극장에서 강의했다. 1812년 윌리엄 고드윈은 열네 살의 딸 메리를 데리고 런던에서 데이비의 강의를 들었다.[136] 『프랑켄슈타인』(1817)에서 메리는 외로운 산 오두막집의 창문 밖에서 볼네의 『폐허』를 소리 내어 읽으며 이야기를 나누는 농민 가족의 대화를 눈물을 흘리며 듣고 있는, 그리고 어떻게 해서 공통장이 상실되고 인류가 부자와 빈자로 나뉘게 되었는지를 이해하게 되는 괴물을 묘사한다. 과학적 진보가 만들어낸, 쫓기는 서발턴적 생산물[프랑켄슈타인]은 경제 발전, 인클로저 및 계급 분리의 사회적 효과들, 즉 X^2에 귀를 쫑긋 세운다.

『퀸 마브』에서 셸리는 강자들의 교리인 숙명론 철학을 다음과 같이 표현한다. "역사, 정치, 도덕, 비판, 추론의 모든 근거, 과학의 모든 원리는 똑같이 필연성의 교리인 진리를 가정한다." 이것들은 권력, 불가피성, 필연성, 운명에 관한 가정들이다. 셸리는 다음과 같이 계속한다. "시장에 옥수수를 내놓은 농부는 그것이 시장가격으로 판매되는 것에 의문을 제기하지 않는다. 공장의 주인은 자신의 기계가 지금까지 그래왔던 것처럼 미래에도 마찬가지로 작동하리라는 것을 의심할지언정, 그가 자신의 목적에 필요한 인간 노동을 구매할 수 있다는 사실을 이제는 의심하지 않는다." 셸리는 맨체스터에서 일어난 격동적인 사건들을 의식하고 있으며, 근대성의 영구적인 두 적대, 즉 도덕 경제와 러다이트 운동을 암시한다. 그는 결정론자도, 운명론자도 아니었지만, 러다이트도 아니었다.

2011년의 시점에서 200년을 되돌아보면 프롤레타리아가 잉글랜드에 한정되어 있거나 특유한 것이 아니었음을 쉽게 알 수 있다. 잉글랜드는 1811년의 무수한 공통장의 일부에서 보았던 것처럼 상처 깊은 손실을 겪었다. 아일랜드의 지식 공통장, 나일강의 농업 공통장, 의회의 법령으로 인클로저된 공동경작지, 미시시피강의 삼각주 공통장, 크리크-치카소-체로키족 공통장, 베네수엘라의 랴노인들과 파르도인들, 멕시코의 선주민 공동체들, 오대호의 감동적으로 표현된 견과-딸기류 공통장, 자바 시켑 마을의 공통장, 웨일스 정원사들의 자급자족 공통장, 도시 해안가를 끼고 이어지는 거리의 공통장, 고향에서 멀리 떨어진 어두운 장소들에 수용된 동인도 선원들, 그리고 공통장과 공동체를 건설하는 가이아나 노예들이 그러한 공통장이다. 그리고 이러한 손실들은 끔찍한 기계들 — 군함, 증기기관, 조면기 — 에 의해 이루어졌다. 따라서 이러한 기계들은 "개선", "발달", 또는 "진보"가 아니라 지옥 그 자체로 인식되었다.

1811~12년 랭커셔의 증기기관은 동력원의 측면에서 2011년 후쿠시마의 증기기관과 달랐다. 하지만 차이가 없다고 한다면, 후쿠시마는 러다이트가 반대했던 기계의 규모 확장에 불과한 것인가? 물론 아니다. 왜냐하면, [러다이트의] 망치는 [그러한 상황을] 교정하지 못하고, 단지 방사능 오염만 초래할 것이기 때문이다. 그러나 두 기계의 기술과 과학은 각각 19세기와 20세기 전쟁의 산물이었다. 나폴레옹 시대의 군함 기술자인 존 차녹의 말을 인용하자면, 그것들은 "인간의 전반적인 불안을 증대해" 왔다.[137] 그는 이 엔진을 "여러 시대에 걸쳐 이 세계를 불명예스럽게 만든 끔찍한 도살과 황폐의 무서운 장면을 대규모로 촉진하는 것"이라고 언급했다.

상상력은 정치적으로 될 수 있다. 우리가 1811~12년에서 끌어낸 대서양적 증거를 수집할 수 있도록 해 주었던 러다이트들과 공통장의 포이에시스[138]가 존재한다. 일본의 경험은 우리에게 지하의, 수륙양생의, 괴물 같은 힘인 고질라를 접하게 해 주었고, 잉글랜드의 경험은 우리에게 네드 러드라는 유용한 반란적 사례를 제공하는 세속적 신화를 접하게 해 주었다. 전쟁기계war machine와 전쟁의 기계들machines of war, 즉 군산복합체가 X^2를 통해 전 세계의 공통장을 파괴하기 위해 출현한다. 유일하게 효과적인 적대자는 화산 폭발, 지진 및 혜성의 경로 속에서 지구 변화의 조짐을 발견하고 지구상의 국가들 및 정부들을 개조할 수 있는 충분한 상상력을 지닌 세계의 공통인들임이 분명하다.

런던에서

2011년

7장

에드워드 파머 톰슨의
『윌리엄 모리스 : 낭만주의자에서 혁명가로』의 서문

I

　해양, 토지, 대기의 전반적인 오염 그리고 해저의 지질학적 층을 고려할 때, 화학적인 구조로 간주할 수 있는 이 세계는 전복을 경험하고 있다. 해저에서 나오는 위험한 가스들이 지구상에서 소비되고 있고, 이 세계의 생물학적 구조에 끔찍한 결과를 초래하면서 대기 중으로 상승하고 있다. 리베카 솔닛이 지적하듯이, "세상은 거꾸로 뒤집혔다." 이 문구는 문자 그대로의 표현이라기보다는 평등주의적이고 반제국주의적인 표현이었다.[1] 예전에 이 문구는 다음처럼 영적이고 정치적인 혁명을 묘사했다. 사도 바울이 데살로니가[2]에서 그리스인, 유대인, 남성, 여성 등 모든 사람에게 널리 설교했을 때, 그는 '세상을 거꾸로 뒤집었다'는 이유로 비난을 받았다.[3] 또한 이 표현은 미국 독립을 이룬 요크타운에서 콘월리스가 항복한 자리에서 연주된 곡의 이름("모든 사람은 평등하게 태어났다")에도 나타났다.
　평등주의자이자 반제국주의자인 E.P. 톰슨과 윌리엄 모리스는 모두 코뮤니스트들이었으며, 우리는 이제 과거 그 어느 때보다 코뮤니스트들이 필요하다. 그렇다면 이 용어가 의미하는 것은 무엇인가? 나는 코뮤니스트와 어원이 같은 "공통장"에 의존하는 접근법을 제시하려고 노력할 것이다.

반자본주의적이고 혁명적인 노동계급 조직의 창시자인 모리스는 다음과 같은 정치 프로그램에 적합한 정의를 생각해내야만 했다. "글쎄, 내가 말하는 사회주의는, 가난한 사람도 부유한 사람도, 주인도 노예도, 게으른 사람도 과로하는 사람도, 골치 아픈 두뇌 노동자도 가슴 아픈 육체노동자도 없는, 한마디로 말해 모든 사람이 평등한 조건에서 살아가고, 자신들의 일을 헛되지 않게 관리하는, 그리고 한 사람에게 해로운 것은 만인에게 해로운 것을 의미한다는 것을 완전히 인식하는 사회의 조건이다. 이것은 '공통체'COMMONWEALTH라는 단어의 최종적인 의미의 실현이다."4 이 정의의 대부분의 요소 — 여러 유형의 사회가 있을 수 있으며, 보통의 사회는 부자 계급과 빈자 계급에 기초하고 있으며, 평등은 성취할 수 있는 조건이며, 과로와 노동소외는 인간의 연대를 침해한다 — 는 우리가 톰슨의 이야기, 즉 『영국 노동계급의 형성』덕분에 알게 되었던 초기 산업혁명의 투쟁에서 비롯된다. 모리스의 유일한 특징은 "낭비하지 않기"unwaste에 관한 요구다. 그의 코뮤니즘을 녹색으로green 만드는 것이 이것이다.

우리는 모리스가 흥분할 때 다시 그 녹색을 느낀다. 그는 "지금은 가짜의 시대입니다. 가짜가 왕입니다. 정치가에서 제화공까지 모두 가짜입니다."라고 기자에게 주장했다. "그렇다면 상식적인 존 볼5을 존중하지 않는단 말인가요, 모리스 씨?" "존 볼은 어리석으며 비현실적인 바보입니다."6라고 모리스는 대답했다. 마음을 가라앉힌 뒤 그는 다음과 같이 말했다. "아름다운 것들을 만들어내고자 하는 욕망을 제외하면, 내 인생의 주된 열정은 현대 문명에 대한 증오였고 지금도 그렇습니다."7 그러한 증오는 자본주의의 비열하고, 어리석고, 멍청하고, 지긋지긋한 모든 것에 대한 혐오에서 비롯되며, 그것은 자본주의에 대한 거부의 뿌리와 줄기로 이어졌다. 모리스의 반자본주의는 낭만파 시인에 관한 연구를 통해 성장했고 톰슨은 이를 드러내는 업적을 남겼다.

모리스는 "대지와 그 위의 삶에 관한 깊은 사랑, 그리고 인류의 과거 역사에 대한 열정"을 지니고 있었다. "생각해 보라! 이 모든 것이 잿더미 위의 회계실counting house에서 끝내기 위한 것이었나?" 이 문제는 더욱 긴급한 것이 되었다. 회계실은 마천루가 되었고, 잿더미는 산더미 같은 석탄재, 쓰레기더미, 유독성의 슬러리,

방대한 기름 유출, 매장된 베릴륨 등등이 되었다. 모리스는 말한다. '생각해 보라!' 사실, 이 말은 오늘날 우리의 명령이다. 아니, 더 간단히 말하자면, 그는 말년에 이르러서야 중용이야말로 그 안에 가장 혁명적인 것을 감추고 있다는 익숙한 의미의 말을 했다. 즉 미래가 이미 현재에 내재하고 있다는 시사점을 제공했다. "우리는 상업주의(즉 무모한 낭비의 체계)와 코뮤니즘(즉 우호적인 공통 감각) 사이에서 전투가 벌어지는 시대에 살고 있다."[8]

영국 공산당의 충실한 당원이었던 톰슨은 포괄적인 정의를 궁리해야 하는 창시자와 같은 압력을 받지는 않았다. 그의 문제는 정반대였다. 그는 이미 한 나라, 즉 구소련에서 승리를 거둔 정당에 가입했다. 그래서 어떤 정의를 내리든 우호적인 공통 감각[상식]과는 거리가 먼, 국가 이성raison d'état을 포함할 수밖에 없었다. 신좌파의 창시자 중 한 명인 톰슨은 새로운 것, 즉 "사회주의적 휴머니즘"을 낡은 것에 접목했다. 하지만 그것은 결코 오래 가지 못했다. 모리스는 시인과 공예가로서 미학적 수완을 지니고 있었는데, 이 안에서 혁명적 코뮤니즘과 공통장의 관계가 다양하게 표현되었다. 톰슨이 보기에 그 관계는 사적이고 가족적인 표현이었다. 그리고 그것은 역사학자이자 반전 운동가인 톰슨의 저작 속에 스며들었다. 톰슨의 지속적인 정치적 업적은 핵무기 반대 운동에 있었다.

모리스가 작품 활동을 하던 19세기 말 그리고 톰슨이 모리스를 다루었던 20세기 중반이라는 시대는 석탄에서 석유, 핵으로 이어지는 에너지 주도 경제발전의 원천에서 일어난 지구상의 전환을 특징으로 했다. 이러한 변화들은 톰슨의 작품에는 대부분 빠져 있는데, 그것은 모리스의 논평가들도 결여하고 있는 부분이다. 나는 둘 중 어떤 사람의 사유도 그들이 살았던 사회의 물질적·에너지적 토대로 환원하고 싶지 않다(이데올로기적 상부구조를 물질적 기반으로 환원하는 것은, 톰슨이 가장 많이 비판했던 맑스주의적 오류였다). 모리스는 여러 가지 재료를 다루는 장인이었고, 톰슨은 혁신적이고 노련한 역사가였다. 둘 다 역사적 유물론자들이었다. 공통장 개념을 혁명적 코뮤니즘으로 회복해야 한다면, 우리는 역사의 물질성을 이해할 필요가 있다.

코뮤니스트들인 그들은 둘 다 자본주의적 생산양식에 반대했지만 자본[주의]

자체에 관해서는 거의 쓰지 않았다. 자본은 생산수단 및 생존수단으로부터 노동자를 분리해야 하기 때문에, 그리고 그러한 수단 중에서 가장 중요한 것이 토지이기 때문에, 공통화는 논리적으로 계급-분할class-riven 사회의 병폐에 대한 해결책이 되어야 한다. 공통장은 하나의 해결책 또는 (말하자면) 치료법일 뿐만 아니라, 예전부터 존재해 온 조건이었다. 왜냐하면, 최초의 수탈은 공통장에서부터 이루어졌기 때문이다. 모리스는 이것을 알고 있었고, 톰슨 역시 마찬가지였지만 그는 이것을 다른 방식으로 표현했다. 그러므로 역사적으로 말하자면, 자본주의는 단지 과거의 오래된 공통장과 미래의 진정한 코뮤니즘 사이의 중간, 이렇게 말해도 된다면, 간주곡에 지나지 않는다. 우리의 언어는 "공통인"의 의미 변질 — 토지의 공통장에 접근할 수 있는 사람이라는 뜻에서 자기 자신의 소유물이라고 부를 수 있는 것을 아무것도 갖지 못했다는 것을 은연중에 이해하는, 평범하고 비천한 대중이라는 뜻으로의 의미 변질 — 에서 드러나는 변화를 반영한다.

II

윌리엄 모리스는 1834년, 아버지의 재력 덕에 "평범한 부르주아식의 편안함" 속에서 태어났다. 그의 아버지는 구리 채광 투기의 결과로 영국에서 가장 부유한 250명에 속하는 런던시의 어음 중개인이었다.[9] 모리스는 마디가 많고 장대한 서나무들이 있는 에핑포레스트 근처의 월섬스토에서 살았다. 그는 책 읽기를 좋아했다. 옥스퍼드 대학에서 그는 빅토리아 사회의 비평가들인 토머스 칼라일과 존 러스킨에 매료되었다. 그는 시를 쓰기 시작했으며 건축가가 되기로 결심했다. 1861년 그는 로제티 그리고 번제와 함께, 카펫, 친츠[10], 스테인드글라스, 조각물, 벽지 같은 장식 미술품을 생산하는 회사를 설립했다. 이렇게 해서 그는 자신의 수공예에 관한 이상을 실현하고 '미술공예운동'[11]을 이끌었다. 그의 꽃무늬 스타일은 오랜 세월이 흐른 지금도 여전히 친숙하다. 1871년과 1873년에 그는 다시 아이슬란드로 가서 그곳의 전설들을 번역했다. 그는 안티스크레이프Anti-Scrape, 즉 〈고건축보호협회〉를 시작했는데, 이 보존 작업은 이후 〈내셔널 트러스트〉[12]로

이어질 것이었다. 그는 발칸반도의 전쟁을 반대하는 〈동방문제협회〉의 회계 담당자였다. 그는 1884년에 〈사회주의동맹〉을 창립했다. 1891년에는 켐스콧 출판사를 차려, 66권의 책을 출판했다. 그는 1896년에 사망했다.

에드워드 톰슨은 1924년 에드워드 톰슨 시니어(1861~1946)의 둘째 아들로 태어났다. 아버지는 감리교 전도사로 인도에 갔으나 신앙을 버렸고, 시인이자 역사학자였으며, 살인적인 메소포타미아 캠페인[13]의 참전군인이었고, 인도 독립운동의 자유로운 동맹자였다. 에드워드 톰슨의 어머니인 테오도시아 제섭은, 베이루트에 있는 아메리칸 칼리지와 관련된, 미국 장로교 선교사였다. 맏아들인 프랭크는 뛰어난 고전문학 학생이었는데, 1939년에 공산당에 입당한 뒤 참전을 신청했다. 동생인 에드워드는 1942년에 뒤따라 공산당에 입당하여 전쟁을 치렀다. 프랭크는 1944년 불가리아에서 의심스러운 상황 속에서 죽임을 당했다. 이것은 반파시스트 동맹에서 냉전 시대로 이행하는 과도기에 일어난 하나의 일화였다.[14] 1951년 리즈에서 대학에, 그리고 이후 성인교육에 복귀한 에드워드는 모리스에 관한 작업을 시작해서 1951년 그중 일부를 출간했으며, 1955년에 그의 주요 연구 성과를 출판했다. 1년 전 영국 공산당, 즉 구좌파를 탈당하고 신좌파를 창립하여 〈핵비무장운동〉과 연합하여 작업하는 데 일조했다. 1960년대와 1970년대의 20여 년 동안 그는 워릭 대학과 미국에서 학문적 지위가 높은 역사가로 활동했다. 1980년대에 평화운동으로 다시 돌아와 1945년의 주제들, 즉 복지국가에 관한 희망과 히로시마의 공포 사이에 불가피하게 정립된 주제들을 가지고 〈유럽 핵무기 완전 철폐 운동〉의 설립자가 되었다. 그는 1993년에 사망했다.

19세기의 모리스와 20세기의 톰슨은 진지한 학자들이자 다작의 작가였다. 모리스는 몽상적이고, 고딕적이며, 중세적인 분위기를 지닌 판타지 소설을 6편 이상 썼다. 『존 볼의 꿈』과 『아무 곳도 아닌 곳으로부터 온 소식』[15]이라는 두 편의 사회주의 고전을 저술했으며 다수의 시와 노래를 지었다. 그는 수년 동안 자신이 재정 지원을 하고 편집을 맡았던 사회주의 신문 『커먼윌』*Commonweal*에 실을 글을 매주 썼다. 톰슨은 소설과 시를 썼고, 선거 운동용 정치 에세이를 썼으며, 『영국 노동계급의 형성』(1963), 『휘그당과 사냥꾼』(1975), 그리고 『공통 속의 관레들』(1995)과 같은 영향력 있는 역사책들을 썼다. 그들은 모두 쓰고 말하고, 수많은 지루한 위원회 모임을 견뎌냈던 뛰어난 선동가들이었다. 실제로 모리스는 1883년에 〈사회민주연합〉에 가입했고 1884년에 탈퇴하여 〈사회주의동맹〉을 결성했다. 그는 이 동맹에서 1890년 무정부주의자들에 의해 제명될 때까지 영향력 있는 흐름을 주도했다. 모리스는 이어서 〈해머스미스 사회주의동맹〉을 결성했다. 톰슨 역시 1956년 공산당에서 제명된 이후 1962년 『뉴레프트리뷰』지를 그만둘 때까지 [영향력 있는 흐름을 주도한] 6년간의 경력을 가지고 있다. 그들은 둘 다 잉글랜드인이었다. 또한, 그들은 둘 다 맑스주의자였다. 만약 우리가 "잉글랜드"를 하나의 꼬리표로 취급하듯이 이 용어[맑스주의자]를 문제적인 것으로 취급하는 한에서 말이다. 마지막으로 그들은 둘 다 장인이었다. "시인은 단어를 사랑하고 화가는 그림을 사랑한다. 역사가는 모든 것의 진상을 근원적으로 규명하는 것을 좋아한다."[16]

III

『윌리엄 모리스 : 낭만주의자에서 혁명가로』의 1977년 판본은 1955년 초판에 다 50쪽짜리 발문이 덧붙고 상당 부분이 개정되어 출간되었다. 첫 번째 판본 자체는 좌파 문학지 『아레나』에서 4년 전에 그 일부가 선을 보였던 수년간의 연구 결과였다. 그래서 우리는 1951년, 1955년, 1977년 등 톰슨의 모리스가 진화하는 세 개의 연대를 만난다. 사실, 그 관계는 더 일찍 시작된다.

1944년 1월 프랭크는 "가장 열정적으로 가능한 이상주의"의 한 사례로 『아무 곳도 아닌 곳으로부터 온 소식』에 관해 에드워드에게 편지를 썼다. 이 두 형제는 당시 파시즘을 격파하는 군대에 복무하는 군인이었다.[17] "우리가 우리 사신의 운명을 의식적으로 만들어가는 사람이 되기 전에는 균형 잡힌 일관된 선함이나 아름다움이 있을 수 없다." 군대가 돌아왔을 때 그들은 그들 자신의 운명을 개척하기로 했다. 『아무 곳도 아닌 곳으로부터 온 소식』은 런던의 부두 노동자이며 (전 부두, 전국, 전 세계) 부두 노동자들의 맹렬한 평조합원 지도자였던 잭 대시[18]의 관점을 형성하는 데 도움이 되었다. 1947년 이들이 일으킨 파업은 전후 산업 소요의 발단이 되었다.[19]

모리스는 톰슨의 인생에 늘 함께했다. 톰슨은 한 미국인 탐방 기자에게 이렇게 말했다. "[전쟁 이후] 나는 역사만이 아니라 문학도 가르치고 있었습니다. 나는 생각했습니다. 우선, 어떻게 하면 상당수가 노동운동에 몸담은 성인 학급의 학생들과 함께 문학이 삶에서 얼마나 중요한지 문제를 제기하고, 그 문제에 관해 그들과 토론할 수 있을까? 그러면서 모리스를 읽기 시작했습니다. 나는 모리스에게 사로잡혔습니다. 나는 생각했습니다. 이 남자가 왜 시대에 뒤떨어졌다고 여겨지는 걸까? 그는 여전히 바로 여기에 우리와 함께 있습니다." 톰슨은 모리스가 "의식적으로 그리고 타협의 기미도 없이 혁명적 노동계급을 지지하는 입장을 택한 [사회주의 운동을 구축하는 일상적 작업에 참여하고자 한, 또 자신의 두뇌와 천재성을 투쟁에 바친] 세계 최초의 거장급 창조적 예술가"였다고 결론지었다. "모리스/맑스의 논의는 그 이후로 내 안에서 이루어져 왔다. 1956년에 나와 정통 맑스주의 간의 불일치가 가시화되었을 때, 나는 모리스와 가까이 지낸 그 시절에 배웠던 인식 양식에 의지했으며, 아마도 나를 뒤에서 밀어주는 모리스의 압력으로부터 논쟁을 계속할 의지를 찾아냈는지도 모른다."[20] 그리고 아마도 그것은 그의 형[프랭크]의 열정적인 이상주의에 관한 믿음을 유지하는 방법이었을 것이다. 톰슨은 1977년 판에서 "혁명적인 노동계급"에 대한 모리스의 순수 충성심을 빠뜨리지 않았다. 톰슨은 자신의 역사책 『영국 노동계급의 형성』에서 그것에 관해 상세히 설명했다. 만약 지금의 정치적 입장이라면 그렇게 하지 않았을 것이다. 두 용어[혁명, 노동계급] 모두 냉전의 담화에 의해 상당히 손상되었기 때문이다.

톰슨이 쓴 모리스 전기의 텍스트적 진화는 1944년의 이러한 이상주의에서 비롯된다. 나는 이 텍스트들 각각에 관해 논평할 것이다. 1951년의 『아레나』에 실린 기사들, 공산당 출판사 로렌스앤위샤트에서 간행한 1955년의 초판, 1977년 2판의 삭제된 곳과 부기[附記] 등이 그 대상이다. 하지만 그러기 전에, 우리는 실업과 파시즘으로 이러한 이상주의가 출현할 수밖에 없었던 1930년대의 전쟁 이전으로 되돌아가야 한다.

1934년 스탠리 볼드윈[21]은 빅토리아 앨버트 박물관[22]에서 모리스 100주년 기념식을 개최했다. 철과 강철의 왕, 토리당의 지도자, 그리고 이미 두 번의 총리를 역임한 그는 1935~37년 다시 총리가 되어 나라를 이끌어야 했다. 모리스의 오랜 친구인 에드워드 번-존스[23]는 볼드윈의 삼촌이었다. 어릴 적 볼드윈은 "모리스와 번-존스가 가장 사랑하는 아이"였다. 실제로 모리스는 볼드윈의 이모와 사랑하는 사이였다. 볼드윈의 화법은 감성적이었고 과장이 많았다. "나에게, 잉글랜드는 국가이며, 국가는 잉글랜드다." 그는 "시골 대장간의 모루 위에서 반짝이는 망치" 또는 "한밤에 골목에서 실리는 마지막 건초더미" 또는 "4월 숲속의 야생 아네모네"의 이미지를 떠오르게 했다. 1935년 그는 "우리의 소중하고도 소중한 대지"에 관해, 그리고 "잉글랜드의 목초지 위로 떠오른 공평한 태양"에 관해 언급했다. 윌리엄 모리스는 순수하고 어린아이 같은 공예가로서 예술적인artsy-craftsy 민족주의의 유산을 볼드윈에게 남겼다.[24] 이 부호 정치가는 모리스가 코뮤니스트 혁명가였다는 사실은 무시했다.

토리당의 인사 중 로버트 페이지 아노[25]만큼 달콤한 말을 한 사람은 거의 없었다. 스코틀랜드의 양심적 병역거부자이자 1920년 영국 공산당의 창립자이기도 한 그는 혁명가 모리스를 변호하기 위해 6페니짜리 소책자로 대응했다.[26] "잉글랜드 채원[27]의 향기"를 빨아들이기만 할 뿐인 노동당에서 "바이킹의 영혼에 감염"되었다는 이유로 모리스를 비난한 파시스트들에 이르기까지, 모든 정치적 종파들은 모리스를 비난한다. 아노는 『존 볼의 꿈』이 "세계에서 가장 상상력이 풍부한 책 중의 하나"라고 말했다. 왜 그런가? 이 책을 썼을 때 모리스는 『자본』을 공부하고 있었다. 아노는 있는 그대로의 모리스, 즉 예술가이자 혁명가인 그를 다음과 같이 두 가지 요점으로 요약한다. "첫째, 예술은 인민의 예술이 아닌 한 사라져야 한다. 둘째, 노동자는 예술가가 되어야 하고, 예술가는 노동자가 되어야 한다."

1936년 노동절을 기념하여 『레프트 리뷰』의 편집자인 잭 린지는 「잉글랜드인이 아니라고?」라는 제목의 긴 시를 출간했다. 지배계급의 정의에 따르면, 누더기를 걸친 도둑, 군인, 선원, 날품팔이 농부, 소작민, 재침례론자, 수평파 소속 사람들, 직공들은 잉글랜드인이 아니다. 린지는 노동계급에 대한 잉글랜드의 정의를 시작했다.

> 잉글랜드인이 아닌 사람 중 한 명 두드러지네,
> 오라, 윌리엄 모리스여
> 당신은 노동자들에게 무장 반란을 선동하며 말하네
> 파리 코뮌 때 우리를 위하여 죽어간 사람들에 관해서:
> 우리는 있어야 할 새로운 세상의
> 주춧돌로 그들을 기리네 …
>
> 비록 가을의 개암을 땄어도,
> 다람쥐에게 얼굴을 찌푸리고, 웃으면서 입맞춤을 해도,
> 저곳은 우리 땅이 아니었네, 우리는 불법 침입자였다네,
> 노고의 들판은 우리에게 할당된 삶,
> 그 이상으로 우리는 꽃향기를 휘저을 수 없을지 모른다네
> 여름의 심장까지 이어지는 부드러운 오솔길을 남겨둔 채

에드워드, 그의 형 프랭크, 어린 학생들이 이 시를 읽었으며 이것에서 영감을 받았다. 대화 중에 에드워드는 이 문제를, 수십 년까지는 아니더라도 수년 동안의 사고와 대화의 추출물에서 유래한 것이 분명한 단순한 두 단어의 의문문으로 요약하곤 했다. 그는 "누구의 잉글랜드인가?"라고 물었다. 우리는 또한 묻는다. 무엇이 잉글랜드인가 ― 상상된 공동체인가 아니면 개암나무인가? 이 문제로부터 또한 다음과 같은 의제가 나왔다. 반란적인 코뮌, 삼림 공통 권리, 국제주의가 그것이다. 파리 코뮌(1871)의 도시 반란은 야간 노동을 폐지하고 단두대를 파괴함으로써 비인간적인 공포 수단에 종지부를 찍었다. 공통장의 본질은 무엇인가? 모두에게 무료인 자연스러운 공통장인가? 공인된 공통인만이 개암을 수집하거나 돼지에게 먹일 도토리를 이용할 수 있는 규제된 농업 공통장인가? 정부

의 규제를 받는 "공적" 소유권인가? 이러한 모순은 모리스 전기의 부제 '낭만주의 자에서 혁명가로'를 암시한다.

IV

냉전은 국내적으로는 노동운동, 선거 정치, 이데올로기 내부에서 일어났으며, 국제적으로는 미국과 소련의 대립으로 나타났다. 당연한 귀결로서 제국주의의 주도 세력이 유럽에서 아메리카로 바뀌었다. 이는 포르투갈, 네덜란드, 프랑스, 영국이 식민지로부터 지속적인 독립 요구에 직면했기 때문이었다. 이러한 국내 분쟁과 국제 분쟁을 떠받치는 기반은 기본 상품, 즉 석유의 세계적 조직화와 경제 기반 시설에 대한 끊임없는 재조직화였다.

산업노동자에 대한 투쟁은 석탄의 폐기로 나타났다. 이러한 노동의 변화는 새로운 석유 생산 국가들로 옮겨갔고, 유럽과 아메리카의 철도 및 석탄 산업 노동자들은 장기간에 걸친 투쟁에서 패배하기는 했지만, 그들의 투쟁은 뉴딜과 복지국가의 사회적 임금을 달성했기에 그들의 힘은 직접적으로 공격당하기보다는 지리-정치적, 기술적 수단에 의해 포위당할 것이었다.[28]

잉글랜드에서 석탄 산업은 1946년에, 전기 산업은 1947년에, 철도 산업은 1948년에, 철강 산업은 1951년에 국유화되었고, "세계 최초의 보편적인 복지국가의 헌법이 완결되었다."[29]라고 말하는 것으로 충분할 것이다. 미국의 강력한 석탄 광부들은 1950년의 '역청탄 협정'에 따라 강도 높은 기계화에 직면했다. 철도 네트워크는 석탄을 디젤로 바꾸었고 제한된 접근, 주간(州間) 연방 고속도로 시스템이 자동차 산업의 오랜 로비의 결과 1956년에 시작되어 트럭 운송 산업과 자동차 문명을 위한 기반 시설을 제공했다. 1951년에 형성된 〈유럽석탄철강공농제〉는 프랑스와 독일의 석탄 생산을 초국가적인 "더 높은 권위"에 종속시켜 〈공동시장〉과 〈유럽연합〉의 선구자가 되었다. 트랜스-아라비안 파이프라인[30], 즉 탭라인 TapLine이 1950년에 개설되어 페르시아만의 유전을 레바논의 시돈 항구의 지중해와 연결했다. 시돈 항구에서 1년에 선적되는 유조선은 거의 1,000대에 가까웠다.[31] 이스라엘이 1948년에 독립을 했고 백만 명의 팔레스타인 사람들이 알 나크바 즉, '대재앙의 날'에 추방되었다. 파이프라인을 위한 지정학적 환경에서의 추가적인 안보 조치로 CIA는 1949년에 시리아에서 쿠데타를 조직했다.

당시 이러한 사건은 산업생산과 케인스주의 경제를 추동하는 석유 경제가 전 세계에 미친 효과 중 일부에 불과했다. 이러한 사건은 공산당 안팎에 영향을 미쳤다. 통치자의 이론인 스탈린주의 이론은 "생산과정 자체의 계급투쟁 이론"을 모호하게 만들었다. 여기에서 자본주의는 1950년 C.L.R. 제임스가 "국가자본주의"라고 불렀던 것을 생산하기 위한 관료적 기반이 된 이론(테일러주의)과 실천(포드주의)을 발전시켰다. 제임스는 "연속적인 흐름"을 강조하고 그것을 위해서 "생산, 경영, 통제를 위한 고급 계획"이 필요했다는 것에 주목했다. 기계의 지배와 소비주의의 발흥은 1950년대의 특징이 되었다.[32]

석유가 단지 경제의 은밀한 기초가 된 것만은 아니었다. 일상생활의 재료가 플라스틱으로 바뀌었다. 플라스틱의 주요 공급 원료는 석유였다. 문화적으로 볼 때, 1941년 범죄와 싸우는 내용의 만화책인 『플라스틱맨』이 등장했고, 1944년 디즈니프로덕션은 도널드 덕 만화영화 『플라스틱 발명가』[33]를 제작했다. 전쟁이 끝난 후, 플라스틱은 미국에서는 일상생활의 현대적 재료가 되었고, 영국에서는 저속함 및 불성실을 연상시켰다. (모두 여전히 예술미학의 영향력 아래 있던) 〈예술진흥회〉, BBC 그리고 〈산업디자인협회〉의 지원을 받은 토머스 엘리엇이나 에벌린 워[34] 같은 엘리트주의의 대제사장들은 리처드 호가트[35], 조지 오웰 등 영국의 호민관들과 마찬가지로 대중문화의 플라스틱화에 애도를 표했다. 그들에게 플라스틱은 거짓되고, 미국적인, 그리고 엉뚱한 모든 것을 상징했다. 더스틴 호프만은 1968년 영화 『졸업』에서 가족 같은 친구에게 다음과 같은 조언을 듣게 된다. "플라스틱에 관해서 … 내 한마디 할게. 플라스틱에는 엄청난 미래가 있다니까." '1968년을 겪은 세대'에게 이것은 최고의 환희 어린 순간이었다. 1951년 『호밀밭의 파수꾼』의 출판과 함께 시작된, 무형의 모조 시대는 웃음으로 마무리되었다. 이렇게 해서 "가짜"phony라는 단어는 한 세대의 문화적 반대를 뜻하는 의미론적 서명이 되었다.

한편으로는 문자 그대로 '교회와 왕'의 보수주의자인 T.S. 엘리엇이 1948년에 『문화 정의에 관한 메모』를 발표했고, 다른 한편으로는 레이몬드 윌리엄스가 1950년에 『문화와 사회』를 주제로 연구를 시작했다. 이 작업은 상당 부분 이 시대의 산물이고 엘리엇에 대한 대답이었지만 1958년이 되어서야 세상에 나왔다. 『아레나』는 1949년 노동절에 창간한 문학·정치 잡지였으며, 『우리 시대』, 『서커스』, 또는 「핵심적인 시인들」Key Poets처럼 좌파문학을 주도하는 잡지 중 하나로서 영국 공산당의 정치적 방침에 완전히 부합하지는 않았으며, 후에 톰슨은 이를 두고 "시기상조의 수정주의"라고 불렀다.[36] 『데일리 워커』[37]는 『아레나』가 너무 학구적이라고 공격했고, 당은 잡지가 사회주의 리얼리즘의 도구가 되어야 한다고 지시했으며, 이후 『아레나』는 폐간되었다. 『아레나』는 네루다와 파스테르나크[38]의 책들을 출판했다. 1951년 봄 톰슨은 이 잡지에 「윌리엄 모리스의 살인」을 발표했고, 여름에 「윌리엄 모리스와 오늘날의 도덕 문제」를 발표했다. 이 글은 특별히 "영국 문화에 대한 미국의 위협"이라는 제목의 전당대회를 위해 집필되었다. 실제로 코뮤니스트들의 말처럼, 문화는 "투쟁의 무기"이며, 톰슨의 공헌은 이 시대의 문화전쟁에 대한 전투적인 개입이었다.

도덕적 허무주의는 아서 밀러가 히틀러의 죽음 이후의 시대를 이해하는 방법이다. 반대를 하던 지식인과 예술가는 찬성을 하는 지식인과 예술가가 되었다. 1949년에 일어난 일들을 보자. 폴 로브슨[39]에 대한 픽스킬 폭동[40], 나토 창설, 소련의 폭탄 투하, 중국혁명의 성공, 베를린 공수작전[41]의 종료, 전쟁성War Department의 국방부Defense Department로의 명칭 변경. 6월에는 조지 오웰의 『1984』가 출간되었다. 1년 전에는 금융업자인 버나드 바루크[42]가 미국과 소련 간의 경쟁을 언급하기 위해 "냉전"이라는 용어를 사용했고, 월터 리프만은 『냉전』이라는 제목의 책을 출간했다.[43] 지적으로 말하자면, 나중에 톰슨이 말한 것처럼, 이때는 "생명이 쪼그라들고 책들이 말라비틀어지는" 시기였다. 1947년에 설립된 CIA는 "필요한 거짓말"과 "타당한 부인권"[44]이라는 개념을 만들었다.

『실패한 신』(1949)[45]은 "지식계급의 작품인 동시에 지성의 산물"이었다. 1950년에 설립된 〈문화자유회의〉는 CIA의 은밀한 문화 캠페인의 중심부였다. 이 단체는 전시회, 보조금을 받는 출판사와 오케스트라, 자금을 제공받는 신문과 잡지, 그중에서도 특히 『엔카운터』[46](1953~1990)를 조직했다. 1951년 1월 이사야 벌린[47], T.S. 엘리엇, 리처드 크로스먼[48]이 속한 〈영국 문화자유협회〉가 설립되었으며, 이와 동시에 시드니 훅[49]이 이끄는 〈미국 문화자유협회〉가 뉴욕에 설립되었다.[50] "CIA는 사실상 미국의 문화부 역할을 수행하고 있었고", 신흥 벼락부자인 포드, 록펠러, 카네기의 재단들을 통해 돈을 분산시켰다. 전후戰後의 분위기는 사실상 파멸적으로 되어갔다. 공격은 계획적이고 비밀스럽게 이루어졌으며, 자금도 순조롭게 조달되었다. 두 살배기 아기와 함께 젊은 코뮤니스트 도리스 레싱[51]이 1949년 런던에 도착했다. 그녀는 다음과 같은 장면을 회상했다. "카페도 없었고 좋은 레스토랑도 없었다. … 사람들은 10시면 모두 집 안에 있었다." 그녀는 다음과 같은 분위기도 상기했다. "전쟁은 폭격을 당한 장소뿐만 아니라 사람들의 마음과 행동에서도 여전히 사라지지 않고 있었다. 마치 동물이 아픈 곳을 핥는 것처럼, 모든 대화는 결국 전쟁으로 휩쓸려 들어갔다."[52] 톰슨으로 말하자면, 종전 시기의 감정적인 상처에는 사랑하는 형제의 죽음, 1946년 아버지의 죽음, 히로시마와 나가사키의 핵폭탄에 의한 전례 없는 인간 파괴가 포함되어 있었다.

1951년 톰슨의 에세이들은 모리스를 위한 2라운드 경연에서 날린 타격이었다. 더욱이 그는 다양한 민족(아일랜드, 키프로스, 유대인, 웨일스)과 예술(음악, 민요, 극장, 시), (톰슨이 특히 관심을 지니고 있었던) 역사를 중심으로 영국의 문화생활을 체계적으로 조직한 영국 코뮤니스트들의 독특한 문화 속에서 글을 썼다. 학자 도나 토르[53]는 1920년 영국 공산당의 또 다른 설립자였다.[54] 그녀는 전쟁 전에 영국 공산당원들 사이에서 토론 그룹을 시작했고, 전쟁이 끝난 후 〈공산당 역사 그룹〉을 설립하는 데 일조했다. 〈공산당 역사 그룹〉은 당의 가장 창조적인 문화 집단 중 하나였으며 20세기 역사 기술記述에 영향을 미쳤다.[55] 톰슨은 『윌리엄 모리스』의 [초판] 서문에서 도나 토르에게 감사를 표했다. "여사는 거듭해서 자기 일도 제쳐놓고 내 질문에 답해주고 내 자료의 초고를 읽어주었으므로 나는 이 책의 여러 부분이 나 자신의 글이라기보다 주로 그분의 생각이 이끌어준 공동저술이라는 생각이 든다. 그토록 다재다능하고 뛰어나며, 자신의 재능을 나눠주는 데 그토록 관대한 코뮤니스트 학자와 가깝게 교류할 수 있었던 것은 크나큰 영광이었다."⁵⁶ 그는 1977년판에도 이 고결한 찬사를 그대로 남겨두었다.

"우리 자신의 역사와 문화적 업적에 더 많은 관심을 [기울이고] ⋯ 거의 잊힌 우리의 혁명적 전통들을 다시 한번 인민들에게 가져다주자." 이것은 1930년대의 "붉은 문화" 프로젝트였으며 톰슨이 갱신하려 했던 것이 바로 이 문화였다. 프로젝트는 공격을 받고 있었으며, 톰슨도 공격에 가세했다. 그는 로이드 에릭 그레이가 쓴 『윌리엄 모리스, 영국 신질서의 예언자』⁵⁷라는 이름의 전기를 신랄하게 비판했다. 이 책이 "부르주아 학문의 기본적인 표준의 붕괴" — 여기저기 오락가락하는 인용부호, 부연, 논평 — 일 뿐만 아니라 "그것이 함축하는 깊이와 너비에도 불구하고 모리스의 모든 성숙한 사유와 활동들을 묶어주는 통합적 요인들인 맑스주의"를 인지하는 데 무능력하다는 이유에서였다. 그레이는 모리스가 말년에 혁명적 사회주의에 환멸을 느끼고 있다고 주장했다는 이유로, 그리고 모리스의 비판이 "경제적"이지 않고 "도덕적"이고 "몽상적"이라고 주장했다는 이유로 비판받았다. 이것은 그가 "맑스/모리스 논쟁"이라고 부른 바 있는 이원론이었다. 이것은 그의 내부에서 발전기처럼 작동했다.

"로이드 에릭 그레이"는 사실 에쉴먼Eshleman이라는 미국 학자의 가명이었다. 에쉴먼의 전기문은 원래 1930년대에 프린스턴 대학의 박사 학위 논문으로 시작되었다가 1940년 『빅토리아 시대의 반란 : 윌리엄 모리스의 삶』⁵⁸이라는 제목으로 미국에서 출판되었다. 그는 모리스에게서 고갱이를 뽑아 그것을 온순한 겁쟁이 사회주의, 즉 "스포츠맨십과 우정의 교리, 대등한 교환의 교리"로 만들어 버렸다. 1930년대 『뉴욕타임스』에 실린 에쉴먼의 서평들을 보면, 에쉴먼이 확실한 의견이 없고 자유주의적인 미국의 문화 엘리트에 속한 남성임이 드러나지만, 그가 미국 정부를 위해 일했거나 정부로부터 돈을 받았다는 증거는 발견되지 않았다(그는 1949년에 사망했다). 톰슨이 느낀 분노의 적개심은 부분적으로 공산당의 정책 때문이었다.

톰슨은 만화책과 껌을 과녁으로 삼았던 미국 문화의 위협에 맞서 "도덕적 우위를 공고히 확보하려는" 시도를 시작했다.⁵⁹ 모리스에 관한 그의 두 편의 글은 미국 학계를 공격했다. 『아레나』에 실린 두 번째 글인 「윌리엄 모리스와 오늘날의 도덕 문제」에서 그는 섬뜩한 일화로 미국의 학계를 맹비난한다. 그는 전후의 혼란 속에서 신선한 고기로 이익을 얻지 못한 ─ 즉, 자본을 마련하기 위해 친구들을 설득하고, 셰익스피어를 내팽개치고, 창고와 도살장을 빌리고, "미국의 일류 냉장 장비 일부"를 구매하고, 강의를 하던 근동으로 돌아온 ─ '뉴잉글랜드 영문학' 교수를 만났다. "아, 나는 성지 전역에 도살장 체인을 설치할 수도 있었을 텐데! 아, 말끔히 처리했을 수도 있었을 텐데."

V

『윌리엄 모리스 : 낭만주의자에서 혁명가로』는 1955년에 처음 출판되었다. 1956년 초 흐루시초프는 스탈린을 비난하는 "비밀 연설"을 했지만, 그해 10월 소련 탱크는 부다페스트 거리를 요란한 소리를 내며 지나가면서 노동자 평의회의 반란을 진압했다. 이 사건들 사이에서 톰슨과 그의 동지 존 사빌은 『리즈너』*The Reasoner*의 세 가지 쟁점에 관한 토론을 시작했다. 톰슨은 모리스에 관한 연구를 통해 탐구해 온 도덕주의에 관해 마음을 굳혀야 했다. 그는 『리즈너』의 세 번째이자 마지막 호에 다음과 같이 썼다.[60] "도덕적·상상적 능력을 정치적·행정적 권위에 종속시키는 것은 잘못이다. 정치적 판단에서 도덕적 기준을 제거하는 것은 잘못이다. 독립적 사고를 두려워하고, 사람들 사이에서 반지성적 경향을 고의로 조장하는 것은 잘못이다. 무의식적인 사회적 힘들의 기계적 인격화, 지적·영적 갈등의 의식적인 과정의 축소, 이 모든 것은 잘못이다."[61] 그는 당에서 추방되었다. 그것은 한편으로는 개인적인 해방의 순간이었다. 그는 "'당'의 강요에 직면했을 때 우리 모두를 자신감 결여에 빠지게 했던 1930년대 중반부터 1940년대 후반까지의 코뮤니스트 지식인들 사이의 심리적 구조"[62]에 관해 기술했다.

『리즈너』로 대표되는, 그리고 덜 직접적으로는 1년 전의 『윌리엄 모리스』로 대표되는 영국 공산당에 대한 문제 제기가, 헝가리 학생과 노동자들이 소련 지배에 반대하여 궐기하고 직접 민주주의 평의회를 구성한 때에 이루어진 것은 단순한 우연이 아니었다. 부다페스트 학생들은 1956년 10월 23일에 동맹파업을 일으켰다. 일주일 전인 10월 17일 엘리자베스 2세는 전기를 상업적으로 공급하는 최초의 원자력 발전소를 가동했다. 그것은 아일랜드해 연안의 컴브리아, 셀라필드, 콜더 홀에 있었다.[63] 그 밖의 잉글랜드의 전기 공급은 수만 명의 석탄 광부의 도움에 힘입은 것이었다. 앞에서 보았듯이 그들은 복지국가를 이룩할 힘을 지니고 있었으며, 어쩌면 사회를 더욱 변화시킬 수 있었을 것이다. 아이젠하워 대통령이 1953년 유엔에서 "평화를 위한 원자력" 관련 연설을 한 이래로 원자력의 평화적 사용은 석유정치나 산업분쟁의 방해를 받지 않는 값싼 에너지에 관한 많은 환상적인 꿈을 촉발시켰다. 여기에서 잉글랜드는 〈핵비무장운동〉으로 반응했다. 이 운동의 유명한 평화 상징(☮)은 핵폭탄에 대한 금기를 드러냈지만, 핵에너지는 금기시하지 않았다. 신좌파는 핵무기를 반대하는 알더마스톤 행진[64]과의 관계에 의해 규정되었지만, 원자력 그 자체에 대한 반대를 조직할 수는 없었다. 원자력의 기본 상품은 전쟁기계와 직접 연결되어 있었다. 핵전쟁은 피했지만, 장차 스리마일섬(1979)과 체르노빌(1986)이 기다리고 있었다.

『윌리엄 모리스 : 낭만주의자에서 혁명가로』의 부제는 다음과 같은 질문을 불러일으킨다. 낭만주의자란 무엇인가? 혁명가란 무엇인가? 낭만주의자가 이상과 상상력에 관한 것이라면, 혁명가는 현실과 과학에 관한 것인가? 시인들 사이에서 일어난 잉글랜드의 낭만주의 운동은 인클로저 운동의 반혁명과 강렬함 intensity에 상응했다. 농촌의 공통장과 그것이 제공한 생존수단은 급속히 사라지고 있었다. 톰슨은 이것을 가장 중요한 역사 서적 중 하나인 『공통 속의 관례들』의 주제로 삼을 것이지만, 1950년대에는 그것을 낭만주의 시인들과 연결하지 않았다. 톰슨은 모리스의 위대함이, 특별히 『아무 곳도 아닌 곳으로부터 온 소식』(1890)과 『존 볼의 꿈』(1886)이 불러일으킨 "도더저 사회주의"에서 발견된다고 주장한다.

이 전기는 전 세계의 비非백인들이 인도네시아 반둥에 모여 자본주의도 공산주의도 아닌 제3의 길을 모색했던 해에 쓰였다. 로자 파크스[65]는 앨라배마주 몽고메리에서 버스 앞좌석에 앉았다. 프랑스 역사학자 알프레드 소비[66]는 1952년에 자본주의 서방이나 소비에트 동방이 지리적으로 라틴아메리카, 남아시아, 중동, 아프리카, 오세아니아를 포괄하지 못하는 현실을 반영하기 위해 "제3세계"라는 용어를 만들었다. 그의 용법은 프랑스혁명 이전과 도중 제1계급과 제2계급을 구성하는 성직자와 귀족에 대립하는 프랑스의 공통인[평민]인 제3계급과 관계가 있다. 소비는 "제3계급과 마찬가지로 제3세계는 아무것nothing도 아니다. 그래서 무언가something가 되기를 원한다."라고 썼다. 앨런 긴즈버그[67]는 그해 「울부짖음」[68]을 읽으며, "영원한 석유와 돌을 사랑하는 몰록"에 반대하는 유색인들과 열정적이고 히피적으로 접촉하려 했다. 톰슨의 전기는 잉글랜드 고유의 급진적인 뿌리를 탐색하는 것에 강력한 기여를 했지만, 부분적으로는 인류의 도덕적 능력을 전 세계적으로 각성시키기도 했다. 인류의 가장 격렬한 분노는 어쩌면 1954년 비키니 환초環礁[69]에서 미국이 브라보란 암호명으로 수소폭탄을 폭발시켰을 때 드러났을 것이다. 이 핵실험으로 '럭키드래곤호'에 타고 있던 일본 선원들이 [핵 낙진에] 오염되었으며, 영화 〈고질라〉는 여기에서 영감을 얻은 것이었다.

VI

『아레나』의 기사들을 1955년과 1977년의 두 가지 전기 텍스트와 비교해 보면 흥미로운 결과가 나온다. 톰슨의 말에 따르면, 두 번째는 "스탈린주의적인 경건함"이 없기에 더 짧고 덜 독단적이며 덜 불쾌하다. 하지만 그것에는 그보다 더 많은 것이 있었다. 존 구드[70]가 보기에, "이 책에서 셸리가 빠진 것은 주목할 만하다."[71] 문학 교육에서 셸리를 금지하고 거세하는 것은 냉전 프로젝트 중의 하나였다. 셸리는 [프랑스혁명의] 단두대가 내리쳐지고 어둠이 내린 후에도 근대사의 여명과 함께 선언된 원칙 ─ 자유, 평등, 우애 ─ 에 충실했다. 자유, 평등, 우애는 아일랜드, 아이티, 미국, 잉글랜드에서 뚜렷하고 명확한 의미를 지니고 있었다. 이 원칙들은 프랑스에만 한정되는 것이 아니었다. "명확한 폭정에 직면하여 명확한 인간 가치를 옹호하는 명확한 사회 세력의 반란"은 아직, 19세기 삶의 명확한 현실에 반대하는 상상력이 풍부한 열망의 불명확한 이상주의로 변형되지 않았다. 셸리의 무시무시한 소네트 「1819년의 잉글랜드」[72]에서, 정확한 분노는 정치적·문화적 상부구조의 모든 부분을 향해 있다. 역사적 변화의 행위자 ― 잉글랜드 노동계급 ― 는 피털루[의 학살][73]에서 패배했으나 역사적 현실 속이 아니라 셸리의 시에 "유령"으로 현존했다. 모리스는 이 실제 역사, 다시 말해 셸리의 유산에서 혁명적 변화의 사회적 힘을 다시 찾아야 했다. 모리스는 "낭만적인 것romance이 의미하는 것은 역사를 진실하게 개념화할 수 있는 역량, 현재의 과거 부분을 만들 수 있는 힘"이라고 설명했다. 모리스는 셸리의 시 사본을 〈사회주의동맹〉의 독서실에 제출했다.[74]

페리 앤더슨에게 판본 간의 차이들은 유토피아적 이상주의와 전략에 관한 고려 사항이 된다. 톰슨은 "유토피아를 상상하는 능력을 이후의 맑스주의 전통에 종속시키는 총체적인 문제 : 도덕적 자의식이나 욕망의 어휘 부족, 미래의 어떤 이미지도 투사할 수 없는 무능력, 심지어 미래의 이미지들을 공리주의의 지상 낙원 ― 경제 성장의 극대화 ― 으로 되돌리려는 경향"에 관해 썼다. 이에 대해 앤더슨은 욕망에 관한 논의가 외설스럽고 비합리적이라고 반대했다. 또한 앤더슨은 "모리스의 공상적[유토피아적] 이상주의를 위한 역사적 조건들은" 아버지로부터 받은 풍부한 유산이며 이것이 그를 단조롭고 고된 일에서 벗어나게 해 주었고 공예기술의 풍요로움을 습득할 수 있도록 해 주었다고 서술했다. 그렇다. 모리스는 부르주아 양육의 산물이었으며 부자였다. 이것은 사실이다. 하지만 역사는 한 사람의 일대기에 특별한 방식으로 영향을 미친다. 그의 유토피아적인 책인 『아무 곳도 아닌 곳으로부터 온 소식』을 위한 역사적 조건들에는 비숙련 노동자의 새로운 노동조합주의, 1889년의 런던 부두노조파업, 〈페이비언협회〉·〈스코틀랜드 노동당〉·〈아일랜드 토지연맹〉과 같은 조직적 계획들의 확산 등이 포함되었다.

앤더슨에게 초판은 "제2판에서 현저하게 완화되는 개량주의에 대한 격렬한 논박"으로 알려졌다. 그는 내전을 예견하는 1886년 강의를 인용한다. 단편적인 변화를 믿는 사람들은 자본주의의 구조적 통일성을 과소평가했다. [자본주의] 제도의 개혁을 믿는 사람들은 상대방을 기만하면서 동시에 사취하는 [자본주의의] 능력을 이해하지 못했다. 모리스는 종종 개선론자, 개량주의자, 임시방편주의자

palliativists에 대해 반대했다. 앤더슨은 이러한 저서들이 "맑스주의 역사에서 개혁주의와 치른 최초의 정면 교전"으로 구성되어 있다고 확신한다.

모리스는 혁명, 또는 "거대한 변화" 또는 "비참함의 청산"이 무장투쟁 없이는 달성될 수 없다고 믿었다. 앤더슨은 톰슨이 "부르주아 국가를 공격하고 파괴하는 수단에 관한 개념화의 변화"를 평가하지 않는다고 투덜댄다. 모리스는 『아무 곳도 아닌 곳으로부터 온 소식』의 「변혁은 어떻게 오는가」라는 장에서 이중권력(평의회council, 집회assembly, 회합congregation)의 시나리오들을 전개한다. 의회parliament는 거름시장[75]이 되어버렸다. 하지만 그렇게 한 힘은 어디에 있을까? 앤더슨에게 그것은 국가와 법이며, 이것은 톰슨에게도 마찬가지다. 그들은 생산 지점에서부터 재생산의 조직에 이르기까지, 기본 상품에서 노동 분업에 이르기까지 경제를 간과한다.

"톰슨의 작품에는 그동안 없었던 정치적 또는 지적 접합─우리가 오랫동안 잃어버렸던, 놓치고 있던 역사적 랑데부:19세기 초의 낭만주의 시인들과 급진적인 노동자들, 19세기 말의 엥겔스와 모리스, 오늘날의 자유의지론자와 노동운동─이 어른거린다."[76] 유럽적 형태의 "공통장"을 통해 모리스와 엥겔스의 접합점이 만들어졌다. 엥겔스는 『공상적 사회주의와 과학적 사회주의』(1880)의 부록으로 "마르크 공동체"[77]에 관한 글을 출판했다. 특히 이 글은 토지 보유에 관한 이러한 공통화 형태들(공유삼림Gehferschaften과 뭉할당Loosgter)의 역사를 알지 못하는 잉글랜드와 독일의 동지들을 위해 작성되었다. 공통인[평민]은 제비뽑기를 통해 정기적인 할당을 기반으로 하는 토지분배 시스템과 희년을 시행했다. 엥겔스는 돼지, 버섯, 잔디, 나무, 불문율의 관습, 마르크 공동체 규정, 딸기, 히스, 삼림, 호수, 연못, 사냥터, 낚시 웅덩이를 묘사하면서, 경제학 교수들과 벌인 (그의 소책자에 영감을 주었던) 논쟁을 완전히 잊어버렸다. 엥겔스는 상품 이전 세계, "마르크 공동체"와 그곳의 선주민들을 상상적으로 재구축하는 것을 즐겼다. "마르크 공동체를 활용하지 않으면 소농민은 소를 소유할 수 없다. 소가 없으면 거름이 생기지 않고, 거름이 없으면 농사를 지을 수 없다." 그것은 살아있는 공통장이다. 1888년 윌리엄 모리스는 로마의 침략을 당한 (그가 "친족"이라 칭하는) 북유럽 부족의 역사적 판타지인 『울핑 씨네 집과 마르크의 모든 친족들에 관한 이야기』를 썼다. 울핑 씨네 사람들은 소박한 직접 민주주의를 실천한다. 그들은 소와 옥수수 경작을 결합한다. 그들은 성별 간의 평등을 유지한다. "마르크 공동체"는 엥겔스와 모리스를 잇는 완전한 지적 접합점이 아닐 수도 있다! 앤더슨은 톰슨이 이러한 접합점을 갈망했다고 생각했다. 하지만 그것은 19세기 후반에 이루어진 공통 소유에 관한 국제적인 논쟁의 일부였다. 우리는 이러한 논쟁을 말레이시아에 관한 월리스의 논의[78]나 푸에블로에 관한 쿠싱[79]의 논의, 또는 미르에 관한 맑스의 논의 속에서 발견한다.[80]

VII

1977년판은 「〈사회주의동맹〉의 마지막 시기」에 관한 장의 상당 부분을 생략했다. 이 누락을 면밀히 검토하면 우리는 두 사상가 모두에게 중심적인 문제, 즉 공통장의 실제 현실과 코뮤니즘의 혁명적 이상 사이의 관계에 다가갈 수 있다. 1889년 7월 6일 『커먼윌』에 처음 실린 「느릅나무 아래에서」에는 모리스가 사방이 야생화 천지인 강둑 근처의 녹색 길가의 좁고 긴 땅에 누워 풍경과 잉글랜드에 관해 사색하는 장면이 나온다.

이 에세이의 구조는 꽃에 관한 묵상, 물고기와 새의 자유에 관한 관찰에서 역사에 관한 명상으로, 그리고 이 특별한 시골 마을에 관한 알프레드 대왕의 무장 방어로, 이어서 농업 노동자와 나눈 대화와 그들의 투쟁으로, 사회주의, 부자와 빈자의 계급 분열 폐지, 그리고 도회지와 시골의 지리적 분할 폐지를 옹호하는 결론으로 이동한다. 이 글이 길가, 도로변에서 시작하는 한에서 톰슨이 이 글을 "wayward"[81]하다고 말한 것은 적절하다. 길가에서는 유료 도로와 "왕의 대로"大路를 갖춘 상품 문명commodity civilization과 자급 문화subsistence culture 간에, 즉 도로와 샛길 간에 많은 갈등이 발생한다.

앞으로 무슨 일이 벌어질지 눈에 선하지 않은가. 수백 대의 카메라가 수백 년 동안의 목가를 통해 우리에게 익숙한 그 광경을 필름에 담았다. 푸른 잔디, 아주 오래된 느릅나무, 흰옷을 입은 백인들, 여유로운 순진함. 최근 학자인 미셸 바인로스도 여기에 심취해 있다. 그녀는 공산당이 이 목가적인 이상을 받아들였다는 것에 주목한다. "그들의 선전 활동은 전통적인 '잉글랜드다움'에서 벗어날 수도 없고 그것을 무색하게 할 수도 없었다. 이 '잉글랜드다움'은 '들판과 울타리가…콩노굿과 클로버, 신선한 건초와 딱총나무꽃을 연상시키는…말하자면 하나의 커다란 꽃다발 같은'〔여기에서 그녀는 「느릅나무 아래에서」를 인용한다〕 관능적인 시골에 비유적으로 결정화되었다. 이 유쾌한 목가적인 장소는 그들의 주류 대중의 유약한 감정을 어루만졌고, 그리하여 강력한 수사학의 원천이 되었다."[82] 나는 공산당이 "관능적인 시골에 비유적으로 결정화된, 전통적인 '잉글랜드다움'"에서 벗어날 수 있었는지에 관해서는 논쟁하지 않겠지만, 모리스에게는 그런 건 없다고 말할 것이다!

모리스가 실제로 보는 것은 전쟁이다. 이와 관련해서 할리우드와 영문학은 이를 받아들일 준비가 되어 있지 않았다. 애쉬다운[83]에서 그가 발견하는 것은 우선 영웅주의다. 871년 이곳에서 전투가 일어났을 때, 젊은 알프레드는 템스밸리로 진격하면서 덴마크인들과 바이킹을 물리치는 데 도움을 주었다. 승리한 병사들이 버크셔다운스의 백악白堊 언덕chalk hill 경사면에서 잔디를 베자, 흰빛의 말 형상이 녹색[의 잔디] 사이로 모습을 드러냈다. 학자들은 "백마"[84]의 연대를 철기시대 후기로 추정했지만, 모리스 시대에 백마는 앵글로색슨 민족사를 구성하는 도상圖像의 일부였다.[85] 색슨족은 알프레드가 주도했다. 모리스는 그가 "잉글랜드인들 중 공식적인 지위에 있던 유일한 천재"라고 인정했다(적어도 한 명은 있었다!). 하루는 알프레드가 전투에서 패배해 어떤 농부의 오두막에 피신하게 되었다. 그곳에서 그는 한 여성이 물을 긷는 동안 화덕에서 케이크가 타도록 두었다가 그녀에게 꾸중을 들었다! 그의 이야기는 왕의 위엄과 가정생활에 관한 전설이며, 노자老子에 비견되는 우화다.[86] 이것이 모리스가 사랑하며 썼던 역사, 아래로부터의 역사였다.

톰슨은 『아무 곳도 아닌 곳으로부터 온 소식』에 가득했던 "대지, 그리고 그것에서 태어난 것, 그리고 그 생활"의 충만한 느낌이 돌아왔다고 논평한다. 초판에는 "의도적인 어수선함, 사회주의적 훈계와 옥스퍼드주 시골 마을의 여유로운 서정성을 혼합"한 "지금까지 쓰인 사회주의 '선전' 중에서 가장 특이한 부분!"이라고 묘사하는 구절이 있다.[87] 그렇다, 마치 하나의 훈계처럼 그것은 마태복음 6장을 상술한다. 기독교 문화에 속한 사람들을 위해, 톰슨도 물론 기독교도였는데, 모리스는 "공중의 새들"과 "들의 백합화"에 관심을 기울이면서 시작한다. 이 "공통장"의 기운aura은 자연과 신성의 혼합이다.

톰슨은 "이 작품은 시인의 전통적인 여름 장면에서 시작한다."라고 말하며 다음을 인용한다.

한여름의 시골 – 여기에서 당신은 콩노굿과 클로버, 신선한 건초와 딱총나무꽃을 연상시키는, 말하자면 거대한 꽃다발 같은 들판과 울타리 사이를 걸을 수 있다. … 강 저 아래쪽에는 … 진주 같은 흰 꽃이 핀 수초가 여기저기 널려 있고, 모든 강기슭에는 조팝나무, 듀베리, 컴프리, 꼭두서니 등이 섬세한 디자인의 보물처럼 펼쳐져 있다.

그리고 이 장면은 인간의 역사를 확장하는 시야 속에서 조망된다. "당시의 시골 사람들은 진정 내가 누워 있는 바로 이 나라의 평화와 사랑스러움을 위해 싸웠고, 승리에서 돌아온 그들은 자신들의 용기의 징표로서 백마의 이미지를 얻었다. 그리고 누가 알랴? 아마도 [이것은] 그들의 후손들이 따라야 할 사례가 될 것이다." 이 마지막 생각은 모리스와 톰슨 둘 다를 이해하는 열쇠가 된다. 그것은 이데올로기적 결정론의 열쇠가 아니라 모범적인 제안의 열쇠다. 톰슨은 계속해서 모리스와 함께 "자기 땅에서 친구들을 위해 노동하는 친구들"이라는 사회주의의 미래를 그린다. 이 미래에는, "새로운 애쉬다운Ashdown 사람이 (당시의 자본주의적 강도들에 맞서) 싸워야 한다면, 새로운 백마가 평등 속에서 찌르레기처럼 현명하게 살아가는, 그리하여 아마도 더할 나위 없이 행복하게 살아가는 사람들의 집을 내려다볼 것이다." 자연의 아름다움과 인간의 과거, 현재, 미래의 투쟁을 엮어내는 것, 장인과 시인의 눈을 사용하는 것, 이 모든 게 위대한 걸작을 구성한다.

그렇지만, 이 예술가[모리스]가 만든 수공예품의 탁월함을 간과해 버리는 어조는 너무 조용하고 부드럽다. 분명, 모리스는 강렬한 정치활동에서 벗어나 오래된 감정의 결을 다시 열고 있었다.[88] 톰슨은 모리스가 사회주의에 관심을 잃고 있는지 묻고 싶어진 걸까? 하지만 왜 새, 물고기, 꽃을 예리하게 관찰하는 것이 사회주의에 대한 관심을 둔하게 한다는 것일까? 톰슨은 모리스가 선전과 창의성이 양립할 수 없다는 것을 알았는지 의아해하는 것일까? 하지만 왜 이것이 모순되어야 하는 것일까?

톰슨의 공식화는 추상적이다. 예컨대, "자연의 아름다움과 인간의 투쟁"이 그렇다. 모리스는 훨씬 더 구체적이다. 톰슨은 "자연"에 관해 말하는데, 여기에 문제가 있다. 무엇이 발생되느냐는 공통장에 달려 있다. 모리스는 멈춰 서서 들판의 노동자들과 돈에 관해서 대화를 나눈다. 톰슨은 농업 노동자들과의 대화를 생략한다. 모리스는 사회주의자와 역사가의 귀, 그리고 장인과 시인의 눈을 사용한다. 그리고 바로 이 귀야말로 그의 에세이가 또 하나의 예쁜 [장식용] 그림이 되는 것을 막아준다. 그것은 상투적이지도 않으며 [단순히] 하나의 풍경도 아니다.

모리스의 에세이에서 새와 물고기가 인간으로 전이되는 것은 네 발 달린 동물, 느릿느릿하고 볼품없는 짐마차-말을 통해서였다. 그리고 그는 다른 동물들 — 남성과 여성이 있고, 두 발을 지녔으며, 품위 없고, 아름답지 않으며, 갈망하는 동물들[즉 노동자] — 을 보았다! 그들이 시스티나 성당과 파르테논 신전 프리즈[89]에 묘사된 것과 동일한 존재creature일 수 있을까? 아름다움은 신이나 영웅과 관련되는 것으로 노동자들과는 어울리지 않았다. 그들이 같은 존재creature일 수 있을까? 그는 대화를 시작한다. "그럭저럭 씨(농부)는 일꾼들을 풀밭에 제때에 보내지 못하고 있다." 그렇다. 그 마을에서 나고 자란 나이 든 남성들과 여성들은 더는 일을 하지 못하고, 젊은 남성들은 더 많은 임금을 원한다. 그들은 하나씩 하나씩 배워간다. 그렇다. 그들은 일주일에 9실링을 [받고 일하는 것을] 거절할 수 있다는 것을 안다. 하지만, 그들에게 기꺼이 10실링을 지급할 농부는 찾아볼 수 없다. "자유로운 임금노동"이라는 문구의 어리석음이 이런 것이다. 이것들은 "지원받지 못하는 파업들"에 관한 이야기들이다.

모리스는 착취의 추악함, 그리고 가장 천박한 상업주의에서 인공적으로 만들어진 풍경의 비참함을 애도한다. 지주, 농부, 노동자의 농업 체계는 인색함과 단조로움을 생산한다. 이것은 도시의 지적 삶에 대한 흥분이 빈민가를 생산하는 것과 같다. 모리스의 에세이는 인상주의적인 자연관찰에서 노동계급의 구두 증언oral testimony을 거쳐 도회지와 시골 자본주의의 체계적 구조에 관한 설명으로 옮겨간다. 겨우 4쪽 반의 분량에서, 모리스는 수확, 기독교, 동물, 고전적이고 르네상스적인 예술적 이상과 같은, 그 문화에서 가장 깊은 원천을 암시하는 강력한 효과를 창출한다. 한편 이 모든 것은 길가에 펼쳐져 있다!

VIII

제국의 런던항을 폐쇄한 "부두 노동자들의 6펜스"를 위한 파업은 에세이 출간 한 달 후에 일어났다. 파업은 지구 반대편 호주에서도 반향을 불러일으켰다. 해머스미스[90] 상류는 더 말할 나위가 없었다. 실제로 모리스는 『아무 곳도 아닌 곳으로부터 온 소식』의 마지막 장을 쓰기 위해 장소(템스밸리 상류)와 상황(건초 수확)으로 돌아갔다. 이것은 1890년 1월부터 10월까지 『커먼윌』에 연재되었는데, 여기에는 느릅나무 아래에서의 농장 노동자들의 추억이 아주 생생하게 담겨 있다. 그곳에서 남자와 여자는 평등하다. 돈, 감옥, 정규 교육, 국가는 더는 존재하지 않는다. 시골은 더는 타락하지 않는다. 남성, 여성, 아이들은 느릅나무, 지빠귀, 뻐꾸기, 클로버, 반짝이는 강둑, 들장미에 관해 이야기하면서, "말하자면 휴가 분위기에 들떠" 템스강 상류의 건초 베기, 즉 건초 수확을 위해 형형색색의 텐트들에 모인다. 그리고 집에 돌아와 유혹하는 건초 제조공의 잔치 장면 앞에는 다음과 같은 장면도 있다. "그녀는 한숨과 함께 다음과 같이 중얼거리면서 나를 문으로 이끌었다. '대지, 그리고 그것에서 태어난 것, 그리고 그 생활! 내가 얼마나 그것을 사랑하는지 말할 수 있고 보여줄 수만 있다면!'"[91] 모리스는 과거와 미래를 가장 오래된 인간 활동 중의 하나 — 평등, 사랑, 잔치 — 로 상상해 왔다. 그것은 「느릅나무 아래에서」의 지루한 비참함과 대조된다.

국제적으로 볼 때, 수확은 기계화되고 있었다. 실제로 헤이마켓 폭발[92], 캥거루 재판들, 그리고 항의에 대한 국가 살인으로 일어난 트래펄가 광장에서 "피의 일요일"[93] 같은 잘 알려진 사건들을 예비한 것은 시카고에서 기계 수확기를 만든 무쇠 주형공들이 일으킨 파업이었다. 모리스는 기계에 매혹되지 않았다. 『아무 곳도 아닌 곳으로부터 온 소식』의 등장인물들 중 한 명은 "기계를 가동시키는 것으로 살아갈 수 있는 것은 노예와 노예소유자뿐"이라고 말한다.

여기서 갑자기 클라라가 입을 열고 얼굴을 조금 붉히면서 말했다. "그들의 잘못은 그들이 영위한 노예생활에서 생겼던 것 아니겠어요? 그런 삶은 인류를, 과거에 '자연'이라고 불렀던 모든 살아 있는 것과 살아 있지 않은 것에서 구별하여 한쪽에 두고 다른 것과 떼어 둔 생활로부터 생겨난 것이겠지요. 그렇게 생각한 사람들은 분명 자연을 그들의 노예로 삼고자 했을 겁니다. 왜냐하면, 그런 자들은 '자연'이 그들 외부에 있는 것으로 생각했을 것이기 때문입니다.[94]

테리 이글턴은 "보습날"coulter(보습 바로 앞부분의 절단 날)이 "문화"culture와 어원이 같다고 지적했다.[95] 자급 식량 생산이나 경작, 그리고 다른 형태의 인간 창조성 사이에는 긴밀한 관계가 있으며, 이러한 관계는 농업(ager = 들판), 원예(hortus = 정원), 포도 재배(vitis = 포도나무)와 같은 단어들에 의미론적으로 반영되어 있다. 그리고 이 모든 경우에 문화는 사물이라기보다는 활동이다.

1880년대 영국 사회주의 운동의 부활은 토지에 관한 논의에서 시작되었다. (맑스가 높이 평가한) 〈토지노동연맹〉은 토지 국유화와 불용 토지에 대한 실업자의 정착을 요구했다. 알프레드 러셀 월리스는 1882년에 『토지 국유화』를 출판했다. 〈아일랜드 토지연맹〉은 "인민을 위한 토지"라는 슬로건 아래 1879~82년의 토지 전쟁들(보이콧, "분노")에서 소작인들을 이끌고 코뮌의 관습과 브레혼 법[96]의 부활을 장려했다. 스코틀랜드 고지대의 수탈당한 소작인들은 〈스코틀랜드 토지노동연맹〉에 에너지를 제공했다. 다른 종류의 토지 투쟁을 살펴보면, 이스트엔드 오브 런던[97]의 〈노동해방연맹〉(1883)은 공공장소에서의 연설과 선전을 위한 투쟁을 이끌었고, 이 투쟁은 1886년과 1887년의 트래펄가 광장에 모이기 위한 투쟁으로 이어졌다. 사실 모리스는 1887년 11월 13일 "피의 일요일"에 "미래 사회"에 관해 연설하면서 금욕주의와 사치의 종식을 예견했다. 그는 "보통 사람들common people은 들판이 무엇이고 꽃이 무엇인지 잊어버렸다."[98]라고 언급했다. 우리는 서둘러 다음을 덧붙여야 한다. 들판의 꽃들로 무성할 수 있는 장소들이 담장이나 울타리의 인클로저 경계들 뒤편에 [갇혀] 금지되어 있을 때 그런 일이 쉽게 일어난다고 말이다.

그래서 모리스는 토지에 대해 분명한 태도를 취했다. "코뮤니스트는 우선 자연의 자원들 ─ 주로 토지 그리고 부의 재생산을 위해서만 사용될 수 있는 것들, 그리고 사회사업의 결과인 것들 ─ 이 단독으로 소유되어서는 안 되며 전체의 이익을 위해 전체 공동체가 소유해야 한다고 주장한다." 다시 말하지만, 그 어원이 '자연에서 자본으로의 전환'을 의미하는 단어를 사용해, "자연의 자원 그리고 추가적인 부의 생산을 위해 사용되는 부, 간단히 말해 plant[식물, 공장]와 stock[자원, 재고]은 코뮌화되어야communized 한다[강조는 필자]." 여기에서 자원은 재고inventory와 같고 식물은 공장factory과 같다. 모리스에게 "코뮤니즘"은 동사였다. 코뮤니즘은 인간 평등을 달성하기 위해 협동정신[공동체정신]cooperative spirit을 통해 사회적 차원에서 이루어지는 의식적인 인간 활동을 의미했다. 코뮌화한다는 것은 토지, 가축[살아 있는 재고live stock], 소떼, 목축 경제의 암소나 목초지, 곡물, 그리고 농업의 식물학적 공장들botanical plants을 다시 한번 계급 분할의 오래된 수단이 아닌 실질적인 평등을 달성하는 수단으로 전환하는 것이다. "산업수단의 코뮌화는 곧바로 그 생산물의 코뮌화로 이어질 것이다."

IX

나는 왜 톰슨이 「느릅나무 아래에서」를 그의 두 번째 판에서 제외시켰는지 알지 못한다. 그 자신의 어린 시절 경험과 너무 가까웠기 때문일까? 그는 이것을 언급한 적이 한 번 있다. 나는 그와 함께 지내고 있을 때 윅 에피스코피에 인접한 들판에서 건초를 수확하는 이웃 농부의 일손을 돕기 위해 지루한 사무를 중단했다. 그런 노동에 익숙하지 않은 나는 오래 가지 못했다. 톰슨은 그 이야기를 들었고, 나는 놀림을 당할 각오를 했다. 그는 놀리는 대신 미소를 지었는데, 그가 자신의 젊은 시절에 있었던 이와 유사한 일을 언급한 것이 기억날 듯도 하다. 아니, 어쩌면 전쟁[에 관한 기억]이 여전히 그의 마음속에서 생생하게 떠올랐을지도 모르겠다. "자본주의 강도들에 맞서는… 새로운 애쉬다운." 그리고 전투에서의 패배. 톰슨과 모리스의 글쓰기 바탕에는 예수의 이야기가 잘 간직되어 있었지만, 마태복음 6장("공중의 새를 보라", "들의 백합화를… 생각하여 보라")에 묘사된 자연의 공통장이 가진 풍부함은 다음과 같이 의로움 속에서 살아가는 것에 달려 있다. "너희가 하나님과 재물을 겸하여 섬기지 못하느니라."

톰슨과 모리스는 미국 사람들이 스포츠의 일종으로 생각하는 야외 스포츠를 애호하기보다는, 취미로 생각하는 또는 원기를 회복시켜 주는 산책을 더 좋아하는 사람들이다. 미국인들에게 꽃은 야생의 표시다. 예컨대 앨런 긴즈버그가 산업 폐기물과 대비시키는 "해바라기 경전"이 그것이다. 마찬가지로 그것은 반제국주의적 함축들을 지닐 수 있다. 1965년 앨런 긴즈버그는 반전 비폭력의 표현으로 "플라워 파워[꽃의 힘]"라는 말을 만들어냈다. 1967년 히피족, 즉 "꽃의 아이들"은 데이지 화환으로 육군징병센터를 에워쌌다. 애비 호프만[99]은 "'플라워 파워'의 외침 소리가 대지를 관통해 울려 퍼진다."라고 말했다. "우리는 시들지 않을 것이다."

하지만 꽃을 야생이나 풍경, 상징이 아니라 자원으로 본다면, 우리는 일주일에 9실링을 받고 일하는 노동자들에게 중요할 수 있는 용도를 꽃에서 찾을 수 있다. 리처드 메이비[100]는 20세기 후반 〈커먼그라운드〉[101]가 정리한 대중적 지식의 위대한 개요서인 『대영 식물백과 사전』에서, 일반적으로 인클로저 운동에 수반하여 일어난, 스포츠와 마을 축제에 대한 청교도적인 억압에도 불구하고 식물들은 여전히, 철마다 하는 의식儀式과 상징적인 행위 ─ 동지[크리스마스]의 호랑가시나무, 겨우살이 아래에서의 입맞춤[102], 전몰장병에게 바쳐지는 붉은 양귀비 등등 ─ 에 필수적이라고 지적한다. 본질적으로 성性적인 식물의 정신이 상업에 선행한다. 메이비는 자연과의 토착적인 관계의 기반이 저개발 지역의 민속만큼이나 모든 면에서 진지하게 받아들여져야 한다고 제안한다. 그것들은 "과학과 주관적인 감정 사이의, 그리고 우리 자신과 다른 종들 사이의 간격을 가로지르는 가장 훌륭한 다리가 될 수 있다." 야생화는 생태학에 속한다. 그리고 토지, 공장, 작업장 또는 광산이 인간의 용도 및 욕망의 주관성이나 노동의 사회적 분업의 객관성과 분리되어 이해될 수 없는 것처럼 야생화도 고립적으로 이해될 수 없다. 우리는 모리스가 에세이에서 이름 붙인 꽃들을 몇 가지 용도에 따라 나열할 수 있다.

콩노굿 ─ 대부분 정원을 벗어나 황야와 쓰레기더미 꼭대기에 적응한다.

클로버 ─ 아이들은 흰 꽃을 잡아당겨 꿀방울을 빨아 먹을 수 있으며, 네 잎 또는 다섯 잎 클로버가 행운을 가져다준다는 것을 알게 된다.

딱총나무 ─ 뿌리가 너무 쉽게 그리고 너무 빨리 자라 인클로저 시대에는 "즉석 울타리"로 불렸다. 갓 벌어진 산형繖形 꽃차례를 버터로 튀겨내면 딱총나무꽃 튀김이 된다. 악취가 나며, 사마귀, 해충, 악마를 쫓는 부적으로 사용된다.

터리풀 ─ 오한과 류머티즘의 치료제로 사용되는 성분을 함유하고 있으며, 이 성분은 1899년에 제약 회사인 바이엘이 아세틸살리실산으로 분리하여 식물학적 이름인 스피라에아 울마리아에서 이름을 따서 아스피린이라고 칭했다.

듀베리 ─ 둑방 울타리에서 흔히 볼 수 있는 나무딸기. 잼과 파이에 수분을 제공하는 다육질의 폐과. 수천 년 전부터 딸기 따기는 산업화 내내 생존을 위한 보편적인 채집 활동 중 하나였다.

컴프리 ─ 개울과 습기가 많은 길가에서 발견되며 결합조직을 치료하는 알란토인을 함유하고 있기 때문에 '특징설'103의 교감 의학sympathetic medicine에서 타박상을 치료하는 찜질 약 역할을 했다. 요크셔의 석탄 광부들은 갱도에 포복해 들어갔다 나온 날에는 무릎에 컴프리를 발랐다.

톰슨은 시골 공예품, 수레바퀴 가게, 돼지 사육, 그리고 노래에 감탄했다. 그는 로이 파머104의 민요선집들 중 하나에 서문을 썼다. 그는 사회사에 관한 조지

스터트의 아름다운 작품인 『수레바퀴 가게』(1923, 1992)에도 서문을 썼다. 그는 1939년 학생 시절에 "유기적 공동체"에 관한 입문서로 이 책을 추천받았다. 스터트는 글쓰기의 장인이었으며, 모리스의 『커먼윌』에 글을 쓰는 사회주의자 기고가였다. 스터트는 직접 주의를 기울여야만 통찰력을 얻을 수 있는, "생산의 지점"에서 철학을 발견한 청취자이자 관찰자였다. 톰슨은 또한 M.K. 애쉬비[105]가 자신의 아버지에 관해 쓴 회고록 『티소의 조지프 애쉬비, 1859~1919 : 영국의 시골 마을 생활에 관한 연구』(1974)의 두 번째 판에 서문을 썼다. 스터트가 마을의 비트겐슈타인이었다면 애쉬비 양은 울스턴크래프트[106]였다. 티소는 인클로저가 끝난 마을이었지만 '분할 대여 농지를 위한 투쟁은 예술적 정밀함과 정서적 섬세함을 통해 묘사된다. 티소는 [이제] "자유롭게 생계를 유지하고, 자기 일에 관해 가타부타 자유롭게 말할 수 있는, 자유인들의 안정된 협력적인 마을"이 아니었다. 울타리는 신성시되었다. "가장 사랑스러운 키 작은 나무들 중의 하나"인 산사나무를 밀어내고 "울타리가 언덕과 계곡을 터무니없이 분할해 버렸다."[107] 아이들은 이제 이랑과 두렁을 누비며 이 마을에서 저 마을로 돌아다니지 못하고, 대신 면화공장으로 보내졌다. 가난한 사람들은 빈민이 되고, 빈민은 타락하여 비굴하고 비열하게 살 수밖에 없는 모욕을 당하며, 술과 "어리석은 생각"에 빠져들었다.

젊은 조지프 애쉬비는 "매일 보았던 넓은 면적의 잔디밭과 옥수수밭과 숲 아래쪽으로, 다른 시대의 사건들과 사유들과 연상들로 만들어진 유령 같은, 고대의 바둑판무늬의 포장도로가 있었다."라고 배웠다. 역사와 도덕성의 뒤얽힘은 아래로부터 일어났다. 조지프는 "영국의 시골에서 코뮌적으로 토지를 보유하는 새로운 형태들"을 탐색한다. 톰슨은 그것을 퇴화한 코뮌적 민주주의라고 부르며, 우리가 〈SDS〉(민주 사회를 염원하는 학생들)에서 이름 붙인 "참여민주주의"와 비교한다. 꽃에 관한 지식과 최근에 인클로저된 땅에서 돌아다닐 수 있는 자유의 관계는 주로, 사회주의자, 게이 해방주의자, 개혁가인 에드워드 카펜터[108]에 의해 형성되었다. 그는 어린 시절부터 서섹스 다운스의 야생화 ― 빨강 클로버, 분홍 도깨비부채, 난쟁이-금작화, 노랑 연꽃 ― 를 관찰하는 훈련을 받았다. 그리고 알프스산맥에서 히말라야산맥까지 어디를 가든 간에 그는 그 꽃들을 찾아다녔다.[109] 식량과 토지 논의에 관한 톰슨의 강력한 개념적 기여는 1972년 "도덕 경제"에 관한 기사를 통해 이루어졌다. 도덕 경제는 농업의 우선순위에 수익이 아닌 음식을 놓는다. "도덕적 현실주의"에서 "도덕 경제"로 가는 것은 그리 동떨어진 사유가 아니다. 이 개념은 실천 개념처럼 "아래로부터" 솟아올랐다.

톰슨[110]은 야생화를 좋아했다. 우스터셔 또는 웨일스에서 함께 걸을 때, 그는 길에 야생화가 보이면 멈춰 서서 그들과 대화를 나누곤 했다. 나는 1972~73년에 윅 에피스코피에 있는 이층집에서 살았는데, 그 집에는 1층 판석으로 된 복도 끝에 웅장한 계단이 있었다. 당시 도배장이였던 레지는 벽에 모리스의 무늬를 딱 들어맞게 맞추고 있었다. 사다리와 아교 냄비, 벽지 롤이 여기저기 흩어져 있었다. 나는 여기에서 톰슨이 벽지를 품에 안고 천천히 계단을 오르거나 꽃병을 꽉 붙들고 이층 방으로 올라가는 모습을 보았다. 그는 모리스의 최신 디자인에 눈길을 주고 있었다.

그의 아버지 그리고 형 프랭크는 서로에 관한 글을 썼다. 이들은 군인이었는데, 아버지는 1차 세계대전 당시 메소포타미아에 파병되었고, 형은 반파시스트 전쟁 당시 시리아와 페르시아에 파병되었다. 그것은 전쟁의 한가운데서 전 세계에 걸쳐 서로에게 신호를 보내는 뚜렷한 미학이었다. 이것은 작가, 학자, 군인 가족 전통patrimony의 일부였다. 야생화는 아버지와 아들들을 잇는 연결고리 중 하나였다.

톰슨의 아버지는 1916년 메소포타미아 캠페인의 재앙에 파견된 인도 및 레스터셔 부대의 군목이었다. 그는 싸우고 싶지 않았기 때문에("나는 이 전쟁에 부끄러움을 느낀다.") 병원에서 근무하며 일기를 썼다. "양귀비는 밀밭에 있는 것보다 더 큰 종류였고, 매우 화려한 진홍색이었다. 잔디 사이사이에는 머위가 있었고, 조약돌 사이에는 방가지똥, 목서초, 미뇨네트, 분홍 메꽃, 한 무더기의 제라늄이 있었다. 많은 사람이 이 꽃들의 아름다움에 주목했다. 산뜻함 면에서 보자면 이 광경은 너무나 비非메소포타미아적이었으니까 말이다." 그는 우울하게 다음과 같이 썼다. "우리 중에서도 '아버지의 왕국'에서 새로운 와인을 마실 때까지 이 와인을 다시 마시지 못할 사람들도 있었다."[111] 그의 시각은 종교적이자 민족주의적이다. 도로시 톰슨은 나에게 다음과 같이 편지를 썼다. "나는 톰슨이 몹시 사랑하는 아버지와 그 자신을 긴밀하게 연결하는 고리들 중의 하나가 야생화라고 생각해요. 톰슨의 아버지는 옥스퍼드셔에서 그를 데리고 꽃길을 산책하곤 했답니다."

1942년 5월 프랭크 톰슨은 들장미, 산사나무, 정원 프리지아, 나블루스[112]와 제닌[113]의 인동덩굴을 묘사한다. 사막 캠페인 중에 프랭크 톰슨은 명아주, 별꽃, 개쑥갓, 적설초를 보았다. 그는 리비아의 사막에서 피는 꽃들 ─ "난쟁이 해란초, 자줏빛 뿌리줄기, 작은 금잔화, 빨강 및 노랑 미나리아재비, 아주 작은 파랑 붓꽃" ─ 을 묘사한다. 우리는 카이로의 꽃집에 들러 나팔꽃의 이름을 프랑스어, 그리스어 또는 아랍어로 뭐라 하는지 찾아다니는 그를 상상한다. 봄에 향수병에 걸렸을 때, 그는 다른 어떤 꽃보다도 "잉글랜드 봄의 독특한 사랑스러움"을 상징하는 산사나무를 떠올린다. 1944년 1월 프랭크는 톰슨에게 "잉글랜드의 시골은 여전히 나를 감동하게 하는 유일한 곳이다."라고 썼다.

프랭크 톰슨은 1943년 일진으로 시칠리아에 착륙했다. 그와 그의 동료들은 맹렬한 박격포 공격을 받고 있었다. "모두 심하게 동요하고 있다는 것을 느낄 수 있었다. 사기 회복이 내게 달려 있다는 막연한 느낌으로 나는 머릿속에 처음으로 떠오르는 것을 이야기했다. '검은 딸기, 아, 얼마나 달콤한지! 검은 딸기를 먹은 지 몇 년이나 지났군!' 나는 딸기를 따는 시늉을 했다. 그들은 나를 약간 이상하다는 듯이 쳐다보더니 그들도 [나를 따라] 딸기 따는 시늉을 했다. … 산골짜기에는 사향초와 박하 그리고 근처의 레몬 과수원의 냄새가 풍기는 것 같았다."[114] 향기, 식욕, 딸기 따기. 이것들이 포격을 받고 있는 트라우마 반응을 막아주었다.

마지막 편지들 중의 하나에서 프랭크는 다음과 같이 썼다. "새로운 공동체적 윤리를 구축하는 문제는 우리가 정교하게 다루어야 할 가장 중요한 것들 중 하나입니다. 내 우선순위 목록은 다음과 같습니다.

1. 민중 그리고 민중과 관련된 모든 것, 그들의 습관, 그들의 사랑과 증오, 그들의 예술과 언어. 중요한 것은 모두 민중을 중심으로 전개됩니다.
2. 동물과 꽃. 이것들은 내게 끊임없이 기쁨의 물결을 가져다줍니다. 지금 나는

매화꽃과 어린 양과 들장미의 새 꽃잎들을 감상하고 있습니다. 이것 외에 다른 건 더 필요하지 않습니다. 평생 이것이면 족합니다."[115]

생명이 관건이었다. 양육, 형제애, 온전한 정신, 건강, 공동체 윤리, 이것들은 인식의 즐거움, 색채를 통해 느끼는 기쁨 또는 사랑의 선물들은 말할 것도 없고, 상품화되지 않은 식물 종과의 만남에 의해 촉발된 가치 중 일부였다. 모리스는 우리가 이를 발견하도록 돕고, 또 그 안에서 톰슨을 발견하도록 돕는다. 다른 한편으로, 톰슨은 우리가 그러한 세계에 대한 수탈, 손실, 싸움을 이해하는 데 도움을 준다. 새로운 공동체 윤리의 구축은 공통장의 수탈로부터 보존된 자취에 의해 환기된 감수성이 필요했다.

모리스는 〈안티스크레이프〉, 즉 〈고건축보호협회〉, 〈공통장보호협회〉, 그리고 〈전국보도보호협회〉에서 활동했다. 모리스는 거리 싸움꾼이었고, 근육질이었으며, 용기, 불굴의 정신, 연대, 역동적인 금욕주의와 같은 전통적이고 절도 있는 덕목을 찬미했다. 그는 번성하는 유기적 체계, 광범위한 밀생密生, 산울타리나 목초지 배열의 강력한 얽힘, 꽃과 식물 장식들, 산사나무의 두툼한 꽃송이를 제시한다. 모리스는 우드하우스wodehouse, 즉 "풀떼기를 걸친 사람"처럼 녹색 의상을 입은 미개인들에 관한 채색 묘사에 매료되었다. 우드하우스는 벌거벗은 사람, 사티로스, 목신, 담쟁이로 뒤덮인 사람, 또는 야만인이었다. 모리스는 "공동체적인 부족 생활을 특징으로 하는" 아주 먼 "과거"에 관심이 있었다. 그의 디자인 작업은 1870년대에, 다음 10년 동안 계급적 맥락에서 명료하게 표현될 문제들을 중심으로 구축되었다. 『볼숭의 지구르트』(1876)에 나오는 생명의 나무는 모든 생명의 연결성을 상징하며, 잔디를 베어내는 대지-결합의 의식은 이 통합을 상징한다.[116]

모리스의 관은 "버드나무 가지와 오리나무와 부들로 장식된"[117] 뚜껑 없는 건초 수레에 실려 운구되었다. 교회는 귀리와 보리 이삭, 호박, 당근과 옥수수 다발로 장식되어 있었다. "그가 그렇게나 사랑했던, 그리고 그렇게나 자주 묘사했던 고향을 가로지르는 길이 3마일 이상이나 펼쳐졌다. 그 길은 불두화나무의 황갈색 잎과 야생딸기, 찔레 열매와 산사나무 열매 그리고 양딱총나무 열매로 화려하게 장식된 울타리 사이로 이어졌다."[118] 톰슨은 몇 년 동안 영국의 중부지방인 윅에피스코피에서 살았는데, 여기에는 뿌리 부분에 시클라멘을 두르고 있는 큰 튤립나무가 있었다. 이 식물들은 본래 전쟁 전 팔레스타인에서 왔다. "톰슨의 관에는 이 꽃들로 장식한 커다란 꽃다발이 놓여 있었다."

존 제라드[119]는 『식물지』(1597, 모리스는 어린 시절에 이 책으로 공부했다)에서 다음과 같이 썼다. "믿을 만한 사람의 보고에 따르면, 시클라멘 또는 족두리꽃이 웨일스산맥에서, 링컨셔의 구릉에서 그리고 서머싯에서 자라고 있다고 한다. 두들겨서 알약으로 만들거나 작고 평평한 덩어리로 만들어 복용할 경우, 사람들을 사랑에 빠지게 하는 훌륭한 사랑의 묘약이 되는 것으로 유명하다." 미학 이상으로, 전원적인 민족주의 이상으로, 기독교적인 신성한 것 이상으로, 야생화에 관한 지식은 감정의 표현과 주체성의 회복에 도움을 주었다.

X

나는 이 도입부에서 톰슨과 모리스 둘 다 내가 "공통장"이라고 부를 수밖에 없는 것에 강한 애착을 가지고 있다고 주장해 왔다. 황야나 물가, 또는 길가는 거칠게나마 준비된[120] 공통장이었다. 이것은 모리스의 고향과 디자인과 염료에 자양분을 주었으며, 톰슨으로 하여금 CIA의 부패 시스템과 학계의 향기로운 뒷간에 빠져드는 변절자가 되지 않고 영국 공산당의 스탈린주의적이고 공리주의적인 통제권에서 벗어나도록 함으로써 그에게 영감을 주었다. 공통장은 모리스에게는 미적으로 보였고, 톰슨에게는 보통 개인적인 표현으로 나타났다. 이러한 애착을 통해 그들은 원기를 회복하였다. 앞서 잭 린지의 시 「잉글랜드인이 아니라고?」를 인용하면서, 나는 하나의 모순을 언급했다. 지구가 아름다우면서 동시에 착취의 원천이 될 수 있다는 것이 어떻게 가능할까? 둘 중 하나는 멈추어야 하기에 모리스와 톰슨 둘 모두가 해결하려고 노력했던 게 바로 이것이다. 조지 더글라스 하워드 콜[121]은 모리스가 "원인을 달콤하게 유지하는 데 일조한다."라고 결론지었지만, 이것은 잿더미를 망각하는 것이다.[122]

1890년 5월 회의에서 무정부주의자들이 모리스에게서 『커먼윌』 편집권을 빼앗았을 때, 우리는 다음과 같은 사실을 알게 된다. "회의실이 담배 연기와 과격한 고함으로 가득 찼을 때, 그의 손은 안건 서류에 꽃무늬 패턴과 글자를 그려 넣느라 분주했다. 결국 그는 의자에 털썩 주저앉으며 으르렁거렸다. '의장님 일을 좀 잘 진행할 수 없을까요? 저는 차를 좀 마시고 싶다구요!'"[123] 다음 호에는 『아무 곳도 아닌 곳으로부터 온 소식』의 또 다른 1회분이 실렸다. 나는 그 안건 서류가 모리시아나Morrisiana의 기록 보관소에서 보관되었는지, 아니면 그가 그린 꽃무늬 패턴들 사이에 보관되었는지는 알지 못한다. 분명한 것은 분파의 압박이 최고치에 이른 시기에서도 꽃 디자인을 만들고자 하는 그의 충동이 사라지지 않았다는 것이다. 톰슨은 이런 식으로 낙서를 하지는 않았지만, 스피탈필즈[124]의 직공織工들이 그린 패턴에서 드러나는 꽃무늬 관찰력을 찬탄해 마지않았다.

1896년에 모리스는 "콤프턴"이라 불리는 마지막 벽지를 디자인했다. 그것은 빛과 어둠의 강력하고 신비스러운 상호작용을 통해 꽃, 잎, 줄기를 물결 모양의 소용돌이 장식으로 여러 겹 조합한 것이다. 붉은 튤립꽃이 가장 큰 형태를 이루고 있고, 진한 녹색의 색조를 띤 버드나무 잎을 배경으로 해서 세 개의 다른 분홍색 꽃이 덧붙여져 있다. 키 큰 나무들 사이로 숲 바닥에 흩어지는 햇빛처럼 명도明度와 심도深度 모두 인상적이다. 나는 (빨강, 분홍, 초록의) 색깔들이 정치적 알레고리로 만들어진 것으로 생각하지 않는다. 비록 모리스가 결과적으로 혁명 운동, 개혁 운동, 환경 운동에 끼친 영향을 고려할 때, 색깔들을 그런 식으로 이해하는 것이 구미가 당기는 일이기는 해도 말이다. 소로는 인생이 끝나갈 무렵 "황야에는 세계가 보존되어 있다."라고 썼다.[125]

바인로스는 위안이 되는 "가상의 꽃"을 사회가 제공한다는 취지로 맑스의 일부를 인용한다. 이것은 "허위의식"이다. 환상을 포기하는 것은 환상이 필요한 조건을 포기하는 것이다. 그녀는 다음과 같이 계속해서 인용했을지도 모른다. "비판은 사슬에 붙어 있는 가상의 꽃들을 잡아 뜯어 버렸는데, 이는 인간이 환상도 위안도 없는 사슬을 걸치기 위해서가 아니라 그 사슬을 벗어 던져버리고 살아 있는 꽃을 꺾어 가지기 위해서다."[126]

윌리엄 모리스는 그의 생애가 끝나갈 무렵인 1893년에 〈해머스미스 사회주의 동맹〉에서 코뮤니즘에 관한 강연을 했다. 그는 다음과 같이 시작했다. "새로운 동맹에 관한 우리의 생각들이 꿈 이상의 어떤 것이라면, 이 세 가지 자질들이 압도적 다수의 노동하는 민중들을 고무해야 한다. 맹세컨대, 그렇게 된다면 그 일은 이루어질 것이다." 실제적인 평등을 획득하는 데 필요한 세 가지 자질은 "사고하기에 충분한 지능, 결의하기에 충분한 용기, 강요하기에 충분한 힘"이다.

톰슨이 쓴 [모리스의] 전기의 강점은, 실천가인 모리스가 삶에서 겪은 정치적 발전으로 우리를 곧바로 데려다준다는 점이다. 고로 그것은 노동계급으로 이어져야 하고, 그리하여 생산양식으로 이어져야 한다. 톰슨은 그가 글을 쓸 당시 사회생활의 물질적 변화에 관해 쓰지 않았을 수도 있지만 모리스가 살던 시대의 변화를 분명히 알고 있었다. "오늘날 노동당이 의존하고 있는 요체는 무엇인가?" 모리스가 물었다. "탄광업이다."라고 그는 대답했다.

1887년 〈사회주의동맹〉의 글래스고 지부는 다음과 같이 선언했다. "광부들이 진격 요구를 결의할 때, 요구가 받아들여지지 않는다면, 모든 리벳공이 망치를, 모든 소목장이들이 대패를, 모든 벽돌공들이 흙손을 내려놓을 것임을 이해하게 하라. 철도 경비원, 짐꾼, 신호원, 기관사들이 전부 일손을 놓을 것임을 알게 하라. 모든 제빵사가 반죽 만들기를 거부할 것임을, 모든 요리사가 요리하기를 거부할 것임을, 모든 여급들이 식사 시중을 거부할 것임을 알게 하라."

광부와 사회주의자들은 1887년 글래스고 잔디 위의 동일한 플랫폼에서 연설했다. 수백, 때로는 수천 명이 사회주의 집회에 참석했다. 스코틀랜드에서 모리스는 밤에 석탄재를 깔아 만든 길 끝에서 일단의 군중에게 이야기했다. 그들은 그가 뉴캐슬로 여행하기 전에 그에게 친절("자리가 잡혀가고 있었다.")을 베풀어 주었다. 그는 4월 10일에 뉴캐슬에 도착한 뒤 회의장을 향해 6마일을 행진하여 주변의 탄광 마을에서 온 수천 명의 남녀에게 연설을 했다. "밤낮으로 일했으나 아무런 희망이 없지 않은가. 그들의 노동은 살기 위한 노동인데 산다고 해보아야 노동하기 위한 것이 아닌가.(옳소, 옳소, '부끄럽소.') 그것은 사람의 삶이 아니라 기계의 삶이다." "… 반란자가 되거나 아니면 노예가 되는 길뿐이다."[127]

총파업 같은 일이 발생한다면, 모리스는 그들이 다음과 같은 것을 예상해야 한다고 경고했다. "사회의 지배자들은 그들[파업노동자들]을 폭력적으로, 즉 뜨거운 총탄과 차가운 강철 등으로 공격할 수 있다. 지배자들은 자신들만의 힘으로 그들을 공격할 수는 없다. 그것은 지배자들이 어떤 수단을 가질 때만 가능한데 그 수단은 무엇인가. 바로 노동계급의 일부다." 그는 군중 속에서 여섯 명의 경찰을 발견했고, 반짝거리는 단추를 달고 흰 장갑을 끼고 붉은 옷을 입은 그들을 다소 매정하게 놀리기 시작했다. "이들 도구들, 즉 병사들과 선원들이 노동자들에게 몰려와 노동자들이 진심인 것을 보고, 그들의 수가 많다는 것을 알았을 때 ─ 그들은 모두 노동자들의 고통을 알고 있었다 ─ 무슨 일이 일어나겠는가. 지배자들에게 감히 복종하지 않을 것이다." 그는 그들이 '더 짧은 [노동]시간 또는 더 많은 임금'에서 멈추지 않기를 바랐다. "그는 사람들이 세련된 삶을 살고 교육을 받고 살며, 어떤 사람은 신사의 삶이라고 말하지만, 자신은 '사람'의 삶이라고 말하는 모든 것을 누리면서 사는 삶을 살기를 바랐다." 이 말에 군중은 환호성을 질렀다.128

모리스는 뉴캐슬 열차를 타고 타인 강변에 위치한 유원지인 라이튼윌로우스로 갔다. 이곳은 "철도가 달리는 둑 아래…거친 히스로 덮인 예쁜 작은 땅이었고 그날 저녁은 아름다웠다." 부활절이어서 그곳에는 많은 사람이 나와 그네를 타고 크리켓을 하고, "춤을 추는 등" 북적거렸다. 모리스는 그곳이 "진지한 사회주의 집회가 열리기에는 이상한 장소"라고 생각했지만, 그는 "강연에 몰입되어"[흥분한 상태로] 별이 뜨고 어둑어둑해질 때까지 연설을 했다. 사람들은 계속 서서 귀를 기울였고 "우리가 연설을 끝내자 사회주의자들을 위해 만세삼창을 했다." 초원, 히스가 무성한 황야, 회의장, 철도 옆의 강둑, 이곳들은 집회를 하거나 유희를 즐길 장소였으며, 석탄 시대에 알맞은 공통의 장소였다.

앤아버에서

2011년

8장

『마그나카르타 선언』의 한국어판 서문¹

귀족적이고 멋진 여섯 명의 밋퍼드 자매들 중에 제시카는 모든 나태한 이들이 애호하는, 마그나카르타에 관한 '게으른 해석'을 우리에게 제공한다. 그녀는 사랑스러운 코뮤니스트로서 (자매들 중 둘은 파시스트였다) 1939년에 가족으로부터 의절당하고 잉글랜드 귀족이라는 사회적 정점으로부터 디킨스 소설에 나올 법한 런던 로더하이드 부두의 깊숙한 곳으로 추락하였다. 집세를 낼 수 없었던 그녀와 그녀의 남편은 영장 송달관을 두려워하며 변장을 하고 다니며 그를 피했는데, 이를 그 송달관이 알아챘다. "에스먼드는 침대에 누워있는 사람에게 영장을 발부하는 것은 불법이며 어떤 점에서는 마그나카르타 위반이라는 이론을 가지고 있었다."² 그래서 그들은 밤이나 낮이나 침대에서 벗어나지 않았으며 아메리카로 이주하기로 결정할 때까지 계속 이불을 덮고 지냈다. (토머스 페인도 독립적인 아메리카는 마그나카르타의 실현이라고 생각하였다.)

일단 웃을 것 다 웃고 나면, 이 이야기에서 휴식의 지혜가 눈에 띈다. 윌리엄 모리스의 놀라운 유토피아 소설 『아무 곳도 아닌 곳으로부터 온 소식』은 그 부제가 "휴식의 시기"이며 실제로 이야기가 잠자리에서 시작된다! 성경은 대지에도 7년마다 휴식을 주라고 근엄하게 명령한다. 물론 이는 그 당시에 토양의 고갈을 막는다는 의미에서 농업의 관점에서 말이 되었다. 이는 오늘날에는 훨씬 더 말이

된다. 이전에는 공통적인 것이었던 땅, 공기, 물, 불이 세계를 사유화하는, 자신의 착취를 "사업"이라고 부르는 자들에 의하여 완전히 소진되고 있기 때문이다. 그런데 사업은 휴식에 반대되는 것이다.

이 책[『마그나카르타 선언』]의 부제인 "모두를 위한 자유권들과 공통장"은 옛 영국의 자유헌장들의 두 측면을 표현한다. 첫째는 왕의 정치적 권력에 제한을 가하는 것이다. 둘째는 공통장에서의 생계자급을 보호하는 것이다. 전자는 법적 문제들로서, 법의 지배, 배심재판, 고문금지, 인신보호영장에 관여한다. 후자는 경제적 원칙들로서, 이웃공동체, 생계자급, 공통장, 배상, 여행의 자유에 관여한다. 이 책이 출판되고 나서 이 문제들과 원칙들은 어떻게 되었는가? 전세계적인 치명적 금융위기가 가져온 긴축경제에 월가 점거 운동과 그리스, 스페인, 이집트에서의 반자본주의 시위들 그리고 부활한 원자력 반대운동이 새로운 요구로써 대응하였다. 마그나카르타와 그 짝인 삼림헌장은 이러한 논의에 기여할 수 있는가? 어떻게 공통장을 정치적 구성으로 전환하고 정치적 구성을 공통장으로 전환할 것인가? 이 헌장들에서 발견되는 수 세기 동안의 인간의 지혜가 태평양의 헤게모니를 쥐려는 미국의 의도가 함축된 해군기지 구축이 가져오는 불가피한 파괴로부터 지상 최후의 원초적 공통장을 보존하려는 제주도 사람들을 도울 수 있을 것인가?

이 책은 전 세계 노동계급의 탈가치화가 체계적으로 이루어진 시기에 구상되었다. 미국은 자신이 상상하는 전능함에 만족해하며 웃었고, 자신의 권력에 대한 내적 제한들을 차례차례 파괴하였으며, 끝없는 전 지구적 전쟁들로 외적 제한을 제거했다. 전쟁은 탈가치화와 인클로저를 손쉽게 하는 충격을 제공했다. 건강관리는 의사들과 간호사들에게서 이윤을 노리는 보험업자들에게로 넘어갔다. 주택건설은 목수들과 석수들에게서 은행가들에게로 넘어갔다. 음식은 채소 재배자들과 농부에게서 유전자 공학자들에게로 넘어갔다. 지식은 도서관 사서들과 학자들에게서 전산기 조작원들에게로 넘어갔다. 노동은 언제나처럼 고된 일이었으며 다만 이제 "일자리"job로서 그것을 가지고 있으면 특권을 가지게 되는, 절실한 사회적 요구가 되었다. "자리를 이용해 개인적 이득을 취하는 것"jobbery은 한때 평판이 나쁜 증권 중개인 다음으로 부패한 경력으로서 조롱받았으나, 이제 분별없게도 궁극적으로 좋은 것이 되고 말았다. 감옥은 대중적 경험의 대상이 되었다. 저들은 힘을 합해서 자기존중, 창조성, 건강함, 사고의 분명함, 정신의 강 직함, 실질적 유용함을 파괴하였다. 저들은 성실을 침식하고 정신, 신체, 영혼을 노예화하였다.

1980년 5월 광주 민중봉기는 도시 중앙의 광장을 점거하고 그것에 '민주광 장'이라는 이름을 붙였다. 어떤 논평자들은 이 봉기의 세 측면, 즉 진실을 위한 투쟁, 세속적 삶의 초월, 그리고 역사적 공동체의 창출을 강조한다. 조지 카치아 피키스는 이 봉기를 파리 코뮌에 비견한다.[3] 우리는 이 봉기를 1381년의 공유지 반란에 비견할 수도 있다. 예의 세 측면들 때문에 그러하며 동시에 도시 중심부 공간을 점거했다는 측면에서, 또한 적어도 13, 14세기에 '수군거림'으로 성취한 기 적적일 정도의 대규모 참여라는 측면에서 그렇다.

과거에 있었던 정의를 위한 투쟁들에 관한 지식은 여러 가지 방식으로 전해 지는데, 법을 통하기도 하고 법 이외의 경로를 거치기도 한다. 기념의 방식은 후 자에 속한다. 예를 들어 7월 4일은 1776년에 아메리카의 13개 식민 이주자들이 독립을 선언한 것을 기념한 날이며, 7월 14일은 1789년에 일어난 바스티유 감옥 습격과 프랑스혁명의 시작을 기념하는 날이다. 기념[행사] 자체는 기념의 대상이 되는 사건들의 현재 속에 과거의 투쟁을 되살리는 계기가 될 수 있다. 그런데 이 는 위험할 수도 있다. 향수 혹은 공식적인 경건함이 더 안전한 경로다. '자유, 평등 그리고 우애'가 좋게 들리듯이 "모든 사람은 평등하게 태어났다."라는 말도 좋게 들린다. 평등화의 실제 과정, 즉 실제의 평등이 재분배, 징발, 차별 없애기라는 필 요하지만 위험한 역사적 경로를 수반하지만 말이다.

공통장의 유령은 영국 역사의 긴 시기 동안 출몰하였다. 1381년 공유지반란 의 지도자는 와트 타일러[4]였으며 그는 왕으로 하여금 수탈된 공유지의 반환을 협상 테이블에 올리도록 강제하였다. 그는 1381년 6월 15일에 학살되었다. 6월 15 일이 존 왕이 내전에 패배함으로써 1215년에 마그나카르타에 의해서 그의 권력 에 가해지는 제한에 굴복할 수밖에 없었던 날이라는 사실은 연대기 기록자들에 의해서 언급되지 않았다. 인간 지식의 보관소는 지배자들에 의해서 통제된다. 1381년의 공유지반란이라는 계급전쟁과 1215년 마그나카르타의 휴전으로 귀결된 내전이 동일한 문제라거나 아니면 동일한 사회 세력에 의한 것이라고 주장하는 것이 아니다. 후자의 경우 국왕 봉신들과 귀족이 왕을 제한하도록 요구했지만, 전자의 경우에는 이것이 공통장에 맡겨졌다. 그러자 양자 모두 공통의 행복 commonwealth(공통체) 혹은 공동선common good을 위한 것이었다고 말할 수 있다.

공통의 행복이라는 개념은 1381년 공유지반란 이후에 출현했으며 참여한 반란자들 중에는 가장 수가 많고 중심을 이룬 농민들 말고도 장인들, 프롤레타리아들, 유랑자들이 있었다. 이후 "공통장"이 나타내는 의미장에는 이와 같은 반란과의 연관이 포함되었다. 데이빗 롤리슨은 "행복"weal이 안녕安寧, 복지, 복리福利를 의미하는 앵글로색슨 용어 'wele'에서 파생되었음을 보여주었다.[5] 부 혹은 상품의 축적은 세계의 모든 종교가 한때 가르쳤듯이 복지를 침식한다. 재산은 기껏해야 안녕의 획득을 위한 도구가 될 수 있을 뿐이며 최악의 경우에는 안녕을 방해한다.

16세기에 잉글랜드 국가는 중앙 집중화된 왕정과 국교가 된 종교에 의존하여 공통장에 대립하였다. 르네상스 휴머니스트인 토머스 엘리엇은 추밀원 서기로서 근무하였으며 성실청을 위해 일을 했다. 그는 『통치자라는 이름의 책』(1531)을 지어서 헨리 8세에게 바쳤으며, 이 책은 왕실 인쇄소에 의해서 출간되었다. 이책은 16세기에 8판이나 인쇄되었다. 그 둘째 단락은 코뮤니즘에 대한 비판이다.

그에 따르면 사람들은 '공화국'republic을 '공통체'commonwealth로 오인했다. 영어 단어 'republic'은 라틴어 단어 'res publica'에서 나왔는데, 이는 공중公衆에 속하는 일들을 의미했다. 공중은 평민plebeia, common people과 구분되는 것이었다. 'plebs'는 영어 'commonality'(평민 계층)를 의미하는 라틴이이며, 'plebeii'는 영어 'commoners'(공통인[평민]들)를 나타내는 라틴어다. 따라서 'res plebeia'가 'commonwealth'(공통체)로 옮겨져야 한다. 엘리엇은 공화국을 공통체와 혼동하는 실수를 하는 사람들은 "모든 것이 모든 사람에게 공통적인 것이 되"게 하려고 그렇게 한다고 주장한다. "… 만일 공통체가 존재한다면, 공통인[평민]들만이 부유하고 상류층과 귀족들은 가난하고 비참하게 되거나, 상류층을 배제하고 모든 사람이 하나의 종류가 되어 새로운 이름이 붙여지거나일 것이다." 엘리엇은 기독교도들이 "모든 것을 공통으로 가지기"를 요구하는 성경을 두려워하였다.

왜 공통장에 대한 비판이 문헌학적인 혹은 의미론적인 근거 위에서 수행되었는가? 국가적 상품(거래)시장이 형성되던 시기에 라틴어가 자국어인 영어에 자리를 내주고 있었으므로, 언어를 통제하고 이를 통해 이해력을 통제할 필요가 있었다. 성직자 계층은 정치적 담론에 대한 독점적 지위를 잃고 있었다. 이들의 목소리는 더는 나라의 유일한 목소리가 아니었다. 라틴어는 그들이 "문자 공화국"이라고 부른 것의 (말하자면) 소프트웨어 코드였다. 맑스가 썼듯이, 그러한 문자는 "피와 불의 문자"였다. 즉, 공통장의 수탈을 기록한 문자였다.

그들은 이 주제가 지역의 실천을 넘어서 일반화되기를 원하지 않았으며, 또한 수탈에 대한 투쟁이 1381년 공유지반란에서처럼 서로 연결되는 것도 원하지 않았다. 이는 마치 한국의 당국이 광주나 제주도에서의 투쟁이 일반화되지 않기를 원한 것과 같다. 웅성거림과 수군거림이 민중 사이의 소통 수단이었으며, 민중은 지배자들이 이해할 수 있는 일관되고 명확한 표현에는 미치지 않는 형태로 자신을 표현할 정도로 지혜로웠으며, 바로 그 때문에 더욱더 지배자들에게 불길한 느낌을 안겨 주었다. 지배계급은 그러한 목소리들을 배제하고 싶었으며 따라서 인류의 이야기[역사]가 기반하고 있는 기록보관소를 통제하고 싶었다.

역시 헨리 8세의 충복인 토머스 모어는 『유토피아』(1516) 원고를 인쇄소에 늦게 전달하였으며 아내, 자식들 그리고 하인들을 탓하면서 변명을 하였다. 라틴어로 쓰이고 출간된 이 책은 1551년이 되어서야 비로소 영어로 번역되었다. 번역자인 래프 로빈슨은 집필 시간이 없었다는 모어의 라틴어 변명을 "나는 집에 돌아오면 아내와 공통하고 자식들과 담소하며 하인들과 대화를 하기 때문이다.…"라고 옮겼다.[6] 아내와 공통하다니! 코뮤니즘은 꿈이 아니었다! 유토피아는 아무 데도 없는 곳이 아니었다. 바로 집에 있었던 것이다! 이 번역에는 이토록 많은 것이 함축되어 있다. 이는 노퍽에서 일어난 게트의 반란 — 이는 잉글랜드의 공통화를 보존하려는 그 세기의 노력 중에서 가장 큰 것이었다 — 직후의 일이다. 몇 년 후인 1563

년에 잉글랜드의 왕정은 유명한 〈영국성공회 39개 신앙조항〉을 작성하였다. 그 세기부터 계속해서 모든 설교자들이 설교해 왔고 모든 아이들이 공부해 온 38조는 다음과 같이 딱 잘라서 언명한다. "기독교도들의 부와 재화는 공통적이지 않다. …" 국가는 한시도 방심하지 않고 설교단을 지킨다. 마치 위키리크스가 침투할까 봐 인터넷을 지키듯이 말이다.

그다음 세기에 영국혁명의 수평파와 디거파가 이끄는, 공통장을 지키고 설교단에 접근하려는 또 한 번의 노력이 일어서 지배계급에게 지속적인 두려움을 안겨 주었다. 1551년과 1684년 사이에 많은 반란들과 봉기들이 그리고 혁명이 패배하면서 공통화는 상당히 감소하였다. 가부장제는 공통할 능력이 없었다. 작업장 혹은 매뉴팩처가 가족으로부터 분리된 시설로서 발전함에 따라 가내생산제도 또한 감소하였다. 여러 번에 걸친 화형과 고문으로 여성에 대한 공격이 진행되었다.7 왕정복고 이후에 휘그 체제의 자기만족적인 옹호자였던 길버트 버넷이 『유토피아』를 새로 번역했고 이 번역에서 남편과 아내 사이의 공통화가 사라지고 "담화"discourse가 그 자리를 대신한 것은 놀랄 일이 아닐 것이다.

미국에서는, 중요한 시도들이 있었음에도, 마그나카르타의 그 어떤 측면도 번영을 누린 적이 없다. 아프리카계 미국인인 포춘은, 1880년대에 미국 남부의 짐크로우 인종차별법 — 이는 노예제를 다른 이름으로 도입하는 것이었다 — 이 절망적으로 짓누르는 가운데 "땅은 공통 재산, 민중 전체의 재산이다."라고 썼다. 그도 인간의 과거로 깊숙이 들어갔다. "혁명의 불이 우리의 자유권 헌장 마그나카르타 안으로 통합되었으며, 베수비오 화산이 폭발하여 헤라클라네움과 폼페이를 덮쳤듯이 그 어떤 인간의 힘도 언젠가는 우리들을 덮칠 끔찍한 폭발을 회피하지 못할 것이다. 미국이 현명하게 되기에는 너무 늦었다. '주사위는 던져졌다.'"8

프랭클린 루스벨트는 1930년대에 자본주의가 위기에 처했을 때 현명해지고자 하였으며, 주사위를 다시 던졌다. 1941년 자신의 세 번째 대통령 취임식에서 그는 미국인들에게 이렇게 상기시켰다. "민주주의에 대한 열망은 인간의 역사에서 단지 최근의 국면이 아닙니다. … 그것은 중세에도 새로이 타올랐고, 마그나카르타에도 씌어 있었습니다." 이는 네 가지 자유라는 맥락에서였고, 공통인이자 프롤레타리아인 카를로스 불로산은 결핍으로부터의 자유에 관해 설명해 주었다.[9] 불로산은 어머니 대지라는 화수분에서 일을 했다. 오렌지나무 숲, 꽃밭, 아스파라거스밭, 겨울 완두콩밭, 포도원, 와이오밍 비트밭, 콜리플라워밭, 호프밭, 레몬 농장 등. 그러나 프롤레타리아로 일하면서 그는 구타, 도박, 성매매, 마약, 무숙자 생활을 겪었다. 공통장에 관한 내용은 필리핀에서의 가족생활의 기억으로 남았다.

> 우리는 어디에나 있는 익명의 사람들의 욕망이다.
> 이들이 넓은 대지의 윤기 있는 부를 탄생시켜
> 찬란하게 꽃피운다. 우리는 새로운 사상이다.
> 그리고 새로운 토대다. 정신의 새로운 푸르름이다.
> 우리는 어디에나 있는 새로운 희망 새로운 기쁨 삶이다.
> 우리가 누군지 알고 싶은가 –
> 우리는 혁명이다.

더스토보울 시기 오클라호마의 대중 가수인 우디 거스리는 평생 "당신들이 모든 것을 공통적으로 소유하기 때문에 당신들에게 궁핍이 없어질 때"를 위해 노력했다. "그것이 성경이 말하는 바다. 공통적이라는 말은 우리 모두를 의미한다. 이것이 고래의 공통주의commonism다."[10]

마그나카르타는 소송의 영역에서 계속해서 역할을 한다. 예를 들어 아일랜드 워터퍼드의 유리 절단공인 마이클 오셰이는 블랙워터강으로 낚시를 하러 갔다. 리스모어 성의 소유주인, 12대 데본셔 공작은 그에게 사유지 침입과 불법낚시 죄로 소송을 걸었다. 오셰이는 배가 통행할 수 있는 감조하천에서 누구나 낚시를 할 수 있도록 허용하는 마그나카르타를 인용하면서 자신을 방어했다.[11] 다른 사례는 2007년 12월 〈브리스틀 급진역사그룹〉의 독려로 잉글랜드의 지역 단체인 〈포레스트오브딘 공통인연합〉이 삼림에서 양을 방목하는 권리의 주장을 뒷받침하기 위해서 삼림헌장을 인용한 것이다. 3년 후에 토리 정부는 영국의 삼림을 정부가 팔 수 있도록 허용하는 〈공공단체법안〉을 상원에 올렸고, 이때, 수만 명이 항의하며 삼림 판매를 막았다. 지역 신문인 『더포레스터』가 2010년 10월 행동에 돌입했다. 〈우리의 숲에서 손을 떼라〉라는 조직이 결성되었다. 지역의 보수 의원인 마크 하퍼는 포레스트오브딘에서 군중에 둘러싸였으며, 경찰이 구출해 주어야 했다. 그는 계란을 얼굴에 얻어맞은 채로 공통인들의 분노를 피했다. 토리 정부는 3개월 후에 꼬리를 내리고 법안을 철회했다.

2009년 10월 엘리너 오스트롬이 여성으로서는 처음으로 노벨 경제학상을 수상했다. 그녀는 숲, 어장, 목초지 같은 공통의 자원을 시장가격의 책정이나 정부의 지시에 의해 할당하지 않고 관리할 수 있음을 보여주었다. 그녀는 수학적 모델 수립이 경제학의 방법론을 지배했던 때에 이런 작업을 했다. 그녀의 방법론을 따르려면 생산자들 즉 인도네시아의 어부들, 메인주의 가재 잡는 어부들에게 직접 말할 필요가 있었다.[12]

공통장은 사회적 관계인 동시에 물질적 사물이다. 그것은 상품이 아니며 '자원'이기만 한 것도 아니다. 이 이중적 의미는 1755년 새뮤얼 존슨이 만든 『사전』에 나와 있는 두 개의 정의에서 명확하게 표현된다. 공통장은 "많은 사람이 동등하게 사용하는 개방된 땅"을 가리킬 수도 있고 "평민, 낮은 지위를 가지고 열악한 조건에서 사는 사람"을 가리킬 수도 있다.[13] 공통장은 실제적 풍경에 속한다. 이 점에서 앞의 두 의미는 명확해진다.

2010년 4월 〈기후 변화에 관한 세계 민중 컨퍼런스〉는 「어머니 대지 권리의 보편적 선언」을 냈다. 이는 볼리비아의 코차밤바에서 발표되었는데, 이곳은 두 가지 점에서 의미심장한 장소였다. 첫째, 물을 사유화하려는 국제적 노력이 선주민의 투쟁에 완전히 패퇴했다. 둘째, 이 선주민들은 아이마라족과 케추아족이었는데, 포토시에 있는 은광 산에서 이루어진 이들의 노동이 자본주의가 탄생할 무렵 화폐 체계를 떠받친 은을 생산하였으며, 은을 품고 있던 그 산은 기념비적인 학살의 관棺으로 바뀌었다. 땅으로부터 뜯어낸 것이 전 지구적 분업 및 착취와 억압을 조직하는 물신화된 경화硬貨가 되었던 것이다. 그러한 역사를 가진 사람은 "우리는 모두 어머니 대지의 일부, 공통의 운명을 지니고 서로 연결된 자립적인 존재들이 이루는 분할할 수 없는 살아 있는 공동체의 일부다."라고 선언하는 것이 무엇인지를 안다. 코차밤바 선언은 모든 존재에 관해서 삶의 권리, 존중받을 권리, 물·공기·건강의 권리를 포함하며, 의도하지 않았으면서도 놀랍게도 과거에 귀를 기울이면서 "모든 존재는 행복할 권리가 있다. …"라고 선언한다. "오늘날에든 미래에든 인간의 행복 추구는 어머니 대지의 행복에 기여한다."

　스페인에서 파시스트들과 싸우다가 사망한 코드웰과 같은 시기에 활동한 스코틀랜드 코뮤니스트 휴 맥다이어미드는 둘 다 다음의 말을 인용하기를 좋아했다. "만일 자신의 의식 속에서 인류의 지적 유산 전체를 곱씹지 않는다면 코뮤니즘은 공허한 어구, 한낱 허울일 뿐이며, 코뮤니스트들은 허풍쟁이들이 된다."[14] 우와! 우리가 이것을, 즉 우리의 의식 속에서 인류의 지적 유산 전체를 곱씹는 일을 부단하게 일상적인 실천의 일부로 만들지 않는다면, 우리는 그 냉소적 악의를 숨기고 있는 홍보 산업의 표면에 쉽게 속는 바보가 되거나, 매력적인 스펙터클들을 보여주는 기업 미디어의 공허함에 속거나, 기술을 지혜라고 내세우는 사유화된 상업적 교육의 기본적 허풍에 속을 것이다. 만일 우리가 인류의 지적 유산 전체를 되새기려면, 그리고 세상에 휴식을 부여하고 우리 자신에게는 단절을 부여하려면, 우리는 동서남북 어느 곳에서나 공통인으로서 모두 함께 그렇게 해야 할 것이다.

앤아버에서

2012년 가을

9장

아래로부터의 인클로저

누구든 어느 하나가 벽으로 분장해야지. 뭐. 벽이라는 걸 나타내기 위해 온몸에 회반죽을
하거나 진흙이나 자갈회반죽을 바르고 나오면 되잖아. 그런 다음 손가락을 이렇게 하고
서 있으면 되겠지. 피라므스와 시스비는 그 틈으로 속삭이면 되잖아?

— 『한여름 밤의 꿈』에서 직조공 보텀[1]의 대사

자본과 마찬가지로 인클로저는 물리적으로 엄밀한, 심지어 기술적이기까지 한
(울타리, 담장, 벽), 그리고 부자유의 개념들을 표현하는(억류, 수감, 감금) 용어다.
우리 시대에 이러한 용어는 신자유주의, 실비아 페데리치에게서 볼 수 있는 여성
에 대한 역사적 억압, 미셸 푸코의 대감금에서 볼 수 있는 방어적 요새도시, 또는
데이비드 하비의 '강탈에 의한 축적'에서 볼 수 있는 자본주의적 축적amassment
을 이해하기 위한 중요한 해석적 개념이 되어 왔다.[2] 우리 시대에 그것은 또한 중
요한 경험적 사실이기도 했다. 한편으로 베를린 장벽의 붕괴는 현재current moment
의 시작을 특징지었으며, 다른 한편으로 멕시코와 미국 간의 헛된 보안 방벽, 그
리고 팔레스타인을 유폐시키는 이스라엘 장벽의 무시무시한 거대화 또한 현재를
규정한다.

"잉글랜드의 인클로저 운동"은 시간과 공간에 제약되어 있기는 하지만, 재발
의 우려로 인해 내재적인, 근대의 범죄를 규정해 온 ─ 노예무역, 마녀화형, 아일랜드
기근, 또는 아메리카 선주민들에 대한 학살과 같은 ─ 저 일련의 구체적인 보편적 경향
들에 속해 있었다. 라즈 파텔은 다음과 같이 쓰고 있다. "지난 30년에 걸쳐, 인클
로저의 속도가 빨라지고 도둑질의 규모는 점점 커져 지구를 파멸의 벼랑 끝으로
몰고 왔다."[3] 하지만 인클로저의 반대말 ─ 공통장 ─ 역시 유망하지만 특정特定되

지는 않은 대안적 의미를 띠고 있다. 철학적으로도 역시, 이 개념[공통장]은 마이클 하트와 안토니오 네그리가 최근 책인 『공통체』[4]에서 말하고 있는 것처럼, 우리 시대의 핵심에 가깝게 닿아 있다. 인클로저는 사유재산과 자본을 가리킨다. 이것은 사적 소유와 사회적 생산성 모두를 약속하는 것처럼 보인다. 하지만 실제로 인클로저 개념은 테러 그리고 독립 및 공동체에 대한 파괴와 분리 불가능하다. 예컨대 카우보이를 보라.

옆에서 말을 끌고 가는 한 카우보이는 자신이 독립적이라는 점에 관해 매우 자랑스러워했다. 그는 다른 사람들을 위해 일했지만, 그들이 가지고 있는 것은 오로지 시간뿐이었다. 그는 자유로운 영혼이었다. 리오그란데강에서 파우더강까지 말을 타고 갈 수 있었고, 울타리는 좀체 볼 수 없었다. 주머니에 5달러를 넣고 말을 타고 출발해서 일을 마쳤을 때는 3달러를 남길 수 있었다. 그것이 그가 여행하고 싶었던 방식이라면 말이다. 돈은 그를 지배하지 못했다.[5]

카우보이 소설가 엘머 켈튼[6]은 1883년 텍사스에서 일어난 캐너디안강 파업에 관해 위와 같은 글을 썼다. 카우보이의 자립정신은 할리우드에 의해 미국 남성의 이기적인 개인주의로 왜곡되었다. 할리우드는 카우보이를 총잡이로, "인디언"을 살인자로 묘사한다. 우리는 카우보이를 대륙의 육류 무역에 종사하는 노동자로 바라보지 못한다. 알렉산더 코번[7]이 보여준 것처럼, 대륙의 육류 무역은 16세기 정복 이후 북아메리카에서 일어난 사회적·생태적 변화의 기반을 이룬다.[8] "옛 잉글랜드의 로스트비프[구운 쇠고기] 요리" 역시 스코틀랜드와 런던의 스미스필드 육류 시장과 지리적으로 연결된 가축 무역에 의존했다. 그러나 가축상들은 아메리카 카우보이가 보여준 저 문화적인 이데올로기적 주체성을 습득하지 못했다. 왜일까? 자립정신의 상징은 공통인[평민], 자유농민yeoman — 더 강인하고 참을성이 더 많은 유형 — 이었다. 그러나 이 인물 또한 '울타리 없는 것'과 관련하여 자립정신을 규정했다. 완전히 개방된 초원까지는 아니더라도 개방된 들판으로, 가시철조망까지는 아니더라도 가시 울타리로.

공통장의 인클로저가 20세기 말의 네 가지 발전으로 인해 21세기에 다시 나타났다. 첫째, 각 마을에 부여된 에히도, 즉 공유지를 제공한 멕시코 헌법 27조의 폐지에 반대하여 1994년 사빠띠스따가 주도한 치아빠스 봉기. 공통장에 관한 새로운 담론은 토지의 사유화에 반대하는 선주민 투쟁의 일부를 형성했다. 그러나 "새로운 인클로저" 과정이 아프리카와 인도네시아에서 일어났다.[9] 카우보이 소설가가 울타리와 돈의 관계를 드러냈다면, 쁘라무디아 또르[10]는 인도네시아의 수하르토 치하의 부루섬을 사례로 들어, 범죄와 울타리, 또는 범죄와 선주민의 관계에 주의를 기울인다.

그러나 부루 내부는 비어 있지 않았다. 오래전에 그 땅에 살던 선주민들은 정치범이 도착하면서 강제로 자신의 땅과 오두막을 남겨두고 떠나야만 했다. 그리고 죄수들이 사바나를 들판으로 바꾸자, 선주민들은 그들의 사냥터 면적이 줄어들어 가는 것을 지켜보았다. 이 지역의 원래 지명조차도 그들에게 도둑맞았고, 이 지역은 또한 "유닛 10"이라고 불리고 있었다. 그들의 땅에 10개의 큰 막사가 세워지고, 500명의 죄수들이 대지에 정착했을 때, 그들은 어떤 다른 선택을 했을까? 하지만 무엇보다도 가장 이상한 것은 한 번도 경계선이 그어져 본 적이 없던 곳에 테두리를 두르면서 울타리를 쌓기 시작했을 때였다. 선주민은 "울타리"와 관련된 단어가 없었다. 이 개념은 그들의 문화에 완전히 이질적이었다. 그들은 토지 이용 권리에 대한 이러한 인위적인 제한을 인정하지 않았다.[11]

인클로저와 공통장에 관한 토론을 낳은 20세기 말의 두 번째 발전은 지식 공통장인 인터넷과 월드와이드웹의 개발이었다. 지적 재산의 사유화는 1999년 "시애틀 전투"[12]에서 도전을 받았다. 세 번째 과정은 지구의 수질오염과 대기오염이었다. 마지막으로, 이 새로운 담론의 네 번째 요인은 소련 및 동유럽 공산주의 국가의 붕괴였다. 이것으로 적국과 이데올로기적으로 내통한다는 습관적인 의심을 받지 않고도 공통장에 관한 논의를 쉽게 할 수 있게 되었다.

이 각각의 사례들이 "인클로저" 또는 "공통장"을 언급함에 따라, 인클로저의 고전적인 사례 즉 잉글랜드에 대한 관심이 재개되었다. 그렇지만 잉글랜드에서 인클로저에 관한 학술적 담론은 축적에서 문화로 바뀌었다. 레이몬드 윌리엄스는, 열광적인 16세기의 귀족적인 목가에서부터 D.H. 로렌스의 지속적인 꿈속의 산업 에너지 노동자들에 이르기까지, 농촌과 도시를 통해 영문학을 개관한다. 그는 인클로저가 자본주의 발전에서 나타나는 여러 힘들 중 하나일 뿐이라고 조심스럽게 묘사한다.[13] 인클로저는 가시적인 사회적 사실이었으며, 올리버 골드스미스[14], 조지 크래브[15], 윌리엄 쿠퍼[16], 존 클레어, 윌리엄 코벳[17] 같은 작가들에게서 발견되는 사회적 붕괴와 우울증에 대한 감각이었다.

그러나 잉글랜드에서 13세기 이후 인클로저 과정이 진행되어 15세기와 16세기 동안에 한 정점에 도달한 후 18세기와 19세기에 또 다른 정점에 도달했다. 경작지의 확장과 소수의 소유권 집중은 동시에 이루어졌다. 우리는 이것을 잉글랜드 역사의 "거대한 호"arc라고 부를 수 있다. 예를 들어, 17세기 말경, 그레고리 킹[18]은 3천 7백만 에이커의 시골에 2천만 에이커의 목초지, 초원, 삼림, 히스, 황야, 산, 불모지가 있다고 추정했다.[19] 비록 공통의 권리가 이것들 중 절반에만 행사되었다 해도, 이것은 1688년에 잉글랜드와 웨일스 전체 지역의 4분의 1이 공유지였다는 것을 의미한다. 1725년에서 1825년 사이에 대략 4천 개의 인클로저 법령들이 재배 면적의 약 4분의 1에 해당하는 6백만 에이커 이상의 땅을 정치적으로 우위에 있는 토지소유자들에게 책정했다. 의회 인클로저는 그 과정을 더 문서화하고 더 공공연하게 만들었다. 그것은 공동경작지 촌락 및 공통의 권리를 없앴으며, 18세기 후반의 빈곤 위기의 원인이 되었다. 1690년대에는 무토지 노동자와 점유자의 비율이 5：3이었고, 1831년에는 5：2였다. 조건의 폭력적인 변경으로 인해 수천 명의 사람들이 영향을 받았다. 아서 영은 처음에는 인클로저를 적극적으로 지지했지만, 19세기 초반에는 마음을 바꾸었다. 그는 "잘은 모르겠지만, 내겐 소가 있었는데, 의회가 내게서 소를 빼앗아 갔다는 것입니다."라고 말하는 가난한 사람을 종종 인용했다. 이 법령들은 수혜자 계급의 대표자들에 의한 합법화된 토지 강탈의 일부였다. 니슨은 다음과 같이 요약했다. "1700년대에는 잉글랜드 대부분이 여전히 개방되어 있었다. 하지만 1840년에 잉글랜드 대부분이 인클로저되었다."[20]

톰슨은 그것을 계급적 강탈행위의 아주 분명한 사례로 칭했다.[21]

황무지의 오두막에 사는 사람들과 불법 거주자들은 최저한의 독립마저 상실했다. 많은 촌락이 사라졌으며, 항공 측량만이 그 흔적들을 감지할 수 있을 뿐이다.[22] 실제 히스로Heathrow 국제공항을 비행할 때 방문객들이 종종 느끼는 첫 인상은 대지 위에 초록색 들판과 산울타리가 우세하다는 것이다. 이것은 풍경을 인클로저하고 난 후의 특징이다. 수백 마일에 걸쳐 있는 나무 울타리는 사람과 땅 사이의 장벽을 상징한다. 기차를 타고 미들랜드로 가는 방문객은 아마도 대지의 토목공사가 파도가 부서지기 전에 밀려오는 물결의 굽이치는 용솟음과 닮았다는 점을 알 수 있을 것이다. 이것은 공동경작지 체제에서 이루어진 '토지 대상 분배'의 오랜 관습에 기인한 이랑-고랑 유형이다. 18세기에는 저택이나 신고전주의 풍 저택의 네트워크가 형성되어 농촌 지배계급의 거점들을 확립했다. 이것은 식민지 확장과 더불어 인클로저의 건축[양식]을 구성했다.

1845년의 일반 인클로저 법령은 인클로저를 할 때 지역 주민의 건강, 편안함 및 편의를 고려해야 한다고 선언했으며, 위원들은 "이웃 주민들을 위한 운동 및 휴양을 목적으로 하는" 지역을 따로 확보할 수 있었다. 이 법령은 거대한 런던 공원을 구상했다. 1873~74년의 공유지조사Common Lands Census는 잉글랜드에 남아 있는 공유지가 단지 250만 에이커밖에 되지 않음을 보여주었다. 1955년 왕립 공유지 위원회는 지주의 당과 공통인[평민]의 당 이외에, 제3의 합법적인 정당, 즉 공중public의 당을 도입했다. 이것은 "공유지에 대한 공중의 보편적인 접근 권리"를 인정했지만, 공중은 공통인[평민]만큼 토지를 중요하게 관리하지 않는다.

◇

2009년 엘리너 오스트롬은 노벨 경제학상 수상의 영예를 안은 최초의 여성이었다. 그녀는 공통장의 협치에 관한 연구로 이 상을 받았다.[23] 니슨이 논증한 것처럼, 오스트롬이 여성이라는 점과 농업의 공통 권리의 발달 사이에는 중요한 연관성이 있다.[24] 옥스퍼드셔의 오트무어의 사례(우리는 나중에 이것을 다시 다룰 것이다)와 같은 초기 인클로저 사례에서, 오트무어의 인클로저를 단행했던 젠틀맨[25] 알렉산더 크로크[26]는 공통인[평민]의 권리의 기원에 관한 그들의 이론을 격렬하게 공격했다. 공통인[평민]의 주장에 따르면 이 권리는 참나무 한 묶음이 불에 타는 동안 자신이 말을 타고 둘러볼 수 있는 만큼의 많은 땅을 수여한 어떤 여왕(아마도 엘리자베스 1세)에 기인했다. 크로크는 이러한 것들이 "많은 곳에서 현존하며 비천한 사람들의 우직함을 이용하는 그 가망 없고 우스꽝스러운 나이 든 여성들의 이야기"[27]라고 썼다. 이러한 발언에 대해 서둘러 결론을 내리는 것은 현명하지 못한 처사가 될 것이다. 왜냐하면, 이 발언에는 저자의 경멸하는 시각이 적나라하게 드러나 있음에도 불구하고, 신분이 낮은 여성들의 힘이 재산과 지위의 면에서 그들보다 훨씬 월등한 한 남성에게 어떻게 그토록 강렬한 인상을 남길 수 있었는지 의아해하는 모습이 담겨 있기 때문이다. V.I. 레닌이 "할머니들의 달콤하기만 한 이야기들"이라고 할 때, 이는 구체적으로 공통의 권리에 관한 이야기들을 두고 한 말이 아니라 농민 생활의 순수한 분위기를 이상화하는 것을 두고 한 말이었다.[28] 노부인들의 이야기, 할머니들의 달콤하기만 한 이야기, 나이 든 여성들의 이야기 등 여성의 이야기[구성] 능력은 확실히, 이러한 종류의 경멸에 의해 역으로 승인을 받았다.

1968년 『사이언스』지에 「공유지의 비극」이라는 유명한 글을 출간한 생물학자 개릿 하딘을 오스트롬은 그녀의 작업 속에서 심도 있게 비판해 왔다.[29] 하딘의 글은 비인간적인 결론을 내린 잔인한 주장을 담고 있었다. "생식의 자유는 모든 사람에게 파멸을 가져다줄 것이다." 하딘은 여기에서 제러미 벤담의 공리주의, 애덤 스미스의 보이지 않는 손, 토머스 맬서스의 인구이론, 찰스 다윈의 자연선택 이론을 언급하면서 19세기 영국 설립 시기의 사상가들을 통해 자신의 주장을 뒷받침한다. 그의 글의 영향력은 이러한 권위들에서 비롯된 것이 아니라, 우울함/두려움을 단순함/빈약함과 결합한, 그 두드러진 논조에서 기인한다. 이 글은 핵전쟁으로 시작해서, 전략적 사고하기, 즉 당시의 관용구인 "사고할 수 없는 것들을 사고하기"의 예인 틱택토[30]로 재빠르게 나아갔다. 그의 사고하기는 자본주의적 사고하기였으며, 그의 계급적 표지들은 놀라운 솔직함으로 이루어졌다. "그러나 무엇이 선인가? 어떤 사람에게는 황야가 선이며, 다른 사람에게는 수천 명을 위한 스키 롯지가 선이다. 어떤 사람에게는 사냥꾼이 사냥할 오리를 살찌우는 강어귀가 선이며, 다른 사람에게는 공장 부지가 선이다." 이것들은 공장 소유자의 활동들이지 공장 노동자의 활동들이 아니다. 그 주장의 핵심은 다음과 같은 몇 단락으로 표현된다.

공유지의 비극은 이런 식으로 전개된다. 모두에게 공개된 목초지를 상상해 보라. 각각의 목동들은 가능한 한 많은 가축을 공유지에서 기르려 할 것으로 기대된다. 이러한 설정은 수 세기 동안 충분히 만족스럽게 작동할 수 있을 것이다. 왜냐하면, 부족 간의 전쟁, 침입, 질병에 의해 땅이 기를 수 있는 수용 능력 아래로 사람과 짐승의 숫자가 적절히 유지될 것이기 때문이다. 하지만 마침내 결산일이 다가온다. 다시 말해 오랫동안 희망했던 사회적 안정성이라는 목표가 현실이 된다. 이 지점에서 공유지의 내재적 논리가 무자비하게 비극을 만들어낸다.
합리적 존재로서의 각각의 목동은 자신의 이익을 극대화하려고 한다. 명시적으로건 암시적으로건, 그는 다소 의식적으로 다음과 같이 묻는다. "가축 한 마리를 무리에 더 추가하는 것이 나에게 어떤 효용이 있을까?" 이 효용에는 부정적인 부분과 긍정적인 부분이 하나씩 있다.…
합리적인 목동은 그 부분에 부분적인 효용들을 더하면서 자신이 추구해야 할 유일하게 현명한 과정은 가축 한 마리를 무리에 더 추가하는 것이라고 결론짓는다. 그리고 한 마리 더… 그러나 이것은 공유지를 공유하는 모든 각각의 합리적인 목동들이 도달하게 되는 결론이다. 바로 여기에 비극이 있다. 각각의 목동은 제한된 세계 안에서 가축을 무제한으로 늘리지 않을 수 없는 체계 속에 갇혀 있다. 파멸은 모든 사람이 돌진해 가는 목적지가 된다. 공유지의 자유를 믿는 사회에서 그들 각자는 최대한의 이익을 추구하고자 한다. 공유지에서의 자유는 모두를 파국으로 몰고 간다.

하딘은 세 번이나 "합리적인" 목동을 언급한다. [그러나] 그것은 환상에 지나지 않는다. 모름지기 그가 의미하는 것은 아마 이기적인 목동이거나 외로운 목동일

것이다. 왜냐하면, 역사를 살펴보면, 공유지는 언제나 관리되고 있기 때문이다. 공통인들이 선출한 울타리 관리인pinder, 공유 가축 관리인hayward, 또는 그 밖의 관리인들은 그 암소를 압수하거나, 또는 자신의 몫 이상을 공유지에 집어넣는 저 탐욕스러운 목동에게 벌금을 물릴 것이다. 이러한 생각이 바로 오스트롬이 개입할 수 있는 기반이다. 하딘이 볼 때 세계는 "모두 함께" 관리되는 것이 아니라 "개가 개를 먹는 [치열한] 경쟁"에 의해 관리된다. 이와 대조적으로, 오스트롬에게 문제는 공통장 그 자체가 아니다. 공통장의 협치governance가 문제인 것이다.

오트무어를 연구한 역사가인 버나드 레이니를 인용하면서 오트무어의 경우로 돌아가 보자.

> 공통인[평민]들은 거위, 소, 말, 돼지 그리고 양들을 방목하여 황야에서 풀을 뜯게 했다. 토탄은 연료용으로 채굴되었고, 노파들은 소똥을 긁어모아 팔아서 약간의 벌이를 했다. 황야에서 나는 풍부한 버들고리로 인해, 바구니-만들기 공예가 마을에서 번성할 수 있었다. 가금류를 먹이고, 가축을 방목하고, 겨울나기 연료를 공급하는 것 외에도 [공통장에서는] 훌륭한 오리 사냥과 낚시가 가능했으며, 가난한 사람들의 주요 식단의 일부를 제공할 수 있는 토끼와 야생 조류가 풍부했다. … 이렇게 농민 자급자족 경제의 필수 요소들이 제공되었다. 연료, 놀이, 그리고 가축을 방목하기 위한 땅이 존재했기 때문에 오트무어 마을 사람들은 불안정하게나마 독립적으로 살아갈 수 있었다.[31]

공동체의 규정에 따라 5월 1일부터 10월 18일까지 황야에 양을 방목하는 것이 금지되었다. 어기면 3실링 4펜스의 벌금을 물어야 했다. 황야에 고리로 단단히 묶지 않은 돼지를 방목한 사람에게는 누구라도 4펜스의 벌금이 부과되었다. 또한 낙인이 찍히지 않은 수말, 암말, 또는 망아지를 방치하는 것에도 4펜스가 벌금으로 부과되었다. 각 마을에는 "황야사람들"moormen이라 불리는 사람들이 보유한 자체 낙인이 있었다. 크리스마스와 4월 1일 사이에는 어떠한 돼지나 돼지 새끼도 사육할 수 없었다. 큰길에서는 토탄을 채굴하는 것이 금지되어 있었고, 그렇지 않으면 구덩이를 채워야 했다. 나열하자면 끝이 없다. 여기에 합리적인 목동이 설 자리는 없었다!

하딘의 거짓 과학주의, 가짜 수학, 그리고 위압적인 인구통계학적 정책의 결론을 정당화하기 위한 전 지구적인 홀로코스트의 호출은 그 자체가, 중요한 전례가 있는, 고도의 이데올로기적인 대응이었다. 하딘은 자신의 주장이 "윌리엄 포스터 로이드32라는 아마추어 수학자"의 주장에서 차용되었다고 인정했다. 사실 로이드는 특별히 주목할 만한 것이 없는 수학자였다. 그리스어가 그의 전공이었다. 그러나 이것이 그가 성공회의 하늘[세계]에서 중요치 않은 인물이었다는 것을 말하는 것은 아니다. 로이드는 옥스퍼드에서 정치경제학을 가르치는 교수였고, 크라이스트처치칼리지의 회원이었으며, 영국 성공회의 교구 목사였다. 1829년에 사망한 그의 형 찰스는 옥스퍼드 주교이자 하원 의원이었다. 찰스는 내무장관이자 런던 경찰의 창립자인 로버트 필Robert Peel33의 절친한 친구이자 전 가정교사였다(런던의 경찰을 "bobbies",34 "peelers"라고도 불렀다).

찰스가 죽은 지 3년 뒤인 1832년 9월 1학기에 윌리엄 로이드는 인구 억제책에 관한 강연35을 했다. 그는 식량의 증가가 인구 증가를 따라갈 수 없다고 믿는 맬서스주의자였다. 맬서스가 보기에, 인구에는 예방적인 억제책 또는 적극적인 억제책을 쓸 수 있다. 전자는 출생을 줄이고, 후자는 사망을 늘린다. 이것은 이해하기 어려운 용어법이다.

죽음을 왜 적극적인 것으로 생각하는 것일까? 맬서스처럼 로이드도 "모든 것을 공유하는 것"에 반대했다. 그는 다음과 같은 간결한 발언을 했다. "노동과 재화[를 공유하는] 공동체를 갖춘 평등 체제들은 매우 바람직하지 못하다."(17) 그리고 "욕망의 기준을 낮추고 그 기준을 거의 자연의 필수품을 충족시키는 것으로 축소하는 결과를 낳는 완벽한 평등 상태는 사회를 무지와 야만으로 되돌릴 것이다." "재화의 공동체에서, 각각의 사람들은 자신의 행동 결과에 합당한 몫을 욕망한다."(28) 게다가 로이드는 자신만의 '은어'를 사용했고, "수많은 억압된 존재"를 언급했다. 그는 프랑스혁명의 "전염력"을 두려워했다.(9) 그는 번식의 감소와 생명의 소멸로 생존수단이 늘어날 것이라고 믿었다. 그는, 할리우드와 말보로 담배

광고의 전조가 되었던, 야생의 숲에서 살아가는 아메리카 사냥꾼에 관한 환상을 지니고 있었다.(8)

로이드는 결혼을, 공통 재산을 생산하는 공통장으로 간주했다. "결혼은 현재의 선이다. 가족의 부양을 수행하는 어려움은 미래에 속한다. 그러나 재화의 공동체에서는 아이들을 공공 탁자에서 부양하거나 각 가족이 공통의 비축분에서 필수품을 기준으로 [필요한 것을] 취하는데, 이곳에서 개인들은 이러한 [가족 부양의] 어려움에서 벗어난다. 그것들은 확산되고, 사회의 전 표면을 흘러넘치며, 모든 부분을 똑같이 압박한다."(21) "신중한 사람은 현재의 즐거움을 미래의 불행에 대한 그의 몫과 비교함으로써, 그리고 현재의 희생을 미래의 이익에 대한 그의 몫과 비교함으로써 자신의 행동을 결정한다. 이 몫은 대부분의 거대 사회에서는 소멸한다. 따라서 어떤 상쇄 압박이 없는 경우, 각 사람의 행동은 현재만을 고려하여 결정된다." 여기에 하딘의 이기적인 목동의 선구자가 있다. "이러한 결정은 이 나라의 노동계급의 현재 조건에서 상당한 정도의 영향력을 발휘하지만, 그럼에도 불구하고 그것이 그러한 계급들의 상황을 변화시킨 것과 관련해서는, 크게 주목을 받지 못했던 것으로 보인다." 하딘과 미찬가지로 로이드는 핵전쟁까지는 아니라 하더라도 인구과잉 그리고 "인클로저된 대지 및 공통장과 유사한 사례들"(30)에 사로잡혀 있었다. 그리고 하딘과 마찬가지로, 무리[떼]herd는 인구를 나타내는 은유다. "왜 공유지의 소들은 그렇게 조그맣고 발육 부진일까? 왜 공유지 자체는 그렇게 휑뎅그렁하고-초췌하며, 인접한 인클로저와는 다르게 잘렸을까? … 토지에 사유재산을 확립하는 일반적인 이유는 개인에게 토지를 경작하기 위한 충분한 동기를 제공할 필요성에서 도출된다."(30) 로이드는 맬서스의 다음과 같은 비유를 좋아했다. "자연의 위대한 잔치에서, 맬서스의 표현을 사용하자면, 자유로운[공짜] 자리는 없어야 한다."(60) 그리고 다음과 같이 자신만의 비유를 만들었다. "모든 사람을 지탱할 수 없는 바다에 떠 있는 판자에서 모두가 동등한 권리를 가지고 있는 것은 아니다."(75) 그래서 하딘은 그의 전임자인 옥스퍼드의 크라이스트처치칼리지 교수에게 사의謝意를 표했다.

하딘이 1968년에 에세이를 펴냈을 때, 그는 같은 시대에 옥스퍼드에서 전설적인 새로운 좌파 역사가 라파엘 새뮤얼[36]이 (핵군축 운동에 필요한) 모직 코트를 입고 머리카락을 쓸어 넘기면서, 두 명의 러스킨 대학의 학생들 – 젊은 런던 출신 아일랜드 역사가 레이니와 매력적인 여성 해방운동가 샐리 알렉산더 – 과 함께 있던 노인과 인근 마을을 돌아다니며 이야기를 나누었다는 사실을 알지 못했을 것이다. 그들 그리고 "소치는 사람"이었던 데이비드 모건과 같은 동료들은 새로운 역사를 말하고 그것을 발견하기 위한 새로운 도구를 만들어내야 했다. 러스킨 대학은 1899년에 "노동계급 남성에게 교육 기회"를 제공하기 위해 설립되었다. 웨일스 남부의 석탄광부인 노아 애블렛[37]은 러스킨 대학에서 청강하면서 1908년 윌리엄 스탠리 제번스[38]의 한계효용이론 수업을 거부하고 칼 맑스의 노동이론 수업을 요구하며 학생 파업을 이끌었다. 파업의 모토는 존 러스킨[39]에게서 따온 "나는 솔직하지만 불편부당하지는 않을 것이라고 약속할 수 있다."였으며, 그 슬로건은 "꿈꾸는 첨탑의 도시 옥스퍼드 / 끔찍한 거짓말쟁이들"이었다. 이것을 배경으로 해서, '역사 워크숍'[40](운동)이 응답을 했고 "60년대"의 자유를 창조하는 데 일조했다. 그들은 자신들이 나누었던 대화가 캘리포니아에서 표현된 하딘의 분노에 관한 유력한 학술적 단서로 발전할 것이라는 점을 거의 알지 못했다. 새뮤얼은 역사 워크숍 운동의 창시자였다. "당신이 서 있는 곳을 파헤치라."가 이 운동의 슬로건이었다. 그래서 첫 번째 소책자는 옥스퍼드셔와 관련이 있었다. 학생들과 함께하는 걷기는 역사 워크숍 제3호 소책자로 이어졌다. 레이니의 『19세기 옥스퍼드셔의 계급투쟁』을 통해 이제 우리는 오트무어의 인클로저로 우리의 관심을 돌릴 수 있게 되었다.

옥스퍼드 대학교에서 몇 마일 떨어진 곳에 4천 에이커의 저지대 황야인 오트무어가 있다. 이곳은 매년 겨울 침수되었다. 오트무어 사람들은 익살맞은 걸음걸이인 "구부정한 걸음걸이"를 가지고 있었다. 이 걸음걸이는 진흙 웅덩이, 도랑, 그리고 땅을 덮고 있는 얕은 물을 통과하는 데 분명히 도움이 되었다. 그들에게는 물갈퀴가 달린 발이 있었다고들 한다. 오트무어의 늪지대는 "필즈"pills라고 불렸으며, 물에 잠긴 지대들 중 하나는 "스플라시"Splosh라고 불렸다. 공통인들은 자신의 언어를 가지고 있었는데, 그 자신이 노동하는 공통인이었던 존 클레어의 시에서 가장 분명하게 드러났다. 명확한 인식론은 땅에서 일하는 공통인들이 갖는 사고방식의 특징이었다. 이것은 '고장의 수호신'이 아니라 또 하나의 다른 생태학이었다. 실제로 존 배럴은 클레어 지리학의 의미에 관해 논평했다. "우리는 다음과 같은 단어들과 마주쳤다. … '이랑', '휴경지', '긴 고랑', '도랑', '모래땅'eddings, '땅'… 또한 클레어가 거의 항상 인클로저된 토지, 보통 초원 지대의 의미로 사용하는 '대지'ground. 보통 소의 방목을 위한, 그리고 '평원'과 구별되는 인클로저된 들판인 '울 안의 땅'close. 이것은 보통 풀이 나 있는, 거의 항상 개방된 땅을 가리킨다. 마지막으로 들판의 뚜렷하게 각진 구석인 '벽지'.[41]

1820년대 초에 쓰인 자서전에서, 클레어는 어린 시절에 에먼세일리스 히스Emmonsailes Heath를 가로질러 걷다가 어떻게 길을 잃었는지 묘사한다. "그렇게 나는 하루 종일 여기저기 돌아다니며 바늘금작화를 따라 걷다가 그 야생화들이 나를 잊은 것 같았을 때 마침내 낯선 곳에 이르렀다. 나는 이 꽃들이 새로운 나라의 주민들이 아닐까 상상했다. 이 나라에서 태양은 새로운 태양인 것처럼 보였으며, 다른 쪽 하늘에서 빛나고 있었다."[42] 이것이 가리키는 것은 하나의 인식론 그리고 인클로저되지 않은 것들에 의존하는 방향성이다. 로버트 블룸필드[43]는 1824년 런던에서 출판된 자신의 저서 『유적』에서 토머스 페인이 누이와 함께 "호두를 찾아 페이크냄Fakenham 숲으로" 산책하러 갔던 것을 상기한다. "그들은 누구의 도움도 없이 그들이 알고 있던 곳을 벗어나 방황했으며, 다시는 출구를 찾지 못했다."[44] 그들은 길을 잃었다. 클레어는 단지 어떻게 돌아가야 할지 모르는 것 이상을 표현했다. 태양은 하늘의 다른 곳에 있었고 야생화들은 그를 잊었다. 공통[적인 것들]의 상실은 그의 전 세계의 상실을 의미했다. 우리는 우리의 것들을 상실하기 직전에 있기 때문에 (분명히 우리는 우리의 지식을 잃어버렸다) 그러한 공통인들에게 더욱 주의를 기울이는 것이 좋을 것이다.

리처드 메이비는 영국의 미래 자연을 위한 공간과 공통된 땅의 필요성에 관한 글을 썼다.[45] 그의 설명에 따르면, 공통의 땅은 토지의 한 유형이 아니라 토지 소유의 한 체계다. 여기에서는 한 당사자가 토지를 소유할 수 있지만, 다른 당사자는 방목이나 장작 패기와 같은 다양한 권리를 그 안에서 누릴 권리가 있다. 이것은 1066년의 노르만 정복보다 앞서는 매우 오래된 체계다. "11세기에 정의되기 시작한 권리는, 노르만 정복 기간 동안 정치적·군사적 세력에 의해 크게 파괴된 기록되지 않은 (십중팔구 토지의 공통 소유가 될) '관례적인 실천'의 훨씬 더 광범위한 네트워크의 유물을 대표한다는 것이 일반적으로 받아들여지고 있다."[46] 메이비는 다음과 같은 네 가지 주요 유형의 공통 권리, 즉 목초지, 에스토버스, 돼지방목[권], 토탄채굴권을 확인했다. 그러나 용도와 자원(가시금작화, 고사리, 백악, 자갈, 점토, 골풀, 갈대, 견과류 및 허브)에 의존하는 다른 권리들(어업권, 집수리권, 오두막집 사용권, 쟁기권)도 다수 존재했다. 이러한 관습적 권리들은 연료, 육류, 우유, 도구, 주택, 의약품을 제공할 수 있었다.[47] 이러한 권리들은 과소비를 방지하고 복잡성, 독창성, 절약을 보상하기 위해 고안된 포괄적인 범위의 규칙 및 통제에 부합했다. 자원을 재생할 수 있도록 공통장을 유지하고 확보하는 것은 공동체에 필수적이었다. 에핑의 숲[48]의 '줄기만 남겨놓고 전지한 나무'들은 양도될 수 없다. 왜냐하면, 이것들은 토지 소유자의 재산이었지만 잘라낸 가지들과 잔가지들에 대한 권리는 공통인들이 가졌기 때문이다. 셀본 숲에서는 공통인들이 목초지와 돼지 방목권을 가지고 있었는데, 토지 소유자는 너도밤나무 이외의 나무들을 이식할 수 없었다. 이 나무의 열매들은 돼지를 사육하는 데 필수적이었다. 옥스퍼드셔의 픽시와 얀튼의 목초지에서의 수확권을 위해 각각 다른 이름을 가진 13개의 체리 열매들이 따로따로 분배되었다. 가방에서 뽑히는 순서에 따라 각각의 공통인이 그해 여름에 건초를 수확할 수 있는 목초지의 좁은 땅을 결정했다.

메이비는 이러한 체계가 다시 채택되면 "헤아릴 수 없는 혼란 상태"가 만연할 수 있음을 인정한다.[49] 그런데 이러한 혼란은 처음에 어떻게 일어났을까? 논리가 정연한 추론가는 머리를 쥐어뜯겠지만, 이 "헤아릴 수 없는 혼란 상태" 또한 권력 [힘]의 원천이었다. 러시아에서는 30년이, 그리고 이라크에서는 간헐적인 폭격의 힘을 통해 겨우 100년이 걸렸는데 왜 잉글랜드에서는 인클로저를 시행하는 데 700년 내지 800년이 걸렸을까? 니슨은 우리가 그 물음에 답하는 데 도움을 준다. 왜냐하면, 그녀는 청원하기, 헛소문 퍼뜨리기, 재산 공격하기, 늑장 부리기, 장난치기, 익명으로 위협하는 시 쓰기, 투덜거리기, 축구하기, 땅주인의 대문 부수기, 울타리 부수기, 나무 훔치기 등등의 다양한 형태의 인클로저에 대한 저항을 묘사하기 때문이다. 그녀는 다음과 같이 진술한다. "손실의 감각, 강도[행위]의 감각은 농촌 빈곤층의 원한의 유산으로 영원히 지속될 수 있었다."[50]

◇

오트무어 주변의 7개 마을은 찰튼, 펜콧 및 머콧, 오딩턴, 베클리, 호튼, 스터들리, 노크였다. 마을의 규모는 작았다. 노크에는 100명 미만의 주민이 있었고 1831년 베클리의 주민 수는 370명이었다. 1687년 베클리의 황야 법정은 둠즈데이 북[51]에 정의된 대로 마을과 황야의 관계를 다음과 같이 규정했다. "오트무어의 공통장은, 어떤 방식으로건 그곳의 소들을 공통하고 있는, 오트무어에 속한 7개 마을의 거주자 소유다." 공통장에는 세 가지 종류가 있었다. 첫째, 해마다 순번을 돌리는, 각 촌락의 공통 및 공동경작지. 둘째, 그들에게 부여된 공통의 권리들. 오트무어의 경우, 마을 황무지가 세 번째 유형을 차지했다. 이 지역에 거주하는 유일한 젠틀맨은 크로크였으며, 황야를 인클로저하기 위해 50년 이상을 끈질기게 싸운 이가 바로 이 사람이었다.

존과 바바라 해먼드 역시 오트무어의 인클로저를 둘러싼 오랜 투쟁을 묘사했다.[52] 인클로저는 오트무어의 4천 에이커가 넘는 땅을 간척하고 분배하자는 1801년 말버러 공작[53]의 제안으로 시작되었다. 법에 따라 이 제안을 발표하는 통지문들이 교구 교회 문에 부착되자 "곳곳에서 군중들이" 그것들을 떼어갔다. 1815년에 또 한 번의 시도가 있었다. 또다시 "온갖 종류의 공격 무기로 무장한 대규모 군중들로 인해" 통지문을 부착하는 일은 무용지물이 되었다. 낮은 신분의 사람들이 궐기하기 시작했다. 영지에 대해서 [영주가] 공통의 권리들을 향유한다는 기록은 어디에서도 찾을 수 없었다. "[영지를] 무제한으로 사용하는 관습은 사실상, 인간의 기억 이전의 어떤 양도의 증거였다."[54] 이러한 사실에도 불구하고 법안이 통과되었는데, 이것으로 인해 "영주가 토양에 대한 절대적인 권리를 가질 가능성은 거의 없게 되었다." 인클로저를 하는 사람들에게는 대서양의 경험이 있었다. 크로크는 1801년 노바스코샤[55]의 부嗣 해사 법원 판사로 정부에 고용되어 편협한 토리당원이라는 평판을 얻었다. 그는 소유자, 즉 자신의 집을 소유한 사람들만이 공통의 권리를 가지고 있다고 주장했다. 반면 "가난한 사람들은 자격 면에서 공통적인 것에 접근할 권리가 아예 없었다."[56]

1830년에 배수 작업 중 댐이 붕괴되었을 때, 농부들이 직접 법 집행자가 되어 둑들을 무너뜨렸다. 22명의 농부들이 기소되었으나 무죄판결을 받았다. 이것은 농장노동자들에게 깊은 인상을 주었고, 일주일 동안 열광한 사람들이 떼를 이루어 황야를 행진하고 담을 무너뜨렸다. 크로크의 아들 중 한 명이 권총을 들고 나타났지만, 황야 사람들은 그에게서 총을 빼앗고 그에게 매질을 가했다. 공통인[평민]들은 보름달의 빛을 받고, 얼굴에 검은 칠을 하고, 여자 옷을 차려입은 채 담, 울타리, 다리, 문 ― 인클로저의 모든 하부구조들 ― 을 파괴하기 위해 앞으로 나아갔다.

고등 보안관, 옥스퍼드셔 민병대, 처칠 경의 기마 용병대가 소집되었다. 그러나 주민들은 압도당하지 않았다. 그들은 오래된 관습에 따라 오트무어의 경계를 총력을 다해 순회하기로 결정했다. 9월 6일 월요일, 오트무어 마을에서 500명의 남성, 여성, 어린이가 모였으며, 다른 지역에서 500명 이상의 사람들이 더 합류했다. 오트무어의 공통인[평민]들은 "예전의 관례대로 오트무어의 전체 둘레를 순회할 것이며, 야간 출격을 중지하고 대낮에 진로를 방해하는 모든 담들을 점유하고 철거하기로 결정했다. … 낫, 자귀, 밀낫, 더킷들로 무장한 그들은 7마일이나 되는 오트무어의 경계를 따라 행진하면서 모든 담들을 파괴했다."[57] 낫reap-hook 은 모두 알다시피 망치와 낫의 소비에트 상징에서 쓰인 낫sickle이다. 밀낫은 짧은 손잡이 대신 긴 손잡이가 있고 나뭇가지를 둥글게 하거나 산울타리의 가지치기에 사용된다는 점을 제외하고는 낫과 비슷하다. (나는 더킷ducket이 무엇인지 모른다. 옥스퍼드 영어사전은 그 항목을 이해하는 데 도움이 되지 않는다.) 이런 다양한 연장들로 무장한 1천 명의 사람들이 계속 모든 걸 점유해 나가면서 힘과 자존심을 인상적으로 과시했다. 수레바퀴 제조인, 모자 제조인, 건초 상인, 그리고 슬레이트공, 제화공, 제빵사, 재단사, 푸주한, 바구니제작자, 벽돌공, 배관공, 마부 ─ 이와 같은 촌락 기술공들의 진용은 눈에 확 띄었다. 공통인[평민]들이 조직되었다. "오트무어의 왕"이 서명하고 "오트무어의 안뜰에 뿌려진" 전단지는 공통인[평민]들에게 소집을 요구했다. 그리고 7개의 촌락과 전체 인근에서 공통인[평민]들이 모여들었다.

물론 보복의 움직임도 있었다. 60명 내지 70명의 공통인[평민]들이 기병대에 붙잡혔고, 44명이 기마 의용병yeomary의 호위를 받으며 옥스퍼드 감옥으로 보내졌다. 그러나 시위는 세인트 자일스 박람회 당일에도 일어났다. 거리는 사람들로 붐볐다. "오트무어여, 영원하라!"라는 외침이 울려 퍼지자, 군중들은 그 소리에 맞춰 사방에서 벽돌, 막대기, 돌을 던졌다. 44명의 죄수들이 전원 탈출했다. 수천 명이 참석했으며, 20명의 군인은 전의를 상실하고 도망쳤다. 폭동 혐의로 두 사람에 대한 기소장이 발부되었지만, 배심원단은 만장일치로 사면을 권고했다.

법은 사람들을 가두어 놓지,
공통장[공유지]에서 거위를 훔치는 사람들을.
하지만 더 나쁜 놈들은 풀어주지
거위에게서 공통장[공유지]를 훔치는 놈들을.

제임스 보일은 1821년까지 거슬러 올라가 이 시구들을 찾아냈다. 이 시구들은 에노[58]나 월탐 숲의 인클로저 기도에 대한 지원을 막기 위한 경고문으로서 플래이스토우의 한 전단에 실려 있었다.[59] 순진한 경구jeu d'ésprit라고 불리는 이 시구는 바로 그 용이함으로 인해 우리로 하여금 가장 중요한 두 가지 주제, 즉 감금과 보상을 간과하게 만들 수도 있다. 오트무어를 인클로저하는 의회 법령을 만들려는 크로크의 첫 번째 시도에 공개적으로 반대한 사람은 권세 있던 애빙던 경이었다. 18세기의 지도급 휘그당원인 애빙던은 거주자는 아니었다. 그럼에도 불구하고 그는 수백 명의 가족이 "지금 누리고 있는, 황야에서 거위를 키우고 사육할 수 있는 권리"에 의존하는 생계수단을 잃게 될 것이라고 주장했다.[60]

샐리 알렉산더는 1970년 2월 러스킨 대학에서 열린, 잉글랜드 최초의 여성해방회의를 조직했다. 쉴라 로보섬은 "완전히 새로운 종류의 운동이 표면으로 불쑥 모습을 드러냈다."라고 썼다.[61] 샐리 알렉산더의 조직력이 역사적 발견에서 영감을 받은 것인지는 알 수 없다. 그해 초 그녀는 두 번째 역사 워크숍 소책자인 『세인트 자일스 박람회, 1830~1914년 : 19세기 옥스퍼드의 대중문화와 산업혁명』을 출간했다. 새뮤얼은 "이 책이 현재 역사를 가르치고 있는 방식에 깃든 뻔뻔함을 약화시키는 데 일정한 기여를 할 수 있을 것"이라는 희망을 피력했다.[62] 그녀 자신이 '흥행사'show people의 후손이었던 알렉산더는 순회 흥행사의 추억이라는 형태로 지역 자료와 구술 역사를 결합했다. 이 두 가지 유형의 자료는 "진정한 대중적인 역사"로 이루어져 있었다. 박람회에는 카라반 쇼, 인형 부스, 인형극 공연, [주사위 던지기 등의] 행운 게임, 어린이를 위한 장난감, 생강과자 빵 매점, 이외에도 다른 많은 것들이 있었다. 알렉산더의 소책자는, ("인디언 질병"으로 불리는) 콜레라에 대해 경고하는, 1832년 9월 1일에 발행된 옥스퍼드 보건위원회의 인쇄체로 찍힌 다음과 같은 놀랄 만한 외침으로 시작된다.

세인트 자일스 박람회

경고와 충고

모든 술꾼과 난봉꾼에게, 그리고 사려 깊지 못하고

경솔한 남성과 여성 모두에게

무절제와 경솔함을 자제하기를 권고한다.

너무 늦게 오랫동안 앉아 있지 말기, 춤추지 말기, 흥청망청 떠들지 말기, 과식하지 말기 등등. 부스, 쇼룸, 서커스 방이나 널을 친 방의 어수선한 분위기 속에서 잡다한 혼성의 낯선 무리들을 조심하라. 빈둥거리는 시간이라는 전염병이 '바위와 벽돌 건물' 속에 숨어 있다. 그것이 목재, 양털, 대마의 인클로저들의 재료 속에서 얼마나 지속될 수 있는지는 말할 수 없다. … 현재의 쾌락을 사는 데 너무 큰 대가를 치를 필요가 없다고 생각하는 사람들은 모두 조심하라. 죽음은 방탕하고 무절제한 사람들 ― 경솔한 사람들, 무모한 사람들, 무분별한 사람들 ― 에게 가장 확실하고 빠른 화살을 쏜다.

정치경제학 교수인 로이드와 옥스퍼드 보건위원회 모두 가난한 사람들과 그들의 대항문화를 거리낌 없이 비난했으며(우리는 알렉산더의 증거에 근거하여 이렇게 말할 수 있다), 노동자의 죽음을 예견했다. 그들은 노동계급이 훗날을 기약하는 계획을 세울 수 없다고 단언했다. 알렉산더는 "박람회의 가장 강력한 특징 중 하나는 무정부주의적 가능성에 대한 느낌이다. 존엄과 지위라는 일상적인 고상함은 군중의 혼잡함 속에서 사라진다." 그녀는 또한 다음과 같이 쓰고 있다. "박람회는 통상적인 제약으로부터의 해방을 제시했다." "성적 모험의 가능성이 언제나 존재했다. … 단조로움 대신에 화려함이, 노동 대신에 자기표현이, 위계 대신에 평등이, 시시함 대신에 훌륭함이, 속박 대신에 자유가 [존재했다]."63

소들의 방목이 재개되었다. 일곱 개 마을 주민들은 목동을 임명했다. 몇 주 후 옥스퍼드셔에서 스윙 반장의 폭동이 발생하여, 증기동력 탈곡기가 파괴되었다. 필립 그린은 굴뚝청소부이자 옥스퍼드셔의 인클로저와 기계화를 반대하는 지도자였다. 그는 "참전용사"였고 "두려움이 없었다." "그들은 충분히 오랫동안 억압했고 우리는 더는 참지 않을 것이다. 세계의 다른 지역에서 거대한 변화들이 일어나고 있고, 이제 우리가 여기에서 변화를 일으켜야 한다. 균등하게 분배되기만 한다면 이 나라에는 돈이 풍부하다. 부자는 오랫동안 충분히 자신들이 하고 싶은 말을 했다. 이제 우리 차례. 기계를 멈추어야 하고, 모든 사람에게 2실링의 일당을 주어야 한다."64

그린은 임금이 인상되지 않으면 공통인[평민]들이 "인근의 모든 기계를 부수고 노동자들이 일하는 것을 막을 것"이라고 예상했다. 크로크가 인클로저를 단행했던 대서양적 인물이었다면, 공통인[평민]이자 선원인 그린은 세계적인 일들을 의식하고 있었다. 그와 같은 선원들은 1831년 버지니아에서 일어난 터너65의 반란이나 같은 해 자메이카에서 샘 샤프[66]가 이끄는 2만 명의 노예들이 일으킨 대규모의 크리스마스 반란에 특별한 관심을 기울였을 것이다.

1830년은 인클로저 법령이 발효된 지 15년이 되는 해였다. 오트무어의 반란은 2년 동안 더 지속했다. 레이니가 요약한 것처럼, "오트무어는 다소 영구적인 점령을 통해 유지되었다."[67] 콜드스트림 근위대의 파견대가 이 지역에 급파되었다. 1831년 8월 내무성은 런던 경찰을 파견했다. 1831년 9월의 교회 문 폭동은 공격을 조직할 수 있는 지역 주민들의 능력을 보여주었다. 공격의 와중에 인클로저 작업의 지급 수익률 통지서가 철거되었다. 그 통지서를 제자리에 두려고 시도한 경찰관이 돌에 맞았고, 그는 성직자의 집으로 도망쳤다. "빌어먹을 시체도둑놈들."이라는 외침 소리가 들렸다. 이게 무슨 뜻일까?

당국이 "목 졸라 죽이기"burking[68] ─ 사람들, 특히 젊은이들을 납치하여 목 졸라 죽인 뒤 시신을 의과대학에 팔아 치우는 소름 끼치는 관행 ─ 에 연루되어 있다는 믿음이 널리 퍼졌다. 이러한 관행은 1829년에 교수형을 당한, 에든버러의 시체도굴범 윌리엄 버크의 이름을 따왔다. 1831년 런던의 500명의 의대생들은 해부학 훈련을 위해 각각 3구의 시신, 즉 1년에 약 1,500구의 송장이 필요했을 것이다. 당시 런던에서는 시체도둑질을 하는 7개의 시체도굴단이 번성했고, 그중의 한 사람인 존 비숍은 500~1,000명의 시신을 판 경력을 지니고 있었다. 시인 토머스 후드는 대중의 불안을 다음과 같이 표현했다.

시체도둑들, 그들이 왔다네
그리고 나를 낚아챘다네.
그들은 매우 거친 사람들이라네
몸뚱이를 그대로 내버려 두지 않을 거라네.

1831년에는 또한 런던 경찰청이 설립되었으며, 천 명이 넘는 제복을 입은 무장한 사람들이 런던 거리를 순찰했다. 그들은 미움을 받았으며, 많은 사람은 이를 두고 상비군 금지를 위반한 것으로, 위헌이라고 생각했다. 따라서 토지를 탈취하는 것과 시신을 탈취하는 것은 밀접하게 연관되어 있었는데 그 이유는 어렵지 않게 알 수 있다. 사실 오트무어에서 일어난 사건이 있은 지 몇 달 후, 세 명의 시체도굴범이 이탈리아 소년을 살해한 혐의로 런던에서 체포되었다.[69] 이 행위에 대한 공포가 급속히 확산되면서, 많은 사람은 런던의 저명한 다수의 의과대학 외과 의사들과 경찰이 동맹을 맺고 있는 것으로 생각했다.

공통인[평민]들은 보름달이 뜰 때마다 황야에 나타나서 담들을 부수었다. 1832년 1월 지방 치안판사는 멜버른 경에게 "오트무어 인근의 모든 마을은 가장 폭력적인 감정에 다소 감염되어 전혀 신뢰할 수 없습니다. …마을의 분위기는 법을 공개적으로 무시하는 분위기입니다."라고 편지를 썼다. 경찰들은 무력했고 더 많은 군인들이 파견되었다. "정부가 파견할 수 있는 어떤 군대도 오랫동안 계속 머물러서는 안 되지만, 사람들과 군대 간의 부적절한 결합 가능성을 방지하기 위해서는 병력의 연속[적인 파견]에 주의해야 한다."[70] 이것이 혁명을 가로막는 방식 — 형제애 금지 — 이었다.

◇

맑스는 정치경제학에 관한 자신의 연구가 "사람의 감정 중에서 가장 맹렬하고 가장 저열하며 가장 추악한 감정, 즉 사리사욕이라는 복수의 여신을 전쟁터에 적으로서 소환"[71]한다는 점을 잘 알고 있었다. 맑스는 『자본』의 초판 서문에서 "영국 성공회는 자기의 신앙조항 39개 중 38조를 침해하는 것은 용서할지언정 자기 수입의 39분의 1을 침해하는 것은 절대 용서하지 않을 것"[72]이라고 썼다. 16세기의 "종교" 전쟁이라고 불리던 시기에 엘리자베스 1세가 제정한 39개 조항의 본문을 맑스가 검토했는지는 분명하지 않다. 사실 38번째 조항은 다음과 같이 쓰여 있다. "그리스도인의 부와 재산은 그 권리와 명칭과 소유에서, 재세례파 사람들이 거짓되고 과장하여 말하는 것처럼 공유물이 아니다." 이렇게 반反코뮤니즘은 잉글랜드를 확립하는 교리의 필수적인 부분을 형성했다.

맑스가 글을 쓸 당시, 권력의 입구는 재산이 있는 사람들에게만, 그리고 잉글랜드 교회의 성체배령자들에게만 열렸다. 잉글랜드의 역사를 살펴보면, 윌리엄 코벳이 가장 잘 묘사한 것처럼, 종교개혁까지 거슬러 올라가는, 종교와 인클로저 사이의 오랜 연관성이 존재한다.[73] 맑스가 보기에, 이렇게 토지에서 사람들을 분리하는 것 — 그는 이것을 원시축적 또는 근본축적 또는 시초축적이라고 불렀다 — 은 "원죄가 신학에서 하는 것과 동일한 구실"[74]을 했다. 치안판사의 붉은 천과 제사장의 검은 색 통상복이 옥스퍼드에서 결합되어 오트무어를 인클로저했다. 영국 성공회의 성직자 4명 — 베클리의 목사, 오딩턴의 교구 목사rector, 찰튼과 노크의 교구 목사들vicars — 은 인클로저의 강력한 지지자였다. 두 명은 인클로저의 위원이 되었는데, 실제로 1,700명의 사람들에게서 땅을 빼앗아 78명에게 다시 양여했다. 대부분의 땅은 성직자들과 옥스퍼드 대학교의 세 곳 — 발리올, 오리엘, 막달레나 — 으로 넘겨졌다.[75]

로이드는 교수였을 뿐만 아니라 영국 성공회의 성직자이기도 했다. 그의 사유재산 관계나 옥스퍼드 대학이 오트무어 인클로저 법령을 둘러싼 투쟁과 맺은 관계를 추적하지 않고도, 그의 주장들이 공통인[평민]들의 투쟁, 야간 및 주간에 일어난 투쟁, 오래된 투쟁과 최근의 투쟁, 도시의 투쟁과 지방의 투쟁에 대한 대응이었음은 분명히 알 수 있다. 그 이전의 맬서스와 그 이후의 하딘처럼, 그는 인클로저를 하는 사람이었지 공통인이 아니었다. 맬서스가 "적극적인 억제책"에 관심이 있었던 것과 마찬가지로, 로이드는 "억압받는 존재"에 관심이 있었다. 그러한 관심은 자신들의 생존수단을 보호하고 확장하려는 일반 대중의 필사적인 시도에 대해 범죄적인 지배계급이 취한 잔인한 대응이었다. 그와 동일한 자동적인 반응이 생물학자 하딘에게서도 나왔다.

◇

세계에서 가장 오래된 곳들 중의 하나인 이라크에서는 갈대의 사람들에 대한 공통장 수탈이 자행되었다.[76] 그들의 습지는 사담 후세인과 미국의 점령하에 고갈되었다. 마찬가지로 아프가니스탄에서의 토지 공통화는 고대의 관행으로서, 1814년 엘핀스톤[77]은 이것을 게르만적인 공통장에 관해 타키투스가 설명한 것과 비교했다. 맑스의 피와 불의 문자에 우리는 이제 수탈의 수단인 폭탄과 무인

항공기를 추가해야 한다. 우리는 이 수탈 및 전쟁 등과 유사한 것들을 리비우스의 냉소주의와 비교할 수 있게 되었다. "호민관들은 원로원이 할 수만 있다면 평민들에게 군복무를 강요하여 전쟁터에서 목숨을 잃게 하는 등 의도적으로 평민을 괴롭히고 있다고 지적했다. 그들의 주장에 의하면, 원로원이 이처럼 평민들을 국외로 파견하려고 하는 것은 두려움 때문이라는 것이었다. 원로원은 평민들이 본국에서 평온한 삶을 누리면 금지된 사항들, 즉 자유, 경작할 수 있는 자신의 농장, 공유지 배분, 양심에 따라 투표할 권리 등을 생각하게 된다는 것이었다."[78]

◇

1920년대에 오트무어는 폭격 연습장이 되었다.

◇

아래로부터의 역사는 『한여름 밤의 꿈』에서 직조공 보텀이 표현한 것처럼 우리가 벽의 틈에 주목할 것을 요구한다. 우리는 벽의 완성이 아니라 그 갈라진 틈에 주의해야 한다. 피라무스와 시스비의 이야기는 무엇보다도 오늘날 이라크를 포함하는 무대에서 일어난다. 오래전에 일어났고 멀리 떠났던 것들이 집으로 돌아왔다. 존 버거는 "'벽'은 오래전에 계급전쟁이라고 불리던 것의 최전선이다."라고 말했다.[79] 〈브리스톨 급진사학그룹〉은 우리가 역사 워크숍의 전통을 잊지 않도록, 여러 가지 방법, 특히 소책자 시리즈로 이를 새롭게 만들었는데, 이 출판물들 중 두 권은 인클로저와 그에 대한 저항을 다루었다.[80] 이 책들은 구체적인 것이 추상적인 것의 적일 때, 그리고 역사가(즉 사람들의 기억을 떠올리는 사람)가 투쟁하는 사람들에게 복무하는 문화 노동자일 때, 이 지상의 실제 역사에 다시 생명을 불어넣는다.

앤아버에서

2012년 가을

10장

와트 타일러의 날 : 영국의 노예해방기념일

미국의 역사에서 노예해방기념일Juneteenth은 해방이 선언되고 2년 6개월이 지난 후에 그 소식이 마침내 텍사스에 도착한 날인 1865년 6월 19일이었다. 이러한 사실은 영국의 역사에서 이와 비슷한 날인 6월 15일, 일시적인 해방에 관해 생각하게 한다.

이날은 1215년 6월 15일 존 왕이 맹세한 마그나카르타의 기념일이다. 이날은 또한 다른 헌장의 기념일이기도 하다. 이 기념일은 1381년 6월 15일 암살당할 때까지 농민 반란의 지도자였던 와트 타일러가 제안했다. 잉글랜드의 민중들은 6월 15일이 마그나카르타를 기억하기 위한 국경일이 되는 것을 선호했지만 — 누가 알겠는가? — 어떤 사람들은 와트 타일러 그리고 속박과 인두세에 대항한 위대한 봉기를 생각하고 있었을지도 모른다. 농민 반란은 우리가 실제의 공통장과 그 행위자들, 진정한 공통인들을 기억하는 데 도움이 된다. 6월 15일이 마그나카르타를 축하하는 날이 될 수도 있지만 와트 타일러의 이름을 따서 명명되어야 하는 이유가 바로 이것이다.

나는 영국의 브리스톨에서 경제학자, 항공우주공학자, 철학자, 인류학자 등과 밤새 모임을 하고 있었다. 우리는 21세기를 위한 선언문의 밑그림 — 공통장을 선언하기 — 을 그려보려 하고 있었다. 우리 백인이 모두를 대변할 수 있는 사람인가? 자기 의심이 우리 머릿속을 맴돌았다. 우리의 꿈과 열망에서 가장 좋은 것을 위협하는 것은 이기심, "백인 신분"whiteness, 학문적 허영심의 혼합이었을까? 우리는 "계급"과 "공통장"을 다루는 데 어려움을 겪었으며, 우리가 다른 사람을 위해서가 아니라 다른 사람들과 함께 이야기 할 수도 있다는 생각은 들지 않았다.

이런 종류의 혼란은 전에도 분명히 있었을 것이다. 내 동료들은 오래전에 사라진 과거 속으로 나를 따라 들어가려 하지 않았다. 그래서 아침에 나는 기차를 타고 서부 미들랜드를 지나 우스터로 가서 한때 코뮤니스트였던, 고故 E.P. 톰슨의 아내였던, 관대하고 친절한 도로시 톰슨을 방문했다. 그녀는 차티스트 운동을 연구하는 저명한 학자다. 여기에서 차티스트 시대(1830년대)의 노래를 들어보자.

옛날의 타일러를 위해,
진심어린 합창소리 대담하게,
노동자의 아이들이 노래하게 하라.

사람들의 기억을 환기하는 사람들[역사가]인 톰슨 부부는 항상 과거를 진실하게 현재로 가져와 수천 가지 방법으로 우리에게 도움을 주었다. 기차는 내가 1971년 톰슨 부부와 함께 지냈던 몰번[1] 언덕을 지나갔다. 6월의 어느 화창한 날, 이탈리아 동지를 포함해 여러 명의 친구들과 몰번 언덕을 걸어 올라간 기억이 난다. 정상에 올랐을 때 우리는 "잉글랜드의 녹색과 쾌적한 땅"의 서편(헤리퍼드와 슈롭셔)을 바라보았고, 이 혁명가 방문객(《로타 콘티누아》[지속적 투쟁][2]의 지지자이자 《포테레 오뻬라이아》[노동자의 힘][3]의 이론가)에게 이 아름다운 풍경 속에서 본 것이 무엇인지 물었을 때, 그는 "돈"이라고 간단하게 답해 나를 깜짝 놀라게 했다.

『농부 피어스』의 저자인 몰번 출신의 윌리엄 랭글런드[4]는 이것을 완벽하게 이해했을 것이다. 랭글런드는 1370년대의 우화적 풍자를 통해 성직자의 부정과 법의 속임수를 비난했을 뿐만 아니라 특별히 페니 왕[화폐 왕]을 겨냥했다. 프랑스와의 전쟁 자금 조달을 위해 성인 인두세가 부과되었으며, 1381년 6월 봉기 직전에 성인 1인당 1그로트의 인두세(1그로트는 4펜스)가 징수되기 시작했다. 윌리엄 랭글런드는 런던으로 와서 아내 키트와 함께 가난하게 살았다. 성직자 교육을 받은 그는 밤샘하고, 기도문을 암송하고, 부유한 사람들을 위한 기도를 함으로써 생계를 꾸려나갔다. 그렇지 않을 때는 그는 동냥 그릇을 내밀었다. (그의 말에 따르면) 신장 때문에 들판에서 허리를 굽히고 하는 일에 부적합했다는 것이다.

이 시는 57개의 필사본이 보존되어 있으며, 그중 17개는 1400년 이전에 제작되었다. 인쇄 시대보다 1세기 앞선 시기에 발표된 이 시는 낭송을 목적으로 한 것이었으며, 『농부 피어스』라는 이름은 1381년 위대한 농민 반란이 일어났을 때 저항 세력에서 따왔다는 말이 있었다. 거의 동시대에 번역된 존 위클리프[5]의 영어 성경과 마찬가지로, 롤라드들[6]은 원고들을 배포하고 내용을 웅얼거리거나 중얼거렸다. 평민[하층계급]의 발언은 항상 지배계급의 귀에 거슬렸으며, 평민이 하는 말이 영어이고 지배계급이 하는 말이 라틴어이거나 노르만-프랑스어였던 당시에 특히 더했다. 평민[하층계급]의 중얼거림은 도무지 이해할 수가 없었고, 어쩐지 '라, 라, 라와 같은 소리로 들렸으며, 어쨌든 그런 연유로 이 기독교인들은 롤라드라는 이름을 얻게 되었다.

윌리엄 랭글런드는 공통장에 관해 낙관적인 자신감을 가지고 말했다. "인간에게 지성은 물, 공기, 불과 같아서 사거나 팔 수 없습니다. 천국의 아버지가 지구상에서 공유하게 만든 네 가지가 바로 이것들입니다. 그것들은 진실의 보물이며, 정직한 사람들은 모두 무료로 사용할 수 있으며, 아무도 하느님의 뜻을 거슬러 그것들에 무엇을 추가하거나 그것들을 축소할 수 없습니다."

코뮤니즘은 이론적(이상적)이거나 실천적(관습적)일 수 있다. 그것은 "모든 것을 공통으로 소유하기"의 이념이다. 그렇다, 이 문구는 존 위클리프의 영역본 성경(사도행전 2:44)[7]에 나타난다. 위클리프는 1374년의 글에서 같은 내용을 주장했다.[8] 이러한 주장은 이론적이며, 우리는 이를 현실적인 것the actual과 대조한다. 현실적인 것이 1380년대처럼, 또 1540년대, 1640년대, 1790년대처럼, 또는 우리 시대처럼 위협을 받거나 파괴될 때, 사람들은 다른 것, 즉 꿈, 이론, 이상, 희망, 환상, 유토피아, 신학으로 구성된 어떤 것을 떠올리게 된다. 그리고 우리는 맛시모 데 안젤리스가 말한 것처럼 역사의 시작을 현실주의적으로 상상할 수 있다.[9] 냉전

시대의 사회민주주의자들은, 다른 어떤 것보다도, 합리적인 노동자와 비실천적인 지식인을 대조함으로써 코뮤니스트들과 구별되었다. 이러한 구별은 1957년에 숙련공과 농민이 "제한적인 현실적 목표들에" 관심이 있었다고 주장한 노먼 콘에게 영향을 미쳤지만, 존 볼 같은 성직자나 존 위클리프 같은 학자들은 "평등주의적인 자연 상태라는 환상" 혹은 "교리"를 홍보했다.

빅토리아 시대의 역사가, 교수, 주교인 스터브스[10]는 『영국헌정사』에 "공통장의 부상이 우리 역사 전체에서 발견할 수 있는 가장 중대한portentous 현상들 중의 하나"라고 썼다. 그가 의미하는 것은 무엇일까? "중대한"은 미래에 대한 '두려움'과 '암시' 모두를 — 전조omen와 불길한ominous 모두를 — 의미한다. 그는 1871년 파리 코뮌 이후에 글을 쓰고 있었다. 그는 도시의 폭동을 두려워했을까? 런던의 코뮌을 두려워했을까? 코뮤니즘을 두려워했을까?

랭글런드는 이 가장 중대한 현상을 일으키는 사회 세력을 이해하는 데 도움을 준다. 『농부 피어스』는 다음과 같이 시작한다.

그리고 5월의 어느 날 아침, 몰번 언덕에서
마법처럼 놀라운 일이 나에게 일어났다. …
지위가 높은 사람과 낮은 사람, 온갖 부류의 사람들
그들 사이에서 나는 사람들로 가득 찬 공평한 들판을 보았다
세상이 요구하는 대로 노동하고 방랑하는.

서사序詞는 위계와 계급구성의 주제로 시작된다. 일하는 사람들과 방랑하는 사람들. 우리는 망치와 낫이 상징하는 도시와 농촌의 적대로 계급구성 작업을 시작했다. 어떤 상황에서 농민들은 도시의 노동자들과 동맹을 맺을까? 하지만 랭글런드가 우리에게 고찰하라고 요구하는 긴장은 노동과 방랑 사이에 있다. 노동은 속박의 형태로 이루어져 있고, 노동자들은 노예thralls/slaves, 시골뜨기restics, 촌뜨기churls, 농노villeins/serfs 등으로 다양하게 불렸다. 그들은 강제로 일을 했다. 인구의 절반 이상이 소규모 자작농으로 구성되어 있었으며, 대략 쟁기 작업조를 소

유한 사람들과 살기 위해 고용되어야 하는 사람들로 나누어져 있었다. 그가 말한 사회의 문제는 노동력의 가격과 조건에 관한 것이었다. 임금 인플레이션으로부터 방랑 즉 사회적 이동성으로의 전환은 1360년대의 도덕적 공황(의 양상)이었다.

1347~1350년의 흑사병으로 잉글랜드의 인구는 감소하였고(3분의 1이 사망했다), 세 개의 가혹한 인두세로 인해 잉글랜드의 부는 고갈되었으며, 프랑스와의 백년 전쟁으로 인해 농촌의 경제는 파산하였다. 그리고 잉글랜드는 인기가 없었던 랭커스터의 공작, 곤트의 존이 이끌었다. 노동자조례[11]를 지키지 않으면 투옥한다고 위협하면서 노동자들이 저임금으로 일하도록 의무화했다. 지방세rates는 다음과 같았다. 잡초 제거나 건초 만들기에는 하루에 1페니, 수확하는 사람들에게는 하루에 5펜스, 잔디를 깎는 사람들에게는 하루에 5펜스, 기와장이에게는 하루에 3펜스 그리고 그들의 아이들에게는 1페니 반, 지붕을 이는 사람들에게는 1페니 등이 부과되었고, 음식이나 음료에는 부과되지 않았다. 14세기의 노동자조례는 모든 "그리 중요하지 않은 고용인들과 견습생들뿐만 아니라 기술공들과 장인들"이 옥수수를 자르고 모으고 가져오는 수확에 봉사해야 한다고 요구했다. 마찬가지로 "동정이나 자선을 구실로" "건강한 걸인"에게 무엇인가를 주거나 "게으른 사람들을 소중히 여기는[자비를 베푸는]" 사람들에게는 투옥이 기다리고 있었다. "소중히 여기다"cherish라는 동사는 우리를 생각에 잠기게 한다. 중세 시대에 거지는 성스러웠다.

시골 농부들과 도시 장인들은 세금 징수원들과 교활한 법률가들에 맞서 그들의 공통장을 방어하기 위해 봉기했다. 군사적 재난과 전쟁 과세의 결합은 불안을 행동으로 전환시켰다. 한 세금 징수원이 와트 타일러의 딸에게 치근댔다. 1790년대에 토머스 페인, 로버트 사우디[12], 윌리엄 블레이크는 이 봉기에 관해 설명하면서 이 사건을 핵심적인 내용으로 다루었다. 토머스 페인은 1792년 2월에 출판된 『인권』 2부에 와트 타일러에 관한 중요한 각주를 추가했다. 그것은 「방법과 수단」이라는 장에 속해 있었는데, 페인이 보기에 타일러가 세금에 대한 성공적인 반역자였다는 점을 제외하고는, 언뜻 이러한 주제의 제시는 의외로 느껴진다. "외국과의 전쟁 및 외국 지배에 대한 열망"이 1688년 이후 왕국을 뒤덮은 이래로 특히 세금이 엄청나게 증가한 것과는 대조적으로 타일러 시대의 민중들은 "단연코 [세금] 부과를 순순히 받아들이지 않을 사람들"이었다. 따라서 타일러는 반전反戰과 반제국주의의 선조다. 또한 타일러는 폭정이 미치는 범위, 자신의 딸이 세금 징수원에게 당한 부적절한 조사에 대해 구체적으로 설명한다. 이것들은 억제되지 않은 권력의 심도 있는 사례를 제공해 주었다. 타일러는 망치를 들어 세금 징수원의 머리를 내리치면서 모든 "이웃의 불만 사항들을 매듭"지었다. 국왕의 포고에 따라 페인의 책은 전복적인 내용이라는 이유로 금지되었고 그는 범법자로 취급당했다. 페인의 적수였던 버크[13]의 대답에 따르면, "민중들"은 "야수들", "탈영병과 방랑자의 해체된 패거리"였으며, 존 볼은 "선동의 장로"였다.[14]

윌리엄 블레이크는 와트 타일러를 혁명적 시기에 한 번, 그 이후에 또 한 번, 이렇게 두 번 묘사했다. 첫 번째 시기는 1797년으로, 그의 그림은 출판인 조지프 존슨[15]의 의뢰로 찰스 앨런의 『새로 쓴 증보판 잉글랜드사』(1798)에 삽화로 수록되었다. 두 번째는 20년 후인 1819년이었다. 첫 번째 삽화의 이름은 〈와트 타일러와 세금 징수원〉이다. [삽화에는] 땅 위에 죽어 있는 세금 징수원, 두려움에 두 팔을 올린 채 현장에서 도망치는 타일러의 딸, 공포에 질려 뒤를 돌아보는 그녀의 머리, 도망치는 속도에 맞춰 나부끼는 그녀의 옷, 시체 위에 다리를 벌리고 서 있는 젊고 강건한 와트 타일러, 살짝 들어 올린 팔과 뒤로 젖힌 팔꿈치, 손에 든 망치, 자기 자신의 행동에 놀란 표정으로 아래를 내려다보는 그의 머리가 그려져 있었다. 사우디가 배교자라면, 블레이크는 시인이다. 사우디가 혁명의 이념에 대한 충성을 포기했다면, 블레이크의 충성심은 더욱더 깊어졌다.

와트 타일러에 관한 두 번째 묘사는 타일러의 목과 머리를 연필로 그린 그림이다. 이 그림의 제목은 〈1819년 10월 세금 징수원의 머리를 때릴 때의 환영으로부터 윌리엄 블레이크가 그린 와트 타일러〉다. 이것은 그의 "선지자의 두상화"[16] 중 하나였다. 이것은 점성가인 존 발리와 함께 수행한 흥미로운 교령회[17] 및 실험의 결과였다. 자정에서 이른 아침 서너 시 사이에 그들은 어둠 속에서 유령을 기다리고 있었다. 그는 소크라테스, 헤롯 왕, 모하마드, 볼테르 — 그리고 와트 타일러와 같은 죽은 자의 환영을 스케치했다. 그림은 다음처럼 분명하게 눈에 띄는 이미지를 보여준다. 턱에 난 수염, 총명한 눈, 공포가 아닌 이글거리는 분노로 벌어진 입, 맑고 집중하는 눈, 우아한 눈썹, 굳센 목, 불꽃처럼 곱슬곱슬한 머리카락. 이것은 혁명의 나날에 활활 타오르는 형상을 한 상상의 괴물Orco이다.[18]

이동성과 안정성 사이의 긴장은 공통장 내에서 팽팽하게 유지되었다. 농부 피어스는 안정성에 해당하는 인물이다. 그의 안정성은 쟁기를 잡은 손, 곧은 고랑을 계속 주시하는 눈으로 대표된다. 그는 매일의 노동을 따른다. 그는 계절의 리듬에 맞춰 살아간다. 제프리 초서[19]는 농민반란 기간에 런던에 있었지만 『캔터베리 이야기』를 세상에 내놓을 때까지 때를 기다리며 당국과 저항 세력 모두에게서 몸을 사리고 있었다. 이동성의 인물은 방랑자, 즉 빈둥거리거나 게으르거나 늑장 부리는 사람, 여유롭게 휴식을 취하는 사람이다. 이들은 부분적으로 롤라드Lollard와 겹치는데, 한편으로는 이단이라고 조롱당했으나, 다른 한편으로는 환자들을 돌보았다. "지로바게"gyrovage는 수도원을 떠돌며 한뎃잠을 자고 종교적인 것을 일상생활 속으로 끌고 들어온 떠돌이 승려, 즉 히피였다. 존 볼은 떠돌이, 부랑자, 쓸모없는 사람으로 경멸받는 탁발 수사, 평신도 수행자였다. 돕슨은 그를 "성직자 프롤레타리아"의 일부라 부르고, 윌리엄 모리스는 "울타리 목사"라 불렀다. 프랑수아 비용[20]은 이런 유의 사람들 중에서 가장 유명하며, 히피족과 비트족 모두에게서 존경받았다. 존 볼의 편지는 광고용 인쇄물로 제작되어 공공장소에 붙여졌다. 없어지지 않고 남아 있던 편지들이 "교수형에 처할 남자의 옷 속에서" 발견되었다.

2008년에 우리는 누구를 위해 연설을 했던가? 1381년은 부르주아 개인주의, 근대적 자아, 시민적 이름이 탄생한 해였다. 세례, [신앙]고백, 결혼에 관해서는 하나의 이름이면 충분했다. 그러나 "시민사회" — 과세, 군 복무, 재산의 상속 — 에 관해서는 또 다른 것이 추가되었다. 남자는 무엇이며, 사람은 무엇인가? 이 질문은 반란의 중심에 있었다. 존 볼은 평등에 대한 교묘한 공언과 감독 제도에 대한 미묘한 전복으로써 이 수수께끼에 관해 설교했다.

아담이 경작을 하고 이브가 길쌈을 할 때,

누가 도대체 귀족이었단 말인가?[21]

에드먼드 버크는 이 구절이 "인류의 평등에 관한 모든 근대의 연구에 버금가는 수준이며, 그것들을 넘어서는 한 가지 이점이 있는데, 그것은 각운에 있다."라고 말했다.[22] 그렇지만 이것조차 [그리] 오래 지속되지는 않았는데, 왜냐하면, 와트 타일러를 자신의 조상 중의 한 명이라고 믿는 로버트 사우디가 3년 뒤에 『와트 타일러』라는 3막의 극시를 썼기 때문이다. 이 작품은 다음과 같이 각운을 맞춘 대구를 이루고 있었다.

> 잉글랜드는 슬프게도 성장이 늦다네,
> 그 부자들은 가난한 사람들이 문 앞에서 구걸하는 것을 보고 의기양양해하네,
> 하지만 선한 성경에 따라 당신 앞에서 증명할 수 있다네,
> 신은 이 거래를 허락하지도 좋아하지도 않는다고,
> 하지만 아담이 경작을 하고 이브가 길쌈을 할 때,
> 누가 도대체 귀족이었단 말인가.[23]

이것이야말로 완전한 하나의 시대극이다. 이것은 미국 독립 선언서의 언어("당신의 신성한, 양도할 수 없는 자유")에 관해 언급하고, 귀족적인 목가의 순수함, 전기電氣에 대한 매혹("전기의 진실이 사람 사이로 전달될 것이다.")을 갖추고 있다. 이것은 "장기간 보류된 권리"를 태양에너지("태양이 [만물] 위에 똑같은 빛을 비추는 것은 아니다.")와, 그리고 코뮤니즘의 혁명적 단순성과 결합한다.

> 하지만 세상의 시간은 흥겹게 흘러가고,
> 사람들이 산사나무 열매를 따 먹을 때,
> 그리고 그대가 날 도와준다면 나 또한 그대를 도와주리
> 그리고 각자에게 재물을 차별 없이,
> 동등하게 나누라,

그는 이 작품을 출판하지 않았다. 그리고 평등에 대한 혁명적 신념을 배반하고 반혁명군에 가담해 계관시인이라는 보상을 받았다. 1817년에 적들이 사우디의 『와트 타일러』를 출간했으며, 그는 매우 당혹스러워했다.

『농부 피어스』는 이름짓기naming의 연속성에 관해 생각해 보게 만드는데, 우리는 이것을 정체성과 관련하여 읽을 수 있을 것이다. 어쩌면 이름짓기는 단지 은밀함에 관한 기술적 문제이거나 감시에 대한 회피일지도 모른다. 그것은 또한 경험의 문제이기도 하다. 노동은 14세기의 핵심적인 경험이었다. 이때는 잉글랜드인의 성姓이 근대적 형태로 자리 잡는 시기로서, 성은 상속할 수 있는 아버지 쪽을 따랐다. 이것으로써 등본 보유자에게는 대대로 임차권과 자유권이 승인되었다. 그리고 이것들을 통해 공통의 권리들common rights에 대한 접근, 즉 영지에 성을 붙이는 관례들이 과세와 부계 상속을 목적으로 도입되었다.

방랑하는 성직자인 존 볼과 기와공인 와트 타일러는 유명한 반란 지도자였다. 존 볼은 에식스의 평민commons에게 시가 딸린 편지를 보냈다. 이 편지는 장인들이 도시의 책략들을 경계하고, 단합하고, 농민에 대한 신뢰를 유지하며, 지배계급의 도둑들을 비난하고, 진실한 사람과 "그의 모든 동료들"의 지도를 따를 것을 권한다.

한때 요크 세인트메리의 성직자였고 지금은 콜체스터의 성직자인 존 쉡John Schep은 존 네임리스, 존 더 밀러, 존 카터를 맞이하여 그들에게 다음과 같이 명했다. 자치 도시의 기만을 조심할 것, 하느님의 이름으로 함께 설 것. 그리고 농부 피어스에게는 다음과 같이 명했다. 나가서 일을 할 것, 도둑 요정을 혼내줄 것, 존 트루먼과 그의 동료들을 데리고 가고 나머지는 데리고 가지 말 것.[24]

우리는 이제 편지의 두 번째 부분, 즉 위협적인 수수께끼로 시작하고, 슬로건을 포함하고, 신중하게 이어지며, 전체적으로 수행 담화, 짧은 신조, 혁명적 기도를 결합한 시에 이르게 되었다.

존 더 밀러는 작고도, 작고도, 작은 땅을 가지고 있다.

하나님의 아들이 모든 것을 지급할 것이다.

조심하라, 그렇지 않으면 비참해지리라.

적과 친구를 구분하라.

그만하고, '여보시오'라고 외치라!

그리고 더욱더 선행을 하고 죄를 피하라.

평화를 찾아서 그 안에 거하라.

그리고 존 트루먼과 그의 동료들을 위해 기도하라.

방앗간 일꾼은 당시 가장 선구적인 기계인 물레방아를 돌리고, 드물게는 풍차를 돌렸다. 더욱 중요한 것은, 농민이나 평민이 그에게 곡물을 가져가야 했으며, 그가 자신의 지위를 남용했다는 점이다. 식량이 부족했던 이러한 경우에 방앗간 일꾼은 정밀하게 측정하지 않고 대강 중량을 달아 [곡식을] 빻는다. 영양물질인 생명의 양식[빵]은 줄어들었고 인간의 물질[신체]은 왜소해졌다. 천국의 왕의 아들, 예수는 자신의 희생으로 이 모든 것의 대가를 치른다. 그의 자비는 매우 포용적이어서, 『농부 피어스』에 관한 설명에서 보는 바와 같이, '지옥의 정복' 속에서 저주받은 자에게도 생명을 부여할 것이다.

혁명적 전략은 성직자 존 볼이 보낸 격언이 담긴 편지에서 찾아볼 수 있다. 방앗간 일꾼 잭은 다음과 같이 말했다.

그대의 방아가 바퀴가 멀쩡하고 올바르게 돌아가는지, 기둥이 단단하게 서 있는지 보라. 정의와 힘을 가지고, 기술과 의지를 가지고, 힘might이 정의롭게right 유지되도록 하라. 기술을 의지에 앞세우라. 정의를 힘에 앞세우라. 그러면 우리의 방아는 올바르게 돌아갈 것이다. 그리고 힘이 정의를 앞선다면, 그리고 의지가 기술을 앞선다면, 우리의 방아는 고장 날 것이다[준비가 되어 있지 않을 것이다].25

그 기계는 집합적인 것의 힘으로 간주된다.

양치기shepherd, 마부carter, 방앗간 일꾼miller, 농부plowman는 무명씨 존John Nameless을 앞세운다. 익명성이 존중된다. 익명성은 정치적으로 필수였다. 그 시의 "저자"인 "윌리엄 랭글런드"가 이 경우에 딱 들어맞는다. 이 시에 드러나 있는 성직자에 대한 통렬한 비난이 발각되고 저자가 누구인지 알려졌다면 그는 중벌을 받았을 것이다. 하지만 익명성은 불완전하다. 표현되는 것은 또한 개별화 및 수탈 과정에 대립하는 집합성이다.

사람들에게는 유형이나 직업에 따라 이름이 붙여진다. 그러나 정의를 위한 투쟁에서 출현하는 새로운 정체성은 어떤가? 공통장의 승리는 새로운 종류의 인간[의 탄생]을 수반해야 한다. 어떤 종류의 인간인가? 중세 영어 단어인 "카인드"kynde가 단서가 될 수 있을 것이다. 왜냐하면, 이 단어는 무언가의 본성nature인 우애와 법 둘 다를 의미하기 때문이다. 불친절하다는 것은 자연스럽지 않고 잔인하며 외롭거나 자신이 속한 계급의 타인들과 어울림을 꺼린다는 것이다. 이것은 계급구성, 그리고 인간 종류human kind, 즉 인류mankind에서처럼 "카인드"kynde의 의미와 관계된다. 그것은 또한 우애, 즉 연대를 의미한다. 철학적으로 우리는 다음과 같이 결론 내릴 수 있을 것이다. 공통화라는 개념은 이를테면 계몽주의와 연관된, 또는 사회사에 의해 분명하게 된 농업적 관례와 연관된 자연법에 의존하는 개념이 아니라 세 번째의 지반과 연관된, 다시 말해 "카인드"의 법에 의존하는 개념이다. 프롤레타리아의 분기학分岐學은 계급-기반 윤리와 활동적인 상호성에 있어서 성적 및 인종적 분류와 다르다. 코언26은 14세기 초반 자료인 『부자와 극빈자의 대화』에서 다음과 같은 내용을 인용한다. "카인드의 법과 하느님의 법에 따라, 모든 것은 공통적이다."27 "카인드"의 개념은 "계급"이라는 우리[시대]의 개념과 관련이 있다.

E.P. 톰슨은 『영국 노동계급의 형성』을 세 부분으로 구성했다. 테제(18세기 자유로운-태생의 영국인), 반테제(산업혁명의 착취), 종합(노동계급의 의식)이 그것이다. 세 번째 부분은 해즐릿의 글에서 뽑은 다음의 모토로 시작된다. "민중은…과장된 성공 따위를 위한 반란엔 잘 나서지 않는 법이다."

윌리엄 해즐릿은 1817년에 「민중이란 무엇인가?」를 썼다. 이 글은 기아의 시대에 쓴 훌륭한 글이었다. 글의 제목과 글이 쓰인 연대는 중요하다. "민중이란 누구인가?"가 아니라 "민중이란 무엇인가?"다. 민중의 관심은 고관대작의 특권이 아니라 "공통적이고 평등한 권리"에 있다. 그는 묻는다. "수천 명의 부를 구성하고 있는 것은 무엇인가? [그것은] 수백만 명의 피, 땀, 눈물[로 이루어져 있다]." "우리는 민중들의 지성을 어디에서 발견할 수 있을까? 아니, 이때까지의 모든 지성은 그들의 것이었다." 민중들은 어떤 행동을 취할 수 있는가? 역사는 어떻게 움직일 수 있는가? "민중들은 짓밟힐 때까지 일어나지 않는다." 그는 성경, 셰익스피어, 밀턴을 가져와 "민중의 소리는 신의 소리"라는 자신의 테제를 뒷받침했다. 정부에 대한 엄청난 노여움과 혐오는 정부의 정신 및 형태에서 벗어나려는 힘이 갑작스럽고 폭력적으로 확장하면서, 또는 격식 있는 국가라면 불쾌하고 우스꽝스럽게 만들었을 오랜 권력 남용에 대한 맹목적이고 완고한 집착 때문에 발생한다. 미국은 전자의 사례고, 프랑스는 후자의 사례다. 와트 타일러가 딱 들어맞는 사례다. 그렇다. 그는 패배했지만 그가 맞서 싸웠던 불만들은 몇 년 후 제거되었다.

허구와 현실 사이에서 불확정적인 지위를 가진 사람들. 그들의 힘은 부분적으로는 이름이 없는 상태, 즉 이름을 붙일 수 없는 상태에 놓여 있다. 앤 미들턴[28]은 이를 두고 만들어진 이름들 그리고 즉흥적인[임시변통의] 정체성들이라고 불렀다. 방앗간 일꾼[밀러 씨]과 마부[카터 씨]는 농경 문명에 필수적이었다. 이 이름들은 사회의 주변부가 아니라 노동의 사회적 분업의 중심부에 호소한다. 그들은 정착민들과 이주민들, 노동자와 유랑자, "선량한 신민"과 "방랑자"를 연결한다.

잉글랜드의 사회사에는 이와 같은 "만들어진" 인물들이 많이 있었다. 존 트루먼[순수한 사람 존], 피어스 플로우먼[농부 피어스], 존 카터[마부 존], 와트 타일러[문지기 와트] 등이 14세기에 출현한 이러한 저항 세력이다. 16세기에는 로드 피티[동정심 많은 영주], 로드 파버티[가난한 영주], 캡틴 채러티[자애로운 대장]가 봉기를 이끌었다. 17세기에는 레이디 스키밍턴[소득을 숨기는 숙녀]이 그러한 역할을 했다. 19세기에는 수공업자들의 자객 영웅 캡틴 러드[기계 파괴 대장], 또는 농업노동자를 이끌었던 신비한 선동가 캡틴 스윙[여론을 좌우하는 대장] 모두 산업혁명의 중기기관에 의해 운명이 정해졌다. 푸른 나무처럼 이러한 세기들의 아치를 두르고 있는 것은 로빈후드[두건을 두른 로빈] 같은 사람이다. 그는 교묘히 잘 피해 다니고, 생태학적이고, 보복을 하고, 아름답고, 정의로운 사람이다.

농촌 사람들은 런던으로 행진했다. 한쪽은 에식스에서, 다른 쪽은 켄트에서 출발했다. 도시 노동자들은 문을 열고 다리를 비움으로써 농촌 사람들이 도시에 들어갈 수 있도록 했다. 런던의 민중들인 도제들 및 장인들과 며칠 동안 한뎃잠을 자고 굶주리고 갈증에 시달린 뒤 환대를 받을 준비가 된 진입하는 저항 세력들 사이에는 분명 공감이 있었다. 미국의 탈주 노예 사건의 피고인 석방과 견줄 수 있는, 그들이 취한 첫 번째 행동 중에는 감옥의 개방이 있었다. 이것이 실제로 작동했던 인신보호의 권리였다. 공통인[평민]들은 법률가들을 제거하기를 원했다. 그리고 군중들은 종종 감옥 문이 열렸을 때 탄압과 관련된 법률 문서를 수색해서 그것들을 봉기의 모닥불에 태워버렸다. 반란군 중 일부는 "법률가들을 없애기 전까지 토지는 속박에서 완전하게 벗어날 수 없을 것"이라고 생각했다. 켄트에서 온 평민들은 수요일에 사우스워크의 마샬시 교도소를 개방했다. 목요일에 그들은 플리트 교도소의 죄수들을 풀어주었다. 이어서 그들은 웨스트민스터 교도소를 부수고 죄수들을 석방했으며, 홀본을 통과해 뉴게이트 교도소를 부수고 문을 열었다.

켄트 반란군과 에식스 반란군은 1381년 6월 13일 성체성혈대축일에 상봉했다. 한여름은 전통적으로 수확기의 시작이며, 1년 중 가장 노동집약적인 시기다. 계절적 이동성이 두드러졌다. 성체성혈대축일 축제는 1317년 교황이 선포한 새로운 축제였으며, 성찬식 주최자는 높은 자리를 차지했다. 1350년대에 성체성혈대축일 형제회가 형성되면서 공을 들인 행렬이 야외에서 개최되었다. 역사학자 루빈은 "무질서의 요소, 사람들로 북적거리는 흥분은 다양한 방식으로 스며들고 분출되었다."라고 말한다.

기독교인의 핵심적인 의식儀式은 제자들과 함께한 예수의 최후의 만찬을 축하하는 모임 또는 성찬식에서 일어난 기적이다. 그는 빵을 들어 올려서 "이것을 하나의 상징으로/기억으로/내 몸으로 먹으라."라고 말했다. 농부들은 이 성찬식

mystery을 정반대로 쉽게 해석할 수 있다. 그들은 이것을 (빵을 몸으로 성변화^聖^{變化}하는) 소비의 사제적인 성찬식이 아니라 풀베기, 밭 갈기, 김매기, 써레질하기, 가을걷이, 수확하기, 묶기, 타작하기, 운반하기, 제분하기, 반죽하기 등의 노동을 통해 몸을 빵으로 성변화하는 집단적인 생산 행위로 해석한다.

육체와 영혼을 함께 유지하는 것은 협력적인 노동이었고 누구나 볼 수 있었다. 공동경작지 농경에서의 '토지 대상 분배'는, 목초지와 동격인 쟁기를 공유하기 위해, 갈다 남은 이랑의 땅을 사용하기 위해, 황야를 분배하기 위해, 무엇보다도 이삭을 줍기 위해 집중적인 임시 협력이 필요했다. 조례는 "공통의 동의"에 의한 것이었고, 봉건제보다 더 오래된 관습에 의존했다. 경보 소리를 듣고 들판에 모인 공동체들, 근처 사람들이 큰길과 샛길을 관통해 행진할 때, 그들은 긴 손잡이가 달린 쇠스랑의 갈퀴에 빵을 높이 매달아 들어 올렸다. 추수를 축하하는 축제는 승리나 패배가 결정되는 엄숙하고도 신성한 순간이었다.

목요일에 그들은 "모든 종류의 농노제로부터 자신들을 해방하는 헌장"을 요구했다. 금요일에 평민들commons은, 스포츠와 게임이 개최되었던 도시와 농촌 사이의 놀이 장소, 유희 공간인 에식스로 가는 길에 있는 도시 성벽 바로 밖에서 모였다. 초기의 연대기 편자인 헨리 나이튼[29]은 금요일의 마일엔드 집회에 관해 다음과 같이 썼다. "왕은 평화를 위해 그리고 그 당시의 상황 때문에 평민들commons이 청원한 헌장에 국새를 찍어 허락했다. 이 헌장에는 잉글랜드 지역의 모든 사람은 자유로워야 하고 자유로운 조건을 누려야 하며, 그들과 그들의 후계자는 예속과 노역의 멍에에서 영원히 풀려나야 한다는 선언이 담겼다." 왕은 서른 명의 서기들에게 국왕의 인장sigillation을 찍을 예비 문서 작성을 시작하라고 명령했다. 에식스, 켄트, 노퍽, 서퍽, 하트퍼드를 위해 양피지 헌장이 다음과 같은 양식으로 작성되었다. "하느님의 은총으로, 잉글랜드와 프랑스의 왕, 아일랜드의 주인인 리처드가 본 문서를 받을 모든 집행관들과 충실한 사람들에게 이르노니 다음을 명심하라. 특별한 은총으로써 하트퍼드 마을의 모든 신봉자, 신하, 그 밖의 사람들을 석방했노라. 그리고 우리는 본 문서로써 그들 각자를 해방하고 노예 신분에서 벗어나게 하노라."

마일엔드 집회에서 코언은 "평등주의적인 '대자연의 상태'State of Nature의 기적적인 복원을 암시할 만한 것이 전혀 없다."라고 주장한다. 어쩌면 [그것은] 대문자 자연이 아니라 소문자 자연 속에, 공통의 권리 그리고 삼림, 강, 목초지에 대한 관례적인 접근권의 요구 속에 완전히 존재했을 것이다. 천년왕국의 종말론이나 "기적들"은, 그 원인, 과정, 결과가 이 세상에 속하는 반란의 언행으로 이루어진 표현에 포함되지 않는 것 같았다.

이제 우리는 1381년 6월 15일 토요일에 이르렀다. 연대기 작성자인 세인트올벌슨의 토머스 월싱엄[30]은 전날 작성된 헌장을 타일러는 받아들일 수 없었다고 말한다. 타일러, 잭 스트로, 존 볼은 하루 전 거대한 가축 시장이 열린 러드게이트의 "스미스필드라는 장소에서 함께 공통하기 위해 자신의 동료들을 소집했다." 이제 두 발 달린 생명체들이 현장에 들이닥쳤고, 그중 한 명(타일러)이 자신의 "카인드"kynde에서 떨어져 나와 왕에게 접근했다. 스미스필드에서 와트 타일러는

> 반쯤 무릎을 굽히고 왕의 손을 잡고 힘차고 거칠게 팔을 흔들며 말했다. "형제여, 이제 2주일 안에, 그대가 지금 가지고 있는 것보다 4만 개나 더 많은 공통장을 갖게 될 터이니, 편안하고 즐거운 마음으로 지내시오. 그리고 우리는 좋은 친구가 될 것이오." 이어서 왕이 말했다. "그대는 왜 그대의 마을로 돌아가지 않는가?" 하지만 다른 사람이 자신도 그의 동료들도 자신들이 바라는 특정한 요점들을 포함하는 헌장을 받기 전까지는 떠나지 않겠다고 굳은 결의를 보이며 대답했다.[31]

이상과 현실이 교차하는 곳이 바로 이 지점이었다. 좀 더 자세히 살펴보자.

스미스필드 집회에 관한 두 가지 설명은 구체적인 요구사항들을 서술한다. 『어노니말레 연대기』Anonimalle Chronicle에는, 와트가 (심각한 중죄에 대한 처벌의 경우 절단형으로 교수형을 대체하고, 군역 면제를 포함한 봉건 영주의 농민으로서의 권리를 주장한) 윈체스터 법률을 제외하고는 법이 없어져야 한다고, 그리고 이후 어떠한 법률적 과정에서도 불법적 행위가 없어야 한다고, 어느 영주도 앞으

로 권력lordship을 가져서는 안 되며 왕 자신의 권력을 제외하고는 그 권력은 모든 사람에게 분배되어야 한다고 요구했다고 서술되어 있다. 그는 또한 신성한 교회의 재물은 종교인이나 목사와 교구 목사 및 다른 성직자들의 수중에 들어가서는 안 된다고 요구했다. 그러나 이미 재산을 소유하고 있는 성직자는 생계유지에 충분할 정도로만 가져야 하며 나머지 재화는 교구 소속 사람들에게 분배해야 한다고 요구했다. 그리고 그는 잉글랜드에는 다시는 농노가 없어야 하고 모든 사람은 자유로워야 하며 동일한 신분을 지녀야 한다고 요구했다. 왕은 이 말에 쉽게 대답했고, 자기 왕관의 존엄성만 남겨두고, 그가 공평하게 부여할 수 있는 모든 것을 와트가 가져야 한다고 말했다.[32] 이 기록에는 부의 재분배 원칙, 보상 등이 포함되어 있지만, 공통장은 포함되어 있지 않다. 헨리 나이튼은 특히 시골의 공통장과 관련된 두 번째 설명을 제공한다. "반란군은 왕에게 물, 공원, 숲의 모든 보존지역이 만인에게 공통적인 것이 되어야 한다고 청원했다. 그래서 왕국 전역에서 부유한 사람들뿐만 아니라 가난한 사람들도 물, 양어지, 숲과 삼림에서 자유롭게 고기를 얻을 뿐만 아니라 들판에서 토끼를 사냥할 수 있어야 하며, 아무런 방해 없이 이것들 그리고 많은 다른 일들을 자유롭게 할 수 있어야 한다고 청원했다."[33] 이것이 핵심이다.

1840년대 영국 차티스트 운동의 지도자이자, 코뮤니스트들인 맑스와 엥겔스의 동료인 어니스트 존스[34]는 이러한 요구에 주의를 환기하면서 스미스필드 회합에 관한 급진적인 해석을 한 사람 중에 독보적인 인물이었다.[35] 1848년 이후 존스는 끔찍한 환경에서 2년 동안 투옥되었다. 존스의 설명에 따르면, 왕은 "사람들이 원하는 것이 무엇인가?"라고 물었다. 타일러는 차티스트주의에 따라 "당신이 에식스의 사람들에게 부여한 것, 그리고 그 외에 나무, 황야, 물, 물고기와 고기에 대한 우리의 자연권"이라고 응답했다. 모든 당대의 연대기 중에서, 나이튼은 아마도 최고의 목격자였을 것이다. 타일러의 요구는 "자연권"이 아니라 공통적인 것에 기반한다.

존 볼이 분명히 "자치 도시의 기만"에 대해 경고했다는 사실에도 불구하고, 월워스는 타일러를 단검으로 때려눕혀 수로에 빠뜨리고 불시에 그를 찔렀다. 그

때부터 지금까지 단검이 런던시의 가문家紋이나 문장紋章의 일부가 되었다. 도시 부르주아가 농민반란을 등에 업고 권력을 잡았던 것이다. 그는 "잠시 손과 발을 떨면서" 죽어갔다. "이윽고 엄청난 비명이 터져 나왔다." 와트 타일러는 사우스워크 매음굴의 플랑드르 성 노동자들로부터 돈을 벌었던 시장 윌리엄 월워스에게 암살당했다.[36] 국제적인 부르주아의 유명한 소굴인 런던시가 절정에 이르게 된 것은, 그 기원이 포주, 암살자, 성매매업자 들이었다.

버크가 월워스의 "용기 있는 노력"을 찬양할 때 페인이 그를 "비겁한 암살자"라고 부른 것은 놀라운 일이 아니다. 제임스 노스코트[37]는 1787년에 왕립미술원에서, 스미스필드 집회의 폭력을 묘사한, 와트 타일러의 죽음을 다룬 거대한 유화(높이 9피트, 폭 12피트 이상)를 전시했다.[38] 그 그림은, 런던 교도소를 개방하고 은행을 위협하고 재산을 파괴한 1780년의 고든 폭동에 관한 기억이 아직도 생생할 때, 런던 부시장의 의뢰를 받아 전시되었다.[39] 타일러의 뒤집힌 자세와 뒤편의 말들은 반란군의 거꾸로 뒤집힌, 부자연스러운 세계를 묘사한다. [다음과 같은 그림의 표제는 이 도시가 보다 중요하게 생각하는 것이 무엇인지 표현해 주었다. 〈1381년 런던시장인 윌리엄 월워스 경은 당시 15세가 된 리처드 2세 면전에서 저항 세력의 수장인 와트 타일러를 죽인다. 저항세력은 왕의 영웅적인 연설에 마음을 가라앉힌다.〉

영주권[영주의 권력]은 농민으로부터의 잉여 추출에 의존한다. 농노는 영주에게 이익, 강제 노역, 또는 매일매일의 노동을 바칠 의무가 있었다. 영주권 폐지는 잉여노동의 폐지였고, 그리하여 잉여가치 토대의 폐지였다. 봉건제가 몰락할 뿐만 아니라 자본주의의 토대 역시 사라질 수 있었다. 그것이 와트 타일러가 제안한 헌장의 의의였다. 하지만 다음과 같은 질문이 던져질 수도 있었을 것이다. 민중들은 어떻게 살아갈 수 있을까? 계급의식은 직접적이고 솔직한 반면, 이 공통의[일반적인]common 농민들은 절제, 평화, 죄짓지 않기로 성취되는 정의를 추구한다. 글쓴이의 견해에서 핵심적인 것은 신성divinity과 필연성 사이의 친화적 관계다. 랭글랜드가 볼 때, 공통장 이론은 그 관계에서 파생된다.

『농부 피어스』의 발단 부분에서 한 아리따운 여인이 잠자고 있는 작가를 깨운다. 언덕 위의 탑은 '진실'을 상징한다. 진실은 "모든 사람이 편안함과 절제 속에서 살아갈 수 있을 정도로 충분하게 양털과 리넨, 음식을 제공하라고 땅에 명령했다. 그리고 다행스럽게도 그는 공통으로 세 가지를 정했다. 그것들은 모두 우리 몸이 필요로 하는 것들이다. 즉 추위로부터 우리를 보호하는 옷, 허기를 채워주는 음식, 목이 마를 때 마시는 음료가 그것이다."

이렇게 원고본은 자신들의 공통장을 방어하기 위한 최초의 위대한 농민반란 중에 나타났다. 이 시의 인쇄본은 2세기 후인 1550년에 나타났다. 이때에는 동쪽의 케트의 반란[40]과 서쪽의 기도서 반란[41]으로 알려진, 인클로저에 반대하는 거대한 반란이 일어났다. 그것은 공화주의자인 로버트 크롤리[42]가 출판했다. 탐욕, 인클로저 및 이기주의에 대한 그의 통렬한 비난은 나름의 힘을 지니고 있었다.

" '필요'[43], 그는 법을 모르며 누구에게도 빚을 지지 않는다. 왜냐하면, 살아가기 위해서 '필요'가 물어보지 않고 취하는 세 가지가 있기 때문이다. 첫 번째는 음식이다. 왜냐하면, 사람들이 '필요'에게 무엇인가 주기를 거부한다면, '필요'에게 돈이 없다면, 전당 잡힐 아무것도 가지고 있지 않다면, 아무도 '필요'를 보증해 주지 않는다면, '필요'는 혼자 힘으로 음식을 훔치기 때문이다. 그리고 [둘째] 설령 속임수를 사용하여 무언가를 얻는다고 하더라도 '필요'가 죄를 범한 것은 아니다. 지급할 돈이 없다면 '필요'는 같은 방식으로 옷을 취할지 모른다. '필요'는 마찬가지 이유로 어떤 사람을 감방에서 구해낼 준비가 되어 있다. 그리고 셋째, 목이 마를 경우 '필요'는 자연의 법칙["카인드kynde의 법칙"]에 따라 갈증으로 죽기보다는 도랑에서 물을 마시는 것을 선택할 수밖에 없다. 따라서 불가피한 경우 '필요'는 '양심'이나 '기본 덕목'을 염두에 두지 않고 마음대로 먹을 수 있다. '필요'가 '절제의 정신'을 유지하기만 한다면 말이다." 크롤리는 때때로 여백에 다음과 같이 활자화된 주석을 삽입한다.

필요는
어떤 자유를
주는가

'필요'는 겸손의 신성을 닮았다. 그는 마태복음 8장 20절을 인용한다. "여우도 굴이 있고 공중의 새도 거처가 있으되 오직 인자는 머리 둘 곳이 없다 하시더라." 같은 장에서 [크롤리는] 굶주림, 추위, 갈증의 이 신학을, '부러움'이 유발하고 세네카가 제시한 "지상의 모든 것들이 공통으로 유지되어야 한다."라고 주장하는 코뮤니즘의 이단적 교리로 취급하지 말아야 한다고 경고한다. 윌리엄 랭글런드는 교조주의적인 코뮤니스트는 아니었다. 왜냐하면, 교리로서의 공통장 개념은 즉흥적인 부러움이나 학문적 자부심에서 비롯되기 때문이다. 하지만 그때 이후로 우리는 이러한 이상적인 공통화나 평등하게 만들기leveling를 매 세기마다 또는 200년마다 확인할 수 있다. 그 반란에 관한 연극 『잭 스트로』[44]가 1593년에 공연되었다.

> … 모든 인류는 평등하다. 이것이야말로 참이다.
> 당신은 이 세상에 힘없는 아기로 왔다.
> 당신은 자연의 질병들을 똑같이 겪는다.
> 그리고 마침내 썩어서 공통의 흙으로 변한다.
> 그런데도, 지구를 품지도 못하는, 이런 헛된 구별은 무엇이란 말인가?
> 풍부한 먹을거리? 당신의 곡물창고는
> 풍요로움으로 넘쳐나는가, 가난한 사람이 굶어 죽는데도?

토머스 페인은 "귀족들이 러니미드[45]에 기념비를 세울 만했다면, 타일러는 스미스필드에 기념비를 세울 만하다."라고 그 봉기에 관한 간결한 설명으로 결론을 내렸다. 오늘날 런던의 스미스필드, 또는 마일엔드, 또는 서더크 어디에도, 왕에게 "형제"라고 부르고 농노 신분에서의 해방을 요구한 이 중세의 노동자를 기억하는 푸른색 명판은 붙어 있지 않다. 존 볼에 관해 말하자면, 그는 1381년 7월 13일 세인트알반에서 교수형에 처해져, 창자가 뽑히고 사지가 절단되었다. 그의 신체 부위는 왕국의 4개 마을에 전시용으로 보내졌다.

반란군은 자신을 신비로운 마그나소시에타스Magna Societas[고귀한 모임]로 생각했지만, 그들이 자신을 마그나카르타와 연결했다는 의식을 표현하는 증거는 아직 나타나지 않았다. 마그나카르타가 성공한 까닭은 내전 이후의 신흥계급들이 일종의 역사적인 세력 블록을 형성했기 때문이다. 이 블록은 지배계급 상호 간의 해결책의 기초를 제공해 주었다. 그들은 인두세를 폐지했고, 마거릿 대처조차도 그것을 되돌릴 수 없었다. 대처의 "지역 주민세"는 1990년 트래펄가 광장 전투에서 패배했다. 우리의 관점에서 볼 때, 마그나카르타는 성공이었다고 할 수는 없을 것이다. 그리고 농민 반란은 돕슨이 단언하는 "역사적으로 불필요한 파국"까지는 아니라 하더라도, 스터브즈[46]가 이름 붙인 전조, 즉 약속이 이행되지 않을 전조였다.

마일엔드와 스미스필드에서의 모든 낙서, 그 모든 헌장, 그 모든 해방은 어떻게 되었는가? 왕은 다음과 같이 소원을 빌었다. "영주와 동등해지려고 했던 비참하고 혐오스러운 사람들, 그대들은 살 가치가 없다. 그대들은 과거에 농노였고 현재도 농노다. 그리고 그대들의 노예 상태의 혹독함은 후손에게 하나의 사례로서 기능할 것이다. 현재에도 그리고 미래에도, 그대들과 같은 사람들은 항상 거울처럼 그대들의 눈앞에서 비참함을 맛보게 될 것이다. 그래서 그대들은 그들에게 저주를 받을 것이고, 그들은 그대들이 행동했던 것처럼 두려움에 떨며 행동하게 될 것이다." 물론 이것은 이야기의 일부에 지나지 않는다. 아직 두더지는 움직거리고 있었다.

윌리엄 모리스는 와트 타일러에 의해 행해진, 또는 그에게 가해진 폭력의 일화들에서 초점을 돌려, 그 대신 존 볼의 저작에 관해 고찰한다. 이 기획은 500년 전 이념들과의 철학적·정치적 조우다.[47] 그리고 톰슨의 『영국 노동계급의 형성』처럼, 그 꿈은 변증법적으로 세 가지로 구성되어 있다. 『존 볼의 꿈』은 단어(설교)로 시작해서, 행위(전투)로 이어지고, (다시) 단어(대화)로 끝난다.

그해는 "엄청난 빈곤에 시달리는 인류"가 진열장 유리들을 박살 내면서 펠멜가의 상류사회 지역을 관통해 행진한 "암흑의 월요일"로 시작되었다. 모리스는 1886년 11월부터 1887년 2월까지 〈사회주의동맹〉의 신문인 『커먼윌』에 『존 볼의 꿈』을 발표했다. 그때는 모리스에게 매우 창의적이고 개방적인 시간이었다. 정치적으로 그가 〈사회주의동맹〉을 설립한 것이 바로 이때였다. 지적으로 그는 칼 맑스와 피터 크로폿킨에게서 배우고 있었다. 예술적으로 그는 노동의 사회주의적 변형이라는 개념으로 예술과 공예를 결합했다. 러시아 무정부주의자인 크로폿킨은 종종 일요일 강의와 저녁 식사를 위해 '여인숙'Coach House에 들러, 러시아인과 캘리포니아의 "북아메리카 인디언"의 만남에 관한 우화로 좌중을 즐겁게 했다. 모리스는 가족에게 『존 볼의 꿈』에 나오는 토끼 형제 우화를 들려주었다. 여름에 그는 더블린에서 강의를 했다. 종종 이스트엔드의 거리를 돌아다니는 그의 모습을 목격할 수 있었다. 국제클럽의 단골이었던 그는 여기에서 불같은 독설과 이글거리는 눈빛으로 머리를 뒤로 젖힌 채 이야기를 했다.[48] 그는 실제로 움직일 수 있는 생각들을 표현하기를 원했다. 그것이 존 볼의 설교가 갖는 중요성이다.

『존 볼의 꿈』에서 모리스는 1381년 6월로 다시 돌아간다. 켄트의 반란군 무리들은 며칠 후 캔터베리의 대주교 감옥으로부터 존 볼을 구했다. 그들은 무엇 때문에 싸웠을까? 가장 직접적으로는, 그들은 감옥에서 존 볼을 구출하기 위해 싸웠다. 석방되자 그는 아담과 이브에 관한 유명한 대구對句에 관해 설교했다. 존 볼은 친교를 천국으로, 친교의 결핍을 지옥으로 간주하는 세속적인 교리를 설명한다. "그에게 있어 외롭거나 감옥에 있다는 것은 친교를 꿈꾸게 하는 것이지만, 친교를 한다는 것은 행동하는 것이지 꿈꾸는 것이 아니다." 그는 사람들을 자극하여 행동하게 한다. 이 말에 모리스는 감명을 받는다. "나는 이 모든 것들을 숙고했다. 사람들이 어떻게 싸우는지 그리고 전투에서 어떻게 패배하는지를, 그리고 그들이 지키려고 싸우는 것이 그들의 패배에도 불구하고 [어떻게] 생겨나는지를, 그리고 그것이 언제 그들이 의미하는 것이 아닌 것으로 밝혀지는지를, 그리고 [언제] 다른 사람들이 그들이 다른 이름으로 의미했던 것을 위해 싸워야 하는지에 관하여 숙고했다." 프리드리히 엥겔스는 1848년 코뮤니즘의 패배 이후 역사로 돌아가 『독일 농민전쟁』(1850)을 집필했다. 그는 이 책에서 중세의 농민전쟁에 관해 개괄적으로 다음과 같이 결론지었다. "환상에서 자양분을 얻는 코뮤니즘에 대한" 그들의 "기대는 사실상 근대 부르주아 조건에 대한 기대가 되었다." 1886년 모리스는 변화의 이론들 ─ 해방 신학, 맑스주의, 무정부주의 ─ 을 숙고하고 있다. 그리고 그는 이론이 어떻게 나타났다가 사라지는지에 관해 — 인간이 무엇이 될 수 있는가 하는 개념에 관해 — 생각하면서 그러한 논쟁에 개입하고 있다.

감옥의 개방, 농노 신분으로부터의 해방, (현실적이고 이상적인) 공통화의 회복은 함께 진행되었다.

앤아버에서

2008년

4
부

"
미
국
"

11장

토머스 페인 입문

"자유가 있는 곳에 내 나라가 있다."라고 벤저민 프랭클린이 선언했다. 이에 관해 토머스 페인은 다음과 같이 대답했다. "자유가 없는 곳에 내 나라가 있다." 토머스 페인은 노동자이자 공통인이었다. 그는 산업화가 시작될 때 잉글랜드의 숙련공으로서의 특별한 경험을 바탕으로 이야기하고 글을 썼다. 그는 또한 방랑하는planetary 혁명가였다. 실제로 그는 혁명가라는 말에 의미를 부여하는 데 도움을 주었다. 따라서 그의 글쓰기는 21세기에 대단히 중요하다. 만약 우리가 그를 오늘날의 어떤 인물과 비교한다면, 체 게바라에 비견할 수 있을 것이다. 그는 열망, 가능성, 전례가 없는 것을 주장했다. 그는 권력의 냉혹한 위계에 인간 행위자의 온기를 불어넣었다. "세계 혁명가"라는 문구에는 여러 가지 의미가 있을 수 있다. 일곱 개 바다의 선원, 보편적인 마음의 과학자, 편지 공화국[1]의 철학자, 전진하는 장인 등이 그것이다. 팔레스타인의 레이첼 코리[2], 니카라과의 벤 린더[3], 와하까의 브래드 윌[4]은 미국 출신이다. 이들은 계급투쟁의 최대 희망의 장소에서 세계무대로 걸어 나와 그의 정신을 표현한다. 게바라나 호세 마르티[5]처럼, 그역시 야수의 배 속에서 투쟁했다. 그는 영국 제국을 요나의 고래에 비유했다.

페인은 "지금은 인간의 영혼을 시험하는 시대다."라고 썼다.[6] 그의 영혼은 분열되었고, 그의 유산도 마찬가지였다. "페인의 시대"(존 애덤스[7]는 이렇게 부른다)

는 다른 개인적이거나 역사적인 시대와 마찬가지로 모순적이었다. 그는 시대를 향해 목소리를 내는 한편, 권력에 무릎을 꿇는 것까지는 아니라 하더라도 몸을 숙였다. 권력과 제국은 그를 자기들의 소유라고 주장했다. 로널드 레이건에서 (그를 거명하지 않은) 버락 오바마에 이르기까지 미국 대통령들은 그를 인용했다.[8] 그가 미국의 애국자(국가)에 불과했다는 것이 지배적인 견해이지만, 그가 본질적으로 시민(공화국)이었다는 또 다른 견해도 있다. 그는 사유재산을 지지했으며, 은행업을 옹호하는 글을 썼다. 그의 소책자 『상식』은 미국에서의 혁명 문제를 밝히고 혁명을 호출했다. 『인권』은 잉글랜드와 프랑스의 혁명을 지지했으며 대중주권에 입각해서 그것을 구성했다. 애국자로서, 시민으로서, 대중주의자로서, 페인은 부르주아 혁명의 보조자가 아니었을까? 우리는 페인을 새로운 각도에서 보아야 한다.

페인은 이러한 사람이기도 했지만, 한편으로는 범법자, 반역자, 외국인, 중죄인이기도 했다. 그는 쓸쓸한 죽음을 맞이했으며, 1809년 그의 장례식에는 한 사람의 프랑스 여성, 그의 두 아들, 몇 명의 아일랜드인, 그리고 두 명의 아프리카계 아메리카인이 참석했다. 권력과의 관계에서도 페인의 삶과 사유는 분열되었다. 그는 세 번의 혁명 시도에 참여했다. 아메리카와 프랑스에서는 성공했지만, 영국에서는 실패했다. 그는 권력과 돈의 차이들에 민감한, 계급의식적인 사람이었다. 그는 평민common people에 관해 쓰고 이야기했다. 우리는 그의 첫 대표작에서, 핵심적인 자본주의적 관계, 즉 임금에 관한 내용을 확인할 수 있다. 그의 마지막 대표작에서도 공통화에 관한 내용을 확인할 수 있다. 『소비세 담당관의 경우』가 화폐와 임금의 관계를 고발했다면, 『토지분배의 정의』는 계급적 부정의에 대한 사회적 보상을 요구했다. 우리가 혁명과 헌법에 관한 페인의 개념들을 놓는 곳은 이 두 주요 관심사들의 중간쯤이다.

페인은 "산업혁명", "상업의 확대", "도시화", 그리고 "인구증가"의 시대를 살았다. 냉전 이데올로기의 특징을 연상시키는 이 딱딱한 문구들을 배경으로, 오늘날까지 그 유산이 지속하고 있는 자본주의 계급관계의 변형이 대서양 전반에서 일어나고 있었다. 산업 기계들을 추동한 공장 프롤레타리아. 통상을 가능케 한 서인도 제도의 노예농장과 약탈당한 선주민. 도시를 점거한 청년, 실업자, 범죄자. 확대된 규모로 인구를 재생산하는 여성들의 노력이 이루어지는 분리된 공적·가내적 영역들. 이렇게 노동계급은 임금을 받는 숙련공, 어머니·아내·노예처럼 범죄화되고 실업상태인 무급 가내 노동자, 그리고 선주민과 피식민지인으로 구성되어 있었다.

우리는 코뮤니즘과 자본주의가 양립할 수 없다고 생각하는 경향이 있다. 그러나 페인은 이러한 용어들로 사고하지 않았다. 최고의 적수인 에드먼드 버크를 인용하자면, 이 용어들은 아직 "성숙하지 않았었다." 즉 잘 정의되지 않거나 숙성되지 않았었다. 이 소개글을 준비하면서 나는 페인에 관한 연구에서 그 중요성이 무시되었던 공통화(그리고 그것의 잉글랜드 역사에서의 연속성)의 새로운 증거를 발견했다. 나는 페인의 어린 시절과 형성기, 그의 조상, 그리고 그의 경험이 빚어내는 풍경 속에서 그것을 발견했다. 이 증거는 페인이 잉글랜드의 오랜 반자본주의 전통 출신이며, 또한 그 전통에 속한다는 것을 보여준다. 더욱이 이러한 증거는 21세기의 "혁명"과 "헌법"의 임무를 이해하는 데 도움을 준다.

풍경과 공통장

토머스 페인은 1737년 이스트앵글리아의 작은 구석인 셋포드에서 태어났다. 그곳은 부싯돌이 풍부하고 모래가 많은 브레클랜드의 작은 마을이다. 그의 어머니, 프랜시스 코크는 영국 성공회 신자였으며 변호사의 딸이었다. 그의 아버지인 조지프는 코르셋 제조자, 소자작 농지의 소유자, 퀘이커교도였다. 그들은 함께, 영국혁명(1640~60) 중에 충돌한 두 세력(성공회와 청교도)인, 국교와 역사적 비국교도 간의 가정 내 타협을 형성했다. 퀘이커교도인 조지프는 "어떤 사람이든지 똑같이 사랑하는 사람"이었다. 다시 말해 그는 볼테르가 퀘이커교도들을 찬양했던 바로 그것, 평등을 믿었다. 그러나 페인에게, 그의 세례, 그의 결혼, 그리고 그의 장례는 모두 소란스러운 종교적인 행사였다.

페인의 어린 시절 세계의 풍경은 명백한 자본주의 승리의 산물이었다. 시골은 인클로저되고 사유화되었다. 마을 사람들의 신체는 구속되었으며, 사람들의 목소리는, 블레이크의 웅변적인 문구처럼, "마음이 벼려낸 족쇄"에 재갈이 물렸다. 결과적으로, 개인으로서의 페인은 역사적 기억을 억누르는 일종의 사회적 트라우마로 고통받았다. 이 기억은 1774년에 풀어지기 시작했다. 서른일곱이었던 그는 모든 관습적인 표준에 의해 사랑과 돈 모두에서 실패하자, 잉글랜드를 떠나 북아메리카로 갔다. 그곳에서 그는 특별한 혁명적인 경력을 통해 자신의 목소리를 발견했다.

브레클랜드는 삼색제비꽃, 솔잎대극, 베로니카 꼬리풀, 무스카리, 야생 아스파라거스, 푸른 바이퍼스뷰그로스 등의 꽃이 피는 아름다운 곳이었다. 페인과 동시대인인 과학 식물학자인 린네[9]의 견해에 따르면, 이 꽃들은 "상상할 수 있는 모든 광채를 뛰어넘는" 화려한 색을 펼쳐 보였다.[10] [공유지의] 점유, 사냥공원조성, 인클로저는 수 세기 동안 계속 작동해왔고, 노퍽의 황량한 마을 지도는 그러한 것이 브레클랜드에 집중되어 있음을 분명하게 보여준다.[11] 그러나 이 지역은 16세기 이래로 "자유롭게 방랑하는 사람들"을 배출해 오고 있었다. 어쩌면 이것이 이 지역이 왜, 올리버 래컴[12]의 말대로 "자유의 상징"이 되었는지, 또는 젠트리가 에리코포비아, 즉 히스에 대한 두려움에 시달렸는지 설명해 줄 수 있을 것이다.[13] 노퍽의 토양은 온통 모래투성이여서 "개간"을 하기에는 부적절했으며, 이는 18세기 농업 관련 업자들 사이에서는 잘 알려진 사실이었다. 거대하게 펼쳐진 모래땅의 풍경 속에서 히스와 고사리는 연료, 사료, 초가지붕, 그리고 농촌 의학의 재료들과 같은 가정생활의 원료를 제공해 주었다. 인클로저와 점유로써 모래 황야를 농사를 짓기 위해 울타리를 친 들판으로 만들 수 없다면, [이곳의] 생태계는 사냥 공원 조성과 야생 조수 사육 특허 등 특권층을 위한 불공평한 사냥 보호구역으로 제한되었을 것이다.

런던 북쪽의 유스턴에 있는 사유지를 바탕으로 셋포드를 통치한 그래프턴 공작[14]은 1780년대 브레클랜드에서 인클로저 움직임을 이끌었다. 그는 이전에 거친 방목 공유지였던 광범위한 면적에 경작을 도입했으며, 1793년 〈농업위원회〉의 창립 멤버였다. 그는 유명한 마구간과 개 사육장을 운영했으며, 유스턴의 브라운[15]이 조경한 전망은 잉글랜드 귀부인들의 찬탄을 들었다. 페인과 동시대에 살았던 이 냉정하고 무뚝뚝하며 방탕한 그래프턴은 원래 셋포드의 통치자였다. 그는 1804년의 〈셋포드 인클로저 법령〉을 통과시켰으며, 그 과정에서 5,616에이커를 사유화하고 [셋포드] 자치구의 80퍼센트에 대중이 접근하지 못하도록 했다.

페인의 출생 2개월 뒤에 그의 아버지는 마을로부터 "자유"롭게 되었다. 그는 과두정치에 합류했다. 그러나 동반된 특권은 실망스러웠으며, [그가 취득한 권리는] "공유지에서 방목을 할 수 있는 권리보다 조금 더 많은 정도였다."[16] 거의 같은 시기에, 위대한 노퍽 역사가인 프랜시스 블롬필드의 기록에 따르면, 제지공장의 연못에서 철갑상어가 잡혔는데, 길이는 7피트, 무게는 13파운드였다고 한다. 사실, 하늘의 새들과 바다의 물고기들은 신의 피조물로 생각되었지만, 그들의 서식지는 빠르게 사유화되었고, 그러한 동물들은 인클로저하는 젠트리의 물고기 연못, 비둘기장과 사슴 공원에서 반⁺가축화된 축산의 한 유형으로 계획적으로 사육되었다. 셋포드 주변에는 수천 마리의 토끼가 번식했다. "자유로운 야생 조수 사육 특허지"를 위반한 밀렵꾼은 화를 입었다. 이처럼 지주의 배타적인 권리는 역설적으로 명명되었다.

토끼들은 정복자 윌리엄과 함께 잉글랜드에 들어왔다.[17] 18세기 초반 런던 식품시장에 고기를 제공하고 펠트 중절모자 제조를 위한 모피를 공급하는 상업용 양토장이 증가했다. 1차 세계대전 이후, 한 지역 농장 노동자가 다음과 같이 말했다. "예를 들어, [지금은] 토끼 한두 마리 잡는 건 허용됩니다. 만약 1914년 이전에 토끼를 잡았다면, 오 저런, 세상은 끝장났을걸요."[18] 밀렵은 심각한 범죄 행위가 되었다. 밀렵을 불법화하는 것은 생계의 공통장을 파괴하는 매우 굴욕적인 형태였으며, 페인은 의심의 여지 없이 비난의 지점을 파악하고 있었다. 그는 1792년의 글에서 곧바로 요점을 언급했다. "농부들의 집이 있었고[영주의 집은 없었다], 게임의 규칙도 없었다." 실제로, 독립 미국의 첫 번째 법령 중 하나에서, 미개척지에 사는 사람들, 숙련공들, 민병의 동맹은 1776년 펜실베이니아 헌법에서, 자신의 땅과 "인클로저되지 않은…다른 모든 땅에서" 사냥과 수렵을 할 권리를 제공했다.

브렉스는 야생 조수 사육 특허지 말고도 이름이 높았다. 그때도 지금처럼, 브렉스는 지역적으로는 황야로 알려진, 부싯돌이 흩어져 있는 개방 경작지의 이름이다. 그 중심에는 5천 년 전의 신석기 시대의 부싯돌 채광 갱도들인 그라임스 그레이브스Grime's Graves가 있다. 부싯돌 부수는 사람들이 두드리는 청아하고 명징한 소리 ─ 4등분하기, 박편하기, 두드리기는 부싯돌을 더욱 세련되게 만드는 단계들이다 ─ 가 셋포드에서 5마일이나 떨어진 브랜던 마을을 채웠다. 페인의 산문은 이 석영과도 같다. 단단하고 투명하며 불멸하는 그의 글에는 유리처럼 반짝이는 광택이 있다. "왕의 궁전은 낙원이 무너진 폐허 위에 세워져 있다."[19]

비교는 한 걸음 더 나아갈 수 있다. 부싯돌은 신석기 시대부터 무기 산업에 필수적이었다. 부싯돌은 화살촉, 도끼, 창끝에 사용되었으며, 페인의 시대에는 총에 사용되었다. 부싯돌이 강철(프리센)에 부딪히면, 약실 안의 화약에 불을 붙이는 불꽃이 방출되고, 그 폭발로 인해 활강 구식 총인 미국 독립전쟁의 브라운베스에서 총알이 발사되었다.

"아메리카에서 점화된 작은 불꽃에서 화염이 피어올라 사라지지 않았다."[20] 말 그대로, 영국인들이 검은 부싯돌을 사용한 것처럼, 미국인들 역시 그것을 선호했다. 1776년 전쟁 초기에 부싯돌의 부족으로 실전에 쓸 수 있는 화약의 수급이 어려워졌을 때, 〈제2차 대륙회의〉는 부싯돌에 관한 서신을 꽤 많이 받았다. 미국인들은 타이콘더로가[21]에서 검은 부싯돌을 발견하고 3만 개의 표본을 워싱턴으로 보냈다.[22] 브렉스의 부싯돌에 의한 폭발로 전 세계에 총소리가 울려 퍼졌다. 그러는 와중에 부싯돌과 강철은 제국적 수렵대의 전문기술이 되었다. 페인은 『상식』에서 다음과 같이 쓰고 있다. "자유는 온 지구에서 쫓기고 있다. 아시아와 아프리카는 이미 오래전부터 자유를 추방해왔다. 유럽은 자유를 이방인처럼 생각하고, 잉글랜드는 추방 명령을 내렸다."[23] 브레클랜드의 부싯돌은 오늘날 지구의 여기저기에 싸실러진 세국의 배설물이 되었다.

브렉스 반란

셋포드에서 동쪽으로 몇 마일 떨어진 곳에서 태어난 프랜시스 블룸필드는 페인이 다녔던 곳과 같은 학교에 다녔으며, 페인이 태어난 시대를 다룬 자신의 첫 번째 역사책을 펴냈다. 교회 연대기의 필사자, 영주의 계보학자, 가문★紋의 묘사자였던 블롬필드는 대중적 기억의 환기자는 아니었지만, 오랜 반란의 전통을 인정했다. 블롬필드도 페인처럼 지역적 지식이라는 공통의 상점을 이용했다. 앤디 우드[24]는 14세기 이후 계속되는 대중적 반란의 공유된 전통을 설명하면서, 리더십과 조직에서 연속된 것들을, 지역적 개입의 유사한 유형들에서 연속된 것들을, 마지막으로 연속성에 관한 바로 그 의식에서 연속된 것들을 밝혀주었다.[25] 1381년의 농민반란, 1549년의 케트의 반란, 1649년의 영국혁명은 사회적 기억의 일부였다. 왜냐하면, 그것들은 잉글랜드가 급기야 판매의 대상이 되어버린, 토지의 오랜 상품화 과정의 단계들이었기 때문이다.

블롬필드는 농민들이 평등과 공통장을 위해 봉기했던 1381년의 반란에 관해 다음과 같이 쓰고 있다. "이것들은 이 주州에서 일어난 터무니없는 사건doings이었다. … 셋포드, 린, 야머스의 민중들은 집회를 가진 뒤 노리치 앞에 와서 휴식을 취했다. 그리고 이들이 몰려들면서 모든 사람이 그들과 함께 봉기했다." 페인은 이 이야기를 잘 알고 있었고, 블롬필드와는 매우 다른 방식으로이기는 하지만 이것을 『인권』에서 언급한다. 블롬필드는 18세기부터 1381년까지 거슬러 올라가 논쟁적인 정치용어인 "수평파"[26]의 의미를 재검토했다. 그는 올리버 크롬웰에 의해 잔인하게 진압된 영국 내전의 급진적인 공화주의 운동인 현실적인 수평파에 대한 자신의 비난에 역사적 깊이를 더했다.

페인보다 약 2세기 전, 1549년의 케트의 반란군 제2야영대는 브랜던과 셋포드에서 작전 본부를 조직해 우스강의 통행을 중단시켰다. 블롬필드가 말한 것처럼, 이 "야영 시간"이나 "폭동 시간"은 계급전쟁이었다. "그들은 젠틀맨들에 대한 극도의 증오를 공개적으로 선언했다. 그들은 젠틀맨들이 소작인들과 평민들에게 행사한 탐욕, 오만, 강탈, 압제에 대해 악의적으로 비난했다. 그리고 예전 수평파의 사악한 개념을 철저히 흡수했으며, 자신들의 비열한 계획들을 실행하기 시작했다."[27]

페인이 태어나기 약 1세기 전, 예전에 움직이는 모래shifting sand 아래로 완전히 묻혔던 브렉스의 마을인 산톤 다운햄의 교구 목사는 1625년에서 1642년까지의 일기를 보관했다. 일기에서 그는 셋포드에서 동쪽으로 6마일 떨어진 리들스워스의 페인 씨를, 다음과 같은 점에 주목하면서 비판했다. "사람들은 최악의 국가사업에 관해 말하고 싶어 하고 불만을 키우고 싶어 한다. 마치 이 모든 것이 사기 행각이었던 것처럼 말이다. 만약 그렇다면 그런 거짓된 마음은 반란이라고밖에 생각할 수 없지 않은가? 그리고 그들은 바로 그 방식을 준비한다."[28]

페인의 모계 조상인 조지 찰스 코크는 청교도, 올리버 크롬웰의 후원자, 의회파 의원, 법률 개혁가, 왕당원 재산의 가압류자, 영연방 판사였다. 찰스 1세가 1649년에 참수되고 나서 2년이 지난 뒤, 코크는 『영국법 또는 지구상의 하느님의 가정에 관한 요약 조사』를 출간했다.

『영국법』은 혁명적 시대의 계급의식을 나타낸다. 이 책은 모든 부유한 사람들을 쫓아내고 "쟁기꾼이 그들의 주인이 될 수 있는" 조건을 만듦으로써 정의가 실현될 것이라고 주장했다. 1640년대에 수평파는 "그 땅은" 노르만 정복자의 후손들의 재산이 아니라 "원래 그들의 땅"이었다고 주장했다. 코크는 수평파가 "부자의 재산을 강제로 빼앗는 것"을 지지하는 사람들이라고 정의하고, 적어도 6가지 종류의 수평화levelling를 구별했다. 개별적인 법률 소송에 영향을 받는 사람들은 첫 번째 종류였다. 두 번째[종류]는 모든 사유지들이 공통의 자본common stock으로 주조되어 "부자뿐만 아니라 빈자들도 영연방에 이해관계가 있다는 점"에 근거해 균등하게 분배되어야 한다는 입장을 지니고 있었다. 세 번째[종류]는 부를 향한 탐욕스러운 갈증에 맞서는 재화의 "영원한 공동체"가 만들어져 고결한 치안판사들이 다스리게 함으로써 "무분별한 선동"과 "국가의 혼란"을 피해야 한다고 주장했다. 네 번째[종류]는 "한 가족으로서의" 기독교 코뮤니즘이었다. 다섯 번째[종류]는 "자유의 수문이 부수어졌을 때" 규제를 받지 않았다. "평등과 정직"의 여섯 번째[종류]는 "균형 잡힌 정의에" 즉 진보적인 과세에 근거를 둘 것이었다.

코크는 사탄의 소행 중에 수평화가 있었다고 본다. 동산의 뱀이 그것이다. 하지만 소요파, 수평파, 디거파를 통해 당시의 실제 농촌운동들에 관한 암시를 보는 것은 어렵지 않다. 제라드 윈스턴리[29]의 이론과 실천을 따르는 디거파는 자신들의 실천 토대를 공통화의 현실성에 두었다. 코크는 "공통장은 가난한 사람들의 권리가 아니라 원래 소작인의 권리였다."라고 주장함으로써 이러한 주장을 무력화시키려 했다. 후속 작업에서 코크는 관습, 즉 코뮤니즘까지는 아니라 하더라도 일종의 공통화 형태는 "합리적이지" 않은 한, 법으로 인정되어서는 안 된다고 주장했다.[30] 우리는 1640년대와 1790년대 투표와 관련한 급진적인 요구들과 참정권의 관계를 사고하는 데 익숙하다. 왜냐하면, 그것이 1649년 푸트니 교회에서 열린 수평파의 유명한 집회인 푸트니 논쟁[31]의 주제였기 때문이다. 1790년대의 생존과 수평화에 관한 논쟁은 1640년대 논쟁의 연장이었다. 부를 재분배하는 몇몇 방법, 종교와의 연계, 무질서에 대한 두려움, 관습과 공통장의 관계 등등이 그것이다.

페인이 어린아이였던 1740년, 사람들은 기근으로 굶주리게 되자 노리치에 있는 빵집 문 위에 쪽지를 붙여 빵의 가격을 내리게 하는 등의 적절한 조치를 취했다. 쪽지의 내용은 이렇다. "1쿰[건량으로 4부셸]에 16실링의 밀"[32] 이것은 프랑스 사회사의 '대중 과세'의 예고편이었으며, 영국의 "도덕 경제"였다. 사람들은 뿔피리 소리를 듣고 모여들었다. 한 적대적인 증인의 보도에 따르면, [그들이 모인 것은] "이웃 마을의 젠틀맨과 농민들을 방문하여 그들에게서 돈, 맥주 등등을 강탈하기 위해서였다. 많은 곳에서 사람들의 관대함은 그들의 기대에 부응하지 못했으며, 그들은 들판에서 옥수수를 짓밟으며 분노를 표출했다고 한다." 이러한 가격 조절 방법은 브랜든에서는 1816년까지 지속되었다. 이때 200명의 여성들과 소년들은 "식빵을 싸게 팔라, 빵 한 덩어리를 싸게 팔라, 식량을 더 싸게 팔라."라고 외쳤으며, 어떤 여성은 종이에 다음과 같은 요구사항을 적어 내놓았다. "오늘 브랜든에서는 빵 아니면 피". 기병들의 위협에도 불구하고 여성들은 가격을 낮추도록 했다.[33]

셋포드의 토머스 페인은 깨지지 않는 반란의 전통에 속해 있었다.

노동자

1960년대 초반, 학자들이 선호했던 운송수단이었던 원양 여객선이 비행기로 대체되었을 때, 로스토 교수[34]는 18세기 중반 자본주의의 변화를 비행기의 이륙과 비교했다. 농업 생산물, 수출품, 수입품, 은행업, 매뉴팩처 및 인구 등 갑자기 경기가 좋아지면서, [자본주의의 비행기는] "자립적인 경제 성장"이라는 쾌청한 하늘로 날아갔다. 『국부론』에서 드러나는 애덤 스미스의 천재성은, 이러한 변화가 저 경멸받고 무시되었던 영역, 즉 생산의 노동 분업에서 비롯되었다는 점을 주목했다는 데 있다. 식물학적 표본들, 동물학적 질서, 지하의 광물층, 또한 인간이 제조한 생산물들이 상품이 되었거나, 빠르게 상품이 되어가고 있었다. 원료와 생산수단 모두 서로 교환될 수 있었고 화폐로 교환될 수 있었다. 이러한 번영 — 시장 — 은 자본주의의 전제조건이다. 자본주의의 정수는 노동착취였으며, 지금도 그러하다. 왜냐하면, 노동 역시 결혼 시장, 노예 경매 및 임금노동 시장에서 상품화되었기 때문이다.

20세기에는 유색인, 여성 및 선주민 민중들이, 페인의 생전에 그 근대적 형태를 달성한 이데올로기에 대한 투쟁의 중심에 있었다. 백인 우월주의, 가부장제의 분리된 영역, 선주민 절멸의 통계적 필연성을 제시하는 이데올로기는 근대성의 구조들을 생산하는 데 일조했다. 지구의 남부[35], 페미니즘, 깊은 시간Deep time [36]은 오직 이러한 투쟁들을 통해서 달성된 21세기의 개념들이다.

노동자로서 페인은 성매매시장, 군대 파견 및 세금징수에서 이루어지는 착취에 대한 경험을 쌓았다. 코르셋제작자로서 그는 허영심의 정신을 목격했다. 해외 사략선[37]의 선원으로서 그는 약탈의 정신을 흡수했다. 간접 세무국의 관리로서 그는 사기의 정신으로 고통받았다. 첫 번째 기술craft은 성애적 매력의 의복들을 생산했고, 두 번째 기술은 군사적 모험에서 배회했으며, 마지막 기술은 곧바로 그를 중상주의 국가의 부패 속으로 침몰시켰다. 각각은 근대의 사회적 기능 — 국가가 승인한 결혼, 제국주의 전쟁, 국가 조세 — 에 봉사한다고 말할 수 있다.

1750년에 페인은 열세 살이 되면서 셋포드 중학교를 중퇴하고 아버지의 견습생으로 일하면서 코르셋 제작에 입문했다. 이후 7년 동안 페인은 코르셋 만드는 법을 배웠다. 역사가들은 그를 단순히 "숙련공"으로 묘사하고는 그 이상을 밝히지 않았다. 1790년대 그의 적들은 그가 어떤 점에서는 속물적이자 여성 혐오적인 코르셋 제작자라고 조롱했다. 원래 보호와 정형을 목적으로 하는 의복이었던 코르셋은 17세기 중반에, 여성의 아름다움이라는 지배적인 개념에 따라, 그리고 상류계급의 행동(발레 용어로 애쁠르망이라고 한다)에 따라, 배를 평평하게 하고 등을 곧게 펴게 해서 여성의 몸을 성형하기 위한 의복이 되었다. 1650년 무렵부터 (삶고 자르고 쪼개고 얇게 썬) 고래 지느러미가, 코르셋 즉 "작은 몸"을 제조할 때의 딱딱한 부분인 "지지대"stays로 쓰이는 나무와 강철을 대체했다. 100년 뒤, 페인이 이 일을 시작하게 되면서, 코르셋은 가슴을 부각하는 쪽으로 바뀌었다. 지지대를 위한 방사형의 가로조각들이 보강과 성형의 전통적인 패턴에 추가되어 곡선이 강조되었다.[38]

당대 사람들은 대서양 경제에서 무역을 실시하며, 몸을 인클로저한 땅처럼 여기며 이를 상품처럼 취급했다. "그들은 실제 우리가 구매하고자 하는 것의 견본을 발견하여 제공해 주지만, 우리와 상당히 먼 거리를 유지하기 위한 방벽 역할을 한다. 그들은 우리가 제조품을 대량으로 소비하도록 장려한다. 그리고 다량의 고래 뼈에 대한 우리의 요구는 네덜란드 동맹국을 진정으로 유익하게 한다. 간단히 말해서, 그것들은 일종의 공공재다."[39] 시장은 확장되었고, 하인-하녀들은 자신을 고용한 사람들이 버린 코르셋을 부수입들 중의 하나로 받아들였다. 그래서 코르셋은 이제 상류계급의 독점적인 옷이 아니게 되었다. 시장의 확장과 함께 노동 분업이 이루어졌다. 남자들은 가봉한 옷을 입혀보고, 고래 지느러미를 절단하고, 또 여자들이 꿰매어 놓은 무거운 리넨이나 범포에 지지대를 삽입했다. 지지대를 만드는 견습생은 굴종을 배워야 했고, 성질을 억눌러야 했고, 침묵을 지켜야 했으며, "매우 정중해져야" 했다.

페인이 이 일을 시작하게 되면서 코르셋은 아름다움의 본질을 위한 모델이 되었다. 1753년 영국의 화가 윌리엄 호가스는 『아름다움의 분석』에서 코르셋을 구불구불한 "아름다움의 선"이라고 주장하며, 코르셋의 연속적인 옆모습 이미지로 그의 주장을 예증했다.[40] 초점은 허리보다는 가슴에 더 맞추어졌다(아름다움의 선에 관한 묘사에서 그는 허리를 언급조차 하지 않았다). 1758년 인기작인 『자연의 체계』의 제10판에서, 칼 린네는 유선乳腺을 지니고 있는 것을 포유류로 정의했다. 하지만 [유선의 유무보다] 머리카락, 세 개의 뼈로 이루어진 귀, 또는 네 개의 심방을 가진 심장으로 포유류와 다른 종류의 동물을 구분하는 것이 마찬가지로 타당하며, 오히려 더 나은 방법이었을 것이다. 사실 린네는 또 다른 의제를 갖고 있었다. 1752년에 그는 유모乳母제도, 즉 유아들을 "열등한" 사회계급 ― 소작인, 선주민, 또는 아프리카인들 ― 의 유모에게 보내는 관행에 반대하는 글을 썼다. 이들이 높은 유아 사망률의 원인이라고 생각되었다. 이것은 건강한 성장기의 인구를 생산한다는 인구통계학적 목적을 위한 가정생활이라는 이상에 따라 보육과 여성의 삶을 재구성하기 위한 국가-후원의 더 큰 정책의 일부였다.[41] 유방을 미적 아름다움의 이상으로서, 그리고 동물의 왕국에 호모 사피엔스를 배치하기 위한 과학적 기준으로서 존중하는 것은 이러한 정치적 목적에 공헌했다.[42]

수습생활을 마친 장인匠人 페인은 자신의 기술을 포기했다. 1757년에 그는 6개월 동안 사략선 '프로이센의 왕'을 타고 바다로 나갔다. 잉글랜드를 아메리카와 프랑스에 연결하는 바다 항해에 관한 그의 연구는 역사가를 기다리고 있다. 바다에서의 몇 달은 사람으로 하여금 수륙양생의 세계에 관한 또 다른 개념을 만날 수 있도록 해 준다. 실제로 페인은 선상에서 세계 각지에서 온 사람들과 함께 일했다. 『인권』에서 그는 선원들에 대한 고문과 그들의 징용에 항의했다. 1745년 초 뉴잉글랜드 선원들은 수평파와 비교되고 있었다. 2년 후 샘 애덤스는 징용에 반대하는 선원 군중이 "인간의 근본적인 권리를 구현했다."라고 썼다. 그의 설명에 따르면, "모든 사람은 동등한 몫의 자유를 가지고 태어났기에 본질적으로 수평[평등]하다."[43] 그들은 억압에 대한 저항의 권리를 주장한다. 그리고 그들은 페인이 『상식』에서 요약하고 있는 공리적 평등주의를 주장한다. "인류는 본래 창조의 질서 안에서 평등하다."[44]

잠깐 동안의 바다 생활에 이어 페인은 1758년에 영국으로 돌아왔다. 이후 16년 동안 그는 셋포드에서 디스, 런던, 도버, 마게이트, 루이스로 이사하면서, 코르셋 제작자, 학교 교사, 임시 감리교 설교자, 담배장수, 그리고 이후에는 간접 세무국의 관리 등 다양한 일을 했다. 그는 두 번 결혼했다. 그의 첫 번째 부인은 출산

중 사망했다. 두 번째 결혼은 우호적인 이혼으로 마감되었다. 이 기간은 정치적 표현을 하지 않았던 지적 형성의 시대였다. 그는 진지하게 사고하고 연구하기 시작했다. 런던에서 그는 과학 강의를 들으면서 연구 기술, 상상력을 발휘하고 진위를 판별하는 기술을 익혔다. 루이스의 서섹스 마을에 있는 화이트 하트 인에서 모임을 갖는 〈헤드스트롱 클럽〉에서 그는 정의, 자유 및 권리를 옹호하는 선언과 토론을 연습했다. 이것들은 그의 글쓰기 문체의 구성요소들이 되었다. 『인권』에서 그는 자신의 글쓰기가 지닌 평범한 말투를 자화자찬했다. 이것은 에드먼드 버크의 망상, 가공적인 이야기, 복잡한 것들과 대조적이었다.

평범한 사람들이 평범한 이야기를 한다고 말하는 경향이 있지만, 이것이 반드시 사실은 아니다. 직설적인 것처럼 보일 수도 있는 페인의 문체는 그를 둘러싼 수많은 언어 공동체들과는 거리가 있다. 길거리의 속어, 무역의 특수용어, 은폐의 유행어, 이스트앵글리아의 방언, 평민의 용어, 게일어, 매개어 또는 부두나 갑판의 피진어 들이 그의 글쓰기에 직접적으로 나타나지는 않는다. 페인은 세습되는 지도력이 반드시 현명한 지도력이라는 버크의 주장을 비웃는다. "선원들의 표현을 빌리자면, 그는 갑판을 밀대로 청소했다. 그래서 왕들의 목록에서 읽을 수 있는 이름 한 자 남지 않았다."[45] 여기에서, 18세기 산문에 나타나는 페인의 예절 감각은 그가 의식적으로 선원의 언어를 도입하는 것을 보면 알 수 있다. 그러나 모든 것을 고려해 볼 때, 페인의 웅변의 원천은 해방적이었다. 1790년대 급진주의자들 중 페인의 기획에 가장 가까웠던 존 텔월은 그것을 다음과 같이 표현했다. "토머스 페인의 대중적인 언어조차도 어떤 매우 급박한 토론을 불러일으키지는 못했을 것이다. 인류가 처한 일반적인 조건이 인류로 하여금 '우리는 비참한 사람들이다!' '원인을 따져보자!'라고 외치도록 하지 않았더라면 말이다."[46]

페인의 첫 번째 소책자인 『간접 세무국 관리들의 사례』는 1772~73년에 출판되었다. 책에서 나타나는 심사숙고한 배열, 연설의 명료함, 집단적 기원들은 그의 후속 저작들의 특징으로 남아 있을 것이다. 영국 의회의 의원들에게 제출된 청원서였던 이 책은 1793년까지 일반 대중을 위해 출판되지 못했다. 페인은 런던에서 아일랜드의 문필가인 올리버 골드스미스에게 사본을 주었다. 그는 상업사회와 토지사유화에 관한 세련된 풍자시를 쓴 작가였다(호평을 받은 그의 시 「황폐한 마을」은 1770년에 막 출간되었다). 페인의 소책자에는 임금에 관한 논의가 담겨 있다. 따라서 임금이 자본주의의 중심적인 관계를 규정하고 있으면서도 무급노동으로부터 유급노동을 은폐하고 있기 때문에, [임금의 그러한 속임수를 밝힌] 이 소책자는 18세기 잉글랜드에서 이와 같은 종류로는 몇 안 되는 책들 중의 하나다. 동료 노동자를 대표하여 글을 쓰면서 그는 더 많은 [임금]지급에 찬성하는 다양한 논의들을 제공한다.

그의 첫 번째 주장은 경제적이었다. 간접 세무국 관리의 연봉 50파운드가 많은 것처럼 들리지만, 페인은 [그들의 임금이] 실제로는 하루에 1실링 9펜스 파딩인 점에 주목했다. 세금, 자선 및 시중 비용, 말 관리 및 집세는 모두 총액에서 공제되어야 한다. 또한 그 금액은 "모든 생필품의 과도한 가격"을 계산에 넣지 않는다. 화폐의 유연성과 임금의 속임수는 관습적인 형태의 보상을 제거했다. "양배추[재단사가 부수입으로 가져가는 천]" 또는 페인이 재봉업 거래에서 크로셋 제작자로서 누렸을 부수적인 혜택과 같은, "최소한 고용이 되면 딸려오는 부수입이나 이점이 없다." 이러한 부수입의 결여로 인해 부정직과 범죄의 문제가 발생했다. 페인은 임금이 공통화를 대체했다고 말했다.

이것은 종교에 근거한 그의 두 번째 논증으로 우리를 데려간다. 그는 고대 히브리의 현인 아굴[47]을 인용한다. 아굴은 부자와 빈자의 계급분열에 반대했다. 부유한 사람의 유혹[광야의 시험]은 거만해지는 것이었다. 가난한 사람들의 유혹은 도둑질이었다.[48] 두 가지 모두 영혼의 소외가 그 결과다. "[너희와 우리 사이에] 큰 구렁이 끼어 있다."는 화해할 수 없는 계급분열을 나타내는 성경 구절이다. 거지 나사로는 천국에 있었고 부자 다이비즈는 지옥에 있었다 — 영원히!

페인의 세 번째 주장은 철학적이다. "비자발적 빈곤의 거의 확실한 효과인, 그와 같이 위험한 종류의 철학은, 아무리 별 볼 일 없는 철학이라고 해도, 굶주림이 훔치는 것보다 더 죄가 된다고 사람들이 믿도록 가르칠 것이다." "속임수의 빵은 괴로움의 빵이지만, 슬프도다! 결핍과 고난의 시기에는 그렇게 생각할 수 있는 사람이 거의 없다. 사물들은 새로운 색으로 나타나지만, 그 형상은 당연히 그 자신의 것이 아니다. 기아는 속임수에 빌붙고 궁핍은 그것을 양심과 화해시킨다." 욕망의 날카로움은 양심의 부드러움을 이긴다. 그는 어떤 문학적 메모에서 다음과 같이 결론을 내렸다. "그러나 빈곤은 슬픔과 마찬가지로, 결코 들을 수 없는 불치의 난청을 가지고 있다. 웅변은 그 모든 예리함을 잃는다. 그리고 '사느냐 죽느냐'가 유일한 문제가 된다."

페인은 쓰라린 경험을 바탕으로, 세금 징수원이 "그들을 모든 자연적인 친구들과 친척들로부터" 그리고 "극빈자들조차도 향유하는" 특별 지원으로부터 떼어 놓는다고 말했다. "대부분의 가난한 기계공이나 심지어 평민 노동자들조차 친척들이나 친구들이 일부 있다. 그들[친척들이나 친구들]은 자비심에서건 자만심에서건, 그들[가난한 기계공이나 평민 노동자]의 아이들을 헐벗지 않도록 해 주며, 그들에게 때때로 어쩌면 50센트, 나무 한 짐, 석탄 1촐드론을 준다." 페인은 이론적 다양성과는 대조적으로, 현실적인 공통화를 언급한다. 언제나처럼, "공통장"은 추상적인 정의로서가 아니라 실제적 필요의 충족으로서 가장 잘 이해된다.[49] 공통화에서 드러나는 관습적 실천들의 불법화는 교수대에 의해 뒷받침되었다. 직접적인 경험을 통해 페인은 임금-노예제의 해악들을 알게 되었다.

사형

셋포드에 있는 페인의 고향집 바로 바깥 갤로우스힐 위에서 가엾은 비참한 사람들("그들 나라의 법률 사례들")이 북해에서 불어오는 강한 바람 속에서 교수형에 처해졌다. 사순절 순회재판이 셋포드에서 열렸고, 젊은 페인은 국가 테러가 작동하는 것을 정기적으로 목격했다. 그가 태어나고 나서 한 달 뒤 3명의 남자가 교수형에 처해졌다. 20실링에 해당하는 돈과 물건을 훔친 전직 선박목수, 헛간에서 1부셸의 밀과 큰길에서 여성의 지갑을 훔친 "가난하고 어리석은 사람"[50], 홍차 한 꾸러미를 훔쳤지만 끝까지 결백하다며 항의한 양토장 주인이자 세대주인 존 페인터가 그들이다. 이 모든 것이 재산 체제에서는 가증스러운 범죄였다. 여덟 살이 되자 이 소년[페인]은 교수형의 어법을 흡수했다. 그의 반려새가 죽었을 때 그는 다음과 같은 시를 지었다.

여기 존 크로우[까마귀]의 시체가 있습니다,
한때는 높았지만 지금은 낮은 곳에,
그대의 형제 크로우는 모두에게 경고합니다
당신도 일어서자마자 넘어져야 하기에.

그가 수습생활을 시작한 해에, 10마일 밖에 떨어져 있지 않은 엘리에서 한 여성이 화형에 처해졌다. 야만적인 사회였다. 페인이 나중에 쓸 것처럼, "모든 곳에 바스티유가 있고, 모든 바스티유에 전제 군주가 있다." 그는 자신이 무엇에 관하여 이야기하고 있는지 알고 있었다. 그의 아버지가 다니는 퀘이커 회의실이 마을 교도소 옆에 있었기 때문이다.

페인의 생일인 1737년 1월 29일은 의미심장한 날이었다. 이날은 국왕 시해와 관련이 있다. 1월 29일은, 영국혁명의 도래를 알린 행위였던, 1649년 찰스 1세 참수 기념일 전날이다. 잉글랜드에서 모든 유형의 공화당원들이 그날을 기억했으며, 찰스를 순교자라고 불렀던 군주들도 마찬가지였다. 페인이 태어나기 2년 전에, 〈송아지머리클럽〉[51]의 마지막 회의가 열렸다. 군주의 죽음과 그것이 나타내는 모든 것을 기념하기 위해 매년 개최되는 비밀 모임인 이 클럽은 왕정복고 후 비밀리에 "폭군을 죽인 존경할 만한 애국자"를 기리기 위해 모였다. 이 모임은, 여러 공화당원들이 식사를 하고 있던 런던의 집이 폭도들에 의해 부서지고 파괴된 1735년 이후 중단되었다.

나중에, 아메리카에서, 페인은 그의 옛 시골사람들에게 그들의 과거를 상기시킨다. 미국 독립전쟁 기간 동안 발간된 『위기론』에서는 모국에서의 혁명을 요구했다. "잉글랜드는 동요하고 있다. 유념하라! 찰스 1세의 시대를 기억하라!" "현재의 왕과 내각은 당신을 파멸시킬 것이다. 당신은 광기에서 절망으로, 절망에서 파멸로 인도되는 것보다 혁명을 감행하고 의회를 소집하는 것이 더 낫다. 아메리카는 당신에게 본보기를 제시했다. 그것을 따른다면 자유로워질 수 있을 것이다."[52]

국왕 시해는, 특히 생일 즈음에, 그의 마음에서 떠나 본 적이 없다.[53] 그는 주권의 꼭두각시놀음, 독재의 절망적인 비참함, 군주제에 필수적인 전쟁 도발에 반대하는 혁명가였고, 사형제도 또한 반대했다. 그는 조지 3세의 암살을 결코 옹호하지 않았다. 그는 프랑스에서 루이 16세의 처형에 투표하기를 거부했는데, 이는 찰스 1세의 처형이 이전에는 없었던 왕당파를 창설하게 했던 것을 상기했기 때문이었다. 1794년 파리에서 혼자 지내다가 투옥된 56세의 페인은 굉장한 행운 덕에 간신히 단두대를 탈출할 수 있었다. 단두대에서 처형될 사람들이 있는 감옥의 복도를 끼고 있는 독방의 문들에는 전날 밤 분필로 표시를 했는데, 페인의 복도 쪽 독방의 문은 아직 열려 있었고, 옥문이 벽에 부딪혀 휙 열리더니 희미한 불빛 속에서 엉뚱한 쪽에 분필 표시가 되었다. 저녁이 끝나갈 무렵 문이 닫혔고, 다음날 아침 사형집행인이 부르러 왔을 때, 분필이 표시되지 않은 쪽이 바깥에서 보였다. 죽음의 천사가 그를 지나쳐 갔다.

19세기에는 1월 30일의 국왕 시해 기념일이 더는 관찰되지 않았다. 반면에, 1월 29일 페인의 생일에 19세기의 윌리엄 로이드 개리슨에서 20세기의 라이트 밀스에 이르는 미국 개혁가들은 연회, 음료 및 축하의 자리를 마련했다.

혁명과 헌법

1774년 11월 필라델피아에 도착한 페인은 너무 아파서 배에서 들려 나와야 했다. 그는 "사람들 자체의 성향, 즉 사람들이 홑실에 의해 인도되고 겹실에 의해 통치될 수도 있다는 것을"[54] 발견했다. 그의 은유는 문자 그대로 취해진 것이었다. 전前 코르셋 제작자의 홑실과 겹실은 혁명적 단절을 준비하는, 환멸을 느낀 사람들의 중심 세력을 강화시키는 수단이 되었다.

필라델피아에서 쓴 그의 첫 번째 기사는 인도에 관한 것이었는데, 영국 제국주의와 노예제에 초점을 맞춘 것이었다. 그의 진술에 따르면, 영국은 "자신이 얻을 수 있는 것을 위해 모든 나라의 내부를 엉망으로 만드는 것" 외에 한 일이 없다. "알렉산더처럼 영국은 전쟁을 오락으로 만들었고, 방탕을 위해 불행을 초래했다. 인도의 피는 아직 상환되지 않았으며 아프리카의 비참함도 아직 보상받지 못했다. 최근 영국은 세인트빈센트[55]의 카리브해를 잔인하게 파괴함으로써 자신의 국가적 잔인행위 목록을 늘렸다." 인도 정복은 "인류의 절멸"이었으며, 잉글랜드가 "동인도에서 벌인 잔인함은 결코, 결코 잊히지 않을 것이다."[56]

'신세계'에 도착하고 14개월이 지난 뒤, 페인은 『상식』을 출간했다. 책의 주제는 통일, 독립 그리고 평등이었다. 그것들을 성취하기 위해서는 영국 정부를 무력으로 전복해야 한다. 이미 그는 "모든 인류의 권리"를 옹호하고 있다. 페인에게는 사실상, 인류의 권리와 자유롭고 독립적인 아메리카의 권리가 분리될 수 없었다. 프롤레타리아의 능력(선원, 이민자, 하인, 노예, 장인)을 완전히 인식하고 있던 페인은 독자들에게 나라가 "언제 소요와 동란 속에 떨어질지 모르는 위험한 상태에서 비틀거리고"[57] 있다는 점을 상기시킨다. 그는 "대중의 마음은 종잡을 수 없다."라고 경고한다. 또 다른 종류의 선, 즉 계급의 선이 그려지고 있다. 그리고 그것은 그의 가장 강력한 이미지 중 하나에 불온한 의미를 부여한다. "[오늘의] 미세한 상처는 마치 어린 참나무의 부드러운 껍질에 바늘 끝으로 새긴 이름과 같을 것이다. 그 상처는 나무와 함께 커져서 후손들은 그것을 완전히 크게 자란 글자로 읽으리라."[58] 그는 사회를 두 부분으로 나누어 이해한다. 그의 말에 따르면, 남성과 여성은 자연의 분열이다. 선과 악은 천국의 분열이지만, 부자와 빈자의 계급 분열은 왕과 국민의 분열과 같다.

이 소책자가 가한 충격과 힘은 왕족 — "상당히 불량한 깡패 두목급 악한" — 에 대한, 그리고 특히 1066년 정복왕 윌리엄[윌리엄 1세]에서 출발하는 영국 왕들에 대한 조롱에서 비롯된다. [그들은] "무장 강도를 데리고 [영국에 상륙해서 선주민의 뜻에 반해 영국 왕을 차지한] 일개 프랑스 귀족의 서자로서…그 근본이 매우 비천하고 흉악스럽다."[59] 페인은 고위직 권력자들을 [보통] 사람일 뿐만 아니라 범죄자처럼 보이도록 했다. 이것은 일시적인 농담이나 위안거리로 세상을 뒤집어 놓는 카니발이 아니었다. 그는 진지했으며, 그에게는 벤저민 러시[60]처럼 재산이 있으면서 덜 용감한 후원자들도 있었다. 왕들의 오만은 "전 세계를 오직 피와 재 속으로"[61] 몰아넣어 왔다. 왕족의 범죄는 국가와 계급의 기원으로 거슬러 올라가는 독재적인 지배의 범죄였다.

페인은 민중의 전쟁이 민중의 수단으로써 치러질 것이라고 주장한다. 군인들은 스스로 지휘관을 선출할 것이다. 군수품 조달의 동원도 가사 주방 조직에 기반을 두었다. 당시 『상식』의 초안을 작성하고 있을 때, 그는 또한 "무기고에 화약을 자발적으로 공급하기 위한 초석[질산칼륨] 결사대의 실용성"을 제시하고 있었다. 마구간, 헛간, 지하실의 토양에서 추출하기 위해 냄비와 국그릇을 사용하여 실험을 수행함으로써, "자유로운 사람들에게는 페루나 멕시코의 광산보다 더 가치 있는" 보물, 즉 질산칼륨을 모을 수 있었다.[62] 당시 페인에게 혁명은 실천적인 문제였고, 수단(대중의 동원)은 목적(대중의 주권)과 밀접하게 관련되어 있었다. 혁명은 또한 우주론적 힘으로서, 혁명의 원리들은 우주의 원리들과 조화를 이루었다. 이러한 점에서 그것은 안데스 남부의 '파차쿠티'pachakuti 개념과 비교될 수 있다. 케추아족과 아이마라족의 언어에서 '파차'는 지구 또는 우주를 의미하며, '쿠티'는 전복을 의미한다. 그것은 신성한 개념과 모독적인 개념을 결합한다. 볼리비아 운동과 사빠띠스따 운동은 모두 식민주의에 의해 훼손된 과거를 재-기억하기re-membering에 기반을 두고 있다. 페인은 종종 행성 지구 그리고 태양을 도는 지구의 혁명을 언급했다. 여기에서 "혁명"은 순환, 그리고 그렇지 않았으면 혼란에 빠졌을 세계에서의 균형 회복에 관한 것이다.

1758년 런던에서 페인은 한 쌍의 구체 — 지구의地球儀와 천구의天球儀 — 를 샀다. 그는 스코틀랜드의 천문학자이자 기계공인 제임스 퍼거슨에게서 사용법에 관한 강습을 받았다. 페인이 바다에서 보낸 6개월은 별에 관한 지식을 쌓는 데 도움이 되었다. 그는 자전과 공전의 차이를 알고 있었고, 지구와 무관하거나 과학과 무관한 글을 쓴 적이 결코 없었다.

토머스 페인은 지구적으로 사고했다. 아메리카가 그의 아르키메데스 거점[63]이었다. 그는 발명품을 통해 물질적 하부구조와 산업화된 노동을 변형시킨 잉글랜드의 기계공 및 숙련공 세대에 속했다. 페인 자신은 단일 경간single-span의 철교를 창안, 발명, 설계하여 그것을 스퀼킬강, 템스강, 센강 전역에 현실화하려고 시도했다. 『위기』 제8호(1780년 2월 26일)에서 그는 "자연철학, 수학 및 천문학은 사람들의 관심사를 국가의 수준에서 창조의 수준으로 이동시키고, 그것에 어느 정도 타당성을 부여한다."라고 썼다. 지역적으로도 지구적으로도 사고할 수 있는 이 능력은 그의 산문 전체에서 분명히 드러났다. 예를 들어 1772년 『간접 세무국 관리의 사례』에는 다음과 같은 표현이 나온다. "안락하고 풍요로운 생활을 하는 부자는 내가 부자연스러운 초상화를 그렸다고 생각할 수 있지만, 그들이 결핍이라는 정반대의 춥고 빈곤한 세계로 전락하는 일이 일어난다면 그들은 기후에 따라 자신들의 견해가 달라지는 것을 발견하게 될 것이다." 『위기』 제5호(1778년 3월 21일)에서 그는 다음과 같이 썼다. "아메리카가 아니었다면, 우주 전체에는 자유 같은 것은 하나도 남아 있지 않았을 것이다." 아메리카에 대한 그의 열정은 그가 다음과 같은 최고의 찬사를 하게 만들었다. "하늘 아래 이보다 더 큰일은 없었다." "새로운 사고방식이 생겨났다." "후손까지 … 이 세상 마지막까지도 다소간 영향이 미칠 것이다."[64] "우리는 세상을 다시 시작할 능력이 있다."[65] 그는 "인간성의 모든 영역을 최대의 규모로 포괄하는 하나의 주제를 고찰[하는 것은] … 개인, 국가, 세계를 뒤섞는 것이다."[66]라고 쓰고 있다. 이것은 혁명적인 저울질[고찰]이다.

"아메리카 합중국"처럼 "반혁명"도 페인이 만들어 낸 문구이거나 신조어였다. 그는 혁명 이후의 아메리카나 반혁명 기간 중에 자신이 있어야 할 곳을 찾지 못했기 때문에 잉글랜드로 돌아왔다. 조지 워싱턴은 1776~83년 미국 독립전쟁 중에 자신의 문사ⓧㅗ를 필요로 했지만, 1793~94년 프랑스혁명 당시 페인을 단두대로 넘겼다. 페인은 워싱턴을 "변절자나 사기꾼"[67]이라고 불렀다. 이 용어는 워싱턴이 훌륭한 원칙들을 포기했다[변절자]고 느꼈는지, 아니면 애초부터 무엇인가를 가지고 있었다[사기꾼]고 느꼈는지에 따라 달리 선택되었다.

프랑스혁명에 관한, 그리고 혁명 일반에 관한 위대한 논쟁은 역설적으로 보수적인 문체와 주장을 창조한 아일랜드인(버크)과 급진주의자의 선명한 웅변으로 응답한 잉글랜드인(페인)과 함께 시작되었다. 토론의 1회전은, 1688년 대타협 기념일인 1789년 11월 4일에 있던 리처드 프라이스[68] 박사의 설교「조국애에 관한 강론」이었다. 프라이스는 웨일스의 비국교도이자 철학자, 벤저민 프랭클린의 친구, 미국 독립의 옹호자였다. 그는 양심의 자유, 폭력적인 권력에 대한 저항, 그리고 우리 자신의 통치자를 선택할 권리, 위법행위를 한 그들을 면직할 권리, 우리 자신을 위한 정부를 구성할 권리를 지지했다. 2회전은 1790년 11월에 출판된 에드먼드 버크의 「프랑스혁명에 관한 고찰」이었다. 이것은 선정적이고, 현학적이고, 터무니없고, 과장된 형식으로 프랑스혁명을 비난했다. 조지 3세는 "모든 젠틀맨이 이 글을 읽어야 한다."라고 말했다. 파렴치하게도 버크는 민중을 "돼지 같은 군중"이라고 불렀고, 페인 같은 사람들을 반대하는 계급적 선을 그었다. "미용사, 또는 수지양초 제조인과 같은 직업은 명예와는 거리가 멀었다."

코르셋 제조자 페인은 미끼를 물지 않았다. 3회전은 페인의 『인권』 1부와 함께 시작되었다. 이 책은 그의 54번째 생일인 1791년 1월 29일에 완성되었다. 3실링으로 가격이 책정되자 이것은 출판계의 일대 사건이 되었다. 이 책은 프랑스혁명을 옹호했으며, 혁명을 미국 독립전쟁, 그리고 대중 주권이라는 이념에 연결했다. 오늘날까지 이 책은 프랑스혁명의 사건들에 관한 읽기 쉬운 입문서로서 군주제와 세습 규정에 반대하는 주요 주장들을 제시한다. 또한 누구라도 접할 수 있는 글쓰기의 새로운 양식을 창조했다. 왕권을 우스꽝스럽게 보이게 만들었고, 버크를 허풍스럽고 가당찮은 사람처럼 보이게 만들었다. 1792년 2월 페인은 『인권』 2부를 발행했다. 여기에서 페인의 계급 적대감은 생생했으며("모든 군주국은 군사적이다. 전쟁이 그들의 업이고 약탈과 수입이 그들의 목표다."[69]), 헌법의 의미는 명료했고("헌법은 국가의 소산이 아니라, 국가를 구성하는 인민의 소산이다."[70]), 그의 국제주의는 보편적이었다("내 나라는 세계이고, 나의 종교는 선을 행하는 것이다."[71]). 『인권』 2부를 영국의 기본 자본주의 체제에 그토록 위험스러운 것으로 만든 것은, 평등을 경제적 측면에서 직설적으로 해석하고, 민주주의에 관해 전반적으로 확신에 찬 어조로 말했기 때문이었다. "진실이라는 우아한 자존심은 극단을 알지 못하며, 삶의 모든 영역에서 인간의 올바른 성격을 보존한다."[72]

영국 정부는 사용할 수 있는 모든 무기들을 동원하여 페인의 책과, 그리고 광범한 반대와 싸움을 벌였다. "사악하고 교활한 글쓰기"에 관한 성명서가 발표되었다. 책을 감시하는 경찰이 구석구석을 샅샅이 순찰했다. 스파이들이 페인의 일거수일투족을 미행했다. 선술집에서 가볍게 나눈 말들이 기소의 근거가 되었다. 정부는 비열한 작가들을 고용하고 폭도들을 매수했다. 페인은 인형으로 만들어져 불태워졌다. 1792년 12월 그는 법률상의 보호를 박탈당했지만, 그 무렵 그는 잉글랜드를 떠나 최근 자신이 의원으로 선출된 프랑스 총회에 참석했다.

한나 아렌트는 헌법이 미국인의 삶에서 지니고 있는 몇 가지 의미의 중요성을 인식했다. 토머스 페인은 그것들 중 두 가지를 발전시켰다. 사람들이 자신들을 하나의 정치적 통일체[국민/국가]로 구성하게끔 하는 행위들, 그리고 서면 문서가 그것이다. 따라서 그것[헌법]에 대한 경외심이나 맹목적인 숭배는 혁명적인 자기-결정의 사건이거나 법과 법학의 제도적 뒷받침을 받는 일종의 토템일 수 있다. 페인이 보기에 "잉글랜드 의회에서 헌법이라는 단어를 지속적으로 사용하는 것은 실제로는 헌법이 존재하지 않음을 보여주는 것이다. 그리고 모든 것이 헌법이 부재하는 정부 형태에 불과하고, 내키는 대로의 권력으로 스스로를 구성하고 있는 상황임을 보여주는 것이다."[73] 헌법을 숭배하는 것은 민주적 행동의 잠재력을 소중히 여기는 것이지 신성한 체하는 우상숭배의 최면은 결코 아니다. 저승에서 통치하는 것은 헛된 일이며, 각 세대는 "세상을 다시 시작" 해야 한다. 21세기에 헌법은 분명, 주택, 건강, 물, 음식에 초점을 맞추어야 한다.

그는 『인권』에서 "내 나라는 세계이고, 나의 종교는 선을 행하는 것이다."라고 썼다. 1791년 11월 4일 런던에서 1688년 영국혁명 기념일을 축하하는 의례적인 응답 연설을 하면서, 그는 전 세계에서 그리고 수 세기 동안 울려 퍼진 축배의 말인 "세계의 혁명"을 제안했다. 몇 가지 사례 — 18세기의 아일랜드, 19세기의 인도, 20세기 인도네시아 — 만 거론해 보자.

페인은 아일랜드에 지대한 영향을 미쳤고, 아일랜드와 긴밀한 관계를 유지했다. 벨파스트 자원봉사자들은 1791년 페인을 위해 다음과 같은 건배사를 외쳤다. "그의 상식의 원리들이 인권을 확립할 수 있기를 바랍니다." 그해에만 『인권』의 복사본들이 1만 권이나 전국에 배포되어 코크[74]에서 발행하는 시편과 기도서를 대체했다. 울프 톤[75]은 이 책을 "벨파스트의 코란"이라고 불렀다. 얼스터에서 영국인들은 상황을 가늠해보았고, 녹스 준장은 애버콘 공작에게 다음과 같이 썼다. "이 나라의 상태에 관해 말하자면 매우 위급한 상황입니다. 북쪽 지역에는 분명 페인의 사상이 주입되고 있습니다. 페인은 모든 사람에게 자신들을 입법자로 생각하고 상사에 대한 모든 존경심을 내던져버리라고 설득하고 있습니다." 〈아일랜드연맹〉이 금지된 후, 일부는 미국으로, 일부는 파리로 갔다. 1793년 에드워드 피츠제럴드 경 ─ 자신의 직함을 버리고 시민 에드워드가 되었다 ─ 은 페인과 함께 숙박하면서 다음과 같이 말했다. "그는 순수한 태도, 선량한 마음, 강한 정신을 소유하고 있었습니다. 전에는 이런 정신의 소유자를 본 적이 없습니다." 페인의 책을 낸 미국 출판업자는, 아일랜드 침략 계획을 추진했던 아일랜드인이었다. 개인적인 수준에서 페인의 역정歷程은 이러한 혁명들의 궤적을 따랐으며, 반혁명에 패배를 당했다. 프랑스의 아일랜드 침공이 실패로 돌아가자, 페인은 아일랜드 망명자인 내퍼 탠디[76]와 함께 술로 슬픔을 달랬다. 아메리카로 떠나기 전에 페인은 젊고 뛰어난 아일랜드 혁명가 로버트 에밋을 만났다. 청년 에이브러햄 링컨은 1803년 선창에서 한 그의 연설을 기억했다. 보도에 따르면 페인은 링컨이 가장 좋아하는 작가였다.[77]

인도에서 페인의 작품을 보급한 핵심 인물은 헨리 루이 비비안 데로지오[78]였다. 그는 1828년 캘커타의 비종교적인 힌두 대학에서 강사로 임명되었다. 그는 학생들에게 일부가 벵골어로 번역된, 『인권』과 『이성의 시대』를 읽을 것을 촉구했다. 미국의 한 출판업자가 천 부의 복사본을 캘커타에 수출했다.[79] 이 책들에 영감을 받은 데로지오의 학생들은 급진적으로 변했다. (예컨대) 카스트와 관계없이 함께 식사를 하면서 카스트의 금기를 깼다. 데로지오는 보수적인 힌두교도들의 반발을 사 1831년에 해고되었다. 그의 학생들은 문화 민족주의의 선두에 섰다. 데로지오를 따르는 사람들은 "사고하지 않으려는 사람은 편협하고, 사고할 수 없는 사람은 바보이며, 사고하지 않는 사람은 노예다."라는 모토를 고수했다.

1945년 카투트 탄트리[80]는 인도네시아의 민족 해방 운동가들에게 다음과 같은 연설을 했다. "우리, 자바 티모르의 게릴라 투사들은 당신이 일본인들에게 당했던 고통과 고문을 너무나 잘 알고 있을 뿐만 아니라, 네덜란드인들이 얼마나 오랫동안 어떻게 당신을 박해했는지 역시 잘 알고 있습니다." 이전에는 뮤리엘 피어슨이었던 카투트 탄트리는 맨섬에서 태어났다. 할리우드의 화가이자 발리의 보헤미안 호텔의 경영자였던 그녀는 네덜란드 제국주의에 항복하기를 거부했으며, 일본 침략 당시 피신을 거부했다. 2차 세계대전이 끝나고 감옥에서 석방된 후, 반제국주의 게릴라들은 "카투트 탄트리가 인도네시아 혁명에 동참하고 인도네시아의 토머스 페인 여사가 되어주기를 간절히 소망한다."라고 말했다. "웃음과 눈물" 사이에서 갈등하던 그녀는 선택을 했고 "수라바야 수"라는 이름으로 주요 특사, 기자, 방송인, 그리고 인도네시아 독립전쟁 당시 수카르노 연설의 초고 작성자가 되었다. 그녀는 적극적으로 이 전쟁을 1776년 미국 독립전쟁과 비교했다. 페인과 마찬가지로, 그녀는 영국에서 태어나 고향을 떠났으며, 논쟁을 즐겼고, 독립적인 투사였으며, 적들에 의해 극단주의자로 낙인이 찍혔으며, 간신히 처형을 면했다. 그에게 한 것과 마찬가지로 미국은 그녀에게서 돌아섰고, 1949년에 여권 발급을 거부했으며, 같은 해에 미국의 FBI는 공공 도서관에서 하워드 패스트의 영향력 있는 전쟁 전기소설 『시민 토머스 페인』, 그뿐만 아니라 한 권짜리 선집인 페인의 『작품집』을 제거하라는 명령을 내렸다.[81]

다시 공통장

"정부는 감옥과 궁전, 가난과 호사의 대조로 구성되는 것이 아니다. 정부는 빈민의 주머니를 털기 위해, 불행한 자의 불행을 증가시키기 위해 만들어진 것이 아니다."[82] 페인이 『인권』을 쓴 해가 1792년임에도 불구하고, 이 책은 영국 정부가 정확히 무엇을 하고 있었는지를 보여준다. 따라서 이때는 실천으로서의 공통화와 이론으로서의 코뮤니즘에 관한 논쟁의 강렬하고 흥미진진한 부활의 시기였다. 윌리엄 고드윈의 『정치적 정의에 관한 고찰』(1791)이 코뮤니즘에 관한 과도하게 지적인 홍보였다면, 제임스 필킹턴[83]의 『계급평등의 교리』(1795)는 기근이 닥치고 곡물 가격이 높은 해에 출간되었고 토머스 스펜스의 소책자들 역시 좋은 환경을 만났다.

페인은 매점행위 반대 법률의 폐지, 가격 인상을 위한 시장에서의 곡물 원천징수 관행에 관한 1772년의 논쟁이 이루어지는 동안 런던에 살았다. 이때는 "도덕 경제"를 좌절시키고 그것을 자유방임으로 대체하려는 결정적인 순간이었다. 미국전쟁 중 페인은 전시 부당이익을 막기 위해 필라델피아에 설립된 가격조정 위원회에 참석했다. 이러한 자본주의 자유방임의 공격적인 형성과정에서, 윌리엄 오길비[84]는 『토지의 재산권에 관한 에세이』(1781)에서 공통장과 황야를 가난한 사람들에게 분배해야 한다고 주장했고, 제임스 머리[85]의 『바보들에게 하는 연설』_Seromos to Asses_(1768)은 희년의 재분배 이론을 부활시켰다. 그리고 리처드 프라이스의 『반환 지급에 관한 고찰』(1771)은 인클로저에 반대했다.

당시의 세 개의 세계적 세력들은 이러한 논쟁을 긴급한 것으로 만들었다. 첫 번째는 오하이오 계곡의 침략 그리고 이로쿼이족의 땅, 삼림 및 물의 강탈이었다. 이것은 문명과 불가피성의 이름으로 행해졌다. 두 번째는 1760년에서 1830년 사이에 진보와 개선의 이름으로 통과된, 잉글랜드의 인클로저 법령이었다. 세 번째는 토지를 사유화하고 상품화한, 1793년의 벵골의 영대永貸 자민다르 제도[86]였다. 페인은 『토지분배의 정의』에서 "인도인의 삶은 유럽의 빈민과 비교하면 끝없는 휴일의 연속이지만, 부자와 비교하면 더없이 초라하다."라고 쓰고 있다. "따라서 문명이라고 불리는 것은 두 방향으로 작용한다. 한편으로는 사회의 풍요로운 부분을 형성하지만 다른 한편으로는 자연 상태보다 더 비참하다."[87]

『토지분배의 정의』의 영어판은 1797년에 출간되었다. 란다프의 주교인 리처드 왓슨이 한 설교로 그 출판이 이루어졌으며, 그의 「토머스 페인에게 보낸 일련의 편지들에 나오는 성경에 대한 사과」는 페인의 『이성의 시대』에 대한 응답으로 쓰였다. 왓슨은 "하느님이 부자와 빈자를 만들었다고 말하는 것은 잘못이다."라며 콧방귀를 뀌었다. "신은 남자와 여자만 만들었고, 그들에게 상속을 위한 땅을 주셨다." 런던의 장인 시인인 윌리엄 블레이크가 왓슨을 "찢어진 발"을 가진 "국가사기꾼"이라고 비난한 것은 놀라운 일이 아니다. 그러나 페인을 무신론자라며 명성을 더럽히려는 국제적인 캠페인이 시도되었을 때, 기독교적 도덕률 폐기론자인 블레이크가 페인을 옹호하는 글을 썼다는 점은 흥미로운 일이다. "1798년 올해에 성경을 지키려고 한다면 한 사람이 목숨을 잃을 것이다." 블레이크는 페인의 "에너지 넘치는 천재성"이 그로 하여금 기적을 행하도록 이끌었다고 생각했다. "5개의 빵 덩어리로 5천 명의 사람들을 먹이는 것이 작은 소책자로 유럽의 모든 군대를 전복시키는 것보다 더 위대한 기적이란 말인가?"[88]

토지 사유화에서 이루어낸 그래프턴 공작의 성공적인 노력은 의심의 여지 없이 그의 이웃인 콘월리스 경에게도 마찬가지의 성공을 고무했다. 아메리카에서 영국 군대의 장교였던 콘월리스는 1781년 요크타운에서 영국군이 아메리카의 혁명군에게 항복한 후 상처를 치료하기 위해 서퍽 영지로 돌아왔다. 콘월리스는 1788년의 "위대한 이삭줍기 소송"을 선동했다. 여기에서 '스틸 대 호튼' 소송(농업 노동자인 메리 호튼이 셋포드에서 몇 마일 떨어진 팀워스에 있는 스틸의 농장에서 이삭줍기를 했다)을 다룬 법정은 "판례법에 따라 누구도 추수기 들판에서 이삭줍기를 할 권리를 지니지 못한다."[89]라고 선언함으로써 모세의 율법과 수 세기에 걸친 관행에 반하는 선언을 분명히 했다. 이와 같은, 생산수단 및 생존수단에 대한 관습적 접근의 불법화는 프롤레타리아의 창출에 결정적인 역할을 했다. 페인은 1787년 9월에 영국으로 돌아온 뒤 셋포드로 가서 어머니를 방문했다. 사람들은 페인이 콘월리스와 엇갈리지 않았다고 생각한다. 비록 그를 묘사할 때(그때는 수확기였다), 팀워스에서 메리 휴튼에게 눈길까지는 보내지 않았다 해도, 들판을 오고가는 중에 노래를 부르는 이삭 줍는 다른 무리의 사람들을 마주쳤을 것으로 쉽사리 묘사하지만 말이다.

전쟁에서 페인은 그의 계급적 분노를 숨기지 않았다. 그는 뉴욕의 영국인에게 "당신이 행한 대로 되돌려 받을 것이다."라고 경고했다. 그는 "귀족의 시골 저택은 한 채도 없으며, [설령 있다 하더라도] 단 한 사람에 의해 잿더미가 될 수도 있다."라는 점을 상기시킨다. 더욱이 템스강에 띄운 배들, 동인도회사, 은행 "역시 이런 종류의 파괴로부터 안전하지 않다."[90] 그는 『인권』 2부에서 인류의 농업 자체만큼이나 오래된 심층적 경험을 기록한다. 그는 "지주층"landed interest이라는 문구의 의미를 설명하고 있다. 이 문구는 계급관계 ― 누가 노동을 행하는지, 누가 생산물을 가져가는지 ― 를 은폐한다. 지주층은 귀족들이자 그들의 "기둥"인 성전聖殿이다. 그러나 페인은 다음과 같은 점을 우리에게 상기시킨다.

그 기둥이 땅속으로 가라앉는다 해도 그들의 토지재산은 그대로 남아있게 되고 경작, 파종, 수확도 그대로 진행되리라. 귀족은 토지를 경작하고 생산하는 농부가 아니라 단순히 지대의 소비자에 지나지 않는다. 그리고 활동적인 세계와 비교할 때 그들은 꿀을 거두어들이지도 벌집을 짓지도 않는다. 그들은 그저 게으른 향락을 위해 살아가는 수벌이고 기둥서방이다.[91]

그는 자신이 무엇에 관해 말하는지 알고 있었다. 다음은 페인이 멋지게 묘사하고 있는 맥락이다.

지위가 높은 사람이건 낮은 사람이건 모든 개인은 땅에서 나는 열매에 관심을 둔다. 농작물을 거둬들이지 못하는 경우에는 남녀노소나 계층에 관계없이 누구나 농부를 도우려고 나서리라. 그들은 다른 재산에 관해서는 그렇게 행동하지 않을 것이다. 농업은 인류가 모두 기도를 바치는 유일한 대상이고, 수단이 모자라서 안 하게 되지 않는 유일한 것이다. 그것은 정책에 관련된 것이 아니라 인간의 생존과 관련된 것이고, 그것이 없어지면 인간도 없어져야 하리라.[92]

첫 번째 단어에서 마지막 단어에 이르기까지, 개인의 현존은 실제로 전체적인 집단 노동이다. 여기서 사회는 시장관계의 추상화가 아니다. 그것은 집단적 인간노동의 현실적이고 강력한 현상이다. 우리는 이 구절에서 미래의 공리주의 기호들이 아니라 윈스턴리 노동이론의 신성한 신학적 목소리를 듣는다. 수확은 한 해의 핵심적인 행사였다. 이 말투는 영국 개신교의 말투("땅에서 나는 열매")다. 계급 구별의 반복("[지위가] 높은 [사람이건] 낮은 [사람이건]", "계층에 [관계없이] 누구나"). 기독교의 핵심적인 기도에 대한 호소와 암시("오늘 우리에게 일용할 양식을 주시옵고"). 물론 젊었을 때 페인은 추수노동에 종사했다. 호모 파베르[도구의 인간]인 토머스 페인은 망치와 낫의 사람이었을 뿐만 아니라 바늘과 실의 사람이었다. 그는 에드먼드 버크를 놀리는 농담을 계속했다. 그 농담은 귀족을 끌어들이기 위해 군주가 깨끗하게 "갑판을 밀대로 청소하는 것"에 관한 것이었다. 그는

버크가 "죽음과 시간만큼 무서운 낫으로 귀족원을 베어내고 솎아냈다."라고 말했다.[93]

이백 년 뒤 한 잉글랜드 동부 지방의 수확자가 노동생활에서 수확이 갖는 중심성에 관해 설명했다.

돈에 관한 이야기가 아니었다. 사람들은 돈 없이도 살아가는 듯이 보였다. 그들은 또한 교회 없이도 살아갔다. 미안하지만 그건 사실이다. … 거룩한 시간은 추수기였다. "수확물을 얼마나 원하는지 말해 주시오." 농부가 수확자들에게 말했다. 그래서 사람들은 농부에게 그들이 원하는 수확물의 양을 말한 수확자 우두머리를 선택했다. … 우리는 손으로 수확했다. 같은 들판에서 서른 명의 풀 베는 사람을 포함할 수 있었으며, 한 사람당 동료를 딸릴 수 있었다. 그들은 짚단을 묶었다. … 우두머리가 마지막에 실린 짐의 꼭대기에 앉아 들판을 떠나면, 여자들과 아이들이 이삭줍기를 하러 모여들었다. … 우리는 모두 집에 가서 소리쳤다. 텅 빈 들판에서 소리쳤다. 왜 그랬는지 모르겠다. 하지만 그게 우리가 한 일이다. 우리가 소리를 너무 크게 질러 옆 마을의 소년들이 되받아 소리를 지르곤 했다.[94]

블레이크는 약 2세기 전에 비슷한 말을 들었고 1797년에는 다음과 같은 악기의 배열을 추가했다.

그들은 기쁨과 승리감에 도취되어 플루트와 하프와 드럼과 트럼펫과 호른과 클라리온을 연주하며
넓은 헛간으로 (짚단들을) 가지고 들어갔다.[95]

19세기와 20세기의 작곡가들은 계속해서 수확기의 들판을 돌아다니며 민중들의 노래를 경청했다.

공통장 주제의 가장 강력한 표현은 페인의 짧은 1795년 소책자 『토지법과

토지독점에 반대하는 토지분배의 정의』에 나타난다. 최근의 학계는 사회주의 이론들을 의심하는 이 소책자의 중요성을 경시하는 경향이 있다. 1970년 그윈 윌리엄스[96]는 이 소책자가 바뵈프의 『평등당의 음모』에 대한 응답이었다는 점이 종종 간과되고 있다고 지적했다. 20년 동안 계속 연구를 해 온 그레고리 클레어스[97]는 이 소책자가 페인의 주요 작품들 중에서도 여전히 가장 소홀히 여겨지고 있다고 지적했다.[98] 1795~96년 겨울에 쓰이고 1797년에 출판된 『토지분배의 정의』는 재앙적인 경제적·사회적 맥락뿐만 아니라 잘 정의된 논쟁적·정치적 맥락을 지니고 있었다. 잉글랜드와 프랑스에서 1795년은 기아의 해였으며, 절망적인 반응이 나타난 해였다. 식량 폭동이 광범하게 일어났다. 국가 주도의 정치적·군사적 폭력이 창궐했고 교도소 건설이 성행했으며 지방에는 군대 막사가 세워졌다.

소책자가 다루고 있는 정치적 맥락은, 더 일반적으로 말해, 프랑스혁명, 특히 1796년 5월에 드러난 바뵈프의 음모였다. 그 지도자들은 1년 후 단두대에서 처형되었다. 바뵈프는 전통적으로, 도시 반란 쿠데타와 토지재산이 모두 동일해야 한다는 토지법 이론을 결합한, 근대 코뮤니즘의 창시자로 간주되어 왔다. 페인은 반란 시도에 반대했고 존 애덤스는 1776년에 토지법에 대한 두려움을 분명히 표현했다. 프랑스에서는 그것을 옹호하면 사형을 선고받았다.

존 텔월은 "거대한 정신의 소유자인 토머스 페인"을 고대 로마의 토지법 저자들인 리키니우스 및 그라쿠스와 비교했다.[99] 『토지분배의 정의』에서 페인은 "모든 개인은 특정한 종류의 재산에 대한 합법적인 생득권을 가지고 있다."라는 주장을 펼친다.[100] 여기에서 그는 자연적 재산과 인위적 재산, 개인의 재산과 자본을 구별한다. 페인은 우리에게 북아메리카 인디언들을 생각해보라고 요청한다. 왜냐하면, 그들에게는 "유럽의 모든 도시와 거리에서 빈곤과 결핍이 우리에게 생생히 보여주는 비참한 광경이" 존재하지 않기 때문이다.[101] 그의 추론에 따르면 빈곤은 문명에 의해 창조된, 인위적인 것이다. 페인은 아메리카 인디언들과의 경험적 만남에 의존한다. 1777년에 그는 펜실베이니아주 이스턴에 외교 대표단을 이끌고 가서 래스트 나잇 추장이 주도한 〈이로쿼이 남부 연합〉 여섯 부족의 구성원들 다수를 만났다. 그는 땅이 "인류의 공통 재산"이라고 썼다.[102] 되돌려 주는 것 없는 경작의 결과는 가난과 비참함이었다. 지주층은, 부분적으로 "칼의 힘을 빌려 [관철된] 토지법"에 의해, [토지를] 빼앗긴 사람들의 재산을 취했다.[103]

"현재 문명의 상태는 혐오스럽고 부당하다. 이상적인 모습과는 완전히 딴판이며, 혁명이 필요할 정도다. 풍요와 빈곤의 대조가 역력해 마치 산 자와 죽은 자의 몸뚱이들이 끊임없이 서로 얽혀 있는 듯하다."[104] 이것은 노예무역에서 흔히 볼 수 있는 장면이었고, 전염병의 확산 속에서 페인도 필시 직접 목격한 장면이었을 것이다. 이 전염병은 1774년 그를 태운 미국행 선박에 실린 계약 노예라는 화물을 황폐하게 만들었다. 그가 이름을 붙인 "비문명"uncivilization은 이러한 잔혹함을 낳았다. "소위 문명국에서 우리가 노인들이 노역장에 끌려가고 청년들이 교수대로 끌려가는 것을 본다면, 그 국가체계에는 무엇인가 잘못된 것이 있음에 틀림없다."[105] 그는 소위 문명의 진보와 함께 가난한 사람들의 수가 실제로 증가하고 있음을 발견한다. 그들은 "세습적 인종[세습에 의해 빈곤을 물려받는 인종]"[106]이 되어가고 있다.

페인은 해결책으로, 국가가 21세 생일을 맞은 모든 사람에게, 소 한 마리와 몇 에이커의 땅을 살 수 있을 정도로 충분한, 다시 말해 살아가기에 충분한 일괄 금액 ─ 생계수단 ─ 을 분배하라고 제안했다. 그는 또한 50세 생일을 맞거나 은퇴하는 모든 사람에게 위와 동일한 [일괄] 금액이, 상속세에서 지급되어야 하는 보조금처럼 주어져야 한다고 주장한다. 『인권』에서 페인은 수평화라는 비난에 맞서 자신을 변호했다. 그럼에도 불구하고 『토지분배의 정의』에서는 다음과 같은 점에 주목했다.

문명 상태의 혁명은 정부 제도의 혁명과 필수적인 짝을 이룬다. … 전제 정부는 영락한 문명에 의해 유지된다. 인간 정신의 타락과 대중의 빈곤화가 전제 정부의 주요한 기준이다. 이런 정부는 인간을 동물처럼 취급한다. 지적 재능의 발휘를 인간의 특권으로 보지 않고 인간은 법을 왈가왈부할 자격이 없고 오로지 법에 복종만 해야 한다고 생각한다. 정치적 전제 정부는 절망에 빠진 인간 정신이 격분할까 두려워하지 않으며, 빈곤으로 인간 정신을 꺾어버리려 한다.[107]

이것은 결정적인 통찰력이다. 빈곤은 정치적 목적을 위해 의도적으로 만들어 지는 것이다.

페인이 화약의 가내 생산을 옹호하는 동안, 또 다른 대조적인 양식의 혁신이 런던 동부의 월섬스토에 있는 무기고에서 화약을 생산하고 있는 영국 전쟁 기계에 의해 실행되었다. 리처드 왓슨은 계급사회를 대표하여 페인을 공격한 성직자이기 전에 화학 교수였다. 그리고 그가 콘월리스의 동료이자 통신원이었다는 사실을 알게 된다고 해서 놀랄 일은 아닐 것이다. 1787년에 그는 화약 제조를 개선하는 방법을 발견하여 68파운드의 대포알이 통상적인 172피트 대신 273피트로 발사될 수 있었다. 이 혁신은 1년에 10만 파운드 이상의 가치를 창출했다. 왓슨이 왕족 접견실에서 아첨하며 징징대는 소리를 들어보자. "인류를 파괴하는 방식으로 사람들을 가르치는 것이 기독교 주교에게는 하나의 스캔들이었기에 내가 부끄러울 수밖에 없다고 말하자 왕이 대답했다. '그것 때문에 그대의 양심을 괴롭히지 말라. 싸움이 빨리 일어날수록 학살은 줄어들 테니까 말이야.'"[108] 이 단순한 일화를 풀면 과학과 종교가 국가와 전쟁을 촉진하는 끔찍한 현대적 조합이 보인다. 가짜 영성靈性과 살인적인 과학기술의 이 살인적인 매듭은, 예를 들어 게르니카에서 에놀라 게이[109]에 이르는 20세기의 폭격들과 직접 연결되는 근대적 야만성의 본질이다. 페인은 펜을 들어 그것에 대항해서 그 끔찍한 매듭을 몇 번이고 계속해서 잘라내었다. 정복과 범죄화가 몰수한 재산의 체제를 확대함에 따라, 사형이라는 자신의 작은 동반자를 갖춘 전쟁 기계는 인간을 야수로 만들었다. "전쟁은 국내를 정복하는 기술이다."

페인은 다음과 같이 『인권』 2부의 결론을 내린다. "지금은 2월 중순이다."라고 그는 말한다. "시골로 가면 잎이 떨어진 나무들이 겨울의 모습을 보여주리라. 사람들은 지나치면서 작은 가지를 곧잘 꺾는데 나도 그럴지 모른다. 그러다가 그 가지에 달린 싹눈 하나가 부풀어 오르기 시작하는 것을 볼 수도 있다."[110] 이 부드러운 문장이 페인을 이해하는 열쇠다. 논리와 문법에서 글쓴이가 어떻게 독자를 좇아 서술하는지 주목해보라. 더욱이 문장은 현실 세계에 관한 정확한 결론에 도달하는 첫 번째 단계를 표현하는데, 과학적 방법은 관찰을 하는 것에서 시작된다. 그리고 두 번째 단계인 추론이 나온다.

> 만일 그런 모습을 보여주는 것이 잉글랜드에서 싹눈 하나뿐이라고 생각한다면 이
> 는 지극히 부자연스러운 생각이거나 전혀 이치에 맞지 않는 것이리라. 그렇게 생
> 각하지 않고, 나는 즉각 모든 곳에서 같은 현상이 시작되고 있거나 시작되려 하
> 고 있다고 결론을 내린다. 그리고 어떤 나무와 식물은 다른 것보다 식물의 수면
> 이 더 길지라도, 또한 그중 어떤 것은 이삼 년 동안 꽃을 피우지 않을지 몰라도 썩
> 어버린 것을 제외하고는 모두 여름이 되면 잎을 달게 되리라.[111]

국가와 개인이 그의 관심사다. 어떤 사람들은 꽃을 피울 수 있다. 즉 배우고,
잘 자라고, 말하고, 행동할 수 있다. 어떤 사람들은 다른 사람들보다 더 빠르고,
어떤 사람들은 전혀 그렇지 않을 수 있다. 마찬가지로, 어떤 국가들은 독재를 포
기할 수 있다. "정치의 여름이 자연의 여름을 어떤 속도로 따라잡을 수 있을지
는 인간의 통찰력으로 판단할 수 없다. 그러나 봄이 시작되고 있다고 느끼는 것
은 어렵지 않다."[112] 핵심적인 요점인 대중 주권이 드디어 하나의 형용사와 계절,
즉 여름으로 소개되고 있다. 자신을 축으로 해서 태양을 향하여 도는 지구의 회
전은 우리 모두의 현실 세계다. 그것이 "정치의 여름"이다. 이 단락은 강력한 단어
"봄"으로 끝난다. 여기에서 봄은 사계절 중 하나이며, 그리고 우리는 이제 봄이 혁
명적 변형 단계들 중의 하나라고 생각한다. 하지만 봄은 동사, 매우 역동적인 동
사이기도 하다. 불시에 일어나는 하나의 도약이다. 그리고 이것이 혁명가들이 하
는 일이다. 그들은 뛰어오른다. 그리고 그들은 여기에서, 저기에서, 도처에서 예기
치 않은 일을 일으킨다. 그들은 봄의 도약을 [혼자가 아니라] 함께한다. 그리고 오
늘날 우리는 공통화로써 그것을 한다.

페인은 우리를 인도한다. 그는 우리가 생각하는 것을 돕는다. 하지만 우리
도 진정 생각을 하고 있다. 이 구절에서 우리를 잠시 멈추게 할 수 있는 유일한
것 ─ 그것은 2세기 전의 것이다 ─ 은 우리가 인클로저 이후 시대에 살고 있다는 것
이다. 우리의 마을, 우리의 세계는 폐쇄되어 있고, 굳게 닫혀 있다. 그의 세계는

아직 폐쇄되지 않았거나 완전히 닫히지 않았었다. 우리는 잠시 멈추어서…그가 『인권』에서 쓴 것을 떠올린다. "혁명의 진영으로 끌어들일 수 있는 가장 큰 세력은 이성과 공통의 이익[공통의 관심사]이라는 점이다."[113]

셋포드-와하까-디트로이트에서

2009년 2월

12장

코뮤니즘과 공통장이 만나는 교차로에서의 만담

이야기는 애디론댁산맥[1] 블루마운틴 호수에서 시작한다. 당시 공통장을 위한 문화노동자들의 한 집회에서, 라인보우[필자]와 카펜치스는 그들의 바람과는 달리 폭력과 공통장에 관해 이야기해 달라는 요청을 받았다. 그래서 10월의 쌀쌀한 날씨를 뒤로하고 저녁을 먹은 뒤 그들은 난롯가 안락의자에 앉아 집회에 모인 사람들에게, 아득히 먼 옛날(역사)에 공통장이 피와 불에 의해 탈취되었으며, 게다가 우리 모두가 기본적으로 알고 있듯이, 그러한 탈취가 여전히 폭력적으로 일어나고 있음을, 그것을 우리가 우연으로라도 계속해서 목격하고 있음을 설명했다. 실제로, 이 폭력적인 탈취, 즉 "수탈"은 프롤레타리아화의 시작이었고 따라서 자본주의 자체의 시작이었다!

카펜치스는 공통장과 1840년대에 시작된 "코뮤니즘의 전통"에는 차이가 있다고 생각한다고 덧붙였다. 라인보우(나를 가리킨다)는 그것에 관해 그다지 확신이 없었다. 그는 차이는 더 초기의 문제라고, 그리고 어떤 경우든 일치하는 게 상당히 많다고 생각했다. 그는 신시내티에 관해 뭔가를 말했고 모두에게 다시 다루어보겠다고 약속했다. 자, 약속을 잘 지킨다는 것, 내가 마음속에 품고 있던 것이 여기에 있다.

블루마운틴 호수에서 그리 멀지 않은, 그 고대 산맥의 서부에 뉴욕 화이츠타운이 있다. 이곳은 이미 어느 정도, 한때 재산이 코뮤니즘적으로 공유되었던 오네이다[2] 코뮌의 장소로 알려져 있었다. 그러나 그 특별한 유토피아는 우리의 이야기가 꽤나 진척된 후인 1848년이 되어서야 확립되었다.[3] 우리의 이야기는 1833년과 1836년에 각각, 장로교 단체인 오네이다 연구소를 떠난 오거스터스와 존 오티스 워틀즈라는 두 형제와 함께 계속된다. 그들의 목적지는 당시 북아메리카에서 가장 빠르게 성장하는 도시인 신시내티의 "서부로 가는 관문"이었다. 별칭으로는 포르코폴리스Porkopolis라 불리는 이곳은 여러 가지 의미에서 일종의 육류 시장이었다. 이곳에서 사람들은 돼지를 도살하고 남자, 여자, 아이를 사냥했다.

오거스터스는 해리엇 비처 스토[4]의 아버지[라이먼 비체가 회장으로 있는 신시내티 레인신학교[5]에 다니기 위해 이사를 했다. 오거스터스는 극단적 복음주의 폐지론자들인 '레인신학교 반도叛徒' 형성에 도움을 주었고, 오하이오 반노예 단체의 출범을 도왔다. 그는 안식일 예배를 꾸리고 야간학교를 운영하였으며, 학회와 도서관을 짓고, 바느질이나 구원 같은 주제들을 다루는 강의를 제공하는 주야간 학교를 세웠다. 이후 20년 동안 그는 아프리카계 아메리카 아이들을 위해 오하이오에 25개의 학교를 설립했다.

존 워틀즈는 오거스터스의 학교에서 흑인을 가르치는 강사로 일했다.[6] "보통 사람들의 감각보다 존 워틀즈의 감각으로 테스트할 때 색들은 더 생생하고, 향기는 더 은은하고, 꽃은 더 아름답고, 음악은 감동적이다. 그는 선험주의를 초월했다." 존은 식단 개선, 여성의 권리, 노예제 폐지, 공동체 생활을 믿었다. 존은 "모든 게 공통으로 유지되는" 유토피아 공동체를 여러 개 건설하려고 시도했으며, 나는 그것들에 관해서 적절한 때가 되면 말할 것이다.

하지만 그러기 전에, 어원을 몇 개 살펴보고 파리로 여행을 떠나보자.

"공통common은 영어에서 굉장히 넓은 의미망을 지니고 있으며, 그 특별한 의미들 중의 일부는 더욱 활동적인 사회사와 분리될 수 없다."라고 21세기의 비평가 레이먼드 윌리엄스는 말한다.[7] 어근 단어는 "라틴어 'communis'로서, '함께'의 뜻을 갖는 라틴어 'com-'과 '의무를 지고'의 뜻을 갖는 라틴어 'munis'에서 파생되었거나 아니면, 'com'과 '하나'의 뜻을 갖는 라틴어 'unus'에서 파생되었다." 그러므로 이것은 "하나의 특수한 집단"을 가리키기도 하고 "인간의 일반성"을 가리키기도 한다. 놀라운 것은 [이 단어에는] 지역 및 농업의 역사 속에 스며들어 있는, 그리고 그곳으로부터 법률 속으로 침투해 있는 물질적이거나 경제적인 의미들이 결여되어 있다는 것이다.8 우리는 공통장을 어떤 특정한 장소와 관련지어 생각하는 경향이 있다. 존 클레어9와 영국의 노샘프턴셔, 루이스 헨리 모건10과 서부 뉴욕, 또는 루크 기번즈11와 아일랜드의 케리 카운티의 관계가 그렇다. 한편 코뮤니즘은 "인간의 일반성"과 관련이 있다. 공통화의 현실에서는, 아이들의 공간과 여성들의 활동들이 이후의 사적 소유 체제에서보다 더 개방적이었고 인클로저가 덜 진행되었다.

칼 맑스 자신은 공통장에 대한 이러한 수탈이 경제학이나 물질적 문제에 대한 관심을 최초로 촉발시켰다고 썼다. 그러면서 그는 (그가 태어난) 트리어 근처의 모젤강 계곡의 공통화 관습의 범죄화에 관해 언급했다.12 당시 포도원 노동자들은 관습적으로 숲의 에스토버스(바람에 쓰러진 나무, 죽은 나무 등등)를 취득하여 겨울 난로에 연료로 썼다. 맑스는 부모가 포도나무를 소유하고 있었기 때문에 성장하면서 이것에 관해 무엇인가를 알게 되었다. 하지만 이 나무 취득은 목재 회사들의 요청에 따라 범죄로 취급되었고, 젊은 맑스는 충격을 받고 『라인신문』의 일련의 기사들 속에 철학적으로 격분을 표현했다.13 그러나 이웃들이 현실의 공통장을 잃어버렸다는 사실이 코뮤니즘 정치학으로 직접 귀결되지는 않았다. 그의 경우는 거의 10년의 시간이 필요했다.

맑스는 여전히 도시인이었으며, 베를린, 브뤼셀, 파리, 런던, 도시 프롤레타리아가 그의 연구 주제가 되었고 미래에 대한 희망이 되었다. 도시 프롤레타리아는 공통장이 없는 공통인들이었고, 그들의 관습은 범죄화되었다. 공통의 권리를 유지하기 위한 투쟁 그리고 식량이나 생존을 위한 폭동 속에 표현된 도시 투쟁의 결합은, 해마다 프랑스혁명을 강조하는 혁명적 폭동의 요인들 중 하나가 되었다. 이 결합이 아일랜드에서와 같이 문화적 또는 인종적 억압의 조건에서 이루어질 때, 코뮤니즘의 전제조건이 발생한다. 이 결합은 또한, 부오나로티14의 『평등을 위한 바뵈프의 음모의 역사』(1836)에 대한 아일랜드인 오브라이언15의 번역을 통

해, '도덕 경제'라는 매우 강력한 개념을 제공한다.[16]

"혁명적 전통 내부의 다른 어떤 운동보다도 코뮤니즘은 하나의 이름을 가지고 태어났다."[17]라고 한 학자는 쓰고 있다. 이러한 표현은 토지, 생산수단, 생존수단을 사용하는 데에서 협력과 공유의 관행이 비교적 새롭다고 가정하며 논점을 교묘히 피한다. 공통화의 복구가 문제 삼은 것이 바로 이 새로움이었다. 거꾸로 말하자면, 그것은 정확히 공통화에 이름이 없다는 것을 의미한다. 우리는 거듭 이것을 발견한다. 『공산당 선언』이 지닌 힘의 일부는 이것이 코뮤니즘(유럽을 배회하는 유령)의 혁명적 미래와 현존하는 공통장의 은폐된 자명함, 보이지 않는 소여所與 모두를 융합시켰다는 점이었다. (처음에 "유령"으로 번역된) 도깨비는 공통장을 전제로 하는 민담에 등장했다.

코뮤니즘의 전통은 1848년에 『공산당 선언』을 출간한 맑스와 엥겔스에게서 시작했다고들 한다. 옥스퍼드 영어사전은 (헬렌 맥팔레인이 옮긴) 맑스와 엥겔스의 『공산당 선언』의 첫 번째 영어 번역을 다음과 같이 인용한다. "코뮤니즘을 특징짓는 것은 소유 일반의 폐지가 아니라 부르주아적 소유의 폐지다. … 사실상 이런 의미에서, 코뮤니스트들은 '사적 소유의 폐지'라는 그와 같은 단일한 표현으로 그들의 전체 이론을 재개할 수 있다."

1840년 3월 한 보수적인 독일 신문은 다음과 같이 썼다. "코뮤니스트들이 획책하는 건 바로 사회의 평준화다. 오늘날의 기존 사물의 질서를 재화의 공동체라는 부조리하고 부도덕하며 불가능한 유토피아로 대체하고자 한다." 리용에서는 1834년 반란이 진압된 후 한 비밀 〈화훼협회〉가 살아남았는데, 이는 때때로 최초의 코뮤니스트 단체로 불린다. 블랑키가 일으킨 1839년 8월 파리 봉기 이후 코뮤니스트들에게는 또 다른 녹색의 이름이 부여되었고, 〈계절협회〉Society of the Seasons가 탄생했다.[18]

적어도 영어에서, 이 단어의 실제 모습은 1840년에 모습을 드러냈다. 옥스퍼드 영어사전은 "코뮤니즘"이 영어로 기록된 최초의 사례로 1848년에 굿윈 밤비[19]가 쓴 『사도』를 인용한다. "나는 또한 (1840년에) 프랑스 대도시의 가장 진보적인 지성인 몇 명과 함께 대화를 나누었고, 거기에서 평등주의자라고 불리는 바뵈프의 제자들 중 일부와 함께하는 모임에서 코뮤니즘이라는 단어를 처음으로 발음했다. 그 이후로 …[이 단어는] 세계적인 명성을 얻었다."

굿윈 밤비는 누구였는가? 우리는 그가 16세의 나이에 신구빈법New Poor Law에 반대하여 서퍽[20]의 수탈된 농업 노동자들에게 열변을 토했음을 알고 있다. 그 뒤 20세의 나이에 로버트 오언[21]의 편지를 가지고 영국 해협을 건너 파리로 건너가 "영국과 프랑스의 사회주의자들 사이의 정기적인 서신 왕래[체계]"를 수립하고 자신을 "프랑스, 잉글랜드 및 전 세계 사회주의의 친구"라고 불렀다.[22] 그는 사람들이 "그 단어에 열광"하고 있으며 자신도 열심히 그것에 매달렸노라고 보고했다.

나는 이렇게 영어로 "코뮤니즘"을 최초로 사용한 것에 관해 세 가지 논평을 하고 싶다. 우선, 우리는 당시의 민족주의나 악당들의 피난처인 애국주의와는 반대로 코뮤니즘이 처음부터 국제적이었음에 주목한다. 그[밤비]는 그해 여름에 국제협회를 제안했다. 1841년에 그는 〈중앙 코뮤니즘 선전 단체〉를 결성했으며, 나중에 이것을 〈코뮤니즘 교회〉라고 불렀다. 런던의 분회들, 웨일스의 머스티드빌[23], 아일랜드의 스트러밴[24] 등을 포함하여 5개 분회가 있었다. 그는 프랑스, 미국, 베네수엘라 코뮤니스트들 또는 잠재적인 코뮤니스트들과 서신 왕래를 했다. 밤비는 당시의 오리엔탈리즘에 영향을 받았고 최초의 유토피아를 위치시킬 가장 좋은 장소가 시리아에 있을 것이라고 제안했다.[25] 그는 잉글랜드 중부의 산업지대를 여행했다.

(라인보우[필자]는 워릭[26] 대학교의 코번트리[27]에서 사회 사학자로서의 고급 교육을 받았지만, 그리고 가장 유명한 20세기 영국 코뮤니스트들 중의 한 사람과 함께 공부했지만[28], 굿윈 밤비가 1845년 워릭을 여행했다는 말이나 코번트리에서 "사회과학과 공동체적인 삶"에 관해 언설했다는 말을 결코 듣지 못했다. 이 저자[라인보우]가 무엇을 놓쳤을까? 인류를 위한 44개의 "사회적 욕구"와 증기-구동 자동차를 포함하여 미래의 많은 과학 프로젝트를 담고 있는 밤비의 『플라토노폴리스의 책』이 하나의 단서를 제공한다. 각각의 공동체에는 자체적인 세례당이나, 격렬한 운동을 한 뒤 냉욕, 열욕, 온욕을 할 수 있는 차갑고, 따뜻하고, 미

지근하고, 마찰이 있는 것들로 완성된 수*치료 센터가 있을 것이다.)

내가 하고 싶은 두 번째 논평은 파리의 "가장 진보된 지성인들"과 관련이 있다. 독자들은 코뮤니즘이 혁명의 맥락에서 발생했다는 것을 이해했다. 파리의 사유는 역사 진보 이론의 맥락에서만 발전했다. 밤비의 이론은 이렇다. 역사는 네 단계를 거쳐 발전했다. 첫째, 아르카디아[29] 계곡에 자리 잡은 전원적이고 씨족적[배타적]이며 편안한 낙원. 둘째, 봉건적이면서 동시에 도시적이었던 야만화. 세 번째는 독점이나 문명이었으며, 네 번째는 코뮌화가 될 것이었다. 코뮌화 역시 다음과 같은 네 단계를 거쳤다. 첫째는 클럽이나 숙박 시설, 둘째는 공통 생산 및 소비 센터, 셋째는 도시, 그리고 마지막으로 세계. 덧붙여 말하자면, 우리는 그가 적극적으로 코뮤니즘을 적극적으로 하나의 동사로 취급한다는 것에 주목한다. 윌리엄 모리스 역시 19세기 말에 같은 태도를 취한다.

1840년 7월 1일 파리에서 1천 명의 숙련공들을 위한 코뮤니즘 연회가 열렸으며, 연사들이 연이어 코뮤니즘의 "폭발적인 영향"을 찬양했다. 이 행사의 주최자인 앨버트 래퍼너레이[30]와 시어도어 데자미[31]는 "현대 코뮤니즘의 진정한 창시자"[32]였다. 데자미는 "불행한 프롤레타리아들에게 평등주의 교회의 회랑에 다시 들어가기"를 요청했다. "그 밖에는 구원이 있을 수 없다." 지도급 코뮤니스트들의 세속적인 결혼식을 축하하기 위해 〈아동연구소〉에서 또 다른 코뮤니즘 연회가 계획되었을 때 정부는 그것을 금지했다. 초기에 코뮤니즘은 영성 및 재생산과 관련이 있었다. 밤비는 재단사이자 혁명가인 빌헬름 바이틀링[33]과 연락을 취해 파리를 방문하기도 했으며 바뵈프의 추종자들을 찾아 나서기도 했다. 바이틀링은 〈저스티스 리그〉[34]에서 활동했는데, 이것은 이후에 [맑스와 엥겔스에게]『공산당 선언』을 [작성하도록] 위임한 〈공산주의자동맹〉이 되었다.

혁명적 평등주의자인 프랑수아-노엘 바뵈프와 레스티프 드 라 브레톤[35]은 우리가 바스티유의 날로 기념하는 1789년 프랑스혁명 기간에 활동한 현대 코뮤니즘의 창시자였다. 바뵈프는 피카르디 출신의 평민으로 프롤레타리아적인 운하 토공±エ 즉 도랑을 파는 사람이었다(이 때문에 그의 자서전의 첫 줄에는 다음과 같은 표현이 나온다. "나는 진흙에서 태어났다."). 바뵈프는 맑스처럼 공통장의 수

탈이라는 폭력에 대한 경험을 가지고 있었으며, 맑스처럼 코뮤니즘 혁명가가 되었다. 공통장에서 코뮤니즘에 이르는 그들 전기傳記의 궤적 속에서 그러한 전환을 가져온 것은 바로 국제 혁명의 도가니였다.

바뵈프는 1790년 5월 파리에서 제임스 러틀리지와 길을 건넜다. 자신과 영국계-아일랜드인을 "우주의 시민"이라고 불렀던 러틀리지는 "재산 소유권이 없는" 토지법을 청원했다.[36] 평등과 "토지법"을 옹호한 고대 로마 형제[37]와 자기 자신을 완전히 혁명적으로 동일시하면서, 바뵈프가 그라쿠스로 자신의 이름을 바꾼 것은 아마도 이 만남의 결과였을 것이다.

바뵈프는 급진적인 페미니스트 〈여성연맹〉Confédération des Dames을 세상에 알렸다. 그는 프랑스계 아이티인인 클로드 푸르니에[38]의 비서였다. 바뵈프는 6개월 동안 투옥되어 있었는데, 그때 자신이 목수의 아들이라고 불렀던 "함께 뛰는 자"[예수]에 관해 『예수 그리스도의 삶에 관한 새로운 역사』라는 책을 썼다. 내전을 선동한 혐의로 고발된 그는 부자들이 이미 가난한 사람들에 대한 전쟁을 진행하고 있었다고 말했다. 1795년 11월 그는 『평민 선언』을 출판하여 전면적인 대변동bouleversement total을 요구했다. "굶주림의 종식, 추위의 종식"이 그가 쓴 대중가요의 제목이었다. 1796년에 그는 "자연은 모든 재산의 몫을 동등하게 향유할 권리를 만인에게 부여했다."로 시작하는 포스터를 파리에 게시했다. 그는 1797년 5월에 단두대에서 참수되었다.[39]

레스티프 드 라 브레통은 "할리스Halles의 장-자크", 즉 "빈민굴의 루소"라고 불렸다. 1785년에 그는 마르세유의 공동체적 실험을 묘사하는 책을 논평했다. 이 책의 저자인 빅토르 뒤뻬[40]는 자신을 코뮤니스트로 기술한 최초의 사람이었고, 나중에 『공화주의적 코란』을 썼다. 그는 레스티프의 『바람둥이 농부』에 영감을 받았다. 여기에서 사적 소유는 의류와 가구로 제한된다. 문명은 농민을 타락시켰고, 농민은 "신세계의 원칙"에 기초하여 자신의 철학적 공동체를 회복할 수 있었다. 아메리카, 경건한 모라비아 교도, 그리고 철학적인 메이블리[41]가 코뮤니즘의 원천이었다. 1793년에 레스티프는 공통 소유권을 기술하기 위해 코뮤니즘이라는 단어를 사용하기 시작한다. 1796년 레스티프의 『니콜라스 씨의 철학』은 "코뮤니스트들'에 관해 많은 것을 이야기했다. 그는 미국 공화주의가 "유명무실"할 뿐이라고 공격했다.

이것으로써 우리의 짧은 파리 여행은 끝난다. 심사숙고한 결과 우리는 몇 개의 짧은 대조적인 공통장과 코뮤니즘을 제안할 수 있다. 공통화의 관습은 노동자와 농민 사이에서 살아남았으며, 코뮤니즘은 이러한 관습의 일반화로 이루어진다. 부르주아 국가의 역사적 역할은 공통장을 범죄화하는 것이었다. 코뮤니스트들의 열망은 부르주아 국가를 전복시키는 것이었다. 공통장의 증거는 종종 일화처럼, 또는 민속처럼, 또는 "범죄"처럼 보일 것이다. 그저 소소한 이야기로, 사소한 위반으로 나타날 것이다. [그래서] 공통장의 증거는 다른 주요 주제에 부수적인 것으로 나타날 수 있다. 관습적 공통장의 증거는 현장이나 기술에 특수한 것으로, 그리하여 "웅장한 서사"가 아닌 교역이나 지역 역사에 속하는 것으로 나타날 수 있다. 반면에 코뮤니즘의 증거는 언론인, 철학자, 경제학자, 논쟁가에 의해 제공되며, 서사들을 끝내는 서사가 되려는 웅장한 뜻을 품는다!

굿윈 밤비는 1841년 페미니스트, 채식주의자, 코뮤니스트가 되어 잉글랜드로 돌아갔다. 그는 『프로메테우스적인 또는 공동체주의적인 사도』("비평가의 시대는 저물고, 시인의 통치가 시작된다.")를 출간하기 시작했다. 책에서 그는 다음과 같이 주장했다. "천재들이 단결하여 코뮤니즘을 받아들이도록 하라, 능력 있는 사람들이 단결하여 공유화를 주창하도록 하라." 1843년 그는 토머스 모어를 위해 이름 붙여진 이상향 공동체Communitorium, 즉 〈모어빌 이상향 공동체〉Moreville Communitorium를 시작했다. 여기에서는 "우호적이고 지적인 교류로 보편적 원칙에 대한 진보를 열망하는 사람들을 받아들인다."

밤비에 관한 세 번째 논평이 이루어진 건, 블루마운틴에서 공통장을 위한 문화노동자 모임이 해체된 이후다. 그리고 우리는 〈클라이밍 포이트리〉[42]의 두 흑인 여성이 주도한 별수제別水祭, farewell water ceremony를 마친 후에 보름달이 뜬 밤에 카누를 저어 호수로 들어갔다. 그렇다, 그 영적이고 치료적인, 그리고 희극적인 경험 이후, 나는 한 달 뒤 베를린에서 열린 한 〈국제 공통장〉International Commons 회합으로부터, 아무래도 하나의 분파가 생겨난 것 같으며 "종교적인 혁명적 공통인들"의 경향이 나타났다는 취지의 정보를 받았다. 이것은 확실히 우리의 이야기에 빛을 던져주는데, 그 이유는 종교가 코뮤니즘에서 큰 부분을 차지하기 때문이다!

"나는⋯ 신성한 것은 코뮤니즘이고, 악마적인 것은 개인주의라고 생각한다."라고 밤비는 증언했다. 프랑스, 잉글랜드, 독일에서 코뮤니즘과 종교의 이러한 결합 관계는 널리 퍼져 있었다. 선전가들은 코뮤니즘을 성찬식communion과 동일시하기 위해 이러한 경향을 이용했다. 예수는 "숭고한 평등주의자"였으며, 그의 첫 번째 성찬식은 미래의 코뮤니즘 연회의 유형이었다. 밤비는 코뮤니즘 찬송가와 기도문을 썼다. 그는 헨리 8세에 의해 압류된 수도원 토지의 복원을 요구했는데, 이 땅은 그에게 과거의 수도원이 아닌 미래의 공동체였다.

밤비는 1840년 파리에서 "코뮤니즘"의 불을 댕긴 것 외에도, 같은 해 열렬한 동료가 된 기품 있는 보헤미안 여성인 캐서린과 결혼했다. 사적 소유에 대한 반대가 동반되지 않는다면 여성 참정권은 "공허한 것이 될 것"이라는 1844년 그녀의 견해에서 추론해 보건대 그녀 역시 코뮤니스트였다. 여성들은 코뮤니즘 교회에서 활동적이었다. 이 시기의 사회주의 및 페미니즘에 관한 역사가인 바바라 테일러[43]는 런던의 비 오는 거리를 손수레를 밀고 다니면서(그들은 서부 런던의 포플러[44]에 코뮤니즘 단체를 설립했다) 행인들에게 소책자를 건네고 있는 연인의 감동적인 그림을 그린다.

그녀는 파리에서 돌아와 다음과 같이 연설했다. "여성의 사명은 코뮤니즘에 의해 발견될 것이다. 그녀는 그것을 수행하기를 주저할 것인가. 잔디는 자라고, 슬픔은 쌓이고, 파도는 몰려들고, 세상은 싸움으로 점철되어 있다. 삶과 죽음, 영혼과 몸은 갈등에 빠져 있으며 구세주는 구원받은 자의 마음속에 있다. 예언자는 영감을 받은 사람이다. 여성이여, 당신의 임무를 배우라. 그것을 하라. 그리고 두려워하지 말라. 세상은 구원을 받는다."[45] 그들은[원문 그대로] "전 세계에 여성의 목소리를 전할 '자유로운 여성'은 아직 나타나지 않았다."라고 말했다. 그는 다음과 같이 썼다. "결국, 진정한 코뮤니스트 또는 사회주의자가 되기 위해서 남자는 남자―권력뿐만 아니라 여자―권력을 지녀야 하며, 여자는 여자―권력뿐만 아니라 남자―권력을 지녀야 한다. 둘 다 균형 있는 존재가 되어야 한다." 캐서린은 모든 도시, 도회지, 마을에서 자율적인 여성 단체들을 [결성할 것을] 제안했다.

밤비의 발행인이었던 차티스트 토머스 프로스트는, 밤비와 결별하고 그의 『코뮤니즘 신문』과 경쟁하기 위해 『코뮤니즘 저널』을 설립했다. 밤비는 저작권이 침해당했으며, "녹색이 코뮤니즘 교회의 신성한 색이므로,"[46] 프리메이슨 상징을 녹색 밀랍으로 봉인된 문서에서 더는 사용하지 못하도록 [해 달라고] 요구했다. 이 기적 사유화로의 이러한 후퇴를 통해 우리는 워틀즈 형제와 포르코폴리스로 되돌아갈 수 있다. 1847년 굿윈 밤비에게 『진보의 헤럴드』의 편집자이자 코뮤니즘 교회의 설립자인 존 오 워틀즈가 접근했다.[47] 워틀즈는 "서부의 밀과 옥수수를 당신 나라의 국민들에게 맡기고 투기꾼들의 수중으로부터 그것들을 지키라고" 제안했다. 여기에 이 이야기의 핵심이 있다. 공통장과 코뮤니즘이 여기에서 교차한다. 그것은 문자 그대로 그리고 비유적으로, 하나의 폭력적이고 영웅적인 교차로였다. 우리의 이야기는 그 목적 없는 구불구불한 길을 멈추고 목적의식적인 행진을 시작해야 한다.

잉글랜드의 유토피아적 실험을 연구한 역사가는 "1840년대 내내 대서양의 북소리가 길게 울려퍼지고 있었다."라고 쓰고 있다.[48] 토머스 페인이 초기의 혁명적 시대에 공언한 것처럼, 오하이오 계곡의 상업적으로 풍요로운 신세계가, "기아의 40년대" 동안 수백만 명이 굶주림을 당하고 있는 구세계(특히 아일랜드)를 구하러 올 수 있었을까? 특히 대서양 한쪽의 코뮤니즘이 다른 쪽의 코뮤니즘을 보호하는 데 도움이 될 수 있었을까? 밤비와 워틀즈는 이것을 혼자서, 즉 노동하는 거대한 계급 세력의 강력한 에너지와 독립적으로 이루어 낼 수는 없었다.

바뵈프는 자신의 재판에서 계급전쟁은 진작에 시작되었었다고 설명했다. 그가 그것을 시작할 필요가 없었다는 것이다. 이와 동일한 생각이 미국 남북전쟁에 적용되어야 한다. 다시 말해, 노예노동자의 관점에서 볼 때, 자유의 전쟁은 1860년보다 훨씬 이전에 시작되었다. 자유를 위한 전투가 오하이오강 계곡을 따라 밤낮으로 벌어졌다. 이것이 자유 열차가 '지하 철도'Underground Railroad[49]였던 이유다. 신시내티는 기차역이었다. 그리고 여기서 19세기의 가장 영향력 있는 자유 이야기가 시작되었다.

해리엇 비처 스토는 1838년 그녀의 아버지가 세운 레인신학교에서 수업을 들었다. 오하이오의 리플리[50]는 신시내티에서 강 상류 약 50마일 정도 위에 있었다. 그 강은 동쪽에서 서쪽으로 흐르는 큰 하천이었다. 또한 노예 주들[51]과 자유 주들[52] 사이의 경계선이었다. 그것은 장벽인 동시에 통로였다. 리플리의 랜킨 가문의 자제들 중 한 명이 거짓말 같은, 거의 믿을 수 없는 이야기를 했다. 어느 날 밤 탈주 노예 여인이 아이를 데리고 켄터키에서 발원한 강을 가로질러 질척거리는 얼음판 위를 가다 얼어붙고 있는 차가운 물에 빠졌다. 그녀는 아이를 앞쪽의 더 단단한 얼음 위에 내려놓은 뒤 헤엄치고 넘어지고 달리고 쓰러지고 다시 일어섰다. 소리가 닿을 듯 가까운 거리에서 추격자들과 짖어대는 개들이 그녀를 뒤쫓고 있었다.[53] 젊은 랜킨이 그 혹독한 체험에 관해 자세히 얘기하자 해리엇 스토는 낱말 하나하나를 새겨들었으며, 이렇게 해서 1850년에 출간된 『톰 아저씨의 오두막』의 영웅적 인물인 엘리자가 탄생했다. 이 책은 그 어떤 책보다 노예제에 대한 세상의 여론을 바꾸었다.

1841년 오거스터스 워틀즈와 그의 아내 수잔은 오하이오주 머서 카운티에서 160에이커의 땅을 샀다. 그곳에서 그들은 흑인 소년들을 위한 육체노동 학교를 만들었다. 그가 쓴 바에 따르면 학교에는 "울타리가 쳐지고 경작되고 있는 대농장이" 딸려 있었다. "거의 모든 정착민들은 절대 금주를 서약한 회원이며, 법적 조치 취하기lawing는 그들 사이에서는 거의 알려져 있지 않다."[54] 이 공동체에는 21명의 해방된 노예들이 있었다. 그들은 상품거래, 정착자의 탐욕, 그리고 백인의 인종차별로부터 멀리 떨어진 장소를 물색하다 약 50년 전인 1791년 11월 4일 미국이 겪은 수많은 패배들 중 첫 번째에 속하는 워배시강의 전투, 즉 세인트 클레어의 패배를 겪은 머서 카운티에 정착했다. 이곳에서 마이애미 인디언들의 '리틀 터틀'과 쇼니족의 '블루 자켓'은 (포타와토미족[55]과 델라웨어를 포함하는) 선주민들의 연합을 이끌어 성 클레어의 민병대와 정규군을 소탕했다. 이것은 미국이 치른 최초의 전쟁이었으며 미국 제국주의 최초의 패배였다. 승리는 일시적이었고 1794년의 폴런팀버스 전투[56]는 인디언연맹의 효과적인 무장 저항에 종지부를 찍었지만,

대안적인 경제와 "모든 것들을 공통으로" 소유하기와 같은 선주민의 이념은 살아남았다. 위스키, 성경, 구식 소총을 가진 개별 정착민이 될 것인가, 아니면 토마호크[57]와 컬러맷[58]을 가진 집단적인 인디언 원예가가 될 것인가가 전형적인 선택사항이었다.

1848년 혁명으로 인한 정치적 망명자인 독일인 요한 게오르크 콜[59]은 필라델피아로 항해한 후 6개월 동안 미시간 북부에서 오지브웨이족[60]과 함께 살았는데, 그는 그들의 "자연적인 관대함이 일종의 코뮤니즘으로 발전한다."라고 썼다.[61] 루이스 헨리 모건은 1851년 세네카족, 모호크족, 카유가족, 오네이다족, 오논다가족[62]을 연구한 『이로쿼이연맹』을 출간했다. 그는 1844년에 〈세네카 대협의회〉Grand Council에서 연설했다. 그는 1847년 오그던 토지 회사와 싸운 것을 계기로 세네카족의 양자가 되었다. "미국 선주민들이 시행하는 환대법the law of hospitality은 생존수단의 궁극적 평균화를 지향하는 경향이 있었다." "토지의 공통 소유, 대가족 세대에 대한 생산물의 분배, 가정생활에서의 코뮤니즘 실천 등을 통해 이것을 설명할 수 있어야 한다." 이렇듯 1850년대까지 코뮤니즘은 인류학이나 민족학에서 교양art 용어가 되었다.[63]

10년 뒤 오거스터스 워틀즈는 필라델피아의 퀘이커교파 자선가들에게 자신의 공동체를 빼앗겼고, 이것은 [이후] 엠린 회관Emlen Institute이 되었다.[64] 집을 잃은 그는 성경의 구절을 인용하여 다음과 같이 썼다. "이제 나는 다시 양의 가죽과 염소 가죽을 걸치고 방황하며 대지의 동굴과 우리를 찾아 나서야 한다네." 오거스터스는 오하이오강 클러몬트 카운티의 작은 농장으로 이동했다. 유토피아 마을은 이 오하이오강 카운티의 52번 국도에 있었는데, 1844년 프랑스 푸리에주의자[65]를 위해 설립되었다. 1845년 그의 형 존은 그에게 유토피아 공동체에 가입해 달라고 요청했다.

1842년 존 오티스 워틀즈는 정부, 자본주의, 그리고 강압적인 관계를 근절하기 위해 〈보편적인 조사 및 개혁 협회〉의 결성을 도왔다. 1844년에 그는 오하이오의 샴페인 카운티[또는 다른 자료에 따르면 로건 카운티]에 땅을 구매하여 협력적 노동과 공통 소유에 기반을 둔 공동체, 프레리 홈Prairie Home을 건설했다. 회원들은 공통의 식탁에서 식사를 했다. 6개월 후에 이것은 실패로 돌아갔다("이기적 요소가 만연했다"). 이 실패에도 불구하고 나는 이 [지역] 일대가 이후의 주민들에게 영향을 줄 정도로 충분히 개혁적인 진동을 유지했다고 생각한다. 남쪽으로는 영국 사회주의자 로버트 오언 추종자들에 의해 1825년에 설립된 옐로우 스프링스 마을이 있었다. 그것은 '지하 철도'의 분주한 기관이 되었고, 1851년에 안티오크 대학이 세워졌다. 스티븐 제이 굴드[66], 코레타 스콧 킹[67], 해리 클리버[68], 그리고 조지 카펜치스[69] 같은 유명한 졸업생들은 그 반인종차별주의, 반자본주의 전통을 일신했다. 비록 그들이 존 워틀즈 또는 프레리 홈의 코뮤니즘을 알고 있었는지 모르겠지만 말이다. 두더지는 굴을 깊이 판다.

존 워틀즈와 그의 아내 이디스는 신시내티로 이사했고, 거기에서 그는 개혁적인 언론 『진보의 헤럴드』를 출판했다. 1846년 오하이오강 주변에 엑셀시오르라고 불리는 유토피아 공동체를 설립했다. 그리고 그가 하나의 코뮤니즘 교회 입장에서 곡물을 다른 코뮤니즘 교회로 사심 없이 선적해 보내겠다고 굿윈 밤비에게 제안했던 것이 아마 이때부터였을 것이다. 하지만, 비극적이게도 1847년 12월, 엑셀시오르 공동체는 홍수에 휩쓸려갔으며 17명이 목숨을 잃었다.

워틀즈 형제는 '지하 철도'의 지도자였고, 교육자였으며, '모든 것의 공통 소유'를 믿는 이상가들utopians이었다. 그들을 뒷받침하는 힘이 노예해방의 자유 투쟁이었던 것과 꼭 마찬가지로 굿윈 밤비를 뒷받침하는 힘은 잉글랜드 공장노동자들의 생존[수단]과 헌장the Charter을 위한 투쟁이었다.

신시내티의 흑인 주민은 노예와 자유인의 경계 위에서, 그리고 부단한 유괴의 위험 속에서 살고 있었다. 이들의 경제는 강 건너편에 있는 노예 소유자들과의 원만한 상업적 관계에 의존했다. 아메리카 선주민들은 마이애미강의 남쪽으로 내려왔고, 아프리카계 아메리카인들은 오하이오 북쪽 건너편에서 왔으며, 버지니아 출신의 정착민들은 동쪽에서, 그리고 펜실베이니아를 경유한 뉴욕 출신의 정착민들 역시 동쪽에서 왔다. 주민은 이질적이었다. 이 지역에서는 1829년, 1836년, 그리고 1841년 아프리카계 아메리카인에 대한 백인의 소요가 일어났다. 흑인 공동체에는 교회, 이발소, 학교, 그리고 몇몇 상업 기업들이 있었다. 이 공동체는 노예들이 증기선에서 내리거나 강을 건너는 것을 도와주었고 그들을 마을에 숨겨주었다. 주거 유형들은 조밀했고, 필연적으로 협력적이었다. 친구, 가족, 친척들이 해방된 노예의 상당수를 구매했다. 존 워틀즈는 흑인 인구를 조사하여 약 5분의 1이 자기-해방, 즉 자신을 구매했다는 것을 발견했다.[70] 남아프리카공화국의 악명 높은 '인종 격리 정책' 당시 흑인에게 신분증 소지를 의무화한 법률이 있었던 것처럼, 기록들은 공개되어야 했다. 남아프리카의 판자촌 사람들처럼, 다른 면에서 공동체는 물, 안전, 지붕을 위해 집단적으로 싸우는 법을 배웠다. 그러나 이게 끝이 아니다. 모두가 노래를 불렀다. 유니온 침례교회와 베델 아프리카 감리교 감독 교회에서 한 백인 방문객이 다음과 같이 전했다. "얼마나 진심어린 노래인가! 때로는 너무 빠르고 때로는 너무 느리지만, 내 귀에 그것은 [엄연한] 음악이었다. 그것은 냉정한 과학이 아니라 영혼이었기 때문이다. … 껍데기로만 받아들이지 않았으니, 나는 행복한 마음으로 집으로 돌아왔다."

존 머서 랭스턴[71]은 급진적인 노예제 반대 정치에서 아프리카계 아메리카인 투쟁의 선봉에 서 있었다. 그는 남북전쟁 당시 흑인 연대에 군인들을 모집했으며 남북전쟁 이후 프리드먼 지국의 조사관이 되었다. 그는 8년 동안 아이티 주재 미국 공사였다. 그의 아버지는 백인이었고 어머니는 아메리카 선주민과 흑인의 혼혈이었다. 그는 어린 시절[5살]에 노예 신분에서 해방되었다. 고아가 된 그는 1840년에 신시내티로 이사했다. 1802년 오하이오 헌법은 흑인들의 선거권을 인정하지 않았다. 1829년과 1836년에 대규모 폭동이 그 도시를 휩쓸어 흑인들을 추방하고 노예제 폐지를 주장하는 언론을 파괴했다. 1837년의 경기침체 이후 생계비는 더 낮아졌고, "준-물물교환 경제"[수준으로 하락했다].

예의 침례교 목사는 1837년에 다음과 같이 설교했다. "에티오피아가 곧 하나님께 손을 내밀 것이다. 그리고 그것은 무한한 선과 지혜의 선언이 될 것이다. 그것은 반드시 이루어질 것이며, 의심할 여지 없이 우리 인간 행위자에 의해 영향을 받을 것이다. 그리고 교육받은 유색인처럼 온화한 사람만이 복음의 전령이 될 것이며, 이 세상 모든 곳의 미숙한 형제에게 과학과 문명을 가르치는 사람이 될 것이다." 이 설교자가 맑스를 직접 가르치지는 않았다. 하지만 그가 결코 한시도의심하지 않았던 힘을 지닌 인간 행위자가 미국 독립전쟁을 이끌 것이었다. 맑스가 결코 의심하지 않았던 것처럼, 이것[미국 독립전쟁]은 인간 해방에서 하나의 도약이었다.

1848년 흑인 노예제 폐지론자인 마틴 딜레이니[72]가 신시내티의 아프리카계 아메리카 학교를 방문했을 때 그는 "그들은 '나[i]'를 대문자로 쓰지 않는다."라는 가르침에 주목했다. 그는 이 가르침에 대해 상당히 비판적인 태도를 취했지만, 우리는 이때가 선험적인 시대임을 기억하면서 그러한 실천에 포괄적인 의미를 부여할 수도 있을 것이다. 즉 '이기적이지 않음', 그것은 공통적인 것의 한 기호다!

존 랭스턴은 1841년 영국 서인도제도의 노예제 폐지를 기념하는 8월 1일 기념행사에 참석했다. 9월 1일, 시 공무원들이 백인 군중들에 대한 개입을 거부하면서 폭동이 시작되었다. 은행은 폐쇄되었고 경제상황은 불안정해졌다. 그리고 한 언론은 노예제 폐지운동을 비난했으며, 탈주 노예 송환법[73]에 대한 협력 거부를 비난했다. 도시의 흑인들은 처음에는 무기로 자신을 성공적으로 방어했지만, 계엄령[군정법]과 린치의 조합이 더 우세했다. 이것은 남북전쟁 이전의 아메리카 흑인들에 대한 가장 심각한 도시 폭동이었다. 존은 뒷마당, 울타리 위, 다리를 가로질러 뛰어다니면서 경찰을 따돌리며 동생을 보호했다. 그는 흑인 수비대들의 용기에 감동받았으며, 오항[74]에서 들려오는 소식과 노예선 '아미스타드'의 선상 반란 소식에도 역시 감동을 받았다. 그는 가족 및 17명의 기숙생들과 함께 살았다.

학교에서 그는 영국 역사에서 가장 사랑받는 왕이자 그들이 위대하다고 부르는 유일한 왕인 알프레드 대왕에 관한 에세이를 썼다. "나는 유색인종들이 알프레드 대왕처럼 공부한다면 그들은 곧 노예제의 악폐를 없앨 것이라고 생각한다." 그는 알프레드와 공감했을 것이다. 알프레드는 훗날의 투쟁을 기약하며 군사적 참패에서 벗어나 가난한 여성의 집을 피난처로 삼았다. 전설에 따르면, 그곳에서 그녀가 물을 길으러 우물가로 갔을 때, ─ 요리를 할 줄 몰랐던 ─ 그는 화덕에서 케이크를 구웠다. 알프레드 대왕으로부터 허리케인 카트리나 이후 뿔뿔이 흩어진 사람들에 이르기까지 재난을 겪은 난민들은 낯선 사람들의 친절에 의존한다. 이런 방법으로 부엌을 필두로 한 공통장이 부활하고 계급연대는 유지된다.

아프리카계 아메리카 공동체는 1836년에 교육적인 상호원조 협회를 시작했다. 그것은 흑인 청년들을 교육시키고, 그 구성원들, 그리고 고아와 빈곤층을 포함한 학교 다닐 형편이 안 되는 사람들을 교육하기 위한 협력적인 노력이었다. 니키 테일러는 다음과 같이 주장한다. "〈교육협회〉가 신시내티의 아프리카계 아메리카인들이 공동체를 의식하고 있었다는 증거다. 그들은 교육을 단순히 개인적 고양의 수단으로 보는 것 이상으로 움직였으며, 인종적 고양 및 공동체의 역량 강화 수단으로 삼기도 했다."75 (하역 인부, 증기선 사환, 강변의 식료품 가게-주인이기도 했던) 존 게인스는 남북전쟁 이전 신시내티에서 최고의 아프리카계 아메리카인 지식인이었다. 그는 1841년 인종폭동에 반대하여 공개적인 연설을 했으며, 1849년에는 '8월 1일'76 연설을 했다. 그의 지도력은 신시내티 공동체를 형성하는 힘을 직접 경험한 데서 나오는 것이다.

이러한 도시적 조건들은 아프리카계 아메리카인에 대한 억압의 역사적 배경인 대농장과 비교될 수 있지만, 건축의 밀집, 교육적 상호성, 자기방어, "범죄" 그리고 도박과 마약 매매로 특징지어졌다. 그것을 "공동체"라고 부르는 것은 아메리카 용법에서는 진실이 될 수 있다. 그러나 그것을 공통화라고 부르는 것은 다음과 같은 프롤레타리아의 경험에 대한 주의를 환기한다. 프롤레타리아는 자본주의가 생존수단의 박탈을 통해 자기-발전을 추구하는 곳이라면 어디에서나 동반되는 폭력적인 손실, 공통의 폭력적인 수탈 등을 경험한다. 공통장 없는 이 도시 공통인 대중은 맑스에게도 역시 문젯거리였다. 노동계급의 정치적·경제적 구성이라는 골치 아픈 문제에 관해 맑스는 이것을 프롤레타리아 문제로서 그리고 룸펜프롤레타리아 문제로서 다양하게 제기했다.77

결론을 내리자. 만약 "코뮤니즘"이라는 단어의 영어 기원이 파리의 혁명적 노동자들 사이에서 발견될 수 있다면, 아메리카의 기원은, 적어도 오하이오의 코뮤니즘 공동체들 중 한 곳의 기원은, 노예제에 반대하는 전투적인 운동과 결합하여 발생했다. 확실히, 그것은 프롤레타리아적인 경험이 되었다(이 용어에 나는 계급적 의미를 덧붙여 사용한다). 잉글랜드의 의미론과 아메리카의 정치학이 밤비와 워틀즈의 서신 왕래로 연결되었다는 것은 확실히 전 세계적인 투쟁에서 단지 하나의 실에 불과하다. 노동계급의 구성이라는 관점에서 인디언과 아프리카계 아메리카인들의 경험을 성찰해 보면, 강제 이민[정책]은 '눈물의 여정'[78]에서처럼 전자[인디언]를 향한 정책이 되었고, 강제 고정[정책]은 탈주 노예 송환법에서처럼 후자[아프리카계 아메리카인]를 위한 정책이 되었다.

1840년대 당시 "코뮤니즘"은 프롤레타리아의 혁명적인 열망을 표현하는 새로운 이름이었다. "역사적인 과제"라는 말에서 알 수 있듯이, 그것은 미래를 가리켰다. 이와 달리 "공통장"은 그것이 멸종에 대한 절체절명의 방어물이었던 과거에, 아마도 봉건시대에 속해 있었다. 이제 21세기에는 두 용어의 의미론이 역전되는 것으로 보인다. 코뮤니즘이 스탈린주의, 농업의 산업화, 군국주의의 과거에 속한다면, 반면에 공통장은 모두를 위한 토지, 물, 생존수단이라는 지구의 미래에 관한 국제적인 논쟁에 속한다. 지금까지의 이러한 논쟁에서 절실히 필요로 되는 것은, 둘러싸이고enclosed 배제되어foreclose 왔지만 어떤 대안적이고 개방적인 미래를 드러내기disclose 시작하고 있는 공통인들the common people의 현실적인 운동들을 옹호하는 것이다.

그와 같은 토론에서 우리는 현실주의와 상상력이 필요하다. 맑스가 『자본』[제1권] 제1장의 제4절 「상품의 물신적 성격과 그 비밀」의 잘 다져진 길 위에서 쓰고, 우리가 그 익숙한 걸음걸이의 그와 함께 걸을 때 그는 다음과 같이 우리의 상상력에 호소한다. "마지막으로 기분전환을 위해, 공동의 생산수단으로 일하며 다양한 개인들의 노동력을 하나의 사회적 노동력으로 의식적으로 사용하는 자유로운 개인들의 연합을 생각해보기로 하자."[79]

1848년 이후 밤비는 자신의 혁명적인 활동성을 상실하고, 코뮤니즘 교회의 문을 닫고, 유니테리언교도[80]가 되었다. 그가 적절한 온도의 수치료법 욕조에 평온하게 몸을 담그고 있도록 내버려 두자. 칼 맑스는 1848년의 격변에 잠시 당황했을 뿐, 가족을 런던으로 데려와 정치경제학이라는 긴장된 물살 속으로, 가난으로 인한 종기의 고통 속으로 들어갔다. 한편, 존 오티스 워틀즈는 일리노이로 이주하여 취리히 호수에서 공동생활을 다시 시도했고, 그 후 다시 인디애나주 웨스트포인트로 이사를 갔고, 마침내 캔자스에 정착했다. 그곳에서 그는 아내인 에디스, 오거스터스와 그의 아내 수전과 함께 모네카라는 마을을 운영하기 시작했다.

존은 "정신주의의 열렬한 옹호자"로 그리고 "가장 두드러진 유형의 낙천주의자"로 알려져 있다. 그곳에서 그들은 인종차별주의적인 수색대와 노예-소유의 살인자들에게서 도망치는 존 브라운과 그의 부하들을 숨기기 위해 본부와 안전한 집을 제공했다. 1859년 하퍼스페리[81]에 대한 존 브라운의 습격이 실패한 후, 워틀즈 형제는 브라운과 그의 동지들을 감옥에서 석방시키기 위한 실패한 시도에 관여했을지도 모른다.[82]

존 브라운의 본부가 위치한 모네카에서 워틀즈 형제와 함께 바바라 테일러는 "백인과 흑인을 위한 전체 대상의 뷔페 만찬이 있었다."라고 말하면서 영국에서 이와 유사한 어떤 것, 즉 남녀가 함께 식사하는 것의 중요성을 강조했다. 이것이 우리를 애디론댁산맥에 함께 모이게 한 것이다. 결론적으로, (어떤 것은 전통적이지만, 또 어떤 것은 그렇지 않은) 다양한 형태의 공통화가 자본주의에 대항하는 투쟁에서 프롤레타리아에게 생존의 수단을 제공했다. 공통화는 프롤레타리아 계급연대의 기본이며, 우리는 이것을 코뮤니즘의 의미론적이고 정치적인 탄생의 과거, 현재, 미래에도 발견할 수 있다.

애디론댁산맥에서

2010년 12월

"최초의 민족들"

"홍관조와 검정 오리"—1802년 이야기: 역사적 유물론, 선주민 그리고 실패한 공화국

"그는 아버지로부터 아줌마가 수녀가 되려다 실패했고, 그녀의 오빠가 싸구려 장신구나 목걸이 따위를 야만인들에게 팔아 번 돈으로 앨러게니산맥에 있는 수도원에서 나왔다는 이야기를 들은 적이 있었다. 어쩌면 그 때문에 아줌마가 파넬에게 야박하게 구는 것인지도 몰랐다."[1]

— 제임스 조이스, 『젊은 예술가의 초상』

서론

나는 한때 수다스러웠던 공화국에 침묵으로 가득 찬 망토를 던지는 타락의 결과를 낳은 2000년 11월 선거의 여파 속에서 이 글을 쓰고 있다.[2] 보다 직접적으로는, 나는 치아빠스의 선주민이 이끄는 멕시코 선주민이 '삼림'을 떠나 '도시'로 행진하여 멕시코 공화국 의회에 들어가 침묵의 세기들에도 불구하고 자신들의 목소리를 내었던 그 주에 이 글을 쓰고 있다. 북아메리카에서 우리는 "지구의 유색인들"의 지도하에 공화국의 정치적 의미와 미국 제국주의 특징들의 계보를 다시 한번 되돌아보고 있다. 아래의 내용은 우리가 제국주의적 침묵의 장막이라는 난관에서 벗어나는 것을 돕기 위해, 그리고 할 수 있다면, 지구 공통장 내부에서 재화 평등의 존재 이유를 천명해 온 역사적 유물론에 관한 논의를 갱신하기 위해 고안된 몇몇 메모들이다.

〈아일랜드인연합〉 회원인 데스파르드는 1803년 2월 영국의 왕과 제국의 전복을 모의한 혐의로 처형되었다. 그는 오랫동안, 미친 것까지는 아니고, 모험가로 여겨졌지만(그는 프랑스, 잉글랜드, 아일랜드의 혁명이 끝났다는 것을 알지 못했을까?), 나는 1802~3년의 세 가지 텍스트를 모아 그 시대에 활동했던 일부 세력을 탐구할 것이다(우리가 모르는 것은 무엇인가?). 텍스트는 다음과 같다. 첫째는 필라델피아의 〈아일랜드연맹〉 서클에서 회자되던 정치적 이야기인 『리스코니아』다. 둘째는 프랑스의 지식인이자 이데올로그인 콘스탄틴 볼네의 오하이오 인디언에 관한 연구다. 셋째는 존 던[3]의 『왕립 아일랜드 학술원 의사록』에 실려 있는 몇몇 인디언 이야기들이다.[4]

이 텍스트들은 혁명적 토론의 전 범위를 이해하는 데 도움을 줄 것이다. 왜냐하면, 데스파르드와 마찬가지로 던과 볼네는 아메리카 선주민의 메시지들을 유럽으로 가져와 압통점인 '사유재산'에 관한 유럽의 논쟁을 부활시켰기 때문이다. 개인 소유주에 의한 공유지의 전유는 도전을 받았는데, 실천적으로는 공유지의 공통인들에 의해, 이론적으로는 프랑스혁명 중에, 1798년의 〈아일랜드연맹〉의 반란에 의해, 그리고 아메리카 오대호, 즉 리처드 화이트가 '페이 당 오'pays d'en haut[5]라고 이름 붙인 지역의 선주민들에 의해 도전을 받았다.[6] 유럽 제국들이나 미국으로부터 자율적인, 중립 지대의 혼종적인 인간 정착지를 규정하기 위해 마을 공화국이라는 생각을 도입하는 사람 역시 화이트다. 벨파스트에서는, 사람들은 올드노스웨스트(일리노이, 미시간, 오하이오, 인디애나)의 인디언 마을들 역시 탈주 노예들의 장소였다는 글을 읽었을 수 있다.[7] 아일랜드에서 케빈 웰런은 〈아일랜드인연합〉과 대중문화에 관한 글에서 "마을 공화국"에 주의를 환기시킨다. 이렇게 대서양의 반대편에 서서, 학자들은 최근 지금까지 적용되지 않았던 환경에 "공화국"이라는 표현을 적용했으며, 이를 통해 그 의미는 확대되었다.[8]

때마침 엥겔스는 근대 노동계급과 사회주의의 탄생 모두 정확히 이 시기에 출현했다는 주장을 펼쳤다. 그렇기는 해도 사회주의의 경우에는 확실히 "과학적" 형태가 아닌 공상적 형태로 나타났다. 엥겔스에 따르면, 근대 사회주의는 소유자와 비소유자 사이의 계급 적대에 관한 인식의 직접적인 산물이다. 그것은 또한 프랑스 계몽운동의 이성, 평등, 정의 원칙의 논리적 확장으로 나타난다. 당시의 만연한 범죄, 미신, 속임수에 맞서, 엥겔스는 "환상의 껍질을 뚫고 곳곳에서 솟아 나오는 엄청난 천재적인 사상들과 사상의 맹아들을" 좋아했다. 엥겔스는 1800~1802년에 산업 노동계급의 탄생을 목격했다. 그는 여성노동자들, 농장 노예들, 선주민들을 간과했다. 그들의 부불노동은 자본주의에 필수적인 생산물들을 제공했다. 여성들은 노동력을 재생산했다. 노예들은 설탕을 생산했다. 선주민들은 "자연적인" 생산물들(삼림의 동물들)을 보존했다. 세 가지 경우 모두에서 그들의 노동은 공짜 선물 — 사랑의 선물, 인종의 선물, 자연의 선물 — 로 모습을 드러냈다. 주인 서사는 단지 주인들의 서사일 뿐이다. 여주인들mistresses, 주인의 지배를 받는 사람들mastered, 주인-없는-사람들masterless도 할 이야기가 있다. 우리에게는 아프리카계 아메리카인 노예제에 관한 100여 년의 학문적 성과물들이 있다. 우리에게는 여성의 역사에 관한 학문적 성과물들이 있다. 우리에게는 "새로운 인디언 역사"가 있다. 엥겔스는 이것들 중 어느 것도 다루지 않았으며, 이것들에 관해 알지도 못했다.[9]

그는 스코틀랜드 계몽운동의 단계론stadialism [10]을 인정하지 않는다.[11] 역사적 단계들의 문제 틀은, 스코틀랜드 북부 고지 사람들이 패배한 후 스코틀랜드 계몽운동에서 (여러 사람들 중에서도 애덤 퍼거슨, 데이비드 흄, 윌리엄 로버트슨, 애덤 스미스에 의해) 발전되었다. 이론에 따르면 북부 고지 사람들은 미개savage 단계와 야만barbarian 단계 사이 어디쯤에서 살고 있었으며, 그리하여 그들의 패배는 불가피하며 진보적이었다. 사냥꾼이자 낚시꾼인 미개인은 재산이 없었다. 목자牧者인 야만인은 움직일 수 있는 재산을 가지고 있었다. 문명만이 부동산[토지]real estate에 의존했다. 퍼거슨은 루소를 흉내 내며 그것을 다음과 같이 표현했다. "처음에 '나는 이 들판을 전유할 것이다. 내 후계자들에게 물려줄 것이다.'라고 말한 그가 인식하지 못하고 있었던 것은, 자신이 민법과 정치제도의 기초를 놓고 있었다는 사실이었다." 퍼거슨은 이 같은 전유 행위가 가장의 행위였다는 것을, 또는 사유재산의 부계 승계가 — 고딕식으로 불투명하고 여성들을 "분리된 영역"으로 종속시키는 — 일부일처제 결혼을 요구했다는 것을 덧붙일 수도 있었을 것이다.[12]

리스코니아 공화국

제퍼슨은 공화당의 수장으로 1800년 선거에서 압승을 거두어 백악관에 입성했다. 그는 한창 40년 전쟁(1772~1812)을 치르고 있던 서부 변경의 인디언-혐오자들 및 분리론자들과 동맹을 맺고 북서쪽의 옛 인디언 땅을 점령했다. 1801년에 그는 "그 표면에 얼룩이나 혼합물을" 찾아볼 수 없는 백인의 대륙에 관한 꿈의 밑그림을 그렸다. 1802~3년은 그가 인디언 정책을 수립하는 데 결정적인 해였다. 연방 공장에 독점된 거래, 부채와의 불가피한 관계, 은밀하고 폭력적인 주류 거래, 모피 거래를 지속시키는 삼림 자원의 고갈, 가부장적 농업의 도입, 토지 양도, 법인 설립이 안 될 경우의 강제 철수, 그리고 대륙 북부 전체의 인수 등이 그 것이다. 최근 한 학자는 "아메리카 대륙의 운명에 관한 제퍼슨의 비전에는 인디언을 위한 장소가 없었다."[13]라고 결론짓는다.

제퍼슨은 토지 강탈자이자 학자였다. 그의 유일한 간행물은, 북아메리카의 인간적 풍경을 규정하곤 했던 인디언 매장 고분에 관한 꼼꼼한 관찰과 층위적 분석을 제공했다.[14] 그는 또한 인디언 주민들의 기원을 조사하기 위한 수단으로 인디언 어휘들을 수집했다(1803년에 그는 22개의 어휘를 수집했다). 하지만 그가 인디언 언어를 썼다는 증거는 없다. 의심스럽고 미묘하고 냉정하고 비밀스러운 땅 투기꾼, 자비로운 외모의 무자비한 열광자zealot였던 그의 미소는 확실히 위험의 징조였다. 그는 역사를 고정된 단계들로 잘라낸 롱나이브즈[미국인][15]의 추장이었다.

1790년대 동안, 예일대, 다트머스, 프린스턴, 윌리엄앤드메리 대학교의 학생들은 볼네를 읽고 권위를 의심했다. 그리고 무지, 공포, 빈곤, 미신이 정치적·교회적 권위에 원인이 있다고 생각했다.[16] 엘리후 파머[17]는 1801년에 『자연의 원리：즉 인류의 행복과 불행의 도덕적 원인들의 발전』을 출간했다. "한편으로 이성, 즉 인쇄 활자로 된 정직하고 불멸하는 이성, 그리고 다른 한편으로 칼처럼 예리한 주장은 세계의 왕좌와 위계를 공격해야 한다. 그리고 그것들을 대지의 먼지로 평평하게 해야 한다. 그런 뒤에, 해방된 노예는 과학의 힘에 의해 계몽된 시민의 지위로 고양되어야 한다."[18] 아메리카 이신론자들은 양심의 자유, 노예제 폐지, 여성해방, 보편적인 교육, 경제적 특권의 종식을 위해 캠페인을 벌였다. 이신론은 "농민들과 장인들에게 지식을 갖추라고 권유한다. 그리고 종족 전체를 그 기준에 맞춰 끌어당긴다." 계급적 특권이 위협받자 한때 이교도였던 제퍼슨과 볼네는 자신들의 흔적을 지우려 했다.

1798년 이전에 〈아일랜드연맹〉은 아메리칸 인디언에 호기심을 나타냈다. 그후 그들은 망명자로서 인디언에게 배울 수 있는 기회를 가졌다. "나는 숲으로 갈 것이지만 인디언을 죽이지도 않을 것이며, 노예를 두지도 않을 것이다."라고 아치볼드 해밀턴 로언[19]은 맹세했다.[20] 존 빈스는 "사람들 사이에서, 심지어 대도시에서도, 자신의 [선주민] 아내를 사랑스럽게 안고 있는 우리의 붉은 형제[인디언] 중한 명을 만나기를 기대했다. 나는 내 목도리에서 레이스를, 셔츠에서 프릴을 잡아 뜯은 옷을 너무나 검소하고 근엄하게 입은 백인들을 발견하기를 기대했다." 많은 백인 남성들이 특히 오대호 주변의 인디언으로 변장했다고 아일랜드에 소문이 났다. 워디 콕스가 놀라지 않고 그것을 보도할 정도로 이것은 널리 알려져 있었다.[21]

『이성의 신전』은 1798년 아일랜드 망명자인 데니스 드리스콜이 처음 편집했다.[22] 1802년 4월 이후 편집장은 존 리스고였다. 리스고는 토지 및 자원의 공통 소유 체제를 주창한 토머스 스펜스의 "스펜소니아"를 본떠 자신의 정치적 이야기를 "리스코니아"라고 명명했다. 그것은 국제적인 정치 토론에 대한 우회적인 개입이었다. 「평등 : 정치적 이야기」는 5월 15일에 『이성의 신전』에 실리기 시작했고, 이후 1802년 여름까지 7호가 발간되었다. 편집자들은 이것을 티론주의 제임스 레이놀즈 박사에게 헌정했다. 〈아일랜드연맹〉 소속 이주민이었던 그는 조지 워싱턴이 퇴임할 때, '희년'jubilee이라는 용어가 부채로부터의 석방, 토지의 반환 그리고 노예제의 폐지를 의미할 때에야 "틀림없이 희년이 이루어질 것"이라고 말했다. 이것이야말로 변경 개척자, 인디언, 노예를 만족시키는 프로그램이었다.

저자는 지배적인 정통적 관행을 유쾌하게 무시하면서 정통파 견해의 단계론적 동화를 뒤집었다. "리스코니아 사람들은 자연 상태에서 통속적인 문명으로 진보하고 있는 사람들이 아니다. 반대로 그들은 시민사회에서 자연 상태로 진보하고 있다. 어쩌면 그러한 상태에 이미 도달했을지도 모른다. 왜냐하면, 이 나라의 역사에는 수많은 놀라운 혁명들이 기록되어 있기 때문이다." 그 역사는 "유럽 대륙에서 몇 마일 떨어지지 않은 작은 섬"으로부터 시작되었다. 모든 사람이 사랑, 우정, 부를 누릴 수 있다. 사유재산과 부계 혈통이 폐지됨에 따라 매춘은 사라진다. "여기에서는 여성이 두려움에 떨며 자기 자녀의 아버지에게 맹세하지 않도록 법률로 보장한다." 잔디 위의 춤은 매일 4시에 시작한다. 음악은 교양교육liberal education의 핵심이다. 날염기는 모든 지역에서 누구나 이용할 수 있다. 이 나라에는 화폐가 없으며, 토지는 공통 소유이고, 모든 사람이 적은 시간의 노동을 해야 한다. 아이들에 관해 말하자면, "[이들에게서] 내 것과 네 것 같은 말들은 들어본 적이 없다." 시장도, 상인도, 채무자도, 채권자도, 변호사도, 선거도, 횡령도, 절도도 없다. 기계는 허용된다. 철도는 널리 보급되어 있다.[23] "법률들은 거대한 분량[의 책들] 속에 들어 있지 않다. 그것들은 리스코니아 사람들의 마음속에 쓰여 있다." 윌리엄 드레넌[24]은 위와 같은 도덕률 폐기론적 견해를 제시한다.

1803년 2월 19일에 『이성의 신전』은 발간이 중지되었다. 이날은 데스파르드가 마지막 고통을 겪기 3일 전이었고, 제퍼슨이 개인적으로 벤저민 호킨스에게 인디언들에 관한 특별한 편지를 쓴 하루 뒤였다. 편지의 내용은 이렇다. "나는 당신이 성찰을 통해 그들의 역사가 끝날 수도 있는 다양한 길들을 발견하게 되었음에 틀림없다고 확신합니다." 인디언들이 할 수 있는 최선은 땅을 팔아 미국 시민이 되는 것이다. 추장들은 부자가 될 수 있고, 남자들은 쟁기를 들게 될 것이며, 여성들은 괭이를 손에서 놓고, 예외적인 [몇몇] 사람들은 대학에 갈 수 있을 것이다. 그리고 나머지 사람들은 술통에 빠져 있게 될 것이다.[25] 데스파르드의 교수絞首와 참수斬首, 『이성의 신전』의 폐간, (적어도 제퍼슨 대통령이 상상했던 바의) 인디언 역사의 종말, 이런 일들이 일어나는 데에는 각각 며칠이 걸리지 않았다. 이것은 유럽의 프롤레타리아 반란이나 아메리카의 공상적인utopian 사회주의적 토론, 또는 아메리카 인디언의 저항이 분쇄되었다고 말하는 것이 아니다. 아니, 전혀 그렇지 않다. 오히려 이것은 세 가지 주제 사이에 하나의 공통적인 기획과의 연관성들을 제시하는 것이다. 최근 한 학자는 이 작품을 "공상적인 사회주의적" 소책자라고 일축한다.[26] 분명히 말하건대, 리스코니아의 저자들은 그것이 비현실적이라고 생각하지 않았다. "공상적인 유령이 아니라 선으로서 말해져야 하는 진정한 재산 체제, 이것은 실현될 수 있다."

테쿰세와 공통주의 기획

프랑스혁명은 한편으로는 1793년 여름, 혁명이 나아갈 수 있는 가장 먼 곳까지 나아갔다. 이때 혁명은 성별에 관계없이 그리고 하인들과 노동자들을 포함하여 공유지를 회복했다. 다른 한편으로는 1793년 3월, 혁명은 토지법을 제안하는 사람들에게 모두 사형을 언도했다. 부에 기초한 구별을 수평하게 만들겠다는 이념은 1789년의『불만 목록』[27]에서 발견할 수 있었지만, 원시 공산주의에 관한 조사[결과]는 공화국의 선포와 왕의 처형 이후까지 발표될 수 없었다. 평등한 공화국의 수립을 의도한『평등 선언문』은 1796년에 프랑스 국민에게 다음과 같은 내용을 전했다. "토지는 누구의 사유재산도 아니다. 우리의 요구는 지구 자원의 공통소유에 관한 것이다." 그라쿠스 바뵈프는 이 공화국에 관해 다음과 같이 썼다. "그러한 정권은 철창, 지하 감방의 벽, 그리고 빗장 걸린 문, 재판과 분쟁, 살인, 절도 그리고 모든 종류의 범죄를 쓸어버릴 것이다. 심판하는 자와 심판받는 자, 교도소와 교수대 ─ 삶의 부정[不正]이 낳는 신체에 대한 모든 고문과 영혼에 대한 모든 고통을 쓸어버릴 것이다. 질투와 게걸스러운 탐욕, 오만, 그리고 사기를 쓸어버릴 것이다. … 그것은 내일, 다음 달, 내년, 그리고 노년기에 우리의 운명과 관련해, 우리 아이들의 운명과 관련해, 그리고 우리 아이들의 아이들의 운명과 관련해, 항상 우리들 각자를 괴롭히는 음울하고 편재하는 공포를 제거할 것이다."[28]

아일랜드의『가난한 사람의 교리문답』(1798)은 공유지의 반환을 요구했다. "하느님은 작은 도당의 변덕과 오만에 전체 민족이 좌우되는 것을 보시고 기뻐하실 리 없다. 이들은 백성들에게 공유재산으로서의 토지를 인정하지 않고, 하다못해 무엇을 얼마나 먹을지, 무엇을 얼마나 입을지까지도, 백성들에게 정해주고 있는 실정이다." 그리고『빵을 위한 빈자의 외침』에서 존 버크는 다음과 같이 썼다. "오! 영주여, 그리고 토지 재산을 소유한 여러 사람들이여, 그대들은 토지를, 그리고 토지에서 재배한 채소와 고기를, 강의 물고기와 하늘의 새들을 독점해버렸다. 이와 같은 상황에서 노동자들이 무엇을 할 수 있을까? 이마에 땀을 흘리며, 노동하는 생산자들과 함께, 또는 그 자신과 아내 그리고 다섯이나 여섯 명의 아이들을 지원하는 기계공과 함께 그대의 토지를 경작하는 그들이 무엇을 할 수 있을까?" 이러한 목소리는 1798년 이후 아일랜드에서 침묵을 지켰지만, 이로쿼이 족 지도자였던 조지프 브랜트[29]가 있던 1803년의 아메리카는 그렇지 않았다. 그는 다음과 같이 썼다. "우리에게 법이란 우주 자체의 위대한 정신이 모든 이성적인 피조물의 심장에 손가락으로 직접 쓴 것 말고는 없다. 우리에게 감옥은 없다. 우리에게 법관들의 호화로운 행렬은 없다. … 우리에겐 법의 탈을 쓴 강도 행위가 일어나지 않는다. 여기에서는 뻔뻔한 사악함이 힘없는 순결을 압도하는 일은 절대 일어나지 않는다. 과부와 고아의 재산이 탐욕스러운 사기꾼에게 먹히는 일은 절대 일어나지 않는다. 우리의 추장들, 그리고 우리의 전사들은 그들 자신의 빵을 먹지 비참한 사람들의 빵을 먹지 않는다. … 그대들 마음속 궁전과 감옥은 가장 무서운 대조를 이룬다. 이성적인 사람에게 자유는 재산을 훨씬 능가한다. 태양의 빛이 가장 반짝이는 별의 빛을 능가하는 것처럼 말이다. 그러나 문명에는 영원히 불명예스러운 일이지만, 당신은 그것들을 똑같이 취급한다."[30]

테쿰세는 1810년 8월에 주지사 해리슨의 집에 들어가기를 거부하고, 야외에서 만나자고 주장했다. "땅은 인디언들에게 가장 알맞은 장소였습니다. 어머니의 가슴에서 휴식을 취하기를 좋아했으니까 말입니다." '휴식을 취했다'라고 그는 웅변적으로 말했고, 그의 말은 영어식 말투로 번역되었다. 이것의 기원들은 인클로저와 그것의 안티페리스타시스[31]와 관련된 17세기의 토지 변형들이다. 전사들이 [지난] 30년 동안 주장했던 것처럼, "부족장인 우리는 부족민들을 통합하여 이 땅이 모든 이의 공통 재산임을 깨닫길 바랐습니다. 하지만 당신들이 그들을 방해하였습니다."[32] "티피카누에 살 때부터 우리는 모든 차별을 없애고, 이 모든 해악을 불러일으킨 족장들을 몰살하려 했습니다. 그들 족장이 우리의 땅을 미국인들에게 팔아넘겼기 때문입니다." "이 악을 멈추는 유일한 길은 모든 인디언들이 단결하여 이 땅에 대한 공통의 권리와 동등한 권리를 주장하는 것입니다. 처음부터 이 땅은 나누는 일 없이 모든 이들을 위해 쓰였고, 앞으로도 그래야 하기 때문입니다. 어떤 부족이든 [비어 있는 땅을 찾아가 그곳에 거주할 수 있었습니다. 우리 중 그 누구도] 서로에게라도 이 땅을 팔 권리는 없습니다. 하물며 [이 땅의 일부도 아닌 전부를 탐하는] 외부인들에게 이 땅을 팔아넘길 권리는 누구에게도 없습니다. 땅을 팔다니요! 그럼 공기도, 구름도, 저 드넓은 바다까지 팔아넘기지 그럽니까? 이 지구까지 팔아넘기지 그럽니까? 저 위대한 신이 이 모든 것을 창조하신 것은 그의 자녀들을 위해서가 아니었습니까?" 영국의 17세기 혁명에 대한 공명은 다음처럼 명백해진다. "예수 그리스도가 이 세상에 왔을 때에도 당신들은 그를 죽였습니다. 당신들이 믿는 하느님의 아들을 못 박았습니다! 당신들은 예수가 죽었다고 생각했지만 그렇지 않았습니다. 당신들 셰이커 교도들은 그들의 경배를 비웃고 경멸했습니다."

테쿰세는 1813년 온타리오주 템스강 전투에서 사망했지만, 그의 동생인 외눈박이 선지자 텐스콰타와는 캐나다로 탈출하여 망명 생활을 했다. 1824년 인디언 교육부의 젊은 원시-민족학자가 그를 찾아내 정부 설문지에 답하게 했다. 그는 이제 연구의 대상이었다. 한때는 너무나 강력했던 이야기와 꿈들이 힘을 잃어버렸다. 그럼에도 불구하고 텐스콰타와는 이야기를 들려주려고 했다. 이야기는 행동에 비추어 검증될 수 있다. 그러나 패배하게 되면 그것들은 역사에 대한 소속감을 상실하고 야생sauvage의 초시간적인timeless 특징이 된다. 마치 이야기 역시 죽어버리는 것처럼 말이다. 볼네는 야생의 귀환을 발표했다. 그는 "이 사람들은 야생 동물의 현실적 상태에 있다."라고 썼다. 그런데 어떤 동물을 말하는가?

리틀 터틀의 학생들: 배교자 볼네

역사 무대의 의식 있는 승리자인 콘스탄틴-프랑수아 볼네는 승리의 전차를 타지 않았다. 그는 3년 전 웨인 장군이 만든, 신시내티에서 마우미강까지 이어지는 도로 위의 삼림을 관통해 내달리는 마차 뒤편의 담요에 싸여 있었다. "화폐 호송 마차"에 실린 그는 열성적으로 휴대용 책상, 펜 그리고 잉크병에 집착했다. 뱅센 요새에서 돌아온 그는 한 주류판매원으로부터 자신의 민족학을 익혔고 간청하는 인디언들과 대화하기 위해 울타리를 떠나지 않으려 했다. 그는 "얼마 떨어지지 않은 곳에서" 자기 아내를 찔러 죽인 인디언을 진저리치며 목격했고, 독자들이 자신이 그것을 막기 위해 개입했는지 궁금해하지는 않을 것이라고 생각했다. 그러나 그는 병이 들었고 통역관인 "백인 인디언" 윌리엄 웰스와의 회합을 완수할 수 없었다. 볼네의 영어는 기대할 만한 것이 못 되었다. 그는 동쪽으로 돌아왔고, 에리 호수에서 뱃멀미를 했으며, 연구를 통해 끔찍할 정도로 불결했던 정착지의 기억을 잊었다. 그는 세계화된 인물이었다. 학자이자 공론가인 나폴레옹이 그의 고용주가 될 것이었다. 그는 땅을 찾고 있었으며, "그와 동시에 열정의 시기 중에 형성된 편견을 바로잡았다." 그는 배교를 행했다.

그의 혁명적 "열정"은 1791년에 출판된 『폐허 : 또는 제국들의 혁명에 관한 고찰』에 표현되어 있다. 이 책은 신이나 마법이 없는 인간의 역사에 관한 서술을 제공했으며 (성직자들, 군인들, 또는 입법자들인) 통치자의 탐욕과 불신에 맞서는 희망의 한가운데에 민중을 위치시켰다. 더군다나 이 책은 문명의 기원을 나일강에 두었다. 이러한 시각은 이후의 유럽 역사 편찬에서는 받아들여지지 않았다. 그런 관계로 이 책은 범아프리카계 출판인들에 의해 은밀하게 인쇄되었으며, 백인 출판인들에 의해 인쇄가 중단되었다. 셸리, 퍼시, 메리가 이 책을 사랑했다. 메리는 1817년에, 이름 없는 괴물을 만든 프랑켄슈타인 박사에 관한 이야기를 썼다. "내 모습은 끔찍하게 추했고 키는 거인처럼 컸다. 이것이 의미했던 것은 무엇일까? 나는 누구였을까? 나는 무엇이었을까? 내 운명은 어떻게 될까?" 엥겔스라면 계급의식이 싹트는 것을 알아차렸을 것이다. 그는 초창기에 나타난 산업 노동 계급인가? 그는 확대되는 노예제 시기에 나타난 인종적인 "타자"인가? 괴물은 탈출하여 외딴 산 오두막집의 창문에서 아메리카의 가난한 사람들이 볼네의 책을 소리 내어 읽는 것을 듣는다. 그는 아메리카 신주민들의 절멸에 관해, 아프리카 인구의 감소에 관해, 아프리카 주민들을 팔아넘기는 것에 관해, 그리고 "재산의 분열, 막대한 부와 비참한 가난의 분열"에 관해 알게 된다. 괴물은 귀를 기울이고 눈물을 흘렸다.

볼네의 눈물은 이쯤에서 말라 버렸다. 그는 노후의 은신처를 찾아 1795년 아메리카행 배에 몸을 실었다. "토지재산을 취득하기 용이한" 지위를 누리기로 결정하자마자 볼네는 재산에 집착했다. 미개인들 사이에는 어떠한 재산권도 존재하지 않는다고 그는 말했다. 프랑스, 스페인, 이탈리아, 코르시카의 일부 지역에서처럼 "토지는⋯ 모든 부족들 사이에서 나뉘어 있지 않고 공통 소유 상태로 남아 있다." 그는 존 싱클레어 경의 『공통장과 황야에 관한 글』과 잉글랜드 및 스코틀랜드의 인클로저를 언급한다. "이러한 공통장의 폐지가 모든 곳에서 제1법칙이 되어야 한다." 농업, 공업과 개인적·민족적 특성은 인클로저에 의해 결정된다는 것이었다. "〔코르시카의 야만과 미개의〕 가장 급진적이고 적극적인 원인들 중 하나는 그 영토의 상당 부분이 나뉘지 않고 공유된 상태에 있다는 것이다."[33]

그는 1803년에 『미국의 기후 및 토양에 관한 도표』를 출판했는데, 이듬해에 소설가 찰스 브라운이 영어로 번역했다. 이 책은 투자가의 흥분이 담겨 있는 보고서였다. 바탕에 깔려 있는 것은 기후와 날씨가 인간의 행동에 어느 정도 영향을 받는다는 것이다. 숲의 개간은 특히 토양의 온도, 내륙의 바람, 계절의 변동에 영향을 미쳤다. 가뭄과 개간은 나란히 일어났다.[34] 고딕 양식은 죽음, 기근, 전쟁, 역병의 압도적인 세력들의 태도다. 찰스 브록덴 브라운[35]은 『에드거 헌틀리 ; 또는 어느 몽유병자의 회고록』(1801)이라는 고딕 소설을 출간했다. 이 책은 아일랜드 이민자인 클리테로(그는 자신의 집주인 여자의 오빠를 암살했다. 그리고 오빠가 그녀를 죽였다고 믿었다.)와 펜실베이니아의 인디언 살인자 에드거 헌틀리에 관한 유사한 이야기 두 편을 비교하고 대조한다.

볼네에게는 마이애미 언어에 관한 8쪽 분량의 부록 어휘가 있었다. 그는 1798년 1월과 2월에 9~10차례 [마이애미를] 방문했다. "이 사건은 내 아이디어를 전달할 수 있는 통역사를 제공해 주었다. 그뿐만 아니라 선주민의 입은 나에게 소리들을 가장 순수한 형태로 전달해주는 기대 이상의 운 좋은 기회를 제공했다." 이와 같은 단어의 수집으로 이미 리틀 터틀[36]은 객관화되고 소원해진다. 그의 언어는 대화의 수단, 의미의 교환이 아니라, 일방적인 전유를 위한 소리의 집합이다. 유럽인들은 생각을 가지고 있고 인디언들은 소리를 가지고 있다.

웰스는 "중간 지대", 즉 야생의 삶에 합류하는 수많은 백인들 ― 아이들, 캐나다인들, "나쁜 성격의 사람들", 자유주의자들 — 을 묘사한다. 마을 공화국은 여러 부족, 민족 출신의 구성원들을 갖는 정치 단위다. 이것들은 루소나 샤토브리앙이 상상했던 야생sauvages이 아니다. 여기에는 위계, 질서, 권위가 없다. 구조는 뼈대와 나무껍질이며, 이곳의 사람들은 유럽인과 알곤킨 사람들이다.[37] 여성들은 인질을 전쟁에 대한 대안으로 받아들일 수 있을지를 결정할 것이었다. 마을 공화국에는 탈주 노예들도 포함되어 있었다. 따라서 1785년 매킨토시 요새 조약의 제1항은 백인과 흑인 수감자가 미국으로 돌아갈 때까지 인디언 추장들이 3명의 인질을 제공한다고 규정했다. 따라서 공통 어머니의 공통 자녀라는 이미지는 동족 관계의 이질적인 성격을 나타냈다. 1786년 인디언 남부 연합은 브라운스타운에서 만났는데, 여기에서 브랜트는 인디언의 단결과 공유지에 대한 유명한 원칙을 "숟가락이 하나인 접시"라고 선언했다. 볼네에게 그것은 여러 개의 나이프와 포크로 이루어진 전부 따로따로 분리된 식사였다. "그들은 전적으로 자신의 감정에 의존해서 살아간다. 기억에 의존해서는 거의 아니며, 희망에 의존해서는 전혀 아니다." "사실 그들의 민주주의는 극단적이고 끔찍한 민주주의다." "이 사람들은 실제로 야생의 금수 상태에 머물러 있다. …" 금수, 즉 길짐승과 날짐승은 실제로 무엇인가?

볼네는 리틀 터틀을 찬양한다. 그는 "사물의 본질에 이끌려, 사회적 국가의 본질적인 토대를 토지경작에서, 그리고 그것의 직접적인 귀결로서 토지재산에서 발견했다." 볼네는 "사회 국가의 궁핍이 재산권의 도입에서 비롯된 것이라고 주장하는" 루소에게 환호하며 눈을 돌린다. 미개한 삶의 진정한 그림은 "방랑하고 절연된 사람들이 폭력적인 필요들에 의해 이동하는, 조밀하지 않고 무정부적인 상태"라고 볼네는 말한다. "이제 감상적인 몽상가들이 앞으로 나와 자연인의 선함을 자랑하게 하라." 볼네는 자코뱅 공화국의 감옥에서 나쁜 경험을 했다.

나폴레옹은 혁명의 토지 양도를 존중할 것인가? 워싱턴과 애덤스는, 인디언들과 싸우는 대신 워싱턴과 같은 거대한 토지 소유자들과 싸울 수도 있다는 것을 위스키 반란에서 보여준 무급 참전용사들에게 오하이오를 개방할 것인가? 피트는 의회의 인클로저 법령들을 승인할 것인가? 노예들의 설탕 농장은 한 유럽인에서 다른 유럽인으로 주인이 바뀌는 가운데 여전히 유지될 것인가? 〈오렌지회)[38]의 테러는 자신의 독립성을 서비스업으로 축소당하며 분노한 농민의 진격을 막을 수 있을 정도로 충분했는가? 합동법은 밤의 요정들로부터 사유재산을 보장할 것인가?

리틀 터틀의 학생들: 골동품상 존 던

존 던은 1802년 5월 더블린 도슨 스트리트의 왕립 아일랜드 학술원에서 연설했다. 존 던은 아마Armagh[39]주 루간 선주민의 아들이었다. 그는 더블린의 쿡 스트리트에서 성공회에 반대하는 성직자, 글래스고 대학교의 졸업생인 윌리엄 드레넌의 동급생이자 법조계의 지도급 일원이었으며, 1793년부터 1797년까지는 휘그 당원인 존 오닐의 후원하에서 앤트럼주 랜덜스타운의 공통장을 위한 아일랜드 교단의 구성원이었다.[40] 그는 일신론자가 되었으며, 콜리지[41]와 수천 명의 희망적인 젊은이들처럼 세상을 변화시키려는 기획을 마음속에 한껏 품고 있었다. 더 나아가서 아치볼드 해밀턴 로원은 그를 다음과 같이 소개하고 있다. "직업적 명성에 힘입어 판사석에 앉게 되었을 때 문명화된 삶의 소란스럽고 살벌한 장면에 혐오감을 느낀 그는 미개한 상태의 사람들과 친분을 쌓고자 하는 낭만적인 소원에 이끌렸다. 따라서 그는 대서양을 건넜고, 한동안 인디언 부족의 예의와 관습을 준수했다."[42]

프랑스와 영제국 간의 총성은 1802년 5월 침묵을 지켰다. 아미앵의 평화 조약은 유럽 거인들 간의 싸움에는 소강상태를 가져왔지만, 과들루프[43]와 생도밍그[44]의 노예반란, 또는 산업화 시기 잉글랜드의 기계에 대한 야간 방화의 고통은 여전했으며, 감옥과 추방의 신음소리 또한 마찬가지였다. 1년 전 "영국"United Kindom의 첫 번째 의회가 열렸다. 던은 독립을 빼앗긴 아일랜드인들에게 말하고 있었다(1년 전인 1801년 1월에 합동법이 발효되었다). 1798년에 시작된 자유를 향한 노력에 관한 최종 법안은 자코뱅의 테러가 프랑스를 덮친 것보다 더 많은 사상자를 불러왔다. 프랑스혁명이 가능성의 슬로건들 ─ 자유, 평등, 우애 ─ 로써 앙시앵 레짐으로부터의 보편적인 윤리적 반복구reprise를 제공했다면, 이 보편성을 실현하기 위해서는 이와 동일한 슬로건들 역시 다른 나라들의 모국어로 번역되어야 했다. 아일랜드에서 이것은 가톨릭으로부터의 해방과 잉글랜드로부터의 독립을 요구하는 〈아일랜드인연합〉의 기획이 되었으며, 문화 민족주의의 활기 — 1792년 벨파스트 하프 페스티벌에서 새롭게 줄을 교체한 하프, 민요들, '아일랜드여 영원하라'라는 어구, 특유의 게일[45] 문명에 관한 골동품적 검증 — 속에서 공식화되었다. 루드빅은 게일 문화를 발굴하고 보존하는 데 적극적으로 참여한 가톨릭 위원회의 학술 활동에 대한 응답의 일환으로 1803년에 『아일랜드의 유물』 제2판을 출판했다. 게일 골동품들[의 수집]은 1785년 창립 이래 켈트족 연구를 장려한 왕립 아일랜드 학술원 소속 영국-아일랜드 자유주의자들의 공이 컸다. 그들은 사회적·시민적 동등성을 얻기 위해 먼 과거를 이용했다. 그것은 그들이 적어도 정복자들과 같은 입장에 있다는 것을 증명했다.[46] 레드윅은 게일, 가톨릭, 급진적인 정치적 견해들을 연합하는 것은 위험하다고 주장했다. 이 기획은 악의적인 종파주의, 군사 억압, 문화적 회귀 정책들을 사용한 런던과 더블린의 정부에 의해 패배했다.[47] 런던에서 나무를 자르고 물을 긷는 사람이 되기 위해 프로이센의 광산과 랭커셔 및 요크셔의 공장을 향했던 정치적 이산자들diaspora은 함대에서 자취를 감추고 미국으로 추방되었다. 〈아일랜드인연합〉 소속인 망명객 제임스 오르[48]는 항해가 끝나갈 무렵 뉴펀들랜드 유역에서 다음과 같이 노래를 불렀다.

"얼마나 끔찍한 선창인가! 여기, 아이들이 비명을 지르고 있다.

　저기, 목이 마른, 창백한 여인들, 아이들을 무릎에 안고 있다.

여기, 모든 승강구 아래 큰 파도가 흘러가고 있다.

　그리고 그곳은 충돌로 인해 고정물 절반이 떨어져 나가고

어떤 사람은 구애를 하고, 어떤 사람은 논쟁을 하고, 어떤 사람은 앉아서 지루한 이야기를 들려주었다.

　항해사는 열을 올리며 술에 취해 있고, 선원은 무거운 짐을 진 채 소리를 질러댔다.

얼마나 큰 아픔과 슬픔이, 내 허름한 집에도 스며드는지!

    바다 저 멀리, 멀리 떠다니는 거대한 격리-주택이여."

벨파스트에서 보내는 일련의 편지로 시작된, 드레넌의 『아일랜드의 노예, 오레야나의 편지』[49]는 아메리카 선주민의 이름을 따 왔다. "현재의 절단된 헌법의 자유는 공상적인 프랑스인의 유토피아, 또는 제네바 철학자의 정치적 몽상에서만 발견될 수 있다. 맹세컨대, 동료들fellow bruits과 함께 남쪽의 비옥한 목초지를 방황하고 있는 이 비참한 이민자들, 지금 황량하고 거친 바다를 헤치고 나아가는 사람들을 보면, 헌법의 민주주의 정신은 이제 존재하지 않는다!" 드레넌의 관대함(망명자들과 '동료들'은 헌법적 경계 내부에 존재한다)을 "볼테르의 정치 저작들 속에서 면밀하게 검토되고 있는, 그리고 루소의 제자"이자 1790년 파리를 방문한 케리주의 아일랜드 법정변호사 허먼 블레너하셋과 대조해 보라. 1798년에 그는 오하이오강에서 섬 하나를 구매했다. 이 섬은 "대마나 담배 재배에 종사하는 40~50명의 흑인을 둔 자본가가 관리하고 있어 수익성이 좋았다. 그는 노골적으로 인디언 싸움꾼이라는 칭찬을 들었다."[50]

던은 "수많은 출처를 통해" 그들이 사냥하고 싸우고 경기를 했다는 것을 알고 있었다. 하지만 그들 역시 기억, 발명, 상상을 했을까? 그들은 가공의 이야기에 울고 웃었을까? 그들은 "오락과 교육을 위해 상상 속의 존재 형태"를 주문으로 불러냈을까? 그는 리틀 터틀의 우정을 얻는다. 리틀 터틀은 "그들의 관습에 따라, 죽은 친구의 이름으로 나를 부르며", 그 존 딘를 입양했다. 이렇게 1789년 6월 디트로이트에서 에그나이달Eghnidal이라는 세네카 이름을 얻은 에드워드 피츠제럴드 경과 마찬가지로 존 던은 이제 이중 정체성을 갖게 되었다. 그는 "여기 인디언들이 말을 하게 만들고 싶다."라고 학자들에게 애석하다는 듯 말했다. 그들의 이야기는 강력하고, 감정적이며, 그 어조에는 표현력이 있다. 〈아일랜드연맹〉의 문화해방 슬로건인 '새 줄을 교체한 하프'를 언급하며 그는 "인디언의 칠현금은 줄이 풀어져 있다."라고 쓴다. "그렇다면 내가 어떻게 인디언 연설의 예를 보여줄 수 있을까?" 던은 나이아가라 폭포에서 몇 주를 보낸 뒤 알곤킨 말로 시를 창작하게 된다. 그는 "인디언 정신의 작용"을 통찰하고자 한다. 리틀 터틀은 심지어 동물까지도 모방할 수 있었다.

인디언들은 쇠약해지고 수척해지고 있다. 반세기 안에 그들은 소멸될 것이다. 그는 이러한 이야기들이 "그들을 인도적으로 대우할 수 있는 추가적인 동기를 제공할 수 있기를" 희망한다. "이방인의 펜으로 그들의 연대기를 쓰는 것은 문자가 없는 사람들에게는 운명의 일부다. 그들에게는 대안도, 불완전한 재현도, 또는 공허한 망각도 없다. 하지만 우리는 누구를 말하고 있는 것인가? 이 소멸된 부족들은 누구인가? 어떤 부류의 창조된 존재가 그들을 대신할 후손인가?" 그는 질문에 대답하지 않는다. 그는 그들의 대답을 기록한다. 아베나키족[51]은 그가 대지의 사람이라고 말할 것이다. 일리노이족에게 물어보라. 그들은 그가 진짜 사람이라고 말할 것이다. 알곤킨말을 하는 사람들에게 물어보라. 그들은 그가 두 겹의 인간이라고 말할 것이다. 스페인 사람들은 야만인이라고 말할 것이고, 캐나다인들은 미개인이라고 말할 것이다. 인디언 부락의 연기를 결코 본 적이 없으면서도 "그들의 자연, 육체적·도덕적·지적 능력과 역량에 관한 책들을 쓰고 독단적인 주장을 펼칠 유럽의 현자들에게 물어보라. 이 사람들은 당신에게 그들이 열등한 인종의 사람들이라고 말할 것이다." "우리는 어떤 견해를 지닐 것인가? 무엇이 사람을 구성하는가? 어떤 능력으로 그는 종족 안에서 높은 지위를 차지하는가?"

처음에 그는 인디언들을 호머와, 아니 오히려 호머의 선구자들과 비교한다. 이야기들은 두 대륙이 만나는 헬레스폰트로 흘러 들어가는 트로이강인 "스카만더르강의 배들이나 천막들에서 보내는 시간들을 즐겁게" 만들 수 있었을 것이다.[52] 호머가 영웅적인 역사 단계의 시인이라면, (농업이 불충분하고 목초지가 부족한) "인디언은 아직 유아기에, 그리고 미성숙한 단계에 있는 시인이다." 버크가 1년 전에 채택했던 아메리카 사람들의 구절을 사용하자면 [그들은] "말하자면 아직 성인의 뼈로 딱딱하게 굳지 않은 사람들"이다. 숲에서 농장으로의 전환은 또한 키케로와 호라티우스의 수사학에 등장하는 고대적 형상이었다. 이 전환기의 경제적 기반에 상응하여, 말하자면 노래에서 글쓰기로의 전환, 또는 연설에서 편지로의 전환의 문화적 상부구조가 모습을 드러냈다. 키케로는, 도시를 건설하기 위해 숲의 피난처에서 사람들을 끌어낸 것은 이성이 아니라 웅변이었다고 말했다. 호라티우스는, 사람들이 도시를 건설하기 위해 숲을 배회하면서 노래로 오르페우스를 불러냈다고 주장했다. 던은 몇 가지 이야기들을 들려준다. 첫 번째는 인종적인 이야기로서 질투와 색깔 변화에 관한 것이다. 두 번째는 매력적이지만 라틴어로 되어 있다. 세 번째는 트릭스터[53] 이야기다. 하지만 내가 들려주고 싶은 것은 첫 번째 이야기다.

홍관조와 검정 오리

한 남자가 "동료들의 사회"에서 떨어져 나와 "멀리 떨어진 황량한 사막에 거처를 잡았다." 낮에는 사냥을 하고, 저녁에는 어두운 동굴에 가두어 둔 그의 동생에게 음식의 일부를 나누어주었다. "접촉성 전염병에 걸린 이 불행한 동생은 빛나는 붉은 머리카락을 가지고 있었는데, 부족 사람들 사이에서는 붉은 남자라는 이름으로 알려져 있었다."

유럽처럼 장자상속이 우세한 사회에서 동생은 탈취하는 인물이다. 전염성의 붉은 머리카락은 민족적 기원을 상징하고, 또 빨간 모자bonnet rouge는 프랑스혁명 초기에 혁명적인 투쟁정신의 의미로 모습을 드러낸, 자유를 뜻하는 붉은 프리지아식 모자를 쓴 자코뱅 혁명가를 상징한다. 머리에 쓰는 지배력의 상징들이 벌이는 경연에서 이 모자가 왕관을 대체했다. 실제로 1793년 10월 "빨간 모자들의 전투"로 인해, 과감하게 자유의 모자를 쓴 〈혁명적 여성 클럽〉의 공화당원들과 총에 대한 요구가 뒤따를 것을 두려워한 자코뱅 남성들이 [서로] 싸움을 벌였다.[54] 『왕립 아일랜드 학술원 의사록』의 표제지에는 빨간 모자를 쓰고 창 옆에 앉아 있는 두 여성, 브리타니아와 리버티가 묘사되어 있었다.

몇 해의 겨울이 지나자 사냥꾼은 외로워졌다. 그는 마을에 가서 그 경계에 있는 원형 오두막집으로 가까이 갔다. 홀로 된 여인을 발견한 그는 그녀에게 저녁식사용으로 사슴고기를 조금 선물했다. 다음날 그는 사냥해서 잡은 사슴을 통째로 가져왔다. 그리고 그녀를 초대하여 마을 사람들과 함께 나누었다. "이 여인이 위대한 사냥꾼을 숨기고 있었다는 둥, 상당히 먼 곳에서 왔을 것 같다는 둥, 보상금을 주었을 것이라는 둥 여인들의 속삭임"은 이해할 만한 것이었다. 그의 선물은 "전 부족민의 호기심을 자극했다. 최고의 사냥터에 관한 탁월한 지식에도 불구하고 이들의 협력 작업은 이 사냥꾼 한 사람이 이룬 성공과 가까스로 동등한 결과를 냈으니 말이다."

이 고독한 사냥꾼이 고립된 개인주의자, 풍부한 생산성의 "공급자", 양키, 자본가, 발명가, 산업혁명의 상징을 대표하도록 두라. 그와 동시에 인디언들은 팔 수 있는 두 가지 — 모피와 토지 — 를 가지고 있었고, 그것들 각각은 파멸의 원인이 되었다. 모피는 술과 거래되었고, 토지는 매수되었다. 인디언들은 토머스 맬서스가 1798년에 "빈곤은 인구의 우월한 힘을 억압하고 그 효과를 생존수단과 동일하게 유지하는 억제책"이라는 인구론 테제에 관해 제공하는 첫 번째 사례다. 그는 "식량을 얻는 유일한 방법"이 사냥인 이 "인류의 가장 조야한 상태" 즉, "인류의 최초 상태"에서는 여성, 어린이, 노인이 가장 먼저 고통을 겪는다고 주장한다.[55] 1803년이 되자 이것은 다시는 가능하지 않게 되었다. 모논가힐라강의 오하이오와 워배시강의 토지들에서 이루어지는 삼림 사냥의 실제 조건은 줄어드는 사냥감, 인디언 및 백인 사냥꾼들의 심각한 경쟁 등이었다. 실제로, 1798년에 오하이오의 인디언들은 제국주의적 유럽과 진전된 정치적·경제적 관계를 맺고 있었다. 인디언들은 상당한 양의 상품 무역, 자본 집약적인 농업, 대규모의 약물 중독(알코올 중독), 잠재적인 인종 분리를 겪고 있었다. 맬서스의 [인구]법칙은 인구학적 가설이 아니라 절멸에 관한 허구적 서사 속의 하나의 일화다.

그 사냥꾼은 아내를 갖고 싶다는 열망을 표현했으며, 추장의 형은 그가 자신의 여동생과 결혼하고 싶다는 바람을 실현할 수 있도록 도왔다. 그들은 결혼했다. 그들은 잔치를 벌였다. "이렇게 여러 달이 지난 뒤" 그는 그녀를 데리고 "고독의 자리"로 돌아갔다. 그는 다시 사냥을 하면서 여러 날을 보냈다. 그녀는, 그가 저녁을 먹은 후 그 자신이 죽인 동물들의 혀와 골수를 들고 살금살금 걸어 나가는 것을 알아챘다. 며칠이 지나자 그녀는 걱정이 커졌고 그의 명령을 어기고 그가 동굴 같은 감옥으로 내려가는 것을 목격했던 곳으로 몰래 들어갔다. 그의 동생은 "움푹 파인 곳에서 그녀의 발소리를" 들었고 "지하에서 살며 반쯤 마비되었던 감각을 회복하고 신음 소리를 냈다." 그녀는 남동생을 알아보았다. "그녀는 그의 이야기를 들어주고, 그가 겪은 수난에 눈물을 흘렸다. 그녀는 남동생의 결핍을 채워주었다. 매력적인 그녀와의 대화를 통해 남동생은 새로운 존재로 거듭났다." 그녀는 남동생을 이끌고 햇빛 속으로 기어 올라왔다.

"지하[거주자]"는 산업혁명의 광부들에게는 생생한 현실이었으며, 러다이트들에 가해졌던 19세기의 첫 10년 동안의 억압적인 시기들에 관한 비유적 표현이었다. 우리는 그를 1802년 6월에 석방될 세인트조지[56]의 아일랜드 정치범이나 위클로산맥의 동굴에 살던 마이클 드와이어와 비교할 수 있다. 『에드거 헌틀리』의 대부분의 추격은 산악 동굴이나 굴의 지하에서 일어난다. 소설 시작 부분의 독자를 위한 주석에 따르면, 인디언의 적대 행위들과 서부의 황야라는 이러한 배경은 아메리카 문학의 특징임에 틀림없다.[57] 따라서 "지하"와 "황야"는 지질학적이거나 지리적인 현전과 정치적 상상력의 구성을 모두 가지고 있었다.

그녀의 인간애가 발동되었다. 그녀는 그의 덩어리진 머리카락을 흩어주고 이마에 묻은 끈적끈적한 응고물을 제거했다. 사실상 자코뱅이나 〈아일랜드인연합〉 소속 인물인 쫓겨난 남동생과 자신의 생계수단을 찾고 자신의 여성노동 공동체를 갈망하는 여성 사이에서 동맹이 결성된다.

남편은 그녀의 손에서 붉게 쓸린 상처를 보았다. 그녀는 절망에 빠져 있었으며, 남편이 긴 빨간 머리를 늘어뜨린 남동생의 잘린 머리를 들고 서 있을 때 정신이 돌아왔다. 그녀의 비명소리가 대기에 울려퍼졌다. 남편은 달빛 비추는 숲으로 도망쳐 마침내, 번개를 맞고 움푹 꺼진 오크나무 고목에 당도했다. 그곳에서 그는 빛나는 붉은 머리카락이 붙어 있는 그 머리를 힘껏 내던졌다. 그러자 그는 늑대 같은 비명을 내지르며 변신하기 시작했다. "홀로 원하고 있던 것들이 그의 본성에 보태졌으며, 늑대의 형상과 형체를 갖추게 되었다." 인간은 인간에게 늑대다 Homo homini lupus. 그녀는 음식의 원천을 상실했다. 그의 생산성은 여전히 살인과 억압에 의존한다. 맬서스는 "어떤 인간은 결핍의 고통을 겪을 수밖에 없다."라고 결론지었다. "모든 사람이 자연의 하사품을 공유할 수는 없다."

실제로 몬티첼로 농장이나 뉴욕의 상인 집 또는 필라델피아의 독립기념관에서 멀리 떨어진 변경에서는, 리처드 화이트의 말을 인용하자면, "살인이 점진적으로 지배적인 아메리칸 인디언 정책이 되었다." 탈리오 법칙lex talionis 58이 만연했다. 위스키는 가난한 사람들에게는 교환, 위안, 자본투자, 자신의 적들과 대적하기 위한 약물 등의 수단이었다. 볼네는 경멸과 혐오, 거리감을 갖고 그것을 관찰했다. 모라비아 교회59 선교사인 존 헤케웰더60는 다음과 같이 썼다. "인디언을 살해하는 것이 목적일 때 독주가 주요 필수 품목이다. 왜냐하면, 그들을 고주망태로 만들면, 우리가 원하는 대로 그들을 조종할 수 있으니까 말이다." 리스코니아는 이 주제를 다음과 같이 조롱했다. "살인은 수지 타산이 맞지 않는 거래였다. 하지만 다른 어떤 것보다도 가장 명예로운 것이었다." 요나 배링턴은 어떤 청년이 던졌던 처음 두 개의 질문을 떠올렸다. 그는 어떤 가정 출신인가? 그가 화를 낸 적이 한 번이라도 있는가?61 웨인 장군은 오하이오 군대에서 결투를 장려했다. 예를 들어 둘 다 아일랜드인이었던 젠틀맨 내과의사인 브래드쇼 중위와 직공인 휴스턴이 결투를 벌이다 모두 죽음을 맞이했다.62

한편, 거의 죽음 같은 절망 속에서 하루가 지나갔다. 먼 곳에서 소리가 들렸다. 그녀는 귀를 기울이고 깨어 일어나 그것이 남동생이 외치는 소리임을 알아차렸다. 그는 열매들이 어디에 있는지 알려주고 있었다. 그녀는 나무 위로 기어 올라가 꼬인 나무껍질로 만들어진 밧줄로 [남동생의] 머리를 앞으로 당겼다. 머리를 가슴에 안자 그것은 조언자가 되어 주었다. 그의 눈이 힐끗 보기만 해도 사슴이나 순록이 쓰러져 그녀는 생존수단을 제공받았다. "폭풍은 이제 지나가고, 갈라진 구름 사이로 더 나은 세상이 열리는 듯했다. 굶주림의 욕구가 충족되었고, 위험에 대한 두려움이 사라졌다." 그녀는 "마을의 왁자지껄한 쾌활한 소리, 친구들의 수다로 화기애애했던 들판의 노동"이 그리울 뿐이었다. 이것이 인클로저, 개간을 위한 삼림 벌채, 또는 정복 이전에 오대호, 아일랜드, 잉글랜드에서 행해졌던 공통장의 집단 노동이다. 시장의 부재, 전적으로 부수적이었던 사적 보유, 괭이와 뒤지개를 쓰는 공동 작업 등이 세네카 여성의 모습에 대한 묘사다.63

그 붉은 남자는 그녀의 관심을 돌리려고 시도했다. "그가 그녀에게 황야의 아름다움을 보여주었지만, 그녀는 장님이었다. 그가 그녀에게 자주 가는 마을의 위험에 관해 경고했지만, 바람에게 말을 거는 꼴이었다." 그는 그녀가 [죽음을 면할 수 없는] 모든 사람의 시선으로부터 그의 머리를 숨긴다는 조건으로 마음을 놓았다. 그래서 "그 다정한 머리를 가슴에 더욱 바투 꽉" 껴안은 채, "그리고 그것을 심장에 연결한 채로" 그녀는 마을로 나아갔다. 마을을 향한 그녀의 갈망은 이렇게 특정한 문화로의 복귀, 즉 페이 당 오 마을 공화국으로의 복귀로 귀결되었다.

찰스 브록덴 브라운은 『에드가 헌틀리』에서 이 주제를 다루었다. 그의 두 주인공인 아일랜드의 가난한 농부와 국경의 무단 거주자는 토지를 통제하는 여성과 상이한 관계에 놓여 있었기 때문이다. 클리테로는 더블린의 부재지주인 유피미아 로리머 부인의 후원을 받고 있었다. 그의 부모를 소작인으로 두고 있던 그녀는 그를 재정 관리인으로 승진시켰다. 대조적으로, 헌틀리의 부모는 델레웨어 인디언들, 즉 레나페족 사람들에게서 토지를 빼앗았는데, 인디언들은 그의 부모를 죽였지만 자신들의 땅을 되찾지는 못했다. 그의 삼촌은 그 부족의 마을을 무단 점유하고 그들을 오하이오로 몰아냈다. 물러서지 않은 것은 올드 뎁 즉 "퀸 마브"였다. 그녀는 옥수수 밭의 잡초를 뽑고 세 마리의 길들인 늑대와 동반자 관계를 형성하면서 자신의 주권을 유지했다. 소설의 결말 즈음에 두 가지 주제는 클리테로가 퀸 마브의 산 오두막에서 피난처를 찾음으로써 결합하며, 헌틀리는 현재 뉴욕에 거주하는 유피미아 로리머를 보호하려고 한다. 왜냐하면, 그녀의 나라는 "과거의 재앙에 대한 수많은 기념물들을 지니고 있었으며 시민의 분규로 빠르게 퇴보하고 있었기" 때문이다. 퀸 마브가 국민들로 하여금 공통장의 작은 구획을 회복하도록 하기 위해 지하 공격을 지시했다면, 로리머 부인은 아일랜드, 인도, 아메리카에서 부를 전유하는 자본과 관계를 맺었다.

마을에 온 그녀는 수많은 여성 모임에 참여해 도박을 했다. 브로치, 반지, "장신구와 목걸이" 등을 내기에 걸었다. 노름의 열망에 매료되어 [다음과 같은] 필연적인 결과가 뒤따랐다. 그녀의 망토가 열리고 [동생의] 머리가 그녀의 가슴에서 떨어져 언덕 아래 강으로 빠졌다. 그녀는 머리를 잡으려고 뒤따라가다 머리 모양이 희귀한 새로 변하는 것을 보았다. 새의 거무스름한 깃털이 붉은 장식의 술로 된 왕관으로 뒤덮이는 동안, 그녀는 검정 오리로 변모했다. 던의 설명에 따르면, 마이애미에서 홍관조[붉은 볏이 있는 새][64]는 재앙의 전조다. 한편 검정 오리는 너무 혐오스러워 깃털은 전쟁의 토템에 사용되지 않고 음식으로만, 그것도 "대기근의 시절"에만 먹는다.

"무엇이 사람을 구성하는가? 어떤 능력으로 그는 종족 안에서 높은 지위를 차지하는가?" 이 소멸된 부족들은 누구인가? 그리고 어떤 부류의 피조물이 그들을 대신할 후손인가? 이것들은 던이 던지는 질문들이다. 볼네의 결론은 다음과 같다. "이 사람들은 실제로 야생 동물과 야생 새의 상태에 있다." 그것은 절단에 관한 이야기이자, 유기적인 종간interspecies 번식에 관한 이야기다. 금렵 지역의 감소, 상당한 양의 옥수수 생산 및 유럽 무역품목에 대한 전략적 의존 등의 맥락에서, 이 이야기를 사냥꾼과 채집인 사회에 속한 이야기라고 속여 전달하는 것은 설득력이 없다. 물론 토착민주의적nativist 부흥(1760년대의 네올린[65], 1802년 핸섬 레이크[66], 1809년 텐스콰타와)이 모피 교역에 저항했지만 말이다.

도박은 타락의 동인이다. 상품교환과 운fortune에 대한 호소는 그녀가 갈망했던 공동체를 전복시켰다. 그러나 이 이야기에 등장하는 마법은 변형과 연속성의 마법이다. 자코뱅의 붉은 모자와 남동생을 따뜻하게 보살펴 준 누이는 돈이 없어도, 목이 잘렸음에도 살아남는다. 반란의 가능성은 여전히 남아 있으며, 기근에서도 생존이 가능하다. 리틀 터틀과 민중들은 기근과 패배를 알고 있었고(1794년 폴른팀버스 전투[67]), 던의 이야기를 경청하는 사람들은 아일랜드의 1800~1801년의 기근과 에드워트 피츠제럴드 경의 암살, 그리고 1798년 웰스퍼드[68] 공화국의 패배를 기억했다. 우리는 패배한 사람들 사이에서 이야기를 경청해 왔다.

누구의 이야기인가?

이것은 누구의 이야기인가? 마이애미의 추장인 리틀 터틀은 아마Armagh의 법학자인 존 던에게 말했고, 윌리엄 웰스[69]가 그들 사이에서 통역을 했다. 웰스가

1784년 13세의 소년이었을 때 마이애미 인디언들에게 체포되고, 인디언들이 그를 키우고 그의 빨간 머리카락 때문에 그에게 "야생 당근"을 의미하는 아페코닛Ape-conit이라는 이름을 붙여주었다는 것을 알게 되었을 때, 우리는 여기에서 던이 더블린에서 하고 있는 이 이야기가 아닌 또 다른 이야기가 있다는 것을 인식한다. 더욱이 우리가 윌리엄 웰스 역시 추장의 딸인 마낭고패스, 즉 그 자신이 이야기꾼이었던 리틀 터틀의 딸 스윗브리즈[산들바람]와 결혼했다는 것을 알게 되면, 홍관조와 검정 오리의 이야기 또한 국경에서 온 다민족 가정에 관한 복잡한 이야기임이 확실해진다.[70] 이렇게 존 던은 친밀한 가족 모임에 참석했다. 그것은 또한 정치적 가족이었다. 1791년 10월 리틀 터틀은 하마르 장군을 두 번 물리쳤고, 뒤이은 1791년 11월 수천 개의 종이 울리는 것과 같은 함성이 들끓던 전쟁으로 인해 노스웨스트테리토리[71]의 사령관인 아서 세인트 클레어 장군과 미국 연방정부의 군대는 리틀 터틀과 그를 따르는 용감한 인디언 전사들에게 무릎을 꿇었다. 전장의 사상자들은 입에 흙을 문 채로 발견되었다. 이렇게라도 해서, 리틀 터틀의 전사들은 토지를 목말라 하는 롱나이브즈 사람들의 욕구를 [입에 흙을 채워줌으로써] 만족시키려 했다.

만족은 오래가지 못했다. 1794년 오하이오의 인디언들은 폴른팀버스(오하이오주 털리도) 전투에서 "매드" 앤서니 웨인[72]에 의해 결정적으로 패배했으며, 이제 아메리카인들을 위해 일하는 웰스는 1795년 그린빌 조약에 8명의 통역단을 이끌고 참여했는데, 이 조약에는 가장 비옥한 오하이오주가 될(1803) 토지를 가로채는 내용이 담겨 있다. 한편으로 그는 "동 인디언들은 이에 따라 영원히 양도하고 포기한다."와 같은 추상적인 반복들, 또는 "미국 시민이나 그 밖의 다른 백인(들)"과 같은 인종적 범주들을 이해시킬 수 있어야 했으며, 다른 한편으로는 "무기를 거두어들이는 것" 또는 "죽임을 당한 전사들의 뼈를 모아 깊은 구덩이에 묻는 것"에 법적 추상과 다의성을 제공해야 했다.[73]

리틀 터틀은 1802년 1월 제퍼슨 대통령에게 연설을 했고, 이를 웰스가 번역했다. 제퍼슨은 공화당의 지도부였음에도 불구하고, 친근한 인간적 만남의 모델로 가부장제 가족을 선호했다. 가부장제 가족 속에서는 그는 다른 견해들의 반대를 받지 않고 통치할 수 있었다. 그래서 연설의 26개 단락 중 24개가 "아버지"라는 직접적인 인사말로 시작하고, 하나는 "나의 아버지"로 시작하며, 또 하나는 "나의 아버지와 형제들"로 시작한다.

토지 양도에 필수 윤활유인, 이 지역에 투입된 럼주의 양은 1800년과 1803년 사이에 두 배가 되었다.[74] "아버지, 우리의 백인 형제가 이 땅에 왔을 때, 우리의 조상은 수도 많았고 행복했지만, 백인과의 교류 이후, 이 치명적인 독이 들어오면서 우리는 수도 줄어들게 되었고 덜 행복해졌습니다." "아버지, 이 독약을 우리 천막으로 반입하는 것은 금지되었지만, 마을에서 금지되지는 않았습니다. 마을에서는 다수의 우리 사냥꾼들이 이 독을 위해 모피 따위뿐만 아니라 종종 총과 담요를 처분하고 가족에게는 빈손으로 돌아갑니다."[75]

리틀 터틀은 1811년 웰스의 집에서 사망했는데, 과수원에서 죽고 싶으니 바깥으로 꼭 데리고 나가달라고 요구했다. 웰스는 스스로 얼굴을 검게 칠했는데, 이는 죽음을 맞닥뜨렸을 때의 마이애미의 관습에 따른 것이었다. 웰스는 1812년에 죽임을 당했다. 조카가 지켜보는 가운데, 한 전사가 그의 머리를 자르고 다른 전사는 심장을 도려내 그 용기의 기관을 먹었다. "정신, 즉 어떤 동물의 진정한 생명은 그 짐승의 심장과 피에 존재한다."[76] 웰스는 조정자이자 훌륭한 통역가였다. 그는 예전에 워배시어[*]로 자신이 상처를 입힌 큰 곰에게 말했다. 모라비아 교회 선교사인 존 헤케웰더는 그에게 뭐라고 말했는지 물었다. "나는 곰에게 말했습니다. 전쟁의 운명을 알고 있지 않느냐고, 우리들 중 누구 한 명은 쓰러져야 한다고, 정복당하는 것이 그의 운명이라고, 그리고 남자처럼, 영웅처럼 죽어야지 늙은 여자처럼 죽어서는 안 된다고, 상황이 역전되어 내가 적의 권력에 굴복했다면, 그가 했던 것처럼 내 나라의 명예를 더럽히지 않고, 강경하고 용감하게 죽었을 것이라고 말했습니다. 그래야 진정한 전사가 된다고 말입니다."

1802년에 그는 조약 연금[77]을 발행하고 인디언들 사이에서 "문명"을 홍보하기 위해 임명되었다. 그는 포트웨인에 있는 인디언 무역회사의 대리업자인 아일랜드인 존 존스턴과 권한을 나눠 가져야 했다. 1775년 퍼매너의 발리쉐논 카운티 근처에서 태어난 그는 1786년 미국에 와서 앨러게니산맥으로 이주하였고, 소와 짐

말을 미국인에게 보내는 공급자가 되었다.[78] 1801년 퀘이커교도가 마이애미에서 일하기 시작하자 존스턴은 퀘이커교도 여성과 결혼했다. 그리스도 우인회가 그들에게 쟁기를 제공했으며, 코르크 출신의 나이 많은 여성 친구로부터 100파운드의 선물을 받았다. 1802년 존스턴은 포트웨인에서 모피 무역의 첫 번째 기록을 담고 있는 책을 펼쳤다(13,320달러 = 사슴, 너구리, 곰, 수달, 비버, 밍크, 사향쥐). 그는 오지브와족[79] 여자와 두 번째 결혼을 했다. 그들의 딸 제인은 알곤킨의 설화를 대규모로 수집한 헨리 스쿨크래프트[80]와 결혼했다. 그는 복음주의로 개종한 후 인디언의 미신과 나태에 대한 극단적인 비평가가 되었다. 스쿨크래프트는 인디언의 제거를 옹호했고, [수집한] 설화들은 선반 위에서 먼지를 뒤집어썼으며, 결혼 생활은 붕괴되었다.

웰스, 리틀 터틀 그리고 던은 서로를 이해했다. 에드워드 피츠제럴드 경이 조지프 브랜트로부터 "숟가락이 하나인 접시" — 가톨릭과 개신교의 통일된 아일랜드 — 에 관해 배운 것처럼, 약 10년 후에 존 던은 충격적인 파국의 시기에 일어나는 생존과 변형에 관한 어떤 것을 더블린으로 가지고 돌아왔다. 그의 글쓰기 문체는 세련되고, 고도의 의식적인 단정함을 추구한다. 추상화의 양식은 미개인들은 사용할 수 없을 것으로 생각되는 보편적 특성의 양식이었다. "불변화사들"(접속사, 전치사, 연결 부사)의 문체는 실사들의 관계를 표현하는 문체였으며, 다시 유럽인의 우월한 정신을 특징짓는 것으로 여겨졌다. 원시 언어는 추상적이지 않고 구체적이었으며, 이성적이지 않고 감정적이었으며, 체계적이기보다는 은유적이었다.[81] 이것은 번역 행위 그 이상이다. 그것은 정치적 함의를 지닌 신중한 문화적 결정이다. 그는 글래스고 대학의 동급생인 윌리엄 드레넌이 쓴 것과 같은 진정한 국가에 관한 산문을 쓴다. 던은 그의 청중이 그 이야기에 관심을 가져주길 원한다. 던에게 그러한 이야기들은 첫째, 인디언들이 유럽 철학자들의 견해와는 달리 지성의 발달[수준]이 높다는 것을 증명한다. 둘째, 서사적 허구와 윤색에 탁월한 사람들은 유럽의 음유시인들에 비견되는 인물을 가지고 있다. 마지막으로, 주제, 양식, 이미지 및 교훈은 그것들이 "토양의 자생적인 생산물들임"을 증명한다.

제퍼슨과 볼네의 단계론은 극복되지 않았다. 비록 단계론이 19세기의 인종주의적인 결정 요소들과 20세기의 합리성 구조들로 세련되게 포장되었지만 말이다. 요하네스 파비안[82]은 17세기와 18세기의 유럽 여행자들이 "더 멀리"와 "오래전에" 사이에 등가성이 존재한다고 가정했음을 보여주었다. 가장 어두운 아프리카, 가장 깊은 아마조나스, 두려운 미시시피, 절망적인 태평양 섬 주민들은 지리적 지역들이자 시간의 단계론적 일화들이었다. 반면 파비안은 '공유된 현재'와 함께 '근거리의 동시대적인 시간'이라는 개념을 제시했다.[83] 조지 카펜치스가 쓴 것처럼 "지적인 전달이 단순히 중심에서 주변으로 확산되는 문제가 아니라는 것을 인정함으로써만 단계[론적] 은유가 극복될 수 있다."[84] 지혜가 입소문으로 전달된다고, 그리고 새로운 전달자들이 오래된 어리석음을 넘겨준다고 말한 사람은 브레히트였다. 활발한 논쟁과 활기찬 토론이 벌어졌다. 현실이 의문시되었다. 여러 담론에 대한 자기만족적 수용은 그러한 갈등에 대한, 엘리트주의적 회피까지는 아니라 하더라도, 현학적인 회피다.

볼네와 제퍼슨의 관점에서 볼 때, 홍관조와 검정 오리에 관해 진화론적이고 학술적인 해석을 할 수도 있겠지만, 그것이 그들에게 대화의 소재가 되지는 못할 것이다. 인디언들은 폴른팀버스에서 패배했고, 그들의 땅은 그린빌 조약에서 강탈당했다. 그들의 이야기는 이제 근거가 없어졌다. [그러나] 아일랜드 관객에게, 정치적 독립의 상실, 광범위한 기근, 빈발하는 전염병, 정신의 억압이라는 시련기 속에서, 그 이야기는 완전히 다른 의미를 지녔다. 제임스 코널리는 다음과 같이 썼다. "역사에 공감하는 학생은… 나중에 경험이라는 슬픈 학교에서 밝혀지게 될 교훈을 민중들이 정치적 직관으로써 예견할 수 있다는 가능성을 믿는다."[85] 코널리가 말하는 공감이나 직관의 의미를 루크 기번즈는 다음과 같이 찾고 있다. "이 농업 개혁자들은 아일랜드 농업의 협력적인 잠재력에 마음을 빼앗겼다. 그들은 켈트 코뮤니즘의 형태인 정복-이전의 게일 공동체의 실존을 고려하면서 그들의 협력적 이상을 위한 선주민의 혈통을 수립했다."[86] 동시대에 일어난 일은 아니지만, 다른 지질학적 시간에서 같은 일이 발생한다.[87]

우리가 단계론의 진화론적 도식을 포기한다면, 엥겔스가 우려했던 것처럼 역사는 "무의미한 폭력 행위와 같은 야생의 소용돌이"로 되돌아갈 것인가? 산업 프롤레타리아는 도시 공장 내부의 기계에 달라붙어 아직 미성숙한 상태에 있었지만, 반란을 일으킨 노예들, 후퇴한 선주민들, 저항하는 공통인들과 동맹을 맺었다. 이들을 추가하는 것은 변증법을 확실히 바꾸어 놓는다. 동물 우화 같은 오래된 문화적 형태들은 마술적인 정치적 사실주의를 획득했다. 자신의 토대인 그 자신의 '홍관조와 검정 오리' 표현이 "영원히 양도되고 포기되고" 있다면 문화적 민족주의는 쉽사리 표현될 수 없을 것이다. 맑스는 노예무역과 노동시장의 등가성을, 아일랜드와 켄터키의 등가성을 설명하기 위해 호라티우스를 인용했다. "이름은 다르지만 이것은 네[임금노동자]를 두고 하는 말이다." Mutato nomine de te Fabula narratur 88 던은 우리가 그 알레고리가 생존의 암호라는 것을 이해하는 데 도움을 준다. 그것은 역사적으로 레스 푸블리카res publica 사이에서 공유되는 (실사들의 단어로 묘사되는) 유물론적 세계 – 팽이들, 접시들, 숟가락들, 오리들, 또는 새들 – 에 대한 호소로 이해될 수 있다.

뉴욕 티볼리에서

2001년 4월

14장

공통장, 성, 마녀 그리고 스라소니

어느 날 우리는 크로토프Crottorf에서 점심시간에 단맛을 즐기기 위해 군침 돋는 딸기와 요구르트를 먹고 있다.

크로토프는 독일 베스트팔렌에 있는 성schloss의 이름이다. 전 세계에서 21명이 모여 공통장에 관해 논의하고 있다. 우리는 인도, 호주, 태국, 남아프리카, 브라질, 이탈리아, 독일, 오스트리아, 프랑스, 영국, 그리스, 캘리포니아 그리고 오대호에서 왔다. 계절은 한여름이다. 녹색 초원과 시원한 숲으로 둘러싸인 이 성은 독일 동화에 나오는 낙원 같아 보인다. 실제로 이탈리아 미장이가 1661년에 복도 천장에 다음과 같은 단어들을 새겨 넣었다.

천국의 조각이 하늘에서
땅으로 떨어지도다

사흘 동안 21명의 우리는 원을 그리며 앉아, 지상의 천국이 아닌 공통장에 관해 토론한다. 어떻게 보면, "공통장"이라는 용어는 인류의 사회적 생산물 전체, 전 세계 나라들, 지구 전체, 공기, 물, 불, 생물권biosphere, 전자기 스펙트럼, 그리고 우주 공간을 아우른다. 열정적으로 말하고, 단어들을 신중하게 고르고, 때로는 부적절한 표현에 좌절감을 느껴 말을 더듬으며, 우리는 부정할 수 없는 절망의 상황에서 우리 자신에게 최대의 희망을 요구한다. 대기 및 기후 변화, 지구와 원예, 슬라임[1]의 증가, 인터넷과 소프트웨어, 부자와 가난한 사람들, 인클로저와 압류foreclosure, 요하네스버그의 판자촌 거주자들, 뱅갈로르[2]의 사라진 보행자들, 브라질의 노동자들, 프랑켄슈타인[유전자 변형] 식품들과 유전자 조작 괴물들, 상품 형태의 총체화, 전유의 착취로의 변형, 생태학적 위기와 자본주의적 위기의 수렴, 공통장에 대한 신자유주의적 공격, 우림지역에서부터 촌락에 이르는 신자유주의적 범죄. 이것들은 이번 크로토프 회의의 화제, 주제, 논지의 일부다.

나는 [이것들을] 요약하지도 않을 것이며, 또 그럴 수도 없다. 하지만 구글 검색자들[네티즌들]은 다양한 웹사이트 — 데이비드 볼리어와 맛시모 데 안젤리스가 운영하는 웹사이트들[3] — 에서 요약본을 찾을 수도 있을 것이다. 내가 기억하는 것은 계속되는 지적인 강렬함 사이에 있었던 청량한 막간들이었다. 그것들은 다른 위상register에 있었으며, 심지어 꿈의 시간이었다. 딸기들, 연회장에서 노래하기, 숲속 거닐기.

우리는 숲속으로 걸어가기 시작한다. 우리를 이끄는 유명한 삼림학 전문가 헤르만 해츠펠트는 빽빽한 덤불에서 하늘을 향해 삐죽삐죽 솟아 있는 키 큰 너도밤나무들 사이에서 멈춘다. 그러면 우리는 나무 그늘 아래에 둘러앉아 그가 해주는 전쟁, 황야와 경작, 그리고 버섯을 채집하는 눈에 잘 띄지 않는 고양이와 쥐 이야기를 듣는다. 삼림의 생명은 독일 임업의 유서 깊고 감탄할 만한 전통에서 벗어나는 놀랍고 야생적인 방식으로 변화하고 있었다. 그는 스라소니가 돌아올지도 모른다는 보고도 있다고 말한다. (그리고 그렇게 될 것이다. 그러나 내가 결코 상상할 수 있었던 방식으로는 아닐 것이다.)

우리는 2마일도 채 안 되는 곳으로 '점심 식사 이후 관광'을 하기 위해 해자 위의 도개교와 네 개의 탑이 있는 성 사이의 통로에 모인다. 우리 모두가 모이는 데는 몇 분이 걸리기 때문에, 나는 210년 전인 1799년 뉴욕 서부의 딸기 축제에서 행해진 핸섬 레이크의 예언豫言에 관한 보고서를 큰 소리로 읽을 수 있는 기회를 얻는다. 나는 한여름의 이 열매들이 기억의 보석처럼 작동할 수 있다고 생각한다.

핸섬 레이크는 콘플랜터의 형제였으며 둘 다 〈이로쿼이연맹〉의 6개 부족들 중 하나인 세네카 인디언, 즉 하우데노사우니였다. 그는 주정뱅이, 즉 백인의 체계적인 알코올 독살로 인해 중독된 희생자였다. 그는 1799년 4월에 거의 죽을 뻔했다. 그때 그는 첫 번째 예언을 얻었다. 깨끗한 옷을 입고 뺨을 붉은색으로 칠한 세 명의 사자使者들이 한 손에는 활과 화살을 들고 다른 손에는 월귤나무 덤불과 여러 종류의 열매들을 들고 나타났다. 그들은 [이 열매들의] 과즙이 알코올 중독의 금단 증상을 치료하는 약을 제공할 것이라고, 그리고 그가 딸기 축제를 거행해야 한다고 말했다. 그런 뒤에 붉은색 뺨을 한 사자들이 다음과 같이 말을 이었다.

"그들은 감옥을 보았고, 그 안에서 수갑과 채찍과 교수형 집행인의 밧줄도 보았다. 이것은 백인의 법이 가이위오Gaiwiio[훌륭한 말씀]의 가르침보다 낫다는 일부 사람들의 잘못된 믿음을 나타낸다. 그들은 첨탑과 통로가 이어져 있는 교회를 보았지만("집은 뜨거웠다."), 문이나 창문은 없었다. 그리고 비탄과 통곡의 큰 소리를 들었다. 이것은 인디언들이 기독교의 구속 계율을 받아들이기 어렵다는 것을 보여주었다."[4] 감옥, 화강암 교회, 공장들을 포함한 자본주의의 징벌 체제 ─ 프랑스 철학자인 미셸 푸코는 이 시대를 "거대한 감금"이라고 불렀다 ─ 는 거부되었다. 분명히 이러한 거부는 핸섬 레이크의 예언 경력의 중요한 부분이다.

해자 사이에 있는 다리 위에서 나는, 무얼 빼 먹고 있는지도 잘 모르면서, 핸섬 레이크의 이야기에서 이후 3년을 건너뛰었다. 그렇게 한 이유는, 핸섬 레이크가 "아이들이 읽고 쓰는 법을 배우게 해서는 안 된다고, 농사를 조금 짓고 집을 지을 수 있을 것이라고, 땅에서 자란 것은 어떤 것도 팔아서는 안 되고 그것을 서로에게, 특히 노인들에게 주어야 한다고, 간단히 말해, 모든 것을 공통으로 소유해야 한다."[5]라고 이로쿼이족에게 조언했던 1801년에 가 닿고 싶었기 때문이다. 퀘이커교도인 존 피어스가 연설을 번역했는데, [이 번역문이] 친숙한 느낌을 주는 이유는 그것 때문이다.

"모든 것을 공통으로." 이 구절은 다음과 같은 것들에 일격을 가해야 한다. 아메리카에서의 강제 퇴거, 남아프리카의 판잣집 파괴, 페루의 삼림 벌목, 이라크의 하천 고갈시키기와 자원 사유화하기, 아프리카 마을 말살하기 등등. 신자유주의적 사유화의 세계에서 이 문구는 만병통치약까지는 아니더라도 단연 하나의 슬로건이 된다. 하지만 1799년에는? 명목론적인 관점에서 1790년대 후반의 사태를 보면, 이 구절은 영어 성경의 초기 번역(위클리프[6]의 1930년대 판본)에서 나온 것처럼 과거를 바라본다. 대서양 혁명(프랑스, 아이티)의 한가운데에서, 이 구절은 또한 '각자는 그들의 능력에 따라'에서 '각자는 그들의 필요에 따라'에 이르는 공정한 조건에 관한 영원한 진술과 함께하는 노동자 운동 속에서 미래 그리고 진정한 코뮤니즘을 바라본다.

이로쿼이족은 오랫동안 유럽의 사유화에 관해 공통화의 거울을 치켜들어 왔다. 핸섬 레이크가 나타나기 100년 전, 1680년대에 이로쿼이를 여행한 라혼탄 남작은 다음과 같이 쓰고 있다. "인근의 유럽 국가들에 의해 타락되지 않은 나라들은 내 것과Meum 네 것Tuum의 기준들, 그리고 모든 법관들, 판사들, 성직자들에게는 생소한 것이다." 그것이야말로 최고의 무정부주의다. 그는 다음과 같이 가볍게 덧붙인다. "재화라는 재산이 유럽 사회를 혼란스럽게 하는 모든 무질서의 유일한 근원이라는 것을 알지 못하는 사람은 진정 눈이 먼 사람임에 틀림없다."

나는 개인적이고 정치적인 이유로 하우데노사우니를 마음에 두고 있다. 개인적인 이유는 이렇다. 뉴욕 서부에 있는 카타라우구스의 애팔래치아 공장-마을mill-village은 내 조상의 고향이며, 부모님은 세네카 땅에 묻혀 있다. 그들과 관련하여 나는 세네카의 공통장을 크로토프로 가져오는 것에 일종의 역사적 자부심을 느꼈다. 그리고 정치적인 이유는, 루이스 헨리 모건의 작업에 많이 기대고 있는 『민족학적 노트』와 더불어 후기 맑스가 포스트맑스의 세계에서 정당한 지위를 얻기 시작했다는 것이다. 1840년대에 수행되었던 이로쿼이족에 관한 연구에 기초를 두고 있는 모건의 『고대사회』는 맑스가 청년 시절의 코뮤니즘적 주제들로 돌아가도록 도와주었다. 청년 시절, 그리고 1840년대에도 역시, 맑스는 철학을 물구나무 세웠다. 그에게 철학은 행동을 의미했다.

말년에 맑스는 아랍인, 알제리인, 이로쿼이의 씨족, 러시아의 미르[7]를 연구했다. 맑스는 "코뮌이 러시아의 사회 재생을 위한 지렛대"임을 확신하게 되었다. 맑스는 『공산당 선언』의 두 번째 러시아판 서문에서 러시아의 "농민 공동체 토지 소유가 코뮤니즘 발전의 출발점이 될 수 있다."라고 추측했다. 자술리치[8]에게 보낸 유명한 편지 중 하나에서 그는 "(러시아의) 농촌 코뮌은 어떤 위기 상황에서 (서구의 자본주의를) 발견한다. 근대 사회가 '고풍스러운' 유형의 공유 재산으로 귀환하는 것을 통해 사회체제를 제거할 때에만 이 위기가 종식될 것이다."라고 쓰고 있다. 이어서 그는 "새로운 체제는 고풍스러운 사회 유형의, 우수한 형태로의, 부활이 될 것"이라고 모건을 인용한다. 맑스는 원시사회의 웅장함, 복잡성 그리고 기본적 우월성에 깊은 인상을 받았다. 독립심과 개인적 존엄성은 프랭클린 로즈몬트가 분명히 한 것처럼 모건을, 이어서 맑스를 감동시킨 자질이다.

우리가 변증법적 추론을 테제(공통장)에서 안티테제(사유화)를 거쳐 진테제(혁명)에 이르는 역사적 운동으로 이해하든, 이론(코뮤니즘)과 실천(공통화)의 호혜적 상호작용으로 이해하든 맑스는 두 경우 모두의 실천가였다. 트리어[9]의 공유지에서 열매를 모은 소년, 농민의 에스토버스, 즉 모젤 계곡 삼림 지대의 연료[장작]에 대한 관례적인 접근[권]을 옹호했던 열렬한 젊은 저널리스트[맑스]는 프롤레타리아 혁명의 위대한 이론가이자 실천적인 지식을 지닌 평범한 공통인이었다. 맑스의 아내 제니는 자녀의 죽음, 빈곤, 명예훼손, 불만, 모든 유럽 당국의 끊임없는 억압, 망명 등을 겪으며 그의 몸과 영혼을 유지해 주었다. 크로토프는 독일 베스트팔렌과 같은 지역에 있다. 그녀의 이름인 제니 폰 베스트팔렌에서 알 수 있듯이 그녀도 이곳 출신이었다.

그래서 그날 저녁 제니의 조상들이 살던 시골에서 나는 다른 한 명과 함께 자전거를 타고 황혼 속으로 들어갔다. 멋진 풍경이다. 완만한 언덕을 가로지르는 황량한 길, 조용한 오두막집의 고독, 작은 무리를 이룬 양들, 불현듯 끽끽 시끄러운 브레이크 소리를 내며 지나가는 자전거가 던지는 빛 속에서 평화롭게 풀을 뜯는 암말. 우리는 언덕을 올라가 한때 지하감옥으로 사용되었던 탑으로 간다. 실제로, 여기에서 예전에 마녀들이 심문을 받은 적이 있었다. 우리는 코뮤니즘과 공통장을 숙고하며 한여름 황혼 속에서 자전거를 타고 성으로 돌아온다.

다음 날에 우리는 또 다른 산책을 하러 간다. 유럽의 주술을 연구하는 학자인 실비아 페데리치는 몇 세기 전에 근처의 언덕에서 세 명의 마녀가 목숨을 잃었다는 것을 알게 되었다. 헤르만 해츠펠트는 친절하게도 우리를 그 범죄현장으로 데려다주겠다고 제안한다. 길은 길고 태양은 높다. 산뜻한 들판과 숲 그리고 베스트팔렌의 풍경 속에 자리 잡은 마을이 내려다보이는 언덕 아래 붉은 예배당이 서 있다.(제니 폰 베스트팔렌의 어머니 측 스코틀랜드 조상들은 화형에 처해지는 폭력적인 죽음을 겪었다.) 삼백 년 전에 보리수나무에서 마녀로 처형당한 한 가련한 여인을 추모하기 위해 붉은 예배당이 세워졌다. 붉은 예배당은 잠겨 있지만, 우리는 작은 창문을 통해 [이곳에] 짚으로 엮은 의자 두 개 ─ 하나는 앉아 있기 위한 것, 또 하나는 무릎을 꿇기 위한 것 ─ 가 놓여 있고 경건과 기억이라는 이 단순한 장소의 내부를 장식하는 꽃들을 놓을 수 있는 충분한 공간도 있음을 알 수 있다.

이 늦은 날에도 진실을 말해야 한다. 그 보리수나무 아래 서 있으니, 핸섬 레이크의 예언이 그리 빛나 보이지 않았다. 그가 살인에 연루되었는가?

1799년 2월에 콘플랜터의 딸이 죽었다. 주술에 의한 죽음이라고 생각한 그는 세 명의 아들에게 마녀로 의심되는 노파를 죽이라고 명령했다. 1799년 6월 13일, 그들은 그녀가 들판에서 일하는 것을 발견했고, 공동체가 모두 보는 앞에서 그녀를 찔러 죽이고 매장을 했다. 우리는 핸섬 레이크가 이 살인사건에 참여했는지 확실히 알지는 못하지만, 정황상 증거는 좋아 보이지 않는다. 그것은 확실히 핸섬 레이크의 세네카 판본의 "공통장"에 관해 무조건적으로 칭찬하기 전에 우리가 잠시 멈추도록 해 준다. 전설에는 1799년과 1801년 사이에 일어난 여러 가지 다른 마녀 살인에 관한 이야기가 열거되어 있다.[10] 핸섬 레이크는 자신이 이야기하는 중에 카타라우구스의 모녀가 주술을 사용하여 한 남자가 엉덩이를 내보이며 큰 소리로 방귀를 뀌게 했다고 죄를 뒤집어씌웠다. 이 모녀는 나무에 묶여 매 20대를 맞았다. 만 교수의 말에 따르면, 핸섬 레이크에 반대하는 여성 정신노동자와 여성 족장들은 "당시 유행하던 모욕적 표현"인 마녀로 다시 정의되었다.

18세기 이로쿼이족의 주술의 의미에 관한 논쟁을 제쳐둔다면, 『캘리번과 마녀』에서의 실비아 페데리치의 작업을 익히 알고 있는 사람들은 자본주의 전환의 한 측면으로 이 주제에 접근할 것이다. 이것은 재생산의 수탈과 토지에 대한 수탈을 의미한다. 이러한 힘들이 낳은 결과는 여성들의 권력 박탈과 프롤레타리아의 창출이다.

이로쿼이족은 처가거주제, 모계제, 여가장제에 속해 있었다. 1791년 라피토[11]의 보고서에 따르면, 여성 족장들은 남성들에게 "우리 여성들이 말하는 것을 경청해야 한다. 왜냐하면, 우리 여성들이 이 땅의 주인이며 이 땅은 우리 것이기 때문이다."라고 경고했다. 월리스는 다음과 같이 쓰고 있다. "마을의 경제는 그것을 집단적으로 소유한 여성들에게 의존했다."[12] 그는 다음과 같이 요약한다. "그 예언자는 세네카의 경제 체제를 남성-사냥-및-여성-원예 유형에서 남성-농장-및-여성-가사 유형으로 변형시킬 것을 강력히 권장했다."[13]

핸섬 레이크의 첫 번째 예언에 나타나는 네 가지 핵심 단어 — 위스키, 주술, 사랑의 묘약, 낙태 — 는 이로쿼이의 인구학적 절망을 반영한다. 재생산, 사회, 아동, 남성 및 여성, 문화, 토지 등의 위기가 그것이다. 알프레드 케이브[14]는 핸섬 레이크의 예언 속 "여성들이 종종, 특히 공격적인 죄인들로 묘사되었다."[15]라고 쓰고 있다. 핸섬 레이크가 보기에 여성들은 "이로쿼이에 만연하는 도덕적 부패에 상당 부분 책임이 있다."

인구 통계학적 조건은 미국혁명의 전쟁들 이후에 급속히 악화되었다. 그것을 대량학살이라고 부르건 인구감소라고 부르건 말이다. 전자는 정복자들의 인간 절멸 기능을 뜻하고, 후자는 자연스러운, 맬서스적인 사회변화 메커니즘을 암시한다. 1799년 설리번, 브로드헤드, 반 셰이크에 의한 급습으로 전면전이 시작되어, 주택이 불타고, 사과와 배 과수원이 파괴되고, 옥수수·호박·콩이 태워지고, 건초 밭이 소각되는 등 인디언 정착지가 파괴되었다. 조지 워싱턴은 "마을 파괴자"라고 불렸다. 오늘날까지 제니스강[16]과 엘레게니강[17] 사이의 뉴욕 지역은 '불타오르는 지역'으로 알려져 있다. 뒤이어 홍역과 천연두 전염병이 창궐했다. 전쟁, [시체] 유기, 질병 및 기아로 인해 6부족 연합[18]의 인구가 절반으로 줄었다. 신뢰의 상실은 정부 정책에 의해 의도적으로 이루어졌다. 알코올 중독, 가정 폭력, 마녀사냥은 병리학적인 결과였다. 황야에 사는 이 빈민가 주민들에게는 강탈에 대한 두려움이 엄습했다. "이제 개들이 배고프다고 집 안에서 캥캥거리며 울부짖고 있다." 사회적 재난은 토지 시장의 도입을 위한 조건을 제공했다. 땅은 상품이 되었다. 어떻게 이런 일이 일어났는지 아래를 보자.

로버트 모리스[19]는 이로쿼이 지역의 400만 에이커를 "소유"했다. 모리스는 리버풀 이민자로서 노예와 사설 기업 덕분에 "미국혁명의 재무관", 달러 기호를 사용한 최초의 사람, 미국 건국의 아버지가 되었다. 그리고 그는 뉴욕 제네시오의 빅 트리 조약[20]에서 잉글랜드 투자자에게 그리고 네덜란드 토지회사에 부동산 증서를 팔았을 때, 그의 아들이 이로쿼이족과 협상하는 동안 자신은 "비만"을 이유로 직접 참석하지 않은 것에 사과할 정도로 비대한 자본가가 되었다. 폭식은 외교 기술의 기본이었고 이로쿼이족은 구제할 길 없는 만취의 인사불성 상태에 빠졌다.

이로쿼이의 여성 족장들은 레드 재킷을 대변인으로 임명했다. 1년 후 그는 조약에 반대하며 다음과 같이 말했다. "우리는 이 나라의 돛단배(문자 그대로 ─ 필자)에 타고 있는 여성과 아이들에게 상처를 입혔습니다." "우리는 이제 냉정하게 말합니다. 우리 여성들이 우리가 일하는 [땅의] 진정한 주인이며 [땅은] 우리 것입니다."[21] 공통장의 증거가 그의 연설에서 발견된다. 레드 재킷은 애덤스 행정부의 임기가 끝나가는 1801년 2월 워싱턴시를 방문했다. 그는 미국 병사들의 희생물(그들이 죽인 말 세 마리)을 위한 정의를 추구하려 했다. 이 말들은 "공유지였음에도 불구하고 그곳에서 살해당했다."[22] 1802년 나이아가라강을 따라 펼쳐진 땅을 팔고 있던 레드 재킷은 야영을 위한 물가, 불을 피울 나무, 물고기를 낚을 강, 또한 교량과 큰길 통행료의 무료 이용[권]은 남겨두었다. 1801년 6월 레드 재킷은 주술 혐의로 핸섬 레이크에 의해 기소되었다.

퀘이커교도들은 성경과 쟁기, 그리고 원시 공산주의에서 전면적인 자본주의로의 기초와 상부구조를, 이를테면 혁명적으로 만들기 위해 준비한, 선한 의도를 가지고 이로쿼이 땅으로 갔다. 1797년 존 채프먼[23]은 사과씨앗을 서부 펜실베이니아와 오하이오로 가지고 들어갔고, 그리하여 정착민들은 환금 작물, 독한 사과술을 생산할 수 있었다. 이것들의 정치적·사회적 기능은 아프가니스탄의 양귀비, 또는 안데스산맥의 카카오와 흡사했다. 술통은 인디언 방문객을 환영하는 유해한 손짓을 외로운 정착민에게 제공했다. 1802년 토머스 제퍼슨은 핸섬 레이크에게 사유 재산을 설명하는 편지를 썼다. "팔 수 있는 권리는 재산권 중 하나입니다. 그 권리 행사를 금지하는 것은 당신의 나라에 좋지 않은 일이 될 것입니다." 오, 교활한 탈공통인discommoner이여! 그는 이 낯선 사람들을 내 것과 네 것의 척도에 익숙해지게 할 것이다. 인디언들을 빚지게 하라, 이것이 이 "경제 저격수"economic hitman 24의 조언이었다.

당시에 이러한 동역학을 아주 명료하게 만든 사람은 성직자인 토머스 맬서스였다. 그의 뒤를 이은 맑스처럼 그 역시 이로쿼이에 의존했다.『인구론』의 초판은 1798년에 익명으로 출판되었다.25 그것은 윌리엄 고드윈26의 이론적 코뮤니즘을 교리적으로 지지한 것에 대한 비판이었으며, 사실상 단두대의 번뜩이는 칼날을 응시하면서도 인간 자비심의 가능성을 노래한 프랑스의 혁명가 콩도르세27에 대한 비판이었다. 맬서스는 인간은 기하급수적으로 증가하는데 식량은 산술급수적으로 증가하기 때문에 조직적인 죽음은 불가피했다고 말하면서, 다소 윤똑똑이 궤변으로 양 주장 모두를 공격했다. 1803년에 그는 이로쿼이를 포함한 아메리칸 인디언들에 관한 끔찍한 "관찰"을 시작으로 하는 대대적인 연구로써 두 번째 판을 보강했다. 인디언 인구들에 관한 그의 체크 항목들의 목록은 다음과 같이 희생시키기victimization를 위한 편협한 징후학처럼 읽힌다. 술에 대한 "탐욕스러운 애호", 음료 교환을 위한 모피 조달로 인한 식량 공급의 감소, 불명예스러운 형태의 전쟁, 식인 풍습, 여성의 타락, 그리고 "자신의[문자 그대로] 여자를 향한 남성들의 열정적인 욕구".

잉글랜드와 아일랜드의 식량난과 아사 직전[의 상황]에 대한 2년간의 혁명적 투쟁 이후 [그것에 영향을 받은] 맬서스는 모든 인간에게 생존권[을 부여하는 것]을 단호히 거부한다. 그는 특히 토머스 페인의 『인권』을 비판하고 미국에서 무산자들의 수는 유럽에 비해 적다고 주장한다. 그는 재산을 빼앗긴 사람들과 가난한 사람들을 언급하면서 파렴치하게도 다음과 같이 썼다. "자연의 거대한 잔치에는 그를 위해 식기를 놓을 자리가 없다." 그리고 이런 설명을 덧붙였다. "잔치의 위대한 여주인은⋯ 모든 손님들이 풍족하게 먹기를 바라고 또 무제한으로 [음식을] 제공할 수 없다는 것을 알고 있기에, 자신의 탁자가 이미 가득 찼을 때 새로운 손님을 맞아들이기를 인도적으로[자비롭게] 거부했다."[28] 유럽의 경제 원칙 ― 희소성의 원칙 ― 은 대서양 양측의 현실적 여성들이 영국의 구빈법이나 이로쿼이의 토지 판매에 의해 무력화된 역사적인 순간에 여성으로 인격화되었다. 맬서스는 "인도적으로 거부했다."라고 말한다. 우리는 "그의 혀는 굶주림을 찬양하면서 무자비하게 커진다."라고 말하면서 해즐릿이 의미한 것이 무엇인지 알고 있다. 그것은 바로 대량 학살이다.

1799년 8월 딸기 축제 당시 핸섬 레이크는 두 번째 예언을 얻었다. 사자가 그에게 다가와 어마어마한 계획을 계시했다. 백인의 법과 백인의 교회에 대한 거부가 반복되었다. 그는 너무 뚱뚱해 서 있을 수 없는 한 여성을 보았다. 이것은 백인 남성의 소비주의를 상징하는 것이었다. 그는 백인들에게 땅을 팔았으나 이제 영원히 손수레에 거대한 흙을 밀어 넣어야 했던 족장을 보았다. 이렇게 해서 토착주의nativism, 전도, 절제, 회개에 기초한 새로운 종교의 시대가 시작되었다.

핸섬 레이크는 콘플랜터의 아들인 헨리 오베일[29]의 영향을 받았다. 1791~1796년 필라델피아에서 교육을 받은 그는 동화론자assimilationist까지는 아니더라도 일종의 수용론자accomodationist였다. 그는 일신론("위대한 영혼")과 이원론(천국과 지옥)이라는 유럽 개념들을 수입했다. 핸섬 레이크의 투쟁은 또한 전통주의자들에 대한 투쟁이었다. 그는 무장투쟁에 반대했고, 레드 재킷에 반대했고, 주술회[30]에 반대했고, 여성 족장들의 전통적인 신앙에 반대했다. 하지만 전통은 무엇이었는가?

토지정복, 마녀살해, 선주민 공통장 등은 프랑스혁명의 역사적 맥락 속에 놓여야 한다. 1798년부터 1803년까지의 시기에는 억압적인 힘들과 사건들이 결합되었다. 아이티 독립 전쟁, 아일랜드 반란, 수병 반란, 천년왕국운동의 폭발, 노동조합 조직, 인간 기술의 대대적인 기계화, 외국인 치안 법률, 목화에 기초한 노예 농장의 발달, 영국의 인클로저 법령(기본적으로 정부의 강도 행위), 영국의 단결금지법(노동자들이 임금을 인상하거나 일을 줄이도록 조직하는 것은 막았지만 자본가들이 반대 목적을 위해 그렇게 하는 것을 막지는 못했다). 이와 같은 것들이 결합되었다. 사유화와 이윤 추구는 지배적인 가치였고, 상품과 시장이 지상의 것을 지배했으며, 사망률morbidity 및 산업화의 세계적 계획은 일치했다. 그것은 역사적인 결합이었다. 그 기간 동안 인간 자유의 정신은 바닥으로 떨어졌다.

우리는 붉은 예배당까지 하이킹을 하지만 크로토프의 공통장 회의에 모두 참여하는 것은 아니다. 니콜라 불러드는 숲속을 힐끗 들여다본다.

그녀가 스라소니를 본다.

스라소니는 분명 그녀를 처음 본다. 그들은 고양이가 아무렇지도 않게, 특유의 모습으로 조용히 어슬렁거리기 전에 [그러는 것처럼] 서로를 관찰한다. 나중에 그녀가 한 말에 따르면, 사람들은 어떻게 해야 할지 몰라 아무 말도 하지 못하고 있었다.

그리고 우리 심장은

쿵 울리더니

멈춰버렸다

메리 올리버[31]는 스라소니를 보고 쓴 자신의 시에서 이렇게 쓰고 있다. 그녀는 "자연의 시인"이라고 불리는데, 우리는 쇼니족, 이로쿼이족, 그리고 스라소니 같은 생물에 대한 존경심을 지닌 그녀를 오하이오 공통장의 시인이라고도 부를 수 있을 것이다. 나로 말하자면, 쿵 울리고 멈춘 것은 내 심장만이 아니었다. 내 연구에도 쿵 하고 경보가 울렸다. 나는 오하이오 동료들인 아메리카 선주민 역사가 알 케이브 교수 그리고 하우데노사우니의 여성들을 대표하는 학자이자 열정적인 논쟁가 바바라 앨리스 만 교수와의 공동 작업을 통해 이로쿼이 공통장에 관한 연구를 계속했다. 나는 여성과 주술에 관해 더 많이 배우길 원했고, 이로 인해 나는 (다시) … 스라소니에 이끌렸다.

핸섬 레이크의 종교는 전통의 중심적 지위를 점했던 자리에서 '하늘 여인'Sky Woman을 몰아냈다.[32] 일신론과 상품생산, 또는 계급사회 간의 관계는 유럽인의 침략에 조응하는 18세기 중반 북아메리카 인디언 사회의 "위대한 영혼"의 진화에서 분명하게 드러난다.[33] 부족의 공통인들이 위축되면서 종교가 정확히 그만큼 성장했다. 그리고 이것은 여성에 대한 공격과 병행되었다. "여성들은 선지자, 치료자, 무당, 선각자 역할을 하는 문화의 영적 중추를 형성하며 여러 세대의 엉킨 머리카락을 풀어냈다."[34] "물질주의가 자본주의를 뒷받침한다면, 정신주의는 이로쿼이 공동체주의의 핵심이다."

바바라 만은 인류학 및 역사 문헌을 조사하고, 또 구전 전통의 수집가들에게 그녀 자신의 교훈적인 이야기를 들려준다. 왜냐하면, 17세기 유럽인들이 사전과 문법을 만들기 위해 노력한 이래로, 그것들은 익살스러운 허위정보, 희극 및 모독의 대상이 되었기 때문이다. 토머스 맥엘웨인[35]은 그의 동료들에게 하우데사우니가 사실들을 가지고 일부 장난을 쳤다고 말해주었다. 예를 들어, 세네카 사전[36]의 자료를 수집하는 동안, 뉴욕의 인류학자 월리스 체이프[37]의 정보원은 식물 이름의 목록을 오랫동안 검토하느라 피곤해졌다. 1228번 항목은 " '꺼져버려'와 상당히 비슷하게 들리는 키 작은 블루베리 관목"에 하나의 단어를 사용했지만 맥엘웨인에 따르면 "키 큰 블루베리에 관한 해설은…두 가지 형태 모두를 가리킨다." 키 작은 블루베리 관목에 해당하는 세네카 단어는 공통장의 필수적인 원칙, 즉 제한의 원칙을 가리킨다. 이러한 점을 염두에 두고, 아래에서는 '하늘 여인'과 세상이 어떻게 시작되었는지에 관한 이야기를 하고자 한다.

태초에 '하늘 세계'Sky World의 사람들은 지구, 즉 물 세계를 통과했다. 얼레지가 하늘의 꼭대기와 바닥을 그러쥐었다. '하늘 사람들'Sky People이 실수로 얼레지의 꼭대기를 잘랐다. '하늘 여인'은 그녀의 샤머니즘 능력을 질투한 남편의 간계에 의해 [잘린 그] 구멍을 통해 밀려났다. '하늘 여인'은 더 아래로 굴러떨어지기 전에 나무뿌리에 매달린 채 오른손으로는 세 자매(옥수수, 호박, 콩)를, 왼손으로는 담배를 움켜잡았다. 아비[38]와 왜가리는 그녀가 떨어지는 것을 보고 그녀가 아래로 안전하게 착륙할 수 있도록 날개를 연결하여 낙하산을 만들어 주었다. 그러나 착륙할 곳이 없었다.

수중 동물들은 하늘 여인이 물속에서 살아갈 수 없다는 것을 알고 회의를 열었다. 코끼리거북이 자진하여 등을 내밀었다. 등을 덮을 수 있는 흙을 발견할 수만 있다면, 그는 영원히 움직이지 않은 채로 있을 것이다. 이어서 수달과 사향 뒤쥐가 바다 깊은 곳으로 뛰어들어 흙을 가지고 돌아왔다. 이러한 시도를 하다 그들은 죽어갔다. 비버도 시도했는데 그는 자신의 주걱 같은 꼬리로 해저를 휘저어서 지상으로 떠오르는 데 성공했다. 다른 동물들은 코끼리거북의 등을 열십자로 교차하여 흙을 발랐다. 이렇게 해서 코끼리거북은 북아메리카, 일명 터틀 아일랜드가 되었다.

거의 기진맥진한 아비와 왜가리는 '하늘 여인'을 그녀의 새로운 집에 내려놓았다. '하늘 여인'은 임신한 상태였고, 곧 스라소니를 낳았다. 어머니가 나이가 들어갈수록 스라소니는 그녀와 분리할 수 없는 동반자가 되었다. 그들은 어디를 가든 터틀 아일랜드의 여기저기를 돌아다니며 씨앗을 심었다. 예컨대, 스라소니는 감자, 멜론, 해바라기를 만들어 내었다. '하늘 여인'은 너무 늙었지만 스라소니는 계속해서 네 곳의 '빛나는 길'Shining Roads을 돌아다니다가 매일 밤 되돌아왔다. 어느 날, 자신의 아이들을 갈망하던 '하늘 여인'은 '북풍'에게 유혹당했다. 그는 '하늘 여인'의 등 뒤에서 구혼하여 그녀를 임신시켰다. 분만은 힘들었다. 그녀는 결국 남자 쌍둥이를 낳고 죽었다. 쌍둥이들은 '어린나무'Sapling와 '부싯돌'Flint로 이름 지어졌다. 그들의 이야기는 또 다른 이야기다. 여기에서 우리는 단지 그들이 식물, 동물, 산, 그리고 흐르는 물의 창조 작업을 계속했다고 말하고자 한다. 바바라 만은 "'어린나무'는 딸기를 만들어 내는 영광을 누린다."[39]라고 알려준다. 한편, 스라소니는 묻혀서 '어머니 대지'가 되었다.

바바라 만 교수는 18세기의 주요 출처를 인용한다. 1703년 라혼탄은 이로쿼이족이 스라소니를 "죽이기보다는 오히려 죽는 것을 선택할"[40] 것이라는 점을 깨달았다. 헤케웰더[41]는 1773년 한 사냥 무리에 속해 있었고, 그들은 굶주리고 있었음에도 스라소니를 먹지 않았다. "'어머니 대지'는 살아있는 존재였다(그리고 현재에도 여전히 살아있는 존재다!). 그녀의 성령은 스라소니, '그녀 자신'의 성령이었다."[42] 다시 메리 올리버를 인용한다.

우리는 들었노라,

스라소니가

　눈 쌓인

　　깊은 언덕 위를

비단처럼 방황하는 소리를—

　불타는 듯이

　　그것은 나무에 솟아 있네

　　성처럼 두껍게

철처럼 차갑게,

　우리가 말해야 하는 것이

　　세상의 진실일까?

　　　오그라든 어둠 속에서

외롭게 몇 마일을?

　아니면 약속을 강요하는 것?

　시인으로 하여금 세계의 진실에 관해 묻게 한 크로토프의 특별한 스라소니와 오하이오의 스라소니가 완전히 동일하지는 않다. 시인은 슬픈 음색과 인간 활동과는 독립된 '대자연'의 개념으로써 오하이오 공통장의 파괴와 패배한 이로쿼이족의 트라우마에 대한 역사적인 침묵을 깨뜨렸다. 크로토프 스라소니는 파괴의 형태가 아닌 귀환의 형태로, 그리고 복원된 숲의 맥락 속에서 돌아왔다. 그 귀환은 부분적으로는, 더는 낭만적이거나, 원시적이거나, 유토피아적이거나, 초현실적이지 않은 선주민 반란에 의해 유발된 비자본주의적 미래에 관한 우리의 강력한 이야기의 한가운데에 있었다. 우리는 세계의 진실에 관한 이념을 가지고 있으며 "공통장"의 약속을 향해 나아가고 있다.

　이로쿼이족과 스라소니를 제쳐놓으면, 이 우연의 일치와 공통장의 얽힌 머리카락의 혼합물은 결국 무엇이 될까? 우리는 어떤 이야기를 만들고 있는가? 공통장은 부족적인가, 아니면 국제적인가? 고기술 환경과 저기술 상황에서의 공통화에 의해 어떤 가치가 공유되는가? 무엇이 도시 정원의 소우주와 오염된 성층권의 대우주를 하나로 묶는가? 그것은 필연적으로 돈벌이 기계를 망가뜨리는가? 녹색 공통장이 NGO와의 불쾌한 타협을 요구하는 동안 적색 공통장은 혁명적인 전쟁이 필요한가? 왜 탁아소가 그 기초가 되어야 하는가?

이것들은 이제 세계, 즉 '어머니 대지'와의 대화들이다.

'이로쿼이족의 동맹'Long House의 사람들을 위한 현실은 누구도 거부되지 않는 환대의 법이었다. 칼 맑스는 "매일 저물녘에 참석한 전체 인원에게 저녁 식사가 공통으로 제공되었으며" 공통장과 함께 감사하는 마음이 나타났다고 언급했다. 맑스는 식사가 자비와 함께 시작되었다고 말했다. "그것은 한 사람이 높은 음색으로 내지른 장기간의 외침이었으며, 종지부에서 고요 속으로 떨어졌다."[43]

공통장, 성, 마녀 그리고 스라소니의 이야기는 이렇게 끝난다.

베스트팔렌에서
2009년 8월

15장

공통장의 비가시성

친애하는 케빈, 말라브, 그리고 실비아에게

내가 "공통장의 비가시성"에 관해 써 준다고 했지요. 나는 세 가지의 문학적 사례만 염두에 두고 있습니다. 하나는 1930년대, 다른 하나는 1790년대, 그리고 나머지 하나는 1940년대의 사례입니다.

조지 오웰은 1939년에 「마라케시」라는 에세이를 썼습니다. 그는 다음과 같이 쓰고 있습니다. "옆집에 사는 피부색 짙은 사람들은 잘 보이지 않는다. 때문에 등이 다 벗겨진 당나귀를 보고서 안쓰러워할 수 있지만, 장작더미 밑에 웅크린 노파가 눈에 띄기라도 하는 건 우발적인 사고에 가까운 것이다."¹ 그의 주제는 인종차별주의와 비가시성입니다. 그렇지만 우리는 이 분명하면서도 [면밀히] 음미되지 않은 여성 혐오를 더하고자 합니다. "노년의 여성들이 장작을 지고서 줄지어 집 앞을 절뚝절뚝 지나갔건만, 그리고 그 모습이 내 눈에 분명히 비치었건만, 나는 사실 그들을 봤다고 할 수가 없다. 내가 본 건 장작이 지나가는 행렬이었다."² 이것은 제국주의적인 눈입니다. 이 눈은 생산물, 생산물, 생산물을 봅니다. 그러는 동안 생산자는 그저 사라지고 맙니다. 오웰은 이러한 눈의 증인이 됩니다. 남아프리카공화국의 금, 스리랑카의 차, 말라야의 주석, 콩고의 고무, 자메이카의 알루미늄, 그들은 이런 식으로 계속해서 행진하면서 제3세계의 부를 운반합니다.

이러한 부는 결국, 제국주의 최정상의 백인 피부를 가진 사람들에게서 특권까지는 아니더라도, 서구 경제 "발전"의 우월성으로 변모합니다. 그런데도 그들은 여전히 허둥대고 있습니다. 하지만 장작은 어디에서 생긴 걸까요? 오웰은 묻지 않습니다. 어떤 권리에 의해서, 어떤 관습에 따라 장작이 모여진 것일까요? 어떠한 투쟁이 이러한 관행을 보존했을까요? 하지만 이것은 마그나카르타의 일곱 번째 장, 홀로 된 여인의 에스토버스입니다. 이것은 군주가 그녀에게 "정당한 공통[장]"에서 장작을 모을 권리를 인정해 줄 것은 요구했던 사회적 안정성을 의미합니다. 다시 말해, [이러한] 관례를 보존하는 투쟁이 수 세기 동안 존재하고, 이것이 법적 전통에 필수적인 원칙을 제공합니다. 오웰이 이것을 몰랐을까요? 오웰은 계속해서 다음과 같이 말합니다. "하루는 4피트도 될 리 없는 불쌍한 노파가 어마어마한 나무 짐을 지고 내 앞을 기어가듯 하는 것이었다. 나는 그녀를 불러 세우고서 5수짜리 동전 한 닢을 쥐여주었다(반 페니도 안 되는 돈이었다). 그녀는 거의 비명에 가까운 고음의 탄성을 질렀는데, 고마움도 있지만 놀라움이 더 큰 소리였다. 그녀 입장에서 보자면, 나는 그녀를 알아봄으로써 거의 자연의 법칙을 거스른 셈이었다. 그녀는 노파로서의, 짐 나르는 짐승과 다를 바 없는 자기 신분을 받아들이고 있었던 것이다."3 오웰은 그녀에게 말을 걸지 않습니다. 그녀의 손에 쥐여줄 뿐이죠. "고마움", 영원히 선한 행동을 하는 것, 이것처럼 제국주의적 태도의 특징을 드러내는 것이 어디 있을까요! 오웰은 자신의 글쓰기에 인종차별주의, 여성 혐오를 투사하지만, 공통인들과 이야기할 기회는 갖지 않습니다. 나무는 어디에서 오는 걸까요? 그것은 어떤 불의 연료가 될까요? 그것은 어떤 아이들을, 아니면 어떤 연로한 부모들을 따뜻하게 해 줄까요? 왜 그는 그녀와 대화하지 않았을까요?

이것이 나의 첫 번째 사례입니다. 그것은 제국주의 체제에서 종속적인 역할을 수행하는 다수의 사람들에게 특징적인 태도를 보여줍니다. 그들은 근본적으로 짐승인 사람들에게 자신들이 선행을 베풀고 있다는 신념을 지니고 있습니다. 이러한 태도는 그 사람들과의 관계나 대화를 거부하는 것에 의해서만 유지됩니다. "[내면의] 눈을 통하지 않고 그저 눈으로 [겉만] 보게 될 때, 우리는 언제나 거짓을 믿을 수밖에 없게 된다."라고 윌리엄 블레이크는 말했습니다.

두 번째 사례도 이와 비슷합니다. 그 출처는, 혁명과 반혁명의 한가운데서 시인의 마음 성장을 기록한 잉글랜드의 개인주의와 낭만주의의 고귀한 자서전적인 작품인, 윌리엄 워즈워스의 『서곡』 9권입니다. 나는 1805년판에서 인용하겠습니다. 그것은 그가 아르망-미셸 보퓌 장군⁴을 방문한 1792년 여름에 이루어졌던 만남을 자주 인용하며 묘사하고 있습니다. 보퓌 장군은 블루아⁵의 지역 정치토론에 참석하고 있었습니다. 그 지역 클럽 '헌법의 친구들'(자코뱅파)은 국가를 제한된 헌법 군주제에서 급진적인 공화주의로 이동시키고 있는 전국적인 토론의 전환기에 놓여 있었습니다. 보퓌는 자코뱅의 공화파를 지지했고, 나중에 혁명을 방어하기 위해 죽는(1796) 영웅적 투사가 되었습니다. 청년들은 말을 타고 포도원 마을의 너도밤나무 숲을 지나갔습니다. 워즈워스는 보퓌에 의해 마음을 접을 때까지는 기사도를 꿈꿨습니다.

가난에 찌든 어떤 소녀와
우연히 마주쳤을 때, 이 광경을 본 내 친구는
분노하며 말했네. '우리가 싸우는 이유가
바로 저런 사람 때문'이라고. 나도 그와 더불어
믿었다네. 관대한 정신이 널리 퍼져서
아무도 막지 못할 것이며, 이러한
처절한 빈곤은 잠시 후 다시는 존재하지
못할 것임을, 그리고 이 땅이 아무 방해도
받지 않고, 온유한 자, 겸손한 자, 참고 견디며
일하는 어린이를 보상하고자 하는 희망을 이루고,
(예외를 합법화하는 모든 제도가 영원히 사라지며,
공허한 허세와 방종한 생활방식과 잔인한 힘이
한 사람의 칙령에 의해서건, 몇몇의 그것에
의해서건 폐지되며), 마침내, 이 모두의 총화이자
가장 중요한 것으로서, 사람들이 강한 힘을

얻어 자신들의 법칙들을 손수 만드는 것을

우리가 보게 될 것이며, 이로써 온 인류에게

더 나은 날들이 오리라는 것을.[6]

이러한 시행에 나타난 워즈워스의 시적 전환은, 굶주리며 중노동을 하는 젊은 암소 관리인에 관한 주목할 만한 이미지에서 시작하여 빈곤 폐지와 인민에 의한 자치정부의 성취라는 이상주의적 희망에 다다릅니다. 오웰과 마찬가지로 젊은 혁명가들은 멈춰 서서 노동자와 이야기하지 않고, 그 대신 연민의 온정을 뒤섞습니다. 그들은 젊은 여성과 이야기하지 않은 채 그들 자신의 장대한 결론에 도달했습니다.

바뵈프는 도로권droit de voirie(큰길 주변의 목재를 취득할 권리)을 착취했던 드 라 미르de la Myre 백작부인과 같은 영주에 의한 권리 침해로부터 이 젊은 여성과 같은 농민들을 옹호했습니다. 물론 여기서의 문제는 에스토버스가 아니라, 어쩌면 모든 것의 중심적인 공통 권리인 방목권herbage or pasturage입니다. '그것을 빼앗으라, 그러면 당신은 구운 쇠고기와 우유를 갖게 될 것이다.' 프랑스혁명과 산업혁명은 모두, 한 계급―공통인들―의 자원들에 대한 다른 계급―개인소유자들privatizers―의 거대한 도둑질을 의미하는, 땅에 대한 관습적인 권리를 공격했습니다. 워즈워스는 그 소녀를 공통인이 아닌 가난한 사람으로 바라봅니다. 그는 [그녀에게서] 의존성을 보았습니다. 만일 그가 그녀와 이야기를 나누었다면 그녀의 독립성을 이해했을 수도 있습니다. 그는 왜 그렇게 하지 않았을까요?

여기에서의 맹점blind spot은 부르주아적 시각의 전형적인 요소가 됩니다. 부르주아혁명은 군주제("공허한 화려함", "잔인한 국가")의 일소일 뿐만 아니라 공유지와 공통화의 관습에 대한 거대하고 광범한 수탈입니다. "외부"abroad에 있었던 것은 바로 "영혼"이었습니다. 그래서 보뷔가 워즈워스에게 "우리가 싸우고 있는 것이 바로 그것"이라고 말할 때, 우리는 그가 의미하는 "그것"이 무엇인지 의아스럽습니다. 배고픔의 "그것"일까요? 새로운 틀자수-뜨개질 기계와 경쟁하기 위해 격렬하게 뜨개질하는 것이 "그것"일까요? 아니면 그녀가 토지와 오래되고 파기할 수 없는 관계를 맺은 공통인의 "그것"일까요? 『홀스베리Halsbury의 영국법』7은 이 것을 이런 식으로 표현하고 있습니다. "평민이 공통적으로 가지고 있는 관심은, 법적인 말로 표현하자면, 그의 가축에게 풀을 먹이는 것이다." 워즈워스는 양면성을 탐구하지 않습니다. 워즈워스가 그해 여름 블루아에 있었던 것은 보퓌를 방문하기 위해서가 아니라 임신한 연인인 아네트를 만나기 위해서였습니다. 몇 달 후 워즈워스가 프랑스를 떠날 때, 그는 혁명의 급진적인 순간뿐만 아니라 아버지와 연인으로서의 책임 또한 남겨 두고 떠났습니다.

공통장의 비가시성의 세 번째 사례는 C.L.R. 제임스입니다. 그의 『변증법에 관한 노트』는 디트로이트 동지들(제4인터내셔널의 존슨-포레스트 경향8)에게 큰 의미가 있었습니다. 그들이 받은 책의 최초의 형태는, 1948년 네바다주 리노에서 보낸 타이프로 친 원고의 복사본이었습니다. 『노트』는 레닌과 트로츠키가 시작한 것을 끝내려고, 다시 말해 헤겔의 변증법을, 특히 대립물들의 통일을, 노동운동의 역사에 적용하는 것을 끝내려고 시도했습니다. 역사의 모든 단계에서, 노동운동은 극복해야 하는 대립물을 만납니다. 이것은 혁명정당의 개념에 대한 비판의 철학적 근거였습니다. 그것은 프랑스혁명과 영국혁명에 관한 토론에서, 역사에는 철학을, 철학에는 역사를 대립시켰습니다. 『노트』는 전후 유럽, 미국, 카리브 지역의 맑스주의 혁명가들의 소집단의 발전에 핵심적인 문서였습니다. 이후에는 제3세계의 해방운동 그리고 1955~1968년의 시기에 제1세계에서 일어난 노동계급 봉기의 환영을 받았습니다. 그렇지만 이 책 역시 사각지대를 만들어냅니다. 1981년 이후 몇 년 동안 『노트』를 연구하고 있던 나로서는, 해방되고 있었던 것은 (적어도) 1640년대부터 1940년대까지의 노동운동 개념의 단일성unity 같았습니다. 그는 이 단일성을 필연적인 진보를 이루는 부르주아 실증주의의 단계론적 범주들(봉건제-자본주의-사회주의)에 반대하여 평가했지만, 변증법에서 파생된 개념들—관념, 이념, 이해, 인식, 모순—을 가지고 그렇게 했습니다. 이러한 뛰어난 고찰에도 불구하고, 제임스에게도 역시 공통장은 비가시적이었습니다.

왜 제임스는 네바다주 리노에 있었을까요? 많은 사람이 그러듯이, 그는 합의 이혼을 위한 거주지 확보를 위해 거기에 있었는데, 당시 미국에서 이것이 유일하게 가능한 곳이 이곳이기 때문이었습니다. 그는 리노 근처의 목장에 머물렀습니다. 이곳은 "지금까지 본 곳 중에 가장 아름다운 장소였지만, 인디언 부족의 소유로서 어떤 식으로건 상업화되지도 않았으며 건물로 가로막히지도 않았"습니다. 한동안 그는 목장에서 잡역부로 일하면서 원예와 관개를 도왔습니다. 그의 동료 노동자들은 중서부 출신의 선원, 목동, 필리핀인, 멕시코인, 중국인, (지금 우리가 부를 수 있는 것처럼) 앵글로인[백인계 미국인]이었습니다. 그는 선주민과 달리 "평생 만나본 사람들 중에서 가장 잘생긴 사람들"인 그들에게 끌렸습니다. [그가 보기에] "여기 인디언들은 왜소하고 뚱뚱하고 볼품없었"습니다. 그리고 이 모든 고정 관념에 관해 그는 "여기 사람들은 나를 별종으로 본다."라고 인정했습니다. 그는 사교적인 면이 별로 없었습니다. 그는 9월에 하루 1만 단어를 읽고 썼습니다. 1948년 8월에서 9월까지 프랑스혁명에 관한 다니엘 게렝9의 책을 번역했으며, 자신의 책 『변증법에 관한 노트』를 썼습니다. 목장은 호수에, 즉 피라미드호10에 있었습니다.

국가 자본주의에 대한 그의 비판은 파이우트족11의 공유지를 위한 게릴라전(그에게는 보이지 않을) 투쟁 중에 쓰였습니다. 네바다 대학(리노)의 사회역사가인 데니스 드워킨은 『역사 워크숍』에서 이 에피소드를 썼으며, 그 아이러니를 다음과 같이 평가합니다. "맑스주의적 주제이자 영국 제국주의적 주제로서, 제임스가 파이우트족을 자기 자신과 동일하게 자본주의적 제국주의의 세계-역사적 과정에 의해 형성된 것으로 볼 것임은 거의 분명해 보인다. 하지만 목장의 위치가 인디언 보호구역에 있었다는 것을 그가 인정한 것과 별개로, 제임스가 토지분쟁은 말할 것도 없고 주민들과 관계를 형성했다는 증거는 털끝만큼도 없다."

1857년 버지니아시티12에서 은이 발견되었습니다. 소들이 잣을 먹었기 때문에 목장주는 선주민에 대한 간접적인 공격으로 잣나무들을 베었습니다. 1860년 백인 남성들이 인디언 여성 두 명을 납치했습니다. 그해 인디언들은 피라미드호에서 싸웠습니다. 사라 위네무카는 아메리카 선주민 여성의 첫 번째 책으로 알려진 『파이우트에서의 삶』(1883)에서 그 이야기를 하고 있습니다. 1년 뒤 광산 수갱, 땔나무, 울타리 기둥에 쓸 나무를 자르는 일을 하며 백인 농장주를 위해 일했던, 워보카로 더 잘 알려진 잭 윌슨[13]은 "구세주가 다시 지구에 와서 인디언들에게 나라를 세워 줄 것"이라는 비전을 가지고 그가 "인디언 종족의 우정의 춤"이라고 부르는, 그러나 세상에는 유령의 춤이라고 알려진 춤을 추기 시작했습니다. 질병을 제거하고 죽은 자들을 가까이 데리고 오기 위해 몸에는 붉은색과 흰색 안료를 바르고 손가락을 맞잡고 원을 두른 남녀들이 조금씩 발을 끌면서 춤을 추었습니다. 미국을 두려움에 떨게 했던 바로 이 춤으로 인해 미국은 1890년 운디드니에서 플레인스 인디언들[14]을 학살했습니다. 그 춤은 물고기가 떼를 지어 이동하는 시기와 맞물려 늦은 봄에 추어졌습니다.

메리 오스틴[15]은 1924년에 "인디언 문제는 세계 차원의 문제"라고 썼습니다. 그녀는 파이우트족과 비터 호수에서의 패배에 관해 다음과 같이 감동적으로 썼습니다. "그들은 그곳의 물에 빠져 죽었고, 그 땅은 목동들과 모험가들로 가득 차 있었다." 『비가 오지 않는 땅』(1903)에서 그녀는 그들의 '공통화' 방법들 중 하나를 묘사했습니다. "강에는 홍합들, 식용할 수 있는 흰 뿌리를 가진 갈대들, 그리고 떼가 덮인 풀밭에는 쇠뜨기의 덩이줄기가 있었다. 이 모든 것은 봄이 되면 절정에 이른다. 산비탈에는 여름의 성장이 씨앗들을 제공하고, 절벽에는 단엽 소나무들이 기름진 열매를 맺는다. 그들이 정말로 의지할 수 있는 것은 그것뿐이었다. 그것은 작은 서리 신들과 비의 신들의 자비에 달려 있었다. 나머지에 관해서 말하자면, 교활함에는 교활함으로써, 기술skill에는 주의로써, 틀라레 지역의 꽥꽥거리는 들새들의 무리들, 그리고 가지뿔영양과 야생양과 사슴에게도 주의로써 대응했다. 하지만 우리는 소총과 활시위들의 이 모든 전쟁으로 인해, 압제적인 백인들의 쇄도로 인해, 싸움은 더 거칠어졌고 사냥꾼들[인디언들]은 사냥을 당할 두려움에 빠졌을 것임을 추측할 수 있다. 당신은 또한 추측할 수 있다. 이때는 야생의 시간이었고 땅은 개척되지 않았기에, 이제 여성들이 정복자들의 사냥감이 될 순서가 되었다는 것을 말이다."

그들의 땅은 남북전쟁 당시 측량되었고 그랜트 대통령은 1874년에 이 보호구역에 법적 지위를 부여했습니다. 메리 오스틴은 인클로저의 실제를 다음과 같이 묘사하고 있습니다. "코소 기슭을 따라 바람이 시작되고, 높은 능선 뒤에 구름이 모이고, 샘이 솟아나고, 벼랑 언덕에는 야생 아몬드 꽃이 부드럽게 퍼진다. … 이것들은 파이우트의 벽과 가구들이다."

1941년 북미 인디언국BIA은 루스 언더힐16이 쓴 『북부 파이우트 인디언』이라는 연구서를 발표했습니다. "백인 남성이 일자리를 찾고, 그렇게 해서 가족을 부양할 수 있는 것과 마찬가지로, 인디언들은 그의 가족을 부양하기에 충분한 나라의 자원들을 기대했다." 그러나 사실은 전혀 그렇지 않았습니다. 구직자는 사장이 있는 경우에만 임금을 획득하고, 파이우트 인디언은 자원들이 보존되어 있는 경우에만 그것들을 획득합니다. 어쨌든 1941년, 백인 남성이 일자리를 찾은 것은 사실이지만, 생존의 전문가는 인디언 여성이었습니다. 파이우트에 관한 또 다른 연구는 다음과 같이 보고하고 있습니다. "장작을 모으는 것은 인디언 소녀가 [성인] 여성이 되었을 때 치러야 하는 의식의 일부가 되었다." 다른 프롤레타리아처럼, 1940년대의 젊은 파이우트 인디언들은 방위공장들에서 일했습니다. 스코트 모마데이17가 『여명으로 지은 집』(1966)에서 묘사한 경험에 따르면, 캘리포니아주 방위공장의 프롤레타리아 주체성은 땅에 대한 원초적 갈망, 땅에 대한 형이상학을 제거할 수 없었습니다.

제임스가 네바다주를 떠난 지 1년 후, 뉴욕의 문필가인 리블링18은 피라미드 호수 목장을 방문했습니다. 거의 같은 이유로 제임스 역시 "이혼의 안식처"에 임시 거처를 마련했습니다. 하지만 제우스처럼 냉전의 구름을 뚫고 이론적인 천둥소리를 내고 있었던 제임스와 달리, 음식과 스포츠 관련 [저널리즘] 필자였던 리블링은 파이우트를 둘러싼 논쟁에 완전히 몰두했으며, 다양한 주장의 합법성과 파이우트의 전반적인 상황에 관심을 두고 돌아왔습니다. 그는 1955년 파이우트 인디언들과 "미국 역사상 가장 오래 진행된 인디언 전쟁"에 관한 시리즈 기사를 써서 출판했습니다. 이 호수는 독특한 종의 물고기인 키위kwee-wee의 고향이었습니다. 그들의 산란기[회귀]는 그곳에 살고 있는 선주민들에게는 주요 연례행사였습니다. "키위를 먹는 사람들"로 불리는 파이우트족은 약 천 년 전에 이 [자연의] 자비로움 주위에 정착했습니다. 그들은 아즈텍어로 말했습니다.

그들의 주요 적수는 팻 매캐런19 상원 의원이었습니다. 그는 파이우트의 마지막 남은 땅의 일부 불법거주자들squatters을 지지하는 법안을 미국 상원에 제출한 사람으로 기억되었습니다. 600에이커가 남아 있었고 1948년에 파이우트족이 다시 그곳으로 이사했지만, 그곳은 뼈처럼 말라 있었습니다. 그들의 이웃들은 물의 권리를 주장하고 물길을 끊어 버렸습니다. 이런 맥락에서 매캐런의 반공주의는 더 깊은 의미를 띠게 됩니다. 왜냐하면 그는 미국에서 프랑코와 장제스 같은 악명 높은 국제 반공주의자들을 존경할 뿐만 아니라, 조 매카시의 가까운 동료이자 특히 코뮤니스트들, "위험인물들", "동조세력들"의 미국 입국을 거부한 1952년의 매캐런 법의 발기인이었기 때문입니다. 1985년 미국 대법원은 네바다주가 선주민 소유라는 믿음은 법정에서 다툴 수 없다고 판결했습니다. 파이우트 사람들이 천 년 동안 거주했던 땅에 대한 어떠한 [권리] 주장도 인정하지 않았습니다.

제임스는 1950년 국내안전보장법에 따라 조사를 받았습니다. 그는 1952년에 엘리스섬에 갇혔습니다. 그의 호소는 제임스가 코뮤니스트라는 이유로 매캐런 법에 따라 거부되었습니다. 그는 맑스주의 혁명가이긴 했어도 코뮤니스트는 아니었습니다. 하지만, 그 당시 판사를 포함한 대부분의 사람들에게 그러한 구별은 사라졌습니다. 제임스는 엘리스섬에서 국외추방을 기다리는 동안 법무부의 주된 목표가 "악성 해충인 외국인을 박멸하는 것"이었다고 썼습니다.

상원 의원 매캐런은 인디언 공동체를 파괴하고 싶었고 코뮤니스트들의 미국 유입을 막고 싶었습니다. 자신이 공산당원으로서의 코뮤니스트가 아니었다고 모호하게 말할 수 있다 해도, 제임스는 분명 자본주의의 반대자였고 노동계급 혁명의 지지자였습니다. 하지만 이처럼 그는 파이우트의 삶의 방식에 내재한 공통화를 높이 평가하지 않았습니다. 파이우트를 위한 투쟁의 한가운데 있었으면서도 말입니다. 피라미드의 가장자리에서 글을 쓸 때, 위네무카의 뮤즈도, 워보카의 유령도, 연방 정부의 등골을 오싹하게 만들 패배, 질병, 기근, 감금에서 나온 춤도―그 어떤 것도 분명 제임스에게 영향을 주지 못했습니다. 제임스, 그레이스 리, 코넬리어스 카스토리아디스가 『현실에 직면하기』(1958)에서 쓴 것처럼, "하나의 유령이 맑스주의를 괴롭히고" 있습니다. 이제 하나의 유령이 노동계급의 자기-주체성을 괴롭히고 있습니다. 공통장의 유령 말입니다.

제임스 입장을 이야기하자면, 그는 1971년에 학생 급진 잡지인 『래디컬 아메리카』에 『집회 세력들』에 실린 글 한 편을 출간했습니다. 그는 이 글에서 『아프리카 독립의 현실들』(1961)에 실린 니아살랜드[말라위] 독립운동의 지도자인 치시자[20]를 인용했습니다. 아프리카인들은 왜 정착해서 산업에 종사하려 하지 않았을까요? "고문에 가까운 외로움"[때문이었습니다.] 마을에서의 생활이 "상호원조와 협력에 바탕을 두었기" 때문입니다. "토지와 마찬가지로, 그것은 은행, 저축, 보험 정책, 노후 연금, 국가 지원 제도, 사회 보장 제도와 동등했기" 때문입니다. 즉 우리라면 공통장이라고 부를 수 있는 것 때문입니다.

이와 같이 공통장의 비가시성에 관한 세 가지 사례가 존재합니다. 무엇이 그 밖의 점에서는 명민하고 말할 것도 없이 심오한 이 관찰자들 ─ 오웰, 워즈워스, 제임스 ─ 의 시각을 가로막았을까요? 나는 확실히 알지 못합니다. 당신들 생각은 어떤가요? 어떻게 생각하세요? 내 생각에는 그들이 대화에 참여하는 데 실패한 것이 그 이유인 것 같습니다. 그들은 토론에 참여하는 각각의 당사자가 토론[대화]에 의해 변하게 되는 진정한 변증법에 참여하는 데 실패한 것입니다. 오웰이 장작의 짐을 덜어주고, 언어를 배우고, 여성들의 삶에 관심을 두고, 그리하여 우리에게 나무의 기원들을 알려주는 방법을 찾았다면 어땠을까요? 워즈워스 역시 프랑스에 남아서 (나는 2차 세계대전 중에 지루한 프랑스 마을에서 농민의 삶을 살아간 사뮈엘 베케트를 떠올리고 있습니다) 아네트와 아이를 도와주었다면, 그리고 식량부족의 시대에서조차 우유와 구운 소고기가 어디에서 나오는지 배웠더라면 어땠을까요? 제임스는요? 그가 맑스주의 사상가로서의 자신의 지적 침투를, 그리고 선주민의 공통을 위한 투쟁을 포함하여 이미 배아 형태를 갖춘 범아프리카 반란에 대한 자신의 공헌을, 포기했어야 했을까요?

우리는 또한 다음과 같이 물어야 합니다. 그들이 그렇게 하지 않았을 때 우리는 이러한 공통장을 어떻게 볼 수 있을까요? 상당한 학문[적 노력]이 삼림을 연료로 사용하는 데에서 관습적 권리를 밝혀냈습니다. 그리고 그것은 우리로 하여금 공통화의 한 형태인 소위 "목재 절도"에 신중을 기하도록 했습니다. 방목권의 관습, 즉 방목의 공통장도 마찬가지입니다. 이에 관해서는 학자들의 문헌이 방대할 뿐만 아니라 전 세계에 퍼져 있습니다. 선주민의 공통장에 관해 말하자면, 그것은 파인리지(1973)[21]나 치아빠스(1994)에서 시작된 투쟁에 까막눈인 사람들에게조차 국제법의 주제가 되었습니다.

이러한 사례들 각각 — 연료, 단백질, 토지 — 에 대한 사용권은 다릅니다. 이것은 마치 그들의 생태학이 특유하고, 각각의 사회적 관계가 분리되어 있는 것과 똑같습니다. 그것들을 '공통화'로 이해함으로써 얻을 수 있는 것은 무엇일까요? 대답은 수탈의 보편성에서 도출됩니다. 그러므로 이러한 범죄들에 대한 구제책은, 잃어버리고 빼앗긴 것에 대한 배상에서 찾아야 합니다.

'모두를 위한 공통장'을 지지하는 당신들에게

피터

2008년 가을

:: 감사의 글

　　『왜 중세가 문제인가 : 근대의 부정에 비치는 중세의 불빛』(런던 : 루틀리지, 2012)의 편집자인 셀리아 차젤레에게 고맙고 감사하다. 나는 그를 위해 이 책에 와트 타일러를 다룬 글을 썼다.

　　『래디컬 히스토리 리뷰』108호(2010년 가을)의 인클로저 특집호 편집자인 에이미 차즈켈에게 고맙고 감사하다. 나는 여기에 「아래로부터의 인클로저」를 썼다.

　　「공통장, 성, 마녀 그리고 스라소니」(2009)를 처음으로 펴낸,『반격』의 제퍼리 세인트 클레어와 고☆ 알렉산더 코크번에게 감사를 드린다.

　　아일랜드 학회의『더 리퍼블릭』에 감사를 드린다. 여기에 「홍관조와 검정 오리」(2001년, 봄~여름)를 발표했다.

　　피엠 출판사가 펴낸 윌리엄 모리스에 관한 에드워드 파머 톰슨의 전기에 부치는 서문을 의뢰해 주고 작업에 도움을 준 사샤 릴리에게 특별히 감사를 드린다.

　　『토머스 페인 선집』(2009)에 부치는 서문을 다시 발행하게 해 준 버소 출판사에 감사를 드린다.

　　「도시와 공통장」을 실어 준 안데스의 〈꿈의 거래〉 소속의 아나 멘데즈에게 감사를 드린다. 이 글은 마드리드에 있는 국립박물관 레이나 소피아 예술 센터에서 처음으로(2013) 발표되었다.

　　친절을 베풀어 준 코넬 대학 비교 근대 학회의 베리 맥스웰에게 감사를 드린다. 그는 두 개의 중요한 회의를 조직해 주었는데, 하나는 "시초축적"(2004)에 관한 것이고, 또 하나는 "아나키즘의 세계화"(2012)에 관한 것이다. 이 회의들은 학문적 공통장을 만들어 주었다.

　　적극적으로 교차 공통하기를 해 준 실케 헬프리치와 데이비드 볼리어에게 감사를 드린다.

적절하게 영감을 준 구스타보 에스테바, 케빈 웰런, 스토턴 린드, 마누엘 양, 존 루사, 마커스 레디커, 실비아 페데리치, 단 쿨린, 데이비드 라이커에게 감사를 드린다.

몇몇 글들에는 특별한 감사의 글이 실려 있다. 이에 「칼 맑스, 목재 절도, 그리고 노동계급의 구성」(1976)에 도움을 준, 모두 〈뉴잉글랜드 죄수협회〉 회원들인 보비 스콜라드, 진 메이슨, 몬티 네일에게 감사를 드린다.

두 편의 글의 집필을 의뢰해 준 동료이자 이웃이며 친구인 앨런 하버에게 감사를 드린다.

「공통장의 비가시성」에 도움을 준 말라프 카누가와 조지 카펜치스를 포함해, 애디론댁산맥의 블루마운틴 센터 소속의 예술가, 학자, 기록보관자 그룹에 감사를 드린다.

「네드 러드와 퀸 마브」를 출간하고 오하이오의 칠리코시의 서펜트 마운드와 영국 노퍽의 브레클랜드를 여행하도록 해 준 런던 대학 버벡 칼리지의 이아인 보울에게 감사를 드린다.

여러 방면에서 용기를 북돋워 준 '입실렌티 점거'의 인클로저 반대, '도둑 잡아라!' 소속 동료들인 제프 클라크와 께마두라, 그리고 반전 지도부인 리비 헌터, 고든 비글로우, 자유 거리 선동가들에게 감사를 드린다.

끊임없이 기동력을 발휘하여 도움을 주고 격려를 해 주었던 피엠 출판사의 편집자들인 램지 카난, 사샤 릴리에게 감사를 드린다.

토론을 정리해주고 유익한 제안을 해 주고 삶을 즐기도록 해준 릴리 라인보우에게 감사를 드린다. 마지막으로, 이 여행을 함께 해 준 나의 동지인 미켈라 브레난에게 심심한 사의를 표한다.

이 책은 『히드라 : 제국과 다중의 역사적 기원』(갈무리, 2008), 『마그나카르타 선언 : 모두를 위한 자유권들과 커먼즈』(갈무리, 2012), 『메이데이 : 노동해방과 공유지 회복을 위한 진실하고 진정하며 경이로운 미완의 역사』(갈무리, 2020)를 통해 이미 우리에게 소개된 피터 라인보우의 *Stop, Thief! The Commons, Enclosure, and Resistance*(2014)을 옮긴 것이다.

일관되게 "Commons"를 둘러싼 계급투쟁의 역사와 지도를 쓰고 그려 온 그는 우리 시대의 가장 중요한 역사가로 평가받고 있다. 그는 역사가를 사람들의 기억을 환기하는 사람이라고 규정한다. 그의 작업을 통해 우리는 어떤 기억의 불을 지피게 될까? 그리하여 우리는 어떤 상상의 무기를 손에 쥐게 될까?

이 책의 핵심 어휘인 "Commons"는 이제 우리에게 더는 낯설지 않다. '공유지', '커먼즈' 등의 개념으로 옮겨져 이론과 실천 모두에서 풍부한 경험과 기억을 축적하는 중이다.

저자는 서문과 1장에서 'common-'에 대해 상세하게 설명하고 있다. 우리는 저자의 의도와 이 어사의 개념적 중요성을 살리기 위해 우리말에서 익숙하지 않은 느낌이 되는 경우에조차 일관되게 '공통-'이라는 말로 옮겼다. 그래서 common은 형용사의 경우 '공통(의, 적)'으로, 동사의 경우는 '공통하다'로 옮겼다. 이 책에서 '공유하다'로 번역된 동사는 'share'다. '공유지'로 흔히 번역되어온 commons는 '공통장'으로 옮기거나 '공유지'를 병기했다. commoning은 '공통화'로, commoner는 '공통인'으로, the common은 '공통적인 것'으로 옮겼다. 이런 맥락에서 communal도 대부분 '공통의'로 옮겼다.

하지만 community(공동체), commune(코뮌), communism(코뮤니즘/공산

주의)처럼 위의 어휘들과 어원과 핵심 의미를 공유하고 밀접한 연관을 갖는 어휘인 경우에도 한국에서 번역어가 어느 정도 정착한 경우에는 그 번역어로 옮겼다.

이 책은 많은 분들의 공통하기를 통해 완성도를 높여 나갔다. 저자의 사상적 깊이와 넓이에 빠져 허우적대다 공통인들의 손길에 방향을 잡고 길을 찾아 나갈 수 있었다. 조정환 선생님은 언제나 처음과 끝, 모든 길에서 죽비처럼 깨우침을 주셨다. 김선미, 김학남, 박수미, 이선경 선생님, 프리뷰어님, 김정연 편집자님, 든든한 벗 들풀향기, 그리고 헤아릴 수 없이 많은 분들이 이 책의 번역 및 출간에 함께해 주셨다. 진심 어린 감사의 인사를 드린다. 그리고 이 책을 손에 들고 새로운 공통하기의 길을 열어젖힐 독자분들에게도 감사드린다.

오늘도 공통장의 역사를 지우고 우리들의 공통을 훔쳐가는 세력들에게 우리는 다음과 같은 말을 돌려주자.

Ya basta! Stop, Thief!
'고마해라, 마이 무따 아이가, 이 도둑놈아!'

2021년 9월
서창현

:: 후주

서문

1. * 〈세계산업노동자연맹〉(Industrial Workers of the World, 별칭 Wobblies)을 가리킨다.
2. 이것은 여전히 유효한 긴급한 외침이다. 나는 압둘 알칼리맷과 점심시간에 털리도 대학의 카페테리아에서 정치범이자 언론인인 무미아 아부자말을 위해 이렇게 외쳐서 사람들의 주의를 끌었다.
3. E.J. Hobsbawm, *Primitive Rebels* (New York : W.W. Norton, 1959) ; 그리고 워릭 사회역사학파의 선집 *Albion's Fatal Tree* (London : Allen Lane, 1975). 그리고 E.P. Thompson, *Whigs and Hunters* (London : Allen Lane, 1975). 버소 출판사는 2011년에 『대영제국의 치명적 나무』의 2판을 출간했고 브리비에리 스텁 출판사는 2013년에 『휘그당과 사냥꾼들』의 신판을 출간했다. 또한 프랑크푸르트학파의 연구물인 다음을 보라. Georg Rusche & Otto Kirchheimer, *Punishment and Social Structure* (New York : Columbia University Press, 1939). 그리고 영향력 있는 다음 저작을 참고하라. Michel Foucault, *Discipline and Punish*, trans. by Alan Sheridan (New York : Vintage, 1977)[미셸 푸코, 『감시와 처벌 – 감옥의 탄생』, 오생근 옮김, 나남, 2016].
4. * 예리한 금속 조각이 붙은 울타리용 철선.
5. * enthymeme. 전통논리학, 즉 연역논리학에서 불완전한 삼단논법을 가리키는 말.
6. * 미국의 가수 겸 작곡가이자 음악인인 우디 거스리는 1930년대 광범한 언론의 주목을 받았던 미국의 은행 강도인 프리티 보이 플로이드를 소재로 하여 1939년 〈프리티 보이 플로이드의 발라드〉라는 제목의 노래를 발표했다. 따옴표 속 구절은 이 노래 가사의 일부다.
7. * P. B. 셸리, 『사랑의 철학』, 김천봉 옮김, 글과글사이, 2017, 전자책 30%.
8. * 고대 이집트 제19왕조 제3대 파라오 람세스 2세의 그리스어 명칭.
9. * 구식 산업 공장들이 남아 있는 미국의 중서부 및 북동부의 중공업 지대.
10. * 여우 자매는 강신술의 창출에 중요한 역할을 한 뉴욕 출신의 세 자매를 가리킨다.
11. * 탁자 따위를 톡톡 두드리면서 기도나 주문을 외어 신이 내리게 하는 술법.
12. * 말일성도의 믿음에 따르면, 황금 접시(황금 성경)는 조지프 스미스가 모르몬의 책을 번역할 때 자료로 삼았다고 말한 신성한 믿음의 글이다.
13. * Edmund Wilson, 1895~1972. 미국의 작가이자 평론가. 프로이트주의와 맑스주의적 주제들을 탐구한 것으로 유명하다.
14. * 공동주택을 짓는 사람들이라는 뜻이다.
15. * 17~18세기 북아메리카를 차지하기 위한 프랑스와 영국의 전쟁에서 전략적인 역할을 한, 미국 식민지 시대의 북아메리카 선주민연맹.
16. Midnight Notes Collective, *Midnight Notes*, no. 10 "The New Enclosures" (Jamaica Plain, MA : Midnight Notes, 1990).
17. * James Mercer Langston Hughes, 1902~1967. 미국의 미주리 조플린 출신의 시인, 사회 활동가, 소설가, 극작가, 칼럼니스트.
18. * 멕시코 인디언들의 전통적인 공동 소유지를 말한다.
19. * 여기에서 '자칼'은 하이에나, 까마귀, 독수리 등과 같이 생물의 사체 따위를 먹이로 하는 동물, 즉 청소동물을 가리킨다. 모험 자본 투자자들이 이윤을 좇아 실리콘밸리의 컴퓨터 관련 사업에 몰려

든 상황을 빗댄 것으로 보인다.

20. * 미국 알래스카 내륙부, 캐나다 북서부의 아타파스카족.

21. P. Linebaugh, "Commonists of the World Unite!", *Radical History Review* 56 (Spring 1993) : 59~67.

22. 이 세부 내용을 확인해 준 〈코넬비교근대협회〉의 알렉시스 보이스에게 감사한다.

23. * Gray Panthers. 노인복지·고령자의 권익을 지키고자 하는 운동 단체.

24. * 1798년의 아일랜드 봉기(일명 아일랜드연맹 봉기)는 잉글랜드의 통치에 반대하여 아일랜드에서 일어난 반란으로 1798년 5월에서 9월까지 계속되었다.

25. * 아일랜드의 옛 지방.

26. * Iain Boal. 기술과 공통장을 연구하는 사회 역사학자.

27. * David Franklin Noble, 1945~2010. 과학기술, 과학, 교육에 대한 비판적인 역사학자. 자동화의 사회사에 관한 독창적인 저작으로 유명하다.

28. * 미국 인디애나주 북부를 남서로 흘러서 워배시강에 합류하는 강. 본문에는 'the River Thames'로 되어 있으나 착오인 듯하다.

29. * Tecumseh, 1768~1813. 쇼니족의 인디언 추장. 인디언들이 부족 간 연합을 통해 오하이오강 유역에 대한 백인의 지배에 저항할 것을 주장했다. 1812년 미영 전쟁에서는 영국군의 디트로이트 점령 작전과 오하이오 침략에 가담했다. 윌리엄 헨리 해리슨이 이끄는 미국군과의 결전에서 패배했으며, 이 전투에서 전사했다.

30. J.S. Mill, *Principles of Political Economy*(1848), book 4, chap. 6, p. 2 [존 스튜어트 밀, 『정치경제학 원리④ — 사회철학에 대한 응용을 포함하여』, 박동천 옮김, 나남, 2010, 95쪽].

31. * John Sullivan, 1740~1795. 독립전쟁 당시 미국 장군. 대륙회의 대표, 뉴햄프셔 주지사, 미국 연방 판사를 지냈다.

32. * Thomas Paine : 1737~1809. 18세기 미국의 작가이자 국제적 혁명이론가.

33. * 영국 잉글랜드 노퍽주의 행정구.

34. * 미국 뉴욕주 북동쪽에 있는 산맥.

35. * John Brown, 1800~1859. 미국의 노예제 폐지론자.

36. * Vere Gordon Childe, 1892~1957. 오스트레일리아 태생의 영국 역사학자.

37. * George Thomson, 1757~1851. 스코틀랜드의 민요를 편집하고 출판한 스코틀랜드의 출판인.

38. V. Gordon Childe, *Skara Brae* (London : Kegan Paul, 1931), 그리고 Aeschylus, *The Prometheus Bound*, ed. and trans. George Thomson (Cambridge : Cambridge University Press, 1932).

39. * Mary Jemison, 1743~1833. 미국 개척 시대의 여성.

40. * 북아메리카 선주민의 한 부족인 알곤킨족에 속하는 쇼니족을 가리킨다.

41. J. Seaver, *The Life of Mary Jemison : Deh-he-wä-mis*, 4th ed. (New York : C.M. Saxton, 1859), 15.

1장 공통장의 몇 가지 원리

1. * 『이 폐허를 응시하라 — 대재난 속에서 피어나는 혁명적 공동체에 대한 정치 사회적 탐사』(리베카 솔닛, 정해영 옮김, 펜타그램, 2012) 참조.

2. * 영국의 과학자 제임스 러브록이 주장한 가설. 가이아란 고대 그리스인들이 대지의 여신을 부른 이름이다. 가이아 가설은 지구를 단순히 기체에 둘러싸인 암석 덩어리로서 생명체를 지탱해주기만 하는 것이 아니라 생물과 무생물이 상호작용하면서 스스로 진화하고 변화해 나가는 하나의 생명체이자 유기체임을 강조한다.

3. * Rachel Louise Carson, 1907~1964. 미국의 해양 생물학자이자 작가. 잘 알려진 작품으로 『침묵의 봄』이 있으며, 그의 글은 환경운동이 진보하는 데 큰 몫을 했다.

4. * 이로쿼이족을 포함한 일부 선주민들은 북아메리카를 "터틀 아일랜드(거북섬)"라고 부른다.

5. * 인도의 각 카스트 자치제도에서 가장 중요한 재판기관으로 법정의 역할을 했다.

6. * 멕시코 남부 와하까주의 주도로, 비옥한 와화까 계곡, 해발 1,550m 지점에 있다. 1486년에 아즈텍족의 요새로 세워져 1521년 스페인군에게 점령당한 이후 지금까지 멕시코 역사에서 중요한 역할을 했다.

7. * 'hood'는 '성질·상태·신분·처지 또는 특정한 사람들의 집단'을 나타내는 명사를 만드는 접미사다.

8. * 원문에 'wit'로 되어 있어, 원래의 표현과 맥락 모두 고려하여 '지성[흙]'으로 옮겼다.

2장 도둑이야! 공통장과 공통화의 기본 지침

1. * potluck. 음식물을 각자가 준비해 와 여는 소박한 파티.

2. * BYO, Bring Your Own. 파티를 열 경우 주최자는 음식과 장소를 제공하고 참석자는 각자 자신이 마실 술을 가져오는 문화.

3. * CSA, community supported agriculture. 여러 농민과 소비자가 상호 계약을 맺고 농산물을 생산하여 직거래를 통해 사는 농업 생산 방식.

4. * 타흐리르[해방] 광장은 이집트 카이로 중심가에 있는 광장이다. 카이로에서 일어난 정치 시위 장소이자 핵심지로서 2011년 이집트 혁명과 호스니 무바라크 대통령의 사임으로 귀결된 시위들로 유명하다.

5. * gated community. 공공 공간이 사유화되어 출입이 제한된 주거단지를 가리킨다. 「게이티드 커뮤니티의 공간적 특성과 사회문화적 함의」(정헌목, 서울도시연구 제13권 제1호, 2012)를 참조.

6. * 2005년 8월 미국 남부를 덮친 허리케인. 많은 인명과 재산의 피해를 낳았다.

7. * 미국 북서안 인디언들이 부와 권력의 과시로 행하는 겨울 축제의 선물 분배 행사.

8. * 아이티 등의 지역에서 널리 믿는 민간신앙의 하나. 프랑스 식민지 시대부터 내려온 로마 가톨릭의 제의적 요소에 아프리카의 주술적 요소가 혼합된 형태가 특징이다.

9. * Maya Angelou, 1928~2014. 미국의 시인·회고록 집필자·시민 인권활동가.

10. * Peter Kropotkin, 1842~1921. 러시아 출신의 지리학자·아나키스트 운동가·철학자.

11. * Claude McKay, 1889~1948. 자메이카 태생 미국의 시인·소설가.

12. * Thomas Matthew McGrath, 1916~1990. 미국의 유명한 시인.

13. * Marge Piercy, 1936~ . 미국이 시인·소설가·사회활동가.

14. * Samuel Taylor Coleridge, 1772~1834. 영국의 시인·문학평론가·철학자·신학자. 윌리엄 워즈워스와 함께 쓴 『서정 민요집』으로 영국 낭만주의 운동을 열어젖힌 것으로 평가받는다.

15. R. Fulghum, *All I Really Need to Know I Learned in Kindergarten* (New York : Ballant ine Books, 1983) [로비트 풀검, 『내가 정말 알아야 할 모든 것은 유치원에서 배웠다』, 박종서 옮김, 김영사, 1992].

16. J. Walljasper, ed., *All That We Share : A Field Guide to the Commons* (New York : The New Press, 2010) [제이 월재스퍼, 『우리가 공유하는 모든 것』, 박현주 옮김, 검둥소, 2013].

17. R. Patel, *The Value of Nothing* (New York : Picador, 2009) [라즈 파텔, 『경제학의 배신』, 제현주 옮김, 북돋움, 2016].

18. "p.m.", *bolo bolo* (New York : Autonomedia, 2011).

19. R. Solnit, *A Paradise Built in Hell* (New York : Viking, 2009) [리베카 솔닛, 『이 폐허를 응시하라』,

정해영 옮김, 펜타그램, 2012].

20. D. Bollier, *Silent Theft* (New York : Routledge, 2002).

21. I. Boal, J. Stone, M. Watts, and C. Winslow, eds., *West of Eden* (Oakland : PM Press, 2011).

22. * '백투더랜드 운동'은 다양한 역사적 시기에 걸쳐 진행된 수많은 농업 운동을 포괄하는 용어다. 이들을 관통하는 공통의 요구는, 소유를 소규모로 하고, 자신을 위해서든 타인을 위해서든 작은 규모로 땅에서 식량을 재배해야 한다는 것이다.

23. S. Federici, *Caliban and the Witch* (New York : Autonomedia, 2004) [실비아 페데리치, 『캘리번과 마녀 : 여성 신체 그리고 시초축적』, 황성원·김민철 옮김, 갈무리, 2011].

24. M. Mies and V. Bennholdt-Thomsen, *The Subsistence Perspective*, trans. Patrick Camiller, Maria Mies, and Gard Wieh (New York : Zed Books, 1999) [마리아 미즈·베로니카 벤홀트-톰젠, 『자급의 삶은 가능한가』, 꿈지모 옮김, 동연, 2013].

25. P. Linebaugh, *The Magna Carta Manifesto* (Berkeley : University of California Press, 2008) [피터 라인보우, 『마그나카르타 선언』, 정남영 옮김, 갈무리, 2012].

26. L. Hyde, *Common as Air* (New York : Farrar, Straus and Giroux, 2010).

27. M. Hardt and A. Negri, *Commonwealth* (Cambridge : Harvard University Press, 2009) [마이클 하트·안토니오 네그리, 『공통체』, 정남영·윤영광 옮김, 사월의책, 2014].

28. E. Ostrom, *Governing the Commons* (New York : Cambridge University Press, 1990) [엘리너 오스트롬, 『공유의 비극을 넘어』, 윤홍근·안도경 옮김, 랜덤하우스코리아, 2010].

29. H. Reid and B. Taylor, *Recovering the Commons* (Urbana : University of Illinois Press, 2010).

3장 도시와 공통장 : 우리 시대를 위한 이야기

1. 2013년 5월 여러 날 동안, 이 글에서 다룬 생각을 논의해 준 마드리드의 레이나 소피아 국립 미술관과 더블린의 그래드캠, 특히 아나 데 멘데스와 패트릭 브레스니한에게 감사를 드린다.

2. * 흔히 '솔 광장'이라고 부르는 푸에르타 델 솔은 국도의 기점에 해당하는 장소로, 스페인 각지로 통하는 10개의 도로가 이곳에서 뻗어 나간다. '태양의 문'이라는 뜻의 푸에르타 델 솔에는 16세기까지 태양의 그림이 그려진 성문이 있었다고 전해진다.

3. 이는 월가 점거를 설명하는 데이비드 그레이버의 주요한 주제다. 다음을 보라. *The Democracy Project : A History, A Crisis, A Movement* (New York : Spiegel & Grau, 2013).

4. Ostrom, *Governing the Commons* 그리고 J.M. Neeson, *Commoners* (Cambridge : Cambridge University Press, 1993).

5. V. Gordon Childe, "The Urban Revolution," *The Town Planning Review* 21, no. 1 (April 1950) : 3~17. 차일드는 일찍이 『인간은 자신을 만든다』[*Man Makes Himself* (London : Watts & Co., 1936)]에서 이 용어를 만들어냈다.

6. * John Horne Tooke, 1736~1812. 영국의 급진적 정치가. 18세기 말에 의회 개혁과 성공회 반대의 자유를 가장 효과적으로 선동했다. 휘그당의 막강한 거물들을 공격했지만 민주주의를 주창하는 단계까지는 가지 못했다.

7. J.H. Tooke, *Diversions of Purley*, 2 vols. (London : J. Johnson's : 1786~1805).

8. * 1381년에 잉글랜드를 휩쓴 대규모의 민란으로 와트 타일러의 난, 대봉기라고 한다.

9. G. Gould, *Righthandedness and Lefthandedness* (Philadelphia : Lippincott, 1908). 미국은 우측통행을 선택했다.

10. A. Vidler, "The Scenes of the Street", in Stanford Anerrson, ed., *On Streets* (Cambridge : MIT

Press, 1978), 58. 다음 역시 참고하라. Bentham, *Panopticon Postscript* (1791), Bowring, vol. 4, 86.

11. K. Polanyi, *The Great Transformation* (Boston : Beacon Press, 1957) [칼 폴라니, 『거대한 전환 : 우리 시대의 정치·경제적 기원』, 홍기빈 옮김, 길, 2009].

12. * 영국 런던의 중앙부에서 서쪽으로 치우친 지역을 가리킨다. 부호의 저택이 많고 큰 상점·극장·공원 등이 있다.

13. * 영국 런던 동부의 하층민 거리·공업 지구를 가리킨다.

14. * 1780년에 일어난 고든 폭동은 1778년 교황청 법에 반대하여 런던에서 가톨릭 반대 시위로 시작되어 영국 가톨릭에 대한 공식적인 차별을 줄이는 것을 목표로 했다.

15. * 1188년부터 1902년까지 700년 이상 존재한 런던의 교도소.

16. * John Soane, 1753~1837. 벽돌 시공업자의 아들로 태어나 18세기 말에서 19세기 초 영국을 대표하는 최고의 건축가에 오른 입지전적인 인물.

17. J. Malcolm, *Londinium Redivivum* (London : J. Nichols, 1803), 436. 다음 책에서 인용했다. Daniel M. Abramson, *Building the Bank of England* (New Haven, CT : Yale University Press, 2005), 125, 130.

18. Col. G. Hanger, *Reflections on the Menaced Invasion and the Means of Protecting the Capital* (London : J. Stockdale, 1804), 107~19.

19. * 'division'은 맥락에 따라 분할 또는 분업으로 옮겼다.

20. * Thomas Spence, 1750~1814. 영국의 급진주의자. 토지의 공통 소유를 주창했다.

21. * 영국 내란(청교도혁명)과 공화국(Commonwealth) 시기에 공화주의적·민주적 운동을 추진한 집단.

22. * 1649~50년 영국에서 토지의 균등 분배를 주장한 집단.

23. S. BuckMorss, *Hegel, Haiti, and Universal History* (Pittsburgh : University of Pittsburgh Press, 2009), 60.

24. F. Engels, *Socialism*, trans. Edward Aveling (New York : International Publishers, 1994), 36, 43.

25. * Gerrard Winstanley, 1609~1676. 영국의 프로테스탄트 종교개혁자·정치철학자·활동가. 토지의 공통 소유, 공통 경작, 공통 분배라는 혁명적인 이상을 통해 새로운 세상을 꿈꾸었다.

26. E.P. Thompson, "Disenchantment or Default? A Lay Sermon," Conor Cruise O'Brien and William Dean Vanech, *Power & Consciousness* (New York : New York University Press, 1969), 150.

27. * 영국 잉글랜드 노퍽주 브레클랜드 행정구에 있는 교회구도시.

28. W. Wordsworth, *The Prelude*, lines 226~31, 1805 [윌리엄 워즈워스, 『서곡』, 김숭희 옮김, 문학과지성사, 2009, 268쪽].

29. * William Blake, 1757~1827. 영국의 화가이자 시인.

30. [그리스어 원문을 번역한] 로버트 존 손턴 박사의 "주기도문"에 붙인 블레이크의 주석.

31. W. Blake, *Visions of the Daughters of Albion* (1793).

32. G. Caffentzis, "The Work/Energy Crisis and the Apocalypse," in *In Letters of Blood and Fire* (Oakland : PM Press, 2013), 11~57 [조지 카펜치스, 「노동/에너지 위기와 종말론」, 『피와 불의 문자들』, 서창현 옮김, 갈무리, 2018].

33. W. Robertson, *The History of the Reign of the Emperor Charles the Fifth* (1769), book 6.

34. T. More, *Utopia*, trans. Raphe Robynson(1551), (Everyman's Library : London, 1910), 53.

35. H. Quaquaquid and R. Ashpo, *Petition to the Connecticut State Assembly* (May 1789). 다음도 참조하라. I. Boal et al., eds., *West of Eden*.

36. * Túpac Amaru II, 1742~1781. 1780년 스페인의 잉카 제국 침략과 정복에 맞서 잉카인들의 항쟁을

이끈 인물. 그의 봉기는 실패하고, 그는 처형당했으나, 이후 페루 독립투쟁에 영향을 주었으며, 남아메리카 선주민들의 권리쟁취투쟁에 많은 영감을 불어넣었다.

37. * 금속화폐.

38. * 포토시(Potosí)는 볼리비아의 포토시주의 주도다.

39. * 식민지 시대 스페인령 아메리카에서 왕이 일부 식민지 개척자들에게 인디언을 강제 노동에 동원할 수 있도록 허용한 제도.

40. J. Nash, *We Eat the Mines and the Mines Eat Us* (New York : Columbia University Press, 1993), xxxiii. 다음도 참고하라. M. Taussig, *The Devil and Commodity Fetishism* (Chapel Hill : University of North Carolina Press, 1980) ; S. J. Stern, "The Age of Andean Insurrection, 1742~1782," in Resistance, *Rebellion, and Consciousness in the Andean Peasant World, 18th to 20th Centuries* (Madison : University of Wisconsin Press, 1987).

41. L. Dubois, *Avengers of the New World* (Cambridge : Harvard University Press, 2004), 20, 48, 162, 230.

42. * 각 소작인에게 서로 떨어진 토지를 배분해 준 아일랜드의 토지 배분법. 런리그.

43. * 클라첸은 20세기 중반까지 아일랜드의 전통적인 소규모 정착 공유지 유형을 가리킨다.

44. F.H.A. Aalen, K. Whelan, and M. Sout, eds., *Atlas of the Irish Rural Landscape*, 2nd ed. (Cork : Cork University Press, 2011), 86~91.

45. * Robert Emmet, 1778~1803. 아일랜드의 민족지도자.

46. * James Connolly, 1868~1916. 스코틀랜드계 아일랜드인이며 아일랜드의 사회주의 지도자이자 혁명가.

47. J. Prebble, *The Highland Clearances* (London : Seeker and Warburg, 1963).

48. * Charles Cornwallis, 1738~1805. 영국의 군인이자 정치가. 영국 본국군 사령관으로서 미국 독립전쟁을 진압하였고 인도 총독이 되어 동인도회사의 판도를 확대하고, 사법·제정 제도를 개혁하고 식민지 체제의 기초를 닦은 것으로 평가된다.

49. * Permanent Settlement. 동인도회사가 무굴제국으로부터 벵골과 비하르, 오리사 지역의 징세권을 넘겨받아 콘월리스가 1793년 공표한 토지세 제도.

50. 방대한 문헌이지만 다음을 보라. E.P. Thompson, "Custom, Law, and Common Right," in *Customs in Common* (London : Merlin, 1991). 그리고 B. Bushaway, *By Rite* (London : Breviary Stuff, 2011).

51. * 남의 땅을 빌려 쓰는 사람이 그곳에서 베어내어도 좋은 장작이나 수선용의 재목, 또는 그것을 취득할 수 있는 권리를 가리킨다.

52. P. Linebaugh, *The London Hanged*, 2nd ed. (London : Verso, 2003).

53. * Guanches. 스페인 카나리아 제도의 토착 민족.

54. * 1789년 잉글랜드 군함 바운티호에서 일어난 선상 반란 사건.

55. A. von Humboldt, *Personal Narrative of Travels to the Equinoctial Regions of America*(1805), 121~22. 그리고 G. Dening, *Mr Bligh's Bad Language* (Cambridge University Press, 1992).

56. R. Holmes, *The Age of Wonder* (New York : Pantheon, 2008), 16~17 [리처드 홈스, 『경이의 시대』, 전대호 옮김, 문학동네, 2013]. 타히티에서, 석기 시대 문화와 철기 시대 문화의 교환은 단도직입적으로 말해 '못 한 개는 성교 한 번' 같은 것이었다.

57. G. Lefebvre, *The Coming of the French Revolution*, trans. R.R. Palmer (1967), 140~41. 르페브르는 긴 낫 대신 작은 낫을 거의 보편적으로 사용하게 되면서 이삭 줍는 사람들에게 높은 그루터기가 풍부하게 남았다고 말한다.

58. J. Michelet, *History of the French Revolution*, trans. C. Cocks (London : H.G. Bohn. 1847), 66.

59. * William Hazlitt, 1778~1830. 영국의 작가이자 평론가·화가·철학자.

60. * John Thelwall, 1764~1834. 영국의 급진적인 웅변가·작가.

61. W. Hazlitt, "The French Revolution", John Thelwall, *Poems ... Written in the Tower and Newgate* (1795).

62. * John Howard, 1726~1790. 영국의 박애주의자.

63. 로버트 왓슨 박사는 고든의 비서로서 1795년에 그의 전기를 집필했다. D. Hay, "The Laws of God and the Laws of Man" in R.W. Malcomson and John Rule, eds., *Protest and Survival* (London : Merlin Press, 1993).

64. R. A. Manogue, "The Plight of James Ridgway, London Bookseller and Publisher and the Newgate Radicals, 1792~1797", *Wordsworth Circle 27* (1996) : 158~66.

65. A.D. Morris, *James Parkinson* (Boston : Birkhauser, 1989). "인구가 공급 수단을 초과한다면[빈곤층이 존재한다면], 그 잘못은 자연에 있는 것이 아니라 재산의 분할과 전유를 존중하는 법률들에 잠재해 있는 결점을 발견할 수 있는 정치가들의 능력에 있었다."

66. * 런던의 클러컨웰의 마운트 플레전트 지역에 있는 교도소. 예전에는 미들섹스 교도소와 클러컨웰 교도소로도 알려져 있었으며 비공식적으로는 '강철'이라고 불렸다.

67. * Graccus Babeuf, 1760~1797. 프랑스혁명 초기의 정치선동가.

68. * 〈런던통신협회〉(London Corresponding Society)는 런던에 본사를 둔 급진적인 조직으로 주로 장인, 상인 및 상점 주인으로 구성되었다.

69. * Francis Place, 1771~1854. 영국의 급진주의 개혁가.

70. F. Place, *The Autobiography of Francis Place*, M. Thrale ed. (Cambridge University Press, 1972).

71. * 영국 그레이터런던 이즐링턴 자치구에 인접한 지역.

72. * 영국 스코틀랜드 그레이트브리튼 섬 북쪽에 있는 제도.

73. * 이는 영국 국가의 제목이다.

74. R.H. Thompson, "The Dies of Thomas Spence," *The British Numismatic Journal 38* (1969~1970) : 126~67.

75. R. Mabey, *Flora Britannica* (London : Sinclair-Stevenson, 1996), 444.

76. * Arthur O'Connor, 1763~1852. 아일랜드의 혁명가.

77. A. O'Connor, *The State of Ireland*, ed. J. Livesey (Dublin : Lilliput Press, 1998), 22.

78. * 영국의 옛 금화로 이전의 21실링에 해당한다. 오늘날은 계산상의 통화 단위로, 상금·사례금 등의 표시에만 사용된다.

79. J. Dugan, *The Great Mutiny* (London : Deutsch, 1966).

80. * 타이번은 런던의 사형장을 가리킨다.

81. * 'the mind-forged manacles'는 블레이크의 시 '런던'에 나오는 표현으로 인간의 정신에 가해지는 제한이나 한계를 뜻한다. 다음을 참조하라. 윌리엄 블레이크, 『블레이크 시선』, 서강목 옮김, 지식을만드는지식, 2012, 82~3쪽.

82. * Jeremy Bentham, 1748~1832. 영국의 법학자·철학자·변호사. "최대 다수의 최대 행복"을 추구하는 공리주의를 표방했다.

83. * Arthur Young, 1741~1820. 영국의 작가. 농업·정치·경제에 관해 많은 작품을 남겼다.

84. * Patrick Colquhoun, 1745~1820. 스코틀랜드의 상인·통계학자·치안 판사. 영국 경찰조직의 설립을 주장했다.

85. * Thomas Robert Malthus, 1766~1834. 인구학에 관한 이론으로 유명한, 영국의 성직자·인구통계

학자·정치경제학자.

86. A. Young, *General View of the Agriculture of the County of Norfolk* (1804).

87. G.E. Mingay, *Parliamentary Enclosure in England* (London : Longman, 1997), 22.

88. J. Gazley, *The Life of Arthur Young* (Philadelphia : American Philosophical Society, 1973), 440. 그는 자녀가 네 살이 되면 짚 엮는 방법을 배워야 한다고 제안했다.

89. L. Radzinowicz, *A History of English Criminal Law and its Administration from 1750*, vol. 3, *The Reform of the Police* (London : Stevens, 1956), 310.

90. * 민첩하게 활동할 수 있도록 가볍게 무장한 기병.

91. * 훔쳐낸 물건(장물)인 줄 알면서 그 물건을 구매하는 사람을 일컫는다.

92. P. Colquhoun, *A Treatise on the Commerce and Police of the River Thames* (1800), 195, 369.

93. * 옛날 감옥에서 죄수에게 징벌로 밟아 돌리게 했던 바퀴를 말한다.

94. F.H. Forshall, *Westminster School* (London : Wyman, 1884), 284~85.

95. 같은 책, 199.

96. R.W. Malcolmson, *Popular Recreation in English Society 1700-1850* (Cambridge : Cambridge University Press, 1973), 110~11. 다음 역시 참고하라. John and Barbara Hammond, *Age of Chartists 1832-1854* (London : Longmans, 1930), 114, 118.

97. C.L.R. James, *Beyond a Boundary* (London : Hutchinson, 1963), 159~60 ; 그리고 *The Future in the Present* (Westport, CT : Lawrence Hill, 1977), 221.

98. J. Semple, *Bentham's Prison* (Oxford : Oxford University Press, 1993), 3, 16.

99. Communication from Elizabeth Wells, archivist, Westminster School, April 24, 2013.

100. * BC 5세기 로마와 끈질긴 전쟁을 벌이다 로마에 복속된 고대 이탈리아 민족.

101. * 1802년에 나폴레옹 전쟁 중 북프랑스의 아미앵에서 프랑스가 영국, 에스파냐, 네덜란드와 맺은 평화 조약. 이 조약으로 프랑스는 1794년 이후 유럽에서 얻은 땅 전부를 영토로 인정받았으며 나폴레옹은 종신 통령으로 선출될 수 있도록 국내 체제를 정비할 수 있었다.

102. * Jean Jacques Dessalines, 1758~1806. 아이티의 아프리카계 흑인으로 반프랑스 독립 혁명 지도자.

103. L. Schiebinger, *Plants and Empire* (Cambridge : Harvard University Press, 2004).

104. L. Howard, *On the Modification of Clouds* (London : Taylor, 1803).

105. S. Winchester, *The Map That Changed the World* (New York : HarperCollins, 2001).

106. I. Illich, *In the Mirror of the Past* (New York : Marion Boyars, 1992), 227 [이반 일리치, 『과거의 거울에 비추어』, 권루시안 옮김, 느린걸음, 2013, 319쪽]. J-B. Lamarck, *Systeme des animaux sans vertebres* (Paris : Deterville, 1801).

107. * 에드워드 로(1690년경~1724년경) : 해적의 황금시대 후기인 18세기 초기에 활동한 악명 높은 영국계 해적.

108. * Toussaint Louverture, 1743 ~1803. 아이티의 혁명가·독립 투사.

109. * Constantin-François Volney, 1757~1820. 프랑스의 철학자·노예제 폐지론자·역사가·정치가.

4장 칼 맑스, 목재 절도, 노동계급의 구성 : 오늘날의 논쟁에 부쳐

1. 노먼 스타인에게 감사를 하고 싶다. 그는 이 글을 준비하는 데 아주 중요한 도움을 주었다. 〈뉴잉글랜드죄수협회〉의 동료들인 진 메이슨, 바비 스콜라드, 몬티 닐에게 심심한 사의를 표한다. 그들은 이 글의 초고를 읽고 비평해 주었다.

2. 다음 글은 이러한 주제의 전개와 관련된 매우 귀중한 자료다. Carpignano, "U.S. Class Composition in the Sixties," 7~32.

3. * George Jackson, 1941~1971. 아프리카계 미국인 활동가·작가.

4. P.Q. Hirst, "Marx and Engels on Law, Crime and Morality." *Economy and Society* 1 (February 1972), 29; M. Phillipson, "Critical Theorising and the 'New Criminology' ", *The British Journal of Criminology* 8, no. 4 (October 1973), 400; D. Melossi "The Penal Question in *Capital*," *Crime and Social Justice* 5 (Spring-Summer 1976), 31; E. Currie, "Review: The New Criminology", *Crime and Social Justice* 2 (Fall-Winter 1974), 113.

5. 여기에서 우리는 알뛰세의 영향을 받은 "일탈한 전문가"와 같은 것을 생각해 볼 수 있다(예컨대, 다음을 보라. Hirst, "Marx and Engels on Law, Crime and Morality", 28~56). 어쩌면 맑스는 "자신의 과학적 발견들에 관한 적절한 철학적 성찰을 결코 발전시키지 못했"을 수 있다. 그러나 이 발견들에 관한 일부 설명은 [논리] 정연하다. 특히 맑스 자신의 설명에 따르면, 애덤 스미스와 데이비드 리카도가 이루어 놓은 진보들에 관한 그의 가장 중요한 기여 중의 하나가 정치경제학 범주들에 관한 역사적 상술의 원리를 설명한 것이었다(Marx, *Capital* 1, 52~54 [마르크스, 『자본론 1(상/하)』].

6. Melossi, "The Penal Question in Capital", 26ff.

7. Crime and Social Justice Collective, "The Politics of Street Crime", *Crime and Social Justice* 5 (Spring-Summer 1976), 1~4; Herman and Julia R. Schwendinger, "Delinquency and the Collective Varieties of Youth", *Crime and Social Justice* 5 (Spring-Summer 1976).

8. 로렌스 앤드 위샤트 출판사의 E.J. 홉스봄과 마거릿 미나트에게 감사를 표하고 싶다. 그들은 친절하게도 출판 전에 이 글의 영역본을 구할 수 있도록 도와주었다.

9. A. Cornu, *Karl Marx et Friedrich Engels*, 3 vols. (Paris: Presses Universitaires de France, 1958), 68.

10. Karl Marx, *A Contribution to the Critique of Political Economy*, trans. N.I. Stone (Chicago: Charles H. Kerr, 1904), 10 [카를 마르크스, 『정치경제학비판을 위하여』, 김호균 옮김, 중원문화, 2017].

11. 맑스의 기사를 다룬 짧은 분량의 문헌이 있기는 하다(예컨대 다음을 보라. Cornu, *Karl Marx et Friedrich Engels*, 2:72ft., 그리고 Vigouroux, "Karl Marx et la legislation forestiere rhenane de 1842", *Revue d'histoire économique sociale* 43, no. 2 (1965):222~33). 하지만 이들의 주요 관심사는 맑스의 지적 이행, 즉 칸트, 루소, 사비니[1779~1861, 역사 법학의 창시자로서 로마법의 역사와 체계를 연구하여 현대 독일 법학의 기초를 확립한 것으로 평가됨]에서 포이어바흐와 헤겔로 이어지는 지적 이행에 있다.

12. Cornu, *Karl Marx et Friedrich Engels*, 2:72~95; F. Mehring, *Karl Marx*, trans. E. Fitzgerald (Ann Arbor: University of Michigan Press, 1962), 37ft.

13. H. von Treitschke, *A History of Germany in the Nineteenth Century*, trans. Eden and Cedar Paul. 7 volumes. (New York: McBride, Nast & Co., 1919), 4:538.

14. K. Marx, "Proceedings of the Sixth Rhine Province Assembly", 3rd article. Debates on the Law of the Theft of Wood. *Karl Marx and Frederick Engels: Collected Works*, Volume 1. (New York: International Publishers, 1975), 747.

15. E. Wilson, *To the Finland Station* (New York: Harcourt, Brace and Co., 1940), 124. [에드먼드 윌슨, 『핀란드 역으로』, 유강은 옮김, 이매진, 2007]

16. * 게르만법은 지금의 독일, 스칸디나비아, 북프랑스, 북부 이탈리아 지방에서 거주했던 고대 게르만 민족의 법률을 가리킨다. 초기 게르만 부족들이 로마 제국 멸망 후 옛 로마 지방으로 이동해 왔을 때

부터 각 게르만 부족의 관습법이 성문화한 속인법으로 발전한 시대까지의 법률이 여기에 속한다.

17. 이 작업은 아래 5절에서 보다 자세히 논의된다. 또한 다음을 보라. L. Fuld, *Der Einfluss der Lebensmittelpreise auf die Bewegung der Strafbaren Handlungen* (Mainz : J. Diemer, 1881) ; G. Mayr, *Statistik der Gerichtlichen Polizei im Konigreiche Bayern* (Munich : J. Gotteswinter & Möessl, 1867) ; W. Starke, *Verbrechen und Verbrecher in Preussen 1854-1878* (Berlin : T.C.F. Enslin, 1884). 그리고 H. von Valenrini, *Das Verbrecherthum im preussischen Staat* (Leipzig : J.A. Barth, 1869).

18. V.I. Lenin, *The Development of Capitalism in Russia* (Moscow : Foreign Languages Publishing House, 1899), 590 [V. I. 레닌, 『러시아에 있어서 자본주의의 발전(II)』, 김진수 옮김, 태백, 1988, 625쪽].

19. * 같은 책, 569쪽.

20. M. Perrie, "The Russian Peasant Movement of 1905~1907", *Past & Present*, 57 (November 1972), 128~29.

21. * 대륙봉쇄령은 프랑스 제국과 그 동맹국의 지배자였던 나폴레옹 1세가 당시 산업혁명이 진행 중인 영국을 봉쇄한 뒤 프랑스와 통상을 맺게 하여 유럽 대륙의 경제를 지배하기 위해 내놓은 경제봉쇄 명령이다.

22. * 프로이센이 앞장서서 만든 독일의 관세동맹(1834).

23. J. Bowring, "Report on the Prussian Commercial Union," Parliamentary Papers, XXI. 1840, 1.

24. * 지방자치정부나 시 당국 등 지방행정단위에서 그 지역으로 반입되는 특정 범주의 재화에 부과하는 세금.

25. W.O. Henderson, *The Zollverein* (Cambridge : Cambridge University Press, 1939), 129~30.

26. Treitschke, *A History of Germany in the Nineteenth Century*, 7 : 201.

27. * 독일 남서부 바덴뷔르템베르크주에 있는 도시.

28. T.C. Banfield, *Industry of the Rhine, Series 2 : Manufactures* (London : C. Knight &. Co., 1846~1848), 55~56.

29. * 독일 부퍼탈에 속한 작은 소도시. 1929까지는 독립된 소도시였다.

30. * 독일의 강. 라인강 우안을 형성하는 지류로서 노르트라인베스트팔렌주, 라인란트팔츠주를 흐른다.

31. * 독일 노르트라인베스트팔렌주의 도시권을 이루는 지역.

32. * 과거 갈리아 제국의 수도였으며 고대 로마시대부터 현재까지 2000년이 넘는 도시 역사를 간직한 독일에서 가장 오래된 도시.

33. * 줄츠강 어귀에 자르강을 끼고 있으며, 프랑스 포르바크와 마주하고 있는 국경 역이다.

34. * 독일 서부 노르트라인베스트팔렌에 있는 도시. 라인강의 지류인 부퍼강 연안에 위치하며, 동북쪽으로 부퍼탈, 동쪽으로 렘샤이트에 접한다. 서북쪽의 뒤셀도르프, 남쪽의 레버쿠젠, 쾰른과도 멀지 않은 곳에 있는 독일 최대의 인구밀집지역인 라인강 유역 대도시권의 한 중심지다.

35. * 라인강 우안을 형성하는 지류로 길이는 약 153km에 이른다.

36. Banfield, *Industry of the Rhine. Series 1 : Agriculture*, 142.

37. R.H. Palgrave, *Dictionary of Political Economy* (London : Macmillan and Co., 1912), 2 : 814~16 ; A. von Lengerke, *Die Ldndliche Arbeiterfrage* (Berlin : Büreau des Königl. Ministeriums für landwirtschaftliche Angelegenheiter, 1849).

38. * 독일 최대 항구 중 하나. 독일 북서부의 자유시로 유럽 북부의 주요 공업도시다.

39. * 프랑스 서북부, 대서양에 면한 항구도시. 센강 하구의 오른편에 위치한다.

40. J. Droz, *Les Revolutions Allemandes de 1848* (Paris : Presses Universitaires de France, 1957), 78.

41. A.S. Milward and S.B. Saul, *The Economic Development of Continental Europe, 1780-1870* (Totowa, NJ : Rowman and Littlefield, 1973), 1472.

42. * 라인강의 좌안, 마인강 입구에 있는 항구도시. 인쇄기술을 발명한 요하네스 구텐베르크가 태어난 곳으로 유명하다.

43. * 독일 헤센주와 바이에른 및 바덴뷔르템베르크주에 걸쳐 있는, 숲이 우거진 고지. 관광지로 인기 있는 이곳은 네카어강과 마인강 사이에 펼쳐져 있으며, 라인강 유역을 내려다보고 있다.

44. * 프랑스 북동부 로렌 지방에 있는 주. 프랑스·독일 전쟁(1870~71) 후 독일에 합병되었다가 1차 세계대전이 끝난 뒤 1919년에 프랑스에 반환되었다. 독일은 이곳을 2차 세계대전 때 다시 합병하여 1944년까지 점령했다.

45. * 메인강 유역을 중심으로 한 독일 중세의 부족 대공령의 하나.

46. * 독일 라인강의 서안 지역.

47. * 독일 남부 바이에른주의 중동부에 있는 행정구.

48. Mayr, *Statistik der Gerichtlichen Polizei im Konigreiche Bayern*, 136~37.

49. Milward and Saul, *The Economic Development of Continental Europe, 1780-1870*, 147.

50. * Friedrich List, 1789~1846. 독일 태생의 미국 경제학자.

51. 같은 책, 82.

52. Treitschke, *A History of Germany in the Nineteenth Century*, 7 : 301.

53. Cornu, *Karl Marx et Friedrich Engels*, 2 : 78~79.

54. Banfield, *Industry of the Rhine, Series 1 : Agriculture*, 157.

55. * 자주개자리. 가뭄이나 무더위, 추위에 잘 견뎌 생산력이 뛰어나고 토양을 개량하는 장점이 있다. 주로 사료나 건초, 목초로 쓰기 위해 널리 재배하고 있다.

56. 같은 책, 159.

57. J. Manwood, *Manwood's Treatise of the Forest Laws*, 4th edition. ed. William Nelson (London : B. Lintott, 1717), 2.

58. F. Heske, *German Forestry* (New Haven : Yale University Press, 1938), 241.

59. Bowring, "Report on the Prussian Commercial Union", 137

60. W.O. Henderson, *The Rise of German Industrial Power, 1834-1914* (Berkeley : University of California Press, 1975), 54.

61. Banfield, *Industry of the Rhine, Series 1 : Agriculture*, 109.

62. P.H. Noyes, *Organization and Revolution* (Princeton : Princeton University Press, 1966), 23.

63. U.S. Department of State, *Forestry in Europe* (Washington, DC : Government Printing Office, 1887), 74.

64. * Chateaubriand, 1768~1848. 19세기 프랑스 외교관이자 낭만파 문학의 선구자로 평가받는 작가.

65. * Georg Ludwig Hartig, 1764~1837. 18세기 독일에서 활동했던 삼림 관리인.

66. * 독일 작센에 있는 자치 시.

67. * Heinrich Gotta, 1763~1844. 18세기 독일에서 활동했던 삼림 전문가. 과학 임업의 선구자로 알려져 있다.

68. 19세기 말에도 임업을 주제로 한 이탈리아어, 프랑스어, 영어로 된 문헌들은 독일과 비교하여 부족했다. 이것이 미국의 임학자 베른하르드 퍼노가 내린 결론이다. *Economics of Forestry*, 492.

69. Heske, *German Forestry*, 254에서 인용함.

70. A. Schwappach, *Forstpolitik, Jagd-und Fischereipolitik* (Leipzig : C.L. Hirschfeld, 1894).

71. * 750~887년에 서유럽을 통치한 프랑크 왕조.

72. U.S. Department of State, *Forestry in Europe*, 53.

73. * 독일 남서부의 라인강 동쪽에 있던 옛 변경백령을 가리킨다. 오늘날 독일의 바덴뷔르템베르크주의 서부에 해당한다.

74. * 독일 중부에 위치한 주.

75. * 신성 로마 제국, 북독일 연방과 독일 제국을 구성했던 공국.

76. * 딸기와 같이 작고 수분이 많은 과실을 통틀어 일컫는 말.

77. Banfield, *Industry of the Rhine, Series 1: Agriculture*, 115.

78. Treitschke, *A History of Germany in the Nineteenth Century*, 7 : 302.

79. C.E. Hughes, *A Book of the Black Forest* (London : Methuen & Co., 1910), 36.

80. * 독일 남서부의 삼림 산악 지대.

81. W. Howitt, *Rural and Domestic Life in Germany* (London : Longman, Brown, Green, and Longmans, 1842), 89~90에서 인용함.

82. Cornu, *Karl Marx et Friedrich Engels*, 2 : 74 ; Wilson, *To the Finland Station*, 41 [윌슨, 『핀란드 역으로』].

83. Banfield, *Industry of the Rhine, Series 1: Agriculture*, III.

84. Mayr, *Statistik der Gerichtlichen Polizei im Konigreiche Bayern*, chap. 4.

85. Starke, *Verbrechen und Verbrecher in Preussen, 1854-1878*, 88.

86. * 어느 두 형질 사이에 한쪽 값이 많아지면 다른 쪽도 많아지는 관계.

87. H. von Valentini, *Das Verbrecherthum im preussischen Staat* (Leipzig : J.A. Barth, 1869), 58.

88. Droz, *Les Revolutions Allemandes de 1848*, 151~55.

89. G. Adelman, "Structural Change in the Rhenish Linen and Cotton Trades at the Outset of Industrialization", In *Essays in European Economic History, 1789-1914*, eds. F. Crouzet, W.H. Chaloner, and W.M. Stern (London : Arnold, 1969) 여기저기.

90. Noyes, *Organization and Revolution*, chaps. 9 and 13.

91. Heske, *German Forestry*, 240ff.

92. * 첨단 기술 강국 독일을 대표하는 기업.

93. * 주강대포를 비롯해 여러 무기류를 개발·판매한 것으로 유명한 독일의 실업가 가문.

5장 게르트루데 쿠겔만 부인과 맑스주의에 들어가는 다섯 개의 문

1. 이 글은 2007년 3월 30일 뉴욕 이타카의 코넬대학교에서 '시초축적과 새로운 인클로저 회의'로 이름 붙여진 회의에서 발표되었다. 주최자인 배리 맥스웰과 동료인 이아인 보울 및 조지 카펜치스에게 고마움을 표한다.

2. * David Livingstone, 1813~1873. 스코틀랜드 조합교회의 선교자이자 탐험가. 아프리카에 대한 서구인들의 태도에 큰 영향을 미쳤다.

3. * 19세기 미국 남부에서 활동한 미국의 정치적 테러 조직. 백인 우월주의를 지지하고 자유민의 권리를 반대하는, KKK와 유사하며 또 연관이 있다.

4. * 구워진 탯줄을 가리키는 것으로 보인다.

5. Marx to Engels, February 13, 1866, in Karl Marx and Frederick Engels, *Collected Works*, vol. 42 (New York : International Publishers, 1987), 227.

6. * 노동계급의 최초의 국제적 정치조직으로, 1847년 6월 맑스와 엥겔스가 영국 런던에서 설립했다.

7. 칼 카우츠키는 1902년에 쿠겔만에게 보낸 맑스의 편지를 출판했다. 5년 후에는 레닌의 서문이 붙

은 러시아어로 출판되었다. 1934년에 그것들은 구소련의 〈외국인노동자협동출판협회〉에 의해 영어로 번역되어 출판되었다. Karl Marx, *Letters to Dr. Kugelmann*. Marxist Library, vol. 17 (New York : International Publishers, 1934).

8. * 다채로운 색실로 무늬를 짜넣은 직물.

9. Marx to Engels, May 7, 1867, in Marx and Engels, *Collected Works*, vol. 42.

10. 그는 1월에 엥겔스에게 "제빵사에게만 20파운드의 빚이 있다. 그리고 정육점, 잡화점, 세금 등등에는 바로 그 악마가 존재한다."라고 썼다. 같은 책, 371, 343.

11. Letter of Karl Marx to Dr. Kugelmann, November 30, 1867, 같은 책, 489. 이후 수많은 논평자가 장별 독서가 아닌 어떤 계열적 독서를 제시하면서 이 "불가해한 용어" 문제를 다뤄왔다.

12. * 카를 마르크스, 『자본론 ─ 정치경제학 비판 I(하)』, 김수행 옮김, 비봉출판사, 1029쪽.

13. * 같은 책, 980쪽.

14. * 같은 책, 981쪽.

15. W. Rodney, *How Europe Underdeveloped Africa* (Washington, DC : Howard University Press, 1981). 그리고 Federici, *Caliban and the Witch* [페데리치, 『캘리번과 마녀』].

16. * 마르크스, 『자본론 I(하)』, 977쪽.

17. * 가톨릭의 전통을 강조하며 교회의 권위·의식을 존중하는 영국 성공회의 한 파.

18. * Toyin Agbetu, 1967~ . 영국의 아프리카 사회 권리 운동가·지역 사회 교육가·영화 제작자.

19. * Hugo Gellert, 1892~1985. 헝가리계 미국인 삽화가이자 벽화 작가.

20. H. Gellert, *Karl Marx's 'Capital' in Lithographs* (New York : Long & Smith, 1934).

21. * Karl Korsch, 1886~1961. 독일 맑스주의 이론가. 루카치와 함께 1920년대 서구 맑스주의의 초석을 다진 주역 중 하나로 평가받고 있다.

22. 이 서문은 홉스에 의해 번역되었으며, 다음 책에 실려 출판되었다. K. Korsch, *Three Essays on Marxism* (London : Pluto Press, 1971).

23. Marx to Kugelmann, October 12 and Decermber 12, 1868, in *Letters*, 78, 83.

24. * '악마같이 못된 하청 문필업'을 빗댄 표현으로 보이지만 여기에서는 음역을 했다. 맑스의 딸들이 그를 위해 했던 수고스러운 노동을 빗댄 표현으로 보인다.

25. * 영국 런던의 동쪽 끝에 있는 지역.

26. Y. Kapp, *Eleanor Marx*, vol. 1 (New York : Pantheon, 1972). 167.

27. D. McLellan, *Karl Marx* (London : Basingtoke Macmillan 1973), 428.

28. 로스돌스키는 맑스가 "임금에 관한 책"을 쓰려고 했었는데, 『자본』 1권에서 이미 "축적과정에 관한 절과 절대적 잉여가치 및 상대적 잉여가치에 관한 절의 기초를 이룰뿐더러, [이전의 개요에 따르면 임금노동의 부에서 취급되었을 주제들의 대부분을 포함하고 있는] 광범한 경험적이며 역사적 분석"을 수행했기 때문에 포기했다고 생각한다. R. Rosdolsky, *The Making of Marx's 'Capital,'* trans. P. Burgess (London : Pluto Press, 1977), 61 [로만 로스돌스키, 『마르크스 자본론의 형성 1, 2』, 양희석 옮김, 백의, 2003, 107]. 1970년대 후반의 맑스주의 해석학자들은 쿠겔만 관련 장들에 아무런 관심이 없었다. G.A. Cohen, *Karl Marx's Theory of History* (Princeton : Princeton University Press, 1978), 또는 E. M. Wood, *The Pristine Culture of Capitalism* (London : Verso, 1992), 또는 *The Origin of Capitalism* (London : Verso, 2017)

29. 이것이 바로 해리 클리버의 『자본을 어떻게 읽을 것인가』(갈무리, 2020)가 매우 탁월한 이유다.

30. E.P. Thompson, *The Poverty of Theory* (Merlin Press : London, 1978), 257 [에드워드 파머 톰슨, 『이론의 빈곤』, 변상출 옮김, 책세상, 2013, 139~140].

31. * 같은 책, 139.

32. * 같은 곳.

33. * Louis Agassiz, 1807~1873. 스위스 태생의 미국 박물학자·지질학자·교육자.

34. * Jared Diamond, 1937~ . 미국의 과학자이자 논픽션 작가.

35. D.G. Croly and G. Wakeman, *Miscegenation* (New York : H. Dexter, Hamilton & Co., 1864) ; E. Lemire, *"Miscegenation"* (Philadelphia, University of Pennsylvania Press : Philadelphia, 2002), 116~18, 140.

36. * 마르크스, 『자본론 I(하)』, 409쪽.

37. * 같은 곳.

38. * 마르크스, 『자본론 I(하)』, 1046쪽.

39. * 같은 곳.

40. Cole, G.D.H. *Socialist Thought*, vol. 1 of *A History of Socialist Thought* (Macmillan : London, 1953), 248. 다음 역시 참고하라. E. Hobsbawm, "Eric Hobsbawm's introduction to Karl Marx and Frederick Engels", *The Communist Manifesto* (London : Verso, 1998).

6장 네드 러드와 퀸 마브 : 기계파괴, 낭만주의 그리고 1811~12년의 몇몇 공통장들

1. 이 소책자는 2011년 5월 6일 런던대학교의 버벡칼리지에서 "정중하지 않은 러다이트"라는 이름으로 열린 200주년 회의에서 진행한 강의로 시작되었다. 그리고 발췌본이 2011년 6월 16~18일 암스테르담에서 열린 회의에서 "혁명 시대의 돌연변이와 해양 급진주의 : 국제 연구"라는 이름으로 제공되었다. 이 두 행사에 나를 초대해 준 이아인 보울과 마커스 레디커에게 감사하다. 니클라스 프릭먼, 포레스트 힐튼, 데이빗 로이드, 차알스 비에티-메디나, 고든 비글로우, 마누엘 양, 그리고 콜린 토머스는 유용한 제안을 해 주었다.

2. * Francisco de Miranda, 1750~1816. 베네수엘라의 독립 영웅.

3. * Simón Bolívar, 1783~1830. 남아메리카의 혁명가·해방자.

4. 이 범죄에 관심을 두게 해 준 이새 올라바스키에게 감사한다. 다음을 보라. M.B. Lucas, *A History of Blacks in Kentucky* (Lexington : The Kentucky Historical Society, 1992), 47~48.

5. * 일부 아메리카 선주민 크리크인들의 붉은색으로 칠해진 전쟁 클럽에서 이름을 따온 '레드스틱'은 1813년 크리크 전쟁 발발로 절정에 달했던 유럽계 미국인 침탈과 동화에 대한 저항 운동을 이끌었다.

6. * Tenskwatawa, 1768~1836. 북아메리카 인디언 쇼니족의 종교부흥 운동가. 형인 테쿰세 추장과 함께 미국의 불법 침입에 저항하는 북서부 인디언 동맹을 결성하는 데 힘을 기울였다.

7. * Anna Laetitia Barbauld, 1743~1825. 영국 시인·수필가·문학 평론가·편집자·아동 문학 저자.

8. F. Peel, *The Risings of the Luddites*, 4th ed. with an introduction by E.P. Thompson (London : Cass, 1968), 1.

9. E.J. Hobsbawm, *Labouring Men* (New York : Basic Books, 1964).

10. * E. P. 톰슨, 『영국 노동계급의 형성(상)』, 나종일 외 옮김, 창작과비평사, 2000, 12쪽.

11. * 캡틴 락은 신화적인 아일랜드 민속 영웅으로, 1821년부터 1824년까지 아일랜드의 남서부에서 그가 대표로 있던 농민 반란군에 사용된 이름이다. 1816년과 1821년의 흉년, 1818년의 가뭄, 1816~19년의 열병 전염병에 뒤이어 발생했다. 캡틴 락은 "잃을 것이 아무것도 없는 하층계급"에 의한 보복의 상징이었다.

12. "Report on the State of Popular Opinion and Causes of the Increase of Democratic Principles," *The Tribune* 28 (September 1795).

13. * John Clare, 1793~1864. 영국의 낭만파 농부 시인.

14. L. Colley, *Britons* (New Haven, CT : Yale University Press, 1991), 239, 256 ("영국에서 여성은 종속적이었고 감금되어 있었다. 그러나 최소한 안전하기는 했다."). [Linda Colley, 1949~ . 영국, 제국, 민족주의를 주 연구 대상으로 하는 영국의 역사학자.]

15. Book V, chap. 1 in Adam Smith, *The Wealth of Nations*(1776), ed. Edwin Seligman, 2 vols. (London : Dent, 1958), 2 : 264 [애덤 스미스, 『국부론(하)』, 김수행 옮김, 비봉출판사, 2009, 957~8쪽].

16. C.A. Bayly, *Imperial Meridian* (London : Longman, 1989), 129.

17. * 18세기 영국의 범죄와 사회를 다룬 책의 제목에서 따온 표현이다. D. Hay & P. Linebaugh, et al., *Albion's Fatal Tree*.

18. * John Thelwall, 1764~1834. 영국의 급진적인 웅변가이자 언론인.

19. 『전쟁과 평화』 9권의 시작 부분에서 [레프 톨스토이, 『전쟁과 평화 3』, 박형규 옮김, 문학동네, 2017, 제3부 첫 단락].

20. * 인도 남부 카르나타카(옛 이름은 마이소르)주 중남부 만디아 행정구에 있는 도시.

21. D. Noble, *Progress without People* (Chicago : Charles H. Kerr Publishing Co., 1993).

22. * William Carleton, 1794~1869. 아일랜드의 작가. 아일랜드의 전원생활을 사실적으로 그린 많은 작품을 남겼다.

23. * Muhammad Ali, 1769~1849. 오스만 제국의 이집트 총독. 이집트 마지막 왕조인 무함마드 알리 조(朝)의 창시자로 부국강병과 농업 개발 정책을 실시하여 이집트의 근대화를 꾀하였다.

24. 무함마드 알리의 국가-지원의 장기 주요 면화 산업은 1821년까지는 시작되지 못했다. A.L.A-S. Marsot, *Egypt in the Reign of Muhammad Ali* (Cambridge : Cambridge University Press, 1984), 145. 그리고 H. Dodwell, *The Founder of Modern Egypt* (Cambridge : Cambridge University Press, 1931), 32.

25. A. Richards, *Egypt's Agricultural Development, 1800-1980* (Boulder, CO : Westview Press, 1982), 12.

26. * 에드워드 파머 톰슨이 18세기 영국의 식량폭동의 원인과 과정을 해명하기 위해 창안한 개념. 법적·제도적으로 규정된 것이 아니고, 자본주의 사회와 같은 이윤 추구 동기에 따라 나타나는 것도 아닌, 도덕적 가치와 행위들을 통하여 유지되는 경제체제를 가리킨다.

27. * 'Captain Slasher', 'Captain Firebrand', 'Captain Knockabout'은 농민의 저항을 이끌었던 사람들에게 그들의 노동이나 저항의 특징을 반영하여 붙인 이름으로 추측된다. 여기에서는 음역했다. 각각 '땅을 개간한 사람들', '횃불을 들고 봉기한 사람들', '유랑하는 사람들'의 우두머리를 일컫는 것으로 짐작된다.

28. S.R. Gibbons, *Captain Rock, Night Errant* (Dublin : Four Courts Press, 2004), 59, 60.

29. * 1795년 아일랜드의 지주들과 신교도가 조직한 비밀 결사.

30. * 19세기 초기에 아일랜드에서 신교도에 대항하기 위해 결성된 가톨릭교도의 비밀 결사로 구성원은 주로 빈곤한 소작농과 농업노동자들이었다.

31. * 톰슨, 『영국 노동계급의 형성(하)』, 126쪽.

32. * 영국 잉글랜드 웨스트요크셔 대도시권의 커클리스 구에 있는 지역.

33. K. Binfield, ed., *Writings of the Luddites* (Baltimore : Johns Hopkins University Press, 2004), 209~11. 러다이트들에 관한 내 지식은 톰슨의 『영국 노동계급의 형성』과 다음의 책에서 비롯되었다. K. Sale, *Rebels Against the Future* (New York-Addison Wesley, 1995). 한편 최근의 향토사 덕에 내 지식이 확장되고 있다. K. Navickas, "Luddism Incendiarism and the Defence of Rural 'Task-Scapes' in 1812," *Northern History* 48, no. 1 (March 2011). 이 책은 이중경제, 농장 경영, 직물에 관한 지식에 깊이를 더해 준다.

34. * 영국 제국 및 아일랜드 연합왕국이라는 이름으로 1801년 1월 1일에 이루어진 대영제국과 아일랜드를 통합한 의회 협정.

35. * John Doherty, 1798~1854. 아일랜드의 노동조합주의적인 급진적 개혁가이자 공장 개혁가.

36. R.G. Kirby and A.E. Musson, *The Voice of the People* (Manchester : Manchester University Press, 1975), 2, 14.

37. W.B. Crump, ed., *The Leeds Woollen Industry, 1780-1820* (Leeds : Thoresby Society, 1931), 229~30.

38. * 원래는 고대 암몬인의 신을 가리킨다. 가나안과 페니키아에서 숭배되었으며, 북아프리카 및 레반트 문화와 연관이 있다. 소의 머리를 가지고 있으며, 어린아이를 불태워 바치는 인신 공양 제의가 행해졌다고 한다. 신명기와 레위기에서 몰록이 언급되며, 유대교 및 기독교에서는 악마로 취급되었다. 『실낙원』에서는 사탄의 강력한 전사로 그려지고 있다.

39. * 유대교 외경에 나오는 단어로 부도덕이나 가치 없음과 같은 악에 성격을 부여하여 사용하는 말이다. 히브리어로 '가치 없는 자', '건달', '야비한 자', '사악한 자'라는 뜻이 있다. 『실낙원』에서는 타락 천사 가운데 가장 사악하고 음란하며 폭력적이면서도 가장 아름답고 간악한 지혜에 능하다고 되어 있다.

40. * '부'를 인격화하여 표현한 존재. 중세에 들어서는 타락 천사의 하나로 마귀의 형상을 가진 존재로 그려지기도 했다. 『실낙원』에서는 지옥에 있는 악마들의 궁전을 건축한 것으로 묘사되어 있다.

41. * Percy Bysshe Shelley, 1792~1822. 영국의 가장 유명한 낭만파 시인 중 한 명. 작품뿐 아니라 생애 또한 관습에 대한 반발, 이상주의적 사랑과 자유에의 동경으로 일관해 주목받았다. 『프랑켄슈타인』을 쓴 메리 셸리의 남편이다.

42. * James Sadler, 1753~1828. 최초의 영국인 기구 조종사·화학자·패스트리 요리사.

43. Holmes, *The Age of Wonder*, 157, 162 [홈스, 『경이의 시대』, 243, 251쪽].

44. M. Chase, *The People's Farm* (London : Breviary Stuff Publications, 2010), 46, 56, 59.

45. * Maurice Margarot, 1745~1815. 영국 출신의 정치활동가. 18세기 후반 의회개혁을 요구하는 급진적인 단체인 〈런던통신협회〉의 창립 멤버.

46. * 영국 낭만파 시인인 셸리의 작품으로 1813년에, 17개의 주석이 붙어 있는 9편의 시로 출판되었다. '퀸 마브'는 원래 아일랜드·잉글랜드 민요에서 사람의 꿈을 관장하는 장난꾸러기 요정을 가리킨다.

47. Peel, *Risings of the Luddites*, 14~15.

48. * Elizabeth Hitchener, 1782~1822. 영국의 시인이자 교육자. 셸리와 많은 편지를 주고받았으며, 이 편지들은 나중에 책으로 출판되었다.

49. R. Holmes, *Shelley* (New York : Dutton, 1975), 98.

50. G. Orwell, "Marrakech" in *Essays* (London : Penguin, 1994) [조지 오웰, 「마라케시」, 『조지오웰 에세이』, 이한중 옮김, 한겨레출판, 2017, 67~76쪽].

51. D.L. Clark, ed., *Shelley's Prose ; or, The Trumpet of a Prophecy* (Albuquerque : University of New Mexico Press, 1954), 108, 122.

52. 『로미오와 줄리엣』 1막 4장의 머큐시오의 대사를 보라. ["아, 그렇다면 퀸 마브가 나타났던 모양이군. 그녀는 산파의 역할을 하는 요정인데 시의원의 집게손가락 위의 마노보다 크지 않은 정도의 몸집을 하고서 눈곱만한 짐승들이 이끄는 마차를 타고 잠자는 사람들의 코 위를 지나가지. 그녀의 마차는 속이 텅 빈 개암인데 잊어버린 옛적부터 요정 차 제작자인 가구장이 다람쥐나 땅벌레가 만들었어. 그 차의 바큇살은 긴 거미 다리이고 덮개는 잠자리 날개로 돼 있으며 그녀의 봇줄은 가장 작은 거미줄, 말목띠는 물 머금은 달빛으로 빚어졌고 채찍은 귀뚜라미 뼈이며 그 끈은 가는 실, 마부는 회색빛 외투 입은 날벌레로 게으른 처녀의 손가락 밑에서 끄집어낸 조그마한 둥근 벌레 반만큼

도 크지 않아. ….” 윌리엄 셰익스피어, 『로미오와 줄리엣』, 최종철 옮김, 민음사, 2008 참조].

53. * Thomas Stamford Raffles, 1781~1826. 영국의 정치가.

54. Bayly, *Imperial Meridian*, 6, 14, 80, 121 ; P. Carey, *The Power of Prophecy* (Leiden : KITLV Press, 2007), 33, 179, 258.

55. * Miguel Hidalgo, 1753~1811. 멕시코 독립의 아버지로 불리는 가톨릭 사제.

56. * Eugene Dominic Genovese, 1930~2012. 미국 남부와 미국 노예 제도를 연구한 미국의 역사가.

57. E.D. Genovese, *The Political Economy of Slavery* (New York : Vintage, 1967), 55 ; *Roll, Jordan, Roll* (New York : Pantheon, 1974), 300.

58. * Gabriel Prosser, 1776~1800. 1800년 여름 리치먼드 지역에서 대규모 노예반란을 모의한 지적인 노예 대장장이.

59. * 아메리카 선주민의 여러 종족.

60. * 1697년부터 1804년까지, 카리브해의 히스파니올라섬의 서쪽 3분의 1을 차지했던 프랑스의 식민지다. 설탕과 커피 무역으로 프랑스 식민지에서 가장 많은 이익을 얻고 있었다. 오늘날의 아이티 공화국에 해당한다.

61. * Peter Mcqueen, 1780~1820. 탈리시(탈라시, 현재 앨라배마주 어퍼타운 중 하나)의 크리크족 인디언 추장·선지자·전사. 레드스틱스로 알려진 청년 중 한 명으로 크리크 영토에서 유럽계 미국인을 추방하고 전통적 관행을 되살리는 선지자가 되었다.

62. * Alexander McGillivray, 1759~1793. 미국 독립전쟁 뒤에 크리크족 인디언의 최고 추장으로 활동했던 인물.

63. A. Rothman, *Slave Country* (Cambridge, MA : Harvard University Press, 2005), 34~39.

64. * 내륙으로 탈출한 아프리카 노예.

65. * 백인[유럽]과 흑인[서아프리카]의 혼혈.

66. D. Rasmussen, *American Uprising* (New York : HarperCollins, 2011).

67. * 미국 남부 미시시피강 유역과 테네시주 멤피스 등의 지역에서 발생한 초기 블루스 음악 중 하나로 블루스의 영향을 받은 컨트리 뮤직을 가리킨다. 연주 악기로 특히 기타와 하모니카가 가장 많이 사용되었다. 내성적이고 이혼이 넘치는 것에서부터 열정적이고 불타는 것까지 다양한 음악적 특징을 보여준다.

68. * 포고는 만화가 월트 켈리가 창조하고 포스트 홀 신디케이트가 배포한 장수한 미국 일간 연재만화의 제목이자 중심인물이다. 미국 남동부의 오커퍼노키 습지를 배경으로 해서 의인화된 재미있는 동물 캐릭터의 모험을 통해 사회정치적 풍자를 수행했다.

69. * 백인과 흑인의 혼혈.

70. * Nicholas Vansittart, 1766~1851. 영국의 정치인. 영국 역사상 가장 오랫동안 봉사한 재무장관 중 한 명.

71. K. Racine, *Francisco de Miranda* (Wilmington, DE : Scholarly Resources, 2003), 216, 226, 232.

72. * llaneros. 남미 아마존강 이북·북미 남서부의 수목 없는 대초원.

73. * 아메리카 대륙의 포르투갈과 스페인 식민지에서 유럽인, 선주민 아메리카인 및 서아프리카 인의 삼인종 자손을 가리킨다.

74. * 콜롬비아 북서부의 항구 도시.

75. M. Lasso, *Myths of Harmony* (Pittsburgh : University of Pittsburgh Press, 2007), 1 ; J. Lynch, *The Spanish American Revolutions, 1808-1826* (New York : Norton, 1973), 205.

76. J. Lynch, *Simon Bolivar* (New Haven, CT : Yale University Press, 2006), 54, 56, 63, 68.

77. * 16세기 멕시코에서 발현했다고 전해지는 성모 마리아를 일컫는 호칭. 멕시코의 종교와 문화를 대

표하는 가장 대중적인 이미지 중의 하나.

78. * 멕시코가 독립을 위해 스페인과 전쟁을 했을 때 질렀던 함성. "과달루페의 성모여, 영원하여라. 나쁜 정부와 가추피네스('말에 박차를 가하는 놈들'이라는 스페인어)에게 죽음을!"이라고 외쳤다고 한다.

79. H. Bernstein, "A Provincial Library in Colonial Mexico, 1802," *Hispanic American Historical Review* 26, no. 2 (May 1946) : 162~83. 이 도서관은 과나후아토에 있는 그의 동료 중의 한 사람의 소유였다. 볼네의 『폐허』는 책 목록에 포함되어 있지 않다.

80. 에릭 반 영은 그것들을 "촌락 소비에트들"이라고 부른다. 다음을 보라. E.V. Young, *The Other Rebellion* (Stanford : Stanford University Press, 2001). 그리고 J. Lynch, *The Spanish American Revolutions, 1808-1826*, 309.

81. * Oscar Lewis, 1914~1970. 미국의 인류학자. 빈민촌 거주자들의 삶에 관한 생생한 묘사 그리고 빈곤의 세대 간 문화가 국가 경계를 초월한다는 주장으로 잘 알려져 있다.

82. O. Lewis, *Tepoztlán Village in Mexico* (New York : Holt, Rinehart and Winston, 1960), 27 ; 또한 다음을 보라. R. Redfield, *Tepoztlán : A Mexican Village* (Chicago : University of Chicago Press, 1930), 62ff ; B.R. Hamnett, *Roots of Insurgency* (Cambridge : Cambridge University Press, 1986), 90.

83. 텐스콰타와는 아내가 월경을 하는 바람에 전투하기 전의 의식이 더럽혀졌고 그로 인해 패배를 했다며 아내를 비난했다. J. Sugden, *Tecumseh* (New York : Henry Holt, 1997), 257.

84. * 북아메리카 선주민의 여자.

85. J. D. Hunter, *Memoirs of a Captivity Among the Indians of North America* (London : Longman, Hurst, Rees, Orme, and Brown, 1824), 257~58.

86. * Francisco Pizzarro, 1471~1541. 잉카 제국을 정복한 원정대를 이끌었던 스페인 정복자.

87. * 웨일스 서쪽의 카디건만의 램지 섬과 바지 섬 사이에 있는 비옥한 땅을 점령했다고 전해지는 전설적인 고대 침몰 왕국.

88. E.P. Thompson, *The Making of the English Working Class* (New York : Pantheon, 1964), 487, 497 [톰슨, 『영국 노동계급의 형성(하)』, 71, 83쪽].

89. * Thomas Love Peacock, 1785~1866. 영국의 작가. 성격 탐구나 플롯보다는 대화가 주를 이루는 소설을 써서 당시의 지적 경향을 풍자했다.

90. Holmes, *Shelley : The Pursuit*, 164.

91. A.K. Knowles. *Calvinists Incorporated* (Chicago : University of Chicago Press, 1997), 95.

92. *Queen Mab*, iii, 175~180.

93. * 그리스어 'automatos(acting of itself)'에서 나온 말로 자동기계라는 뜻을 지닌다. 일반적으로 기계에 의하여 동작하는 자동인형이나 동물, 자동장치를 말한다.

94. * Maxine Berg, 1950 ~ . 영국 워릭대학교의 역사학 교수.

95. M. Berg, *The Machinery Question and the Making of Political Economy* (Cambridge : Cambridge University Press, 1980), 15.

96. *Queen Mab*, v, 74~79.

97. 같은 책, v, 251ff.

98. T.A. Critchley and P.D. James, *The Maul and the Pear Tree* (London : Constable, 1971).

99. * 영국 잉글랜드 북서부, 호수지역의 시장 거리.

100. * Thomas De Quincey, 1785~1859. 영국의 수필가·비평가.

101. * 토머스 드 퀸시, 『토머스 드 퀸시 : 예술 분과로서의 살인』, 유나영 옮김, 워크룸프레스, 2015, 15쪽.

102. * 윌리엄 셰익스피어, 『맥베스』, 권오숙 옮김, 열린책들, 2011, 50쪽 (ebook).

103. J. Bohstedt, *Riots and Community Politics in England and Wales, 1790-1810* (Cambridge : Harvard University Press, 1983), 162.

104. F. Grose, *A Classical Dictionary of the Vulgar Tongue* (1796), ed. E. Partridge (New York : Barnes & Noble, 1963), 184.

105. J. Harriott, *Struggles through Life*, 2 vols. (London : C. and W. Galabin, 1807), 2 : 337, 340. [John Harriott, 1745~1817. 영국의 항해자. 현재의 해양경찰을 설립한 것으로 유명하다.]

106. *Parliamentary Papers*, vol. 17 (1795~1796), xxvi.

107. *Parliamentary Papers*, vol. 4, 225.

108. W. Tatham, *The Political Economy of Inland Navigation* (London : R. Faulder, 1799), 133.

109. Thompson, *The Making of the English Working Class*, 544 [톰슨, 『영국 노동계급의 형성(하)』, 145쪽].

110. * 1536년 잉글랜드에서 체결된 일종의 노동법으로서 절대주의 시대 잉글랜드 노동자들의 최고 임금과 노동시간 하한선을 규정하고 그들의 자유로운 이동과 결사를 금하는 내용을 집대성하여 만들었다. 정식 명칭은 '직인·일용노동자 머슴 및 도제에 관한 제명령에 관한 법률'이다.

111. Critchley and James, *The Maul and the Pear Tree*, 174 : "여전히 대답되지 않는 핵심적인 질문들"; 그리고 Radzinowicz, *A History of English Criminal Law and Its Administration*, 3, 322 : "의심할 바 없이, 그가 살인자였다. …."

112. * Richard Ryder, 1766~1832. 영국 토리당 정치가. 1809년과 1812년 사이에 내무장관을 역임했다.

113. * Spencer Perceval, 1762~1812. 영국의 변호사·정치가.

114. * Richard Brinsley Sheridan, 1751~1816. 아일랜드 태생 영국의 극작가, 웅변가, 휘그당 정치인.

115. * 가톨릭교도가 찰스 2세를 암살하여 가톨릭 부활을 기도한다는 가공적 음모. 오츠의 날조로 35명이 처형됨.

116. * 18세기 말에 런던에서 발간된 범죄사례 편찬서. 18세기와 19세기에 대단한 인기를 끌었다. 원래 런던의 뉴게이트 교도소 간수가 제작한 월간 사형 집행 게시판이었다고 한다.

117. 경찰에 관한 의회 토론 중에, 코크레인은 범죄 증가가 다음과 같은 것에 기인하는 것으로 보았다. "연금 목록 그리고 상류계급에 속한 개인들이 … 공공 서비스를 수행하지 않고 공적 자금의 일부를 독식하는 다양한 여타의 방식들." 이것들은 하층계급의 사기를 떨어뜨렸고 그들을 범죄로 내몰았다. Radzinowicz, *A History of English Criminal Law and Its Administration*, 3 : 336.

118. Critchley and James, *The Maul and the Pear Tree*, 200.

119. * *The Examiner*. 1808년 레이 헌트와 존 헌트가 설립한 주간지(1808~1886).

120. R. Visram, *Ayahs, Lascars and Princes* (London : Pluto Press, 1986), 34, 39, 45. 1806년 중국과 동인도 선원들은 선장이 한 동인도 선원에게 중국인 선원을 채찍질하라고 명령하자 래트클리프 가든스에서 봉기를 일으켰다. 나는 아이오나 만-청과 그녀의 글에 감사를 표한다. Iona Man-Cheong, "Chinese Seafarers & Acts of Resistance in the 'Age of Revolution.'" (이 글은 2011년 6월 암스테르담의 '선원 폭동과 해상 급진주의에 관한 컨퍼런스'에서 발표되었다.)

121. *The Times*, January 1, 1812, 166.

122. 이 지식은 니클라스 프리먼의 도움을 받았다. 그는 케네디 대령의 1811년의 일기를 연구했다.

123. * John Gladstone, 1764~1851. 스코틀랜드 상인이자 노예 상인·의회 의원.

124. Emilia Viotti da Costa, *Crowns of Glory, Tears of Blood : The Demerara Slave Rebellion of 1823* (New York : Oxford University Press, 1994), 40, 99, 111, 175.

125. * 쿠바 중부 상크티스피리투스주 남서부에 있는 도시.

126. R. Watson, *A Defence of the Wesleyan Methodist Mission in the West Indies* (London : Blanshard, 1817), 75.

127. W. Rodney, *A History of Guyanese Working People, 1881-1905* (Baltimore : Johns Hopkins University Press, 1981), 128에서 인용함.

128. * 가이아나 데메라라 동부 해안에 있는 공동체.

129. K.J. Robertson, *The Four Pillars* (Bloomington, IN : Xlibris, 2010), 160. 이 책은 18세기 런던의 식료품 상인이자 문필가인 조상 이그나티우스 산초를 추적한 털리도의 가이아나 시장 과일주스 판매자가 쓴, 가치 있는 목록들, 기록 노동, 신선한 일화에 관한 놀라운 책이다.

130. * 영국 잉글랜드 남동부 켄트주의 템스 삼각강에 있는 모래톱.

131. M. Fisher, "Finding Lascar 'Wilful Incendiarism'" 그리고 Nicole Ulrich, "Local Protest and International Radicalism." (이 글들은 2011년 6월 암스테르담의 '선원 폭동과 해상 급진주의에 관한 컨퍼런스'에서 발표되었다.)

132. Binfield, *Writings of the Luddites*, 1.

133. *Queen Mab*, iii, 12ff.

134. * Humphrey Davy, 1778~1829. 영국의 화학자·발명가.

135. H. Davy, *On the Fire-Damp in Coal Mines and on Methods of Lighting the Mines So As to Prevent Explosion* (Newcastle : E. Charnley, 1817).

136. Holmes, *The Age of Wonder*, 304, 325 [홈스, 『경이의 시대』, 455, 487쪽].

137. J. Charnock, *An History of Marine Architecture* (London : Faulder, 1800). [John Charnock, 1756~1807. 영국 왕립 해군의 지원병.]

138. * 그리스어로서 그 본뜻은 제작, 생산을 의미한다. 아리스토텔레스가 구분한 인간의 지적 활동(테오리라, 프락시스, 포이에시스) 중 하나.

7장 에드워드 파머 톰슨의 『윌리엄 모리스 : 낭만주의자에서 혁명가로』의 서문

1. R. Solnit, "Diary," *London Review of Books* 32, no. 15 (August 2010) : 28~31.

2. * '텟살리의 승리'란 뜻으로 에게해 북서쪽 터마뫼 끝에 위치한 마케도냐의 주요 무역항이자 미항.

3. 사도행전 17장 6절. ["… 야손과 및 형제를 끌고 읍장들 앞에 가서 소리 질러 가로되 천하를 어지럽게 하던 이 사람들이 여기에 이르매."]

4. W. Morris, "How 1 Became a Socialist," *Justice* (1894), reprinted in A.L. Morton, *Political Writings of William Morris* (London : Lawrence & Wishart, 1973), 241.

5. * John Ball, 1338~1381. 영국의 농민반란 지도자.

6. E.P. Thompson, *Making History* (New York : The New Press, 1994), 70.

7. Morris, "How I Became a Socialist."

8. E.P. Thompson, *Persons & Polemics* (London : Merlin Press, 1994), 67.

9. P. Anderson, *Arguments Within English Marxism* (London : Verso, 1980), 163.

10. * 화려한 프린트 무늬가 있는 사라사 무명.

11. * 19세기 후반에 일어난 영국의 심미운동.

12. * 1895년 설립된 명승 사적 보존 단체.

13. * 1차 세계대전 당시 메소포타미아 일대에서 대영 제국으로 대표되는 연합군(주로 영국, 오스트레일리아, 인도 제국으로 구성됨)과 동맹국인 오스만 제국 사이에서 벌어진 전투.

14. 톰슨은 다음의 책에서 이 이야기를 한다. E.P. Thompson, *Beyond the Frontier* (London : Merlin

Press, 1997).

15. * 윌리엄 모리스, 『에코토피아 뉴스』, 박홍규 옮김, 필맥, 2004.

16. M. Merrill, "Interview with E.P. Thompson," Mid-Atlantic Radical Historians Organization(1976), reprinted in H. Abelove et al., eds., *Visions of History* (New York : Pantheon, 1983), 13.

17. T. Thompson and E.P. Thompson, eds., *There Is a Spirit in Europe* (London : Victor Gollancz, 1948), 170.

18. * Jack O'Brien Dash, 1907~1989. 영국의 코뮤니스트이자 노동조합 지도자. 런던 부두 파업에서 맡은 역할로 유명하다.

19. J. Dash, *Good Morning Brothers!* (London : Lawrence & Wishart, 1969), 24.

20. E.P. Thompson, *William Morris* (Oakland : PM Press, 2011), 727, 810 [에드워드 파머 톰슨, 『윌리엄 모리스 2』, 정남영 외 옮김, 한길사, 2012, 627, 745쪽].

21. * Stanley Baldwin, 1867~1947. 조지 5세와 에드워드 8세 재위 기간에 총리를 역임한 보수당 정치가.

22. * 영국 런던의 사우스켄싱턴에 있는 박물관.

23. * Edward Coley Burne-Jones, 1833~1898. 19세기 말 영국의 대표적인 화가·디자이너.

24. M. Weinroth, *Reclaiming William Morris* (Montreal : McGill University Press, 1996).

25. * Robert Page Arnot, 1890~1986. 영국 코뮤니스트 언론인이자 정치가.

26. R.P. Arnot, *William Morris* (London : Martin Lawrence, 1934).

27. * 잉글랜드 서부의 토질이 비옥한 지방을 가리킨다.

28. 이것은 우리가 *Zerowork* 1 (December 1975) & 2 (Fall 1977)에서 했던 이야기다.

29. T. Judt, *Postwar* (New York : Penguin, 2005), 161.

30. * 일명 파이프라인. 사우디아라비아의 카이수마에서 레바논의 시돈까지 연결된 송유관이었다. 한창때는 미국과 중동의 정치 관계뿐만 아니라 석유의 세계 무역에서 중요한 역할을 했다.

31. Captain A.A. Brickhouse Jr., "Tapline's Sidon Terminal," *World Petroleum* (June 1957).

32. C.L.R. James, "State Capitalism and World Revolution"(1950) 재출간본 : *The Future in the Present : Selected Writings* (London : Allison & Busby, 1977), 128, 131. 제임스는 또한 자율주의적 사회주의 흑인운동에 관한 그의 이론을 발전시키는 수단으로, 그리고 맑스주의 조직의 민주적 중앙집권제에 대한 비판으로 『매리너즈』, 『레니게이드』, 『캐스트어웨이』 등의 문헌과 『모비딕』에 의존했다.

33. J. Meikle, *American Plastic* (New Brunswick, NJ : Rutgers University Press, 1995), 82, 85, 154 ; 그리고 C. Catterall, "Perceptions of Plastics," in Penny Sparke, ed., *The Plastics Age* (Woodstock, NY : Overlook Press, 1993), 67~68.

34. * Evelyn Waugh, 1903~1966. 영국의 작가. 소설, 전기, 여행 서적 등을 쓴 작가로 다작의 저널리스트이자 책 평론가이기도 했다.

35. * Richard Hoggart, 1918~2014. 20세기 영국을 대표하는 인문사회학자. 영국 대중문화에 중점을 둔 사회학, 영문학, 문학학 분야를 다루었다. 『교양의 효용 — 노동자계급의 삶과 문화에 관한 연구』(이규탁 옮김, 오월의봄, 2016)가 번역되어 있다.

36. A. Croft, ed., *A Weapon in the Struggle* (London : Pluto Press, 1998) 그리고 K. Morgan, *Gidon Cohen and Andrew Flinn, Communists and British Society, 1920-1991* (London : Rivers Oram Press, 2007).

37. * 이전에 코민테른 제휴 조직이었던 미국 공산당에 의해 뉴욕에서 발행된 신문. 출판은 1924년에 시작되었다. 당이 일반적으로 지배적인 견해를 반영한 반면, 신문은 보다 광범위한 좌파 의견을 반영하려고 노력했다.

38. * Boris Leonidovich, 1890~1960. 소련의 소설가·번역가. 『닥터 지바고』가 대표작이며, 노벨 문학상
   (1958) 수상을 거부한 것으로 유명하다.

39. * Paul Robeson, 1898~1976. 미국의 유명한 가수·배우·흑인운동가.

40. * 1949년 뉴욕 웨스트체스터 카운티의 코트랜드 마노에서 일어난 반-흑인 및 반유대적 폭동. 폭동
   의 촉매는 흑인 가수 폴 로브슨의 예고된 콘서트였다. 그는 강력한 친노동조합 성향, 시민권 행동주
   의, 공산주의 동조, 반식민주의로 잘 알려져 있었다. 시민권리회의를 위해 마련된 이 콘서트는 8월
   27일 피크스킬 북쪽의 레이크랜드 아크레스에서 열릴 예정이었다.

41. * 1948년과 1949년 소련이 서독을 점령하자 연합군 쪽에서 고립된 서독에 물자 조달을 위해 비행
   수단을 동원한 작전을 말한다.

42. * Bernard Baruch, 1870~1965. 미국의 대통령 고문, 금융업자.

43. 오웰은 「당신과 원자탄」에서 "냉전"이라는 용어를 사용했다. *Tribune October* 19, 1945 [조지 오웰,
   『나는 왜 쓰는가』, 이한중 옮김, 한겨레출판, 2017, 209~214쪽].

44. * 미국의 정치권에서 대통령 등 정부 고관이 불법 활동과의 관계를 부인해도 좋다는 뜻으로 사용
   되는 말. '뒤로 빠져나갈 구멍을 마련하기 위한 모르쇠 책략'의 의미.

45. * 1949년에 간행된, 전(前)공산주의 작가들과 기자들의 증언과 함께 6편의 에세이를 모은 책. 에세
   이의 일반적인 주제는 공산주의에 대한 저자들의 환멸과 포기였다고 한다. 필자는 루이스 피셔, 앙
   드레 지드, 아서 케스틀러, 이그나지오 실로네, 스티븐 스펜더, 리처드 라이트였다.

46. * 1953년 시인 스티븐 스펜더와 저널리스트 어빙 크리스톨에 의해 창간된 문학 잡지. 1991년에 폐간
   되었다. CIA와 MI6(영국비밀정보부)가 냉전중립주의라는 개념에 반대한 '한미 중도 좌파 간행물'
   의 설립을 논의한 후 중앙정보국으로부터 은밀한 자금 지원을 받았다.

47. * Isaiah Berlin, 1909~1997. 영국의 철학자·지성사가·작가.

48. * Richard Crossman, 1907~1974. 영국 노동당 국회의원. 시오니즘과 반공산주의 지지자.

49. * Sidney Hook, 1902~1989. 미국의 교육자·사회철학자.

50. F.S. Saunders, *The Cultural Cold War* (New York : The New Press, 1999), 2, 65, 129.

51. * Doris Lessing, 1919~2013. 영국의 소설가·산문 작가. 현대의 사상, 제도, 관습, 이념 속에 담긴 편
   견과 위선을 냉철한 비판 정신과 지적인 문체로 파헤쳐 문명의 부조리성을 규명함으로써 사회성 짙
   은 작품세계를 보여준 것으로 평가받고 있다.

52. D. Kynaston, *Austerity Britain, 1945-51* (New York : Walker & Co., 2008), 344.

53. * Dona Torr, 1883~1957. 영국의 맑스주의 역사학자.

54. D. Renton, *Dissident Marxism* (London : Zed Books, 2004), chap. 5.

55. E. Hobsbawm, "The Historian's Group of the British Communist Party," in M. Cornforth, ed.,
   Rebels and Their Causes (Lawrence and Wishart : London, 1978), 22.

56. * 에드워드 파머 톰슨, 『윌리엄 모리스 1 ─ 낭만주의자에서 혁명가로』, 윤효녕 외 옮김, 한길사,
   2016, 46쪽.

57. L.E. Grey, *William Morris, Prophet of England's New Order* (London : Faber, 1949).

58. L.W. Eshleman, *Victorian Rebel* (New York : Scribner's, 1940).

59. 1952년 전당대회는 "영국 문화생활의 미국화에 반대하는 활동, 반동적인 영화, 끔찍하고 타락한 문
   학과 만화에 반대하는 활동"의 증진을 촉구하는 결의안을 통과시켰지만 코카콜라 음료공장의 개
   장을 간과했다. 다음에서 인용함. A. Croft, "Authors Take Sides," in G. Andrews, N. Fishman and K.
   Morgan, eds., *Opening the Books* (London : Pluto, 1995), 92. 나는 그때 런던 북부에 있는 학교에 있
   었는데, 볼펜을 사용하게 되었을 때의 적개심이 "미국" 근대주의와 뒤섞여 있었던 것이 생각난다.

60. E.P. Thompson, "Through the Smoke of Budapest," *The Reasoner* 3 (1956) : 3.

61. 존 룰은 『영국인명사전』에 실린 톰슨에 관한 그의 정교한 인명 항목에서 이것을 인용한다.

62. Thompson, "Edgel Rickword," *Persons and Polemics*, 238.

63. * 셀라필드 원자력 단지는 영국 잉글랜드에 있는 핵연료 주기를 이루는 여러 공장과 원자력 발전소가 같이 붙어있는 원자력 단지로, 아일랜드해의 해안가에 위치한 컴브리아주의 시스케일 마을과 인접해 있다. 셀라필드 원자력 단지 근처에는 셀라필드역이 있으며, 이 원자력 단지 안에는 세계 최초로 상업 운전을 한 원자력 발전소인 콜더 홀 원자력 발전소가 있다.

64. * 1958년 영국 알더마스톤에서 미해군핵잠수함의 훈련을 반대하는 사람들의 반핵 시위가 일어났다.

65. * Rosa Parks, 1913~2005. 미국의 인권운동가.

66. * Alfred Sauvy, 1898~1990. 프랑스의 인구학자·인류학자·경제사가.

67. * Allen Ginsberg, 1926~1997. 미국의 시인이자 1950년대 비트 제너레이션의 지도적인 시인들 가운데 한 명. 그는 군국주의, 물질주의, 성적 억압에 반대하였다.

68. * 앨런 긴즈버그, 『울부짖음 그리고 또 다른 시들』, 김목인·김미라 옮김, 일구팔사, 2017.

69. * 비키니 환초는 태평양 중앙과 마셜 제도에 위치한 환초로, 랄리크 열도에 속한다. 적도 북쪽에 있으며 콰잘레인 환초에서 북서쪽으로 360km, 에네웨타크 환초에서 동쪽으로 305km 떨어진 곳에 있다. 1946년부터 1958년까지 미국의 핵실험 장소로 쓰였다.

70. * John Goode Jr., 1829~1909. 미국 남북전쟁 중 남부 연방의회에서 일했던 버지니아 민주당 정치인.

71. J. Goode, "E.P. Thompson and 'The Significance of Literature,'" in H.J. Kaye and K. McClelland, eds., *E.P. Thompson : Critical Perspectives* (Philadelphia : Temple University Press, 1990), 194~96. 리비스(F.R. Leavis)는 다음 책에서 셀리의 관에 못을 박았다. *Revaluations* (London : Chatto and Windus, 1949), chap. 6.

72. * 늙고, 미친, 눈멀고, 경멸스러운, 그리고 죽어가는 왕 ;/우둔한 종족의 찌꺼기인 왕자들은, / 대중의 경멸 속을 흘러간다, ― 진흙탕 속의 진흙처럼 ;/ 보지도 듣지도 알지도 못하는 통치자들은, / 단지 거머리처럼, 사라져가는 나라에 그들이 떨어질 때까지 들러붙는다. / 피에 눈이 멀어, 일말의 노력도 없이. / 사람들은 갈지 않은 땅 위에서 굶주리고 칼에 찔렸다 ;/ 자유를 죽이고 또 쫓는 군대는 / 그것을 휘두르는 모든 사람에게 양날의 검이 된다 ;/ 금빛 그리고 핏빛의 법은 사람을 시험하고, 또 죽인다 ;/ 예수도 없고 신도 없는 종교는 ― 성경마저도 봉해져 있다 ;/ 상원, 시대의 최악의 법령은 폐지될 생각 없이 여전히 유효하다 ― / 영광스러운 혼령의 무덤이 / 어쩌면 터져 나와, 우리의 폭풍 부는 날을 비추리라 ― [출처 : http://lonelyblueplanet.tistory.com/51]

73. * 1819년에 영국에서 일어난 민중 운동 탄압 사건. 선거법 개정을 요구하며 성(聖) 피터 광장에 모인 군중을 기병대가 강제로 해산시키는 과정에서 많은 사상자를 낸 사건으로, 4년 전에 일어난 워털루 전투에 빗대어 붙인 이름이다.

74. 나는 톰슨이 셀리에게 반감을 갖는 원인이 무엇인지 알지 못한다.

75. * 모리스가 『아무 곳도 아닌 곳으로부터 온 소식』에서 기능을 상실한 의회를 빗대어 표현한 말.

76. Anderson, *Arguments Within English Marxism*, 176, 189, 206~7.

77. * 중세 후기에, 독일에 존재했던 원시적 촌락 공동체. 삼림, 방목지, 소택지 따위의 공통장을 사용하고 관리했다.

78. * Alfred Russel Wallace, 1823~1913. 영국의 박물학자. 말레이 열도를 탐사하여 진화론을 뒷받침하는 많은 증거들을 수집했으며, 자연선택이론의 정립을 위한 기초를 마련했다.

79. * Frank Hamilton Cushing, 1857~1900. 미국 인류학자·민족학자. 뉴멕시코의 주니 인디언에 관한 선구적인 연구를 그들의 문화에 접목시켜 수행했다. 공통적인 인류학 연구 전략 수립에 공헌했다.

80. F.H. Cushing, *My Adventures in Zuni* (New York : Century Co., 1882).

81. * '도로'와 '길가', '샛길' 등을 거론하는 맥락을 고려하여 원어를 그대로 표기했다. '-ward'는 '어떤 방향으로 향한다'는 뜻의 접미사. 여기에서 'wayward'는 '종잡을 수 없는', '변덕스러운', '일정치 않은' 등으로 옮길 수 있을 듯하다.

82. Weinroth, *Reclaiming William Morris*, 4. 그녀는 1950년대를 훌쩍 넘어서는 이야기를 하지는 않았지만, 톰슨에 관한 그녀의 판단은 어떤 이유에서인지 다음과 같이 가혹하다. "그의 구체적인 노력은 귀족적이며, 진정한 민주주의 운동을 일으킬 가능성을 배제한다. 그의 추종자는 항상 그의 판단에 비합리적으로 항복하기를 강요받는다." 같은 책, 244.

83. * 잉글랜드 남동부 서식스주에 있는 유서 깊은 아름다운 숲지대. '곰돌이 푸'의 탄생에 영향을 미친 곳으로 유명하다.

84. * 어핑턴의 백마. 영국 옥스퍼드주 어핑턴의 들판에 위치한 말 형상의 이미지로서, 기원전 1000년경에 그려진 것으로 추정된다.

85. T. Hughes, *The Scouring the White Horse* (London : Macmillan, 1859).

86. 최근의 모리스 전기 작가는 다음과 같이 말한다. "부엌은 항상 그가 가장 좋아하는 방이었다." F. MacCarthy, *William Morris* (New York : Knopf, 1995), 517.

87. 맥카시는 톰슨이 아나키즘이 모리스에 미친 영향들을 배제했다고, "어수선함과 위험이라는 그의 자질들"을 빠뜨렸다고 비판한다. 같은 책, 543.

88. 모리스는 세상을 떠나기 전에 매년 계속해서 어핑턴의 백마(White Horse)를 방문했다. 다음을 보라. 같은 책, 654.

89. * 고전 건축에서 기둥머리가 받치고 있는 세 부분 중 가운데 부분을 가리킨다. 맨 아래가 아키트레이브, 맨 위가 코니스다.

90. * 잉글랜드 런던의 한 지역으로 템스강 북부에 위치해 있다.

91. * 윌리엄 모리스, 『에코토피아 뉴스』, 박홍규 옮김, 필맥, 2004, 345쪽.

92. * 1886년 5월 4일에, 미국 시카고 헤이마켓 광장에서 일어난, 경찰과 노동자들의 폭력적인 충돌 사건. 사건 전날 노동자들은 하루 여덟 시간의 노동을 촉구하는 파업을 계획하다 경찰의 개입으로 사상자가 발생하자, 다음 날 헤이마켓 광장에 모여 항의 집회를 열었다. 집회는 평화적으로 열렸으나, 경찰이 강제 해산하는 과정에서 발포한 총에 노동자들이 사망함에 따라 무력 충돌이 벌어졌다. 이 사건을 계기로 〈미국노동총연맹〉이 창설되었다.

93. * 1887년 11월 13일 런던 트래펄가에서 일어난 실업자 시위와 그에 대한 유혈진압 사건을 가리킨다. 이 시위는 〈사회민주연맹〉과 〈사회주의동맹〉이 조직했고 다른 급진주의 단체들도 동조했다. 경찰과 시위대 사이에 폭력적인 충돌이 일어났다. 경찰의 강경한 진압으로 다수의 부상자와 사망자가 발생했다.

94. * 모리스, 『에코토피아 뉴스』, 307쪽.

95. T. Eagleton, *The Idea of Culture* (Oxford : Blackwell, 2000), I.

96. * 켈트족 고유의 법률 체제. 처음 만들어진 것은 기원전 200년 무렵으로 성문법이 아니었으며 구전되는 내용을 성직자들이 기록하여 정리하였다. '브레혼'은 재판관이라는 뜻으로 '브레혼 법'은 형법 체계라기보다는 민사법에 해당한다. 켈트족의 전통과 관습, 권리와 의무, 특히 법을 어길 경우의 처벌과 분쟁 시 보상 방안이 자세히 규정되어 있다. 지위 고하를 막론하고 공동체 구성원들에게 동일하게 적용되었다.

97. * 잉글랜드의 런던에서 시티 오브 런던의 중세 장벽 동쪽과 템스강의 북쪽 지역.

98. Morton, *Political Writings of William Morris*, 193.

99. * Abbie Hoffman, 1936~1989. 미국 매사추세츠주 우스터 출신의 신좌파 성향의 정치사회 활동가·

아나키스트.

100. * Richard Mabey, 1941~ . 영국을 대표하는 자연 작가·저널리스트·박물학자.

101. * 수전 클리퍼드와 안젤라 킹이 1982년에 설립한 영국의 자선 단체이자 로비 단체. '지역 특이성'의 증진을 목표로 한다.

102. * 서양에서 크리스마스에 겨우살이 아래에 있는 소녀에게 입맞춤해도 되는 관습이 있다고 함.

103. * 전형적인 유럽 고대의 약학(식물학) 사고방식의 하나로서, 식물 모양을 잘 관찰하면 창조주의 섭리를 이해할 수 있다는 관점을 취한다.

104. * Roy Ernest Palmer, 1932~2015. 민속과 민요에 관한 30권 이상의 책을 저술한 영국의 가수·교사·민속학자·작가·역사가.

105. * Mabel Kathleen Ashby, 1892~1975. 영국 워릭셔의 티소에서 태어난 교육자·작가·역사가.

106. * Mary Wollstonecraft, 1759~1797. 잉글랜드의 작가·철학자·여성의 권리 옹호자. 여성의 교육적·사회적 평등을 열렬히 부르짖은 것으로 유명하다.

107. M.K. Ashby, *Joseph Ashby of Tysoe, 1859-1919* (London: Merlin Press, 1979), 281~83.

108. * Edward Carpenter, 1844~1929. 사회개혁 및 19세기 말의 반산업 미술·공예 운동을 전개했던 영국의 작가.

109. S. Rowbotham, *Edward Carpenter* (London: Verso, 2008), 20.

110. * 원문에는 'Edward'로 되어 있으나 에드워드 카펜터와 혼동을 일으킬 우려가 있어 계속 '톰슨'으로 옮겼다. 아버지 에드워드 시니어, 형 프랭크가 등장하는 곳에서도 '에드워드'는 일관되게 '톰슨'으로 옮겼다.

111. M. Lago, *"India's Prisoner"* (London: University of Missouri Press, 2001), 128~29.

112. * 팔레스타인 중부에 있는 도시.

113. * 팔레스타인 요르단강 서안 지구에 위치한 도시. 아랍어로 "정원의 샘"을 뜻한다.

114. Thompson and Thompson, eds., *There Is a Spirit in Europe...*, 48, 51, 118.

115. 같은 책, 20.

116. C. Arscot, *William Morris and Edward Burne-Jones* (London: Yale University Press, 2008), 21, 25, 93.

117. Thompson, *William Morris*, 636 [톰슨, 『윌리엄 모리스 2』, 500쪽].

118. Obituary. "The Late Mr. William Morris," 1896, Walthamstow: William Morris Gallery collection.

119. * John Gerard, 1545~1612. 영국의 식물학자.

120. * 'rough-and-ready'는 주로 '조잡한, 날림으로 만든; 졸속주의의, 임시변통의' 등 부정적 의미로 해석되는 경우가 많지만, 여기에서는 이 글 전체의 논지와 맥락을 살펴 긍정적인 뜻으로 옮겼다.

121. * George Douglas Howard Cole, 1889~1959. 영국의 정치사상가·경제학자·역사학자.

122. G.D.H. Cole, *The History of Socialist Thought*, vol. 2 (London: Macmillan, 1954), 424.

123. Thompson, *William Morris*, 566 [톰슨, 『윌리엄 모리스 2』, 404쪽].

124. * 이스트엔드와 타워햄릿의 런던 자치도시 내에 위치한 런던 중앙의 지구 및 이전 교구를 가리킨다.

125. 이것은 〈시에라클럽〉[미국의 천연자원 보존을 위한 단체]이 펴내는 고전의 제목이다. 소로는 10년 동안 "걷기, 또는 야생"에 관해 강의하면서 『아틀란틱 먼슬리』(1862)에 자신의 글을 발표했다.

126. K. Marx, "A Contribution to the Critique of Hegel's Philosophy of Right," first published 1843~44, in *Early Writings*, trans. Rodney Livingstone and Gregor Benton (London: Penguin Books, 1974), 244 [칼 맑스, 「헤겔 법철학의 비판을 위하여」, 『칼 맑스 프리드리히 엥겔스 저작 선집

1』, 박종철출판사, 1997, 2쪽].

127. 이에 관한 톰슨의 설명은 다음을 보라. *William Morris*, 437~45 [톰슨, 『윌리엄 모리스 2』, 236~242쪽].

128. 톰슨의 이야기는 모리스의 일기에서 확인된 지역 신문(*Newcastle Chronicle*) 기사에 의존한다[톰슨, 『윌리엄 모리스 2』, 242~244쪽].

8장 『마그나카르타 선언』의 한국어판 서문

1. * 라인보우, 『마그나카르타 선언』, 2012, 12~24쪽에 실린 내용을 역자 정남영 선생님의 허락을 얻어 그대로 실음.

2. J. Mitford, *Hons and Rebels* (London : Gollancz, 1960), 191.

3. G. Katsiaficas and Na Kahn-chae eds., *South Korean Democracy* (New York : Routledge, 2006).

4. * Wat Tyler, ?~1381. 1381년 잉글랜드에서 발생한 대규모의 민란인 와트 타일러 난의 지도자.

5. D. Rollison, *A Commonwealth of the People* (Cambridge : Cambridge University Press, 2010).

6. 라틴어 원문은 "Nempe reverso domum, cum uxore fabulandum est, garriendum cum liberis, colloquendum cum ministris."이다.

7. Federici, *Caliban and the Witch* [페데리치, 『캘리번과 마녀』].

8. T.T. Fortune, *Black and White* (New York : Fords, Howard & Hulbert, 1884), 217, 233.

9. C. Bulosan, *America Is in the Heart* (New York : Harcourt, Brace, & Co., 1946).

10. R. Briley, "Woody Sez," *California History* 84, no. 1 (Fall 2006), 35.

11. *Wall Street Journal*, March 8, 2007.

12. Ostrom, *Governing the Commons* [오스트롬, 『공유의 비극을 넘어』].

13. 혹은 전적으로 다른 의미 차원에서는 '공통장'이 의회나 오물, 하원이나 화장실을 가리킬 수도 있다. Grose, *A Dictionary of the Vulgar Tongue* (1785).

14. Thompson, "Christopher Caudwell," *Persons &. Polemics* 참조. 그들은 코민테른 4차 총회(1922)에서 레닌의 말을 인용한 것이었다.

9장 아래로부터의 인클로저

1. * 셰익스피어의 『한여름 밤의 꿈』의 등장인물로 연극 전체에 걸쳐 막간 희극의 분위기를 제공해 준다. 아테네의 직조공으로 장난꾸러기 요정 퍽에 의해 당나귀 머리를 갖게 된다.

2. 다음을 보라. Federici, *Caliban and the Witch* [페데리치, 『캘리번과 마녀』]; Mies and Bennholdt-Thomsen, *The Subsistence Perspective* [미즈·벤홀트-톰젠, 『자급의 삶은 가능한가』]; Foucault, *Discipline and Punish* [푸코, 『감시와 처벌』]; D. Harvey, *The New Imperialism* (New York : Oxford University Press, 2003) [데이비드 하비, 『신제국주의』, 최병두 옮김, 한울아카데미, 2016]; 그리고 Bollier, *Silent Theft*.

3. Patel, *The Value of Nothing*, 172 [파텔, 『경제학의 배신』].

4. Negri and Hardt, *Commonwealth* [네그리·하트, 『공통체』].

5. E. Kelton, *The Day the Cowboys Quit* (1971 ; New York : Forge Books, 2008).

6. * Elmer Stephen Kelton, 1926~2009. 미국 언론인이자 작가. 특히 서부소설로 유명하다.

7. * Alexander Cockburn, 1941~2012. 아일랜드계 미국인 정치 저널리스트·작가.

8. A. Cockburn, "A Short, Meat-Oriented History of the World from Eden to the Mattole," *New*

Left Review 215 (1996) : 16~42.

9. Midnight Notes Collective.

10. * Pramoedya Ananta Toer, 1925~2006. 인도네시아의 소설가.

11. P.A. Toer, *The Mute's Soliloquy*, trans. Willem Samuels (New York : Penguin, 2000), 78.

12. * 1999년 11월 30일 WTO 정상회담이 열리는 워싱턴주 무역센터 앞에서 기업 및 자본 주도의 세계화에 반대하여 일어난 일련의 저항 운동을 가리킨다.

13. R. Williams, *The Country and the City* (New York : Oxford University Press, 1973).

14. * Oliver Goldsmith, 1728~1774. 아일랜드의 소설가이자 극작가.

15. * George Crabbe, 1754~1832. 영국의 시화 작가.

16. * William Cowper, 1731~1800. 영국의 시인. 일상생활과 영국의 시골 장면을 쓰면서 18세기 자연시의 방향을 바꾼 것은 평가된다.

17. * William Cobbett, 1763~1835. 영국의 저널리스트.

18. * Gregory King, 1648~1712. 영국의 계보학자·제판가·통계학자.

19. G. King, *Two Tracts*, ed. G.E. Barnett (Baltimore : Johns Hopkins University Press, 1936).

20. Neeson, *Commoners*, 5.

21. Thompson, *The Making of the English Working Class*, 218. [E.P. 톰슨, 『영국 노동계급의 형성·상』, 나종일 외 옮김, 창작과비평사, 2000, 301쪽].

22. M. Beresford, *The Lost Villagers of England* (New York : Philosophical Library, 1954).

23. Ostrom, *Governing the Commons* [오스트롬, 『공유의 비극을 넘어』].

24. Neeson, *Commoners*.

25. * 영국사에서 기사(knight)의 아래, 자유농민(yeoman)보다 위인 사람.

26. * Alexander Croke, 1758~1842. 19세기 초 노바스코샤에서 영향력을 행사한 영국 판사·식민지 행정관·작가.

27. B. Reaney, *The Class Struggle in Nineteenth Century Oxfordshire* (Oxford : Ruskin College, 1970), 12.

28. V.I. Lenin, *A Characterization of Economic Romanticism* (1897 ; Moscow : Foreign Language Publication House, 1951), n.3.

29. G. Hardin, "The Tragedy of the Commons," *Science* 162(1968) : 1243~48. 2010년 1월에 구글에서 "공유지의 비극"을 검색해 보니, 19만 7천 건의 참고자료가 찾아졌다. 충격적인 숫자였다. "침묵의 봄"을 검색해 보고는 다소 위안이 되었다. 45만 7천 건의 자료가 나왔으니 말이다.

30. * 두 명이 번갈아 가며 O와 X를 3×3 판에 써서 같은 글자를 가로, 세로, 혹은 대각선상에 놓이도록 하는 놀이.

31. Reaney, *Class Struggle in Nineteenth Century Oxfordshire*, 4.

32. * William Forster Lloyd, 1794~1852. 영국의 경제학 저술가.

33. * Sir Robert Peel, 1788~1850. 영국의 징지인이자 보수덩의 덩원. 연힙윙국의 훙리를 두 번, 내무장관을 두 번 역임함. 현대 영국 경찰의 아버지이자 현대 보수당의 설립자들 가운데 한 명으로 간주된다.

34. * 'bobbies'는 'Robert'를 줄여서 'Bob'이라고 부르는 데서 유래했다.

35. W. Lloyd, *Two Lectures on the Checks to Population Delivered before the University of Oxford in Michaelmas Term 1832* (Oxford : Oxford University Press, 1833). [앞으로 나올] 이 강의의 인용 쪽수는 출판된 텍스트 안의 쪽수를 가리킨다.

36. * Raphael Samuel, 1934~1996. 영국의 맑스주의 역사가.

37. * Noah Ablett, 1883~1935. 영국의 노동조합원·정치 이론가.

38. * William Stanley Jevons, 1835~1882. 영국의 경제학자. 영국 한계 효용학파의 창시자의 한 사람.

39. * John Ruskin, 1819년~1900. 영국의 사회 비평가.

40. * 아래로부터의 역사, 사회사, 일상생활의 역사, 즉 간단히 말해 민중의 역사와 같은 다양하게 알려진 역사편찬의 진작을 목표로 했던 운동.

41. J. Barrel, *The Idea of Landscape and the Sense of Place, 1730-1840* (New York : Cambridge University Press, 1972), 134.

42. J. Clare, "Autobiography," in *John Clare*, ed. Merryn Williams and Raymond Williams (London : Methuen, 1986), 90.

43. * Robert Bloomfield, 1766~1823. 영국의 노동계급 시인.

44. R. Bloomfield, *The Remains of Robert Bloomfield*, 2 vols. (London : Baldwin, Cradock & Joy, 1824), 1 : 85.

45. R. Mabey, *The Common Ground* (London : Hutchinson Books, 1980), 166.

46. 같은 책.

47. 이 용어들은 다음 책의 〈용어 모음〉에서 그 역사적 설명을 찾아볼 수 있다. P. Linebaugh, *The Magna Carta Manifesto*[라인보우, 『마그나카르타 선언』].

48. * 영국 잉글랜드 동부 런던의 동북쪽에 있는 숲. 원래 왕실 소유였다.

49. Mabey, *Common Ground*, 166.

50. Neeson, *Commoners*, 291. 강조는 인용자.

51. * 잉글랜드 정복왕 윌리엄 1세 때 실시한 조사기록의 원본 또는 요약본.

52. J. Hammond and B. Hammond, *The Village Labourer, 1760-1832* (London : Longmans, Green, 1913).

53. * John Churchill, 1st Duke of Marlborough, 1650~1722. 프랑스 루이 14세와 치른 전쟁에서 영국군과 그 동맹군을 지휘하여 승리로 이끈 영국의 유명한 장군.

54. * Hammond and Hammond, *The Village Labourer, 1760-1832*, 91.

55. * 캐나다 남동부의 반도.

56. Reaney, *Class Struggle in Nineteenth Century Oxfordshire*.

57. *Jackson's Oxford Journal*, September 11, 1830.

58. * 런던 북동부의 레드브리지 런던 자치구의 교외 지역.

59. J. Boyle, "The Second Enclosure Movement and the Construction of the Public Domain," *Law and Contemporary Problems* 33 (2003) : 33.

60. Reaney, *Class Struggle in Nineteenth Century Oxfordshire*, 25.

61. S. Rowbotham, *A Century of Women* (London : Penguin, 1997), 401.

62. S. Alexander, *St. Giles's Fair, 1830-1914* (Oxford : Ruskin College, 1970), iii.

63. 같은 책, 53, 55.

64. Eric Hobsbawm and George Rude, *Captain Swing* (New York : Pantheon, 1968).

65. * Nat Turner, 1800~1831. 미국의 노예 지도자. 자세한 내용은 다음 기사 참조. http://www.hankookilbo.com/News/Read/201708210475984814

66. * Sam Sharpe, 1801~1832. 노예화된 아프리카 자메이카인. 1832년 크리스마스 반란(침례교 전쟁 노예반란)의 지도자였다.

67. Reaney, *Class Struggle in Nineteenth Century Oxfordshire*, 48.

68. * 시체를 팔기 위해 사람들의 목을 졸라 죽인 윌리엄 버크(1792~1829)의 이름에서 온 말.

69. S. Wise, *The Italian Boy* (New York : Henry Holt, 2004).

70. Reaney, *Class Struggle in Nineteenth Century Oxfordshire*, 57.

71. K. Marx, *Capital*, 1 vols., trans. Ben Fowkes, (London : Penguin, 1976), 1 : 92 [마르크스, 『자본론 I(상)』, 7쪽].

72. 같은 곳.

73. W. Cobbett, *A History of the Protectant "Reformation" in England and Ireland* (London : C. Clement, 1824).

74. Marx, *Capital*, 873 [마르크스, 『자본론 I(상)』, 977쪽].

75. Reaney, *Class Struggle in Nineteenth Century Oxfordshire*, 28.

76. * 이라크의 습지는 갈대밭이 풍성하여 예로부터 광주리, 바구니, 가구, 돗자리 등 갈대 제품의 생산 및 집산지의 역할을 했다고 한다.

77. * Mountstuart Elphinstone, 1779~1859. 인도에서 활동했던 영국의 관리.

78. Livy, *The Early History of Rome*, 5 vols., trans. Aubrey De Selincourt (New York : Penguin, 2002), 4 : 59 [티투스 리비우스, 『리비우스 로마사. 1』, 이종인 옮김, 현대지성, 2018, 444쪽(ebook)].

79. J. Berger, *Hold Everything Dear* (London : Verso, 2007), 88.

80. I. Wright, *The Life and Times of Warren James* (Bristol : Bristol Radical History Group, 2008) ; 그리고 S. Mills, *A Barbarous and Ungovernable People! A Short History of the Miners of Kingswood Forest* (Bristol : Bristol Radical History Group, 2009).

10장 와트 타일러의 날 : 영국의 노예해방기념일

1. * 영국 잉글랜드 서부 헤리퍼드와 우스터주의 몰번 구릉 동쪽 기슭의 휴양지. 매년 연극제가 개최됨.

2. * Lotta Coninua. 1970년대 중반 이탈리아의 급진 좌파 조직.

3. * Potere Operaia. 1969년에 창설된 이탈리아의 자율주의적 맑스주의 조직.

4. * William Langland, 1330년경~1400년경. 영국의 작가. 『농부 피어스』를 쓴 시인으로 추정된다.

5. * John Wycliffe, 1320년경~1384. 영국의 기독교 신학자이며 종교개혁가. 최초로 영어 성서 완역을 추진했으며, 프로테스탄트 종교개혁의 선구자들 가운데 한 사람이었다.

6. * Lollards. 영국의 종교개혁자 위클리프의 가르침을 신봉하던 사람들을 일컫는다.

7. * 국내에 번역된 성경 구절은 다음과 같다. "믿는 사람이 다 함께 있어 모든 물건을 서로 통용하고…".

8. 『시민권에 대하여』(*De civili dominio*). "신의 모든 좋은 일들은 공통으로 이루어져야 한다. 이것의 증거는 다음과 같다. 모든 사람은 은총의 상태에 있어야 한다. 은총의 상태에 있다면 그는 세상의 주인이며 그것이 담고 있는 모든 것이다. 그러므로 모든 사람은 온 세상의 주인이 되어야 한다. 하지만, 사람들은 다양하기 때문에, 그들이 모든 것을 공통으로 보유하지 않는 한 이런 일은 일어나지 않을 것이다. 따라서 모든 것은 공통으로 소유되어야 한다."

9. * 『역사의 시작』(권범철 옮김, 갈무리, 2019) 참조.

10. * William Stubbs, 1825~1901. 영국의 역사가. 영국 중세헌정사의 체계적 연구를 위한 토대를 마련한 것으로 평가된다.

11. * 1351년에 영국에서 최초로 전국적으로 노동자를 규제한 노동 입법. 1349년에 영국의 에드워드 3세가 내린 칙령을 의회가 보완하여 입법화한 것이다. 흑사병으로 노동 인구가 격감하자, 노동인구를 확보하고 노동임금 및 생산물가격을 통제하려는 의도에서 제정되었다.

12. * Robert Southey, 1774~1843. 영국의 시인·잡문작가. 초기 낭만주의 운동을 이끈 새뮤얼 테일러

콜리지와 윌리엄 워즈워스의 동료.

13. * Edmund Burke, 1729~1797. 아일랜드 더블린 출신의 영국의 정치인·정치철학자·연설가. 최초의 근대적 보수주의자로 "보수주의의 아버지"로 알려져 있다.

14. E. Burke, *An Appeal from the Old Whigs to the New Whigs* (August 1791).

15. * Joseph Johnson, 1738~1809. 영향력 있는 18세기의 런던 서적상이자 출판인.

16. * 수채화 작가이자 점성가인 존 발리의 요청에 따라 1818년 이후 윌리엄 블레이크가 제작한 일련의 검은 분필과 연필로 그린 그림.

17. * 영매, 즉 죽은 사람들의 영혼과 통교하려는 사람을 중심으로 한 모임.

18. P. Ackroyd, *Blake* (New York : Knopf, 1996), 328~30.

19. * Geoffrey Chaucer, 1342/43경~1400. 영국의 대표적 시인. 프랑스 시의 작시법을 영어에 적용하였으며, 영문학의 아버지로 일컬어진다. 인간에 관한 깊은 통찰과 해학적인 필치가 특징이다.

20. * François Villon, 1431~1463. 프랑스의 위대한 서정시인.

21. * 원문은 다음과 같다. "When Adam delved and Eve span / Who was then the gentleman?"

22. Burke, *An Appeal from the New to the Old Whigs*.

23. * 원문은 다음과 같다. "England is growne to such a passe of late, / That rich men triumph to see the poore beg at their gate. / But I am able by good scripture before you to prove, / That God doth not this dealing allow nor love, / But when Adam delved and Eve span, / Who was then a Gentleman."

24. 돕슨은 다음의 1차 자료 선집에 부치는 서문을 집필했다. *The Peasants' Revolt of 1381*. 이것은 고(故) 그윈 윌리엄스가 편집한 시리즈 『심층 역사』에 속해 있다. 내가 인용한 모든 1차 자료들 — 월싱엄, 나이튼, 어노니말레(Anonimalle) 연대기 — 은 이 편리한 선집에서 찾아볼 수 있다.

25. H. Knighton, in Dobson, *The Peasants' Revolt of 1381*, 382.

26. * Norman Rufus Colin Cohn, 1915~2007. 영국의 학자·역사가·작가.

27. N. Cohn, *The Pursuit of the Millennium* (London : Secker & Warburg, 1957), 211 [노만 콘, 『천년왕국운동사』, 김승환 옮김, 한국신학연구소, 1993].

28. * Anne Middleton, 1940~2016. 미국의 중세 연구가. 초서, 랭글런드, 고워를 전문으로 연구했다.

29. * Henry Knighton, ?~1396. 영국 출신의 중세의 대표적인 연대기 작가.

30. * Thomas Walsingham, ?~1422. 영국의 연대기 작성자.

31. Dobson, *The Peasants' Revolt of 1381*, 164.

32. 같은 책.

33. 같은 책, 186.

34. * Ernest Charles Jones, 1819~1869. 영국의 시인·소설가·차티스트주의자.

35. "The Men of Kent and Essex,1381," in Yuri Kovalev, ed., *An Anthology of Chartist Literature* (Moscow : Foreign Langauges Publishing House, 1956).

36. 같은 글, 156.

37. * James Northcote, 1746~1831. 영국의 화가.

38. R. Dias, "Loyal Subjects? Exhibiting the Hero in James Northcote's 'Death of Wat Tyler,'" *Visual Culture in Britain* 8, no. 2 (Winter 2007) : 21~43.

39. 이 그림은 1794년에 시청 회의실에 영구 전시되어 2차 세계대전 당시 폭탄에 의해 파괴될 때까지 남아 있었다.

40. * 에드워드 6세 때 잉글랜드 노퍽에서 인클로저 운동에 대항해 일어난 반란.

41. * 1549년 데번과 콘월에서 일어난 유명한 반란.

42. * Robert Crowley, 1517~1588. 영국의 청교도·사회 개혁가·그리스도교 사회주의자.

43. * '필요'를 의인화한 글의 의도를 좇아 작은따옴표를 붙여 표기한다.

44. * 존 볼과 와트 타일러와 함께, 영국 역사상 주요 사건인 1381년 농민 반란의 지도자로 여겨지는 인물.

45. * 1215년 영국의 존 왕이 마그나카르타에 조인했다고 여겨지는 곳.

46. * William Stubbs, 1825~1901. 영국의 역사가이자 주교.

47. Thompson, *William Morris*, 717 [톰슨, 『윌리엄 모리스 2』].

48. MacCarthy, *William Morris*.

11장 토머스 페인 입문

1. * 17세기 후반과 18세기 유럽과 아메리카 대륙에서 활동했던 장거리 지적 공동체를 일컫는다. 계몽주의 시대의 지식인들과 철학자들 사이의 의사소통을 촉진했다고 한다. 편지 공화국은 17세기에 국경을 넘어 언어와 문화의 차이를 존중하는 학자와 문학가의 자칭 공동체로 부상했다. 국가 경계를 초월한 이 공동체는 형이상학적 공화국의 기초를 형성한 것으로 평가받는다.

2. * Rachel Aliene Corrie, 1979~2003. 미국의 인권 운동가. 2003년에 가자 지구에서 팔레스타인 거주지를 파괴하던 이스라엘 방위군에게 맨몸으로 저항하다 이스라엘 방위군의 불도저에 깔려 사망했다.

3. * Ben Linder, 1959~1987. 미국의 엔지니어. 니카라과 북부 시골의 작은 수력 발전 댐에서 일하다 콘트라에 의해 살해되었다.

4. * Bradley Roland Will, 1970~2006. 미국의 활동가·비디오그래퍼·기자. 2006년 10월 27일 멕시코 와하까에서 노동 분쟁이 발생했을 때, 정부가 조종하는 준군사 조직에 의해 두 발의 총을 맞고 사망했다.

5. * José Julián Martí Pérez, 1853~1895. 쿠바의 시인·수필가·저널리스트·혁명가. 쿠바의 영웅이자 라틴아메리카 문학의 중요 인물이다. 스페인, 라틴 아메리카, 미국을 고루 여행하면서 쿠바 독립의 지지를 얻어나갔다. 그는 1895년 5월 19일 군사 행동 속에서 죽음을 맞았다.

6. T. Paine, *The American Crisis*, no. 1, December 19, 1776, in Paine, *Collected Writings* (New York : Library of America, 1995), 91.

7. * John Adams, 1735~1826. 미국의 변호사·외교관·정치이론가. 미국 최초의 부통령(1789~1797)과 제2대 대통령(1797~1801)을 지냈다.

8. 오바마는 2009년 1월 20일 자신의 취임 연설에서 앞에서 언급한 페인의 글에서 일부 인용을 했다.

9. * Carl von Linné, 1707~1778. 스웨덴의 식물학자. 생물 분류학의 기초를 놓는 데 결정적인 기여를 하여 현대 '식물학의 시조'로 불린다.

10. R. Mabey, *Flora Britannica*.

11. A. Davison, *Norfolk Origins : 5* (North Walsham : Poppyland Publishing : 1996).

12. * Oliver Rackham, 1939~2015. 영국의 케임브리지 대학교의 삼림환경학자. 영국 시골, 특히 나무, 삼림지, 목초지의 생태, 관리 및 개발을 연구했다.

13. O. Rackham, *The History of the Countryside* (London : Weidenfeld and Nicolson, 1995).

14. * Augustus Henry Fitzroy, 3rd duke of Grafton, 1735~1811. 미국 독립전쟁 당시 중요한 역할을 한 영국의 총리(1768~70 재임).

15. * Capability Brown, 1715~1783. 영국의 조경가. 본명은 렌슬럿 브라운.

16. M.D. Conway, *The Life of Thomas Paine* (New York : Benjamin Blom, 1970, first published in

1892).

17. T. Williamson, *Rabbits, Warrens and Archaeology* (Stroud : Tempus, 2007), 12.

18. R. Blythe, *Akenfield : Portrait of an English Village* (London : Allen Lane, 1969), 42.

19. * 토머스 페인, 『상식, 인권』, 박홍규 옮김, 필맥, 2017, 22쪽 참조.

20. J. Kimpell, ed., *Peter Linebaugh Presents Thomas Paine* (London : Verso, 2009), 224.

21. * Ticonderoga. 미국 뉴욕주 북부 샹플랭 호수 남쪽 끝 근처의 협곡에 프랑스가 18세기에 세운 요새로, 당시 영국과 프랑스 사이의 식민지 분쟁 기간에 전략적으로 중요한 곳이었다.

22. 1775년 5월 13일의 [자세한] 목록은 다음에 인쇄되어 있다. P. Force, *American Archives*, series 4, vol. 2, 646.

23. Kimpell, *Peter Linebaugh Presents Thomas Paine*, 33 [페인, 『상식, 인권』, 70쪽].

24. * Andy Wood, 1967~ . 영국의 사회사학자.

25. A. Wood, *The 1549 Rebellions and the Making of Early Modern England* (Cambridge University Press, 2007).

26. * "영국혁명 기간(1642~1649)에 정치적 자유민주주의 운동을 일으킨 급진적 소수 집단으로 세상에 널리 알려지게 된 수평파의 명칭은 그 반대파에 의해 '폭력적이고 극렬한 행동으로 모든 것을 무너뜨려 평평하게 만들려는 집단'이라는 경멸조의 뜻으로 사용되었다. 이것은 물론 영국인 모두가 빈부격차 없이 평등하게 잘 살게 해야 한다는 수평파의 주장에서 기인한 것이다."(서울대학교역사연구소, 『역사용어사전』, 서울대학교출판문화원, 2015 참조.)

27. F. Blomefield, *An Essay Towards a Topographical History of the County of Norfolk*, 2nd ed. (London : W Miller, 1805), 2 : 44 ; 3 : 223.

28. O. Cook, *Breckland* (London : Robert Hale Ltd., 1956), 166.

29. * Gerrad Winstanley, 1609~1660. 토지의 균등 분배를 주장한 집단인 영국 디거파의 지도자이며 이론가.

30. G.C. Cocke, *English Law ; or, A Summary Survey of the Household of God on Earth* (London, 1651), 64~69. 그리고 *Essay of Christian Government* (London, 1651), 154.

31. * 1647년 청교도혁명 중에 새로운 헌법 제정 문제를 놓고 수평파에 가담할 것인가를 두고 크롬웰의 신형군(New Mode Army) 대원들 사이에 벌어진 논쟁을 가리킨다.

32. * 실링은 영국의 화폐 단위로 '1/20pound =12pence'에 상당한다. 부셸은 야드파운드법에서 곡물·과실 등의 양을 재는 단위로서 8gallons, 약 36liters에 해당한다. 쿰(Coomb)은 부피의 척도로 13세기 영국에서 4부셸로 정의되었다.

33. E.P. Thompson, "The Moral Economy of the English Crowd," in *Customs in Common* (London : Merlin, 1991). 그리고 A.J. Peacock, *Bread or Blood* (London : Gollancz, 1965), 77~79.

34. * Walt Whitman Rostow, 1916~2003. 미국의 경제사가.

35. * 'global South'를 옮겼다. 이것은 초국적 및 탈식민적 연구에서 제3세계, 개발 도상국, 저개발국, 저개발지역을 지칭하기 위해 출현한 용어다. 여기에는 부유한 "북부" 국가들의 가난한 "남부" 지역들도 포함될 수 있다.

36. * '깊은 시간'은 지질학적 시간 개념으로 존 맥피(John MaPhee)에 의해 도입되었다.

37. * 전시에 적의 상선을 나포할 수 있는 허가를 받은 민간 무장선.

38. R. Doyle, *Waisted Efforts* (Halifax : Sartorial Press, 1997).

39. R. Campbell, *The London Tradesman* (London, 1747), 212.

40. W. Hogarth, *The Analysis of Beauty* (1753). ed. R.Paulson (New Haven, CT : Yale University Press, 1997).

41. L. Schiebinger, *Nature's Body* (Boston : Beacon Press, 1993).

42. 코르셋에 대한 반론("고래뼈 감옥")은 루소(그것은 "결국 그 인종의 퇴보를 야기하게 될 것이다.") 와 함께 1770년대와 1780년대에 모성숭배에서 절정에 이르렀다. 마리 앙투아네트는 실제로 일하 는 여성들이 코르셋을 입고 있을 때 코르셋을 벗고 자연스러운 외관을 채택했다. 다음을 보라. D. Kunzle, *Fashion and Fetishism* (Totowa, NJ : Rowman and Littlefield, 1982).

43. P. Linebaugh and M. Rediker, *The Many-Headed Hydra* (London : Verso, 2000) [피터 라인보우· 마커스 레디커, 『히드라』, 정남영·손지태 옮김, 갈무리, 2008].

44. Kimpell, *Peter Linebaugh Presents Thomas Paine*, 11 [페인, 『상식, 인권』, 31쪽].

45. Kimpell, *Peter, Linebaugh Presents Thomas Paine*, 140 [페인, 『상식, 인권』].

46. J. Thelwall, *Rights of Nature, Against the Usurpations of Establishments*, part II (London : H.D. Symonds, 1796), 430.

47. * '모으는 자', '돈으로 고용된 자'라는 뜻으로 성경의 잠언 30장에 언급된 교훈의 저자 또는 편집자. 『라이프 성경사전』(앞의 책, 743쪽 참조).

48. Proverbs 30 : 9 [잠언 30장 9절 : "혹 내가 배불러서 하나님을 모른다 여호와가 누구냐 할까 하오며 혹 내가 가난하여 도적질하고 내 하나님의 이름을 욕되게 할까 두려워함이니이다."].

49. R. Deakin, *Wildwood* (London : Hamish Hamilton, 2007).

50. J. Keane, *Tom Paine* (London : Bloomsbury, 1995), 7.

51. * 찰스 1세의 죽음 이후 그에 관한 기억을 조롱하기 위해 설립된 단체.

52. T. Paine, *The Crisis*, no. 7, November 2, 1778, in Paine, *Collected Writings*, 208~9.

53. 그의 주요 저서는 이 무렵에 출간되었다. 1776년 1월의 『상식』, 12월 1일의 『위기』 1호, 1791년 2월 에 『인권』 1부, 정확히 1년 뒤 『인권』 2부. 『이성의 시대』는 1794년 1월에 출판되었고, 『토지분배의 정의』는 1797년 초에 출판되었다.

54. Paine, *The Crisis*, no. 7, November 11, 1778, in Paine, *Collected Writings*, 194.

55. * 서인도제도 동남부의 섬.

56. Paine, 같은 책, 193 ; 그리고 *The American Crisis*, no. 2, January 13, 1777, in Paine, *Collected Writings*, 108.

57. * 페인, 『상식, 인권』, 62쪽.

58. * 같은 책, 46쪽.

59. * 같은 책, 38~39쪽.

60. * Benjamin Rush, 1746~1813. 미국의 의사·정치지도자.

61. * 페인, 『상식, 인권』, 43쪽.

62. 다음을 보라. *The Pennsylvania Ledger*, December 9, 1775 ; January 6, 1776 ; 그리고 February 17, 1776.

63. * 현실의 전체를 볼 수 있는 어떤 초월적 위치를 가리킨다.

64. * 페인, 『상식, 인권』, 46쪽.

65. * 페인, 『토머스 페인 상식』, 87쪽.

66. * 페인, 『상식, 인권』, 301쪽.

67. Thomas Paine, "Letter to George Washington," July 30, 1796.

68. * Richard Price, 1723~1791. 영국의 도덕철학자이자 보험재정 전문가.

69. * 페인, 『상식, 인권』, 233쪽.

70. * 같은 책, 143쪽.

71. Kimpell, *Peter Linebaugh Presents Thomas Paine*, 179, 202, 240 [같은 책, 233, 269, 324쪽].

72. 같은 책, 115 [같은 책, 174쪽].

73. 같은 책, 152.

74. * 아일랜드의 남서부 먼스터의 주.

75. * Wolfe Tone, 1763~1798. 아일랜드의 공화주의자·혁명가.

76. * Napper Tandy, 1740~1803. 아일랜드의 정치가.

77. K. Whelan, *The Green Atlantic* (forthcoming).

78. * Herny Louis Vivian Derozio, 1809~1831. 인도의 시인·급진주의 사상가. 인도의 젊은이들에게 서양의 학문과 과학을 전파한 최초의 인도 교육자 중 한 명이다.

79. G. Smith, *The Life of Alexander Duff*, volume 1(William Briggs, 1882), 143~47 ; B. Majumdar, *History of Political Thought from Rammohun to Dayananda*, volume 1, Bengal (Calcutta : University of Calcutta, 1934), 80~85 ; 그리고 T. Raychaudhuri, *Perceptions, Emotions, Sensibilities* (Oxford : Oxford University Press, 1999).

80. * K'tut Tantri, 1898~1997. 인도네시아의 방송인·회고록 집필가. 스코틀랜드 태생의 미국인으로 인도네시아 혁명 당시 인도네시아 공화당의 라디오 방송인으로 활동했다.

81. K. Tantri, *Revolt in Paradise* (Heinemann, 1960), 172~3. 그리고 T. Lindsey, *The Romance of K'tut Tantri and Indonesia* (Oxford University Press, 1997).

82. Kimpell, *Peter Linebaugh Presents Thomas Paine*, 218 [페인, 『상식, 인권』, 292쪽].

83. * James Pilkington, 1520~1576. 영국의 작가·연설가.

84. * William Ogilvie, 1736~1819. 스코틀랜드의 고전주의자·화폐주의자.

85. * James Murray, 1727~1799. 스코틀랜드 국경에서 온 토지 소유자이자 정치가.

86. * 동인도회사가 무굴제국으로부터 벵골과 비하르, 오리사 지역의 징세권을 넘겨받아 콘월리스가 1793년 공표한 토지세 제도다.

87. 같은 책, 299 [페인, 『토머스 페인 상식』, 103쪽].

88. William Blake, *Annotations to Watson*, 1798.

89. P. King, "The Origins of the Great Gleaning Case of 1788," in *Crime and Law in England, 1750-1840* (Cambridge : Cambridge University Press, 2006).

90. Paine, *The Crisis*, no. 6, October 20, 1778, in Paine, *Collected Writings*, 183.

91. Kimpell, *Peter Linebaugh Presents Thomas Paine*, 239 [페인, 『상식, 인권』, 321쪽].

92. 같은 책, 238~39 [같은 책, 320~321쪽].

93. 같은 책, 140.

94. Blythe, *Akenfield*.

95. William Blake, *The Four Zoas*, ix, 132 : 8-9.

96. * Gwyn Willams, 1925~1995. 영국의 역사학자.

97. * Gregory Claeys, 1953~ . 영국의 정치사상사 교수. 영국의 지적 정치사에 관한 다수의 책을 저술했다.

98. G. Claeys, *Thomas Paine* (Boston : Unwin Hyman, 1989), 196 ; G. Williams in *New Society*, August 6, 1970. Keane, *Tom Paine* 그리고 C. Nelson, *Thomas Paine* (New York : Penguin, 2006).

99. J. Thelwall, *Sober Reflections on the Seditious and Inflammatory Letter of the Right Hon. Edmund Burke to a Noble Lord* (London : H.D. Symonds, 1796), 336.

100. Kimpell, *Peter Linebaugh Presents Thomas Paine*, 295.

101. 같은 책, 299 [페인, 『토머스 페인 상식』, 102~103쪽].

102. 같은 책, 300, 302 [같은 책, 104, 108쪽].

103. 같은 책, 303 [같은 책, 108쪽].

104. 같은 책, 307 [같은 책, 115쪽].

105. * 페인, 『상식, 인권』, 312쪽.

106. * 페인, 『토머스 페인 상식』, 117쪽.

107. 같은 책, 311 [같은 책, 121~122쪽].

108. R. Watson, *Anecdotes of the Life of Richard Watson* (London : T. Cadell and W. Davies, 1817), 150.

109. * 1945년 8월 6일 히로시마에 원폭을 투하한 미국 B-29 폭격기를 가리킨다.

110. Kimpell, *Peter Linebaugh Presents Thomas Paine*, 281 [페인, 『상식, 인권』, 379쪽].

111. 같은 곳 [같은 곳].

112. 같은 곳 [같은 곳].

113. 같은 책, 274 [같은 책, 368쪽].

12장 코뮤니즘과 공통장이 만나는 교차로에서의 만담

1. * 미국 뉴욕주 북동쪽에 있는 산맥.

2. * 오네이다는 '서 있는 돌'이라는 뜻으로 아메리카 선주민 부족을 가리킨다. 뉴욕 북부 지역, 특히 오대호 근처에 있는 〈이로쿼이남부연합〉의 5개 창립 국가 중 하나이다. 이로쿼이족은 자신의 공동생활 방식 및 주거의 건축양식과 관련하여 자신들을 하우데노사우니라고 부른다.

3. 30년 후 이 유토피아 코뮌은 해체되어 세계 최고의 스테인리스 강철 식기인 오네이다 플랫웨어의 생산자가 되었다.

4. * Harriet Beecher Stowe, 1811~1896. 미국의 노예 해방론자이자 사실주의 작가. 일명 스토 부인. 노예제에 반대하는 소설 『톰 아저씨의 오두막』으로 유명하다.

5. * 레인신학교는 1829년부터 1932년까지 오하이오주 신시내티의 월넛 힐스 지역에서 운영된 장로교 신학대학이었다. 초대 회장은 저명한 뉴잉글랜드 목사 라이먼 비처였다. 노예제를 둘러싼 1834년 논쟁으로 유명하며, 관련된 사람들 중 몇 명은 노예제 폐지 운동과 미국 남북전쟁의 구축에 중요한 역할을 담당했다.

6. L.M. Getz, "Partners in Motion", *Frontiers* 27, no. 2 (2006) : 118.

7. R. Williams, *Keywords* (New York : Oxford University Press, 1976).

8. 옥스퍼드 영어사전의 "common" 항목에는 22개의 형용사 의미, 15개의 명사 의미, 11개의 동사 의미가 실려 있다.

9. * John Clare, 1793~1864. 영국의 낭만파 농부 시인.

10. * Lewis Henry Morgan, 1818~1881. 미국의 민족학자.

11. * Luke Gibbons. 영국 메이누스 대학교의 아일랜드 문학·문화학 교수.

12. Marx, *A Contribution to the Critique of Political Economy*, 10 [마르크스, 『정치경제학비판을 위하여』].

13. Karl Marx, "Debates on the Law on Thefts of Wood : Proceedings of the Sixth Rhine Province Assembly," *Rheinische Zeitung* (1842) [이 책의 4장을 보라]. 영문판은 Karl Marx and Frederick Engels, *Collected Works*, vol. 1(International Publishers : New York, 1975), 224~63을 보라.

14. * Philippe Buonarroti, 1761~1837. 이탈리아 출생의 혁명가, 사상가, 사회운동가. 바뵈프와 블랑키에 영향을 미쳤고, 초기 사회주의의 원류가 되는 인물이다.

15. * James Bronterre O'Brien, 1805~1864. 아일랜드 태생 영국의 급진주의자.

16. Thompson, "The Moral Economy of the English Crowd," in *Customs in Common*.

17. J.H. Billington, *Fire in the Minds of Men* (London : Temple Smith, 1980), 243.

18. 같은 책, 246.

19. * John Goodwyn Barmby, 1820~1881. 영국 빅토리아 시기의 공상적 사회주의자.

20. * 영국 동부의 주.

21. * Robert Owen, 1771~1858. 영국의 사상가·사회주의자. 19세기 초반의 가장 영향력 있는 사회주의자의 한 사람이었다.

22. 빌링턴은 그가 "어쩌면 어디서든 코뮤니즘을 위한 가장 다작의 ― 그리고 분명히 가장 잊힌 ― 선전가가 되었다."고 말한다. 같은 책, 254.

23. * 영국 웨일스 미드글러모건주의 행정구와 구청 소재 산업도시.

24. * 북아일랜드 티론주의 도시.

25. B. Taylor, *Eve and the New Jerusalem* (New York : Pantheon Books, 1983), 176.

26. * 영국 잉글랜드 워릭셔의 수도.

27. * 영국 잉글랜드 웨스트미들랜드에 있는 행정구와 시.

28. 에드워드 파머 톰슨을 가리킨다.

29. * 옛 그리스 산속의 이상향.

30. * Albert Laponneraye, 1808~1849. 프랑스의 공화당 사회주의자·기자·역사학자·교육자.

31. * Alexandre Théodore Dézamy, 1808~1850. 프랑스의 사회주의자.

32. Billington, *Fire in the Minds of Men*, 248

33. * Wilhelm Christian Weitling, 1808~1871. 독일 태생의 재단사이자 발명가이며 급진적 정치 운동가.

34. * 독일 이민자 숙련공들의 국제혁명적인 친목단체인 〈무법자 리그〉(1834~1838)에서 1836년 기독교 코뮤니스트들이 분리되어 구성되었다. 1847년에 〈공산주의자동맹〉으로 개편되었다.

35. * Nicolas-Edme Restif, 1734~1806. 프랑스의 소설가. '레스티프 드 라 브레톤'은 별칭이다.

36. Billington, *Fire in the Minds of Men*, 71~72.

37. * 그라쿠스 형제를 가리킨다. 이들은 호민관으로서 로마 공화정을 개혁하려고 했다. 이들의 개혁 목표는 자영농민의 생활을 안정시켜 사회불안을 막고, 로마 군사력을 다시 강하게 만드는 것이었다. 형은 '토지법'을, 동생은 '곡물법'을 통해 개혁을 추진했다.

38. * Claude Fournier, 1745~1825. 프랑스 국적의 혁명가.

39. 다음을 보라. R.B. Rose, *Gracchus Babeuf* (London : E. Arnold, 1978), 그리고 I.M. Birchall, *The Spectre of Babeuf* (New York : St. Martin's Press, 1997).

40. * Joseph Alexandre Victor d'Hupay, 1746~1818. 프랑스의 작가이자 철학자.

41. * 프랑스 중부 루아르주에 있었던 공동체.

42. * http://www.climbingpoetree.com/bio/를 참고하라. 이들에 관해 한 웹페이지는 다음과 같이 소개하고 있다. "〈클라이밍 포이트리〉는 대중교육, 공동체 조직, 개인적 변형을 위한 도구로서의 자신의 예술을 벼리며 경계를 허물어 온 두 흑인 여성의 결합된 힘이다. 알릭사 가르시아와 나이마 페니먼은 음성, 힙합, 수상에 빛나는 멀티미디어 극장을 결합하여 부정을 폭로하고, 비전을 제시하며, 더 나은 미래를 가시적으로, 직접적으로, 저항할 수 없는 것으로 만든다."

43. * Barbara Taylor. 계몽주의 역사, 성별 연구 및 주체 역사를 전문으로 하는 캐나다 출신의 역사가.

44. * 런던 동쪽 끝에 있던 수도 자치구. 지금은 타워 햄릿 구의 일부.

45. Taylor, *Eve and the New Jerusalem*, 175.

46. T. Frost, *Forty Years of Recollections* (London : S. Low, Marston, Searle, and Rivington, 1880), 74.

47. W.H.G. Armytage, *Heavens Below* (London : Routledge and Kegan Paul, 1961), 204.

48. 같은 책, 196.

49. * '지하 철도'는 19세기 초에서 중반까지 미국에 세워진 비밀 통로 및 안전 가옥의 네트워크였고, 흑인 노예들이 노예해방주의자들과 그들의 동맹국들의 도움으로 자유주나 캐나다로 탈출하기 위해 사용되었다. 이 용어는 흑인 및 백인, 자유롭고 노예화된, 탈주자를 도왔던 폐지론자들에게도 적용된다. 멕시코 또는 해외로 이어지는 다양한 노선이 있었다. 일반적으로 지하 철도라고 알려진 네트워크는 1700년대 후반에 형성되어 자유주 및 캐나다까지 북쪽으로 운행되어 1850년부터 1860년까지 최고조에 달했다. 1850년까지 10만 명의 노예가 철도를 통해 탈출했다고 추정되기도 한다.

50. * 미국 뉴욕주 셔토쿼 카운티에 있는 마을.

51. * 남북전쟁 때까지 노예제가 합법적이었던 남부의 주.

52. * 남북전쟁 이전에 노예제를 금지하고 있던 주.

53. A. Hagedorn, *Beyond the River* (Simon & Schuster : New York, 2002).

54. Getz, 21. 옥스퍼드 영어사전은 'lawing'에 관해 두 가지 의미를 제공해 준다. 소송(법정에 가는 것) 또는 익스페디테이션(expedition, 개의 발톱을 자르는 것). 여기에서 이 단어가 어떤 뜻으로 쓰였는지는 명확하지 않다.

55. * 알곤킨어를 쓰는 북아메리카 인디언.

56. * 1794년 8월 20일 북서 인디언 동맹이 미국의 앤소니 웨인 장군에게 결정적으로 패배한 전투.

57. * 북아메리카 선주민의 도끼.

58. * 북아메리카 인디언이 쓰는 긴 담뱃대.

59. * Johann Georg Kohl, 1808~1878. 독일 출신의 여행 작가·역사가·지리학자.

60. * 북아메리카 인디언의 큰 종족으로 슈피리어호 지방에 거주.

61. J.G. Kohl, *Kitchi-Gami* (1858), (St. Paul : Minnesota Historical Society Press, 1985), chap. six, "그들의 공산주의자들에 가깝다고 할 수 있다."

62. * 지금의 뉴욕주에 살던 북아메리카 인디언 종족들.

63. 20세기의 뛰어난 인류학자인 클로드 레비 스트로스는 10대 때 『그라쿠스 바뵈프와 코뮤니즘』 (Brussels : L'Eglantine, 1926)이라는 소책자를 썼다.

64. 엠린 회관은 이후 보혈의 선교사 안식처인 세인트 찰스 신학교가 되었고, 이후 노인 생활 센터가 되었다.

65. * 푸리에주의는 프랑스의 사회이론가 샤를 푸리에가 주창한 사회개혁철학으로서 팔랑주(pha-lange)라는 자급적·독립적인 공동체로의 사회 전환을 주장했다.

66. * Stephen Jay Gould, 1941~2002. 뉴욕에서 태어난 미국인 고생물학자·진화생물학자·과학사가.

67. * Coretta Scott King, 1927~2006. 마틴 루서 킹 2세의 부인이며, 인권운동자, 정치인.

68. * Harry Cleaver Jr., 1944~ . 미국 학자이자 맑스주의 이론가이며 오스틴의 텍사스 대학 명예 교수.

69. * George Caffentzis, 1945~ . 미국 서던 메인 대학의 철학 교수. 자율주의적 맑스주의자로 제로워크 그룹에서 활동했고 미드나잇 노츠 컬렉티브의 창설 회원이다.

70. W. Cheek and A.L. Cheek, "John Mercer Langston and the Cincinnati Riot of 1841," in Henry Louis Taylor Jr., ed., *Race and the City* (Urbana : University of Illinois Press, 1993), 33.

71. * John Mercer Langston, 1829~1897. 미국의 흑인 지도자·교육자·외교관.

72. * Martin Robison Delany, 1812~1885. 아프리카계 미국인으로 노예제 폐지론자·언론인·의사·군인·작가.

73. * 미국 역사에서, 어떤 주에서 다른 주나 연방의 준주(準州)로 도망간 노예를 체포하여 원래의 주로 돌려주도록 규정한 법률.

74. * 영국 잉글랜드 남동부에 있는 중세시대 영국 해협 항구들의 연합체.

75. N. Taylor, "African Americans' Strive for Educational Self-Determination in Cincinnati Before 1873," in Gayle T. Tate and Lewis A. Randolph, eds.. *The Black Urban Community* (New York : Palgrave Macmillan, 2006), 289.

76. * 영국 노예해방 선언 기념일을 가리키는 것으로 보인다. 영국 수상 찰스 그레이는 1834년 8월 1일 모든 영국 식민지에서 노예제를 폐지하고 총 20만 명에 달하는 노예를 해방한다고 발표했다.

77. P. Stallybrass, "Marx and Heterogeneity," *Representations* 31(Summer 1990) : 69~95.

78. * 1820년대 미국 정부에 의한 아메리카 선주민들의 강제 이주를 가리킨다.

79. * 카를 마르크스, 『자본론 ─ 정치경제학 비판 I(상)』, 김수행 옮김, 비봉출판사, 2015, 102쪽.

80. * 삼위일체를 배격하는 기독교의 일파.

81. * 미국 서부 버지니아주 북동부 셰넌도어강과 포토맥강의 합류점에 있는 마을. 1859년 노예제 폐지론자인 존 브라운이 이곳의 병기창을 습격하여 빈란을 일으킴.

82. G. Martin, *Collections of the Kansas State Historical Society*, 1911~1912 (Topeka : Kansas State Historical Society, 1912), 12 : 429~30.

13장 "홍관조와 검정 오리" ─ 1802년 이야기 : 역사적 유물론, 선주민 그리고 실패한 공화국

1. * 제임스 조이스, 『젊은 예술가의 초상』, 성은애 옮김, 열린책들, 2014, 49쪽.

2. 이 글의 아이디어들 중 일부는 템스강(온타리오)과 사요토강(오하이오)을 끼고 테쿰세의 길을 따라 이아인 보월과 함께 걸으며 싹이 텄고, 트리니티 대학의 루이스 컬렌 교수의 현대사 세미나(2000년 11월)에서 발전되었으며, 그 후 오하이오의 영스타운의 스토턴 린드와의 토론을 통해 명확해졌다.

3. * John Dunne, 1856~1864. 아일랜드의 성직자·교육자.

4. J. Dunne, "Notices Relative to Some of the Native Tribes of North America," *Transactions of the Royal Irish Academy*, vol. 9 (Dublin, 1803).

5. * pays d'en haut. '상위[상류] 국가 또는 위쪽에 위치한 나라'의 뜻을 갖는 말로 항해자들이 무역을 위해 여행한 지역을 가리키기 위해 사용한 표현이다. 몬트리올 서쪽에 위치한 북미 지역을 아우르는 뉴프랑스의 영토였다.

6. R. White, *The Middle Ground* (New York : Cambridge University Press, 1991).

7. *The Northern Star*, March 17, 1792.

8. K. Whelan, *The Tree of Liberty* (Cork University Press, 1996).

9. 엥겔스의 『공상적 사회주의와 과학적 사회주의』는 프랑스어로는 1880년에, 영어로는 1892년에 발표되었다.

10. 역사가 자연상태에서 문명으로 진보하는 일련의 단계들로 나뉠 수 있다는 이론.

11. J. Fabian, *Time and the Other* (New York : Columbia, 1983).

12. G.E. Dowd, *A Spirited Resistance* (Baltimore : Johns Hopkins, 1992), 135.

13. A.F.C. Wallace, *Jefferson and the Indians* (Cambridge, MA : Harvard University Press, 1999), 11.

14. D.H. Thomas, *Skull Wars* (New York : Basic Books, 2000). 제퍼슨은 1781년에서 『버지니아주에 관한 주석들』을 쓰기 시작했지만, 이것들은 1787년까지 발간되지 못했다.

15. * '빅 나이브즈'(big knives)라고도 부른다. 이로쿼이족 인디언, 그리고 나중에 오하이오 지역의 밍고족과 기타 선주민이 버지니아의 영국 식민주의자들을 뉴욕과 펜실베이니아의 식민주의자들과 구별하기 위해 사용한 용어다.

16. K.S. Walters, *The American Deists* (Lawrence : University of Kansas Press, 1992).

17. * Elihu Palmer, 1764~1806. 미국 초창기의 이신론의 저자이자 옹호자.

18. R. Robert Hall, *Modern Infidelity Considered with Respect to Its Influence on Society* (1801), (Gale ECCO, 2018).

19. * Archibald Hamilton Rowan, 1805~1865. 아일랜드 태생의 천재 수학자.

20. Rowan, *The Autobiography of Archibald Hamilton Roman*, ed. William Hamilton Drummond (Dublin : T. Tegg, 1840), 291.

21. R. Dismore in *The Irish Magazine* 3 (January 1809) : 36.

22. D.A. Wilson, *United Irishmen, United States* (Dublin : Four Courts, 1998), 115.

23. 실제로, 1802년 서레잉글랜드 남부의 주 철도가 개통되었다. 이것은 대중용으로 만들어진, 가장자리가 절삭된 최초의 강철 철도였다.

24. * William Drennan, 1754~1820. 아일랜드계 의사·시인·정치적 급진주의자.

25. J. Appleby and T. Ball, eds., *The Political Writings of Thomas Jefferson* (Cambridge University Press, 2012).

26. M. Durey, "John Lithgow's Lithconia : The Making and Meaning of America's First 'Utopian Socialist' Tract," *William and Mary Quarterly* 44, no. 3 (July 1992) : 661~68.

27. * cahiers de doléance. 프랑스혁명 당시 프랑스 삼부회에 의해 작성된 불만 사항 목록을 가리킨다.

28. J.A. Scott, ed., *The Defense of Gracchus Babeuf before the High Court of Vendome* (University of Massachusetts Press : 1967), 58.

29. * Joseph Brant, 1742~1807. 모호크족 인디언 추장.

30. W.L. Stone, *Life of Joseph Brant (Thayendanegea)*, 2 vols.(New York : A V. Blake, 1838), 2 : 481.

31. * 아리스토텔레스의 운동론에서 나오는 용어로, 어떤 성질이 그 상반되는 성질을 더욱 강하게 한다는 내용을 담고 있다.

32. Logan Esarey, I, 459. 조지프 배런이 번역자다. Sugden, *Tecumseh*, 204 ; Dowd, *A Spirited Resistance*, 140.

33. 여기에서 그의 길은 나폴레옹과 부오나로티와 교차했다. 나폴레옹은 바뵈프의 평등당의 음모를 해산시켰다. 부오나로티는 고대의 관습을 옹호했다. 볼네는 "단일한 종류의 시골 시설" — 농장? — 의 설립을 시도했다. 그렇다. 그는 면화, 커피 및 사탕수수를 위해 1792년 속칭 "작은 인도"라는 소유지를 구매했다.

34. C. Glacken, *Traces from the Rhodian Shore* (1967) (Berkeley and Los Angeles : University of California Press, 1967).

35. * Charles Brockden Brown, 1771~1810. 미국을 배경으로 한 고딕 로맨스들을 주로 창작한 미국의 작가. '미국 소설의 아버지'로 알려져 있다.

36. * Little Turtle[Mihšihkinaahkwa], 1747~1812. 마이애미족의 인디언 추장 중 한 사람. 당대 가장 유명한 인디언 전사 지도자 중 한 사람이었다.

37. White, *The Middle Ground* ; 그리고 A.F.C. Wallace, *The Death and Rebirth of the Seneca* (New York : Knopf, 1969), 24~29.

38. * 아일랜드의 개신교 정치 단체.

39. * 영국 북아일랜드 남부의 옛 주.

40. 정보 출처는 다음과 같다. C.J. Woods, *Dictionary of Irish Biography*, Royal Irish Academy.

41. * Samuel Colderidg, 1772~1834. 영국의 시인·문학 비평가·철학자·신학자. 윌리엄 워즈워스와 함께 영국의 낭만주의 운동의 창시자로 평가받는다.

42. W.H. Drummond, ed., *The Autobiography of Archibald Hamilton Rowan* (Irish University

Press : Shannon, 1972), 137.

43. * 서인도 제도의 소앤틸리스 제도 북부에 위치한 프랑스의 해외 주.

44. * 1659년부터 1804년까지 프랑스 식민지였던 히스파니올라의 카리브해 섬.

45. * 북서 유럽을 고향으로 삼는 민족 중 하나.

46. O. MacDonagh, *States of Mind* (London : Allen & Unwin, 1983).

47. K. Whelan, "Three Revolutions and a Failure," in Cathal Póirtéir, ed., *The Great Irish Rebellion of 1798* (Dublin : Mercier Press, 1998), 34.

48. * James Orr, 1770~1816. 아일랜드의 시인.

49. * William Drennan, *Letters of Orellana, an Irish Helot* (Dublin 1785).

50. Whelan, "Three Revolutions and a Failure," *The Great Irish Rebellion of 1798*, 34.

51. * 아메리카 인디언 부족으로 미국의 뉴잉글랜드 지역과 그리고 동부 알곤킨어로 '와바나키'(새벽의 땅)라고 불리는 지역인 캐나다 퀘벡과 마리타임즈에 살고 있다.

52. 그린빌 조약에 대한 논평자는 인디언 연설자 중 한 명을 네스토르[트로이 전쟁 때의 그리스군의 현명한 노장]와 비교했다.

53. * 신화 등의 이야기에서 신과 자연계의 질서를 깨고 장난을 좋아하는 장난꾸러기 인물을 가리킨다. 선과 악, 파괴와 생산, 현자와 바보 같은 완전히 다른 양면성을 겸비한 것이 특징이다.

54. L. Hunt, *Politics, Culture, and Class in the French Revolution* (Berkeley : University of California Press, 1984), 59 ; 그리고 M. Gutwirth, *The Twilight of the Goddesses* (New Brunswick, NJ : Rutgers University Press, 1992), 298, 302.

55. Malthus, *An Essay on the Principle of Population* (1798), chap. 3.

56. * 영국령 버뮤다 제도 북부 세인트조지섬의 남해안에 위치한 읍과 교구.

57. C.B. Brown, *Three Gothic Novels* (New York : Library of America, 1998).

58. * 고대 바빌로니아 법률에서 범죄자에게 피해자가 입은 상처 및 피해와 정확히 똑같은 벌을 주도록 한 원칙. 복수법, 동행 형법으로도 옮겨진다.

59. * 18세기에 창설된 개신교 교파로서 15세기 보헤미아와 모라비아에서 후스파 운동을 일으킨 보헤미아 형제단이 그 기원이다.

60. *John Gottlieb Ernestus Heckewelder, 1743~1823. 모라비안 교회의 미국 선교사.

61. J. Kelly, *"That Damn'd Thing Called Honour"* (Cork : Cork University Press, 1995).

62. J. Johnston, *Recollections of Sixty Years* (Dayton : J.H. Patterson, 1915).

63. A.F.C. Wallace, *The Death and Rebirth of the Seneca*, 24.

64. * 북아메리카의 로키산맥 동부에 분포하는 새. 붉고 뾰족한 볏을 가지고 있다. 암수가 모두 시끄럽게 지저귀거나 맑은 휘파람 같은 소리를 낸다.

65. * Neolin, 생몰년도 미상. 오하이오주 머스킹엄 카운티 지역의 델라웨어의 선지자. 1761년 종교적 비전에서 영감을 얻어 아메리카 인디언들이 유럽 정착민들의 재화와 생활 방식을 거부하고 보다 전통적인 생활방식으로 돌아갈 필요가 있다고 선언했다. 특히 알코올, 유물론 및 일부다처제를 거부했다.

66. * Handsome Lake, 1735~1810. 이로쿼이족의 세네카 종교 지도자. 세네카 전쟁 책임자인 콘플랜터의 이복형제였다.

67. * 1794년 8월 20일에, 북서부 영토 침략에 저항하여 인디언들이 동맹을 맺고, 조지 워싱턴이 이끌던 미합중국과 군사적 충돌을 일으킨 미국 인디언 전쟁 중의 한 전투. 북서 인디언 전쟁의 행방을 결정한 전투였고, 미합중국군의 승리로 끝났으며, 이후 1811년 '테쿰세의 전쟁'이 재개될 때까지 휴전이 되었다.

68. * 아일랜드 남동부 렌스터주. 1798년 영국 통치에 대한 반란의 중심지였다.

69. * William Wells, 1770~1812. 마이애미의 추장 리틀 터틀의 사위. 그는 북서 인디언 전쟁에서 마이애미를 위해 싸웠다. 그 전쟁이 진행되는 동안 그는 미국 육군 장교가 되었고 1812년 전쟁에서도 복무했다.

70. P.A. Hutton, "William Wells," *Indiana Magazine of History* 74 (1978) : 183~222.

71. * 1787년 미국 의회에 의해 창설되었던 준주.

72. * Anthony Wayne, 1745~1796. 독립전쟁 당시 미국의 유명한 장군. 별칭은 Mad Anthony Wayne.

73. W.E. Washburn, *The American Indian and the United States*, 4 vols. (Greenwood Press : Connecticut, 1973), 4 : 2295.

74. White, *The Middle Ground*, 479.

75. L.U. Hill, *John Johnston and the Indians in the Land of the Three Miamis* (Piqua, OH, 1957), 17.

76. Dowd, *A Spirited Resistance*, 4~5.

77. * 미국 정부와 조약을 맺은 특정 인디언 선주민에게 국가가 지급한 연금을 가리키는 것으로 보인다.

78. Hill, *John Johnston and the Indians in the Land of the Three Miamis*.

79. * 알곤킨어를 쓰는 인디언. Chippewa라고도 함.

80. * Henry Rowe Schoolcraft, 1793~1893. 미국의 지리학자·지질학자·민족학자. 아메리카 선주민 문화에 관한 초기 연구와 미시시피강 원천에 관한 1832년 탐험으로 유명하다. 아메리카 인디언에 관한 6권의 연구서를 남겼다.

81. O. Smith, *The Politics of Language 1791-1819* (Oxford : Clarendon Press, 1984). chap. 1, 이곳저곳.

82. * Johannes Fabian, 1937~ . 암스테르담 대학의 인류학 교수.

83. Fabian, *Time and the Other*.

84. G.C. Caffentzis, "On the Scottish Origin of 'Civilization,' " in Silvia Federici, ed., *Enduring Western Civilization* (Westport, CT : Praeger, 1995). 33.

85. J. Connolly, *Erin's Hope* (Dublin : Socialist Labor Party, 1897).

86. Gibbons, in *The Field Day Anthology of Irish Writing* (Derry : Field Day Publications), 2 : 954.

87. * 동시대적인 사건들이 아니지만, 이질적인, 또는 어긋난 시간대에 그것들이 새로운 의미를 갖게 되는 것을 말하는 것으로 보인다.

88. Marx, *Capital*, vol. 1, chap. 10, sec. 5 [마르크스, 『자본론 I(상)』, 360쪽].

14장 공통장, 성, 마녀 그리고 스라소니

1. * 배수관이나 저수탱크 안쪽에 쌓인 미생물로 인해 생기는 끈적끈적한 물질.

2. * 인도에서 5번째로 큰 도시로, 카르나타카주 남동부 카르나타카 고원에 동서방향으로 뻗은 능선의 정상 해발 949m 지점에 있다.

3. onthecommons.org, thecommoncr.org.uk.

4. Wallace, *The Death and Rebirth of the Seneca*, 243.

5. 같은 책, 264.

6. * 최초로 영어 성서 완역을 추진했으며, 프로테스탄트 종교개혁의 선구자들 가운데 한 사람이었다.

7. * 제정 러시아의 원시 촌락 공동체.

8. * Vera Ivanovna Zasulich, 1849~1919. 러시아의 혁명가.

9. * 독일 남서부 라인란트팔츠주에 있는 도시.

10. Wallace, *The Death and Rebirth of the Seneca*, 236 ; B.A. Mann, *Iroquoian Women : The Gantowi-*

sas (Peter Lang : New York, 2004), 321.

11. * Joseph-François Lafitau, 1681~1746. 캐나다에서 활동했던 프랑스계 예수회 선교사, 민족학자 및 자연주의자.

12. Wallace, *The Death and Rebirth of the Seneca*, 190.

13. 같은 책, 281.

14. * Alfred A. Cave, 1935~ . 미국의 교수이자 역사학자.

15. A.A. Cave, *Prophets of the Great Spirit* (Lincoln : University of Nebraska Press, 2006), 213.

16. * 펜실베니아의 트윈티어즈(Twin Tiers)와 미국의 뉴욕을 통해 북쪽으로 흐르는 온타리오 호수의 지류.

17. * 미국 펜실베이니아주 포터 군의 구릉성 고원에서 발원하는 강.

18. * 아메리칸 인디언인 이로쿼이족의 6부족 연합을 가리켜 'Six Nations'라 불렀다.

19. * Robert Morris, 1734~1806. 미국의 상인으로 미국 독립 선언, 연합규약 및 미국 헌법의 서명자. 미국 독립전쟁에서 미국 측의 재정 지원을 확보하는 역할을 맡았기 때문에 '혁명의 재무관'으로 알려져 있다.

20. * 빅 트리 조약은 1797년 세네카 국가와 미국 사이에 체결된 공식 조약으로 세네카는 뉴욕주에 있는 거의 모든 전통적인 고향에 대한 권리를 포기했다.

21. G. Ganter ed., *The Collected Speeches of Sagoyewatha, or Red Jacket*. Syracuse (NY : Syracuse University Press, 2006), 98, 99.

22. 같은 책, 108.

23. * John Chapman, 1774~1845. 19세기 미국 중서부를 돌아다니며 개척자들에게 사과나무 종묘를 나누어주어 정착을 도와준 것으로 유명한 순회 묘목상.

24. * 2004년에 존 퍼킨스가 펴낸 자서전의 제목에서 따온 개념이다. '경제 저격수'란 원래 전 세계의 수많은 나라들을 속여서 수조 달러에 달하는 막대한 돈을 털어 내고, 그 대가로 고액 연봉을 받는 전문가들을 가리킨다. 여기에서는 '빚'을 매개로 선주민들의 공통장을 침해하고 그에 대한 권리를 약탈하는 세력들을 가리키는 용어로 쓰였다. 『경제 저격수의 고백 1』(존 퍼킨스, 김현정 옮김, 민음사, 2005), 『경제 저격수의 고백 2』(존 퍼킨스, 김현정 옮김, 민음인, 2010)을 참고하라.

25. * 익명으로 출판된 초판의 원제는 『인구의 원리가 미래의 사회 발전에 미치는 영향에 관한 소론—고드윈, 콩도르세, 그리고 그 외 작가들에 관한 고찰을 포함하여』(*An Essay on the Principle of Population as It Affects the Future Improvement of Society, with Remarks on the Speculations of M.Godwin, M.Condorcet, and Other Writers*)였다고 한다.

26. * William Godwin, 1756~1836. 영국의 사회철학자이자 정치평론가. 무신론, 무정부주의, 개인의 자유를 제기하는 글을 통해 영국의 낭만주의 문예운동을 개척한 것으로 평가받고 있다.

27. * Marie-Jean-Antoine-Nicolas de Caritat, marquis de Condorcet, 1743~1794. 인류가 무한히 완전해질 수 있는 능력을 가지고 있다는 진보 이념을 내세운 주요 혁명가 중 한 사람.

28. T.R. Malthus, *An Essay on the principle of Population*, 2nd edition. 1803, Book IV, chapter VI.

29. * Henry O'Bail, 1770~1831년경. 콘플랜터의 아들로서 세네카족 중에서 유일하게 '교육을 받은' 사람으로 알려져 있다.

30. * 아메리카 인디언들의 다양하고 복잡한 의술단체나 치유의식.

31. * Mary Oliver, 1935~ . 미국의 시인. 국립 도서상 및 퓰리처상을 수상했다.

32. Mann, *Iroquoian Women*, 336.

33. Cave, *Prophets of the Great Spirit*, 여기저기.

34. Mann, *Iroquoian Women*, 354.

35. * Thomas McElwain, 1949~ . 미국의 종교학자. 아메리카 선주민 종교, 기독교, 유대교 및 이슬람에 관한 여러 권의 책과 기사를 집필했다.

36. *Handbook of the Seneca Language*, New York State Museum and Science Service, Bulletin no. 388, 1963.

37. * Wallace Chafe, 1927~ . 미국의 언어학자.

38. * 북반구산의 잠수하는 새.

39. Mann, *Iroquoian Women*, 33.

40. Baron Lahontan, *New Voyages to North-America*, English translation. 1735.

41. * John Gottlieb Ernestus Heckewelder, 1743~1821. 모라비안 교회의 미국 선교사.

42. Mann, *Iroquoian Women*, 204.

43. Marx, *The Ethnological Notebooks*.

15장 공통장의 비가시성

1. * 조지 오웰, 『나는 왜 쓰는가』, 이한중 옮김, 한겨레출판, 2017, 74쪽.

2. * 같은 책, 73~74쪽.

3. * 같은 책, 73쪽.

4. * 프랑스혁명에 참가했던 귀족 출신 장군. 자세한 내용은 다름을 참고하라. http://blog.daum.net/elara1020/8465297

5. * 프랑스 중부 상트르 지방 루아르에셰르주의 주도.

6. * 윌리엄 워즈워스, 『서곡』, 김승희 옮김, 문학과지성사, 2009.

7. * 영국의 유일하게 포괄적인 법률 사전.

8. * C.L.R. 제임스와 라야 두나예프스까야가 1940년에 각각 존슨과 포레스트라는 가명을 활용하여 결성한 트로츠키주의 그룹. 노동계급의 직접 행동 그리고 당이나 조합으로부터의 노동계급의 자율성을 강조했다.

9. * Daniel Guérin, 1904~1988. 프랑스의 무정부주의-코뮤니즘 작가.

10. * 미국 네바다주 서부 피라미드호 인디언 보호구역에 있는 호수.

11. * 유토아스텍어족에 속하는 누믹 제어(옛 이름은 플래토쇼쇼니어)를 쓰는 2개의 인디언 부족.

12. * 미국 네바다주 서부 스토리 군의 군청소재지이자 읍.

13. * 아메리카 인디언의 종교적 지도자.

14. * 원래는 대초원 지대에서 살며 들소를 몰고 다니며 유목 생활을 하던 북미 인디언.

15. * Mary Hunter Austin, 1868~1934. 미국의 소설가·평론가.

16. * Ruth Murray Underhill, 1883~1984. 미국의 인류학자.

17. * Navarre Scott Momaday, 1934~ . 인디언 카이오와족의 문학가. 『여명으로 지은 집』으로 1969년 퓰리처상을 수상했다.

18. * A.J. Liebling, 1904~1963. 미국의 저널리스트.

19. * Patrick Anthony McCarran, 1876~1954. 1933년부터 1954년까지 네바다주 출신의 민주당 상원의원.

20. * D. K. Chisiza, 1920~1962. 나이살랜드(현재 말라위)의 독립을 위해 헌신한 민족주의자이자 초기의 선동가. 원문에는 '탄자니아'가 언급되고 있지만 착오인 듯하다.

21. * 1973년에 일어난 운디드니 점거 사건을 가리킨다. 자세한 내용은 링크를 참고할 것. http://www.gjhr.go.kr/sub/sub.php?subKey=0508020303.

:: 참고문헌

Aalen, F.H.A., Kevin Whelan, and Matthew Sout, eds., *Atlas of the Irish Rural Landscape*, 2nd ed. Cork : Cork University Press, 2011.

Abramson, Daniel M. *Building the Bank of England : Money, Architecture, Society, 1694-1942*. New Haven, CT : Yale University Press, 2005.

Ackroyd, Peter. *Blake*. New York : Knopf, 1996.

Adelman, Gerhard. "Structural Change in the Rhenish Linen and Cotton Trades at the Outset of Industrialization." *Essays in European Economic History, 1789-1914*. eds. François Crouzet, W.H. Chaloner, and Walter M. Stern. London : Arnold, 1969.

Aeschylus, *The Prometheus Bound*. ed. and trans. George Thomson. Cambridge : Cambridge University Press, 1932.

Ainlay, John. "Review of Ian Taylor, Paul Walton, and Jock Young, *The New Criminology* (1973)." *Telos* 26, 1975.

Alexander, Sally. *St. Giles's Fair, 1830-1914 : Popular Culture and the Industrial Revolution in Nineteenth Century Oxford*. Oxford : Ruskin College, 1970.

Anderson, Perry. *Arguments Within English Marxism*. London : Verso, 1980.

Appleby, Joyce and Terence Ball, eds. *The Political Writings of Thomas Jefferson*. Cambridge University Press, 2012.

Armytage, W.H.G. *Heavens Below : Utopian Experiments in England, 1560-1960*. London : Routledge and Kegan Paul, 1961.

Arnot, Robin Page. *William Morris : A Vindication*. London : Martin Lawrence, 1934.

Arscot, Caroline. *William Morris and Edward Burne-Jones : Interlacings*. London : Yale University Press, 2008.

Ashby, Mabel Kathleen. *Joseph Ashby of Tysoe, 1859-1919 : A study of English village life*. London : Merlin Press, 1979.

Ault, Warren O. "By-Laws by Common Consent." *Speculum* 29, no. 2. April 1954.

Banfield, T.C. *Industry of the Rhine. Series 1 : Agriculture ; Series 2 : Manufactures*. London : C. Knight &. Co., 1846~1848.

Barrel, John. *The Idea of Landscape and the Sense of Place, 1730-1840*. New York : Cambridge University Press, 1972.

Bayly, C.A. *Imperial Meridian : The British Empire and the World, 1780-1830*. London : Longman, 1989.

Beresford, Maurice. *The Lost Villagers of England*. New York : Philosophical Library, 1954.

Berg, Maxine. *The Machinery Question and the Making of Political Economy*. Cambridge : Cambridge University Press, 1980.

Berger, John. *Hold Everything Dear*. London : Verso, 2007.

Bernstein, Harry. "A Provincial Library in Colonial Mexico, 1802." *Hispanic American Historical Review* 26. no. 2. May 1946.

Billington, James H. *Fire in the Minds of Men : Origins of the Revolutionary Faith*. London : Temple Smith, 1980.

Binfield, Kevin ed. *Writings of the Luddites*. Baltimore : Johns Hopkins University Press, 2004.

Birchall, Ian M. *The Spectre of Babeuf*. New York : St. Martin's Press, 1997.

Blomefield, Francis. *An Essay Tovmrds a Topographical History of the County of Norfolk*, 2nd ed. London : W Miller, 1805.

Bloomfield, Robert. *The Remains of Robert Bloomfield*. 2 vols. London : Baldwin, Cradock & Joy, 1824.

Blythe, Ronald. *Akenfield : Portrait of an English Village*. London : Allen Lane, 1969.

Boal, Iain, Janferie Stone, Michael Watts, and Cal Winslow, eds. *West of Eden: Communes and Utopia in Northern California*. Oakland: PM Press, 2011.

Bohstedt, John. *Riots and Community Politics in England and Wales, 1790-1810*. Cambridge: Harvard University Press, 1983.

Bollier, David. *Silent Theft: The Private Plunder of Our Common Wealth*. New York: Routledge, 2002.

Bonger, William Adrian. *Criminalité et conditions économique*. Amsterdam: G.P. Tierie, 1905.

Boyle, James. "The Second Enclosure Movement and the Construction of the Public Domain." *Law and Contemporary Problems* 33. 2003.

Brickhouse Jr., Captain A.A. "Tapline's Sidon Terminal." *World Petroleum*. June 1957.

Briley, Ronald. "Woody Sez: The People's Daily World and Indigenous Radicalism." *California History* 84, no. 1. Fall 2006.

Brown, Charles Brockden. *Three Gothic Novels*. New York: Library of America, 1998.

BuckMorss, Susan. *Hegel, Haiti, and Universal History*. Pittsburgh: University of Pittsburgh Press, 2009.

Bulosan, Carlos. *America Is in the Heart*. New York: Harcourt, Brace, & Co., 1946.

Bushaway, Bob. *By Rite: Custom, Ceremony and Community in England, 1700-1880*. London: Breviary Stuff, 2011.

Caffentzis, George C. "On the Scottish Origin of 'Civilization,' " in Silvia Federici, ed. *Enduring Western Civilization: The Construction of the Concept of Western Civilization and Its "Others"*. Westport, CT: Praeger, 1995.

_____. "The Work/Energy Crisis and the Apocalypse," *In Letters of Blood and Fire: Work Machines, and the Crisis of Capitalism*. Oakland: PM Press, 2013. [조지 카펜치스, 「노동/에너지 위기와 종말론」, 『피와 불의 문자들』, 서창현 옮김, 갈무리, 2018.]

Carey, Peter. *The Power of Prophecy: Prince Dipanagara and the End of the Old Order in Java, 1785-1855*. Leiden: KITLV Press, 2007.

Catterall, Claire. "Perceptions of Plastics: A Study of Plastics in Britain, 1945-1956," in Penny Sparke, ed. The Plastics Age. Woodstock, NY: Overlook Press, 1993.

Cave, Alfred A. *Prophets of the Great Spirit: Native American Revitalization Movements in Eastern North America*. Lincoln: University of Nebraska Press, 2006.

Charnock, John. *An History of Marine Architecture*. London: Faulder, 1800.

Chase, Malcolm. *The People's Farm*. London: Breviary Stuff Publications, 2010.

Cheek, William and Aimee Lee Cheek, "John Mercer Langston and the Cincinnati Riot of 1841," in Henry Louis Taylor Jr. eds. *Race and the City: Work, Community, and Protest in Cincinnati, 1820-1970*. Urbana: University of Illinois Press, 1993.

Claeys, Gregory. *Thomas Paine: Social and Political Thought*. Boston: Unwin Hyman, 1989.

Clare, John. "Autobiography," in Merryn Williams and Raymond Williams. eds. *John Clare: Selected Poetry and Prose*, London: Methuen, 1986.

Clark, David Lee ed. *Shelley's Prose; or, The Trumpet of a Prophecy*. Albuquerque: University of New Mexico Press, 1954.

Cleaver, Harry. *Reading Capital Politically*. Edinburgh: AK Press, 2010. [해리 클리버, 『자본을 어떻게 읽을 것인가』, 조정환 옮김, 갈무리, 2020.]

Cobbett, William. *A History of the Protectant "Reformation" in England and Ireland: Showing How That Event Has Impoverished and Degraded the Main Body of the People in Those Countries, in a Series of Letters Addressed to All Sensible and Just Englishmen*. London: C. Clement, 1824.

Cockburn, Alexander. "A Short, Meat-Oriented History of the World from Eden to the Mattole," *New Left Review* 215. 1996.

Cohen, G.A. *Karl Marx's Theory of History: A Defence*. Princeton: Princeton University Press, 1978.

Cohn, Norman. *The Pursuit of the Millennium*. London: Seeker & Warburg, 1957. [노만 콘, 『천년왕국운동사』, 김

승환 옮김, 한국신학연구소, 1993.]

Cole, G.D.H. *Socialist Thought: The Forerunners 1789-1850*, vol. 1 of *A History of Socialist Thought*. Macmillan: London, 1953.

____. *The History of Socialist Thought*, vol. 2. London: Macmillan, 1954.

Colley, Linda. *Britons: Forging the Nation, 1707-1837*. New Haven, CT: Yale University Press, 1991.

Connolly, James. *Erin's Hope: The End and the Means*. Dublin: Socialist Labor Party, 1897.

Conway, Moncur Daniel. *The Life of Thomas Paine*. New York: Benjamin Blom, 1970, first published in 1892.

Cook, Olive. *Breckland*. London: Robert Hale Ltd., 1956.

Cornu, Auguste. *Karl Marx et Friedrich Engels: Leur vie et leur oeuvre*. 3 vols. Paris: Presses Universitaires de France, 1958.

Crime and Social Justice Collective. "The Politics of Street Crime." *Crime and Social Justice* 5. Spring-Summer 1976.

Critchley T. A. and P. D. James, *The Maul and the Pear Tree: The Ratcliffe Highway Murders, 1811*. London: Constable, 1971.

Croft, Andy. "Authors Take Sides: Writers and the Communist Party 1920~56," in Geoff Andrews, Nina Fishman and Kevin Morgan, eds. *Opening the Books: Essays on the Social and Cultural History of British Communism*. London: Pluto, 1995.

____. ed. *A Weapon in the Struggle: The Cultural History of the Communist Party in Britain*. London: Pluto Press, 1998.

Croly, David Goodman and George Wakeman. *Miscegenation: The Theory of the Blending of the Races, Applied to the American White Man and Negro*. New York: H. Dexter, Hamilton & Co., 1864.

Crump, W.B. ed. *The Leeds Woollen Industry, 1780-1820*. Leeds: Thoresby Society, 1931.

Currie, Elliott. "Review: The New Criminology." *Crime and Social Justice* 2. Fall-Winter 1974.

Cushing, Frank Hamilton. *My Adventures in Zuni*. New York: Century Co., 1882.

Dash, Jack. *Good Morning Brothers!*. London: Lawrence & Wishart, 1969.

Davison, Alan. *Norfolk Origins: 5: Deserted Villages of Norfolk*. North Walsham: Poppyland Publishing, 1996.

Davy, Humphry. *On the Fire-Damp in Coal Mines and on Methods of Lighting the Mines So As to Prevent Explosion*. Newcastle: E. Charnley, 1817.

De Angelis, Massimo. *The Beginning of History: Value Struggles and Global Capital*. London: Pluto, 2007. [맛시모 데 안젤리스, 『역사의 시작: 가치 투쟁과 전 지구적 자본』, 권범철 옮김, 갈무리, 2019].

Deakin, Rodger. *Wildwood: A Journey Through Trees*. London: Hamish Hamilton, 2007.

Dening, Greg. *Mr Bligh's Bad Language: Passion, Power, and Theatre on the Bounty*. Cambridge University Press, 1992.

Deveze, Michel. *La Vie de la Forêt Française au XVIe siècle*. 2 vols. Paris: SEVPEN, 1961.

Dias, Rosie. "Loyal Subjects? Exhibiting the Hero in James Northcote's 'Death of Wat Tyler,' " *Visual Culture in Britain* 8, no. 2. Winter 2007.

Dobson, R.B. *The Peasants' Revolt of 1381*. London: Macmillan, 1970.

Dodwell, Henry. *The Founder of Modern Egypt: A Study of Muhammad ʹAli*. Cambridge: Cambridge University Press, 1931.

Dowd, Gregory Evans. *A Spirited Resistance: The North American Indian Struggle for Unity, 1745-1815*. Baltimore: Johns Hopkins, 1992.

Doyle, Robert. *Waisted Efforts: An Illustrated Guide to Corset Making*. Halifax: Sartorial Press, 1997.

Droz, Jacques. *Les Revolutions Allemandes de 1848*. Paris: Presses Universitaires de France, 1957.

Drummond, William H. ed. *The Autobiography of Archibald Hamilton Rowan*. Irish University Press: Shannon, 1972.

Dubois, Laurent. *Avengers of the New World: The Story of the Haitian Revolution.* Cambridge : Harvard University Press, 2004.

Dugan, James. *The Great Mutiny.* London : Deutsch, 1966.

Dunayevskaya, Raya. *Rosa Luxemburg, Women's Liberation, and Marx's Philosophy of Revolution.* New Jersey : Humanities Press, 1982.

Dunne, John. "Notices Relative to Some of the Native Tribes of North America," *Transactions of the Royal Irish Academy,* vol. 9. Dublin, 1803.

Durey, Michael. "John Lithgow's Lithconia : The Making and Meaning of America's First 'Utopian Socialist' Tract." *William and Mary Quarterly* 44, no. 3. July 1992.

Eagleton, Terry. *The Idea of Culture.* Oxford : Blackwell, 2000.

Endres, Max. *Handbuch der Forstpolitik.* Berlin : J. Springer, 1905.

Engels, Frederick. *Socialism : Utopian and Scientific with the Essay on "The Mark",* trans. Edward Aveling. New York : International Publishers, 1994.

_____. *The Origin of the Family, Private Property, and the State.* New York : International Publishers, 1972. [프리드리히 엥겔스, 『가족, 사유재산, 국가의 기원』, 김대웅 옮김, 두레, 2012.]

Eshleman, Lloyd Wendell. *Victorian Rebel : The Life of William Morris.* New York : Scribner's, 1940.

Fabian, Johannes. *Time and the Other : How Anthropology Makes Its Object.* New York : Columbia, 1983.

Federici, Silvia. *Caliban and the Witch : Women, the Body, and Primitive Accumulation.* New York : Autonomedia, 2004) [실비아 페데리치, 『캘리번과 마녀 : 여성 신체 그리고 시초축적』, 황성원 · 김민철 옮김, 갈무리, 2011].

Fernow, Bernhard E. *Economics of Forestry : A Reference Book for Students of Political Economy.* New York : T.W Crowell & Co, 1902.

Fisher, Michael. "Finding Lascar 'Wilful Incendiarism' : British Arson Panic and Indian Maritime Labor in the Indian and Atlantic Oceans." presented at the Conference on Mutiny and Maritime Radicalism, Amsterdam, June 2011.

Forshall, Frederic H. *Westminster School : Past and Present.* London : Wyman, 1884.

Fortune, Timothy Thomas. *Black and White : Land and Labor in the South.* New York : Fords, Howard & Hulbert, 1884.

Foucault, Michel. *Discipline and Punish : The Birth of the Prison,* trans. by Alan Sheridan. New York : Vintage, 1977. [미셸 푸코, 『감시와 처벌 — 감옥의 탄생』, 오생근 옮김, 나남, 2016].

Frost, Thomas. *Forty Years of Recollections : Literary and Political.* London : S. Low, Marston, Searle, and Rivington, 1880.

Fulghum, Robert. *All I Really Need to Know I Learned in Kindergarten.* New York : Ballant ine Books, 1983. [로버트 풀검, 『내가 정말 알아야 할 모든 것은 유치원에서 배웠다』, 박종서 옮김, 김영사, 1992].

Fuld, Ludwig. *Der Einfluss der Lebensmittelpreise auf die Bewegung der Strafbaren Handlungen.* Mainz : J. Diemer, 1881.

Ganter, Granville ed. *The Collected Speeches of Sagoyewatha, or Red Jacket.* Syracuse, NY : Syracuse University Press, 2006.

Gazley, John. *The Life of Arthur Young.* Philadelphia : American Philosophical Society, 1973.

Gellert, Hugo. *Karl Marx's 'Capital' in Lithographs.* New York : Long & Smith, 1934.

Genovese, Eugene D. *Roll, Jordan, Roll : The World the Slaves Made.* New York : Pantheon, 1974.

_____. *The Political Economy of Slavery : Studies in the Economy & Society of the Slave South.* New York : Vintage, 1967.

Getz, Lynn Marie. "Partners in Motion : Gender, Migration, and Reform in Antebellum Ohio and Kansas," *Frontiers : A Journal of Women's Studies* 27, no. 2. 2006.

Gibbons, Stephen Randolph. *Captain Rock, Night Errant.* Dublin : Four Courts Press, 2004.

Glacken, Clarence. *Traces from the Rhodian Shore*. Berkeley and Los Angeles : University of California Press, 1967.

Gooch, Steve. *Will Wat? If Not, What Will?* London : Pluto Press, 1975.

Goode, John. "E.P. Thompson and 'The Significance of Literature,'" in Harvey J. Kaye and Keith McClelland, eds., *E.P. Thompson : Critical Perspectives*. Philadelphia : Temple University Press, 1990.

Gordon Childe, V. "The Urban Revolution," *The Town Planning Review* 21, no. 1. April 1950.

____. *Skara Brae : A Pictish Village in Orkney*. London : Kegan Paul, 1931.

Gould, George. *Righthandedness and Lefthandedness*. Philadelphia : Lippincott, 1908.

Graeber, David. *The Democracy Project : A History, A Crisis, A Movement*. New York : Spiegel & Grau, 2013.

Grey, Lloyd Eric. *William Morris, Prophet of England's New Order*. London : Faber, 1949.

Grose, Francis. *A Classical Dictionary of the Vulgar Tongue* (1796), ed. Eric Partridge. New York : Barnes & Noble, 1963.

Gutwirth, Madelyn. *The Twilight of the Goddesses : Women and Representation in the French Revolutionary Era*. New Brunswick, NJ : Rutgers University Press, 1992.

Hagedorn, Ann. *Beyond the River : The Untold Story of the Heroes of the Underground Railroad*. Simon & Schuster : New York, 2002.

Hall, Reverend Robert. *Modern Infidelity Considered with Respect to Its Influence on Society (1801)*. Gale ECCO, 2018.

Hamerow, Theodore S. *Restoration, Revolution, Reaction : Economics and Politics in Germany, 1815-1971*. Princeton : Princeton University Press, 1958.

Hammond, John and Barbara. *Age of Chartists 1832-1854*. London : Longmans, 1930.

____. *The Village Labourer, 1760-1832 : A Study in the Government of England Before the Reform Bill*. London : Longmans, Green, 1913.

Hamnett, Brian R. *Roots of Insurgency : Mexican Regions, 1750-1824*. Cambridge : Cambridge University Press, 1986.

Handbook of the Seneca Language, New York State Museum and Science Service, Bulletin no. 388, 1963.

Hanger, Col. George. *Reflections on the Menaced Invasion and the Means of Protecting the Capital*. London : J. Stockdale, 1804.

Hardin, Garrett. "The Tragedy of the Commons," *Science* 162. 1968.

Hardt, Michael and Antonio Negri, *Commonwealth*. Cambridge : Harvard University Press, 2009. [마이클 하트 · 안토니오 네그리, 『공통체 : 자본과 국가 너머의 세상』, 정남영 · 윤영광 옮김, 사월의책, 2014].

Harriott, John. *Struggles through Life*, 2 vols. London : C. and W. Galabin, 1807.

Harvey, David. *The New Imperialism*. New York : Oxford University Press, 2003. [데이비드 하비, 『신제국주의』, 최병두 옮김, 한울아카데미, 2016.]

Hay, Douglas. "The Laws of God and the Laws of Man : Lord George Gordon and the Death Penalty" in R.W. Malcomson and John Rule, eds., *Protest and Survival : Essays for E.P. Thompson*. London : Merlin Press, 1993.

Heckwelder, John. *History, Manners, and Customs of the Indian Nations Who Once Inhabited Pennsylvania and the Neighboring States*. 1820 ; reprinted New York : Arno Press, 1971.

Henderson, W.O. *The Zollverein*. Cambridge : Cambridge University Press, 1939.

____. *The Rise of German Industrial Power, 1834-1914*. Berkeley : University of California Press, 1975.

Heske, Franz. *German Forestry*. New Haven : Yale University Press, 1938.

Hill, Leonard U. *John Johnston and the Indians in the Land of the Three Miamis*. Piqua, OH, 1957.

Hilton, Rodney H., and H. Fagan. *The English Rising of 1381*. London : Lawrence and Wishart, 1950.

Hirst, Paul Q. "Marx and Engels on Law, Crime and Morality." *Economy and Society* 1. February 1972.

____. "The Marxism of the 'New Criminology,'" *The British Journal of Criminology* 8, no.4. October 1973.

Hobsbawm, E.J. "Eric Hobsbawm's introduction to Karl Marx and Frederick Engels", *The Communist Mani-*

festo : A Modern Edition. London : Verso, 1998.

_____. "The Historian's Group of the British Communist Party," in Maurice Cornforth ed., *Rebels and Their Causes : Essays in Honour of A.L. Morton*. London : Lawrence and Wishart, 1978.

_____. *Labouring Men : Studies in the History of Labour*. New York : Basic Books, 1964.

_____. *Primitive Rebels : Studies in Archaic Forms of Social Movement in the 19th and 20th Centuries*. New York : W. W. Norton, 1959.

Hogarth, William. *The Analysis of Beauty* (1753). ed. Ronald Paulson. New Haven, CT : Yale University Press, 1997.

Holmes, Richard. *Shelley : The Pursuit*. New York : Dutton, 1975.

_____. *The Age of Wonder : How the Romantic Generation Discovered the Beauty and Terror of Science*. New York : Pantheon, 2008. [리처드 홈스, 『경이의 시대』, 전대호 옮김, 문학동네, 2013.]

Howard, Luke. *On the Modification of Clouds*. London : Taylor, 1803.

Howitt, William. *Rural and Domestic Life in Germany*. London : Longman, Brown, Green, and Longmans, 1842.

Hughes, C.E. *A Book of the Black Forest*. London : Methuen & Co., 1910.

Hughes, Thomas. *The Scouring the White Horse*. London : Macmillan, 1859.

Hunt, Lynn. *Politics, Culture, and Class in the French Revolution*. Berkeley : University of California Press, 1984.

Hunter, John D. *Memoirs of a Captivity Among the Indians of North America*. London : Longman, Hurst, Rees, Orme, and Brown, 1824.

Hutton, Paul A. "William Wells : Frontier Scout and Indian Agent," *Indiana Magazine of History* 74. 1978.

Hutton, Ronald. *The Rise and Fall of Merry England : The Ritual Year, 1400-1700*. Oxford : Oxford University Press, 1994.

Hyde, Lewis. *Common as Air : Revolution, Art, and Ownership*. New York : Farrar, Straus and Giroux, 2010.

_____. *The Gift*. New York : Vintage, 2007.

Illich, Ivan. *In the Mirror of the Past : Lectures and Addresses, 1978-1990*. New York : Marion Boyars, 1992. [이반 일리치, 『과거의 거울에 비추어 : 현대의 상식과 진보에 대한 급진적 도전』, 권루시안 옮김, 느린걸음, 2013.]

James, C.L.R. *Beyond a Boundary*. London : Hutchinson, 1963.

_____. *The Future in the Present*. Westport, CT : Lawrence Hill, 1977.

_____. *The Future in the Present : Selected Writings*. London : Allison & Busby, 1977.

Johnston, John. *Recollections of Sixty Years*. Dayton : J.H. Patterson, 1915.

Judt, Tony. *Postwar : A History of Europe since 1945*. New York : Penguin, 2005.

Justice, Stephen. *Writing and Rebellion : England in 1381*. Berkeley : University of California Press, 1994.

Kapp, Yvonne. *Eleanor Marx*, vol. 1. New York : Pantheon, 1972.

Katsiaficas, George and Na Kahn-chae eds., *South Korean Democracy : Legacy of the Gwangju Uprising*. New York : Routledge, 2006.

Keane, John. *Tom Paine : A Political Life*. London : Bloomsbury, 1995.

Kelly, James. *"That Damn'd Thing Called Honour" : Duelling in Ireland 1570-1860*. Cork : Cork University Press, 1995.

Kelton, Elmer. *The Day the Cowboys Quit* (1971). New York : Forge Books, 2008.

Kimpell, Jessica ed. *Peter Linebaugh Presents Thomas Paine : Common Sense, Rights of Man, and Agrarian Justice*. London : Verso, 2009.

King, Gregory. *Two Tracts*, ed. G.E. Barnett. Baltimore : Johns Hopkins University Press, 1936.

King, Peter. "The Origins of the Great Gleaning Case of 1788," in *Crime and Law in England, 1750-1840 : Remaking Justice from the Margins*. Cambridge : Cambridge University Press, 2006.

Kirby R.G. and A.E. Musson, *The Voice of the People : John Doherty, 1798-1854, Trade Unionist Radical and Factory Reformer*. Manchester : Manchester University Press, 1975.

Knowles. Anne Kelly. *Calvinists Incorporated: Welsh Immigrants on Ohio's Industrial Frontier*. Chicago : University of Chicago Press, 1997.

Kohl, Johann Georg. *Kitchi-Gami: Life among the Lake Superior Ojibwe* (1858). St. Paul : Minnesota Historical Society Press, 1985.

Korsch, Karl. *Three Essays on Marxism*. London : Pluto Press, 1971.

Kovalev, Yuri ed. *An Anthology of Chartist Literature*. Moscow : Foreign Langauges Publishing House, 1956.

König, Hermann. *Die Rheinische Zeitung von 1842-43 in ihrer Einstellung zur Kulturpolitik des Preussischen Staates*. Munster : F. Coppenrath, 1927.

Kunzle, David. *Fashion and Fetishism: A Social History of the Corset, Tight-Lacing and Others Forms of Body-Sculpture in the West*. Totowa, NJ : Rowman and Littlefield, 1982.

Kynaston, David. *Austerity Britain, 1945-51*. New York : Walker & Co., 2008.

Lago, Mary. *"India's Prisoner": A Biography of Edward John Thompson, 1886-1946*. London : University of Missouri Press, 2001.

Lamarck, Jean-Baptiste. *Systeme des animaux sans vertebres*. Paris : Deterville, 1801.

Langland, William. *Piers Plowman*. Norton Critical Edition. trans. E. Talbot Donaldson and ed. Elizabeth Robertson and Stephen H.A. Shepherd. New York : Norton, 2006. [윌리엄 랭글런드, 『농부 피어스의 꿈(원서발췌)』, 김정애 옮김, 지식을만드는지식, 2009.]

_____. *Piers the Ploughman*. trans. J.F. Goodridge. New York : Penguin, 1959.

Lasso, Marixa. *Myths of Harmony: Race and Republicanism during the Age of Revolution*. Pittsburgh : University of Pittsburgh Press, 2007.

Leavis, F.R.. *Revaluations: Tradition and Development in English Poetry*. London : Chatto and Windus, 1949.

Lemire, Elise. *"Miscegenation": Making Race in America*. Philadelphia : University of Pennsylvania Press, 2002.

Lenin, Vladmir Ilich. *A Characterization of Economic Romanticism: Sismondi and Our Native Sismondists* (1897). Moscow : Foreign Language Publication House, 1951. n.3.

_____. *The Development of Capitalism in Russia*. Moscow : Foreign Languages Publishing House, 1899. [V.I. 레닌, 『러시아에 있어서 자본주의의 발전』 I · II, 김지수 옮김, 태백, 1988.]

Lengerke, Alexander Von. *Die Ländliche Arbeiterfrage*. Berlin : Büreau des Königl. Ministeriums für landwirtschaftliche Angelegenheiter, 1849.

Lewis, Oscar. *Tepoztlán Village in Mexico*. New York : Holt, Rinehart and Winston, 1960.

Lindsey, Timothy. *The Romance of K'tut Tantri and Indonesia*. Oxford University Press, 1997.

Linebaugh, Peter. "Commonists of the World Unite!", *Radical History Review* 56. Spring 1993.

_____. *The London Hanged*, 2nd ed. London : Verso, 2003.

_____. *The Magna Carta Manifesto: Liberties and Commons for All*. Berkeley : University of California Press, 2008. [피터 라인보우, 『마그나카르타 선언: 모두를 위한 자유권들과 공통장』, 정남영 옮김, 갈무리, 2012.]

Linebaugh, Peter and Marcus Rediker, *The Many-Headed Hydra: The Hidden History of the Revolutionary Atlantic*. London : Verso, 2000. [피터 라인보우 · 마커스 레디커, 『히드라 — 제국과 다중의 역사적 기원』, 정남영 · 손지태 옮김, 갈무리, 2008].

Livy, *The Early History of Rome*, 5 vols., trans. Aubrey De Selincourt. New York : Penguin, 2002. [티투스 리비우스, 『리비우스 로마사. 1』, 이종인 옮김, 현대지성, 2018.]

Lloyd, William. *Two Lectures on the Checks to Population Delivered before the University of Oxford in Michaelmas Term 1832*. Oxford : Oxford University Press, 1833.

Lucas, Marion B. *A History of Blacks in Kentucky: From Slavery to Segregation, 1760-1891*. Lexington : The Kentucky Historical Society, 1992.

Lynch, John. *Simon Bolivar: A Life*. New Haven, CT : Yale University Press, 2006.

_____. *The Spanish American Revolutions, 1808-1826*. New York : Norton, 1973.

MacCarthy, Fiona. *William Morris: A Life for Our Time*. New York: Knopf, 1995.

MacDonagh, Oliver. *States of Mind: A Study of Anglo-Irish Conflict, 1780-1980*. London: Allen & Unwin, 1983.

Majumdar, Bimanbehari. *History of Political Thought from Rammohun to Dayananda*, volume 1. Bengal. Calcutta: University of Calcutta, 1934.

Malcolmson, R.W. *Popular Recreation in English Society 1700-1850*. Cambridge: Cambridge University Press, 1973.

Malthus, T.R. *An Essay on the Principle of Population*, 2nd edition. 1803. [맬서스, 『인구론』, 이서행 옮김, 동서문화사, 2016.]

Mann, Barbara Alice. *Iroquoian Women: The Gantowisas*. Peter Lang: New York, 2004.

Manogue, Ralph A. "The Plight of James Ridgway, London Bookseller and Publisher and the Newgate Radicals, 1792~1797", *Wordsworth Circle* 27. 1996.

Manwood, John. *Manwood's Treatise of the Forest Laws*. 4th ed. ed. William Nelson. London: B. Lintott, 1717.

Marx, Karl. "A Contribution to the Critique of Hegel's Philosophy of Right," first published 1843~44, in *Early Writings*, trans. Rodney Livingstone and Gregor Benton. London: Penguin Books, 1974. [칼 맑스, 「헤겔 법철학의 비판을 위하여」, 『칼 맑스 프리드리히 엥겔스 저작 선집 1』, 박종철출판사, 1997.]

_____. "Debates on the Law on Thefts of Wood: Proceedings of the Sixth Rhine Province Assembly," Rheinische Zeitung (1842). 영문판은 Karl Marx and Frederick Engels, Collected Works, vol. 1. International Publishers: New York, 1975.

_____. "Proceedings of the Sixth Rhine Province Assembly.(1842)" 3rd article. *Debates on the Law of the Theft of Wood*. Karl Marx and Frederick Engels: Collected Works, Volume 1. New York: International Publishers, 1975.

_____. *A Contribution to the Critique of Political Economy*, trans. N.I. Stone. Chicago: Charles H. Kerr, 1904. [카를 마르크스, 『정치경제학비판을 위하여』, 김호균 옮김, 중원문화, 2017].

_____. *Capital: A Critical Analysis of Capitalist Production*, Volume 1. trans. Samuel Moore and Edward Aveling. London: George Allen & Unwin, 1938. [카를 마르크스, 『자본론 1(상/하)』, 김수행 옮김, 비봉출판사, 2015.]

_____. *Capital*, 1 vols., trans. Ben Fowkes,. London: Penguin, 1976.

_____. *The Ethnological Notebooks, with an introduction by Lawrence Krader*. Assen: Van Gorcum, 1972.

Marx, Karl and Frederick Engels, *Collected Works*, vol. 42. New York: International Publishers, 1987.

Mabey, Richard. *Flora Britannica*. London: Sinclair-Stevenson, 1996.

_____. *The Common Ground: A Place for Nature in Britain's Future?*. London: Hutchinson Books, 1980.

Man-Cheong, Iona. "Chinese Seafarers & Acts of Resistance in the 'Age of Revolution.'" presented at the Conference on Mutiny and Maritime Radicalism, Amsterdam, June 2011.

Marsot, Afaf Lutfi Al-Sayyid. *Egypt in the Reign of Muhammad Ali*. Cambridge: Cambridge University Press, 1984.

Martin, George. *Collections of the Kansas State Historical Society, 1911-1912* (Topeka: Kansas State Historical Society, 1912.

Mayr, Georg. *Statistik der Gerichtlichen Polizei im Königreiche Bayern*. Munich: J. Gotteswinter & Mößssl, 1867.

McKisack, May. *The Fourteenth Century, 1307-1399*. Oxford: Clarendon Press, 1959.

McLellan, David. *Karl Marx: His Life and Thought*. London: Basingtoke Macmillan 1973.

Mehring, Franz. *Karl Marx: The Story of His Life*. trans. Edward Fitzgerald. Ann Arbor: University of Michigan Press, 1962.

Meikle, Jeffrey. *American Plastic: A Cultural History*. New Brunswick, NJ: Rutgers University Press, 1995.

Melossi, Dario. "The Penal Question in *Capital*." *Crime and Social Justice* 5. Spring-Summer 1976.

Merrill, Mike. "Interview with E.P. Thompson," Mid-Atlantic Radical Historians Organization(1976), reprinted in Henry Abelove et al., eds., *Visions of History*. New York: Pantheon, 1983.

Mitford, Jessica. *Hons and Rebels*. London : Gollancz, 1960.

More, Thomas. *Utopia*, trans. Raphe Robynson (1551). Everyman's Library : London, 1910.

Michelet, Jules. *History of the French Revolution*, trans. C. Cocks. London : H.G. Bohn, 1847.

Middleton, Anne. "William Langland's 'Kynde Name' : Authorial Signature and Social Identity in Late Fourteenth Century England." In *Literary Practice and Social Change in Britain, 1380-1530*, ed. Lee Patterson. Berkeley : University of California Press, 1989.

____. "Acts of Vagrancy : The C Version 'Autobiography' of the Statute of 1388." In *Written Work : Langland, Labor, and Authorship*, ed. Steven Justice and Kathryn Kerby-Fulton. Philaelphia : University of Pennsylvania Press, 1997.

Midnight Notes Collective. *Midnight Notes*, no. 10 "The New Enclosures." Jamaica Plain, MA : Midnight Notes, 1990.

Mies Maria and Veronika Bennholdt-Thomsen, *The Subsistence Perspective : Beyond the Globalized Economy*, trans. Patrick Camiller, Maria Mies, and Gard Wieh. New York : Zed Books, 1999. [마리아 미즈 · 베로니카 벤홀트-톰젠, 『자급의 삶은 가능한가 : 힐러리에게 암소를』, 꿈지모 옮김, 동연, 2013.]

Mills, Steve. *A Barbarous and Ungovernable People! A Short History of the Miners of Kingswood Forest*. Bristol : Bristol Radical History Group, 2009.

Milward, Alan S., and S.B. Saul. *The Economic Development of Continental Europe, 1780-1870*. Totowa, NJ : Rowman and Littlefield, 1973.

Mingay, G.E. *Parliamentary Enclosure in England : An Introduction to Its Causes, Incidence, and Impact 1750-1850*. London : Longman, 1997.

Morgan, Kevin, Gidon Cohen and Andrew Flinn, *Communists and British Society, 1920-1991*. London : Rivers Oram Press, 2007.

Morris, A.D. *James Parkinson : His Life and Times*. Boston : Birkhauser, 1989.

Morris, William. "How 1 Became a Socialist," *Justice* (1894), reprinted in A.L. Morton, *Political Writings of William Morris*. London : Lawrence & Wishart, 1973.

____. *The Dream of John Ball* (1886~1887). *The Collected Works of William Morris*. London : Routledge, 1992.

Nash, June. *We Eat the Mines and the Mines Eat Us : Dependency and Exploitation in Bolivian Tin Mines*. New York : Columbia University Press, 1993.

Navickas, Katrina. "Luddism Incendiarism and the Defence of Rural 'Task-Scapes' in 1812," *Northern History* 48, no. 1. March 2011.

Neeson, J.M. *Commoners : Common Right, Enclosure, and Social Change in England, 1700-1820*. Cambridge : Cambridge University Press, 1993.

Nelson, Craig. *Thomas Paine : Enlightenment, Revolution, and the Birth of Modern Nations*. New York : Penguin, 2006.

Noble, David. *Progress without People : In Defense of Luddism*. Chicago : Charles H. Kerr Publishing Co., 1993.

Noyes, P.H. *Organization and Revolution : Working-Class Associations in the German Revolutions of 1848-1849*. Princeton : Princeton University Press, 1966.

O'Connor, Arthur. *The State of Ireland*, ed. James Livesey. Dublin : Lilliput Press, 1998.

Oliver, Mary. *American Primitive : Poems*. Boston : Little, Brown & Co., 1983.

Oman, Charles. *The Great Revolt of 1381*. Oxford : Clarendon Press, 1906.

Ostrom, Elinor. *Governing the Commons : The Evolution of Institutions for Collective Action*. New York : Cambridge University Press, 1990. [엘리너 오스트롬, 『공유의 비극을 넘어 : 공유자원 관리를 위한 제도의 변화』, 윤홍근 · 안도경 옮김, 랜덤하우스코리아, 2010.]

Orwell, George. "Marrakech" in *Essays*. London : Penguin, 1994. [조지 오웰, 「마라케시」, 『조지오웰 에세이 : 나는 왜 쓰는가』, 이한중 옮김, 한겨레출판, 2017.]

____. *Rights of Man* (1791~1792). In *Collected Writings*. New York : Library of America, 1995. [토머스 페인, 『상식, 인권』, 박홍규 옮김, 필맥, 2004]

____. *Collected Writings*. New York : Library of America, 1995.

____. *The American Crisis*, no. 1, December 19, 1776, in Paine, *Collected Writings*. New York : Library of America, 1995.

Palgrave, R.H. Inglis. *Dictionary of Political Economy*. 3 volumes. London : Macmillan and Co., 1912.

Patel, Raj. *The Value of Nothing : How to Reshape Market Society and Redefine Democracy*. New York : Picador, 2009. [라즈 파텔, 『경제학의 배신 : 아직도 시장이 만능이라고 생각하십니까?』, 제현주 옮김, 북돋움, 2016.]

Peacock, A.J. *Bread or Blood : The Agrarian Riots in East Anglia : 1816*. London : Gollancz, 1965.

Peel, Frank. *The Risings of the Luddites*, 4th ed. with an introduction by E.P. Thompson. London : Cass, 1968.

Peele, George. *The Life and Death of Jack Straw*. London : Danter, 1593. Reprinted by Tudor Facsimile Texts, ed. John S. Farmer. London, 1911.

Perrie, Maureen. "The Russian Peasant Movement of 1905~1907 : Its Social Composition and Revolutionary Significance." *Past & Present*, 57. November 1972.

Phillipson, Michael. "Critical Theorising and the 'New Criminology.' " *The British Journal of Criminology* 8, no. 4. October 1973.

Place, Francis, *The Autobiography of Francis Place*. ed. Mary Thrale. Cambridge University Press, 1972.

Polanyi, Karl. *The Great Transformation : The Political and Economic Origins of Our Time*. Boston : Beacon Press, 1957. [칼 폴라니, 『거대한 전환 : 우리 시대의 정치 · 경제적 기원』, 홍기빈 옮김, 길, 2009.]

Pollan, Michael. *The Botany of Desire*. Random House, 2001. [마이클 폴란, 『욕망하는 식물 : 세상을 보는 식물의 시선』, 이경식 옮김, 황소자리, 2007.]

"p.m.", *bolo bolo*. New York : Autonomedia, 2011.

Prebble, John. *The Highland Clearances*. London : Seeker and Warburg, 1963.

Quaquaquid, Henry and Robert Ashpo, *Petition to the Connecticut State Assembly*. May 1789.

Rackham, Oliver. *The History of the Countryside*. London : Weidenfeld and Nicolson, 1995.

Racine, Karen. *Francisco de Miranda : A Transatlantic Life in the Age of Revolution*. Wilmington, DE : Scholarly Resources, 2003.

Radzinowicz, Leon. *A History of English Criminal Law and its Administration from 1750*, vol. 3, *The Reform of the Police*. London : Stevens, 1956.

Rasmussen, Daniel. *American Uprising : The Untold Story of America's Largest Slave Revolt*. New York : Harper-Collins, 2011.

Raychaudhuri, Tapan. *Perceptions, Emotions, Sensibilities : Essays on India's Colonial and Post-colonial Experiences*. Oxford : Oxford University Press, 1999.

Reaney, Bernard. *The Class Struggle in Nineteenth Century Oxfordshire*. Oxford : Ruskin College, 1970.

Redfield, Robert. *Tepoztlán : A Mexican Village : A Study of Folk Life*. Chicago : University of Chicago Press, 1930.

Reid, Herbert and Besty Taylor, *Recovering the Commons : Democracy, Place, and Global Justice*. Urbana : University of Illinois Press, 2010.

Renton, David. *Dissident Marxism : Past Voices for Present Times*. London : Zed Books, 2004.

"Report on the State of Popular Opinion and Causes of the Increase of Democratic Principles," *The Tribune* 28. September 1795.

Richards, Alan. *Egypt's Agricultural Development, 1800-1980 : Technical and Social Change*. Boulder, CO : Westview Press, 1982.

Robertson, Kenneth Joyce. *The Four Pillars : A Genealogical Journey*. Bloomington, IN : Xlibris, 2010.

Rodney, Walter. *A History of Guyanese Working People, 1881-1905*. Baltimore : Johns Hopkins University Press, 1981.

____. *How Europe Underdeveloped Africa.* Washington, DC : Howard University Press, 1981.

Rollison, David. *A Commonwealth of the People : Popular Politics and England's Long Social Revolution, 1066-1649.* Cambridge : Cambridge University Press, 2010.

Rosdolsky, Roman. *The Making of Marx's 'Capital,'* trans. Pete Burgess. London : Pluto Press, 1977. [로만 로스돌스키, 『마르크스 자본론의 형성 1, 2』, 양희석 옮김, 백의, 2003.]

Rose, R.B. *Gracchus Babeuf.* London : E. Arnold, 1978.

Rothman, Adam. *Slave Country : American Expansion and the Origins of the Deep South.* Cambridge, MA : Harvard University Press, 2005.

Rowan, Hamilton. *The Autobiography of Archibald Hamilton Roman*, ed. William Hamilton Drummond. Dublin : T. Tegg, 1840.

Rowbotham, Sheila. *A Century of Women : The History of Women in Britain and the United States.* London : Penguin, 1997.

____. *Edward Carpenter : A Life of Liberty and Love.* London : Verso, 2008.

Rubin, Miri. *Corpus Christi : The Eucharist in Late Medieval Culture.* Cambridge : Cambridge University Press, 1991.

Rusche, Georg and Otto Kirchheimer. *Punishment and Social Structure.* New York : Columbia University Press, 1939.

Sale, Kirkpatrick. *Rebels Against the Future : The Luddites and Their War on the Industrial Revolution : Lessons for the Computer Age.* New York : Addison Wesley, 1995.

Saunders, Frances Stonor. *The Cultural Cold War : The CIA and the World of Arts and Letters.* New York : The New Press, 1999.

Savage, Charlie. *Takeover : The Return of the Imperial Presidency and the Subversion of American Democracy.* New York : Little, Brown and Company, 2008.

Schiebinger, Londa. *Plants and Empire : Colonial Bioprospecting in the Atlantic World.* Cambridge : Harvard University Press, 2004.

____. *Nature's Body : Gender in the Making of Modern Science.* Boston : Beacon Press, 1993.

Schwappach, Adam. *Forstpolitik, Jagd- und Fischereipolitik.* Leipzig : C.L. Hirschfeld, 1894.

Schweninger, Herman, and Julia R. Schwendinger. "Delinquency and the Collective Varieties of Youth." *Crime and Social Justice* 5. Spring-Summer 1976.

Scott, John Anthony ed. *The Defense of Gracchus Babeuf before the High Court of Vendome.* University of Massachusetts Press, 1967.

Seaver, J. *The Life of Mary Jemison : Deh-he-wä-mis*, 4th ed.. New York : C.M. Saxton, 1859.

Semple, Janet. *Bentham's Prison : A Study of the Panopticon Penitentiary.* Oxford : Oxford University Press, 1993.

Shanin, Theodore. *The Late Marx and the Russian Road.* New York : Monthly Review, 1983.

Smith, Adam. *The Wealth of Nations* (1776), ed. Edwin Seligman, 2 vols. London : Dent, 1958. [애덤 스미스, 『국부론(하)』, 김수행 옮김, 비봉출판사, 2009.]

Smith, Olivia. *The Politics of Language 1791-1819.* Oxford : Clarendon Press, 1984.

Solnit, Rebecca. "Diary," *London Review of Books* 32, no. 15. August, 2010.

____. *A Paradise Built in Hell : The Extraordinary Communities That Arise in Disaster.* New York : Viking, 2009. [리베카 솔닛, 『이 폐허를 응시하라 : 대재난 속에서 피어나는 혁명적 공동체에 대한 정치 사회적 탐사』, 정해영 옮김, 펜타그램, 2012.]

Stallybrass, Peter. "Marx and Heterogeneity : Thinking the Lumpenproletariat," *Representations* 31. Summer 1990.

Starke, Wilhelm. *Verbrechen und Verbrecher in Preussen 1854-1878.* Berlin : T.C.F. Enslin, 1884.

Stein, H. "Karl Marx et le pauperisme rhénan avant 1848." *Jahrbuch des Kölnischen Geschichtsvereins*, XIV. 1972.

Stern, Steve J. "The Age of Andean Insurrection, 1742~1782 : A Reappraisal," *Resistance, Rebellion, and Consciousness in the Andean Peasant World, 18th to 20th Centuries*. Madison : University of Wisconsin Press, 1987.

Stone, William L. *Life of Joseph Brant (Thayendanegea)*, 2 vols.. New York : A V. Blake, 1838.

Sugden, John. *Tecumseh : A Life*. New York : Henry Holt, 1997.

Tatham, William. *The Political Economy of Inland Navigation*. London : R. Faulder, 1799.

Taussig, Michael. *The Devil and Commodity Fetishism*. Chapel Hill : University of North Carolina Press, 1980.

Taylor, Barbara. *Eve and the New Jerusalem : Socialism and Feminism in the Nineteenth Century*. New York : Pantheon Books, 1983.

Taylor, Ian, Paul Watson, and Joch Young. "Rejoinder to the Reviewers," *The British Journal of Criminology* 13, no. 4. October 1973.

Taylor, Nikki. "African Americans' Strive for Educational Self-Determination in Cincinnati Before 1873," in Gayle T. Tate and Lewis A. Randolph, eds. *The Black Urban Community : From Dusk Till Dawn*. New York : Palgrave Macmillan, 2006.

Thelwall, John. *Rights of Nature, Against the Usurpations of Establishments*, part II. London : H.D. Symonds, 1796.

____. *Sober Reflections on the Seditious and Inflammatory Letter of the Right Hon. Edmund Burke to a Noble Lord*. London : H.D. Symonds, 1796.

Thomas, David Hurst. *Skull Wars : Kennewick Man, Archaeology, and the Battle for Native American Idendity*. New York : Basic Books, 2000.

Thompson, E.P. "Custom, Law, and Common Right," in *Customs in Common*. London : Merlin, 1991.

____. "Disenchantment or Default? A Lay Sermon," Conor Cruise O'Brien and William Dean Vanech, *Power & Consciousness*. New York : New York University Press, 1969.

____. "Through the Smoke of Budapest," *The Reasoner* 3. 1956.

____. *Beyond the Frontier : The Politics of a Failed Mission : Bulgaria 1944*. London : Merlin Press, 1997.

____. *Making History : Writings on History and Culture*. New York : The New Press, 1994.

____. *Persons & Polemics : Historical Essays*. London : Merlin Press, 1994.

____. *The Poverty of Theory*. Merlin Press : London, 1978. [에드워드 파머 톰슨, 『이론의 빈곤』, 변상출 옮김, 책세상, 2013.]

____. *The Making of the English Working Class*. New York : Pantheon, 1964. [E. P. 톰슨, 『영국 노동계급의 형성 (상)』, 나종일 외 옮김, 창작과비평사, 2000.]

____. *William Morris : Romantic to Revolutionary*. Oakland : PM Press, 2011. [에드워드 파머 톰슨, 『윌리엄 모리스 2 — 낭만주의자에서 혁명가로』, 정남영 외 옮김, 한길사, 2012.]

____. *Whigs and Hunters*. London : Allen Lane, 1975.

Thompson, E.P. et al. eds. *Albion's Fatal Tree : Crime and Society in Eighteenth-Century England*. London : Allen Lane, 1975.

Thompson, R.H. "The Dies of Thomas Spence," *The British Numismatic Journal* 38. 1969~1970.

Thompson, Theodosia and E.P. Thompson, eds., *There Is a Spirit in Europe : A Memoir of Frank Thompson*. London : Victor Gollancz, 1948

Toer, Pramoedya Ananta. *The Mute's Soliloquy : A Memoir*, trans. Willem Samuels. New York : Penguin, 2000.

Tooke, John Horne. *Diversions of Purley*, 2 vols. London : J. Johnson's, 1786~1805.

Treitschke, Heinrich von. *A History of Germany in the Nineteenth Century*. trans. Eden and Cedar Paul. 7 volumes. New York : McBride, Nast & Co., 1919.

Ulrich, Nicole. "Local Protest and International Radicalism : the 1797 Mutinies at the Cape of Good Hope," presented at the Conference on Mutiny and Maritime Radicalism, Amsterdam, June 2011.

U.S. Department of State. *Forestry in Europe : Reports from the Consuls of the United States*. Washington, DC : Government Printing Office, 1887.

Valentini, Hermann von. *Das Verbrecherthum im preussischen Staat.* Leipzig : J.A. Barth, 1869.

Vidler, Anthony. "The Scenes of the Street : Transformations in Ideal and Reality, 1750~1871", in Stanford Anerrson ed., *On Streets.* Cambridge : MIT Press, 1978.

Vigouroux, Camille. "Karl Marx et la législation forestière rhénane de 1842." *Revue d'histoire économique sociale* 43, no. 2. 1965.

Visram, Rozina. *Ayahs, Lascars and Princes : Indians in Britain 1700-1947.* London : Pluto Press, 1986.

Wallace, Anthony F.C. *Jefferson and the Indians : The Tragic Fate of the First Americans.* Cambridge, MA : Harvard University Press, 1999.

_____. *The Death and Rebirth of the Seneca.* New York : Knopf, 1970.

Walljasper, Jay ed., *All That We Share : A Field Guide to the Commons.* New York : The New Press, 2010. [제이 월재스퍼, 『우리가 공유하는 모든 것』, 박현주 옮김, 검둥소, 2013.]

Walters, Kerry S. *The American Deists : Voices of Reason and Dissent in the Early Republic.* Lawrence : University of Kansas Press, 1992.

Washburn, Wilcomb E. *The American Indian and the United States : A Documentary History,* 4 vols. Greenwood Press : Connecticut, 1973.

Watson, Richard. *A Defence of the Wesleyan Methodist Mission in the West Indies.* London : Blanshard, 1817.

_____. *Anecdotes of the Life of Richard Watson.* London : T. Cadell and W. Davies, 1817.

Weinroth, Michelle. *Reclaiming William Morris : Englishness, Sublimity and the Rhetoric of Dissent.* Montreal : McGill University Press, 1996.

Whelan, Kevin. "Three Revolutions and a Failure," in Cathal Póirtéir, ed., *The Great Irish Rebellion of 1798.* Dublin : Mercier Press, 1998.

_____. *The Tree of Liberty : Radicalism, Catholicism and the Construction of Irish Identity, 1760-1830.* Cork University Press, 1996.

White, Richard. *The Middle Ground : Indians, Empires, and Republics in the Great Lakes Region 1650-1815.* New York : Cambridge University Press, 1991.

Williams, Raymond. *Keywords : A Vocabulary of Culture and Society.* New York : Oxford University Press, 1976.

_____. *The Country and the City.* New York : Oxford University Press, 1973.

Williamson, Tom. *Rabbits, Warrens and Archaeology.* Stroud : Tempus, 2007.

Wilson, Edmund. *To the Finland Station.* New York : Harcourt, Brace and Co., 1940. [에드먼드 윌슨, 『핀란드 역으로 : 역사를 쓴 사람들, 역사를 실천한 사람들에 관한 탐구』, 유강은 옮김, 이매진, 2007.]

Wilson, David A. *United Irishmen, United States : Immigrant Radicals in the Early Republic.* Dublin : Four Courts, 1998.

Winchester, Simon. *The Map That Changed the World : William Smith and the Birth of Modern Geology.* New York : HarperCollins, 2001.

Wise, Sarah. *The Italian Boy : A Tale of Murder and Body Snatching in 1830s London.* New York : Henry Holt, 2004.

Wood, Andy. *The 1549 Rebellions and the Making of Early Modern England.* Cambridge : Cambridge University Press, 2007.

Wood, Ellen Meiksins, *The Origin of Capitalism.* London : Verso, 2017.

_____. *The Pristine Culture of Capitalism.* London : Verso, 1992.

Wright, Ian. *The Life and Times of Warren James : Free Miner from the Forest of Dean.* Bristol : Bristol Radical History Group, 2008.

Young, Eric Van. *The Other Rebellion : Popular Violence, Ideology, and the Mexican Struggle for Independence, 1810-1821.* Stanford : Stanford University Press, 2001.

: : 용어 찾아보기